"博学而笃志,切问而近思。"
(《论语》)

博晓古今,可立一家之说;
学贯中西,或成经国之才。

复旦博学·复旦博学·复旦博学·复旦博学·复旦博学·复旦博学

主编简介

杨翠迎，女，1967年7月生，管理学博士。上海财经大学公共经济与管理学院教授、博士生导师，公共政策与治理研究院首席专家，社会保障研究中心主任，现挂任上海市宝山区民政局副局长。兼任中国社会保险学会农村社会保险委员会理事、上海市就业促进会理事、上海市劳动和社会保障学会会员。美国杜克大学访问学者、浙江省"新世纪151人才工程"第二层次培养人员、上海市"浦江人才"。从事社会保障教学与研究工作20余年，先后主持完成国家自然科学基金、国家社会科学基金等重要课题30余项，发表论著80余篇（部），获得省部级奖6项，多项成果获得实际部门领导的重视与批示。代表性专著有：《中国农村社会保障制度研究》（中国农业出版社，2003年）、《农村基本养老保险制度理论与政策研究》（浙江大学出版社，2007年）、《社会保障可持续发展研究》（中国社会出版社，2014年）。

上海市教委重点课程建设教材

博学·经济学系列
ECONOMICS SERIES

社会保障学

杨翠迎 主编

复旦大学出版社

内容提要

本书基于中观层面的社会保障体系，全书在对社会保障学的研究对象、研究任务、属性、学科发展、研究特点以及内容进行系统讨论的基础上，从总论的角度阐述了社会保障发展起源、社会保障理论思想、社会保障基本理论、社会保障基金管理、社会保障经办管理、社会保障法制建设等六个层面内容；从分论的角度介绍了养老保障、健康保障、劳动保障、社会救助、社会福利、军人保障、补充保障、住房保障等八个层面内容，具体包括各类社会保障概念、分类、特点、原则、内容组成及体系、国内外典型政策、实践概况及未来发展等。各章均安排了学习小结、思考题、阅读书目等。

本书既可以作为普通高等学校社会保障及相关专业本、专科学生的教材，也可以作为社会保障理论与实务工作者的参考书，同时也可以作为普通民众了解社会保障基本理论知识的读物。

前　言

改革开放 30 多年来，我国社会保障制度建设取得了巨大的成就，覆盖城乡居民的社会保障制度体系基本建立，基本养老保险实现了制度全覆盖，基本医疗保险的参保率达到了 90% 以上，各项社会保障水平逐年提高，社会保障在人们的生活中已经占据非常重要的位置。目前我国社会保障正处于优化、完善和调整阶段，机关事业单位养老保险正在改革试点，基础养老金的全国统筹已提上议事日程，其他相关制度整合与统一正在积极进行，这些实践与改革，需要更进一步的理论指导。同时，随着社会保障越来越深入人心，民众对社会保障基本理论知识的了解、与时俱进的掌握和分析当前社会保障政策，也将成为普遍需求。

本教材是上海市教委重点课程建设项目成果，有三个特点：一是力求系统、全面，注重理论，反映政策变动，兼顾国内外改革实况；二是对每章的重点内容进行了体系梳理，使得教材内容更加系统化，易于学习和理解；三是对每章的重点词汇进行了英文词语标识，有利于读者查阅国外文献及对国际社会保障的进一步了解和学习。

本教材由课程建设项目全体成员共同完成。项目成员由上海财经大学社会保障学科及学界相关专家学者组成。全书分为总论和分论两部分，共 15 章。其中总论包括第一章到第七章共 7 章内容，分论包括第八章到第十五章共 8 章内容。具体任务分工为：前言、第一章、第八章、第十二章和第十四章为上海财经大学杨翠迎教授；第二章为上海财经大学郑春荣副教授；第三章为上海财经大学杨翠迎教授、王国洪博士；第四章为上海财经大学郭士征教授；第五章为上海财经大学张熠讲师；第六章为浙江大学冯广刚博士后；第七章为上海财经大学曹静陶讲师；第九章为上海财经大学李华教授、余央央讲师；第十章和第十三章为上海财经大学杨翠迎教授、伍德安博士；第十一章为上海财经大学岳崟助理教授；第十五章为上海财经大学郭士征教授、上海工程技术大学金昊讲师。本书的策划、大纲、修订、审核均由上海财经大学杨翠迎教授承担。

本教材不仅适用于普通高校社会保障及相关专业作为学习与培训教材,也可以作为社会保障研究者及实际工作者的参考书目,同时,也适合作为广大普通民众了解和普及社会保障基本理论知识的阅读书目。

本教材在撰写和出版过程中,得到上海财经大学公共管理学科培育计划项目资助;得到上海财经大学社会保障与社会政策系、教务处、社会保障研究中心及复旦大学出版社的大力支持;上海财经大学茆长暄教授对书稿中的英文词汇进行了校正、张新新研究生做了许多辅助性工作;复旦大学出版社张蕊青编审对书稿进行了细致的审阅与指正,在此一并表示衷心的感谢。

本教材博采众长,在写作过程中参考和借鉴了大量同行的优秀成果,吸纳了许多精华观点,引用了部分成熟的理论,在此向同行作者朋友致以衷心的谢意。

由于时间和精力有限,书中疏漏及不妥之处在所难免,敬请学界同仁与读者批评指正。

杨翠迎

2014年12月

目　　录

前言 ··· 1

第一部分　社会保障总论

第一章　绪论 ·· 3
第一节　社会保障学学科属性 ······································ 3
第二节　社会保障学科的发展 ······································ 9
第三节　社会保障学研究内容及理论框架 ························· 14
本章小结 ·· 17
复习思考题 ·· 17
阅读书目 ·· 18

第二章　社会保障的产生与发展 ································ 19
第一节　社会保障产生的背景 ······································ 19
第二节　社会保障制度的建立与发展 ······························ 22
第三节　社会保障制度在中国的建立与发展 ······················ 33
第四节　社会保障制度的发展趋向 ································· 39
本章小结 ·· 48
复习思考题 ·· 48
阅读书目 ·· 48

第三章　社会保障理论思想 ····································· 49
第一节　早期的社会保障思想 ······································ 49
第二节　现代社会保障思想理论体系 ······························ 56
第三节　社会保障理论成果及其影响 ······························ 73
本章小结 ·· 80

复习思考题 …………………………………………………… 80
　　阅读书目 ……………………………………………………… 81
第四章　社会保障基本理论 ………………………………………… 82
　　第一节　社会保障基本内涵 …………………………………… 82
　　第二节　社会保障基本内容 …………………………………… 89
　　第三节　社会保障制度模式 …………………………………… 99
　　第四节　社会保障理念及未来发展 ………………………… 105
　　本章小结 …………………………………………………… 110
　　复习思考题 ………………………………………………… 110
　　阅读书目 …………………………………………………… 111
第五章　社会保障基金管理 ……………………………………… 112
　　第一节　社会保障基金概述 ………………………………… 112
　　第二节　社会保障基金的资金筹集 ………………………… 118
　　第三节　社会保障基金的投资运营 ………………………… 124
　　第四节　社会保障基金的监督管理 ………………………… 133
　　本章小结 …………………………………………………… 141
　　复习思考题 ………………………………………………… 142
　　阅读书目 …………………………………………………… 142
第六章　社会保障经办管理 ……………………………………… 143
　　第一节　社会保障管理概述 ………………………………… 143
　　第二节　社会保障经办管理体制 …………………………… 146
　　第三节　中国社会保障经办管理体制 ……………………… 151
　　第四节　社会保障业务管理 ………………………………… 159
　　第五节　社会保障信息化管理 ……………………………… 165
　　本章小结 …………………………………………………… 171
　　复习思考题 ………………………………………………… 172
　　阅读书目 …………………………………………………… 172
第七章　社会保障法制建设 ……………………………………… 173
　　第一节　社会保障立法基础理论 …………………………… 173
　　第二节　社会保障立法内容 ………………………………… 181
　　第三节　国外社会保障立法实践与经验 …………………… 187
　　第四节　中国社会保障立法实践与发展 …………………… 193

本章小结 203
复习思考题 203
阅读书目 204

第二部分　社会保障分论

第八章　养老保障 207
　第一节　养老保障概述 207
　第二节　养老保险基本理论 212
　第三节　养老服务基本理论 225
　第四节　国外养老保障制度实践及经验 230
　第五节　中国养老保障制度实践与改革 238
　本章小结 251
　复习思考题 251
　阅读书目 251

第九章　健康保障 252
　第一节　健康保障概述 252
　第二节　健康保障制度 263
　第三节　国外医疗保险制度实践及经验 277
　第四节　中国健康保障制度实践与改革 283
　本章小结 294
　复习思考题 295
　阅读书目 295

第十章　劳动保障 296
　第一节　工伤保险理论与实践 296
　第二节　生育保险理论与实践 308
　第三节　失业保险理论与实践 319
　本章小结 335
　复习思考题 335
　阅读书目 335

第十一章 社会救助 336
第一节 贫困与社会救助概述 336
第二节 社会救助基本理论 342
第三节 国外社会救助实践及经验 346
第四节 中国社会救助制度实践与改革 360
本章小结 369
复习思考题 369
阅读书目 369

第十二章 社会福利 370
第一节 社会福利概述 370
第二节 社会福利的内容 374
第三节 国外社会福利实践及经验 387
第四节 中国社会福利制度实践与改革 392
本章小结 398
复习思考题 398
阅读书目 399

第十三章 军人保障 400
第一节 军人保障概述 400
第二节 军人保险基本理论 404
第三节 军人优抚与安置基本理论 408
第四节 国外军人保障制度实践及经验 412
第五节 中国军人保障制度实践与改革 418
本章小结 423
复习思考题 424
阅读书目 424

第十四章 补充保障 425
第一节 补充保障概述 425
第二节 补充保障的内容 430
第三节 国外补充保障制度实践及经验 441
第四节 中国补充保障制度实践与发展 445
本章小结 452
复习思考题 452

阅读书目…………………………………………………………… 452
第十五章　住房保障………………………………………………… 453
　第一节　住房保障概述………………………………………… 453
　第二节　住房保障基本理论…………………………………… 457
　第三节　国外住房保障制度实践及经验……………………… 462
　第四节　中国住房保障制度实践与改革……………………… 472
　本章小结………………………………………………………… 488
　复习思考题……………………………………………………… 489
　阅读书目………………………………………………………… 489
参考文献……………………………………………………………… 490

第一部分　社会保障总论

第一章 绪 论

要学好社会保障学这门课程,我们首先得对社会保障学课程本身有一个大致了解,比如社会保障学的研究对象是什么?该学科有哪些特点?学科归属哪一个领域?该学科是怎么发展起来的?其理论体系又如何?等等。为此,本章着重对社会保障学的学科属性、学科发展以及理论框架体系给予简要描述,期望实现两个目的:一是对社会保障学学科进行全貌性介绍;二是对后面章节的学习提供系统性的指导。

第一节 社会保障学学科属性

一、社会保障学研究对象

社会保障学是一门新兴的社会科学,和其他社会科学一样,是源于实践的需要而产生。人类在远古时候对自身面临的风险基本上采取自我应对、部落居民互帮互助或者来自外界的施舍救济,而这些均出自人类自发朴素的行为,而且多数情况下几乎处于听天由命的状态,因此,其中涉及的风险问题并未进入正式的社会管理范畴。随着人类经济的发展、社会的进步与文明,人类所面临的诸多风险逐渐由其所在的组织和社会来分担,那么作为一个组织或者社会要承担其辖区内居民的风险问题,就会涉及诸多管理问题,如承担哪些风险?承担多大责任的风险?对组织或者社会发展有何影响?如何运作?等等。由此,社会保障问题与理论研究应运而生,而对这些理论的抽象、概括与总结,便形成了社会保障学。

社会保障学究竟研究什么?通俗来讲,社会保障学是研究国家、社会和个人如何在自身能力范围内应对居民生存、生活及发展过程中面临各种可能风险(如贫困、失业、疾病、伤残、老年等)所带来的经济损失和生活困境的方法、策略和措施；研究如何改善人们的生存和生活条件以最大化地增进人类社会福利的一门科学。总体来说，社会保障学是研究民生问题的科学。从学科理论来讲，社会保障学是研究社会保障实践活动过程中所体现的各种社会经济关系规律的科学，这种社会经济关系大体包括以下三种情况：一是研究各级政府承担社会保障的责任、范围及能力问题；二是研究组织（如企业）、个人及家庭承担社会保障的责任及能力问题；三是研究政府与市场在社会保障中的职责及其角色的问题。

二、社会保障学科的性质

社会保障学作为一门独立学科，产生较晚，由于研究对象的复杂性，其学科的性质也具有多元性。

（一）是一门现代新兴学科

社会保障制度的产生，如果从人类立法救助实践算起，至今有 400 多年的历史。但是从社会保险实践算起，至今仅有 100 多年的历史。而我国以社会保险为核心的现代社会保障实践的历史更短。从 20 世纪 80 年代中期开始，我国开启了以养老和医疗为主的社会保险制度探索，至今不到 30 年的历史。由这样一个出现较晚的社会保障实践活动推动和发展起来的社会保障学科，其产生的时间更短。但是在我国，由于社会保障实践活动的飞速发展，也决定了社会保障学科的快速发展。与其他社会科学相比较，社会保障学科确实呈现出现代新兴学科的特点。

（二）是一门综合性学科

社会保障学因其研究对象是基于人的生存、生活和工作所面临的种种风险，这些风险涉及不同领域的理论与知识，社会保障学在研究这些问题时，就必须以这些风险所在的学科基础知识和理论为基础展开研究，也就是说，社会保障学是以多学科为基础的综合性学科。

（三）是一门交叉学科

社会保障问题是一个公共问题，为此，不同的学科如社会学、经济学、政治学、管理学、法学、人口学、伦理学等对之都有研究。社会保障学作为一门相对独立的学科，就是在这些相关学科的基础上发展起来的一门专门研究社会保障问题的学科。但是目前这些相关学科依然以自己学科的角度继续研究社会保障问题，因此也可以说社会保障学是一门交叉学科。

(四) 是一门纯粹的公共管理学分支

社会保障学虽说属于交叉学科,但是在学科归属上更倾向于公共政策和公共管理范畴。在国外,有的将其归属于社会政策和社会工作范畴,有的将其归之于公共政策领域,也有的将其归之公共管理范畴等。在我国,社会保障在学科划分上归属于公共管理一级学科下的二级学科,它是一门纯粹的公共管理学分支。

(五) 是一门社会应用性学科

社会保障学源于实践的需要,是对社会保障实践的概括与抽象,反过来,社会保障学又对社会保障实践活动具有指导作用。其实,社会保障学产生的最终目的就是对社会实践的理论指导。因此,它是一个典型的社会应用性学科。

三、社会保障学科与相关学科的关系

社会保障学是一门综合性学科,是在相关学科的基础上发展演变并逐渐独立出来的。这些学科包括社会学、人口学、经济学、管理学、政治学、心理学以及伦理学等。它们大多属于哲学社会科学范畴,因此社会保障学与它们之间具有学科基础共性、研究对象交叉、研究方法类同甚至相同等共同特点。除此之外,社会保障学与统计学、历史学等学科也有一定的关系。

(一) 与社会学的关系

社会学是社会保障问题研究最早的学科。在社会保障学科尚未独立出来之前,有关社会保障问题很早就在社会学领域展开讨论,如贫困问题、救助问题等。这些问题即使到今天,依然是社会学领域长期研究的主题。不仅如此,随着社会保障实践的深入,社会学研究社会保障问题的范围也越来越宽。比如在当前社会下,流动人口的生存与生活问题、人口老龄化问题、劳动就业问题等,每一个议题都涉及社会保障问题,也都是社会学研究的核心问题。也正是因为二者在研究内容上有高度的交叉与重叠,才使得社会保障学与社会学学科,在众多的学科中关系似乎更为密切。也因此,社会学领域的所有研究方法和理论基础在社会保障学科都适用。如社会调查方法、统计分析方法、实证分析方法、规范分析、归纳演绎方法等。这些都是现代社会保障学研究常用的研究方法。

(二) 与人口学的关系

社会保障学与人口学有两重关系:一是研究对象有交叉。人口学是研

究人口发展及与社会经济相互关系规律的一门科学。研究内容包括：人口发展演变规律、数理人口统计、人口与社会经济发展的关系、人口政策等。其关于人口的生存、人口的发展、人口教育、人口再生产、人口流动等的研究内容与社会保障有很大的交叉，如通常从人口学角度研究的社会保障问题有城乡居民的社会保障制度建立、人口老龄化与养老金制度改革、推迟退休年龄对养老基金及就业岗位的影响、流动人口与社会保障、农民工的社会保障待遇等。而这些问题，都是社会保障学科研究和讨论内容。二是人口学为社会保障学研究提供了一定的理论与方法支撑。人口学与社会保障学同属于社会科学的组成部分，因研究对象上的交叉性，它们的研究方法也有趋同性，人口学中的许多理论与研究方法同样适用于社会保障学的研究。如人口学中关于人口成长理论、人口结构理论、人口发展理论、人口调查与统计方法、生命表技术等，均为社会保障学研究提供了重要的方法支撑。

（三）与经济学的关系

经济学是研究各种经济活动和各种相应的经济关系及其运行规律的学科，其核心思想是物质稀缺性和有效利用资源，由理论经济学和应用经济学两大领域构成。从研究内容上看，理论经济学也有研究社会保障制度、社会保障体系等理论问题，但是相比较，应用经济学与社会保障学研究内容交叉更多，尤其是应用经济学下的劳动经济学通过劳动与社会保障专业专门研究劳动者的就业与社会保障问题。与此同时，基于理论经济学的研究思维和方法在应用经济领域内研究的社会保障问题更加宽泛，比如社会保障筹资、社会保险费率、社会保险基金运营、社会保障待遇水平、财政补贴能力、社会保障精算，社会保障体系建设、社会保障制度优化等。这些问题也都是社会保障学研究的核心议题。因此社会保障学与经济学在研究内容上有交叉。此外，经济学理论与研究方法为社会保障学研究提供了很好的方法论基础。

（四）与金融学的关系

金融学属于经济学的分支学科，主要研究资金融通问题。金融学中的银行学、证券学、保险学、信托学等学科，与经济学的其他分支学科相比较，它们和社会保障学的关系更为直接。首先，它们的基本理论与原理均构成了社会保障学的学科基础。如社会保障基金的管理与投资离不开银行学、证券学和信托学的理论知识；社会保障费率与待遇标准的计算离不开保险学中的精算平衡原理等。其次，它们与社会保障学研究的议题有交叉。如养老保险筹资、养老保险基金、企业年金、健康保险、商业保险与个人年金等,常常是金融学和社会保障学研究的共同问题。第三,从实践看,它们与社会保障相关业务密不可分。社会保障基金的投资工具主要是银行存款、购买有价证券、发放贷款等,这就决定了其与银行、证券等业务关系密不可分。同样,我国企业年金主要采取委托代理方式进行管理与投资,也离不开银行、保险及信托等业务。第四,从学科属性看,金融学与社会保障学均属于交叉学科。由此可见,社会保障学科与金融学具有密切的关系。

（五）与管理学的关系

管理学是系统研究管理活动的基本规律和一般方法的科学,它是适应现代社会化大生产的需要而产生的。管理学着重研究在现有的条件下如何通过合理的组织和如何配置人、财、物等要素,有效提高生产力的水平,实现组织的既定目标。所以管理学其实是一门工具类性质的学科。社会保障的实施以及目标的实现也同样需要科学合理的管理手段和方法。因为社会保障需要国家和经济发展的支持,需要人力、物力、财力等的支撑,以实现保障社会成员基本生活权益的目标,进而促进整个社会的良性发展。管理学中关于计划、组织、领导、控制等基本管理过程和流程,也适用于社会保障管理。尤其是社会保障制度的设计、社会保障基金管理等都要严格遵循管理的基本形式,以保证规范性和科学性,实现社会保障制度的常态稳定发展。

（六）与政治学的关系

社会保障学与政治学的关系非常密切。政治学是专门研究政治行为、政治体制以及相关问题的学科。社会保障理念、社会保障制度的建立、社会保障待遇水平的调整等,常常是政治学研究的议题。其实,在不少西方国家,社会保障问题属于国家福利范畴,进而被划分在政治科学范畴来研究,同时,在这些国家,社会保障也通常被作为政治工具成为政府治理国家的重要手段;另一方面,社会保障学科也通常以政治学的视角来研究社会保障问题,如社会保障对稳定社会、减除社会矛盾等方面的功效研究;政府在建立社会保障制度中的作用和地位即政府与市场、公平与效率的关系研究,等都属于社会保障学中的政治学问题。

（七）与法学的关系

社会保障学与法学的关系非常密切。法学是研究法理、法的现象以及与法相关问题的专门学科。从法的形式角度讲,法学包括宪法、法律、法规以及其他各种形式的成文法和不成文法;而从法的体系角度讲,法学包括宪法、行政法、民商法、经济法、社会法、刑法、程序法以及其他各种部门法等。而从社会保障实践来看，社会保障就是保障福利的提供者与被保障者之间经济利益的法律关系。尤其是基本社会保障制度，即政府、社会或者个人依照某种法的规定为保障的接受者提供制度和政策规定的社会保障利益。在西方国家，一个社会保障制度或者政策的出台，就是一部法律的出台，往往社会保障制度或者政策的推行都是与相应的社会保障法律同步进行。法学为社会保障学奠定了基本的法律知识和理论基础，建立社会保障法的体系离不开法学的基础。此外，社会保障学与法学研究对象也有交叉，如社会保障法问题既是社会保障学研究的对象，也是法学研究的主要内容之一。

（八）与心理学的关系

心理学是一门研究个体的行为及其精神过程的科学。首先，心理学为社会保障学提供了分析问题的理论与方法基础。在社会保障开展过程中，免不了要了解社会保障需求方的心理期望、参保意愿及其参保行为。而这一研究过程，其实就是要用心理学的相关理论与研究方法去把握和掌握参保者对政策的心理意愿及其行为规律。其次，心理学与社会保障学的研究内容有部分交叉。如关于劳动者参保行为及其影响的研究、居民参保的逆向选择问题、居民重复参保的心理动机问题等，这些均与人的心理活动是不可分的，也因此，这些命题常常成为社会保障学和心理学共同关注的议题。总之，社会保障学与心理学有着密切的联系。

（九）与伦理学的关系

伦理学是研究在人类行为和活动中的人与人、人与社会、人与自然等应该如何做的一门集理论与实践于一体的实践哲学学科。伦理学属于哲学范畴，与道德有着极为密切的关系，故也称为道德哲学。伦理学以道德现象为研究对象，不仅包括道德意识现象，而且包括道德活动现象以及道德规范现象等。其所探讨的道德水平与经济发展之间的关系、道德的最高原则和道德评价的标准、道德规范体系、人生的意义、人的价值、生活态度等问题，均为社会保障学研究提供了基本准则，奠定了建立社会保障制度的价值基础。反过来，社会保障部分问题也将成为伦理学研究的对象，如社会保障体系的建立、为老年人提供适当的社会保障待遇和有尊严的生活条件等。在社会保障领域，有越来越多的学者从伦理学的视角研究我国社会保障制度体系建设的公平性问题。

第二节 社会保障学科的发展

一、国外社会保障学科的产生与发展

社会保障学科随着实践的发展而产生和发展。确切地说,社会保障学科最早产生于19世纪中后期的德国。当时德国战乱不断,社会经济发展处于落后而且非常不稳定状态,尤其是大规模的劳资纠纷问题频发,基于此种状况,德国新历史学派和社会政策学者为政府治理社会发展乱象提出了若干政策建议,加强社会福利及社会保险建设即是其中之一。德国社会政策学者认为,实行社会保险,改善劳动者的社会福利,就是增强劳动者的社会安全感和维护劳动者的生存状态,为劳动者解除后顾之忧,进而可以缓解劳资双方的矛盾和冲突,促进劳动者劳动的积极性。这一建言得到了俾斯麦政府的采纳,之后推出了"胡萝卜加大棒的政策",即对于安分劳动、温顺服从的劳动者提供社会保险,对于不服管理、罢工挑衅者采取暴力镇压措施,该做法对平抑社会动荡起到了很大的作用,也产生了世界性影响。在整个19世纪末期乃至20世纪初期,很多国家纷纷效仿,相继建立了适应本国的社会保险政策。在各国对社会保障政策实践过程中,难免会出现许多新的问题甚至纠纷,为解决这些问题,相关领域的官方机构或者人员首先进入了对社会保障问题的研究。如澳大利亚在20世纪初期推出老年医嘱残障保险时,问题不断,进而促使律师和统计部门的工作者展开了对养老金问题的研究。纵观世界各国的社会保障,均是先由实际部门的工作者基于现实需要展开对具体的制度及其相关参数进行研究,继而逐渐演变为学术界基于问题认识、政策分析以及制度变迁等对社会保障展开宏观问题研究,之后随着社会保障政策效应及其功能被社会各界所公认,社会保障才真正作为社会政策,进而上升到公共政策进入政府公共管理范畴。到目前为止,大多数西方发达国家将社会保障学科归之于政治学学科或者公共政策和公共管理学科。

二、我国社会保障学科的产生与发展

我国社会保障学科的发展更是实践推动发展的结果。我国社会保障学科起步较晚,学科理论不够成熟,其对社会保障实践的指导作用相对较弱。按照我国社会保障实践过程,我国社会保障学科发展大体分为以下几个

阶段：

（一）改革开放催生社会保障学科的诞生

改革开放的实质是建立社会主义市场经济体制，而与这一改革相配套的是对我国原有的劳动保险制度进行社会化改革。为此，20世纪80年代中后期，我国开始探索社会保障制度改革的方向：一方面，在国内个别地方开始了试点及调查研究；另一方面不少学者开始对国外，尤其社会保障发展比较早的西方国家进行经验研究。可以说，我国对社会保障问题的研究最早起步于调查研究和国际比较研究。在这之后，随着社会保障改革的必然趋势，加之如何改、怎么改等问题，迫切需要理论给予突破。在这一情势下，国内不少高校一方面展开对社会保障制度建立问题的研究，一方面在学科建设方面增加了社会保障教学内容，或者开设社会保障课程，也有不少高校在劳动经济学科中设置了劳动与社会保障专业等。

（二）社会保障实践推动社会保障学科的发展

随着20世纪90年代初期我国关于统账结合的企业职工基本养老保险试点的推进和逐渐完善，我国陆续开启了企业职工社会医疗保险的试点、工伤保险条例的出台、生育保险制度的建立、失业保险机制的确立等，而这些针对劳动者的社会保险每向前推进一步，都会牵动学术界对之进行热烈讨论，在实践探索与理论研究的相互促进过程中，使得社会保障进入了快速发展阶段。在此背景下，很多高校从最初的设立课程、设置专业，以至到成立系和所等教学和研究机构，将社会保障学科建设纳入整个学科体系中。与此同时，全国各级科研院所也十分关注社会保障领域的研究问题，并纷纷成立和组建有关社会保障研究所、中心等专门的学术机构。可以说，在20世纪90年代末期至21世纪初期，是我国社会保障学科发展最快的阶段，这一阶段正是我国社会保障体系建设的关键时期，也是我国社会保障制度实践最需要理论指导的时期。这一时期，我国社会保障学科建设和学术研究都取得了丰硕的成果，出版了很多相关教材，产生了很多科研成果。其中最具代表性的研究机构，如2000年教育部人文社科重点研究基地——武汉大学社会保障研究中心成立，标志着我国社会保障学科及其研究发展到了新的阶段。该研究中心是我国社会保障领域级别最高、也最有权威性的学术与培训机构，对我国社会保障学科的发展起到了极大的推动作用。2001年该中心出版了一系列社会保障学科主干课程教材，如《社会保障理论》《社会保险》《社会保障国际比较》《社会保险基金管理》等，这些教材在社会保障学界至今都有着重要的影响。

(三)社会保障理论研究促进学科深入发展

随着我国覆盖城乡居民的社会保障制度体系框架的初步建立,社会不仅仅需要精细的社会保障理论指导,也需要更多的社会保障专业人才。因此,社会保障理论研究在向纵深的方向发展的同时,社会保障学科也在不断地壮大,为社会培养各级各类型的社会保障人才。

在社会保障学界,关于社会保障研究的内容几乎覆盖了所有社会保障项目和所有社会保障环节,研究内容的广泛性和专业性,开始促使社会保障学科逐渐壮大成为一门独立的学科。在我国,社会保障作为政府主导的公共政策与管理,被列入到公共管理本科一级学科下的二级学科,与行政管理、卫生事业管理、教育经济管理和土地资源管理等四个学科一起,成为五个公共管理二级学科。不少具有硕、博研究生培养资格的高校,在社会保障本科专业基础上,还设置了社会保障硕士专业、社会保障博士专业,甚至有些博士后流动站也设置有社会保障专业博士后。虽然我国社会保障学科发展起步较晚,但是与国外相比较,我国发展的规模和势头几乎超越了不少发达国家。

当前社会保障实践和建设受到热切关注,受此影响我国社会保障学术领域几乎成为一个热门领域。从事社会保障研究的人员很多,而且都热情高涨,每年全国各地有很多的社会保障学术会议,成为社会保障学界公开交流的平台,使整个社会保障学术领域处于非常活跃和多产状态。2009年由中国人民大学社会保障研究中心主任、全国人大常委委员郑功成教授领衔的全国社会保障30人论坛成立。自论坛成立以来,短短几年内成为国内社会保障学术界最有影响、最有话语权的民间学术组织。该组织几乎集结了国内社会保障领域所有的著名专家。2009年12月份该论坛首次提出并论证设立社会保障一级学科问题,虽然尚未得到国务院学位办的获批,但是其对社会保障学科的发展起到了极大的推动作用。

三、我国社会保障学科发展特点

纵观我国改革开放以来社会保障理论研究与学科发展的历史过程,我国社会保障学科发展大体可归纳为以下几个特点:

(一)实践的需要催生社会保障学科的繁荣

我国社会保障理论研究开始于20世纪80年代中期,更多的是受实践需要的推动而发展,而社会保障实践与理论的研究又催生了我国社会保障学科的发展。可以说,20世纪90年代末期至21世纪初期,是我国社会保障理论与学科发展的繁荣时期。以1986—2007年间国内人文社科领域较有影响的刊物《中国社会科学》《社会学研究》《管理世界》《经济研究》等刊发的有关社会保障文章为例,从其时间分布上看,形成了两个明显的阶段:一是1990—1999年间。这期间四大刊物发表有关社会保障的问题数量较多,尤其1997年发表数量达到了历年的顶峰。1997年,《管理世界》刊发7篇、《经济研究》刊发3篇,《社会学研究》高达11篇,几乎是平均每期发表1篇。而这一阶段是我国深化城镇职工养老和医疗保险制度改革的攻坚阶段,同时也是我国农村社会养老保险大力试点的阶段,正是这种社会实践的需要,推动了我国社会保障理论研究的发展。二是2000—2007年间。四大刊物发表论文相对趋缓,其中2003—2004年形成了第二个小高峰。而这一阶段正是我国十六大后全面建设小康社会、构建和谐社会和建设社会主义新农村的社会发展目标相继提出、各级政府积极践行有关精神以及全面落实的阶段,其中许多有待于解决和完善的问题需要进一步研究,从而引发我国学界对社会保障制度及有关政策的新一轮讨论。

(二)从专题研究走向综合研究

从研究内容方面看,我国社会保障问题研究经历了"综合——专题——综合"的转变过程,总体上看是从专题研究走向综合研究。在我国现代社会保障制度探索建立的初期,由于缺乏现成的理论指导和经验,实践中只好一边摸索,一边向他国寻求经验和启示。在此背景下,学界和实践部门的有关专家通过考察和文献研究,展开了对国外理论与实践的研究。该研究大都着眼于国外社会保障制度模式、制度体系和制度框架,以及社会保障理论和制度设计的理念等,有总体研究,也有专题探讨。在我国社会保障制度框架初步形成后,针对社会保障制度的适应性问题,学界曾一度将大量的注意力集中在城乡社会保障的各个项目建设上。如城市社会保障中的企业职工的养老、医疗、工伤、生育和失业,尤其是养老和医疗讨论得非常多,仍以上文的四大刊物为例,在1986—2007年间,研究养老保险问题26篇,医疗保险问题11篇,而研究工伤保险问题仅有1篇;目前不少学者开始关注城镇居民的社会保障(养老、医疗)等问题;在农村,农村社会养老保险、新型农村合作医疗制度、农村最低生活保障制度、救助与扶贫等问题一直是大家热衷于讨论的问题。在新旧世纪承接之际,农民工、失地农民的社会保障问题已成为学界和社会各界的注意点,目前关于农民工和被征地农民的社会保障问题,大家讨论得很多。但是国家多次强调社会保障要城乡统筹,要构建和谐社会保障,要在2020年实现城乡居民社会保障全覆盖,在这样的目标任务和背景下,社会保障城乡衔接、社会保障体系的统一框架、将各个群体纳入统一制度框架等研究开始多了起来。

(三)从定性分析向实证分析和数量分析转变

从研究方法上看,改革开放初期直至20世纪80年代到90年代,国内有关社会保障的研究大都是以定性方法、比较方法及规范分析方法为主,从城镇企业职工社会保险试点开始到农村社会养老保险的试点,逐渐出现了一些以调查研究为主的实证性分析文章,这些研究大都基于对问题的描述、探寻问题产生的原因,进而针对问题提出解决方法和对策。直到20世纪90年代后,一些从国外回来的学者及国内一些从事保险精算、统计分析、经济计量的学者逐渐转入社会保障领域,才使得社会保障问题研究从定性分析向实证分析和数量分析转变。目前,有关社会保障的精算和数量研究逐渐多了起来,社会保障问题的研究方法取得了较大的突破。近年来,一些工科方法如系统动力学、神经网络技术、灰色系统等逐渐引入到社会保障研究领域。

(四)单一学科研究向多学科交叉融合研究发展

从研究视角上看,改革开放初期有关社会保障问题的研究大都是从社会学角度进行的,从20世纪90年代开始,陆续有学者从经济学、法学、管理学、政治学、人口学等不同学科的不同角度研究社会保障问题。经过30年的社会保障学科发展和理论研究的拓展与演变,到目前为止,不少人文社会科学领域都研究和关注社会保障问题,从而使社会保障学科成为一个多学科交叉的综合性学科。以2007年国家社会科学基金申报与批准立项的情况来看,当年指南受理22个学科,其中哲学、理论经济、应用经济、政治学、社会学、法学、中国历史、人口学等8个学科指南中涉及社会保障的题目共计27个。根据2007年批准立项通知统计,有25项获得立项,其中,理论经济2项;应用经济5项;政治学3项;社会学7项;法学2项;中国历史1项;人口学5项。由此可以看出,我国社会保障问题研究目前已经突破以往以社会学研究为主的单一学科研究情况,正在向经济学、社会学、政治学、法学、人口学等多学科交叉融合趋势发展。

第三节 社会保障学研究内容及理论框架

一、社会保障学的研究内容

社会保障学的研究内容由其研究对象所决定。既然社会保障学是以人类的社会保障实践活动及其发展规律为研究对象,那么就按照社会保障实践所涉及的问题进行梳理,社会保障学的研究内容具体应包括以下方面:

1. 研究社会保障产生和发展演变的规律;
2. 考察社会保障实践的起源、产生与发展的政策演进;
3. 研究社会保障的基本理论与特征;
4. 研究社会保障在社会发展中的地位与作用;
5. 研究社会保障与其他有关社会经济活动的关系;
6. 研究社会保障水平及其待遇标准问题;
7. 研究社会保障模式及其实施问题;
8. 研究社会保障的资金供给、管理及其运营问题;
9. 研究社会保障各个项目设计与安排问题;
10. 研究社会保障各项目之间的协调与关联问题;
11. 研究社会保障管理体制问题;
12. 研究社会保障立法问题。

对于以上研究内容,如果按照研究内容的性质,又大体可以分为以下两类:

第一类是社会保障理论内容。主要包括:(1)社会保障基本理论,如社会保障的基本概念、内涵、特点、功能、基本内容及体系等;(2)社会保障经典理论与实践,如社会保障思想渊源、社会保障理论基础、社会保障理论对社会保障实践影响的经典案例等;(3)社会保障制度体系及模式,如社会保障体系的演变、社会保障体系的形成、社会保障模式及其特点、社会保障模式变迁等;(4)社会保障与其他经济关系,如社会保障与国民收入分配的关系、社会保障与商业保险的关系、社会保障与国民经济中的生产、消费、储蓄、投资的关系等;(5)社会保障管理,如社会保障管理概念、管理模式、管理体制等;(6)社会保障法,包括社会保障法的形式、法的内容、法的制定与出台等。

第二类是社会保障政策内容。主要包括：（1）养老保障政策,如养老保障的概念、特点、基本内容及体系、养老保障模式、养老保障资金的筹资及其可持续性问题等；（2）医疗保障政策,如医疗保障的概念、特点、基本内容及体系、医疗保险模式、医疗保险待遇、医疗保险费用支付方式等；（3）劳动保障政策,如工伤保险政策、失业保险政策、生育保险政策等；（4）社会救助政策,如社会救助理念、社会救助内容、社会救助标准、社会救助功能等；（5）社会福利政策,如社会福利概念、社会福利特点、社会福利性质、社会福利内容、社会福利发展趋势等；（6）住房社会保障政策,如住房保障概念、住房保障体系、住房保障管理等。

二、社会保障学的理论框架

通常,按照一定的划分依据可将以上社会保障学研究的内容进行有逻辑的组合排列,形成社会保障学的理论框架体系。按照划分依据的不同,社会保障学理论框架体系有三种模式,即总论模式、分论模式和混合模式。

（一）总论模式

总论模式的社会保障学理论框架体系,主要按照社会保障管理环节从宏观层面对社会保障学研究的内容进行概括总结,进而形成一个简略的社会保障学概貌。其主要特点是对社会保障总体进行描述、探讨社会保障宏观问题、揭示社会保障发展的一般规律。其基本内容构成如下：

1. 社会保障的产生与发展；
2. 社会保障思想及理论基础；
3. 社会保障基本理论；
4. 社会保障水平；
5. 社会保障模式；
6. 社会保障经办管理；
7. 社会保障基金管理；
8. 社会保障管理体制；
9. 社会保障立法；
10. 社会保障国际比较。

（二）分论模式

分论模式的社会保障学理论框架体系,按照划分依据不同,包括两大分论体系：一是按照社会保障项目类型安排的社会保障学理论框架体系;二是按照保障风险安排的社会保障学理论框架体系。主要按照社会保障项目或者风险,从社会保障政策层面对社会保障学研究的内容进行概括和总结,进而形成社会保障学分论概貌。其主要特点是以政策分析为主,对社会保障项目进行原理和实践性描述、探讨社会保障政策实践的演变规律。

依据保障项目安排,分论模式的基本内容构成如下:
1. 社会保险(含养老、医疗、工伤、生育、失业五大险);
2. 社会福利;
3. 社会救助;
4. 军人保障;
5. 补充保障;
6. 社会互助(慈善事业)。

依据风险安排的分论模式的基本内容构成如下:
1. 养老保障;
2. 医疗保障;
3. 就业保障;
4. 职业伤害;
5. 生育保障;
6. 住房保障;
7. 贫困与救助保障;
8. 社会福利服务保障;
9. 军人保障;
10. 慈善事业。

(三) 混合模式

混合模式的社会保障学理论框架体系,是将上述不同分类依据按照一定的逻辑关系进行套嵌式组合,形成一套非常庞大的理论框架体系,着重对社会保障学研究内容进行全貌式地概括和总结。主要的特点是通过总论与分论相结合的形式,将社会保障的理论与实践、宏观与微观问题相结合,以展示社会保障学科研究的整体性。以下的内容构成就是一个典型的混合模式:
1. 社会保障的产生与发展;
2. 社会保障思想及理论基础;

3. 社会保障基本理论；
4. 社会保障管理；
5. 社会保障立法；
6. 养老保障；
7. 医疗保障；
8. 就业保障；
9. 生育保障；
10. 住房保障；
11. 社会救助；
12. 社会福利；
13. 军人保障；
14. 慈善事业。

需要说明的是，社会保障学是一门关于研究社会保障及其相关问题的既独立又交叉的综合性学科，其研究内容丰富多样，学科理论体系也错综复杂。本教材以上介绍的三种理论框架体系及其相关内容组成仅仅是一种范式描述，具体到不同的社会保障学教材，将会有不同的研究内容安排和逻辑框架。

本章小结

本章重点介绍社会保障学科研究的对象、学科属性以及与其他学科的相互关系，在此基础上介绍了社会保障学学科的发展演变过程，尤其是我国社会保障学科发展的产生及其特点，最后对社会保障学科研究的内容及其理论框架体系进行了探讨。社会保障学的研究内容按照性质划分包括理论性内容和政策性内容，对它们按照不同的依据进行组合安排，可以形成不同的社会保障学理论框架体系，具体包括总论模式的框架体系、分论模式的框架体系和混合模式的框架体系。

复习思考题

1. 社会保障学的研究对象是什么？
2. 社会保障学的学科属性是什么？
3. 简述社会保障学与相关学科的关系。

4. 简述我国社会保障学科产生与发展的过程。
5. 简述我国社会保障学科发展的特点。
6. 简述我国社会保障学研究的内容。
7. 我国社会保障学理论框架体系有哪几种模式？如何安排的？

阅读书目

1. 潘锦棠《社会保障概论》，北京师范大学出版社，2012年。
2. 章晓懿《社会保障学》，上海交通大学出版社，2012年。
3. 张开云、陈雷《社会保障学导论》，暨南大学出版社，2012年。

第二章 社会保障的产生与发展

在中华文明发展的历史长河中,互助互济、扶弱济贫的理论源远流长。早在 2 500 多年前,中国伟大的思想家孔子创立了儒学,其中关于理想社会的学说——大同论中有一段经典的论述,描绘出一个美好社会:"大道之行也,天下为公。"认为"使老有所终,壮有所用,幼有所长,鳏、寡、孤、独、废疾者,皆有所养",这样的社会"是谓大同"。也就是说,在理想的"大同社会"中,应该人人平等,天下为公,老人都能安度晚年,成年人都能充分发挥自己的作用,小孩都能健康成长,老弱病残都能得到供养。这段话可以说是对社会保障最早的描述。本章以此为始,详细论述社会保障产生的原因和条件、社会保障在世界各国的发展,并对社会保障的改革趋向进行归纳。期望通过上述学习,能对社会保障的由来和发展有一个全面的认识。

第一节 社会保障产生的背景

目前,在全球 225 个国家和地区中,有 172 个建立了社会保障制度。"社会保障"一词,源自英语的 Social Security,意为社会安全。作为一个专用术语,最初出现于 1935 年美国国会通过的《社会保障法案》,法案在美国建立起了一套较完整的社会保障制度。1941 年第二次世界大战硝烟正浓,美英两国首脑在大西洋的一艘军舰上会晤,并发表了著名的《大西洋宪章》,这个文件在论及社会问题时两次使用了"社会保障"概念,社会保障一词引起全世界的关注。1944 年国际劳工组织举行第 26 届国际劳工大会,会议发表了《费城宣言》,宣言中接受并使用了"社会保障"概念。战后,1952 年国际劳工组织在日内瓦举行第 35 届国际劳工大会,会议于 6 月 28 日通过了著名的第 102 号公约,公约题为《社会保障最低标准公约》,社会保障一词开始被国际社会广泛运用。

各国对社会保障有多种具体定义。国际劳工组织综合各国情况,将社会保障概括为:"社会通过采取一系列公共措施,以保护其成员免受因疾病、生育、工伤、失业、伤残、年老和死亡造成的停薪或收入大幅度减少而出现的经济损失及社会贫困,并对其社会成员提供医疗照顾和对有子女的家庭提供津贴。"这一定义显示了社会保障的三大基本特征:第一,社会保障是由社会提供的援助,不同于家庭成员之间的相互帮助;第二,社会保障援助来自公共措施,一般由政府主导,不同于私人的慈善行为;第三,社会保障提供的是经济援助,一般不包括精神抚慰等社会援助。

一、社会保障产生的原因

简单来说,社会保障产生的原因是社会、经济、政治等要素发展的产物。任何保障产生的最根本原因,均在于保证社会成员的基本生活需要。而人的需要是有层次的,一般地,人的需要被分为生存需要、发展需要和享受需要三个基本层次。

生存需要是一种最低层次的需要,它以物质生活资料为基本内容,如衣、食、住等,主要用于维持劳动力的简单再生产,其中包括本人及其家属的需要。发展需要是比生存需要更高层次的一种需要,是指全面发展劳动者本人及其家属的体力和智力的各种需要,它保证了劳动力扩大再生产的顺利进行。享受需要是指在满足了前两种需要的基础上的一种更高生活质量的需要,这种需要不仅包括物质方面的,更多的还包括精神方面的。

这三种层次的需要并不是在任何生产力状况和社会经济形态下都可以得到满足。因此,对以上三种需要,一部分社会成员总是在某个时候得不到满足。这是因为在所有的社会生产和社会生活过程中,都不可避免地会面临包括经济风险在内的各种风险。社会保障制度需要应付的主要是经济风险,而经济风险产生的原因大致有三种:第一是自然原因,如人的生、老、病、死等因素导致人类不能正常进行劳动,生活得不到保障;第二是社会原因,如人们对社会环境的不适应、各种社会意外事故、人口的少子化与老龄化等,都是使社会成员面临经济风险的社会原因;第三是经济原因,如企业破产、个人失业等,是生产活动和生活活动本身面临风险的经济因素。

为了弥补社会成员在遭遇经济风险时所受到的损失、伤害或避免这些风险的发生,以保证社会成员的基本需要得到满足,就有必要采取相应的保障措施。个人自我保障就是其中一种手段,包括个人储蓄、个人投保等。但是,这种保障方式由于存在着实施范围小、短视行为以及信息不对称等因素,其保障功能具有相当大的局限性,仅仅依靠它们,一部分人还是无法应付各种经济风险。正是在这种情况下,产生了社会保障,并具有其存在的必要性。由于实施社会保障的主体是国家,其实施对象是全体社会成员,因此,所有社会成员依靠社会保障机制就能渡过各种经济难关。

二、社会保障产生的条件

社会保障产生的条件不仅有思想条件,还有经济条件和社会条件。经济条件是指社会生产力发展到一定水平,社会有一定的剩余产品可供扣除和储存,并建立一个较为完善的调节收入分配制度。社会条件是指社会成员之间产生的对立和矛盾,这种对立和矛盾的发展已经影响到社会稳定。同时,随着经济条件与社会条件不断具备,社会保障思想也就应运而生,即社会或国家应该承担应付社会成员所面临的各种经济风险的责任。社会保障产生的条件具体表现在以下六个方面:

第一是实现了生产的社会化。生产的社会化表现为生产资料使用的社会化、生产过程的社会化以及产品生产的社会化。生产的社会化不仅带来了劳动方式、交际方式、分配方式、活动方式的变化,同时也导致社会结构、家庭结构等发生了一系列变化,还引起了许多新的社会问题和社会矛盾。在现代社会化生产过程中,由于机器的使用、机械化程度的提高和化学工业等的发展,职工的伤残、事故、职业病、中毒等事件经常发生,这些因素制约着劳动者本人及其家属再生产的继续。同时,劳动方式的变化、专业技术要求的提高等也促使劳动者退出生产领域,变成失业者和退休人员。这些都会导致劳动者失去生活来源,最终将会成为一个严重的社会问题。

第二是收入水平差距的不断扩大。随着市场经济的发展,社会成员之间在收入水平上的差距不断拉大,这是因为市场经济遵循着优胜劣汰的竞争规律。但是,这种效率原则往往与社会公平相矛盾。而社会不公平程度的加剧,最终必然会导致社会不稳定。为了保证社会公平,就需要采取某种机制来缩小社会成员之间收入水平上的差距。

第三是家庭功能的弱化。生产的社会化促使家庭的生产职能开始退化,并导致家庭结构发生变化,核心家庭越来越多。在农业社会中,家庭既是消费单位,又是生产单位,同时也具有教育、养老等功能。伴随着生产的社会化,家庭由生产实体变为消费实体,家庭的功能大大缩小。工业化社会条件下的家庭,主要依靠工资收入维持生计,一旦收入中断,其生活就会陷入困境。因此,传统的家庭保障方式在不同程度上逐步失去了其存在的基础。同时,生活社会化的组织程度也在逐渐提高,教育、卫生等都逐步成为社会的公共事业,走上了社会化发展道路。这些变化都要求保障的社会化。

第四是社会生产力的发展。社会生产力的发展促使社会财富大量增加,这就为社会保障提供了物质基础。同时,人们的需求呈现出内容多样化和需求水平不断提高的趋势。人们对基本生活需求已经不再单指维持生存要求,基本生活标准也在不断提高,并不断更新其含义。因此,社会成员的保障在制度内容、实施对象、支付标准等各个方面都必须适应社会的发展水平。所以,社会财富的增加不仅为社会成员的社会保障奠定了物质基础,同时也规定必须采取社会保障方式来利用这些资源。

第五是社会稳定的需要。随着生产力的发展和生产的社会化,劳资矛盾和对立日趋激化。机器生产方式的采用、化学工业等对劳动者人体有害产业的发展,不仅带来了工作环境的恶化、工作安全性的下降,严重损害了劳动者的身体健康,而且也导致了失业人员的增加以及贫困问题的进一步加重。这些变化都使职工对工作单位乃至对整个社会产生不满,最终可能引起社会动荡。为了稳定社会,从而使社会经济顺利得到发展,有必要实行社会保障制度。而且,稳定社会也是社会保障制度产生的直接原因之一。

第六是社会保障思想基础的存在。社会保障思想的渊源在社会保障产生之前就早已存在。随着社会经济的发展,从直接维护社会稳定需要出发,许多学者、专家开始从理论角度探讨社会保障这一问题。最初是从慈善角度来分析国家举办社会保障的必要性,后来又从人权角度来研究这一问题,认为国家有责任保证每个公民维持一定生活水平的权利,即举办社会保障是国家保障每个公民的一种责任。此后,随着社会经济的发展,其他社会保障思想不断产生。正因为存在着社会保障思想,社会保障才应运而生。

第二节 社会保障制度的建立与发展

一般认为,英国是社会保障的发源地,产生的时间是在17世纪初,最初的社会保障内容是社会救济。因此,从内容上来讲,社会保障的实施是从社会救济开始的,其产生的标志是 1601 年的《伊丽莎白济贫法》,又称为旧《济贫法》(Pool Law)。现代意义的社会保障制度,以社会保险为主要内容,建立于 19 世纪 80 年代的德国,其主要标志是 1883 年的《疾病社会保险法》、1884 年的《工伤事故保险法》和 1889 年的《老年和残疾社会保险法》。第二次世界大战以后进入快速发展时期。

一、社会保障制度的萌芽阶段(1601—1882 年)

(一) 产生的背景

封建社会向资本主义社会过渡过程中,教权衰落和王权兴起,意味着更多的保障责任将从教会转移给政府来承担。封建社会后期,在英国等西欧国家,教权与王权关系的主线逐步由合作转为冲突,经过长期的斗争,特别是随着资本主义的兴起和宗教改革运动的深入,教权逐渐削弱而王权得以加强。比如,1536 年英王亨利八世为避免教会和世俗政权分庭抗礼,就曾下令没收修道院的财产并分给其随从,这一举措抽掉了教会提供社会服务的相当或大部分资源。因此,世俗政权在战胜教会权力的同时,也不得不继承了封建社会时期主要由教会承担的社会保障等社会责任,逐步建立起由政府推动施行的扶贫机制。

社会保障制度发祥于实现工业化最早的英国,它是以社会救济的形式出现的。其原因在于英国当时发生了以下两件大事:

第一,从 16 世纪至 17 世纪,在农村,地主贵族通过大规模的圈地运动剥夺农民土地,使大批农民背井离乡,沦为乞丐和流浪者,其中相当一部分农民进入了城市。而在城镇,由于工作机会有限,在流入城镇的农民中,相当一部分没有找到工作,结果沦为贫困者。圈地运动虽然改变了英国土地制度,促进了英国资本主义经济的发展,但同时也使大批农民成为贫困者。许多人被迫与自己的生产资料相分离,变成了无产者,并被抛向劳动力市场。

第二,在城镇发生了产业革命,大机器生产代替了手工业生产。由于两者之间在技术、劳动生产率等方面存在着巨大差异,手工业生产无法与大机器生产竞争,这样就造成了大量的手工业者失去了原来的工作。同时,这些手工业者又没有大机器生产所要求的技术,因此,其中相当多的手工业者无法从事大机器生产,从而使这些人失去了生活保障。这些成为失业人员并沦为贫困人员的农民和手工业者聚集在一起,对政府和社会极其不满,同时造成抢劫、偷盗等一系列治安问题。这些都构成了对政府统治的威胁,并造成了社会的不稳定。因此,一方面,这些贫困人员需要社会或国家来救济;另一方面,社会出现了不稳定,影响了政局的稳定,为了稳定政局,有必要采取某种措施来保障这些人的生活。在这种背景下,英国于1601年颁布并实施了《伊丽莎白济贫法》。

18世纪,圈地运动经过英国议会批准而合法化,使更多农民成为贫困人员。1723年,为了减轻国家在社会救济方面的财政负担,英国颁布法律,并要求各地设立济贫院,同时也要求在济贫院外进行救济。19世纪初期,随着产业革命的进一步发展和资产阶级政治力量的不断壮大,英国资产阶级终于在1832年掌握了政权。一方面,由于济贫费用逐年增加,国家财政不堪重负;另一方面,旧《济贫法》已经不适应当时的发展形势,已经暴露出它的局限性,需要新的法律来代替它。在这种背景下,英国议会根据1817年和1832—1834年《济贫法》调查委员会的报告,在1834年通过了《济贫法》修正案,我们通常把它称为新《济贫法》。

在这个阶段,社会保障的实施国家仅仅局限于英国、法国、德国等少数国家,社会保障的主要内容是社会救济,主要是通过国家干预来解决贫困问题。

(二) 主要内容

1601年旧《济贫法》的主要内容包括以下几个方面:第一,为有劳动能力的人提供劳动机会;第二,资助老人、盲人等失去劳动能力的人,为他们建立住所;第三,组织贫困人员和儿童学习技术;第四,建立特别征税机关,从比较富裕的地区征税补贴贫困地区;第五,提倡父母与子女的社会责任。

通过旧《济贫法》的实施,英国在一定程度上解决了贫困问题,但随着农村圈地运动的深入和城镇产业革命的发展,上述内容已无法保障贫困人员的生活,并危及政府的统治,妨碍工业化的发展。因此,英国于1834年颁布了新《济贫法》,它与旧《济贫法》的根本区别在于,新《济贫法》认为保障公民的生存是国家的一项义务,救济不是消极行动,而是一项积极的福利措施,并由经过专门训练的社会工作人员从事此项工作。因此,从这个意义上说,新《济贫法》的颁布和实施,标志着英国社会救济的性质发生了质的变化,即加强了政府在社会救济中的作用和行为。这种转变意味着英国社会救济的重点不再仅仅局限于济贫,防贫也是它的一项重要内容。

因此,新《济贫法》在内容上要比旧《济贫法》更加丰富和完善。而且,通过它的实施,对贫民实行社会救济,安定了社会,对英国当时的资本主义发展作出了很大贡献。同时,对欧洲其他工业化国家在建立社会保障制度方面也产生了重大影响。在英国颁布与实施旧《济贫法》、新《济贫法》的同时,欧洲其他一些国家也发生了与英国类似的情况,即圈地运动和产业革命导致了大量贫困人员的产生。这些国家同样也面临着英国所需解决的问题,即为了社会稳定和发展资本主义经济,需要国家对贫困人员实行救济。在这种情况下,这些国家也纷纷颁布与实施本国的《济贫法》,建立社会保障制度。

在这一阶段,包括英国在内的工业化欧洲国家在实行社会保障制度时,都确立了以国家为责任主体的政府社会救济原则;同时,政府在全国范围内普遍实行社会保障制度,从而在其实施对象上实现了普遍性。这样,以国家为责任主体和实施对象、具有普遍性的社会保障制度从此在世界上开始被确立起来。

二、社会保障制度的确立阶段(1883—1944年)
(一)社会保险制度的确立
1. 产生的历史背景

这个阶段的社会保障制度是以社会保险制度的确立和社会保障的法制化为特征的,实施的主体包括了所有的发达资本主义国家。社会保险制度的产生以德国1883年颁布的《疾病社会保险法》为标志,其产生的原因有以下几个方面:

第一是德国工人运动的迅速发展。到19世纪中叶,随着资本主义市场经济的发展,劳动条件和环境日益恶劣,工伤事故经常发生,工人收入微薄。工人对此非常不满,从而加深了劳资矛盾,工人运动时有发生。同时,随着马克思主义思想在工人中的广泛传播,工人运动迅速发展,阶级斗争十分尖锐,当时的德国已经成为欧洲的政治中心之一。德国的俾斯麦政权在镇压工人运动失败之后,转而采用"胡萝卜"的软化政策,以缓和劳资矛盾。

第二是德国新历史学派的产生。当时,在德国,由于劳资矛盾已经成为最严重的社会经济问题,为了解决这个问题,德国新历史学派应运而生。它的基本思想是主张劳资双方合作和实行社会改良政策。其具体政策主张是,国家直接干预经济生活,承担起"文明与福利"的责任,国家的法律和法规至上并是决定经济发展的基本因素。在此基础上,该学派主张国家必须通过立法,实行包括社会保险在内的一系列社会政策,自上而下地实行经济与社会改革。但是,该学派同时又认为,包括劳资矛盾在内的经济问题必须同伦理道德联系起来才能解决。俾斯麦政权认同并采用了该学派的基本政策主张。

第三是为了加快德国的工业化发展和对外扩张。1871年,德国实现了全国统一,并得到了普法战争中大量的战争赔款。在这种条件下,德国努力加快国内经济的发展,谋求欧洲霸主的地位。俾斯麦首相认为,要实现这个目标,首先必须比较圆满地解决本国当时已非常尖锐的劳资矛盾,安抚好国内民众。正因为德国处于这种形势和环境之下,所以,德国开始颁布法律,并首先实施社会保险制度。

2. 社会保险制度的建立

德国于1883年颁布了世界上第一部社会保险法律,即《疾病社会保险法》;1884年颁布了《工伤事故保险法》;1889年又颁布了《老年和残疾社会保险法》。以此为标志,世界上开始有了社会保险制度。这一系列法律在德国的颁布和实施,对其他欧洲工业化国家产生了重大影响。

此后,奥地利、瑞典、匈牙利、丹麦、挪威、英国、法国等欧洲国家也先后实施了社会保险制度。瑞典于1891年开始实行疾病保险,1913年实行老年保险;法国于1898年开始实行工伤保险;俄国于1903年实行工伤保险;英国于1908年通过了《养老金法》,并于1911年制定了《国民保险法》;等等。英国于1911年颁布的《国民保险法》是世界上第一部社会保险方面的综合性法律,它把英国以前实行的单项社会保险法律统一起来。在此之前,世界上虽然出现了许多社会保险法律,但都是单项法律。

(二)《社会保障法案》的诞生

1. 诞生的历史条件

社会保障制度于17世纪初就已经产生,并在此后得到了很大的发展。虽然在此期间,西方发达国家都是通过国家立法来推行社会保障制度,但是,这些法律都是关于社会救济和社会保险方面的单项法律,缺乏综合性。而真正具有综合性特征的社会保障法律是美国于1935年颁布的《社会保障法案》(Social Security Act),它是世界上第一部关于社会保障方面的法律,而且也第一次使用了"社会保障"这个词。《社会保障法案》首先在美国诞生,应该说有它的必然性。

第一是经济萧条的发生。20世纪30年代,资本主义世界发生了严重的经济危机,而这次世界性经济萧条最早产生于美国。1929年10月24日,美国纽约证券市场陷入恐慌和崩溃,从此,经济萧条席卷了整个资本主义世界。美国的生产急剧下降,大量企业破产,大批工人失业。

第二是工人运动的大规模爆发。由于发生了严重的经济危机,美国爆发了多次大规模的工人运动,要求提供失业救济和社会保险,劳资矛盾非常尖锐,这已经影响到了社会稳定。而且,当时世界上已经产生了第一个社会主义国家即苏联,社会主义运动和马克思主义思想在美国得到了广泛传播。这不仅加深了劳资矛盾,而且使当时美国的罗斯福政府意识到这个问题的严重性。

第三是凯恩斯主义的诞生。为了稳定资本主义经济,凯恩斯主张国家干预,实现充分就业。他认为,经济危机起源于社会有效需求不足,有效需求不足又是由未充分就业导致的,而亚当·斯密主张的自由主义经济无法实现充分就业,必须依靠国家干预经济才能达到充分就业。因此,凯恩斯主张国家实行财政赤字政策、增加社会福利开支、举办公共事业等,扩大社会支出,从而提高社会有效需求。

2.《社会保障法案》的主要内容

1933年,罗斯福出任总统后,为了摆脱经济萧条,缓和劳资矛盾,重振美国经济,接受并采纳了凯恩斯主义的政策主张,制定并实施了"新政"。"新政"强调国家干预经济生活,其主要手段是刺激社会总需求,而实行和完善社会保障制度是提高社会总需求的重要手段之一,并用法律的形式把它固定下来。在这种形势下,美国颁布了《社会保障法案》,这也标志着美国现代社会保障制度的诞生。

在这个法案中,规定了美国当时的社会保障项目有五个,即老年社会保险、失业社会保险、盲人救济、老年救济以及未成年人救济。此后,《社会保障法案》经过多次修改,逐步增加了社会保障项目,提高了社会保障支付水平。但是,即使发展到今天,由于美国的社会保障制度具有强调个人责任的特征,因此,与其他发达国家相比,无论是在社会保障项目上,还是在社会保障支付水平上,都存在着一定的差距。例如,在发达国家中,美国是唯一没有实行全民基本医疗保险的国家。

而且,在这个阶段,美国建立了以社会保险和社会救济为核心的社会保障制度,其目的是为了提高居民的个人消费能力,刺激社会总需求,这符合当时资本主义国家生产相对过剩的情况。也就是说,它是在反经济危机的情况下建立的,这与建立社会救济制度和社会保险制度的前两个阶段有着明显的区别,与美国的情况不同,英国1601年与1834年分别颁布的旧《济贫法》和新《济贫法》以及德国在19世纪80年代制定的一系列社会保险法律,其目的在于消除贫困,缓和阶级矛盾。

另外,进入20世纪以后,一直到第二次世界大战爆发,除了美国以外,其他一些西方发达国家也在不断建立和完善本国的社会保障制度,但在这一阶段,社会保障制度发展的重点之一在于增加社会保险项目和提高社会保险支付水平。

三、社会保障制度的全面发展阶段(1945—1978年)

(一)历史背景

第二次世界大战以前,虽然社会保障在资本主义各国发展很快,但仍然是不完善的。这主要表现为社会保障项目少,支付标准相对较低。第二次世界大战以后,在资本主义各国,社会保障事业发展迅速,进入了一个崭新阶段,即充实阶段或黄金阶段。

1. 经济发展的黄金时期为社会保障的发展奠定了基础

第二次世界大战以后,资本主义各国的经济飞速发展,进入了一个所谓的"黄金时期"。在这个阶段,资本主义各国政府把政策的重点由原来的"一切为了战争"转向恢复本国经济、治愈第二次世界大战所带来的创伤上,而且战争结束后的和平也为各国大力发展国民经济创造了良好的外部环境。在这种形势下,资本主义各国,包括农业生产在内的整个社会生产的社会化程度明显提高,整个国民经济保持着持续、高速增长,国家财政收支状况得到了很大改善,国力大大增强。这种经济的高速增长,为社会保障的发展打下了坚实的物质基础。

2.《贝弗里奇报告》的影响

贝弗里奇接受英国政府的委托,组织一个小组对英国当时的社会保障制度实施状况进行了调查,于1942年提出了《社会保险及其有关服务》(Social Insurance and Allied Services),又称《贝弗里奇报告》(Report by Sir William Beveridge)。提出这份报告时,正处于第二次世界大战期间,英国政府当时忙于战争,因此,这份报告并没有立即发挥作用。但是,第二次世界大战结束后,由于这份报告对英国当时的社会保障制度提出了尖锐的批评,并提出了如何改革社会保障制度的基本理念,因此,对以后英国在完善社会保障制度方面产生了重大影响。

这份报告所产生的影响主要是通过英国工党来实现的。1945年工党上台执政以后,将维持充分就业、扩大社会福利和实现收入的均等化,作为社会发展目标,并且认为国家必须承担起保障公民福利的职责。因此,工党政府采纳了《贝弗里奇报告》中的一些政策主张,颁布和实施有关社会保障方面的法律,完善英国的社会保障制度。而且,这份报告的影响不仅仅局限于英国,对整个资本主义世界社会保障制度的建设均产生了非常深远的影响。

3. 社会主义阵营的形成

苏联在1917年成为世界上第一个社会主义国家之后,虽然社会主义思想对资本主义世界带来了很大的冲击,但真正形成社会主义阵营并与资本主义阵营相对抗是在第二次世界大战结束以后。第二次世界大战以后,出现了一批社会主义国家,社会主义思想在整个资本主义世界得到了广泛传播,并且社会主义各国都以保障全体国民的生活利益作为立国的基本目标。这对资本主义社会的生存构成了很大威胁,而且在资本主义各国,整个国民经济的危机周期间隔越来越短,资本主义社会内部的矛盾越来越为政府和公众所认识。这些都促使资本主义各国政府重新思考本国的社会保障制度。另外,在欧洲的一些资本主义国家,社会民主党相继执政,而社会民主党在不同程度上实行了改良主义的社会保障政策。

(二)社会保障发展特征

受《贝弗里奇报告》的影响,1948年7月英国宣布建成了"福利国家"。又受英国的影响,瑞典、荷兰、挪威、法国、意大利等国纷纷仿效发展和完善本国的社会保障制度。可以说20世纪50年代和60年代是"福利国家"发展的鼎盛时期。在这一阶段,社会保障的发展具有以下一些特征:

第一,社会保障的理论基础从"劳资斗争说"转向"社会功能说"。第二次世界大战之前,基本上是从"劳资斗争说"角度来研究资本主义社会保障,解决劳资矛盾是研究社会保障的一个基本出发点。但是,第二次世界大战之后,高福利国家的社会保障基本上是在长期经济发展的基础上,在社会民主党执政时期建立起来的。而坚实的物质基础和社会民主党的政治立场改变了传统认识,转向从"社会功能"角度来看待社会保障,并明确提出社会保障是现代文明社会应具有的一种制度。因此,所有社会保障制度和计划都是从社会功能角度来制定的,社会保障制度开始成为一个独立的社会功能体系。

第二,实施对象从原来的城市劳动者扩大到全体社会成员。在这个阶段,社会保障已经成为国家的一种社会发展目标,许多国家提出了满足公众"从摇篮到坟墓"的社会保障计划,并强调社会保障增长与经济增长应当有机地保持平衡。因此,社会保障不仅为有特殊困难的群体提供现金和进行实物救济,而且还发展成为公众福利服务的各项制度。随着社会保障项目的不断扩大,社会保障的实施对象也从原来的一部分人转向所有社会成员。也就是说,社会保障被视为所有社会成员都能够享受的一种权利。

第三,社会保障项目的全面性。第二次世界大战之前,资本主义各国的社会保障制度虽然发展迅速,但总的来说,在内容上比较零星分散,主要是以劳动者为实施对象。但是,第二次世界大战之后,随着其基本理念的变化和实施对象的普遍化,社会保障制度开始走向全面化、体系化,其内容包括老年、遗属和残疾养老保险、失业保险、工伤保险、家属津贴、医疗和保健服务、教育等各类项目。

第四,社会保障事业成为一个独立的社会分工体系。这一阶段的社会保障由于在内容上实现了全面性和在实施范围上具有普遍性,完全成为一项全社会成员参与并与他们密切相关的事业,并且无论在征收费用还是在支付待遇等方面,都实现了社会化。而且,在资本主义各国,有些国家将社会保障制度作为一个产业来发展,有一支专门从事社会保障工作的职业队伍。因此,社会保障制度在实现体系化的同时,实际上形成了一个独立的职业分工群体。

四、社会保障制度的改革和调整阶段(1979年至今)

(一) 背景

从17世纪初社会保障制度产生开始,资本主义社会保障制度的发展一直处于一个迅速上升时期,无论是在社会保障项目上,还是在支付标准上,都在不断得到提高和完善。20世纪70年代末以后,资本主义各国开始对本国的社会保障制度进行改革或调整,也就是说,进入了一个崭新的阶段。其改革或调整的原因有以下几个方面:

第一是经济萧条的发生。20世纪70年代的两次石油危机直接给主要发达资本主义国家带来了经济危机,而这一时期的经济萧条又是以经济发展停滞与通货膨胀并存为特征的。这种经济萧条给整个资本主义世界在经济、社会以及政治方面带来了很大冲击。人们开始寻找产生这种经济萧条的根源，最终认为当时的社会保障制度是其中一个重要原因。这是因为当时过高的支付待遇以及过于充分的保障项目，给国家财政、单位以及公众个人都带来了沉重负担。这不仅导致了国家财政直接投资于经济建设资金的减少或投资比重的下降，而且过重的社会保障费用负担也使得单位用于扩大再生产的资金减少，同时也导致了国民个人直接用于消费的可支配收入减少。结果，人们认为，当时的社会保障制度已经阻碍了国民经济的发展，或者说这种社会保障制度已经超越了经济的承受能力。

第二是造成劳动积极性的下降。由于过于完善的社会保障制度助长了一些人所谓"人人为自己，国家为人人"的思想，因此，直接造成了一部分人的懒惰行为。一部分人即使具有劳动能力并能够找到工作，但这些人的生活依赖于较高的社会保障待遇。这种状况给正在工作的人也带来了很大的负面影响，过于完善的社会保障制度使得现役劳动者不得不负担较重的社会保障费用，养活一批懒汉，这使得现役劳动者对整个社会产生了不满，结果导致他们的劳动积极性下降。这种干多干少一个样和收入差距不大的现象，使得更多的人依赖于社会保障。这不仅加深了现役劳动者与依靠社会保障生活的人之间的对立情绪，而且对整个经济的发展也产生了非常消极的影响。

第三是社会保障管理效率低下。许多资本主义国家，对社会保障往往采取政府集中管理模式。随着社会保障项目的增加和社会保障实施范围的扩大，参与社会保障管理的人数不断增多，社会保障管理机构的规模也日趋扩大。这些都造成了用于社会保障管理的费用迅速增长。但是，另一方面，社会保障管理效率则逐步下降，社会保障管理人员的服务质量也日趋恶劣。这种国家财政在社会保障管理上投入增加和服务质量下降的状况，导致了整个社会的不满，人们要求改革社会保障管理体制的呼声日趋高涨。同时，这种状况又导致了人们对投资和储蓄热情的下降，引起资金外流和人才外流，国内投资减少。这加重了国内已存在的严重失业，加深了贫困问题；反过来，这又要求增加社会保障支出，加重了国家、单位和国民个人的社会保障费用负担。这种恶性循环阻碍了国民经济的发展。

(二) 改革或调整措施

在这种形势下，改革社会保障制度的呼声在整个资本主义世界日趋高涨，无论是政府官员、学者、专家还是普通国民，都意识到社会保障制度已经到了非改不可的地步。因此，许多资本主义国家为了摆脱经济萧条，为了恢复公众对社会保障制度的信任,对社会保障制度和政策进行了调整与改革。在这种改革浪潮中,英国和美国是其中比较典型的两个国家。1979年,撒切尔夫人上台执政以后,对英国的社会保障制度进行了大幅度的改革和调整,试图改变英国从前"福利国家"所带来的弊端。1981年,里根就任总统后,对美国的社会保障制度也进行了实质性改革,实施新联邦主义,实行联邦政府与地方政府分级管理的社会保障;或者说,把以前属于联邦政府负责管理的一部分社会保障下放给州等地方政府,同时由地方政府来承担高比例的社会保障费用。在这种改革浪潮中,社会保障的发展具有以下几个特征:

第一,强调社会保障水平要适应国民经济的发展。从17世纪社会保障制度诞生起,社会保障就处于一个较快的上升时期,这主要是由经济的发展、政治体制的变革以及价值观念的变化等因素所引致的。其中一个重要原因就是经济发展所带来的国民生活水平的提高,对国家提出了保障每个公民更高生活水平的要求。但是,在社会保障制度发展过程中,忽视了社会保障与经济发展之间存在着一种互相依赖、互相促进的关系,尤其是忽略了社会保障对国民经济发展的阻碍作用,而仅仅偏重于社会保障对国民经济发展的促进功能以及国民经济发展对社会保障发展的促进作用。

第二次世界大战结束后,资本主义各国纷纷加快完善本国的社会保障制度,社会保障水平已经超越了国民经济发展水平,或者说超过了经济发展水平的承受能力。结果使国家财政在社会保障方面的负担加重,在一定程度上阻碍了国民经济的发展。随着20世纪70年代世界性经济萧条的爆发,人们进一步认识到社会保障的发展必须与国民经济的发展相适应。因此,在随后的社会保障改革中,资本主义各国注意纠正过去社会保障与经济发展不相适应的状况,具体措施表现为对一部分社会保障项目实行私有化、降低社会保障支付水平等。

第二,强调国家、单位和个人三者负担,注重个人责任。关于国民的生活保障,在许多资本主义国家,过去比较偏重于国家责任,也就是说通过建立完善的社会保障制度,从国家财政中拨出大量的资金用于社会保障,从而保障每个公民的一定生活水平。正是基于这种认识,在许多资本主义国家,财政用于社会保障的资金,无论从绝对份额还是从相对份额来看,都一直处于增长状态。但是,随着人们对过高的社会保障水平会阻碍经济发展的清晰认识,在改革社会保障制度时,也开始更加注重个人在自己生活保障中的责任和作用,更加协调国家责任与个人责任之间的平衡,纠正过去两者之间的失衡状况。实际上,这一点也与削减国家财政对社会保障方面的过重负担、纠正社会保障水平超出社会发展水平紧密相关。为了削减国家财政对社会保障过重的负担,必须注重个人责任,这样才能实现上述目标。因此,在降低国家财政对社会保障支出水平的同时,必须提高个人在社会保障方面的负担水平。具体措施有:提高个人的缴费比率或提高社会保障税率,减少国家财政支出;建立多层次的保障体系,降低社会保障的支付水平等。

第三,着手解决社会保障基金收支失衡问题。一方面,在资本主义国家,人口老龄化程度都比较高,随着人口的老龄化,社会保障支出额也在不断增加。另一方面,由于人们在结婚、生育观念上的变化,出现了少子化现象,随着年轻人数量的减少,负担社会保障费用的人数也随之减少。结果,导致了社会保障基金收支不平衡的状况。为了维持社会保障基金收支平衡,最终导致国家财政在社会保障方面投入的不断增加。因此,为了改变国家财政负担过重的状况,许多资本主义国家在改革社会保障制度时,都进一步重视社会保障基金的收支平衡。

第三节 社会保障制度在中国的建立与发展

一、新中国成立以前的社会保障制度

在中华人民共和国成立之前,国民党政府于1931年颁布了《工厂法》。此后,又对职工医疗、工伤、死亡、养老和生育等分别作出了规定。但是,由于我国民族资本主义经济的软弱,再者帝国主义列强及官僚买办对这些法规采取了消极抵制的措施,这些规定并没有得到真正实施。

中国共产党在创建革命根据地政权后,开始制定和实施社会保障措施。自1932年1月1日起,在革命根据地开始实施《中华苏维埃共和国劳动法》,该法在职工的医疗、老年、残疾、死亡、失业等社会保障方面都作出了规定。但是,由于该法盲目照搬苏联的做法,与当时的经济状况相比,社会保障支付标准过高,不符合当时的实际情况,因此,并没有真正发挥作用。

1933年10月15日,革命根据地重新公布了修改过的《中华苏维埃共和国劳动法》。该法规定,社会保险的实施范围包括所有的企业职工,各单位每月向社会保险局缴纳工资总额5%—20%的劳动保险费,并由劳动部

规定了各项社会保险待遇的具体支付标准。该法对发展根据地的经济,巩固根据地政权,发挥了积极作用。

1948年12月27日和1949年2月28日,东北行政委员会吸取了根据地的实践经验和苏联的做法,开始实施《东北公营企业战时暂行劳动保险条例》及其《试行细则》。这些法规规定,公营企业每月缴纳标准工资总额3%的劳动保险费,其中30%的保险费进入总劳动保险基金,用于调剂;70%的保险费进入各企业的劳动保险基金,用于各种劳动保险待遇的支付。

二、计划经济体制下的社会保障制度

(一)计划经济体制下的社会保障制度内容

中华人民共和国成立以后,全国统一的社会保障制度开始形成,主要包括社会保险、社会救济、社会福利和社会优抚。

1. 社会保险

1951年2月26日,当时的政务院颁布了《中华人民共和国劳动保险条例》。该条例规定,劳动保险的实施范围包括各类企业职工,其内容主要有养老、医疗、工伤和生育。同时规定,各类企业每月缴纳标准工资总额3%的劳动保险费,其中30%的保险费进入总劳动保险基金,用于调剂;70%的保险费进入各企业的劳动保险基金,用于各种劳动保险待遇的支付。此后,随着国民经济迅速恢复,1953年2月26日,又颁布了《中华人民共和国劳动保险条例实施细则修正草案》,适当提高了各项支付标准,并对各项规定进行了具体化。

新中国成立初期,对国家机关、事业单位与企业的社会保险分开实施,单独制定政策,单独管理。20世纪50年代末,国家机关、事业单位与企业的社会保险最终得到了统一,其具体规定与以前的企业社会保险基本相同。

进入"文化大革命"以后,原来的社会保险制度的管理部门即工会被解散,各单位的劳动人事部门成为社会保险的具体管理部门。1969年2月,我国停止了劳动保险费的缴纳,各项社会保险待遇成为各企业的营业外列支。

"文化大革命"结束后,由于养老金支付标准偏低等原因而无法满足职工基本生活的需求,我国对养老金支付标准等进行了调整,提高了社会保险待遇。

2. 社会救济与社会福利

新中国成立初期,社会救济分为城市社会救济和农村社会救济,其主要任务是医治战争创伤,安定人民生活,稳定社会秩序。城市社会救济的对象主要有贫民、失业人员、无业人员及孤、老、残、幼和烟民等,农村社会救济的对象主要包括灾民、难民等。20 世纪 50 年代中期,在原来的社会救济对象中,大部分人的基本生活得到了解决,社会救济的对象在城市主要是孤、老、残、幼,社会救济不仅要解决他们的基本生活问题,而且要与社会思想改造相结合。这个时期的社会救济分为定量、定期救济与临时救济两种,并开始实行"五保户"救济政策。这种社会救济体制一直延续到 20 世纪 80 年代。

我国在新中国成立初期就建立了社会福利体制。社会福利的实施范围主要包括老人、儿童、残疾人等特殊群体,建立起各种儿童福利院、孤儿院、养老院等社会福利设施。此外,政府还大力发展以全社会成员为对象的公共福利设施。

3. 社会优抚

社会优抚是我国一项特殊的社会保障制度,它的实施对象是军人及其家属。实际上,这项制度在新中国成立以前就已经存在,在新中国成立以后得到了迅速发展,并不断完善。我国相继颁布和实施了《中华人民共和国兵役法》《关于军队干部退休的暂行规定》以及《军人抚恤优待条例》等。这些法律、法规都明确规定了军人的养老金、伤残者及其家属和死亡者家属的生活保障标准。

(二) 计划经济体制下的社会保障制度特征

总体上看,计划经济体制下的社会保障制度,具有以下特征:

1. 实施范围不大

我国传统社会保障制度的一大特征就是实施范围窄,其实施对象主要是城镇居民,农村居民基本上不属于其实施对象。在社会保险制度中,其实施对象局限于城镇企事业单位和机关的劳动者,非劳动成员不属于其实施对象,而且,能够享受社会保险待遇的主要是国有单位的劳动者。与此同时,在社会救济中由于享受条件非常严格,社会救济对象的数量也非常有限,相当多的贫困人员无法享受社会救济待遇。除了住房等少数领域之外,社会福利享受的人数也比较有限,大多数人很难享受到较高的社会福利待遇。

2. 保障水平低

我国传统社会保障制度的另一大特征就是社会保障支付水平比较低。在相当长的时期里,养老金支付水平都比较低,甚至在某一时期或者在某些单位出现了无法享受养老金的情况。在医疗保险制度中,虽然实行公费医疗,但是,在所属单位管理条件下,医疗费无法报销的情况时有发生,这实际上降低了医疗保险金的支付水平。在生育保险和工伤保险中,与国外相比,也存在支付水平偏低的情况。

在社会福利制度中,也同样存在待遇偏低的情况,如城镇居民的住房面积小,许多城镇居民在结婚时分不到住房。由于各级财政力量有限,社会救济水平也很低,因此,难以维持贫困居民的基本生活水平。

3. 制度不公

这首先表现为城乡居民之间的不公平。城镇居民具有比较完善的社会保险制度和社会福利制度,但农村居民除了少数人能享受社会救济金和一部分人能享受农村合作医疗保险待遇之外,绝大多数人没有被纳入到社会保障的实施范围之内;其次表现为劳动者与非劳动者之间的不公平。这一点在社会保险制度和社会福利制度中表现得尤为明显,非劳动人员没有资格享受社会保险待遇和分配住房的权利;最后表现为国有部门与集体部门之间的不公平。往往国有部门的劳动者可以享受较高的社会保障待遇,而其他部门的劳动者只能享受较低的社会保障待遇。

三、改革开放以后的社会保障制度

20世纪80年代初期,作为国有企业改革的配套措施,以企业退休费用社会统筹试点为标志,开始了我国社会保障制度的改革。1986年,针对劳动合同制工人建立了养老保险制度和待业保险制度。1993年,明确了建立社会保障制度的总体目标、基本原则和主要任务,确立了基本养老保险和医疗保险的制度模式,开始了社会保障制度的全面改革。经过一系列探索实践,20世纪90年代中后期相继在城镇建立了养老、医疗、失业、工伤、生育保险制度和最低生活保障制度。2000年以来,先后组织开展了完善城镇社会保障制度试点、新型农村合作医疗试点、城市医疗救助试点、扩大失业保险基金支出范围试点、城镇居民基本医疗保险试点,各项社会保障制度不断完善,并逐步向农村拓展,社会保障事业进入统筹城乡、全面发展阶段。经过多年努力,我国社会保障制度体系框架基本形成,覆盖范围逐步扩大,基金支撑能力逐步增强,管理服务体系逐步健全,对保障人民群众基本生活、维护改革发展稳定大局发挥了重要作用。

(一)社会保障体系框架基本形成

以20世纪80年代初开始的企业职工退休费用社会统筹试点为起点,

我国先后启动了养老、失业、生育、工伤和医疗保险制度改革。经过一系列试点探索,各项社会保障制度相继建立并逐步规范和完善,基本养老保险制度于1997年实现了统一,2005年进一步完善了有关制度规定和政策措施;城镇职工基本医疗保险制度于1998年开始全面建立,2003年以来,先后开展了新型农村合作医疗试点和城镇居民基本医疗保险试点;国营企业职工待业保险制度于1986年建立,1999年颁布《失业保险条例》,对制度进行了调整和完善;工伤保险制度于1996年开始试行,2003年颁布《工伤保险条例》,进一步完善了工伤保险制度;生育保险制度于1994年开始试行,有关制度和政策措施不断完善;最低生活保障制度于1999年首先在城市建立,2007年扩展到农村地区。

2008年以来,我国的社会保障制度建设取得突破性进展,填补了多项社会保障制度建设空白,已有的制度得到进一步完善。社会保险法颁布实施,建立和完善了城镇居民基本医疗保险、新型农村合作医疗、新型农村社会养老保险和城镇居民社会养老保险、农村最低生活保障、城乡医疗救助等重要制度,实现了由单位和家庭保障向社会保障、由覆盖城镇职工向覆盖城乡居民、由单一保障向多层次保障的根本性转变。目前,城乡基本养老保险制度全面建立,全民医保基本实现,社会救助体系基本形成,社会保障基本实现制度全覆盖。

(二) 参保范围逐步趋向全覆盖

改革开放以来,社会保障制度不断打破所有制和身份界限,向各种所有制经济组织和各类人群拓展,不断扩大制度覆盖面,稳步提高待遇水平,使越来越多人民群众得以共享改革发展成果。各项社会保障覆盖范围不断扩大。随着改革的深化和多种所有制成分的出现,各项社会保障制度覆盖范围逐步从国有企业向各类企业、从正式职工向全体就业人员、从城镇居民向城乡居民扩展。2012年底,全国参加城镇职工基本养老保险、基本医疗保险、失业保险、工伤保险和生育保险人数分别为3.04亿人、5.36亿人、1.52亿人、1.90亿人、1.54亿人,分别比2007年底增长50.9%、140.2%、30.7%、56.0%、98.6%;新型农村社会养老保险和城镇居民社会养老保险参保人数达到4.84亿人,新型农村社会合作医疗参合人数达到8.05亿人,经常性救助对象和享受国家抚恤补助的优抚对象每年达到9 100万人,城乡低保对象基本实现应保尽保。同时,中央和地方财政安排专项资金,集中解决了一批历史遗留问题,帮助地方将关闭破产国有企业未参保退休人员全部纳入城镇职工基本医疗保险,并统筹解决其他关闭破产企业退休人员和困难企业职工纳入医疗保险问题;将国有企业"老工伤"人员纳入工伤保险统筹管理;将未参保集体企业和"五七工""家属工"等群体纳入养老保险。2012年末,参加各项养老保险人员达到7.9亿人,除已有其他养老保障制度安排的(机关事业单位和军队等)人员、不在养老保险制度覆盖范围内的(少年儿童和高中及以上在校学生)人员,尚未参加养老保险的人员约为1.9亿人;参加各项医疗保险人员超过13亿人,基本医疗保险覆盖人口已达95%以上。

(三)城乡居民基本生活得到有效保障

社会保障制度改革作为国有企业改革的重要配套措施,在30多年的改革发展中,通过采取一系列有针对性的政策措施,切实保障下岗、失业职工和离退休人员的基本生活和基本医疗需求,解决了体制转轨带来的突出历史遗留问题,有力地支持了国有企业改革。一是在国有企业改革脱困和经济结构调整时期实现并巩固了"两个确保",为顺利推进国有企业改革和经济结构调整、维护改革发展稳定大局做出了历史性贡献;二是建立"三条保障线"。在分流安置国有企业富余人员过程中,为了与"两个确保"政策相衔接,1998年以来各地建立了相互衔接的国有企业下岗职工基本生活保障、失业保险和城市居民最低生活保障制度,使国有企业改革和经济结构调整得以平稳推进;三是切实保障了下岗失业人员和退休人员的基本医疗需求,维护了职工的基本权益和社会稳定,使改革得以顺利进行。

连续8年调整企业退休人员基本养老金,2012年全国企业退休人员人均基本养老金每月1 721元,是2007年的1.86倍。开展了门诊统筹,逐步提高基本医疗保险报销比例,各级财政对城镇居民基本医疗保险、新型农村合作医疗补助标准从每人每年40元提高到2012年的240元以上,城镇职工基本医疗最高支付限额由职工年平均工资的4倍提高到6倍;城镇居民基本医疗、新型农村合作医疗的最高支付限额分别达到居民年人均可支配收入、农民年人均纯收入的6倍以上。失业保险金、工伤保险金、生育保险待遇进一步提高。这五年城乡低保实际救助水平分别提高了137%、188%,农村"五保"、优抚对象抚恤和生活补助标准明显提高。社会保障水平的提高,为改善人民生活,使更多的人分享经济社会发展成果创造了有利条件。

（四）社会保障制度运行基本平稳

坚持顶层设计、统筹兼顾、量力而行,着眼于可持续发展,建立和完善社会保障制度。各级政府加大对社会保障的财政投入,社保基金收支和管理进一步规范,通过做实个人账户、探索基金投资运营等途径,社保基金规模不断扩大。2012年城镇五项社会保险基金总收入、总支出和累计结余规模分别为2.85万亿元、2.21万亿元和3.54万亿元,分别比2007年增长163.3%、179.7%和214.1%。目前全国社会保障基金总规模为1万亿元。社保基金规模的扩大,抗风险能力增强,进一步夯实了社会保障制度平稳运行的物质基础。

（五）社会保障公共服务体系基本建立

伴随各项社会保障制度的建立和完善,社会保障事业的管理体制逐步理顺,组织体系逐步健全,各项基础建设和能力建设逐步加强,为广大人民群众和企事业单位提供高效便捷的服务,减轻了企业事业单位的社会事务负担。一是实现了各项社会保障待遇的社会化发放,杜绝了企业因资金紧张而挤占拖欠养老金的问题。医疗、失业、工伤、生育等保险待遇的结算和发放事务也相继从企业中分离出来,改由专门的社会保障经办机构进行支付与发放;二是按照建立独立于企业事业单位之外的社会保障体系和政事分开的要求,普遍建立了独立于企业事业单位之外的社会保障经办、管理和服务体系。目前已形成了以各级社会保险经办机构为主干、以银行及各类定点服务机构为依托、以社区劳动保障工作平台为基础的社会保障管理服务组织体系和服务网络,并逐步向乡镇、行政村延伸。规范化、信息化、专业化建设积极推进。金保工程建设初见成效,建立了中央、省、市三级网络,并全部实现了省、部联网。2012年末,全国社会保障卡持卡人数达到3.41亿人,基本实现了企业离退休人员的社会化管理。

第四节 社会保障制度的发展趋向

经济发展是社会保障的物质基础,社会保障制度的发展趋向总是与经济发展状况紧密相连的。进入20世纪70年代以后,出现了世界性的经济大萧条,人们对此进行了反省和思考。通过分析研究以后,人们认为当时的社会保障制度已经脱离了实际情况,更确切地讲,过于慷慨的社会保障制度已经成为阻碍经济发展的一个重要因素。

与这种观点相吻合的是新自由主义思想的重新抬头,它带有反凯恩斯主义的浓厚色彩,由此,凯恩斯主义国家干预理论的主导地位开始动摇。这种新自由主义思想的基本理念是自由和竞争,强调自由主义和有限政府,主张自由的市场经济和重视自由的竞争机制,反对计划经济和国家干预。

正是在这种背景下,世界各国纷纷开始改革社会保障制度。在这种改革中,许多国家都是主要围绕应对人口老龄化和削减国家对社会保障的财政负担而展开的,而且在公平与效率之间更加重视效率。

一、西方发达国家社会保障制度的发展趋向

(一)开源节支措施

由于人口的老龄化和少子化等因素,许多发达国家的社会保障支出总额呈现出快速增长的态势,但另一方面,社会保障基金来源表现出无法实现同步增长的趋势。这种情况造成了国家财政在社会保障上的负担不断上升,但社会保障基金收支仍然无法保持平衡。其结果是,大量的国家财政支出被用于社会保障事业。这种情况在一定程度上阻碍了国民经济的发展;同时,社会保障制度面临着崩溃的压力。在这种情况下,许多发达国家采取了开源节支的措施。

在开源方面,主要采取了以下三项措施:第一是提高社会保障费(税)率。这是增加社会保障基金来源的最直接的手段。例如,英国、法国等国家都不同程度地提高了雇主和雇员的缴费水平。第二是提高或取消社会保障缴费基数的上限,这也是扩大社会保障基金来源的一个重要办法。在许多发达国家,社会保障缴费的基数并不是全部工资而是工资的一部分,并且都设定了一个缴费上限。提高或取消缴费基数上限,实际上是扩大了缴费的基数,从而提高了社会保障缴费水平。第三是新开征社会保障收入所得税。过去,在许多发达国家,为了体现社会保障制度的优惠政策,往往对社会保障收入都免征个人所得税。现在,英国等国家新开征社会保障收入所得税,尤其是失业保险金和养老金的个人所得税,其税收全部进入社会保障基金。

在节支方面,主要采取了以下三项措施:第一是缩小社会保障支付范围。许多发达国家从支付的"普遍性原则"改为"有选择性原则",重点帮助真正需要社会保障待遇的人。第二是降低社会保障支付标准。一些社会保障项目的支付水平过高,已经带来了许多负面影响。例如,失业保险金的支

付标准太高,使得一些人不积极寻找工作等。第三是制定严格的享受社会保障待遇的条件。例如,提高养老金享受条件之一的领取年龄,缩短失业保险金的领取期限等。

(二) 部分社会保障项目的私有化

长期以来,社会保障项目的数量呈现出不断增加的趋势,政府不断加强社会保障管理,行政部门在这种管理中占有主导地位。这种情况不仅导致了国家财政在社会保障方面的负担越来越重,而且管理机构不断膨胀,管理人员快速增多,但其管理效率无法提高,甚至有所下降。社会保障管理费用的增加进一步加重了社会保障方面的国家财政负担,管理效率低下和服务质量低劣引起了国民的普遍不满。

在这种情况下,许多发达国家开始对一部分社会保障项目的管理实行私有化,具体内容包括以下三个方面:第一,把一些原来由国家举办的社会保障项目,让私营机构来参与经营和管理。私营机构在政府的宏观调控下,根据自由市场竞争机制来经营养老院等社会福利设施,其目的之一是为了提高管理效率和服务质量。第二,社会保障基金的投资运行私有化,即改变过去由政府主导社会保障基金的投资运行并严禁私营机构参与的做法,为了提高基金投资运行的收益性,开始允许或扩大私营机构来参与基金的投资运行。第三,放宽社会保障基金投资于高风险金融工具的限制,提高其比例。过去,许多发达国家对社会保障基金投资于高风险金融工具(如股票、海外债券等)都规定了一个上限,其目的是为了规避风险。但是,随着资本市场的成熟和完善,为了提高基金投资的收益性,许多发达国家开始放宽这种上限和限制。

(三) 改变基金的财务机制

为了应对和解决社会保障基金收支失衡问题,少数发达国家开始转换社会保障基金的财务机制,即从原来的现收现付制改为部分积累制。这种转换主要体现在基本养老保险制度上,如美国于1983年把以前的现收现付制转换为部分积累制。这是由于与现收现付制相比,积累制或部分积累制具有容易应对人口老龄化和少子化的优势。

与这种基金财务机制转换相联系的,是给付确定制向缴费确定制的过渡。长期以来,许多发达国家采用了给付确定制,其目的是为了保证国民的基本生活,但这种制度也具有容易造成国家财政负担过重的弊端。为了改变社会保障方面国家财政负担过重的状况,一些发达国家开始采用缴费确定制。这是因为缴费确定制与给付确定制相比,具有不容易导致国家财政负担过重的优点。

(四)重视多层次的保险体系

削减社会保障项目,降低社会保障支付水平,固然能起到缓解政府财政负担的作用,但是这又会损害许多国民的生活质量。因此,为了寻求更好的解决问题的方法,许多发达国家开始重视多层次的保险体系。多层次保险体系的建立主要表现在社会保险领域,尤其集中表现在养老保险制度和医疗保险制度方面。具体来说,一方面,通过改革,适当地降低和维持基本养老保险和基本医疗保险的支付标准,把它们的保障维持在国民基本生活水平上,这样可以减轻国家财政负担;另一方面,通过发展企业年金和补充医疗保险以及个人养老保险和个人医疗保险,可以保障许多国民较高的生活水平。

正因为如此,长期以来,虽然对企业年金等实行自愿原则,但最近几年,越来越多的发达国家开始采用强制性加入原则。通过强制性加入,发挥第二层次即补充保障的更大作用。

二、拉美各国社会保障制度的发展趋向

在发展中国家,拉美各国尤其是巴西和阿根廷是建立社会保障制度较早的国家之一,它们在 20 世纪初就开始构筑社会保障体系,目前也是具有相对完善社会保障体系的发展中国家。过去,拉美国家在发展社会保障的过程中,受到西方发达国家的影响比较大,建立的社会保障制度无论在具体内容上,还是在实施模式上,都与这些国家很相似。但是,在社会保障制度的发展过程中,拉美各国也遇到了很多问题,尤其是随着人口的老龄化和少子化,传统的社会统筹模式导致了国家财政在社会保障方面的负担越来越重;同时,社会保障基金收支越来越失衡,使得其制度面临着崩溃的压力。在这种情况下,拉美各国在 20 世纪后半期纷纷开始改革社会保障制度。

(一)重新采用积累制

拉美各国在 20 世纪初建立了积累制的社会保障模式,但由于各种原因,都存在巨额赤字,不得不从积累制方式转换成现收现付制方式。1981年,智利开始改革社会保险制度,重新建立起积累制的社会保险制度。具体来说,就是建立养老保险的个人账户,并实行完全积累制,对基金管理与投

资实行商业经营化。随着智利改革的成功,其他拉美国家也纷纷仿效智利的改革模式,从现收现付制向完全积累或部分积累制转换。在智利,这种转换的结果是社会保障基金规模大幅度增长并进入资本市场运行,对国民经济的发展产生了积极影响。同时,改变了国家财政在社会保障方面负担过重的状况。但是,这种转换给智利带来了"双重负担"问题,即已经领取养老金者的养老保险费用、年轻人自己在将来领取养老金的养老保险费用。对于这个问题,智利通过国家财政拨款来解决已经领取养老金者的养老保险费用;年轻人则通过自己缴费,其费用进入个人账户并不断积累,从而解决自身在将来的养老金问题。另外,除了智利之外,其他拉美国家的这种改革似乎并没有取得预期的效果。

(二)商业化经营管理与投资

拉美各国改变从前由国家统一管理社会保障的模式,开始走商业化经营的道路。第一,在全国范围内建立一定数量的基金管理公司,负责管理全国的养老保险事业。这些基金管理公司都是独立的法人单位,实行自负盈亏、独立核算和自我发展。第二,每个国民可以根据每个基金管理公司的经营业绩,自由选择基金管理公司,并把自己的养老保险基金委托给它经营和投资。第三,基金管理公司为每个投保者建立一个专门的个人账户,雇员与雇主每个月缴纳的养老保险费以及养老保险基金投资所取得的收益一起存入该账户。第四,国民退休后想得到养老金,可以有三种选择:首先是选择用个人账户中的积累资金购买商业保险公司的即期养老金,其次是通过选择暂时养老金和延期终身人寿保险来得到养老金,最后是领取由基金管理公司支付的计划养老金。

这种管理模式具有以下几个特征:第一是管理上的私营化,每个公民的养老保险业务全部由私营基金管理公司负责管理;第二是基金投资与运行的资本化和市场化,大量的养老保险基金进入资本市场并进行运行,其收益率完全由市场行情来决定,同时促进了资本市场的发展和完善;第三是政府的宏观管理,政府不直接管理养老保险的具体业务,而是间接地进行管理,主要是在政策、法规上实行宏观管理;第四是个人负责制,每个国民虽然具有自由选择基金管理公司的权利,但基金收益性的高低完全由每个人自己负责。

三、俄罗斯和东欧国家社会保障制度的发展趋向

东欧国家过去仿效苏联的社会保障模式,建立了本国的社会保障制度。

但是,这种制度面临着国家财政投入越来越多,而国民的社会保障待遇却得不到改善的局面。在俄罗斯和东欧国家,20世纪90年代初期,以政治制度和经济体制等改革为契机,对社会保障制度进行改革,而这种社会保障制度改革在很大程度上受到了西方国家和世界银行等国际机构的影响。

(一) 完善法制

俄罗斯和东欧国家在转制以后,出台和完善了社会保障方面的法律和法规。具体表现在以下三个方面:第一是失业保障。转制以前,在传统的社会主义基本理念下,由于不存在失业现象,也就没有失业保障。但是,转制以后,失业保障成为社会保障的一个重要内容。第二是居民最低生活保障。转制以前,虽然存在一些社会救济措施,但是,由于基本上不承认社会主义社会存在贫困问题,因此,可以说,社会救济体制是不完善的。转制以后,带来了深刻的贫困问题,而且,这个问题不断表面化。正是在这种背景下,这些国家纷纷开始建立和完善居民最低生活保障体制。第三是社会福利。转制以前,这些国家也实行了一些社会福利政策,但转制以后加强了社会福利制度的完善。

同时,俄罗斯和东欧国家对社会保障管理体制进行了改革,从原来的高度中央集权管理方式逐步改为分散式管理。具体来说,就是强化地方政府对社会保障管理的权限,让它们负担起更多的管理责任。这实际上是与整个俄罗斯和东欧国家的政治、经济体制改革紧密相关的。

(二) 强化保险原理

在转制以后的社会保障制度改革过程中,俄罗斯和东欧国家为了减轻国家财政在社会保障方面的支出,把社会保障支付水平仅仅局限于保障国民的基本生活上,强化了保险原理。具体表现在以下两个方面:第一,向单位和职工个人征收各种社会保险费,并形成各种社会保险基金,基本养老金、基本医疗保险金等社会保险金从原来的政府财政支出改成从各种社会保险基金中支付;第二,为了满足各种收入层次的国民需求,大力提倡建立多层次的保险体系。所谓"多层次的保险体系",主要是指基本保障(第一层次)、补充保障(第二层次)和个人保障(第三层次)。随着市场经济的建立和发展,俄罗斯和东欧国家通过立法,开始构筑第二层次和第三层次的保险体系,并取得了一定成效。

这种多层次的保险体系,与西方发达国家一样,主要表现在养老保险制度和医疗保险制度方面。这与这些国家不断建立和完善市场经济体制有关,或者说,市场经济体制的建立使得这种多层次的保险体系在这些国家建立成为可能,并与这些国家的人口老龄化与少子化紧密相关。

（三）实行一部分私有化管理

在改革基本养老保险制度的过程中,这些国家废除了原来的现收现付制,引进了积累制。这就使得基本养老保险有大量的基金积累,为了保证保值、增值,必须对这种积累基金进行投资和运作。而委托给私营机构来从事这方面的业务,一般可以提高其管理效率和投资效益。同时,俄罗斯和东欧国家开始对第二层次与第三层次的保险制度实行私有化管理,即由私营基金管理公司负责管理第二层次和第三层次的保险制度。这些国家通常把这两个层次保险制度的管理,委托给专门的基金管理机构或一般的金融机构,如商业保险公司,并为每个投保人建立"一人一账户",为每个公司构筑"一公司一基金"的体系。这种管理体系具有简单、透明度高的特征,便于广大国民接受。迄今为止,俄罗斯和东欧国家的市场机制由于不完善和不成熟,还不能真正发挥应有的作用,尤其是资本市场不成熟,一般国民不具有专门的现代金融知识。在这种情况下,采用这种管理模式,有利于把基金投资的风险控制在较低的范围之内。

同时,俄罗斯和东欧国家为了把社会保障基金的投资风险控制在最低限度之下,都采取了社会保障基金投资组合的办法,并对其作出了投资限额的规定。例如,匈牙利、波兰等国家把社会保障基金投资项目分为各个风险等级。

另一方面,实行私有化管理必然会带来风险问题,这是因为私营机构追求的是利润最大化,因此,有时会发生私营机构的行为与大众利益相冲突的情况。这就需要对这种管理模式加强监管。俄罗斯和东欧国家在这方面主要是借鉴和吸取了拉美国家的经验与教训,建立起相对独立的基金监管机构。这种监管机构的职责主要在于审批基金管理公司,监督基金管理公司的投资运行状况,检查基金管理公司的行为有无违反国家的有关政策、法规和法律。

四、我国社会保障制度的发展目标与趋向

当前,我国社会保障体系建设进入了关键时期,党的十七大明确提出,到2020年基本建立覆盖城乡居民的社会保障体系。我国社会保障体系建设还面临着城镇化和人口老龄化带来的巨大挑战,有许多体制性、制度性的重大问题亟待解决,改革和发展的任务十分艰巨。

1. 管理体制分割。城乡医疗保险分别由不同的部门管理,制度、机制间缺乏衔接和协调,存在重复参保和政府重复补贴、机构重复建设、资源浪费等问题。社会保险费征收体制不一,征收机构由省级政府各自确定,导致社会保险管理环节脱节。社会保险的统筹层次仍然不高,不利于在更大范围分散风险。城乡低保、医疗救助与社会保险之间需要统筹安排和搞好衔接。

2. 待遇差别较大。城乡间、不同群体间社会保障待遇差距仍然较大,不同群体内部和之间相互攀比,成为影响社会稳定的因素。

3. 基金长期平衡及保值增值压力大。社会保险基金目前收大于支。但据测算,到2050年我国每4个人中就有一个老年人。人口老龄化对养老保险和医疗保险影响巨大,将导致社会保险基金收支缺口逐步扩大,制度运行存有隐患。目前,结余积累的社会保险基金只能存银行、买国债,投资渠道窄,保值增值困难。

4. 管理服务体系不能适应发展的要求。随着社会保障制度覆盖人群的快速扩大,特别是向农村的延伸,基础建设薄弱、人员配备不足、能力建设滞后的问题越来越突出。

2012年,党的十八大报告提出全覆盖、保基本、多层次、可持续的社会保障工作方针,把"广覆盖"调整为"全覆盖",要求实现人人享有基本社会保障的目标。首次提出以增强公平性、适应流动性、保证可持续性为重点的社会保障制度改革原则,具有很强的针对性和前瞻性。增强公平性,就是要更好地体现制度的公平性,实现城乡各类群体的全覆盖,逐步提高社会保障的总体水平,着力缩小城乡差距和地区差距,同时注重"机会公平",坚持公平与效率、权利与义务、统一性与灵活性相结合,增强社会保障的激励约束机制;适应流动性,就是要更好地适应人员跨城乡、跨地区、跨就业形态流动的形势,稳步提高各险种的统筹层次,整合城乡社会保障制度,完善社会保险关系转移衔接办法,推进社会保障规范化和标准化管理,实现社会保障的城乡统筹和区域统筹,促进人力资源合理流动;保证可持续性,就是要更加注重制度的长期稳定可持续运行,既要立足当前,着力解决现实突出问题和历史遗留问题,又要着眼长远,通过做实个人账户、实现基础养老金全国统筹、扩大社会保障基金筹资渠道等途径,夯实社会保障的物质基础,建立社会保障制度长期稳定运行的长效机制。党的十八大报告为我国当前及今后一段

时间的社会保障重点任务指明了发展方向,具体如下:

1. 统筹推进企业和机关事业单位社会保险制度改革。在进一步完善企业社会保险制度的同时,积极稳妥推进机关事业单位社会保险制度改革,实行单位与个人缴费、统账结合的基本制度,建立基本养老金待遇与缴费长短和多少的更紧密联系的激励机制,实行适合机关事业单位特点的补充养老保险办法,实现企业与机关事业单位各项社会保险制度的有效衔接,实现新老制度的平稳过渡。

2. 整合城乡居民基本养老保险和基本医疗保险制度。把新农保和城镇居民养老保险整合为城乡居民基本养老保险制度,把新农合和城镇居民基本医疗保险整合为城乡居民基本医疗保险制度,实现城乡居民在这两项基本制度上的平等和管理资源上的共享。

3. 逐步做实养老保险个人账户,实现基础养老金全国统筹。更好地体现我国养老保险社会统筹和部分积累相结合的制度要求,在确保当期养老金发放的前提下,进一步做实个人账户,探索新的筹资来源,完善做实办法。实现基础养老金全国统筹,厘清中央与地方政府的责任,进一步统一规范养老保险制度,实现养老保险关系在全国范围内顺畅转移接续,更好地发挥社会统筹的调节作用,更好地保障退休人员和老年居民的基本生活。

4. 建立兼顾各类人员的社会保障待遇确定机制和正常调整机制。研究合理确定社会保障待遇水平的科学方法,实现社会保障待遇的正常调整,使保障水平持续、有序、合理增长。继续提高企业退休人员基本养老金,坚持和健全"多缴多得,长缴多得"的机制。在全面实施新农保和城镇居民养老保障制度的基础上,稳步提高基础养老金待遇水平,并向高龄老人适当倾斜。逐步提高基本医疗保险最高支付限额,推进居民医保、新农合门诊医疗费用统筹,逐步将门诊常见病、多发病纳入保障范围。在提高整体水平的同时,要合理界定各类群体的待遇差距,发挥社会保障调节社会分配的功能,逐步形成各类人员社会保险待遇的合理关系。

5. 扩大基金筹资与强化基金管理。任务目标是扩大社会保障基金筹资渠道,建立社会保险基金投资运营制度,确保基金安全和保值增值。为此,首先要扩大和开辟新的社会保障资金筹资渠道,建立社会保障战略储备基金,进一步充实已经建立的全国社会保障基金,以有效应对我国人口老龄化问题,实现社会保障基金的长期平衡;其次,社会保险基金关系参保人员的切身利益,是参保人员的养命钱和保命钱,既要确保各项待遇当期支付和基金安全,切实加强基金监督,又要加快建立社会保险基金投资运营制度,拓宽基本养老保险基金投资渠道,探索新的基金投资运营方式,努力实现保值增值。

6. 加快健全覆盖城乡居民的社会保障经办管理体制和便民快捷的服务体系。要进一步理顺社会保障行政管理体制,建立与统筹层次相适应的社会保险经办管理体制,更加有效地利用各种管理资源;要加快社会保障规范化、信息化、专业化建设,规范和优化社会保障管理服务流程,推进标准化建设,实行精确管理,提高管理服务水平,加快推行社会保障卡,努力实现为城乡所有参保人员"记录一生,保障一生,服务一生"的目标。

本章小结

本章阐述了社会保障产生的背景以及社会保障产生的原因和条件,介绍了社会保障在资本主义国家和社会主义国家的形成原因和条件,以及几个发展阶段及其背景,分析了社会保障制度发展的最新动向,介绍了欧美国家、拉美国家、俄罗斯和东欧国家以及我国社会保障制度改革的基本方向。

复习思考题

1. 为什么人类社会产生社会保障制度?
2. 社会保障产生的条件有哪些?
3. 西方社会保障制度的发展经历了哪几个阶段?有哪些重要标志?
4. 简述我国社会保障制度建立的基本过程。
5. 近年来我国社会保障制度改革的主要内容是什么?

阅读书目

1. 郑功成《社会保障》,高等教育出版社,2007年。
2. 乔治·E·雷吉达《社会保险和经济保障》(第六版),经济科学出版社,2005年。
3. 尼古拉斯·巴尔《福利国家经济学》,中国劳动和社会保障出版社,2003年。

第三章 社会保障理论思想

社会保障制度的建立有其基本的理论依据。本章将从早期社会保障制度思想、现代社会保障制度理论思想以及经典的社会保障理论及其影响三个层面给予全面的阐述。通过本章学习,可以系统地了解基本的社会保障理论思想以及这些理论思想对社会保障制度建立的影响。

第一节 早期的社会保障思想

一、中国古代的社会保障思想

(一) 大同社会论

儒家思想是我国古代主流的意识形态,其倡导的大同思想包含了丰富的社会保障思想。大同社会论产生于公元前 500 多年前,经过 2 000 多年的继承和发展,对中国的社会影响深远。孔子在《礼记·礼运》中描绘了"大同社会":"大道之行也,天下为公,选贤任能,讲信修睦。故人不独亲其亲,不独子其子;使老有所终,壮有所用,幼有所长,鳏、寡、孤、独、废疾者皆有所养;男有分,女有归。贷恶其弃于地也,不必藏于己;力恶其不出于身也,不必为己;是故谋闭而不兴,盗窃乱贼而不作,故外户而不闭。是所谓大同。"为我们描述了一个相当清晰的理想社会轮廓。

《礼运》中的"大同思想",是被孔、墨、孟、荀等共同认可的思想,也是对中国古代理想社会的一种概括。其中除了孔孟思想外,还包括荀子的爱民养民的"王道"观点,更含有墨子的"兼爱"理论:"老而无妻子者有所侍养,以终其寿;幼弱孤童之无父母者有所放依,以长其身。"这表明,大同社会并非某一时期或某一个人偶然发现,而是人类一种共同的长期不懈的追求,它在各种不同的学派之间可以拥有相同的思想理论基础。正因为如此,"大同思想"才能广为流传,使其成为世代人所共同追求的理想,并始终被后人称赞。

大同社会的最高理想是天下为公,政治上则主张社会民主,选贤任能;经济上主张社会公有制,生活上实行社会统一分配,各得其所;在生产方面则是人人尽自己的努力去劳动,所有的社会成员均有生活保障等。可见,大同社会论的核心内容既涉及到社会制度,更包含了丰富的社会保障思想,这种思想甚至比柏拉图在《理想国》中描述的社会,更能直接地体现社会保障制度的基本原则及其对社会弱者的庇护精神。

"大同思想"自产生以来广为流传。东汉末年的张鲁,魏晋时期的陶渊明,宋代的康与之,明末清初的黄宗羲等人,都提出了社会共同富裕、百姓安居乐业、人人享有尊严的生活权利。如东晋时期的《抱朴子》一书,描绘的是一种无阶级、共同劳动、人人平等的社会;同一时期的陶渊明,在《桃花源记》中描述了一个大家共同劳动、安居乐业、生活富裕的世外桃源;宋代康与之的《昨梦录》,描绘了一个人人平等、按需分配、人人享有生活保障的社会。从他们提出的理想社会中,我们都可以看到"大同社会"思想的影子。

进入近代社会后,"大同思想"成为改革家们改变中国旧社会的思想武器。从洪秀全到康有为,再到孙中山,都把大同社会作为社会变革的目标。康有为在《大同书》中描述了充满痛苦和充满快乐的两种不同的世界,并提出破除痛苦的世界,建立充满快乐的世界。康有为在《大同书》中还描绘了有关养老院、教育与医疗福利以及社会公益事业的经费来源等,这些设想无疑包含了社会保障的理念。民主革命的先驱孙中山无疑是中国传统的大同社会思想的又一继承者,他结合中国的具体国情,提出了民生主义。所谓"民生",就是"人民的生活、社会的生存、国家的生计、群众的生命",他主张兴办公立教育事业,保障充分就业,实行全民公费医疗,并设立公共养老院,收养老人。

大同社会的思想作为中华民族社会思想的精华,它的产生与发展确实是中华民族关于未来社会理想的结晶,吸引了无数仁人志士为之奋斗,也在某种意义上推动着社会保障事业的发展。但由于受当时社会历史条件的限制,特别是受当时的政治体制、经济发展水平限制,大同社会思想无法变为现实。

(二)社会互助论

社会互助是中国传统思想的又一精髓。从原始社会开始,人类就过着群居的生活,有福同享,有难同当,这种生活方式使个人产生了对群体的认同感；人类社会的共同利益又进一步使人与人之间必须构成这种以积极的互动关系为经纬的社会支持网络，于是便又产生了相互依存感。人们通过互助来应对各种风险，是从古代传承下来并付诸实践了的一种社会保障思想。

春秋战国时期，中国著名的思想家墨子就主张"兼爱交利"，提出"为贤之道将奈何？曰：'有力者疾以助人，有财者勉以分人，有道者劝以教人'。若此，则饥者得食，寒者得衣，乱者得治"，以实现人民老有所养、孤幼有所依、无饥无寒和安居乐业的理想。而另一位大思想家孟子亦主张"出入相友，守望相助，疾病相扶持，则百姓亲睦"。

在汉代，于吉撰著的《太平经》一书认为："或积财亿万，不肯救穷周急，使人饥寒而死，罪不除也……然智者当包养愚者，反欺之，一逆也；力强当养力弱者，反欺之，二逆也；后生者当养老者，反欺之，三逆也。"其劝人互助的思想显而易见。在宋代，学者张载主张"救灾恤患，敦本抑末"，同时提出敬老慈幼、扶困、济贫的愿望等。孙中山也重视社会的互助，主张人们通过公平竞争来提高效率，对于社会的风险要通过社会互助的方式来应对。

综上所述，社会互助思想是中国传统社会思想的重要组成部分，同时也是中国民族的传统美德。中国历来重视社会互助，朋友之间相互帮助、亲友之间相互帮助、同族之间相互帮助，这种人与人之间的互助共济思想，为人们应对各种风险提供了一定的社会保障。所以，社会互助论也是现代社会保障制度的理论源泉。

（三）仓储后备论

仓储后备论是一种主张建立谷物积蓄以备灾荒时救济贫民的社会思想。早在夏朝，国家就非常重视粮食的积蓄，以应对各种水旱之灾。在当时生产力水平极端低下的条件下，人类无力抵御各种自然灾害的袭击，同时意识到应对各种天灾人祸仅靠封建迷信是不行的，从而主张采取事先储备粮食的办法来应对灾害的发生。如《礼记·王制》中就说："国无九年之蓄，曰不足；无六年之蓄，曰急；无三年之蓄，曰国非其国也。三年耕必有一年之食，九年耕必有三年之食，以三十年之通，虽有凶旱水溢，民无菜色。"汉代大臣贾谊上汉文帝疏中说："管子曰：仓廪实而知礼节，民不足而可治者，自古及今，未之尝闻……夫积贮者，天下之大命也。苟粟多而财有余，何为而不成？"明代汪文义亦指出，"能积于不涸之仓，藏于不竭之府者，可御水旱之来，当患而为之备，即灾而为之捍卫者，免流离之苦"。中华民族为了应对各种可能存在的不确定性,通过各种措施来储备物资,以备不时之需的思想历史悠久。中国历朝历代为了应对突发的战争及各种可能的灾害,都制定了仓储后备制度。

根据仓储后备论,国家建立了各式各样的仓储,在丰年之时把百姓手中的余粮收集起来就地建立仓库储存,荒年再行开仓赈灾,即"惟以本乡所出,积于本乡,以百姓所余,散于百姓,则村村有储,缓急有赖,周济无穷矣"。仓储后备的目的在于应对各种可能存在的风险,以保证百姓的基本生存权利,从而起到维护社会稳定的作用。因此,仓储后备论是依靠国家力量来储粮备荒、保障社会成员基本生存权利的一种社会保障思想。

(四) 社会救济论

中国有关社会救济方面的讨论与著述很多,其中"赈济说"的影响最为深远。所谓赈济说,即是主张用实物和货币救济遭受灾害或生活极端困难无以生存的社会成员,以保障其最低限度的生活需要的一种保障思想。"赈济说"作为中国儒家学说之一,产生很早。如宋代《救荒全法》中就提出"救荒有赈济、赈粜、赈贷三者,各既不同,用名有礼……赈济者,用义仓米施及老、幼、残疾、孤、贫等人,米不足,或散钱与之,即用库银籴豆、麦、菽、粟之类,亦可"。到明代,林希元、王圻二人对赈济说作了系统概括,不仅主张赈济,而且专门列出了赈济的方式与实施措施。赈济说发展到后来,不仅为统治者所采用,而且发展成为赈物、赈款、以工代赈三大具体方略,并在中国社会保障史上一直占有着特别重要的地位,发挥了很大的作用。

此外,社会救济论还有其他多种主张。例如,"调粟说"主张移民就食、移食就民和平粜,即在全国范围内通过对丰收和遭灾的不同地域间进行粮食的调拨或移民,使灾民的生活得到保障;"养恤说"主张对灾民实行施粥、居养、赎子、发放寒衣、医药帮助等,以安置灾民或流民为主要内容;"安辑说"主张对因灾荒离村的农民进行引导并给予一定的扶助,以达到安置灾民、稳定社会的目的;"放贷说"主张对灾民、贫民实行放贷,以便帮助灾民、贫民恢复简单再生产;"节约说"则主张在灾荒之年减少食物、杜绝浪费、节省费用等,以克服灾荒所造成的困难,该学说到后来逐渐发展成为平时崇俭固本的理论。可见,与政府负责的传统相适应,中国的社会救济思想也是十分丰富的,它们构成了中国古代社会思想的重要组成部分。①

---

① 郑功成《社会保障学》(第一版),商务印书馆 2000 年版。

二、西方古代社会保障思想

(一) 空想社会论

西方早期的空想社会论对理想社会或国度的描绘,在某种程度上为西方现代社会保障的建立提供了理论与思想渊源,现代社会保障制度的安排也在一定程度上实践着空想社会论的某些主张或见解。①

公元前400多年前,古希腊人不满当时奴隶制度的剥削与压迫,幻想着建立一个没有私有制、没有压迫与剥削、人人自由平等、生活幸福的社会,并著书立说来阐述自己对理想社会的主张,当时最有影响的是柏拉图的《理想国》。在古罗马帝国,P.维吉尔亦描绘过"天下为公"的理想社会。

进入近代社会后,资本原始积累和对外殖民掠夺及由此而带来的诸种社会问题,促使空想社会主义得以产生和发展。从15—17世纪英国的莫尔、意大利的康帕内拉,到18世纪法国的梅叶、摩莱里,再到19世纪的圣西门、傅立叶与欧文等,均写出了自己的不朽著作,这些著作不仅对当时的社会进行了揭露与批判,更阐述了没有私有制、财产公有、倡导互助、人人平等和生活幸福的理想社会。

空想社会论对社会保障理论发展的贡献,主要在于它揭示了社会矛盾的根源在于社会的不平等,从而主张实现社会公平、促进社会成员协调发展,这些思想正是现代社会保障最基本、最深刻的思想基础。如欧文作为19世纪最有影响的空想社会主义代表人物之一,在1800年他29岁担任新拉纳克纱厂经理时,便开始了改善劳工福利状况并建立相应的福利制度的改革试验,由此而成为欧洲最有名望的慈善家之一;他进而还认识到资本主义生产的秘密即利润来源于对工人的剥削,从而主张按照财产公有、共同劳动、共同消费、按需分配的共产主义原则来改造整个社会。

与空想社会论相比,经济学领域讨论社会福利问题不仅要晚得多,而且均是立足于经济效用的角度,但自进入工业社会后,愈是到后来,经济学领域对社会保障制度的影响就愈大。这一点从后面有关经济学、福利经济学的发展及其对社会保障的影响可窥其线索。空想社会论的产生与发展,虽然探讨的是整个社会制度问题,并且是一种空想主义,但它确实涉及到了国民福利问题与收入分配问题,公平原则与按劳分配、按需分配等思想,客观上为现代社会保障理论与实践的发展提供了指导。因此,空想社会论与现

---

① 郑功成《社会保障学》(第一版),商务印书馆2000年版。

代社会保障理论构成了正式的渊源关系。

（二）宗教思想

在西方社会,宗教被称为慈善之母,它对早期社会保障的影响不仅表现在思想方面,而且也突出地表现在实践活动中。因此,宗教的产生与发展,亦构成了社会保障理论渊源的另一个来源。例如,佛教推崇慈悲为怀,强调以深度的爱护之心来给予众生以快乐幸福,以深度的同情怜悯之心拔除众生的痛苦,并倡导布施和助人等。早期的基督教明确反对富人对穷人的剥削,宣传基督会再次降临人间并建立人人平等、普遍幸福的千年王国,表达了人类追求福利的普遍性与迫切愿望;早期基督教社团所实行的财产公有和平均主义分配原则,亦为后来坚持社会主义制度的人和国家制订福利分配方式提供了依据与方法;基督教还特别强调爱人如己,主张在施爱于他人中体验幸福的境界,摩西十戒则劝人净化心灵,努力向善,等等。宗教教义的上述主张客观上表达了博爱、互助、平等的思想,这些思想无疑为社会保障理论的形成与社会保障实践的发展奠定了道德基础。与此同时,许多宗教团体直接主办各种慈善事业,并一度成为西方国家维护社会稳定和保障社会成员生存权利的基本机制,时至今天仍在发挥着补充国家正式社会保障制度安排的作用。可见,宗教对社会保障而言,一是奠定并强化了社会公平与社会互助等道德基础;二是提供了制度安排最初的方法示范;三是弥补了现代社会保障制度安排的不足。因此,宗教对现代社会保障的影响,不仅是理论的,也是实践的;不仅是历史的,也是现实的。

（三）人道主义

人道主义起源于14至17世纪的文艺复兴时期,提倡关怀人、爱护人、尊重人,做到以人为本、以人为中心的一种世界观。在文艺复兴时期,新兴资产阶级提出了人道主义、民主、平等和人权等口号,为社会应对其成员的生存权利负有责任的观点提供了文化基础。人道主义的基本倾向是:提倡人道,以反对神道;提倡人权,以反对君权;提倡个性解放,以反对中世纪的宗教桎梏及其一切残余。

人道主义是针对中世纪神本主义的一种人本主义思想,它最早来源于希腊,在中世纪后期神学内部作为一股异己的势力逐步发展起来的。因此,人道主义一开始并不反对宗教本身,而是反对中世纪控制一切的天主教会。天主教把上帝和彼世作为思想中心,人道主义则更加重视人和现实世界。这种变化在科学上引起反响,神学从此失去其超越一切的意义,对人和自然的兴趣占了上风。原来对古代著作的兴趣首先表现在语言研究方面,后来便自然地倾向于古典道德准则的研究。从此人体现了上帝完美形象,人的尊严有了头等重要意义和乐观意义,因为人生来是性善的。

人道主义思想是人类社会不断进步与发展的成果,是人类文明的共同结晶。人道主义思潮自兴起后就对人类社会的发展进程带来了巨大的影响,人类社会活动的各方面,无论是思想领域还是实践活动,无不深深打上其烙印。社会福利思想的发展也不例外。事实上,不仅人道主义是社会福利思想的基石,是现代社会保障制度的主要特征之一,而且社会福利正是在文艺复兴运动之后实现快速发展,并逐步与此前的思想产生质的差异,越来越接近现代社会福利思想的本质。因此,以人为本、尊重人的个性和天性、追求现实生活的幸福、对社会的进步持乐观态度等人道主义思想,既是社会福利思想的主要内容之一,又使社会福利思想获得前进的动力,并产生质的飞跃。

(四) 社会济贫制度

国家通过立法的形式来介入济贫事务,是社会保障发展史上的一个重要里程碑,这个里程碑显然应当以 1601 年英国颁布《济贫法》为标志。该法规定,各教区对居住于本教区的贫民负有救济的责任,但只限于本教区出生的人或在本教区居住三年以上的人;贫民如果可以从亲戚、丈夫或妻子、父母或子女处获得赡养时应取消其登记资格;各教区设救济员之职,他们由治安法官推举产生,负责征收济贫税,接受贫民救济申请,调查贫民的生活情况,决定申请人是否符合救济要求,组织济贫院或感化院中的贫民参加生活劳动等。对贫民的救济措施概括起来,可以分为院外救济和院内救济两大类。院外救济是指每月或每周给贫民发放救济金、托养贫困无助的儿童、发放乞食、提供住处、提供衣物和燃料以及为需要救济的病人治病等。在教区救济制度中,院外救济执行得最好,坚持时间最长,影响最大,相对来讲也最易操作。为老、弱、病、残征税引起人们的广泛同情,其征收工作相对来说困难不大。院内救济是指为失业者提供就业机会。1601 年法令的一个重要目标就是为大量失业的流浪者提供就业机会,以减少贫困人口的流浪,确保社会的稳定。该法令的最终理想是,所有具备劳动能力的人都能找到工作。

1834 年,英国议会通过了著名的《济贫法修正案》,它确立了"劣等处置"与"济贫院"规则,实现了减少济贫税的目标,从而赢得了社会上层人士与中产阶级的欢迎,却因缺乏人道主义而遭到下层人民的诅咒。自英国济贫法颁布后,欧洲其他国家也开始效仿,如瑞典于 1763 年制定了《济贫法》,经过多次修订后,于 1871 年将救济对象限定为老年人;荷兰也于 1854 年颁布了《济贫法》。尽管依据《济贫法》确定的济贫制度与现代社会保障制度不能相提并论,尽管济贫制度具有一定的惩戒性和施舍性,但它通过法律形式把早期的社会救助活动固定下来,从而撒下了社会保障制度化的种子。

第二节 现代社会保障思想理论体系

一、国家干预的社会保障思想

(一)新历史学派

新历史学派,又叫讲坛社会主义,是德国 19 世纪 70 年代开始流行的一种改良主义思潮。在此之前,以弗里德里希·李斯特为先驱的旧历史学派,极力强调国家对经济发展的作用,主张国家干预经济生活。李斯特在《政治经济学的国民体系》一书中指责英国古典经济学不强调经济生活中国民有机体的重要性,是"世界主义"和"个人主义"的经济学。他主张运用从历史实际情况出发的具体的实证的历史主义的方法,反对古典学派的抽象、演绎的自然主义的方法,在经济政策上则主张采取国民主义和保护主义的贸易政策。19 世纪 70 年代,由旧历史学派演变而成的新历史学派,进一步大力宣扬国家的超阶级性及其对社会经济的决定作用,主张由国家通过法律进行自下而上的改良。德国新历史学派的一批经济学教授如瓦格勒、施穆勒、桑特巴、布伦坦诺等,在大学讲坛上鼓吹资产阶级改良主义,认为国家是超阶级的组织,可在不触动资本家利益的前提下逐步实行社会主义。这些教授主张国家干预经济生活,实施社会政策,对高收入者实行累进税率,保护劳动者正当权益,并通过制定劳动保险法、孤寡救济法等社会政策来缓解劳资矛盾。

新历史学派的社会改良政策有两个支撑点:一是他们从伦理道德出发,认为劳资冲突不是经济利益上的对立,而是感情、教养和思想上存在差异而引起的对立。因此,在他们看来,劳资问题是一个伦理道德问题,不需要通过社会改革来解决,而只要对工人进行教育,改变其心理和伦理道德的观点,便可以解决。二是他们的国家观。该学派主张国家至上,国家直接干预经济活动,负起文明和福利的职责。他们认为,当时年轻的德意志帝国所面临的最严重的社会经济问题就是"劳工问题"。如何缓和劳资间的矛盾，填平两者在理想、精神和世界观方面的"深渊"，关系着帝国的前途和命运。正是在这种背景下，1883年德国推出了世界上第一部《疾病社会保险法》，并随之颁布实施了一系列重要的社会保险法律。

新历史学派的政策主张包括：第一，国家的职能不仅在于安定社会秩序和发展军事实力，还在于直接干预和控制经济生活，即经济管理职能；第二，国家的法令、法规、法律至上，决定经济发展的进程；第三，经济问题与伦理道德是密切相关的，人类的经济生活并不仅仅局限于满足本身的物质方面的欲望，而且还应满足高尚的、完善的道德方面的欲望；第四，劳工问题是德意志帝国面临的最严峻的问题；第五，国家应通过立法，实行包括社会保险、失业救济、劳资协调合作等一系列的社会政策，自下而上地进行经济和社会改革。新历史学派的社会改良主张被俾斯麦政府所接受，从而成为德国率先实施社会保险的理论依据。

（二）福利经济理论

福利经济学是指西方经济学家从福利观点或利益最大化原则出发，对经济体系的运行给以社会评价的经济学分支学科。福利经济学主要是以一定的价值判断为出发点，通过基数效用论或序数效用论，建立福利概念；以社会目标和福利理论为依据，制定经济政策方案。1920年英国经济学家庇古的《福利经济学》出版，标志着福利经济学的正式诞生。庇古以基数效用论为基础，把福利分为广义的社会福利和狭义的经济福利。广义的社会福利，包括由于对生产资料的占有而产生的满足，如自由、家庭幸福、精神愉快、友谊、正义等内容，但这些是难以计量的。而经济学所要研究的是可以用货币计量的那部分社会福利即狭义的经济福利。庇古认为，人们追求的是最大化效用，既然效用可以通过商品的价格进行计量，那么个人经济福利的总和就应为全社会的经济福利。他把国民收入量的增加和收入分配的均等化看作是福利经济研究的主题，并认为凡是能增加国民收入的总量而不减少穷人的绝对收入，或者是增加穷人的收入的绝对份额而不减少国民收入的总量，都意味着社会福利的增加。庇古还认为资源最优配置的标准是边际私人纯产值和边际社会纯产值相等，一个行业的边际社会纯产值大于边际私人纯产值时，国家可以通过补助金政策扩大这个行业的生产；反之，国家可以通过税收缩小这个行业的生产。在以私有制为基础的资本主义制度下，要实现真正的收入均等化是不可能的，但庇古提出转移性支付以及一些改革社会福利的理论几经演变并广为流传,对社会保障制度的建立奠定了理论基础。

1938年和1939年,英美一些著名的经济学家如卡尔多、希克斯、伯格森几乎同时发表了重要的著述,对旧福利经济学做了重要补充和修改。随后,萨缪尔森、格拉夫、西托夫斯基、李特尔、鲍莫尔、阿罗等一大批当代新福利经济学家群体崛起。到20世纪50年代,西方经济学在批判和吸收庇古旧福利经济学的基础上形成了新福利经济学。新派福利经济学则以序数效用论和一般均衡论为理论基础,从每个消费者购入商品的所谓"交换的最适度条件"和各个企业使用生产资源的所谓"生产最适度条件",来论述达到最大社会经济福利的条件;有的认为听任完全自由竞争,有的认为国家采取适当的调节措施,就可以达到最大的社会经济福利。

新福利经济学运用序数效用论、无差异曲线、消费可能曲线等方法,在微观经济学领域对福利问题进行了一系列的探索。序数效用论是由意大利经济学家帕累托提出的,新福利经济学的补偿原则、社会福利函数、相对福利理论都是以帕累托理论为出发点提出的,所以,新福利经济学家往往认为帕累托是新福利经济学的创始人。帕累托效率是指这样一种状态,即不可能通过资源的重新分配、在不使任一人的状态变坏的情况下使其他人的状态变好。

西方经济学家认为,要实现帕累托最优条件比较困难,因为一项政策的实施往往会使一部分人的福利减少,而另外一些人的福利会增加,很少存在一种政策不会损坏到任何一个人的利益。于是,卡尔多和希克斯提出了"补偿原理"。"补偿原理"的本质是,如果一些社会成员经济状况的改善不会造成其他社会成员的恶化,或者一些人的状况的恶化可以通过另一部分成员的收益来弥补,那么社会福利就会增加。根据这一理论,如果政府出台一项政策,这一项政策使受益人的总收益大于受损人的总损失,那么,政府可以通过对获得收益的受益人征收一部分税来补偿受损人的损失,从而达到一种使受损人的损失得到补偿而受益人还能得到一部分收益的目的,这样就增加了全社会的福利。

(三)瑞典学派

瑞典学派产生于19世纪末20世纪初的斯德哥尔摩大学,又称北欧学派或斯德哥尔摩学派,其奠基人是大卫·达维逊、古斯塔夫·卡塞尔和克努特·维克塞尔。20世纪20—30年代,冈纳·缪尔达尔、柏替·俄林等瑞典经济学家进一步发展了维克塞尔等人的经济理论,正式形成了瑞典学派,并受到了西方经济学界的普遍重视。第二次世界大战后,尤其是20世纪60年代以来,以阿萨·林德伯克为代表的瑞典经济学家对瑞典学派经济理论的发展做出了重要贡献。

瑞典学派的主要特点是,在沿袭传统的一般均衡价值理论和分配理论的基础上首创了分析经济现象的一些新概念,并运用宏观总量的分析方法和动态分析方法,建立起了一个动态经济理论体系。此外,瑞典学派关于国家调节经济生活的政策主张和关于"自由社会民主主义"的经济制度理论,在西方经济学界也有着重大影响。因此,在第二次世界大战以后,瑞典学派的经济理论和政策主张,同凯恩斯主义一样,受到了许多资本主义国家政府和经济学界的重视。瑞典学派的主要思想:一是依靠政府的干预,通过宏观经济调节的方式来平抑经济周期的波动;二是用收入再分配的方法,主要是利用累进所得税以及转移性支付,举办社会福利设施,使社会各阶级、集团之间的收入和消费水平通过再分配趋于均等化,从而实现收入的平等。瑞典学派不仅在理论上为福利制度奠定了基础,而且在实践上也得到了应用。由此,瑞典便成为世界上第一个走上积极稳定政策道路的国家。同时也开创了以国家干预进行"充分就业"和"收入均等"的瑞典福利模式,成为独特的"混合经济"下的"福利国家"。这里的"福利国家",主要是指收入再分配政策,同时主张政府稳定经济,提供公共服务。早在维克塞尔的著作中就已提出收入再分配的主张,维克塞尔认为资本主义经济中各阶层的利益并不总是和谐一致的,而是会发生抵触的,财产分配的不公平就很能说明这一点。维克塞尔主张改革当时的瑞典经济制度,改善无产阶级的状况,增进全社会的福利。例如,他提出要扩大公共经济成分,由国家执行收入再分配政策,以弥补初次分配造成的收入不平等。瑞典学派强调收入和财富分配均等化,主张用累进税率来解决分配问题。他们认为,一个理想的社会应当把福利普遍给予社会的成员,人人得到幸福。为此,国家应当担负起环境保护、公共产品和劳务的供应、经济稳定、收入和财富的分配等方面的责任。

(四)凯恩斯理论

1929—1933年发生了严重的经济危机,部分经济学家认为这次经济危机的根源是自由经济,并对自由经济提出了种种质疑。在这种背景下,凯恩斯于1936年出版了《就业、利息和货币通论》,提倡国家干预经济,并认为政府可以通过适当的财政政策来刺激经济,从而可以避免严重的经济危机再次发生。凯恩斯的市场经济理论是在批评自由主义经济理论过程中诞生的,其精髓是强调国家对经济进行全面干预和调节。他对自由市场是完美无缺的观点进行了批判,并承认资本主义市场存在经济危机、失业和分配不公等问题,摒弃了传统的认为市场可以通过自动调节来达到均衡的观点,主张政府干预经济。

凯恩斯在《就业、利息和货币通论》中提出"有效需求"不足理论,认为资本主义制度下存在的生产过剩和失业是"有效需求"不足造成的。凯恩斯的所谓"有效需求",是指商品的总供给价格和总需求价格达到均衡状态时的总需求,它直接表现为有货币支付的需求和能力。凯恩斯认为,资本主义国家经常面临的情况是总需求小于总供给,即有效需求不足,因而往往造成生产过剩和失业。为解决"有效需求"不足的问题,凯恩斯主张确定经济政策的目标时要刺激需求,才能使资本主义经济实现充分就业。他认为,在经济危机期间,资本家对未来丧失信心,而借贷投资又需支付利息,所以货币政策对刺激需求的作用不大。他提出,政府要积极干预经济,推行扩张性的财政政策。扩大政府支出,实行赤字财政。除了通过税收政策鼓励资本家投资外,政府要直接兴办公共工程,扩大社会福利设施,增加消费倾向,达到足够的总需求和充分就业,消除和缓解危机。

在凯恩斯的国家干预思想中,社会保障占有相当重要的地位,他主张通过累进税和社会福利等办法重新调节国民收入分配,它还提出消除贫民窟,制定最低工资法,限制工时立法等主张。他倡导积极国家,反对自由主义的消极国家,强调维护资产阶级民主制度。第二次世界大战以后,凯恩斯宏观经济理论占绝对主导地位,成为资本主义各国制定公共经济政策的主要理论依据。他的有效需求理论对西方国家的社会保障政策产生了重要影响,成为当时和后来相当长时期内西方福利国家社会保障制度的理论依据。

(五)新剑桥学派

新剑桥学派是在与新古典综合派的斗争中逐渐发展起来的,属于现代凯恩斯主义的另一个重要分支。新剑桥学派的主要代表人物有琼·罗宾逊、卡尔多、斯拉法、帕西内蒂等。他们都是英国剑桥大学的教授。其中琼·罗宾逊和卡尔多是这个学派的实际领袖。在凯恩斯《通论》发表后,琼·罗宾逊并一直追随凯恩斯,成为凯恩斯经济学的积极支持者。她所著的《就业理论引论》《资本积累论》《经济增长的理论》《经济学异端》等著作,被认为是以凯恩斯经济学为理论基础并在理论上有所发展的著作。新剑桥学派把改善资本主义社会收入分配结构,实行收入均等化,作为经济政策首要的绝对的目标,其他目标均处于从属地位。要实行收入均等化,主要依靠社会政策,而且有必要依靠社会的政治力量。他们坚决主张通过政府干预来改善收入分配失调的弊端。他们既反对新自由经济论者那种听任市场机制充分发挥作用的观点,也反对新古典综合派关于调节总需求和实行工资物价管制的收入政策。他们确信,现实社会中收入分配不合理、不公平的格局,不可能用传统办法或新古典综合派的那些主张来打破,而必须采取以收入再分配为中心目标的社会政策。

新剑桥学派主张摒弃新古典派的均衡概念,树立历史时间概念。罗宾逊认为"凯恩斯革命"的本质在于打破均衡论的束缚,考虑现实生活的特性,认为过去是不能逆转的,未来是不可知的,现在只是未来时间的一个点。他们还主张摒弃萨伊定律和资本主义经济可以通过市场自发调节来达到充分就业的均衡的观点,他们认为投资支配储蓄而不是储蓄支配投资,并认为经济增长过程是很不稳定的,所以认为应从不均衡出发对资本主义经济进行动态分析。在收入分配调节政策中,他们主张实行累进的税收制度来改变社会各阶层收入分配不均等的状况;实行高额的遗产税与赠与税,以便消除私人财产的大量集中,政府还可以通过这一税收方式将所得到的财产用于社会公共目标和改善低收入贫困阶层的状况;通过政府的财政拨款对失业者进行培训,提高他们的文化程度和技术水平,以便使他们能有更多的就业机会,并能从事收入较高的技术性工作,从而拉平一些收入上的不均等状况;制定适应经济稳定增长的财政政策,减少财政赤字,逐步平衡财政预算;并根据经济增长率来制定实际工资增长率政策,以改变劳动者在经济增长过程中收入分配的相对份额向不利方向变化的趋势,从而在经济增长过程中逐渐扭转分配的不合理;国家应实行进出口管制政策,利用国内资源优势,发展出口产品的生产,以便为国内提供较多的工作岗位,增加国内的就业机会,降低失业率,提高劳动者的收入。

(六) 第三条道路

对"第三条道路"作全面阐述的是英国社会学家吉登斯,他于1994年出版的《超越左右——激进政治的未来》及后来出版的《第三条道路:社会民主主义的复兴》两书,对"第三条道路"作了全面的阐述。"第三条道路"兴起于20世纪90年代的欧美发达资本主义国家,它不是指向资本主义和共产主义两种思想和两种制度的冲突,而是试图将社会公正注入资本主义之中,将资本主义的生产方式与社会公正结合起来,从本质上来说,它是资本主义制度的一种改良和调整。"第三条道路"针对传统的国家干预主义政治模式和新自由主义的思想意识及政治模式,在形式上提出要超越这两种传统政治意识和政治模式而走一条新的道路。从内容上看,它的核心问题依然是整个20世纪人们所关注的社会公正与资本主义的市场能否结合以及如何结合的问题,它是在新的历史背景下对资本主义实践的反思和对资本主义未来的探讨。"第三条道路"试图摒弃这两种传统模式的弊端,并将两者的优点结合起来,即试图在传承社会公正、自由、平等和国际主义等基本价值观念的基础上,吸收自由主义市场原则的优点,努力创造充满活力的、公平公正的、和谐美好的经济社会。

"第三条道路"的基本主张:一是在政治思想和意识形态方面,突出观念的更新和执政党的改造。第三条道路的总设计师布莱尔指出,第三条道路是使现代社会民主重新得到恢复并取得成功的道路,它并不仅是右派和左派之间的一条妥协的路,而是寻找采纳左派和右派长处的观念,并使这些基本观念适用于当今世界的根本变化。布莱尔认为,党的原则就是党的价值观,建立一个以共同的价值观为基础的党,而不应以阶级基础来建立党。二是在经济和社会发展方面,强调效率与平衡。"第三条道路"主张转变政府职能,寻求政府调控与市场机制之间的平衡。"第三条道路"既反对传统的自由放任主义,也反对凯恩斯的国家干预理论,而主张政府应该积极地制定能鼓励独立自主的经济社会政策,以确保宏观经济的稳定。"第三条道路"大力提倡在政府、企业、雇员、顾客之间建立起相互信任的合作伙伴关系,努力打造新的企业精神,并认为合作不仅能够提高经济价值,提高企业竞争力,为新企业提供发展机会,恢复和增强政府的活力,甚至可以缓解全球性危机。三是在国家利益和国际关系方面,强调合作与协调。"第三条道路"认为,在市场资本化和信息革命的推动下,权力越来越分散,边界越来越模糊,全球一体化正在改变民族国家的本质。在此情况下,保护主义和以邻为壑的民族主义老路也走不通了,必须有效地开展国际合作和协调,同时在全球范围内建立经济、社会和生态规范标准,使国际合作与国家利益得到兼顾。

"第三条道路"倡导积极的福利政策,主张用社会投资来取代福利国家。积极的福利开支将不再是完全由政府来创造和分配,而是由政府与其他机构一起通过合作来提供。在积极的福利社会中,个人与政府之间的契约发生了转变,因为自主与自我发展将成为重中之重。积极的社会福利不仅关注富人,而且也关注穷人。"第三条道路"对社会保障问题持有如下观点:一是国家不仅应该提供适当水平的养老金,而且应支持强制性的养老储蓄。在英国,按照平均物价指数而不是平均收入水平来确定养老金的水平,如果没有其他的法定供给渠道的话,很可能会使许多退休人员陷入穷困潦倒的境地。二是逐步废除固定的退休年龄,把老年人视为一种资源而不是一种负担。人们可以自行选择使用养老金的时间,这不仅使他们可以在任何年龄上停止工作,而且可以为他们提供教育经费。三是对劳动力市场的严格管制,严格的就业立法,并不会对失业造成强烈的影响。四是政府需要强调终身教育,以便能提出一些配套的教育项目,使人们在童年时期就可以开始受教育,而且这种教育的过程可以一直持续到老年时期。虽然特殊技能的培训是必要的,但更为重要的是人文精神的培养。在政策的取向上,不是要让人依赖无条件的福利,而是要鼓励储蓄、利用教育资源以及其他个人投资机会。

二、自由主义的社会保障思想

(一)亚当·斯密与古典自由主义

亚当·斯密被称为经济学之父,他的代表作《国富论》与美国的《独立宣言》都于1776年发表,这两个文本被视为1776年发表的最重要文本,前者主张经济上的自由,后者呼吁政治上的独立。斯密认为经济研究的出发点是利己心。在经济生活中,每个人都追求自己的利益,这是人性的一面,也是一种自然现象。斯密认为每个国家富裕还是贫穷,主要取决于两个因素:一是这个国家总体上使用劳动技巧的熟练程度和国家生产率的大小;另一个是从事有用劳动人数和那些不从事有用劳动人数的比例。斯密认为,一国国民富裕与否,主要取决于国家总体上使用劳动技巧的熟练程度和国家生产率的大小,而不是从事有用劳动和那些不从事有用劳动人数的比例。他举例说,在那些未开化的国家,具有劳动力的人基本上都从事有用的劳动,但他们生活得非常贫穷,以致常常迫不得已杀害他们的婴儿、老人及经常患病的亲人,有时遗弃这些人,任其饿死或是被野兽吞食。与此相反,在那些文明和繁荣的国家里,虽然有大量的人根本不从事劳动,但他们之中很多人消费的产品往往比大多数劳动者所消费的要多出十倍甚至是百倍。但由于这个社会的全部劳动产品如此之多,以至于这个社会中的一切人都经常有充足的供给,就连最底层的贫困劳动者,只要他们勤俭,就能享受到比任何未开化国家的人更多的生活必需品和便利品。

斯密在《国富论》中的主要观点有:一是提出利己假说。斯密认为,每一个人行为的动机,主要是在于利己,求得自己的利益。利己心是人类一切经济行为的推动力。他还认为,利己心并不是值得反对或摒弃的,他相信个人利己的行为有助于社会整体福利的提高。二是认为分工提高生产率。分工是劳动效率提高的主要原因,斯密用制针业进行了说明,并用分工对农业比制造业落后的原因及富国和穷国在农业上生产率相差不多的原因进行了解释。接着,他提出了分工导致劳动效率提高的一个原因是每一个特定工人熟练程度的提高;另一个原因是节约了从一种工作转向另一种工作通常要损失的时间;此外由于发明了大量的机器,方便和简化了劳动,使一个人能干许多人的活。三是对劳动价值论的论述。斯密论述了商品的真实价格与名义价格,提出了劳动价值理论。一个人是贫穷还是富裕,就看他能在多大程度上负担得起和享受得起人生的必需品、便利品以及种种娱乐消费品。但是,自分工完全确立以来,个人所需的商品很少直接来自自己的劳动生产中,大部分来自别人的劳动生产中,因此,劳动是衡量一切商品交换价值的真实尺度。四是主张"自由放任"。斯密强调,对内和对外商业只要遵守法律等有关的规定不受其他任何的限制,才能使一个国家得到充分的发展与繁荣;同时他还反对一切垄断,并极力主张国家与国家之间进行自由贸易,实行自由分工,他认为这样可以实现双方的共同发展。

斯密的《国富论》涉及到经济学的方方面面,其中对社会保障的论述主要有:一是认为提高全民社会福利的根本路径是提高劳动生产率,提出了分工引致劳动效率提高的原因。如果说分工可以提高劳动生产率,那又是什么决定了分工的程度呢?斯密认为,是由于交换的力量引起了分工,所以分工的范围必然总是受到交换能力范围的限制。而影响交换的重要原因,包括市场是否受限制和交通是否便利等。所以,斯密认为,自由开放的市场、社会分工、便利的交通和完善的基础设施等都有利于提高社会总体福利水平。二是注重基础教育,特别是针对底层人民的教育。斯密认为,虽然国家从基础教育中看似得不到什么直接的好处,但却可以得到很多间接的益处。他认为,在自由国家,政府的稳定主要依靠有力的舆论,因此,公众受教育程度愈高,越有公正的判断力。三是发展道路、桥梁、港口等基础设施,并认为基础设施可以由国家提供也可以由私人提供,但从社会整体效益上来说还是国家提供较好。因为私人过分强调短期利益,而这类投资需要较长的资本回收期,另外就是这类投资的收费比较难,需要增加大量的管理投资,这一切都是资本家所不愿意承担的,所以,基础设施最好由政府来提供。

(二)供给学派

供给学派是 20 世纪 70 年代后期在美国出现的新自由主义的经济学流派,以拉弗、弗尔德斯坦为代表,针对美国采用凯恩斯主义经济政策而出现的"滞胀"现象,提出增加供给、减税减支以增加投资和储蓄,从而促进经济增长的政策。供给学派的主张主要包括:一是认为供给创造其自身的需求,而不是需求创造供给,所以,他们主张政府应当刺激供给,而不是刺激需求;二是强调国民产量增长率的主要决定因素,无论短期还是长期,都是经济中的劳动和资本的配置及有效利用。因此,供给学派集中注意力于解决生产要素的供给障碍和有效利用;三是认为经济中的主要障碍是政府干预过多,以及由于税收的水平和结构而引起对劳动和投资的抑制,还有对资源有效配置的制度上和习惯上的障碍,如工会的各种限制性做法;四是积极主张政府应放宽管理经济过多的、不必要的法律条例,以增强市场机制的作用,建议应积极采取各种措施以改进或增强劳动者地区和职业的流动性,特别是竭力主张降低所得税,而降低边际税率更是关键因素,以便鼓励人们努力工作,或增加储蓄和投资,从而提高就业和产出水平,促进经济增长,并使通货膨胀得到抑制。此外,供给学派学者还主张减少失业津贴,以刺激人们更努力地去寻找工作,主张削减对劳动就业征收的工薪税;五是为了保证无通货膨胀的经济增长,认为必须恢复金本位制,因为只有金本位制才能稳定货币价值。

供给学派认为减税不但能够刺激经济增长,同时减税也不会加剧贫富差距。他们认为政府持久地降低税率,将会刺激人们储蓄,实现储蓄率的提高,从而增加商品和劳务的供给。从长期来考察,由于商品和劳务供给的增加,将会开辟新的税源,并使税收总额随总产量的增加而增加,财政将会保持收支平衡,一切经济活动都将正常地、顺利地进行,所以,减税政策是长期的经济稳定政策。供给学派既然把减税看成是基本的政策,认为只有大幅度减税才能使美国经济摆脱困境,所以它在强调减税对经济稳定的功效的同时,也指出了减税与"收入均等化"之间存在着一种彼此促进的关系。供给学派论证认为,"收入均等化"是按居民收入的多少及其差距大小来衡量的;如果社会上存在着大批失业者,失业者没有收入,那么这时无论如何也谈不上"收入均等化",因为富人与失业的、无收入的穷人相比,其收入差距之大是不言自明的。然而,通过大幅度减税,刺激储蓄,提高储蓄率,增加产量,不仅可以增加就业,而且将使劳动者的工作热情增加,愿意加班、兼职,即愿意增加劳动供给,这样一来,穷人的收入水平就会提高。供给学派由此得出结论:减税可以使富人更富,但它同样能使穷人增加收入,所以那种担心减税有碍于"均等化"的顾虑是没有根据的。

供给学派不仅反对政府的高税率政策,还反对政府扩大支出,尤其反对扩大社会福利支出。自从罗斯福总统推行"新政"以来,美国社会福利制度不断完善,社会保险、医疗保险、食品券、住房补贴、贫困大学生的助学金、中小学生午餐补贴、对有抚养儿童家庭的补助等,名目繁多,使政府用于社会福利的支出连年增加,造成政府巨额财政赤字。供给学派认为,政府的一切支出都具有排挤私人支出的性质,政府应尽量减少支出中的社会福利支出。社会福利支出就是将生产效率高的社会成员的收入借助政府的强权拿出一部分来在社会成员中重新分配,这项制度抑制了人们工作的积极性,鼓励穷人的依赖心理。失业保险制度鼓励人们自愿失业;丧失劳动能力的保险,使患轻病者装作患重病,暂时性残废装作永久性残废;抚养儿童家庭补助造成更多的无父母家庭。供给学派断言,政府实施的社会福利计划不仅不能减轻反而会加重社会的贫困程度,简而言之,会使贫困永久化。政府应尽可能削减社会福利支出,只应兴办必要的社会福利设施,诸如向老年贫困者提供救济,向赤贫者提供必需的帮助,严格制订和执行各种津贴和补助发放的条件,停止一切不必要的福利支出。

(三)现代货币主义

现代货币主义兴起于20世纪五六十年代美国的芝加哥大学,其创始人为美国著名经济学家米尔顿·弗里德曼。弗里德曼出生于美国一个犹太移民家庭,先后在芝加哥大学和哥伦比亚大学获得硕士和博士学位,并曾供职于哥伦比亚大学、威斯康星大学、明尼苏达大学、芝加哥大学、美国胡佛研究所。1976年,弗里德曼因对消费的分析与在货币的历史与理论等方面的成就而被授予诺贝尔经济学奖,他的主要经济学著作有:《资本主义与自由》、《实证经济学论文集》、《价格理论》和《美国货币史》。

现代货币主义主张自由放任,认为市场经济具有内在自动稳定性的功能,认为资本主义经济具有达到充分就业均衡的自然趋势,经济波动的主要原因是政府干预的失误。并主张社会应保证每个社会成员在拥有私有财产、使用收入、应用资源、择业等方面有充分自由,社会上的每个人都自由地追求个人利益,通过价格机制的调节而实现公共利益。因为只有经济自由的市场经济才能实现资源的最佳配置,促进社会经济的更为理想的发展。弗里德曼认为凯恩斯的财政政策不仅无效,而且其本身还会造成经济生活的不稳定。由于政治上和实践上的困难,财政政策措施往往很难奏效,政府增减开支或增减税收需要社会旷日持久的讨论,而经济形势的瞬息万变,容易造成政府政策措施贻误时机。在具体操作中还会遇到减税、增加政府开支容易,而加税、减少政府开支的困难;财政政策发挥作用会有一个时滞,当经济高涨时实行紧缩性财政政策,而这种紧缩性的政策需要经过一段时间才能真正地减少社会总供给,而在这段时间内无法预测经济形势会发生怎样变化,也许经济形势发生了逆转。客观上需要财政政策的扩张性而非紧缩性;财政开支中的挤出效应也会影响财政政策效用的发挥,在货币供应量不变的条件下,政府增加开支所需的资金无论是来自税收还是向公众借款,都不过是政府替公众花钱,意味着私人支出的减少,这种因政府开支增加而致使私人开支减少的挤出效应,必然在很大程度上抵消财政支出的扩张效应。

作为该学派的代表人物弗里德曼批评了凯恩斯主义的货币政策,凯恩斯主义通过公开市场业务、再贴现率政策和改变法定准备金等货币手段调节经济活动,短期内能够达到限制利息率和失业率的效果,但长期只能引发通货膨胀率、利息率和失业率的提高。弗里德曼着重从货币政策时滞效应的角度,分析凯恩斯主义货币政策难以收到预期效果,甚至会出现事与愿违,使经济生活更加恶劣的原因。针对凯恩斯主义存在的问题,弗里德曼提出了通过单一规则的货币政策来解决经济问题,认为货币当局应该避免政策的剧烈摆动,并把控制货币供给量作为货币政策的直接目标,要求年复一年地按一个固定不变的比率增加货币存量,这样可以使物价大体保持稳定,从而为经济生活提供一个稳定的货币环境。

在社会保障方面,弗里德曼认为国家只应当提供最基本的福利,并放弃那些不可能实现的建立平等和公正社会的目标,同时提倡福利服务应由市场来提供,政府只是负责推进,从而建立一个内部竞争的福利服务市场。弗里德曼还认为,经济效率来自市场上的自由竞争,没有竞争就没有效率,如果对低收入者按某一法定的标准由政府发给补助金,即对低收入者给予维持最低生活水平的差额补助,从而把低收入者的收入拉平,会挫伤人们的劳动积极性，促使有些人有业可就而不去就业，最终也就损害自由竞争，降低了效率，因此弗里德曼反对凯恩斯主义主张的对低收入者发放差额补助的福利制度。但完全取消对低收入者的补助又将遭到公众的反对，是不可取的，为了既能救济贫困，又无损于自由竞争和效率，弗里德曼主张用负所得税的办法来取代发放差额补助的福利制度。

（四）哈耶克与新自由主义

1899年，哈耶克出生于奥地利维也纳，在维也纳大学获博士学位，曾先后在英国伦敦大学、美国芝加哥大学、德国弗莱堡大学等多所学校任经济学教授。在美国时，哈耶克与以自由主义著称的货币主义学派领导人弗里德曼来往密切，两人学术上互相支持，共同反对凯恩斯主义。哈耶克的主要著作有《货币理论与经济周期》《价格与生产》《通往奴役之路》。哈耶克是20世纪新自由主义最有代表性的理论家。1974年与瑞典经济学家纲纳·缪尔达尔一起被授予诺贝尔经济学奖。哈耶克的研究着重从理论的角度探讨自由与平等的含义，反对一切形式的国家干预，倡导实行竞争性私人货币制度下的自由市场经济。

新自由主义明确反对福利国家政策。他们认为以个人自由为基础的私人企业制度和自由市场制度是迄今为止所能选择的最好制度，国家过多地干预经济是忽略了市场的能动作用，也妨碍了个人的自我独立；集权主义和社会主义是违背"人的本性"的一种制度，实行计划经济更是一条"通向奴役的道路"。这些思想的出现是基于哈耶克等人的自由价值取向，其在英美等国引起轰动，既得到了各种反社会主义右翼势力的喝彩，也很自然地遭到赞成"社会主义"的左翼人士的痛斥。

不过，哈耶克1944年出版《通往奴役之路》时，新自由主义理论还未在欧美国家产生能够阻碍社会保障政策的作用。20世纪70年代以后，一方面由于福利国家暴露了一些前所未有的问题，另一方面则是经济发展遇到了困难，在这样一种社会经济背景下，人们很自然地要对国家干预和福利国家进行反思，再加上撒切尔、里根等政治人物的推动，新自由主义理论在西方国家越来越有市场，进而成为影响国家社会经济政策及社会保障政策的重要理论因素。如20世纪80年代英国撒切尔首相、美国里根总统推行的削减社会福利的计划，以及维护并扩展私有化的进程，均受到了新自由主义理论的影响。

新自由主义者认为，在社会保障方面，福利服务的市场化是最好的选择,应当降低并且转移国家的作用,让市场发挥主导作用。对政府而言,一方面是应当提供最基本的福利,如安全网的建立;另一方面则是必须放弃那些不可能实现的关于建立平等和公正社会的目标。同时认为,国家在社会保障制度方面的作用应当是受制约而不是无限制地扩张,是推进而不是提供,是鼓励竞争而不是垄断,进而主张国家应当建立内部的竞争市场,在购买和出售服务上让不同的经济成分参与竞争。

对福利国家的全盘否定既是新自由主义的一个重要特征,也是新自由主义理论的重要思想内容。他们认为,由于社会上不可能达成一个共同的目的,福利国家只不过是理想主义者的政治神话;危机、不稳定感和失败的危险对人来说都是必要的,而福利国家的政策否定了这些社会法则,从而是对人的本性和社会特征的认识发生了错误。他们认为,经济增长对提高国民福利和促进社会平等比任何平等的政策更重要,而福利国家错误地理解了自由的特征、社会正义、权利和需求的概念,把追求平等和再分配看得比经济增长和福利的创造更重要,这实际上是削弱了个人的选择和个人对自己的责任。由此可见,新自由主义理论对福利国家的做法是完全否定的,从而可以引申出其对现代社会保障制度的否定态度。

三、其他社会保障思想

(一)马克思主义的社会保障思想

马克思主义作为一种有广泛影响的思想体系,同样对社会保障理论与政策实践的发展具有重要影响。在马克思主义的创始人马克思的所有著作中,除在论述社会产品的分配中涉及到对劳动者的保障问题外,很少直接谈到社会保障或社会福利,这主要是因为在马克思所处的时代,政府对于福利问题的大量干预尚未出现。然而,这并不意味着马克思与马克思主义者没有社会福利观。马克思的福利观主要体现在其经济学著作中,在马克思的两种生产理论中,他强调物质资料的生产是社会福利的经济基础,人口生产对于社会福利也有着重大的影响。他认为人口生产的数量影响社会福利的规模和水平,而人口比例构成影响社会福利的需求程度,老龄化比较严重的地区对社会福利需求更大。马克思还从制度经济学的角度分析了工人阶级福利水平下降的原因:一是工资收入和劳动付出的价值不平等;二是工人一无所有,不得不靠出卖劳动力为生;三是雇佣劳动者必然失去平等的权利和真正的自由,虽然资本家或资本主义国家的政府可能会变换手段,如延长劳动时间或增加劳动强度,看似增加了劳动者的收入,但实质上这些都是虚拟的福利增加。

马克思在《资本论》第一卷第二十四章《资本主义积累的历史趋势》一节中提到关于重新建立个人所有制的思想,资本主义的所有制,是对个人的、以自己劳动为基础的私有制的第一个否定。但资本主义生产由于自然过程的必然性,造成了对自身的否定。这是否定的否定。这种否定不是重新建立私有制,而是在资本主义时代的成就的基础上,也就是说,在协作和对土地及靠劳动本身生产的生产资料的共同占有的基础上,重新建立个人所有制,首先建立个人所有制表现出对人的基本权力或自然权力的尊重,使劳动者个人得到了一部分仁爱、恩慈,成为劳动者个人福利增进的第一层表现,即人权的表现。这第一层表现也可以说是对劳动者这一天然特权的认可和尊重,因为这是劳动者获得福利与福利得到增进的前提与基础;其次,社会化大生产标志着社会分工上的一次巨大进步,生产效率随着科技的进步和社会分工在生产方式上的变化得到提高,这为劳动者个人的福利增进创造了物质基础与前提,是劳动者个人得到了福利增进的第二层表现;最后,个人所有制蕴含着对生产资料的实质性占有,劳动者在生产中不是奴仆和处于简单地出卖廉价劳动力的位置,个人受到尊重,生产积极性的调动有利于国家收入的增加和积累,更会促进国家宏观福利的增进。

在社会福利方面,马克思还作过其他一些相关论述。首先,马克思主义认为资本主义是必然要灭亡的,在资本主义制度下,福利只是国家用来帮助资本家迷惑工人阶级的一个工具,同时也是工人阶级经过长期斗争的产物,它起到的是缓和劳资矛盾、延缓资本主义体系崩溃的作用,从这个意义出发,马克思主义者否定的是资本主义福利的公平性质,但同时也承认工人阶级能够从国家福利等制度中获得好处;其次,马克思在对全部社会产品进行部类划分和扣除时,确实强调了维持劳动者简单再生产的必要性,并提出建立"为预防不幸事故、自然灾害等而用来保险的后备或保险基金"是必要的;恩格斯亦在《反杜林论》中指出,"劳动产品超出维持劳动的费用而形成的剩余,以及社会生产基金和后备基金从这种剩余中的形成和积累,过去和现在都是一切社会的、政治的、智力的继续发展的基础",上述阐述客观地反映了马克思主义者的社会保障必要论观点;再次,对未来社会的构想,同样体现出了马克思主义的福利思想。马克思主义认为,资本主义必然被社会主义取代,共产主义是人类社会发展的最高目标,在对未来社会的设计中,马克思主张生产资料公有制,将自由、正义等视为永恒的真理,人们生活在没有阶级、没有压迫与没有剥削的社会里,在分配领域则是按需分配,人人都能够平等、幸福地生活。这种设计实质上表明了未来社会是全体社会成员均能够幸福生活的福利社会。可见,马克思是将社会福利纳入相应的社会制度中进行评价的。

(二) 列宁的国家保险学说

列宁继承了马克思主义的社会福利思想,非常关心人民的社会福利事业,并把社会主义的福利思想付诸实践。1912年俄国社会民主党第六次全俄会议的决议中,列宁分析了资本主义国家社会保险的客观必然性。雇佣工人以工资形式取得的那一部分自己创造的财富是非常之少的,仅能满足最迫切的生活需要,因此,无产者根本不能从工资中拿出一些储蓄,以备在伤残、疾病、年老等丧失劳动能力以及与资本主义生产方式紧密联系的失业时的需要。因此,在上述各种情况下对工人实行保险,完全是由资本主义发展的整个进程决定的改革。根据列宁的提议,俄国社会民主党在党纲草案中提出了工人阶级的要求,工人养活了整个贵族阶级及整个国家,国家对工人应供给养老退休金。列宁在会上提出:工人最好的保险形式是国家保险。这种保险是根据下列原则建立的:一是工人因伤残、疾病、年老、残疾等丧失劳动能力,或因失业时都应由国家为工人提供保障;二是保险的范围包括一切雇佣劳动者及其家属;三是对一切被保险者都要按照全部工资的原则给予补助,同时一切费用由企业主和国家负担;四是各种保险都由统一的保险组织办理。这四项原则,不仅为苏联建立社会主义国家的福利制度所遵循,而且成为东欧和中国等社会主义国家建立国家保障型社会福利制度的理论依据。

列宁在指出工人阶级实行国家保险的原因及原则后,抨击了杜马政府法案的不理性。他认为这个政府法案主要有以下几个问题:一是只提到两种保险——事故保险和疾病保险;二是只包括少部分俄国无产阶级,许多地区和许多特别需要保险的部门的工人都被抛到保险范围以外;三是规定的补助费少得可怜,完全伤残的补助最多,也只有工资的三分之二,并且工资是按低于实际工资计算的,同时保险费用的绝大部分都由工人负担。草案规定,不仅疾病的保险费要由工人负担,而且"小"伤残的保险费也由工人负担。这个新制度比现行的法律还要坏。现行法律规定,伤残的补助费完全由企业主负担;四是保险机关完全丧失了独立性,处于官吏、宪兵、警察、企业主的重重监视之下。

十月革命成功后,到1922年间,列宁先后签署了100多项关于劳动者社会保障和福利的法令。1918年俄罗斯人民委员会批准了《劳动者社会保障条例》。苏维埃政权还成立了国家救济人民委员会,负责社会保障事业。保障内容逐渐扩展到残废抚恤金、残疾人福利、老年福利、退休金、医疗保健、劳动者休假疗养等方面。起初,列宁曾试图使俄国向社会主义直接过渡,结果在实践中却行不通。经过深刻反思,列宁认识到了实践和理论之间的巨大反差,认识到马克思、恩格斯关于社会主义的预想并不符合俄国经济、文化落后的实际。列宁坚持理论服从和服务于实践的原则,发展了马克思主义,提出了一系列符合实际的新的社会主义建设理论。这一理论的内容十分丰富,其中体现社会福利思想的可以概括为以下几点:第一,社会主义应该建立在大机器工业的基础之上。列宁认为,无产阶级取得国家政权之后,它的最主要最根本的需要就是增加产品数量,大大提高社会生产力。而提高社会生产力的有效途径就是建设大工业,实现社会主义工业化。社会主义工业化的建设,目的在于奠定提高人民生活水平等福利的强大物质基础。第二,进行农业合作化。列宁依据马克思、恩格斯关于农业社会主义改造的思想,在《论合作社》一文中提出了通过合作社来改造传统农业,把农民引上社会主义道路的著名的合作社计划。社会主义制度下的合作社组织充分地体现了农民互助的福利思想。第三,发展商品经济,利用资本主义建设社会主义国民福利的经济基础。第四,开展社会主义文化革命,进行社会主义文化建设,提高全民素质,实质上就是提高全民的精神福利,使苏维埃政权下的国民福利上升一个层次。

(三)消费理论

现代社会消费的波动对经济的波动影响巨大,其对社会福利的影响也是至关重要的。现代消费理论主要归功于麻省理工学院的莫迪利阿尼和芝加哥大学的米尔顿·弗里德曼,他们提出的生命周期和恒常收入假说奠定了现代消费理论的基础。

生命周期假说的出发点是,一个典型的理性消费者追求的是其生命周期内一生效用的最大化,而其预算约束为生命期内的收入与消费支出的持平。因此,个人的消费支出在其生命周期的各个年龄上,都要选择一个稳定的、接近于它所预期的平均消费率进行消费。这样的消费行为导致了个人储蓄和财富在其生命周期内的驼峰形分布。由于就业人口进行的是正储蓄,退休人口进行的是负储蓄,就业人口数和退休人口数直接影响着社会的总储蓄。就业人口数大于退休人口数,社会总储蓄为正;相反,如果就业人口数小于退休人口数,社会总储蓄为负。生命周期假说具有三个基本假定:第一,消费者个人是充分理性的,能够预见到自己的一生,因而不存在短视问题;第二,消费者个人追求个人一生效用的最大化,因而没有利他的遗赠行为;第三,存在一个完善的资本市场,因此不会有流动性约束。

在研究消费与社会保障问题时,采用的主要理论工具是萨缪尔森和戴蒙德等人所创立的世代交叠模型。世代交叠模型假设人的一生可以被分为两个时期:年轻时工作获得收入,年老时不工作只消费。每个时点上都存在两代人。第一个时期的储蓄全部转化为投资,与第二个时期的劳动力结合从事生产,用来满足两代人的消费需求。生命周期假说把一代人的寿命分为两个时期,即就业期和退休期,不涉及两代人之间的关系;而世代交叠模型的出发点则是,在任何一个时刻都有不同代人活着,每一代人在其生命的不同时期都可以和不同代的人进行交易。这比生命周期假说更进一步。

艾伦在世代交叠模型的基础上引进了生产和投资,通过劳动生产率的增长因素来修正萨缪尔森的模型。在艾伦的世代交叠模型中,养老金的增长取决于两个因素:人口的增长率和劳动生产率的增长率,即当养老金的收益率小于人口增长率与劳动生产率的增长率之和时,现收现付制仍有帕累托效率,此即"艾伦条件"。艾伦在萨缪尔森的生物收益率基础上发展得到的艾伦条件,讨论社会保障制度由现收现付制转向基金制的条件,当人口增长率与工资实际的增长率之和小于实际利率时,转向基金制是具有帕累托效率的。

第三节 社会保障理论成果及其影响

一、《贝弗里奇报告》及其影响

(一)《贝弗里奇报告》产生的背景

《贝弗里奇报告》是人类社会发展进程中第一次提出建立全方位社会保障体系的福利国家思想。福利国家思想的提出是人类社会发展史上的一个伟大创举,为千古以来无数人们渴望社会生活平等、博爱的梦想在政府和社会层面的真正实践规划了宏伟蓝图。比较柏拉图的理想国、孔子的大同社会、空想社会主义者的乌托邦和马克思的共产主义理论,福利国家思想不是建立在思想家的想象和理论之上,而是建立在设计严谨的社会操作层面之上,为人们构建共同的幸福生活提供了简单可行的实施方案。①

《贝弗里奇报告》的福利国家思想在英国的产生,绝不是偶然的,是社会福利制度发展规律的结果。从长久的历史发展过程来分析,福利国家思想的产生是英国社会福利思想和实践长期发展的必然产物。早在1516年,空想社会主义思想的创始人——英国的托马斯·莫尔,就针对英国工业化和资本主义发展过程的圈地运动所产生的"羊吃人"现象进行了批评和思考。莫尔在其名著《乌托邦》一书中,除了对当时社会的不平等进行了抨击,更是在对理想的乌托邦社会进行描述中提出了人人都向社会竭尽贡献、老弱孕残幼等均受到全社会保护等主张,这种思想成为近代社会保障制度重要的思想来源之一。1601年,英国颁布了世界史上著名的《伊丽莎白济贫法》其首次对英国的济贫制度进行了比较系统的规定,奠定了英国济贫法律制度的基础,同时也表达了对于贫困人口政府应承担的责任和贫困人口自助的精神,这是现代社会保障制度发展中政府责任与公民义务相对称思想的首次表现。随着工业革命在英国的基本完成,英国经济获得了巨大发展,同时社会问题也更加突出。针对新的社会发展形势,1834年英国颁布了新济贫法,即《济贫法修正案》。随着英国老年人口的增加,解决老年贫困问题成为一个首要的社会问题。在考察德国社会保险制度的基础上,1908年英国议会正式批准养老金法,英国建立了国家养老金制度,这是一种免费的养老金制度。养老金法规定了养老金的领取条件和发放标准,并严格保护国家养老金领取者的经济和政治权利。1925年,英国保守党政府提出的寡妇、孤儿、老年人缴费养老金法被批准实施。缴费养老金法的实施,实现了养老金权利和义务相结合的原则,使英国的养老制度开始真正具有现代社会保障的性质。

《贝弗里奇报告》的福利国家思想产生的直接历史背景是,第二次世界大战过程中广大英国人民、特别是劳动人民对满足自身利益和完善社会保障制度的强烈呼吁,对战后建立一个平等博爱国家的理想的理性表达。第二次世界大战,特别是德国法西斯的入侵,激发了英国人的爱国热情,同时也激发了他们对英国政府的希望与要求,人们希望自己为之战斗的国家,能

---

① 周爱国《〈贝弗里奇报告〉研究》,《湖北社会科学》,2007年第1期。

够在战争结束以后给自己带来新的生活。各种新闻媒体在鼓励人们为国家和民族而战斗的同时,也表达了英国民众对政府的这种强烈愿望。1941年,英国成立社会保险和相关服务部际协调委员会,着手制订战后社会保障计划。经济学家贝弗里奇爵士受英国战后重建委员会主席阿瑟·格林伍德先生委托,出任"调委会"主席,负责对当时的国家社会保险方案及相关服务进行调查,并就战后重建社会保障计划进行构思设计,提出具体方案和建议。1942年,贝弗里奇提交了题为"社会保险和相关服务"的报告,这就是著名的《贝弗里奇报告》。

(二)《贝弗里奇报告》主要内容

《贝弗里奇报告》正文共分为六部分[①]。第一部分概要介绍了"调委会"的工作过程和整个报告的主要内容;第二部分审视了英国当时社会保障制度存在的诸多问题,详细论述了报告所建议的二十三项改革的理由及具体建议,如废除批准社团制度、改革工伤赔偿制度、统一社会保险制度(包括统一缴费和待遇标准)、将医疗和康复服务作为公共服务向国民统一提供等。第三部分重点讨论待遇标准和房租问题、老年问题以及伤残赔偿途径问题。第四部分主要涉及社会保障预算,在分析社会保险支出状况及各方的缴费能力和意愿之后,提出了由财政、雇主、参保人三方共同缴费的方案,且就各方应承担的比例做了具体划分;同时,还专门论述了工伤保险费的筹集问题,明确了事故和职业病高发行业承担工伤附加费的原则和比例。第五部分为社会保障计划。首先论述了社会保障计划赖以存在的三个假定,提出通过社会保险、国民救助和自愿保险三个层次保障人们不同需要的重要观点。同时,在明确养老金、保险金、补助金及补贴等基本概念的基础上,将全部国民分为六个群体,分析了各群体的不同保障需要,并就其参保待遇、缴费等有关问题进行了系统阐述。第六部分为社会保障和社会政策,详细讨论了子女补贴、全方位医疗康复服务和维持就业问题,并把消除贫困定位为战后的基本目标,明确社会保障计划的目标是:确保每个公民只要尽其所能,就能在任何时候都有足够的收入尽自己的扶养责任,满足基本的生活需要。

贝弗里奇在勾画社会保障计划时遵循了三条指导原则:第一,既充分

---

① 社会保险研究所译《贝弗里奇报告——社会保险和相关服务》,中国劳动社会保障出版社2008年版。

运用过去积累的丰富经验,又不拘泥于这些经验,避免被经验积累过程中形成的部门利益所限制和驱动;第二,把社会保险作为提供收入保障、消除贫困的一项基本社会政策;第三,确定国家提供福利的原则是基于国家利益而不是某些群体的局部利益,明确社会保障必须由国家和个人共同承担责任,通过国家和个人共同的合作来实现。国家在承担相应责任的同时,不应扼杀和替代个人在社会保障中的责任;国家提供的基本生活保障水平不宜过高,应给个人参加自愿保险和储蓄留出一定的空间。

《贝弗里奇报告》是一个关于全方位福利问题的报告。它从人们的需要出发,提出相应的对策,从而形成一个完整的福利体系。报告设计了一整套"从摇篮到坟墓"的社会福利制度,提出国家将为每个公民提供九种社会保险待遇,提供全方位的医疗和康复服务,并根据个人经济状况提供国民救助。九种社会保险待遇分别为:失业、伤残和培训保险金,退休养老金,生育保险金,寡妇保险金,监护人保险金,扶养补贴,子女补贴,工伤养老金,一次性补助金(包括结婚、生育、丧葬和工亡四种补助金)。其中有许多为新的福利项目,如为儿童提供的子女补贴。这在福利制度发展过程中是一个根本性的突破,有的学者甚至认为它是福利国家的核心,打破了传统的家庭扶养职能,由国家直接代替家庭向非劳动人口承担部分扶养责任。报告的另一项重要突破是提出应建立全方位的医疗和康复服务。此外,报告还要求建立完整的社会保险制度,由国家强制实施。在这个制度下,不论收入多少,不论风险高低,所有国民都必须参加保险,每人每周缴费,费率相同,而且待遇实行统一标准。这些都突破了英国原有的失业保险和医疗保险只限于某些群体的限制。

报告指出,社会保障应遵循以下四项基本原则:一是普遍性原则,即社会保障应该满足全体居民不同的社会保障需求;二是保障基本生活原则,即社会保障只能确保一个公民最基本的生活需要;三是统一原则,即社会保障的缴费标准、待遇支付和行政管理必须统一;四是权利和义务对等原则,即享受社会保障必须以劳动和缴纳保险费为条件。这些原则的提出和实施使社会保障理论更加丰富和趋于成熟。

(三)《贝弗里奇报告》对社会保障实践的影响

英国政府采纳了《贝弗里奇报告》中的绝大多数建议,颁布了一系列社会公共政策。这些社会公共政策包括1944年出台的《教育法》,1945年通过实施的《家庭津贴法》,1946年颁布的《国民健康服务法案》、《国民保险法》和《工伤保险法》,以及1948年颁布的《国民救济法》。这些政策法规为英国国民提供了范围广泛的、免费的医疗服务计划;为每个有两个以上孩子的家庭提供财政补贴;建立了从初等教育到中等教育再到继续教育的覆盖全国的教育体系,为适龄儿童提供免费的初、中等教育;为每一个受雇者建立包括失业补贴、产妇补贴、疾病津贴、遗孀补贴、退休津贴和死亡丧葬补贴等定额费率的津贴,前提是工作和按时缴费;为在工作中受伤的员工提供高于疾病类的补助;为收入不足以维持基本生活、无全职工作的人提供救济金。

《贝弗里奇报告》倡导的"社会保障应体现普遍性和全面性的原则,即应包括所有居民的需要",是其两大基本思想之一。它不仅是现代英国福利制度的框架思想,更为其他欧盟国家所仿效和奉行,成为英国等西方国家建立本国社会保险模式并向福利国家迈进的直接理论依据。"贝弗里奇计划"正式奠定了社会福利普遍性的基础,对今天欧盟各国的社会福利制度产生了无可比拟的影响。在医疗保险、养老金和失业保险三个项目上,欧盟各国社会保障的"普遍性"得到了很好的体现,社会保障的全民化成为这些国家共同的社会目标。各个项目基本覆盖了对该项保障有需求的群体的绝大部分,例如,丹麦、爱尔兰、意大利、瑞典、英国的医疗保险覆盖率已达100%,其中意大利还包括在意大利的外国居民,养老金基本上也覆盖全体雇员,其中丹麦的国民养老金包括全体居民,瑞典的基本养老金也是包括全体居民。至于失业保障,除包括全体雇员外,法国甚至将囚犯、侨民、被遣返者等包括在内。与欧盟国家相比,其他发达国家的社会保障对受益人就严格得多。《贝弗里奇报告》发表70余年间,福利国家的理论和制度模式经历了从兴盛到反思教训的过程,各种改革的设想和措施直到目前依然在尝试。但《贝弗里奇报告》提出的诸多原则、观点和方法并未过时,仍值得借鉴和学习。

二、《中国社会保障改革与发展战略》及其影响

(一)《中国社会保障改革与发展战略》产生背景

改革开放30多年来,中国社会保障制度改革走的是一条自我摸索和探索的道路,在所有经济理论和社会保障理论体系中能直接用于指导开放后的中国社会保障实践的不多。进入新世纪后,中国的社会保障体系建设步伐加快,社会保障改革也进入了深水区,面临着诸多困难和挑战。主要包括:一是城乡分割与地区发展失衡。中国还处于并将长期处于社会主义初期阶段,城乡二元分割与地区发展失衡作为长期形成的一种客观现象,受制于经济、社会发展失衡及一些根深蒂固的制度安排(如户口政策),失衡状况与差距虽然会持续缩小,却非短期内可以完全改变的。二是人口老龄化与人口流动加速。在人口总量大的基础上,人口老龄化的加速行进和城乡之间、地区之间人口流动速率的加快,构成了中国社会保障制度建设所面临的重大挑战。三是快速工业化、城镇化与就业形式多样化。四是现行社会保障制度体系残缺,有效性不高,相关制度配套改革不能同步。从亿万农民缺乏相应的养老保险,到城镇职工基本养老保险迄今仍处于低层次分割统筹的现实格局;从医疗保障体系因保障不足及体制障碍而造成的"看病难,看病贵"现象,到社会救助制度的城乡分割及某种失范,以及各项社会福利事业的残缺无序,均表明中国现行社会保障体系是残缺不全的,已有制度安排也仍然存在着有效性不高的现实缺陷,从而急切需要弥补制度缺失,进一步优化现有制度安排。在这一现实背景下,2007年5月由郑功成教授牵头组织全国的社会保障专家和学者,开展中国社会保障发展战略研究,全国有200多位专家教授和200多位各级政府官员及社团组织负责人参与,历时四年多(2007—2010年),完成了《中国社会保障改革与发展战略》(以下简称《发展战略》)(1—4卷)[①]。该项成果,不仅对中国社会保障发展现状进行了深入的剖析,而且对未来中国社会保障发展蓝图进行了系统描绘。

(二)《中国社会保障改革与发展战略》主要内容

《发展战略》由总论卷、养老保险卷、医疗保障卷、救助与福利卷组成。

"总论卷"对中国社会保障改革所处的形势、面临的挑战以及今后的重点任务进行了阐述,在此基础上提出了中国社会保障发展的理念、原则、目标及战略步骤,厘清了中国社会保障体制改革的目标、政府的责任以及制度优化方向,同时对中国社会保障建设中不可避免的基础建设、法制建设与配套改革等问题进行了讨论。该研究强调坚持尊重社会保障制度客观发展规律与尊重发展变化中的中国国情相结合,坚持"广覆盖,保基本,多层次,可持续"的基本方针,坚持公平、正义、共享的价值理念和遵循普遍性、统一性、互助共济、可持续发展、以人为本与弱者优先、政府主导与责任分担的六大原则;主张建立在权利与义务相结合基础上的缴费型保险为主体的公平、普惠、可持续的社会保障体系,充分发挥中国传统的家庭保障等非制度化措施

---

① 郑功成《中国社会保障改革与发展战略》(总论卷),人民出版社2011年版。

以及社会机制、市场机制的积极作用;提出了从弥补制度缺失到循序渐进地迈向中国特色社会主义福利社会的战略目标,设计了三大战略步骤与目标任务,以及相应的城乡统筹、制度优化的行动方案与长效机制。其所提出的三步走战略是:第一步(2008—2012年),目标任务是构建起"二免除一解除"的社会保障制度支架,为建设健全、完备的中国特色社会保障制度奠定坚实的基础;第二步(2013—2020年),目标任务是实现中国特色社会保障制度全面定型、稳定发展;第三步(2021—2049年),目标任务是在进一步完善中国特色社会保障制度并实现这一制度可持续发展的同时,不断提高保障水平,确保国民的生活质量,全方位满足国民对社会保障及相关服务的需求,真正迈向中国特色社会主义福利社会。

"养老保险卷"提出,最终建立起以缴费型国民养老保险制度为主体、物质保障与服务保障相结合、可持续发展的多层次养老保险体系,实现人人享有体面的老年生活,切实维护老年人的自由、平等与尊严。

"医疗保障卷"提出,最终建立全国统一的国民健康保障制度,实现"人人享有健康"的发展目标。

"救助与福利卷"提出,从生存性救助向促进发展型救助,从维持温饱型救助到追求一定生活质量型救助发展。

(三)《中国社会保障改革与发展战略》的社会影响

《发展战略》出版后受到社会各界的广泛关注,既有学者的评价,也有政府官员的肯定,更有媒体的广泛宣传与报道。

有学者认为①,《发展战略》既有战略性的高瞻远瞩与顶层设计,又有对社会保障各个方面的具体分析、论证与政策措施建议;既有统领全局的战略目标,又有分几步走的阶段性任务;既重视研究和尊重社会保障制度自身发展的规律,又致力于将客观规律与不断变化着的中国国情相结合;既重视社会保障制度的理论分析与研究,又重视中外实践过程的历史与现实的对比与取舍研究。

该成果提出的坚持"广覆盖,保基本,多层次,可持续"的基本方针,坚持公平正义、共享的价值理念和普遍性、统一性、互助共济、可持续发展、以人为本与弱者优先,政府主导与责任分担的六大原则,对我国现行社会保障体系的进一步完善具有直接的指导作用。在党的十八大报告中,已经明确地

---

① 卫兴华《〈中国社会保障改革与发展战略〉评介》,光明网,2012-06-24。

提出中国社会保障建设要坚持"全覆盖,保基本,多层次,可持续"方针,以增强公平性、适应流动性、保证可持续性为重点,全面建成覆盖城乡居民的社会保障体系。显然,《发展战略》的成果对政府决策已经产生影响。

有政府官员认为,该研究成果"表现了我国理论学术界对国家发展战略的高度重视与承担国家责任的学术自觉性,是理论学术界在政府部门支持下独立自主地进行国家层面重大政策研究的案例。这一战略成果的内容极为丰富,几乎涵盖了我国社会保障体系建设及未来发展的各个方面"。

《发展战略》出版后,先后得到了《人民日报》《光明日报》《新华文摘》等重要报刊的报道和宣传,至今是我国社会保障学术界影响面最大的研究成果。该成果的重要贡献在于:一是促使理论学术界对健全我国社会保障体系的认识由分歧巨大甚至态度消极转变为积极推进,形成许多共识;二是以理性与战略思维为社会保险立法及近年相关政策出台提供了理论背景与参考;三是将为中国社会保障体系建设及其未来发展提供重要参考。①

本章小结

本章主要介绍了社会保障理论思想。首先,介绍了早期的社会保障思想,包括中国古代的社会保障思想和西方古代社会保障思想。接下来,介绍了社会保障思想理论体系,包括国家干预的社会保障思想、自由主义的社会保障思想和其他相关社会保障思想。最后,介绍了社会保障理论成果及其影响,主要介绍了《贝弗里奇报告》和《中国社会保障改革与发展战略》。

复习思考题

1. 大同社会论中有哪些主要的社会保障思想?
2. 空想社会论中有哪些主要的社会保障思想?
3. 简述德国新历史学派主要的社会保障思想。
4. 简述凯恩斯理论的社会保障思想。
5. 简述庇古福利经济学的主要内容及其贡献。
6. 简述《贝弗里奇报告》的主要内容及其影响。

---

① 郑功成《中国社会保障改革与发展战略》(总论卷),人民出版社 2011 年版。

7. 简述《中国社会保障改革与发展战略》的目标及其步骤。

阅读书目

1. 庇古(著)、金镝(译)《福利经济学》,华夏出版社,2007年。
2. 《贝弗里奇报告——社会保险和相关服务》,中国劳动社会保障出版社,2004年。
3. 郑功成《中国社会保障改革与发展战略——理念、目标及行动方案》,人民出版社,2008年。

第四章 社会保障基本理论

社会保障基本理论是社会保障学的核心内容。通过本章的学习,能比较全面地理解社会保障的基本概念、特征、功能以及社会保障分类、社会保障原则、社会保障的内容构成等基本理论知识,特别对社会保障制度及其体系的发展,有一个基本框架性的认识,也为学习社会保障学其他相关内容,尤其是对社会保障政策及其实践的了解奠定基本的专业知识。

第一节 社会保障基本内涵

一、社会保障概念

"社会保障"是一个内涵极其丰富的综合性词汇。"社会"既是保障的承担者,又是保障的受益者,有广义和狭义之分。广义的社会,包括各生产单位、职能部门、社会团体、家庭和个人;狭义的社会,特指政府、家庭和个人之外的法人与自然人。随着时代的发展,"社会"也已冲破国界向世界延伸。

"保障"更是包含了人类从生存到死亡的所有阶段,并向着更加幸福美好的生活发展。"社会保障"作为一个国际通用词汇,越来越受到国际社会的普遍认可,其发展更是人类追求和奋斗的重要目标。

社会保障一词最早出自美国1935年颁布的《社会保障法案》。后被国际劳工组织接受,一直沿用至今。随着世界各国社会保障制度的不断发展与完善,社会保障内涵和外延也逐渐趋于统一。现代社会保障及社会保障制度的概念通常表述为:社会保障是社会向其成员提供的抵御疾病、生育、工伤、失业、伤残、年老和死亡等造成的经济损失和经济贫困的一系列的公共项目或措施。而社会保障制度是国家通过政策或法律,对由于年老、疾病、伤残、失业、死亡及其他灾难发生而使其生存发生困难的社会成员及其家属,提供基本生活保障或物质帮助而建立起来的一种社会制度。

二、社会保障的主要特性

(一) 普享性

基于"以民为本"的民本主义,其核心价值观所体现的就是一种普享理念,享有社会保障是社会成员的一种权利,人人都应该从中受益。尤其社会保障是一项社会公共事业,它来自社会又服务于社会,作为社会成员共同享有社会保障更是理所当然,也就是说"普享"是一种必然。同时,社会保障的普享目的,也是为了使全体国民能共同分享社会经济的发展成果,都能从中获益提高生活水平和生活质量,从而最终的走向共同富裕之路。因此,社会保障的普享特性,既是建立公平正义的和谐社会之基础,又是国民追求更加美好生活的实实在在之可靠途径。

(二) 互济性

正如人们所知,社会保障并不是谁对谁的恩赐,其实质是社会成员创造的财富供给社会成员自己享有,不论是通过征税再由财政拨款,还是企业和劳动者缴纳的保险费,社会保障的财源归根结底还是来自社会成员,因此,社会保障由社会成员普享和共享是理所当然的。但是在社会保障中,并不是平均享有的,更不是谁的贡献大谁就一定能够多享受,考虑更多的是在兼顾公平与效率统一的前提下,按照需要分别提供,特别是尽可能向社会的弱势群体倾斜,这就十分明显地突出了社会保障的互济性。特别是在市场经济下,不可预测的事件频频发生,威胁着人们的正常生活,这是谁也不能避免的,这就需要人与人之间、群体与群体之间,相互伸出援手,共同来面对各种危难。可以说,人类这种共御风险、共享安宁的现实愿望,在社会保障中得到了很好的体现和贯彻。马克思在《哥达纲领批判》一文中指出:"从一个处于私人地位的生产者身上扣除的一切,又会直接或间接用来为处于社会成员地位的社会生产者谋福利。"可见,人们的一生在不断为他人提供物质帮助的同时,也在不断享受他人为自己提供的各种帮助,这也体现了社会保障的初衷和同舟共济的精神。应该看到,在社会长期的演变和发展过程中,已经形成了更加成熟的社会互助的公德和风气,也为社会保障突出互济特性创造了良好的发展氛围。此外,还应强调的是,发展高层次的社会统筹,是实现社会保障互济特性的关键步骤,因为社会统筹的范围愈大,社会互济的力度也就愈强,从而社会保障向人们提供的保障程度也就愈高。

(三)福利性

在社会保障的广泛内容中,存在许多福利性,具体体现在以下方面:

第一,社会保障事业是非营利或微营利的。它的指导思想都是以造福于所有社会成员为前提;

第二,社会保障的资金来源中包括大量公共财政补贴。公共财政来自社会税收,通过直接投入和转移支付,保证了社会成员享有社会保障相关福利权利的实现;

第三,社会保障中个人的负担相对较轻。在社会保障实施的许多项目中,个人的负担较轻,不少项目是减免费用的,特别是弱势群体从社会保障中获益最多,而负担则最少;

第四,社会保障中的福利性服务范围广泛。除福利性津贴之外,福利性服务也存在于社会保障的许多项目之中,如医疗护理、伤残重建、工伤康复、职业介绍、职业培训、老年照顾等,范围相当广泛;

第五,社会保障中对特殊群体的福利安排非常全面。在社会保障的对象中,有不少属于特殊群体,如老人、儿童、残疾人等,社会保障为他们设置了较高的福利待遇,以及较全面的福利保障内容。

三、社会保障的主要功能

(一)政治性功能

社会保障的政治性功能,主要体现在巩固国家政权、维护现存政治制度和经济体制、促进国家和谐安定等方面。因此,社会保障既是一项适合市场经济发展的经济措施,更是一项给国家带来长治久安的政治措施。事实上,社会保障与政治的联系就是如此密切。我们可以从历史和现实中清楚地看出,社会保障不仅一开始就与政治结缘,并且始终既是政治需要的产物,又是为政治现实服务的工具。

首先,社会保障的政治性功能从社会保障发展史上的两个重要文件中可见一斑。一是作为社会保障雏形阶段的伊丽莎白《济贫法》(1601年)及其一系列措施,就是英国政府在由于社会的贫困和失业所引起的政治危机情况下出台的,这是英国政府为了稳固统治地位、寻求政治出路的一项重要社会政策;二是世界上最早推出社会保险的德国俾斯麦政权,也是在面临严重的经济危机和工人运动的冲击,以及疯狂扩军备战所引起的经济矛盾和社会矛盾尖锐化的情况下,政府为了稳定社会、缓和矛盾,颁布了一系列社会保险法律。也就是说,社会保险首先是被作为一项政治措施推出的。

其次,从各国的发展现状来看,社会保障早已经与国家政治制度紧密结合在一起。社会保障作为国家社会政策的重要组成部分,受到各国政府的高度重视,并被广泛用于促进政府既定目标的实现以及采取的各项社会、经济措施之中,对国家的稳步发展与政治和谐作出了重要贡献。

当然,社会保障在不同的政治制度下,所发挥的政治性功能是不同的。在社会主义制度下,由于人民是社会生产资料的所有者,因此,社会保障实际上也是这种所有权的体现,由此就使社会主义制度下的社会保障除了有一般的政治性功能之外,还特别集中在最大程度上保障人民的主人翁地位。同时,还通过社会保障的完善,缓解人民内部矛盾,促进社会安定团结政治局面的形成,进一步巩固和发展社会主义制度。

(二) 经济性功能

1. 促进消费行为

扩大消费是促进经济增长的一大要素,然而,消费行为会受到多种环境因素的影响。由于环境的变化,人们往往存在储蓄和消费之间游移,从而在很大程度上牵制着经济发展的进程和步伐。在这个重要问题上,社会保障是引导消费行为的有效手段。

我们可以设想,假定预期收入是一定的,当社会保障不够完善时,人们会偏好未来消费,即从考虑老后消费或意外情况消费出发,在扣除即期消费外,将收入大部分储蓄起来,以备后用,从而大大影响了社会消费的扩大。再如果预期收入不明朗,人们又不能从社会保障中获得更多的收入和生活保障时,上述情况更会加剧。

但是,如果社会保障体系十分完善,人们的生、老、病、死都有所保障,那么,即使预期收入一定,社会保障对消费的促进仍会十分强劲。事实也正是如此,由于社会保障解除了人们的后顾之忧,从而诱使人们减少储蓄而大胆消费。此外,社会保障基金本身也包含着有利于扩大消费的功能,如社会保障大量的津贴、补助及救济金等,实际上也在增加人们的购买力,或在弥补失去的购买力,从而对消费起着良好的推动作用。

2. 平衡社会供求

经济的健康成长需要一个稳定的环境,其中特别是社会供求的基本平衡是我们追求的目标之一。但是,经济发展有其规律,并总是沿着一条波浪的轨迹前进,所以,经常处于不稳定状态,这就需要建立一种针对经济不断变动的社会机制，使经济发展减少震荡、增加平稳。从某种角度上说，社会保障正是这种不可多得且能胜任的社会机制之一。

社会保障是调节经济的"蓄水池"，这正是从它能有效平衡供求这一点出发的。当经济衰退或萧条时，社会失业率会增大，一部分人因此会失去劳动收入，从而对社会需求产生负面影响。但是，由于社会保障尤其是失业保险金或失业救济金抑制了这些人个人收入减少或失去的趋势，给失去职业和经济衰退导致生活困难的人们以收入支持，在一定程度上得以唤起社会的有效需求，从而减缓了经济衰退的冲击，促进了经济复苏的势头。相反，当经济处于高涨或是过热时，社会保障支出在相应减少的同时，通过扩大社会保障基金规模，增加基金的积累，实际上在一定程度上相对减少了个人收入量，从而减缓了社会需求的急剧膨胀，减弱了经济过热所造成的供求失衡，并且最终又使社会的总需求和总供给回到基本平衡点上。

3. 保证劳动力再生产

物质产品再生产和劳动力再生产共同构成了社会再生产，而劳动力再生产在其中发挥了关键作用。因为生产的发展和劳动生产率的提高，是一刻也离不开劳动力的维持和延续的。应该看到，除了工资和其他劳动报酬之外，社会保障在保障劳动力扩大再生产上，其作用是十分突出的。

关于这一点，我们可以从社会保障对保证劳动者的身体健康、家庭经济生活稳定以及恢复和保护劳动力等方面清楚地看出来。例如，对劳动者的伤病保障，社会保障突出地表现在使劳动者"劳动能力的修理费用"得到保证，从而恢复其身体健康，扫除劳动力再生产过程中的障碍，使劳动力再生产得以顺利进行。又如，对失业者和生活困难者来说，由于有了社会保障，这些具有劳动能力的劳动者，其生存和家庭生活得以维持，实际上也就保护了这部分劳动力不致萎缩和衰退，并为其再就业创造了条件。此外，社会保障中的生育保障以及其对子女的某些保障内容，实际上也为延续后代、培养新生一代的社会劳动力提供了一定的物质保证，这是社会保障保证劳动力再生产的又一个重要方面。因此，为了实现经济的持续发展，保证劳动力再生产过程不致中断或受阻是重要的，而发展社会保障正符合和适应了这种客观需要。

4. 调节投融资

社会保障的财源主要来自国家和地方政府的财政预算，以及劳动者的缴税、缴费。鉴于国家和地方政府的责任,一般对社会保障的投入不仅有保证,而且随社会和经济的发展还有所增加。另外,劳动者的税费都是从其工资收入中直接按比率扣除,随着劳动者工资收入的增加,实际税费也有所增加。因此,社会保障的财源不仅比较稳定,而且具有增长性。特别是有些项目,如养老保险就是延后支付,经过多年积累,基金规模极为可观。这是每个国家都可利用的一笔重要经济资源。

虽然基金参与投融资是社会保障基金本身保值、增值的需要,但是,在客观上,通过这种投融资的调节,促进了国家的经济建设和民众生活的改善。仍以庞大的养老基金为例,其中就有较多的中远期资金可以利用,不仅可以向国家重点项目和基础设施投资,也可以面向社会成员融资,既支援了国家建设,又能满足社会生活中的个人资金需要,同时还为资本市场提供了长期、稳定的资金来源。毋庸置疑,社会保障基金也在频繁的投融资运作中,获得了应有的收益和回报。

(三) 社会性功能

1. 稳定社会秩序

社会稳定是社会和经济发展的前提,没有稳定的社会秩序,一切发展都无从谈起,所以,稳定是压倒一切的前提条件。我们认为,社会之所以会发生不稳定,社会秩序不时受到干扰,主要还是由于各种社会矛盾激化所致。要消除这些矛盾和影响稳定的忧患,需要建立起能缓解这些矛盾的社会机制,可以说社会保障正是这种长期起作用的社会机制之一。社会保障通过国民收入的分配和再分配所形成的基金,保障社会成员的基本生活需要,缩小贫富差距,防止矛盾激化。同时,又致力于创造良好的社会、经济环境,包括提高全社会的就业水平和福利水平,从而保证了经济发展的稳定以及社会系统的安全运转。

2. 安定民众生活

安定生活是社会保障的最基本功能,特别是经过近一个多世纪的发展,社会保障在安定民众生活方面所发挥的作用愈见显著,至今在安定生活方面形成了高低不同的三个层次。

(1) 最低生活保障。我们知道,"救贫"的功能是社会保障的源头,社会保障首先应是最低生活保障,也就是根据最低的生活标准来判断贫困者,然后给予适当的救济,使其能维持必要的或是相对的最低水准的生活。应该说,这种事后救济对于跌入最低生活标准以下的贫困者来说是"雪中送炭",

更是维持其本人及其家庭成员生存的最后社会手段。虽然这仅仅是社会保障的最初级功能,但是,在现代社会和市场经济中,仍然发挥着重要的民众生活"托底"作用。

(2) 基本生活保障。这个层次比前一个层次的保障程度要高,它主要体现在社会保障体系中的社会保险方面。社会保险能够事前预防,尤其是对人们生活中所遇到的各种不测情况和灾害,事前有所预防且分散风险,这对民众生活的安定有着特殊意义。当然,社会保险不仅仅是事前预防,更是事后补救的手段,这种补救能够使当事者的生活维持在"基本"水准上。这里所说的"基本"的含义,当然不是最低保障,也不是最高保障,它的最重要要求是能够满足人们的基本生活需要。不少国家的基本生活保障,已经大致维持在国民平均生活水准上。

(3) 福利生活保障。这在安定民众生活的功能中属于高层次。社会保障本身具有福利性,在其发展目标中,社会保障把提高民众的生活水准和生活质量置于重要地位。随着社会和经济的发展,福利生活保障在安定民众生活方面的作用必定更加突出、更加有效。

上述三个层次各有自己的职责和对象,这实际上为广大社会成员构筑起了一个层次不同、对象不同、待遇不同和作用不同的民众生活保护网,受益者可遍及社会贫困者、低收入者、普通劳动者乃至全体社会成员。

3. 促进公平分配

在广泛的社会生活中,由于人们的劳动能力和家庭负担不同,因此,会产生劳动收入和家庭生活富裕程度的差异,甚至出现不平等和不公平。一部分劳动能力弱、家庭负担重的弱势人群,会因此出现生活困难,有的还会陷入生存危机。特别在市场经济优胜劣汰的竞争规律作用下,国民间的收入差距更有可能拉大,社会分配的不公所引起的社会矛盾因此会激化,从而影响到社会的安定和经济的发展。因为社会保障具有非常突出的国民收入再分配的功能,所以,在促进公平分配方面极富潜力。

社会保障主要通过以下两个方面的再分配手段来促进和实现社会公平分配:一是通过"垂直再分配",即进行从高所得阶层向低所得阶层的收入转移,调节和缩小社会成员间收入分配和生活水平上的悬殊差距,尤其对收入较少或丧失收入来源的人们给予生活保障,缓解因分配不公所造成的事实上的不平等;二是通过"水平再分配",即在个人或家庭的健康与患病、在职与退休之间进行收入转移,均衡调节人生不同阶段、不同情况下的收入水平,保持在丧失或暂时丧失劳动能力和劳动收入时,也有可靠的收入支持,这是社会保障调节国民收入的另一个重要领域。在调节国民收入、促进公平分配的功能上,社会救助和社会保险是作用最为显著的两个社会保障项目。此外,在这里还必须强调慈善事业在促进公平分配上的作用,作为"第三次分配"的慈善事业的发展,更是增强了社会保障对国民收入再分配的功能。

4. 推动精神文明

加强精神文明建设是人类改造客观世界的需要,也是人类自身发展的需要。社会的发展和进步不仅需要物质文明的创造,而且需要精神文明的不断发掘。

社会保障作为分配和再分配领域的重要手段,无疑是经济基础的一部分,但它又属于政府的社会政策,因此,它也是上层建筑的一部分。一个国家的社会保障制度,从一个侧面反映了这个国家的精神文明和历史传统。事实上也是如此,社会保障越发达,精神文明越能得到体现。社会保障对精神文明的推动是明显的,特别在培养集体精神、促进社会互助精神以及发扬人道主义精神等方面的作用更加显著。

第二节 社会保障基本内容

一、社会保障的分类

社会保障是一个复杂的系统,按照不同的分类标准可以把社会保障划分为不同的类型,常见的分类有以下几种:

(一)按照保障对象分类

按照保障对象不同,可分为普遍制社会保障和选择制社会保障。所谓普遍制社会保障,是指全体居民和公民,以及达到一定居住年限的侨民,不论其有无收入、收入多少和是否就业,均可享受特定的现金补助或免费服务。所谓选择制社会保障,是指对不同的对象实施不同的保障,如工薪者和有收入者实行社会保险,对低收入者实行社会救助,对残疾人等特殊对象实行津贴等。

(二)按照资金筹集和运作方式分类

按照资金筹资和运作方式不同,可分为现收现付制社会保障、完全积累制社会保障和部分积累制社会保障。所谓现收现付制社会保障,是指政府根据当前一定时期内社会保障经费支出需要,确定社会保障税率或缴费比例,以支定收,不作节余。资金一般由个人和所在单位负责,国家给予一定的补贴。受保人享受的保障标准与其就业年限及工薪水平有关。所谓完全积累制社会保障,是指国家立法强制执行的用于保障社会成员收入中断或遭遇意外风险时基本生活的资金储蓄制度,也叫预筹基金制,主要用于养老保险项目。预筹的基金来源于个人和所在单位缴纳的保险费及基金运营的收入,国家一般不提供资助,但通常由政府立法保证资金的安全运营,使之保值增值。受保人享受的保险金额,完全取决于其缴纳的保险费标准和年限。所谓部分积累制社会保障,是指资金筹集实行现收现付制与基金预筹制相结合的模式,一般以现收现付制为主,同时留有一定比例的基金实行积累。

(三) 按照保障性质分类

按照保障性质不同,可分为经济保障和服务保障。所谓经济保障,是指以给受保人发放资金及实物的形式提供的保障,如养老金、遗属补助金、伤残、抚恤金、社会救助物资等。所谓服务保障,是指以服务的方式给受保人提供的保障,如住院治疗、医疗照顾、康复服务和家政服务等。

(四) 按照受保人的缴费义务分类

按照受保人缴费义务不同,分缴费型保障和非缴费型保障。所谓缴费型保障,是指社会保障基金的形成主要通过各风险承担者缴纳保险费或者保险税的形式集中的保障项目。所谓非缴费型保障,是指不需要受保人分担社会保障基金筹资责任的保障项目,该类项目所需资金主要来源于财税资金和社会捐助资金。

二、社会保障的基本原则

(一) 普遍原则

所谓"普遍",就是在享有社会保障是国民基本权利的思想指导下,实现社会保障的普遍发展,它的最终目标是"全覆盖",即把全体国民(甚至于全体居民)都纳入到社会保障网中来,而不论其性别、年龄、民族、地位、收入和职业的区别。在国民的生活和劳动乃至一生中,始终都有社会保障伴随,遇有困难和意外而陷入困境时,都能得到社会的援助,并且都能因为社会保障的发展,而普遍提升生活质量和生活水平。

(二) 公平原则

社会保障的公平原则,包含两个层面的含义:一是社会保障强调公平优先。我们知道,在市场经济中信奉的是效率至上,因为只有讲求效率,生产力才能迅速提高,社会才能有更大的发展。但是,如果过度强调效率和效益,以及由此引起的优胜劣汰,也必然会出现一部分人陷入困境甚至遭到市场淘汰,从而引发社会动荡。因此,市场经济应有一种弥补机制,来补救市场缺陷和社会不公,为此社会保障就承担了这个重任,社会保障强调公平优先,首先是针对市场效率至上所带来的弊端。当然,由于受教育程度,以及个人能力的差别,特别是家庭境遇和身体状况的不同,也会引发一部分人群陷入贫困,社会保障从公平出发,发挥国民收入再分配的功能,帮助他们解困并重新开始人生,并最终达成民众的共同富裕,这也是社会保障强调公平优先的原意。二是社会保障强调社会公平。我们知道,在广泛的社会生活中,存在两种不同的公平,即个人公平和社会公平。这里要特别强调,社会保障追求的是社会公平。虽然,社会中个人境况会有不同,对社会乃至社会保障的贡献也不一样,但最终他们从社会保障中所获得利益却不能相差悬殊,有些项目甚至是基本一致,换言之,获取与付出、权利与义务在社会保障中并不相等,这对于某些个人来说可能并不公平,但对社会而言却是一种妥善的公平和合理的结果。因此,社会保障的公平原则,必须放在社会这个大环境中去衡量,社会公平是社会保障始终追求的目标之一。

(三) 统一原则

被西方称为"福利国家之父"的贝弗里奇教授,曾经把统一原则视为社会保障最重要的两大原则之一,他的主张得到了国际上的普遍认同。社会保障的统一原则之所以被推崇,自然有其独特优势:在经济上,它能提高工作效率,减少工作环节,降低工作成本;在社会生活上,它比较能体现社会公平,减少人为矛盾;在政治上,更能有利于国家的团结和统一。此外,实行社会保障的统一原则,还有利于政府宏观调控和国家政策的推行。因此,"统一"一直是世界各国在开展社会保障中所追求的目标,也是被国际公认的发展社会保障的基础原则之一。这里所谓的"统一",是指在社会保障的实施过程中,坚持统一收缴、统一法规、统一制度、统一政策和统一管理,也就是要使社会保障的各个环节和各个项目,始终能在统一的框架下,有计划、有步骤地展开。

当然,实行社会保障的统一原则,需要具备一些条件,包括政治统一、区域发展比较均衡、经济一体化、国民生活水平差距相对较小等。许多发展中国家鉴于种种原因,上述条件可能会欠缺,但这并不是舍弃统一原则的理由,仍应将"统一"作为社会保障发展的一项重要目标。例如,我国目前东西部之间、城乡之间、省市之间、国民收入之间等,都还存在较大的差距,给全国"统一"造成了困难,但这只会促使我们更努力地去创造条件和消除障碍,因为实现全国社会保障的真正"统一"之时(如社会保险中的全国社会统筹),正是我国社会保障真正完善之日。

(四)适度原则

所谓"适度",是指社会保障的发展要"适度",就是社会保障的发展,要坚持与经济社会的发展"相适应"。社会保障的发展历史告诉我们,社会保障的发展程度,既不能离开国民经济的增长和国家的综合国力,又不能离开社会的发展和国民的收入状况,更离不开历史的传统和国情的需要,它的关键是"相适应",一切都从实际出发,量力而行。同时,它的发展水平也要体现既能保证效率提高,促进经济发展,又能有利于社会公平,促进社会稳定。因此,社会保障的发展程度和发展水平,不仅是动态的且是有节制的,它的发展要受到许多因素制约,特别是供给条件是否充分,更是社会保障发展的决定因素。我们这里讲的"适度"原则,主要是指社会保障水平的适度,就是要实现社会保障需求与供给,在适度水平上的平衡发展。具体到我国,适度水平主要体现在我国所提倡的"基本"保障上。如果我们能坚持适度发展原则,不仅能够长期地保证大多数人的基本保障要求,而且能够避免需求失控和供给危机。同时,适度发展还更能符合广大国民的承受能力,更能实现人们逐步提高生活水平的期望。反之,如果我们走向不适度,即"超度"发展,那么引致的后果将是严重的,不仅社会各方负担加重、公共财政紧张、企业成本上升,而且会带来社会惰性滋长、经济效益下降、生产活力受挫。

(五)多重原则

所谓"多重",就是多层次的社会保障,这些层次既包括政府法定的,也包括企业和个人层次的,更包括众多民间性质的。总之,它包括不同水平、不同性质和不同类型的社会保障的内容,呈现出一种多层次的发展态势和多样化的格局。应该看到,多重原则是世界各国在社会保障发展过程中,历经艰难曲折才总结出的一项重要经验。从推行社会保障多重原则的实践来看,它具有以下四个优点:

1. 分散风险负担

正如人们所知,如今的社会保障,其涉及面如此之广,承担的责任又是如此繁重,所以,任何一家机构,即使政府出面也无法独揽,特别是风险和负担,更不是独家能够承担的。经验和教训告诉我们,只有充分发挥各方力量,共同承担它的风险和负担,发展多重保障,才是唯一的正确道路。

2. 拓展资金来源

社会保障的迅速发展,特别是人口老龄化等原因,促使社会保障基金越来越难以应付需要,因此,必须开拓新财源。正如前述,即使政府也难以承担越来越庞大的资金开支,这就在客观上需要发挥多层次保障的优势,使保障资金来源多元化,从而挖掘社会资金的潜力,发挥各方的积极性,以满足日益增长的社会保障资金的需求。

3. 满足社会需求

社会经济的发展已经将世界带入一个崭新的时代,国民和社会需求出现了新趋势,对社会保障的需求也是趋向多样化。也就是说,即使从满足来自不同层次、不同收入且不断提高的社会需求出发,社会保障也必须朝着多重保障的方向发展。

4. 利用民间资源

社会保障具有广泛的社会性,来自社会而用之于社会,是社会保障必须遵循的座右铭。民间资源有着很深的根底,可以说坚实而富有潜力。虽然社会保障一般是政府行为,但是,发挥民间的积极性,挖掘民间的财源,应当是社会保障的又一个非常重要的课题。广泛利用民间资源,也是社会保障全面走向社会化的一个重要步骤。

三、社会保障的基本内容构成

世界上社会保障体系的组成是多样化的,主要是根据本国的国情和发展予以规划。我国的社会保障体系是以社会保险、社会救助、社会福利和军人保障为基础,以基本养老、基本医疗、最低生活保障为重点,以企业年金、慈善事业、商业保险为补充(见图4-1)。因此,归结起来,中国社会保障的组成内容,可由以下五个方面组成:

(一)社会保险

社会保险是现代社会保障体系中的核心内容,由于它涉及面最广、适用对象最多,并且运用资金和保障作用最大,因此,它在整个体系中居于中心

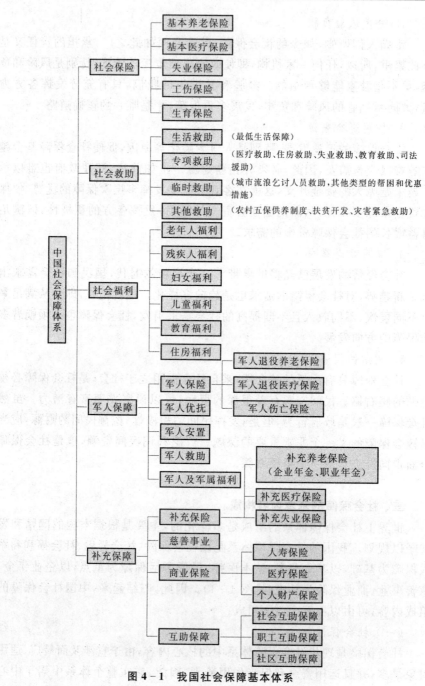

图 4-1 我国社会保障基本体系

地位。社会保险的含义是,国家通过立法和强制手段,形成一定的社会消费基金,对因年老、疾病及其他风险所造成的永久、暂时、全部、部分丧失劳动能力和劳动所得的劳动者及其家庭,给予事前预防和事后补偿。这说明社会保险主要是针对劳动者的所得风险,并通过物质补偿,以确保劳动者及其家属的基本生活为己任,所以,它属于政府社会政策的重要内容。社会保险的子项目很多,按照国际劳工组织的规定,应包括九个方面的内容,即疾病、老龄、工伤、失业、生育、死亡、护理、遗属和残疾。根据我国国情和现实需要,我国将社会保险归结为五个主要险种,即养老、医疗、失业、工伤和生育。社会保险的特征表现得十分明显,下列三点是其重要特征:

1. 强制实施。由于社会保险具备法定地位,并有法律支持,因此,在实施过程中有着很强的强制力,一般都要求强制加入。

2. 对象特定。由于社会保险要缴纳保险费,因此,它主要是针对有收入的劳动者,并且只有按时、足额缴纳保险费,在丧失或部分丧失劳动能力和劳动所得的情况下,才能成为社会保险给付的受惠者。目前,它的对象有向居民拓展的势头,但劳动者仍是其主要对象。

3. 政府主体。社会保险的政策主体和实施主体都是政府,政府对社会保险负有重大责任,由此也促使社会保险不论是筹资还是给付,都有较好的保证。

除此之外,这里还必须强调社会保险与商业保险在本质上的区别:社会保险具有强制加入、非营利性、社会效益优先、政府策划运行、接受国民监督、强调基本生活保障、重视社会公平的特点,对经济变动有较强的抵抗力;商业保险则具有自由加入、注重盈利、经济效益优先、保险企业策划运作、接受投保者的监督、待遇依存投保能力、重视个人公平的特点,对经济变动的抵抗力较弱。由此可见,不论是性质、目的、作用、效果,还是运作方式等,社会保险与商业保险都存在着显著不同之处,应注意加以区别。

(二) 社会救助

社会救助是社会保障体系中历史最悠久的项目。据记载,距今 3 000 多年前,我国的周朝就有济贫制,但在社会救助史上更具影响的是 1601 年英国颁布的《济贫法》,它以立法形式出现,因此有着特殊的意义。社会救助是一种权利单向性的非缴费制度,资金来源于国家与地方的财政收入以及社会的资助,遵循的是无偿援助原则。毫无疑问,这种无偿援助并不意味着是一种"怜悯"和"恩赐",相反,应当是公民的应有权利,政府为此负有应尽的义务和责任。社会救助主要包括生活救助、专项救助、临时救助和其他救助四个方面,其中生活救助是最重要的核心内容,即我们通常所说的最低生活保障,它具有以下三个主要特征:

1. 对象全民性。社会救助强调公正、公平,它的对象面向全体社会成员,即只要满足最低生活保障的申请条件,任何社会成员都可以通过正常途径获得国家和社会的援助。

2. 水平最低性。生活救助面对的主要是一些陷入生存困境的社会成员,严格地讲,是连维系生命所需热量也不能满足的贫困群体,这就决定了生活救助的主要职能是解决社会成员的生存问题。这也决定了最低生活保障的待遇水平是社会保障众多项目中最低的,即以维持被救助人的最低生活需要为标准。这一特性也使生活救助成为社会保障体系和社会稳定系统中的最后一道防线。

3. 分配按需性。生活救助不是按劳分配,也不是按资分配,而是按需分配,是对前两种分配形式的重要补充。根据需要,最低生活保障在分配中特别向下列三种情况倾斜:第一,无依无靠且没有生活来源的国民及家庭;第二,遭受突发灾害而造成生活困难的国民及家庭;第三,有一定收入来源,但收入水平低于国家法定最低生活标准的国民及家庭。

社会救助虽然是公民的权利,但也有其自身的要求,即仍有必须履行的义务。例如最低生活保障的申请人必须接受有关部门的资产调查,这既是接受生活救助的前提条件,又是被救助人的必要义务。应该指出,社会救助经受了长期的历史考验,已经成为现代社会中不可缺少的稳定源,特别是在市场经济条件下,更有其存在的必要性和合理性。由于市场经济造成市场竞争更加激烈,收入差距更易拉开,人们的生活风险加大,因此,不论是从体现社会公平来看,还是从弥补市场经济和价值规律的缺陷来看,在全社会实施社会救助是极其重要的,它是保证社会和经济健康发展以及全体社会成员生活安定的内在需要。目前,社会救助的内容正趋向个性化和人性化,因此,社会救助的内容和作用将会有更大的拓展空间。

(三) 社会福利

在社会保障制度中,社会福利的形成是比较晚的,但其迅速成熟却使社会保障的发展出现了一次跃进,标志着现代社会保障制度进入新的阶段,即不再局限于社会成员的最低生活保障和基本生活保障的内容,而是将其内涵扩大到包括精神性、文化性以及较高层次物质需求的生活领域,这无疑是人类文明的一大进步。按照国际上的通常说法,面向全体社会成员的社会福利实际上包含了两个相互联系但又有区别的内容:一是公共性福利,即国家为全体公民创设各种生活必需的条件和环境,以及提供各种社会性津贴和保护性福利措施。前者如文化教育、公共娱乐以及交通设施等市政建设等,后者包括交通补贴、家庭补贴和住宅补贴等。二是特殊人群福利,即向社会中需要特别给予关怀的人群,如儿童、老人、残疾人、妇女等,提供必要的社会援助,改善他们的生活水准和自立能力。我国的社会保障更多的是关注特殊人群的福利,如分析其特点,主要表现在下列三个方面:

1. 对象全民化。社会福利的享有对象是全体社会成员,不论性别、年龄,也不分身份、地域和职业,所有社会成员都有共同享受社会福利的权利,同时,遵循"机会均等,利益共沾"的原则,努力使每一个社会成员都能公平地获得应享的社会福利待遇。

2. 主体多元化。社会福利的主体可以是国家,也可以是社会福利法人、民间团体和个人。社会福利的这种主体多元化特征,不仅促进了社会共办局面的形成,而且带来了社会福利财源的多渠道。虽然政府要承担费用的相当份额,但是,公共团体、企业和个人的投资、资助及社会慈善募捐等,都可以成为社会福利的重要财源。

3. 福利服务化。社会福利与其他社会保障项目比较,更突出地表现在服务化上。除提供各种福利性补贴外,社会福利还非常重视通过各种社会福利机构、社会福利设施以及专职和志愿人员,向社会成员提供全面的福利服务。福利服务内容广泛,涉及到生、老、病、残、医、食、住、行等方方面面。

社会福利是国家造福于民的总政策的重要体现,它的主要目的是改善人们的生活,提高人们的生活质量。因此,社会福利在社会保障体系中属于最高目标的保障。我国曾经非常通行的企业职工福利是否可纳入社会福利范畴呢?回答自然是否定的,因为它不符合对象全民化的特征和全体社会成员共享的原则。不过,如果能够促使企业某些福利的社会化,那么,这部分社会资源就能被融入社会福利中来。

(四)军人保障

军人保障是改革开放后才逐步从"社会优抚"中脱颖而出、单独成为我国社会保障体系中重要一员。正如人们所知,鉴于职业特点,军人保障不同于一般国民的社会保障安排,有着十分鲜明的自有特点:

1. 自成体系。正如前述,军人是一个特殊的社会群体,它的社会保障安排,既要与整体国家社会保障相衔接和相适应,还要体现军人的特点,所以在安排和设计上,非常注重相对独立和自成体系。军人社会保障体系,主要由五个方面组成:军人保险、军人优抚、军人安置、军人(包括军属)福利和军人救助。其中军人保险又包括军人伤亡保险、军人退役养老保险和军人退役医疗保险等内容。

2. 对象特殊。军人保障的对象无疑主要是军人,但又不限于此,军人的家庭成员也被列于保障之列,包括现役军人家属、牺牲军人和病故军人的遗属等,都是军人保障的对象。

3. 待遇优厚。军人保障的待遇,通常要高于一般国民的社会保障标准,其待遇优厚主要出于:第一,军人从事的职业风险更高(甚至牺牲生命);第二,军人履职的付出和损失更大。根据权利与义务相统一的原则,给予军人较高的待遇,实际也是对军人合法权益的尊重。在军人社会保障待遇中,包含有较多的福利和优待内容。

4. 激励明显。军人保障的各种精心安排,充分考虑有利于消除军人后顾之忧、有利于安定军心和激励军人安心服役等因素,所以保障的实施,将在提高军队的吸引力和战斗力、促进军人为国无私奉献等方面,都有着明显的激励作用。

(五) 补充保障

补充保障是指在相对于以政府为主体的社会保障项目之外,由社会各部门、单位、团体分别根据能力和需要实施,并且对法定项目起补充作用的社会保障项目的总称。由此可见,补充保障不是政府行为,一般也不具有法定地位,是否建立或是否参与,以及待遇如何,都可自由选择,并且主体多元、形式多样。不过,补充保障的发展仍需体现政府的政策方向和发展需求,特别要接受政府主管部门的指导和监督。

补充保障的具体作用主要体现在以下三个方面:

1. 补充作用,即补充法定社会保障项目的不足。法定社会保障项目一般都由政府主导实施,由于覆盖人群广,保障水平不可能提高,这在一定程度上影响到人们要求进一步提高保障水平愿望的实现。另外,随着社会和经济的发展,国民保障需求虽然趋高,但政府所能提供的有限资源不能满足这种需求,所以,必须寻找补充源。由于补充保障主要是依靠民间资源的挖掘和社会力量的发动来扩大保障的供给,因此,它是一个恰当的选择,是对法定保障项目的重要补充。

2. 提高作用,即提高国民整体保障水平。正如前述,法定社会保障项目水平有限,只能承担起基本的保障任务,为了提高人们的保障水平和生活质量,非常需要在法定保障之上追加保障待遇,以满足人们老后、健康等方面的需要。补充保障的这种提高作用,与基本保障项目之间,实际上形成了一种"基础＋提高"的组合,它的资源来自社会,又用之于社会成员,是一种动员社会力量共同提高国民保障水平的重要途径。

3. 扩展作用,即扩展社会保障的覆盖范围。社会保障的对象虽然是全体社会成员,但各个项目都有严格的资格条件,因此,适用对象受到限制。但是,社会保障是人人需要的,而且需求也是不同的,我们必须寻找到既能满足某些不是法定项目适用对象的人员保障要求,又能满足有更高保障要求人们的保障办法,这对实现社会保障全覆盖是至关重要的。我们认为,补充保障的发展正是适应了这种时代发展的需要。由于补充保障的普及大大拓展了社会保障的覆盖人群,使"人人有保障"这个理想目标的实现成为可能。

第三节 社会保障制度模式

一、"全民福利型"社会保障模式的典型——英国

第二次世界大战以后,由于经济的恢复和发展,在欧洲掀起了福利主义思潮,并且十分集中地反映到不少国家的社会保障制度中,如英国就是最具典型意义的国家。我们知道,早在第二次世界大战期间,英国就出现了代表福利主义思潮的贝弗里奇的"构想",并以此为依据,战后在英国建立起了全民福利型的社会保障制度。这种制度具有以下四个鲜明特点:

(一)责任清晰

责任清晰是指十分注重政府对社会保障的责任,并从三个方面加以体现:(1)明确政府在社会保障制度中的主体作用。政府通过法律规范建立制度,并向个人、企业和社会提供必须遵循的行为准则。(2)强调政府在社会保障财源上的主要责任。国家通过一般税收,承担许多社会保障项目的支出,即使对国民保险,也提供一定的财政补贴。(3)实行政府对社会保障制度的直接管理。英国社会保障制度基本上由政府机构运作,如国民保险、国民卫生服务等社会保障项目,都由政府的相关机构实行直接管理。

（二）覆盖广泛

覆盖广泛是指把社会保障的范围扩展到全体公民和居民。我们知道，在贝弗里奇的核心原则中，首要一条就是强调社会保障的普遍性。所有公民，无论是否就业还是有否收入，都有权获得社会保障，享受应有的待遇。因此，英国实际上把公民权（目前更是把居民权）与社会保障权捆绑在一起，有公民权或有居住权的外国人都能享受规定的社会保障待遇，从而把绝大多数人纳入社会保障制度中来，达到"全覆盖"和全民福利的目标。

（三）内容丰富

内容丰富是指保障内容包括"从摇篮到坟墓"的各种生活需要。实际上，英国是第二次世界大战以前就开始了社会保障的项目扩张工程。战争结束后，随着经济实力的增加，在原有的老年、疾病、生育、失业、工伤、残疾、遗属等社会保障项目基础上增加了许多内容，特别是强化了向家庭的渗透，一系列与家庭相关的保障内容纷纷出台，如家庭津贴、儿童津贴、住房福利等受到重视，从而使老年人、儿童和妇女等都从中获益匪浅。目前，英国社会保障的内容已趋向体系化和系列化，项目之间注重协调，项目设置也更加完整。

（四）制度统一

制度统一是指英国实行的全国统一的社会保障制度。《贝弗里奇报告》中始终强调制度统一的重要性。事实上，制度统一不仅是为了实现权利普遍享有，也是为了落实社会公平的目标。所谓"制度统一"，就是要对社会保障制度中收支和管理的统一。缴费统一（如国民保险实行统一费率）、待遇统一（如基本养老金按定额发放）、管理统一（如社会保障项目均由政府有关机构统一管理）是制度统一的核心内容。由于制度统一，因此，英国社会保障的资源利用效率较高，管理成本较低，某些项目如医疗服务的支出，比起美国、加拿大等国家要低得多。

二、"社会保险型"社会保障模式的典型——德国

所谓"社会保险型社会保障制度"，就是社会保险在整个社会保障体系中居于中心地位的制度。德国是实行社会保险型社会保障制度的主要典型。德国的社会保险有着悠久的历史，被称为"俾斯麦模式"的社会保险的几个原则，至今仍为许多国家通用，对国际社会保障的发展有着巨大的影响。以德国为代表的社会保险型社会保障制度具有以下

五个特点：

（一）以社会保险为主

在德国的社会保障制度中，社会保险占有绝对优势。根据欧盟《社会保障在欧洲》的报告（1995年），在德国的社会保障支出中，仅养老保险、疾病保险、工伤保险和失业保险四个险种的保险金支出，就占到社会保障支出的80%以上。由于社会保险主要以有收入的劳动者为对象，因此，这种类型的社会保障制度非常强调劳动者的收入保障。

（二）国家立法强制实施

即以国家立法做后盾，在全社会强制性地推行。正如前述，德国从一开始就为其社会保险制度的推行制定了一系列国家立法，如1883年《疾病保险法》、1884年《工伤事故保险法》、1889年《老年和残疾社会保险法》等，其目的显然一是要规范行为，二是要强制实施。特别是后者，由于有了法律支持，社会保险的推行就有根本保证。强制实施使所有劳动者被纳入社会保险网成为现实，同时也有力保证了社会保险的资金来源。

（三）权利与义务相对应

即社会保障的权利与义务之间有联系，但并不对等。由于以社会保险为主，因此，德国很注重社会间的统筹互济，重视国民收入的再分配。同时，社会保险的待遇又与投保者的缴费相联系，不缴费或缴费年限不足，是不能享受应有待遇的。另外，个人收入较多，而导致缴费也多，那么待遇标准也相对较高，这在体现重视社会公平的同时，也考虑到效率与贡献的因素。

（四）费用由多方共担

即社会保障的资金来源是通过多渠道共同筹集的。德国社会保障的经费开支主要是由个人、企业和国家共同负担。例如，从社会保障资金的分担比例来看，个人负担29.8%，企业负担40.1%，政府负担26.4%，其他来源占3.7%（1992年）。不过，自此以后，由于政策方向的变化以及基金收支平衡的困难，个人和企业的负担比例趋于上升，政府负担的比例却有所下降。费用由多方共担，较好地解决了资金的来源，充分调动了各方的积极性，即使对于强化费用意识和充分利用社会资源，也是具有积极意义的。

（五）实行自治管理

即在各类社会保障机构中，分别设置代表大会和董事会，自行负责决定财政和人事安排。目前，德国除失业保险外，疾病保险、养老保险、工伤保险等均按照社会自治的原则实行自治管理。实践证明，这种管理方式有助于社会各方的协调,并具有弹性,能对社会保险的各种需要和变化做出灵活反应。这种自治管理虽然独立于政府,但并不意味着国家处于局外人的地位,政府仍然能够通过相关政策法规进行有效的监管,以维护劳动者的权益,便于国家社会政策的贯彻执行。

三、"国家保障型"社会保障模式的典型——前苏东国家

国家保障型社会保障制度主要是在马克思的"扣除学说"(即马克思认为,社会总产品中应进行六项扣除,其中,社会保障基金是为丧失劳动能力的人设立的基金,属于第六项扣除)和列宁的"最好的工人保险是国家保险"的基础上所创立的一种保障模式,与计划经济体制相协调、相配套。苏联和东欧前社会主义国家以及改革开放前的中国都曾实行过这种类型的社会保障制度,不过,目前仍在继续实行这种保障模式的国家已为数不多。国家保障型社会保障制度具有以下三个主要特点:

1. 实行以公有制为基础的国家保障制度,个人不承担任何责任和费用,原则上,所有社会成员都有权享受社会保障的福利待遇和社会服务。例如,在社会保险项目中,个人无须缴纳保险费,所有费用均由国家和企业承担。

2. 国家在社会保障制度中发挥着决定性作用,包括社会保障的立法、具体的实施条例和政策制定以及日常运作管理,均由代表国家意志的国家议会和政府有关机构,以及与政府有较好协调的工会组织处理、决定。

3. 推行物质保障与精神保障相结合的保障路线,在社会的平等和民主的前提下,不仅向社会成员提供物质保障,而且注意保障人的精神需求。

从上述三个特点中可以看出,这种类型的社会保障制度主要还是建立在消灭私有制、生产资料公有且人民共同使用、有劳动就有保障、社会按照实有资源和整个社会的需要制定计划并进行分配等指导思想之上的。应该说,在一定时期和发展阶段,国家保障型社会保障制度有其独特的优势和作用,在许多国家,曾经为巩固社会主义制度以及保障国民的主人翁地位和基本生活需要发挥过重要作用。但是,随着时间的推移和时代的变化,国家保障型社会保障制度的实施遇到越来越难以克服的困难,制度本身的缺陷越加显露,特别是原先实行严密计划经济体制的国家在向市场经济过渡时,这种类型变得难以适应社会和国民的需要,必须对此进行彻底改革。改革的主要目标是改变国家对社会保障的统包模式,建立能适应市场经济需要、能维护经济和社会的稳定发展,以及能满足国民基本生活、安全需要的新型社

会保障制度。

四、"强制自保型"社会保障模式的典型——新加坡

在社会保障制度中实行"强制自保",是一种非常独特的做法,虽然在世界上不是很普遍,对推行的效果也意见不一,但是,它的基本理念和运作经验颇具特色,在国际社会保障的"百花园"中,确实独树一帜,值得深入研究。目前,世界上有19个国家推行相似的制度,这些国家基本上是发展中国家。其中,最具典型意义的是新加坡,我们不妨以新加坡的中央公积金制度为代表,深入分析一下其主要特点和优势。

（一）强制储蓄

强制储蓄是新加坡社会保障制度的核心内容,采用这种做法的背景始于1955年创立之初。由于新加坡的经济还不发达,国家还没有能力提供高水平的社会保障;另外,新加坡地处东南亚一带,传统的家庭保障和储蓄风气一直很浓,所以,通过强制储蓄形式进行社会保障资金积累,便成为其主要选择。开始实行强制公积金时,雇主和雇员各自提供工资的5%,以后逐步提高,最高时总公积金率达到50%,后因经济衰退才又降至40%,即雇主和雇员各自缴纳雇员月薪的20%（1997年7月）。

（二）功能广泛

新加坡的公积金制度是从老年保障开始的,现在已发展成为全面性和综合性的社会保障计划。新加坡的公积金制度涵盖的内容极为丰富,所以,由此而产生的功能也变得极为广泛。除养老保障和医疗保障之外,其内容还包括购买住宅、子女教育、股票投资、产业购置等16项。特别是由于其累积资金数额巨大（1995年,其占国民储蓄总额的93%,相当于当年GDP的一半以上）,因此,也成为资助国家建设和发展计划的重要资金来源。

（三）国家支持

新加坡强制自保型社会保障制度的特点之一就是强调"自存自用,自立自保",因此,国家在资金上的支持力度很小。但是,国家在另外三个领域的支持却很明显：(1) 立法保护。包括强制储蓄及其管理在内,始终得到法律的保护,如公积金的提取、使用、转让和继承等,都有国家法律保证。(2) 税收优惠。在公积金中,个人缴纳部分实行税前缴纳,免除所得税;雇主缴纳部分也是税前列支,计入生产成本。(3) 担保支付。公积金的最终支付均由国家担保,从而减小了支付风险。

(四)运作灵活

新加坡公积金制度的运作比较灵活,考虑的主要是便利加入者,并尽可能地使运作合法、合理、合情。例如,缴费虽然是强制的,但其缴纳比例及总公积金率是随实情不断调整的,特别是根据社会和经济的发展状况而有所增减。又如,加入者出现供款不足时,家人是可以帮助供款的,如养老账户供款不足而影响支付时,家庭其他成员可以通过转移支付予以补足。

综上所述,强制自保型社会保障制度确实有其优势的一面,尤其对强化个人自我保障、减轻国家负担等方面作用显著。但是,由于其本质还是属于储蓄性质,因此,有其本身不可克服的缺陷,其中两点还是相当严重,可以说是与社会保障的根本宗旨相背离的,即:(1)互助互济和再分配作用较弱;(2)社会公平原则难以兑现(没有向低收入者倾斜)。

五、"基本保障型"社会保障模式的典型——中国

鉴于中国国情的制约,包括人口规模、资源总量、综合国力和正在进行经济体制转轨等因素的制约,中国社会保障的发展,必须考虑现实的基础和未来的可持续,因此选择了"基本保障"这种符合中国实情的发展模式。当然选择这种模式,也是吸取国外社会保障发展中经验教训的结果,过高不切实际的追求所带来的严重后果历历在目,使我们不能不慎重对待。所以具有特色的"基本保障型"社会保障模式,是中国审视和面对社会保障发展的复杂情况后所作出的深思熟虑和现实理智的重大抉择。"基本保障型"社会保障模式的特点,主要表现在四个方面:

第一,水平适度。最主要是保障水平要与社会经济发展相适应,水平适度集中反映在社会保障水平,主要是保证国民大众的"基本"需求上。

第二,政府主导。政府是社会保障的核心中坚,既承担重大责任,又主导社会保障的发展。特别是在组织管理,以及规划未来上,发挥着不可替代的作用。

第三,社会共担。社会保障中社会作用是主流,取之于社会又用之于社会是本源,目标是共同分担并共同分享。

第四,渐步推行。小步推进又不停顿推进,通过此种"渐进"策略,稳妥地把社会保障的改革和发展,一步一步推向高潮。

第四节 社会保障理念及未来发展

一、社会保障理念的内涵

关于社会保障的理念，可以说是一个动态发展的过程，每个发展历程的实践活动，都在不断提升理念的层次。在长达四百多年的历史长河中，就曾经历了从"济贫"到"防贫"再到福利普惠的多次跃进和理念更新，从而造就了具有现代意义的社会保障理念：社会保障是国家（政府）通过立法，集聚社会力量，形成专门的社会保障基金，并采取多种政策和措施，对国民收入进行分配和再分配，保障全体国民的生存安全和基本生活，特别对弱势群体和处于危境的国民以倾斜照顾，同时根据可能逐步提高国民大众的福利水准，使更多国民及其家庭，都能过上健康的幸福生活。

根据上述总体概括，社会保障的现代理念应该必备下列六个要件：（1）国家（政府）是责任主体；（2）法律支持下保证实施；（3）建立专门的社会保障基金；（4）实现国民收入的分配和再分配；（5）保障全体国民的生存安全和基本生活；（6）提高福利水准，使国民逐步过上健康的幸福生活。

二、社会保障理念的变化与价值取向

（一）社会保障理念的变化

社会保障是时代发展的产物，更是与时代同步同行，包括它的理念在内，其不断变化的内容都带上了浓浓的时代特征。马克思唯物主义告诉我们，存在决定意识，所以，社会保障的所有理念都是由不同时代阶段所存在的现实所决定的，正是现实的变化才引起社会保障理念的更新。下面三种现实的推动，对于社会保障理念的变化，有着决定意义：

第一，由于早期工业化，社会保障逐步脱离慈善救济状态，向着有立法支撑并以国家为责任主体的社会救助发展，从而产生保障国民最低生活需要的理念。

第二，由于工人运动的推进，社会保障逐步放弃"雇主责任"状态，向着由政府主导的强制性社会保险发展，从而产生保障国民基本生活需要的理念。

第三,由于福利主义兴起,社会保障逐步改变局限中低端状态,向着有理性并可持续的全面福利发展,从而产生保障国民福利性生活需要的理念。

当然,现实的因素是复杂的,可以说社会保障理念的不断更新,是各种因素综合反复影响的结果。归纳起来,社会保障理念的变化,主要受到以下七个方面现实因素的影响:

1. 人类生存风险。首先,随着时代的发展,人类生存所遇到的风险焦点在不断转移,已不仅仅停留在通过济贫和施舍而维护生存的阶段。特别是在现代社会中,货币收入风险越来越为人们所关注,几乎成为现代风险的焦点,由此,社会保障中收入保障理念占据了重要地位;其次,人类生存风险的责任定位也在发生变化,从人人自负到雇主责任,再从政府责任和社会责任到个人责任的加强,从而不断地影响着社会保障理念的深化。

2. 工业化推进。工业化的推进促进了城市化,从而引起整个社会的生产方式和生活方式的极大改变,尤其是家庭结构分化加强,家庭功能逐渐弱化。虽然家庭在保障老、弱、病、残方面的作用将长期存在,但是毕竟许多功能已越来越被社会所替代,在保障人们的生存和生活过程中,社会的作用更显突出,社会是人们保障主体的理念,已深深地融入社会保障之中。

3. 市场经济深入发展。市场经济的深入发展导致市场竞争加剧,人们特别是劳动者的风险加大,从而不可避免地出现由市场弱者和市场失败者组成的贫困群体,他们的生活不仅受到市场竞争的威胁,而且使社会出现动荡。为此,原先完全通过济贫使其渡过难关的消极理念已不适应,必须改而换之从源头抓起,就是使社会援助朝着预防这些风险发生的方向发展,这就引致了社会保障中防贫理念的产生。

4. 政治权利普及。一方面,随着人类文明的发展以及经济逐渐发达,人们追求普遍享有政治权利的愿望因此而更加强烈;另一方面,政治权利的内涵进一步扩充,涉及亿万群众利益的社会保障权利自然也被包括其中,是否享有社会保障权利已被提到政治高度。在现代社会中,社会保障权利更被列为基本人权,它的具体表现形式为生存权、劳动权和福利权,从而使社会保障理念不仅被赋予更高层面的权利含义,而且随着人权观念的普及,极大地推动着社会保障理念的更新。

5. 国民需求变化。社会经济的发展带来各国国民生活水平向上,社会需求趋向生活质量提高。这一现实的变化不仅使社会保障的水平逐步提高,而且在理念上也发生了变化,即社会保障除了最低生活保障和基本生活保障外,还加进了福利生活保障的内容。在一些发达国家,为了适应国民需求多样化的状况,社会保障中社会福利和社会服务的力度加大,从而使社会保障冲破传统观念,朝着使所有社会成员都能过上具有文化性的健康生活方向发展。

6. 社会问题突显。社会问题突显是社会保障理念发生变化的一个重要因素,其中,老龄化和就业恶化是两个影响较大的问题。由于人口老龄化加速,造成社会赡养人口增多,社会保障基金不足,与老龄化相关的年金、医疗等引发的社会问题更加突显,过去那种片面强调高福利的理念受到抵制,国家责任的解释也得到了修正,个人承担更多义务被进一步强调。因此,人们重新思考单一保障模式的种种弊端,从而使适度水平的多层次保障理念开始占据主流地位。另外,由于经济萧条引发各国就业状况恶化,失业保障不堪重负,人们也在反思消极保障带来的结果,于是,以促进再就业为特征的积极失业保障理念诞生,并得到了国际上的普遍认可。

7. 保障理论推动。理论的发展对社会保障理念的更新作用是显而易见的。且不说16世纪初英国空想社会主义者理论对社会保障理念的启蒙作用,仅就马克思关于国家保障的理论主张,以及贝弗里奇有关对全体公民实行全面保障的福利国家思想,都对不同时期和不同制度下的社会保障理念发挥了重要的引导作用。此外,一些经济学理论,特别是福利经济学等学说以及社会学、保险学、人口学、管理学等学科理论,都对社会保障理念的形成和发展作出了重要贡献。因此,可以说社会保障的理念变化,正是建立在各种与社会保障相关理论发展的基础上的。

(二)国际社会保障理念的价值取向

1. 强调收入保障。即把社会保障视同收入保障。认为社会保障就是"在国民生活中,出现收入中断或永久丧失时,国家为保证其最低或基本生活水平的收入而制定的综合性措施和制度"。

2. 强调公共福利。即把社会保障视为公共福利。认为"社会保障是一种公共福利计划,旨在保护个人及家庭免除因失业、年老、疾病或死亡而在收入上所受到的损失,并通过公益服务和家庭生活补助,以提高其福利"。

3. 强调社会安全。即把社会保障视为社会安全网。认为社会保障就是对生老病死、伤残和孤寡、衣食住行等社会问题提供安全性保护,包括对收入、支出,以及所遇各种社会风险予以支持和补贴。

4. 强调社会公平。即把发展社会保障视为对社会公平的追求。认为社会保障是社会公平和社会安全的一种机制,是为在市场竞争中失败的人不致遭受灭顶之灾,并能获得重新参与竞争的机会,同时还为失去劳动能力或遭受意外困难的人提供生活保障。

5. 强调基本人权。即把社会保障视为一种基本人权。认为"每个人及其家庭的衣、食、住、行,都有享受适当水平社会服务的权利,特别在遭受失业、疾病、寡居、老年等情况,以及因个人不可抗拒的遭遇而出现生存危机时,有权获得社会的保障"。

三、我国社会保障未来发展

(一) 更加注重人人享有

不论是从基本人权享有出发,还是从维护社会公平正义来说,社会保障的人人享有,无疑都是其核心追求的目标。人人享有即"普享"社会保障不是梦想,即使像我们有13亿人口的发展中大国,也是可想可及的。为了要达到上述理想目标,国家在2007年就已经提出社会保障要在2020年前实现城乡全覆盖的战略要求。事实上,我国提前8年于2012年7月就实现了基本社会保障制度的全覆盖。只有人人享有社会保障,才能真正达到我们企盼的社会和谐文明之境界。

(二) 更加注重制度优化

社会保障改革发展的30年,实际也是社会保障制度不断得到修正、完善和升华的过程,这个过程不会终结,还会继续延伸下去。应该承认,我国的社会保障各项制度还存在不少缺陷,正是这些薄弱环节的存在,影响着社会保障应有效能的最充分发挥,所以进一步优化各项制度,改善其现有的不足,已成为我国社会保障未来发展的重要任务之一。为了使今后制度优化更加有效,我们必须抓住目前所存在的一些瓶颈问题,在三个方面值得关注和努力:一是强化制度统一。由于多元制度并存,不仅造成制度间不公平,同时也极大影响到制度的效率。因此,未来发展的一个重要课题,就是要将同一项目的多种制度进行合并重组,形成相对统一的全国性制度。二是强化统筹互济。这是促进制度更加公平和合理的必要步骤,特别是其中社会保险制度的优化,就更要强调社会统筹,包括统筹范围和统筹层次。未来城乡统筹和全国统筹是统筹社会保障的最终目标。三是强化公效结合。公平与效率是不可分的共同体,你中有我,我中有你,缺一不可。虽然,社会保障中公平始终占其首位,但也不可偏废效率,没有效率的制度也是不公平的。

我们的目标是在优化制度中妥善处理好公平与效率的关系，在一种倾向掩盖另一种倾向时，允许强调和突出一方，以求矫正已经失衡的两者关系。

（三）更加注重政社合力

毋庸置疑，社会保障中政府承担着主体责任。但是，事实证明，一个完善而健全的社会保障体系的建立，仅凭政府一方之力即独家承揽，是既不现实又难以最终实现的。因此，如何加强政府与社会各方通力合作，广泛发动民间参与，最大程度地发挥社会各方力量，充分利用现有社会资源，建立起一个共同应对的政社合力体制，是今后所面临的重大课题，也是未来努力的方向。政社合力体制的建立，其正面效应是明显的：一是增加了可用资源；二是发挥了政社两个积极性；三是提高了保障工作效率；四是减轻了政府所背负的沉重负担。当然，最根本的还是由此创造了社会保障的有效发展方式。

（四）更加注重发展补充

发展补充保障意义重大，它不仅能提高国民保障水平，而且因此还能扩大社会保障的受益面，同时由于发展多样的法定外项目，还能调动社会各方积极性，满足社会不同收入、不同要求、不同阶层人们的保障需求。因此，发展补充保障是一项非常重要的战略性举措。强调在社会保障的未来发展中要更加注重加大力度推进补充保障有两个层面原因：一是现实原因。目前由于普遍缺乏补充保障，使国民保障形式单一，几乎完全依赖法定保障，这也导致法定保障水平居高不下。二是从长远考虑。完善的社会保障，必然是由不同主体、不同人群、不同水平、不同制度，以及不同资金来源构成的多层次多支柱结构。事实证明，不发展补充保障，国民的保障水平就不可能持续提高；不发展补充保障，也难以满足日益增长的社会多元需求。因此，未来的社会保障，不能只有主角而没有补充保障这个配角，在未来更加注重补充保障发展，就是要使补充保障真正成为法定保障的有力"补充"。

（五）更加注重持续发展

社会保障的可持续发展，越来越引起人们关注，因为它关系到全体国民的切身利益和社会稳定的大事。由于未来的不确定因素增加，使社会保障的持续发展增加了难度，其中有三个因素影响最大：一是人口老龄化乃至高龄化，对社会保障的安全供给，无疑是个极大挑战，老年人养老金、医疗支出和服务需求都将迅速增长。二是经济波动频繁，削弱了社会保障赖以支撑的基础。由于经济原因，失业和低保支出都会大幅增加，社会保障基金收支压力增大。三是社会的发展和国民要求提高保障需求的呼声增大,从而导致社会保障的待遇水平与可供资源的矛盾加剧。因此,在社会保障的未来发展中,必须更加注重可持续发展,特别在以下三个方面要着力改善:第一,社会保障待遇水平必须要与经济社会发展相适应,理性地对待社会要求提高保障水平的压力,坚持保障水平不超度的原则;第二,社会保障的各方负担要均衡适度,政府财政、企业和个人的负担都要严格控制在适当的范围内,避免造成财政亏空,企业竞争力下降和个人负担过重的情况发生;第三,社会保障的资源供给要保证,特别是资金来源要确保,应充分注意现有资源的增值,以及社会资源的集合和运用,谋求资源供给的多渠道,力争社会保障的供求平衡。

（六）更加注重完善法制

改革开放以来,我国社会保障成就斐然,但是如果要问社会保障最滞后、最乏力以及最急需改善的方面,莫过于社会保障的法制建设。由于法制不健全、立法层次太低,以及"以政代法"的普遍存在,社会保障的公信力和权威性受到严重影响,社会保障的实施也徒增不少阻力。在目前的法制建设中,即立法、执法和普法三个层面里,最薄弱的无疑是立法,由于立法进程迟缓,也使执法和普法两个层面的推进受到影响。虽然,我国已经颁布了《社会保险法》,出台了《社会救助暂行办法》,但社会保障立法进度和立法项目仍然太慢和太少,完全不能适应快速发展的社会保障需要。我们的目标是要建立起一个独立、健全的社会保障法律体系,所以加快社会保障的立法进程是首当其冲,也是社会保障未来发展的长期重任。

本章小结

本章首先对社会保障的概念进行了界定,对社会保障的特征和功能作了描述,接着着重讲述社会保障基本内涵中必须掌握的重要内容,包括社会保障的分类、基本原则、内容构成、典型模式等,最后对社会保障理念的变化和价值取向进行了分析,对我国社会保障的未来发展作了前瞻性的阐述。

复习思考题

1. 简述社会保障的概念及其特征。
2. 如何理解社会保障的功能？

3. 社会保障有哪些分类？
4. 社会保障的基本原则有哪些？
5. 请简述社会保障体系的五大组成，并指出各个项目的重要特征。
6. 世界上社会保障的典型模式主要有哪几个？各自特点是什么？
7. 国际社会保障理念有哪几种价值取向？
8. 结合我国现状和国际潮流，社会保障的未来将有哪些发展趋向？

阅读书目

1. 郭士征《社会保障学》，上海财经大学出版社，2009年。
2. 郑功成《中国社会保障30年》，人民出版社，2008年。
3. 赵曼《社会保障》，中国财政经济出版社，2005年。

第五章 社会保障基金管理

本章主要介绍社会保障基金管理的理论内涵、全国和地方社会保障基金运行模式以及社会保障基金投资问题。通过对本章的学习,掌握社会保障基金筹资、运营、待遇支付以及监管等方面的基本知识,了解各国社会保障基金管理的制度模式和发展趋势,把握目前我国社会保障基金管理中面临的挑战、问题以及未来的改革方向。

第一节 社会保障基金概述

一、社会保障基金的内涵

社会保障基金(Social Security Fund)是为了保障社会成员在丧失劳动能力或失去劳动机会时的基本生活需要,根据国家有关法律、法规和政策的规定,建立起来的专款专用的资金。社会保障基金最重要、最基本的功能是保证社会保障制度的稳健、可持续运行,实现社会保障制度的政策目标。此外,社会保障基金还具有一定的调节投融资、促进金融市场发展等功能。社会保障基金管理包含四个环节:基金筹集、运行投资、待遇支付和基金监管。

社会保障基金根据基金用途可分为社会保险基金、社会救济基金、社会福利基金和社会优抚基金等,广义上社会保障基金还应当包括补充保障基金、互助保障基金以及慈善基金等。其中,社会保险基金是社会保障基金中最重要的组成部分,包括养老保险基金、医疗保险基金、失业保险基金、工伤保险基金和生育保险基金,其中又以养老保险基金数额最大,为社会保障基金最重要的组成部分。社会保险基金是国家按照保险方式,通过立法强制向社会成员征收社会保险费或社会保险税而建立的,目的是为符合资格条件的社会成员发放社会保险待遇。

各种社会保障基金的资金来源渠道存在较大差异。社会保险基金一般来自个人和单位的缴费以及政府的财政支持。社会救济基金、社会福利基金和社会优抚基金则主要由国家财政负担,辅之以社会、单位和个人的自愿捐助。补充保障基金等来自个人和单位缴费以及政府的税收优惠、税收返还。

二、社会保障基金的财务方式

社会保障基金的财务方式包括现收现付制、完全积累制和部分积累制。

(一)现收现付制

现收现付制(Pay-As-You-Go,PAYGO)是当前社会保障待遇支付所需资金直接向现役劳动者征收取得的制度。现收现付制最大的特征是基本没有基金积累,或基金积累仅是为满足短期支付需要而建立的。

现收现付制具有以下三个优点:第一,制度易建,存在初始收益。现收现付一旦建立,可以立即为第一代人提供无须缴费的保险待遇,即产生了所谓的初始收益。而且,在未来基金收入增长较快时,后一代缴费可以弥补前一代缴费,由于人类的世代是无穷的,那么第一代人受益,而没有任何一代受损,也就意味着现收现付制实现了帕累托改进。第二,无通货膨胀和投资风险之忧。由于现收现付制没有或仅有少量基金积累,因此无须担忧基金投资风险。由于待遇当期支付,因此也无须考虑通货膨胀对基金实际价值的影响。第三,再分配功能强。在养老保险等制度中,由于待遇受益者主要为退休者,所以现收现付制本质上成为一种代际赡养模式,即通过下一代人缴费来负担当前退休者的养老金待遇给付,具有代际收入再分配功能,使退休者与在职者共同享受经济发展成果。当社会保障基金采用共同账户管理时,由于低收入者受益程度高于高收入者,通常也具有较强的代内收入再分配功能。

现收现付制主要的缺点在于难以应对人口老龄化风险。随着人口老龄化,劳动人口增长落后于老年人口增长,导致基金收入无法弥补待遇支付需要,引起社会保障基金收支失衡现象。一般来说,在现收现付制逐渐成熟后,制度的初始收益逐步消失,当遭遇人口老龄化时,现收现付制由于没有足够的基金积累,很容易出现社会保障基金收支失衡,从而引起退休者待遇下降、劳动者缴费和政府财政负担沉重,以及拖累经济增长等问题。

(二) 完全积累制

完全积累制(Funded Scheme)是指当前社会保障待遇支付所需资金来自过去预先积累基金的制度。完全积累制最大的特征是存在足额的基金积累,恰好等于政府对待遇领取者承诺的给付义务,这种给付义务即所谓的政府社会保障隐性债务(Implicit Debt)。

完全积累制具有以下三个优点:第一,容易应对人口老龄化和经济增长减缓风险。由于在积累制下,每个人的社会保障依靠以往的预先积累,而非下一代人,因此不受人口老龄化影响。第二,制度可信度高。由于积累制下社会保障计划拥有庞大的基金积累,所以不容易出现政府待遇支付的违约风险和政策变化风险。第三,促进经济和金融发展。积累制庞大的社会保障基金增加了社会资本存量,有助于经济的发展和金融的繁荣。对于储蓄率较低的国家,积累制的这一作用更为重要。同时,社会保障基金作为长期战略机构投资者,也有助于完善金融市场结构、监管以及金融机构的治理。

完全积累制具有以下三个缺点:第一,容易受通货膨胀、利率等因素的影响,积累制社会保障制度的运行状况取决于社会保障基金的价值,当通货膨胀率较高时,社会保障基金实际价值贬值,将导致受益人实际待遇的下降。利率的影响取决于社会保障基金资产和隐性债务的久期①。如果社会保障基金存在海外投资,还会受到汇率因素的影响。第二,容易受到一国金融市场完善程度的限制。如果金融市场发展落后,社会保障基金将无法获得较高的回报率或者将面临较大的投资风险,进而影响基金运行状况和受益人待遇。第三,再分配功能弱。由于在完全积累制下,受益人待遇来自以往的基金积累,而不是下一代人缴费或纳税,因而不存在代际的收入再分配。由于积累制多采用个人账户管理,这时也不存在代内收入再分配。

(三) 部分积累制

部分积累制是介于现收现付制和完全积累制之间的一种财务方式。在部分积累制下,当前社会保障待遇支付所需资金部分来自现役劳动者的供款,部分来自过去预先积累的基金,为目前采用最多的社会保障基金财务方式。部分积累制各方面的表现和特征均介于现收现付制和完全积累制之间,兼具两种制度的优点和缺陷。

---

① 久期(Duration):利率变化导致资产或负债价值的变化率,用以衡量资产或负债价值对利率的敏感性。

现收现付制、完全积累制和部分积累制最本质的区别在于它们的基金化率(Funding Ratio)不同。所谓基金化率,是社会保障基金资产与隐性债务的比例。现收现付制基金化率接近于零,完全积累制基金化率为1,部分积累制介入其间。

三、社会保障基金风险识别

社会保障基金在筹集资金、投资运营和待遇给付方面都存在一定风险:

(一) 筹资风险

社会保障基金在筹资方面的风险包括人口老龄化、经济增长减缓、逃费风险等。人口老龄化和经济增长减缓将导致社会保障缴费人数及其缴费能力的下降,引起基金收入的减少,影响基金的可持续性运行。虽然社会保障制度有国家立法强制作为约束,但由于监督法律实施需要付出成本,逃费等现象仍难以完全杜绝。逃费风险通常与基金的缴费率正相关,而与政府监管力度负相关,即缴费率越高,逃费的可能性越高;政府监管力度越大,逃费的可能性越低。

(二) 投资运营风险

为了满足待遇发放要求,社会保障基金必须进行投资。严格意义上来说,并不存在绝对安全的投资渠道,因此社会保障基金必然面临投资风险。投资风险来自宏观经济的波动、政策环境变化、投资品的价格波动、利率汇率的变化以及交易对手的信用风险等。另外,社会保障基金还面临一定的运营风险,包括基金内部治理与控制风险(Internal Governance and Risk Control)等。例如,由于信息不对称,社会保障基金投资管理人可能做出不利于受益人的投资决策,内部财务管理的漏洞可能导致基金出现挪用等现象。社会保障基金还面临通货膨胀风险。由于政府社会保障待遇通常与通货膨胀率挂钩,一旦遇到较高的通货膨胀,社会保障基金实际回报率下降,基金资产可能无法实现保值增值,并难以满足待遇发放的需要。

(三) 待遇给付风险

社会保障基金待遇给付风险主要包括长期的偿付能力风险(Solvency Risk)和短期的流动性风险。偿付能力风险是指由于社会保障基金积累的资产不能满足待遇发放需要造成的社会保障基金收支失衡现象。偿付能力不足的直接原因包括缴费增长缓慢、待遇增长过快以及基金投资损失等。流动性风险(Liquidity Risk)是指短期资产价值不足以应对短期待遇支付而产生社会保障基金收支失衡现象。

社会保障基金管理过程中需要在实现一定投资收益率的同时,将风险控制到适当的水平。此外由于各种风险之间常常存在此消彼长的关系,社会保障基金管理者需要权衡所面临的各种风险,选择合适的资产组合和投资策略。例如,将社会保障基金完全投资国债,虽然较好地控制了基金的投资风险,但是必然加大了待遇给付的风险。

四、社会保障基金的平衡

社会保险基金以外的社会救助基金、社会福利基金和社会优抚基金主要来自政府财政,因而主要通过财政支付来满足基金平衡的需要。

社会保险基金主要来自参保人缴费,因此收支平衡主要取决于缴费者人数、受益者人数、缴费基数、缴费率和待遇发放标准。从瞬时平衡角度来看,社会保险基金平衡须满足如下条件:

$$\theta \overline{W}_t N_t^w = P_t N_t^b \qquad (5.1)$$

上式中 θ 代表缴费率,$\overline{W}_t$ 为 t 时刻社会保险费的缴费基数。由于我国城镇职工各项社会保险费缴费基数均为职工工资额,所以 $\overline{W}_t$ 代表职工工资,N_t^w 代表在职缴费者的人数,N_t^b 代表待遇受益者的人数,P_t 为人均社会保险待遇。

公式(5.1)表明,如果出现人口老龄化,缴费者人数相对于受益者人数减少,在缴费率和社会保险待遇不变时,社会保险基金将面临收支失衡。

五、我国社会保障基金构成

(一)全国性社会保障基金

全国性社会保障基金特指全国社会保障基金,简称全国社保基金,是由全国社会保障基金理事会(以下简称社保理事会,National Council for Social Security Fund, PRC)管理的国家战略储备基金,目的是为了应对人口老龄化高峰时期的财政支付压力。

社保理事会成立于 2000 年 8 月,为国务院直属事业单位,主要职责包括:(1)受托管理全国社会保障基金①;(2)制定基金的投资经营策略并组

---

① 包括做实个人账户试点省市基本养老保险个人账户中央补助资金等。

织实施;(3)选择并委托基金投资管理人、托管人对基金委托资产进行投资运作和托管,对投资运作和托管情况进行检查;(4)在规定的范围内对基金资产进行直接投资运作;(5)负责基金的财务管理与会计核算,定期编制会计报表,起草财务会计报告;(6)定期向社会公布基金的资产、负债、权益和收益等财务情况;(7)根据财政部、人力资源和社会保障部共同下达的指令和确定的方式拨出资金,等等。

自成立以来,全国社保基金获得了快速的发展,2001年到2011年十年间,全国社保基金资产从最初的805亿元发展到2011年的8 688亿元,资产规模增长了十多倍,为应对人口老龄化造成的财政支付压力建立了重要的储备基金。

(二)地方性社会保障基金

地方性社会保障基金主要是指由我国地方政府管理的养老保险、医疗保险、失业保险、工伤保险、生育保险等社会保险基金以及住房公积金等。其中,养老保险、医疗保险采用社会统筹和个人账户相结合的模式,住房公积金采用完全个人账户管理的模式,而失业保险、工伤保险和生育保险则采用统筹账户管理的方式。

地方性社会保障基金有不同的管理和统筹层次。目前,养老保险基金多为省级统筹,而医疗保险基金则多为地市级统筹。地方政府管理的社会保险基金和住房公积金由统筹地参保职工及其单位缴费构成。其中,社会保险基金是地方性社会保障基金的主要组成部分。

虽然我国目前尚处于人口老龄化的初期,各项社会保险基金总体仍在不断的积累中,但是未来伴随人口老龄化和潜在的经济增长速度减缓,地方管理的社会保险基金的可持续性不容乐观。当前我国地方政府管理的社会保险基金面临的主要问题是基金投资渠道狭窄,由于仅能投资于银行存款和国债,基金保值增值和可持续发展面临的压力较大。

根据中国统计年鉴数据显示,自1995年以来,各项社会保险基金增长迅速,平均年增长率为28.6%。截至2011年,我国五项社会保险累计的积累已经达到2.9万亿。在五项社会保险基金中,养老保险基金规模最大,占全部基金的67.2%,医疗保险占全部基金的21.3%,失业保险占7%。工伤和生育保险基金积累较少分别占2.56%和1.18%,基本处于现收现付的状态。此外,截至2011年,我国各地新型农村社会养老保险也产生了1 199.2亿元的基金积累。因此,地方管理社会保障基金已经超过了3万亿元。

(三) 补充性保障基金

补充性保障基金包括企业年金基金、补充养老保险、补充住房公积金、职工互助保障基金等。补充性保障基金主要由各种商业保险机构或企业年金受托人管理。根据《2012年度人力资源和社会保障事业发展统计公报》，全国已有5.47万户企业建立了企业年金计划，企业年金规模已达到4 821亿元。补充性保障基金作为补充保障制度发展的资金保证，为我国未来多层次社会保障制度的发展奠定了基础。

第二节 社会保障基金的资金筹集

一、社会保障基金的筹资方式

(一) 税收方式和缴费方式

社会保障基金的筹集方式主要包括征收税收、社会保障缴费、社会捐助等。通常来说，除社会保险以外的社会救助基金、社会福利基金和社会优抚基金主要来自政府税收，部分基金来自社会捐助。社会保险基金的来源则分为两种，有的国家采用税收方式，有的国家则采用征收保险费的方式。

税收方式是指国家通过征税的方式取得社会保障基金收入。根据征税税种，税收方式又可分为一般税（General Tax）和特殊目的税（Earmarked Tax），前者指企业所得税、个人所得税、流转税等一般预算收入，后者是指定用于社会保障项目的社会保障税[①]（Social Security Tax）。采用税收方式筹资的优势在于有较高强制力，资金来源稳定，征收对象广泛，比较适合于社会保障覆盖面相当大的国家。采用税收方式筹资的缺点在于政府隐含承诺以国家财政作为待遇给付担保，随着社会保障开支的增加，政府财政负担也将随之加重。尤其以一般税筹资时，这一问题更为突出。典型的采用税收方式筹集社会保障基金的国家是美国。自1935年《社会保障法案》出台后，美国即开征社会保险税，目前已成为美国政府最重要的收入来源之一。至2010年，社会保险税已占到联邦政府收入的40%，仅略低于个人所得税收入（41.57%）。

缴费方式是通过征收社会保险费的方法取得社会保障基金收入。采用

---

① 在美国，社会保障税亦称薪资税（Payroll Tax）。

缴费方式意味着领取社会保障待遇的前提是缴纳保险费。强调缴费和受益之间的权利义务的关联是这种方式本质的特征。缴费方式筹资的优势在于强调了缴费和受益的关联，对参保人有更强的激励，也不容易加重政府的财政负担。缺点在于强制力较弱，在保险费征缴和覆盖面的扩展方面存在一定困难。典型的采用缴费方式筹集社会保障基金的国家是德国。德国社会保险制度建立于19世纪末俾斯麦政府时期，包括养老保险、医疗保险、失业保险、工伤事故保险、护理保险等内容。各项社会保险计划均采用由雇员和雇主共同缴费的方式筹集资金。

从世界各国的实践来看，多数国家采用税收方式和缴费方式相结合的筹资方法，即要求个人或雇主缴费的同时，国家提供一定的财政补助，保障社会保障制度的稳健、可持续运行。

（二）筹集模式

社会保障基金筹集模式可分为全部个人缴纳、全部雇主缴纳、全部财政负担、单位和个人共同缴纳以及单位、个人和政府共同负担等方式。需要注意的是，由于社会保障费（税）存在转嫁的可能，社会保障费（税）的征收对象并不完全是实际税费的负担者。

1. 全部个人缴纳

全部由个人缴纳的筹集模式比较强调个人自我保障责任，以个人强制性储蓄为主要方式，常和完全积累制相结合。其理论基础是个人存在短视行为，不能预见未来所面临的风险，通过强制性储蓄可以实现平滑消费，抵御各种社会风险。这种模式最大的优点是强调个人自我保障责任，不容易增加政府负担，缺点是收入再分配功能弱。典型的采用这种筹集模式的国家是新加坡和智利。

2. 全部雇主缴纳

全部由雇主缴费的筹集模式强调的是雇主保障员工生活安全方面的责任。工伤保险、生育保险等项目常采用这种筹资模式。有的国家和地区在养老保险等项目筹资中也采用这种方式。例如，澳大利亚政府规定雇主必须按照雇员工资收入的9%向超级年金（Superannuation）计划缴费，而不强制要求个人缴费。

3. 全部财政负担

全部由财政负担的筹集模式强调政府在保障国民生活安全方面的责任。采用这种筹集模式的国家多以税收作为主要筹资方式。前东欧社会主义国家、我国计划经济时期曾普遍使用这种筹集模式。目前,部分欧洲福利国家也采用这种模式。这种模式的弊端在于忽视个人贡献,容易增加政府财政负担,滋生"高福利病"问题。

4. 单位和个人共同缴纳

单位和个人共同缴纳的筹集模式是指社会保险基金完全来自单位和个人的缴费,强调个人及其雇主的保障责任。但是,各国单位和个人的缴费比例有所不同。日本的厚生养老保险制度、德国养老保险制度以及香港的强积金制度,单位和个人缴费比例相同,而在我国,单位养老保险缴费率远远超过了个人。

5. 单位、个人和政府共同负担

这种模式特点是单位、个人和政府三方共同负担社会保障基金缴费,既强调国家责任,也强调个人及其雇主的贡献。许多发达国家均采用这种模式。例如,英国在 1975 年通过修正社会保障法,规定社会保障基金包括雇主缴费、雇员缴费和政府的财政拨款。实践证明,三方共同负担的模式能较好地平衡各方利益,更容易被接受。

二、我国社会保障基金的筹集

(一) 全国社会保障基金的筹集

根据 2001 年 12 月,财政部与劳动和社会保障部共同颁布的《全国社会保障基金投资管理暂行办法》,全国社保基金作为国家战略性储备,资金主要来自以下几个方面:

1. 国有股减持划入资金及股权资产

2001 年 6 月,国务院颁布了《减持国有股筹集社会保障资金管理暂行办法》,以法律形式明确了可以通过国有股减持变现筹集社会保障基金。2002 年 6 月,国务院有关部门暂停执行国内证券市场国有股减持的决定,转而考虑将部分国有股划拨给全国社会保障基金。划拨的国有股不再进行减持变现,而是由全国社保基金在需要时,通过分红、向战略投资者协议转让等形式为社保基金提供融资。相对于减持变现,划拨转持的方式降低了对我国资本市场的冲击。2009 年,财政部、国资委、证监会以及全国社保基金颁布了《境内证券市场转持部分国有股充实全国社会保障基金实施办法》,规定股份有限公司首次公开发行股票并上市时,按实际发行股份数量的 10%,将上市公司部分国有股转由社保理事会持有。自 2009 年以来,累计转持境内国有股 1 036.22 亿元,其中股票 813.44 亿元,现金 222.78 亿元。

以国有资产充实社保基金是许多国家普遍采用的方式。例如,智利在 1975—1982 年先后出售一大批国有中小企业,共取得 8.4 亿美元收入用于社会保障改革。为了建立未来基金,澳大利亚联邦政府出售了其唯一的国有企业澳大利亚电讯公司(Telstra)的部分股权。在漫长的计划经济时期,各企业职工的工资较低,而资产积累率高,形成了庞大的国有资产。利用这部分资产充实社保基金不仅可以保持社会保障体系的可持续运行,而且也可为计划经济时期职工提供补偿。

2. 国家财政拨款

国家财政拨款是目前全国社保基金最主要的来源,其中包含了中央彩票公益金收入。从 2000 年开始,中央财政先后拨入 4 919.79 亿元,占全国社保基金总资产的 56.6%。[①]

在政府财政宽裕时通过财政拨款的方式充实社保基金体现了全国社保基金实现长期财政平衡的功能。但是,从历年中央财政向全国社保基金的拨款情况看,目前这种筹资方式存在的主要问题是政府财政拨款波动性大,拨款占财政收支的比例不稳定,未来拨款规模尚需制度化和法制化。

3. 投资收益

长远来看,全国社保基金的发展必须依靠投资收益实现滚动持续发展。相对于地方管理的社会保障基金,我国对全国社保基金投资限量监管较为宽松,自成立以来,全国社保基金取得了不错的投资业绩。

表 5-1 全国社会保障基金投资收益状况　　(单位:亿元)

年　份	投资收益额	年　份	投资收益额
2001	7.42	2007	1 453.50
2002	19.77	2008	−392.72
2003	44.71	2009	850.43
2004	36.72	2010	321.22
2005	71.22	2011	73.37
2006	619.79	累计投资收益	2 845.93

注:数据来源于历年《全国社会保障基金统计公报》。

---

① 数据来源于全国社会保障基金年报和官方网站 http://www.ssf.gov.cn

从表5-1来看,自2001年以来,在多数年份里,全国社保基金投资回报率高于同期通货膨胀率,实现了保值增值的目标。年平均投资回报率达到8.4%,累计获得了2 845.9亿元的投资收益,成为全国社保基金资产的重要来源。

(二)地方性社会保障基金的筹集

地方管理的社会救助基金、社会福利基金、社会优抚基金主要来自中央和地方政府的财政拨款,辅以社会慈善捐助和其他收入。下面主要介绍社会保险基金的资金筹集。

1. 社会保险基金收入概况

地方管理的社会保险基金和住房公积金主要来自各类单位雇主和雇员的缴费。在实际管理中,部分省份出现了社会保障基金失衡,中央政府也予以财政补助,以确保社会保障基金满足待遇发放要求。

表5-2 历年社会保险基金收入状况   (单位:亿元)

年 份	养老保险	失业保险	医疗保险	工伤保险	生育保险	合 计
1995	950.1	35.3	9.7	8.1	2.9	1 006.0
1996	1 171.8	45.2	19.0	10.9	5.5	1 252.4
1997	1 337.9	46.9	52.3	13.6	7.4	1 458.2
1998	1 459.0	68.4	60.6	21.2	9.8	1 623.1
1999	1 965.1	125.2	89.6	20.9	10.7	2 211.8
2000	2 278.5	160.4	170.0	24.8	11.2	2 644.9
2001	2 489.0	187.3	383.6	28.3	13.7	3 101.9
2002	3 171.5	213.4	607.8	32.0	21.8	4 048.7
2003	3 680.0	249.5	890.0	37.6	25.8	4 882.9
2004	4 258.4	290.8	1 140.5	58.3	32.1	5 780.3
2005	5 093.3	340.5	1 405.3	92.5	43.8	6 975.2
2006	6 309.8	402.4	1 747.1	121.8	62.1	8 643.2
2007	7 834.2	471.7	2 257.2	165.6	83.6	10 812.3
2008	9 740.2	585.1	3 040.4	216.7	113.7	13 696.1
2009	11 490.8	580.4	3 671.9	240.1	132.4	16 115.6

(续　表)

年　份	养老保险	失业保险	医疗保险	工伤保险	生育保险	合　计
2010	13 419.5	649.8	4 308.9	284.9	159.6	18 822.8
2011	16 894.7	923.1	5 539.2	466.4	219.8	24 043.2
年均增长率(%)	18.4	21.2	45.3	26.9	28.9	20.5

注：数据来源于中国统计年鉴(2012)

表 5-2 显示，自 1995 年以来，我国社会保险基金收入增长迅速。在各社会保险项目中，养老保险收入所占比重最高，医疗保险增长速度最快。截至 2011 年，各项社会保险费收入已超过 2.4 万亿。

2. 社会保险基金征缴方式

我国采用社会保险费的方式为社会保险基金筹资，但是近年来围绕是否将社会保险费改为社会保险税问题，争议热烈。支持"费"改"税"的观点主要认为税收具有更强的约束力，有利于加大社会保险筹资的强制力度。然而，"费"改"税"并不仅仅意味着征收办法的转变，还涉及政府责任从有限责任到无限责任，以及权利义务关系和财务预算管理方式的变更。

目前，我国采用了三方筹资的模式。雇主缴纳的费用包括养老保险费、医疗保险费、失业保险费、工伤保险费、生育保险费和住房公积金，其中各项社会保险缴费基数为上年度职工工资总额，住房公积金缴费为个人工资总额。雇主各项缴费率规定为：养老保险缴费率一般不超过 20%，医疗保险缴费率一般不超过 6%，失业保险缴费率不超过 2%，工伤和生育保险合计缴费率不超过 2%。雇员缴纳的费用包括养老保险费、医疗保险费、失业保险费、住房公积金等，缴费基数为上年度本人月平均工资。① 缴费率低于雇主。另外，政府对社会保险基金给予了一定的财政补贴。我国《社会保险法》第六十五条规定，县级以上人民政府在社会保险基金出现支付不足时，给予补贴。以养老保险为例，2010 年、2011 年和 2012 年各级政府财政补贴养老保险基金 1 954 亿元、2 272 亿元和 2 648 亿元，分别占当年养老保险基金收入的 14.56%、13.45% 和 13.24%。三方筹资的模式在一定程度上平

---

① 个体工商户、自由职业者和灵活就业人员缴费基数为上年度社会月平均工资。

衡了雇员、雇主和政府的负担,但我国各项社会保障费合计缴费率较高,已经对劳动力市场和企业发展造成了影响。

3. 社会保险费的征缴管理

为了完善社会保险费的征缴,国务院1999年颁布的《社会保险费征缴暂行条例》(国务院第259号令),明确规定了我国社会保险基金的征缴范围、征缴机构、征缴管理和征缴监督检查以及违规处罚等方面的制度。《社会保险费征缴暂行条例》(以下简称《征缴条例》)规定缴费单位、缴费个人应当按时足额缴纳社会保险费,征缴社会保险费纳入社会保险基金,专款专用,任何单位和个人不得挪用。社会保险基金按照不同险种的统筹范围,分别建立基金,各项社会保险基金分别核算。

在2004年颁布的《劳动保障监察条例》(国务院第423号令)中,进一步明确了违反社会保障缴费、损害员工利益的惩罚性措施。但是,企业偷逃、拖欠、少缴社会保险费的情况仍然存在,未来仍需加大征缴管理和惩处违规行为的力度。

第三节 社会保障基金的投资运营

一、社会保障基金投资原则和投资渠道

(一)社会保障基金投资原则

1. 安全性原则

由于社会保障基金关系到每一个国民的权益,而且受益者多为风险承受能力较差的社会成员,安全性原则是社会保障基金投资的首要原则。所谓安全性是指,社会保障基金投资以低风险产品为主要投资渠道,因此各国社会保障基金以投资级以上债券为主要投资对象,股票等高风险投资比例较低。社会保障基金投资监管部门也通常施加一定的投资限制,保证社会保障基金投资组合符合低风险特征。

2. 收益性原则

为了满足社会保障待遇的给付,社会保障基金必须产生一定收益。随着人口老龄化,各国社会保障基金可持续性运行面临着极大的挑战,社会保障基金的收益性越来越为各国所重视。不同社会保障基金对收益性的要求不同,这与社会保障待遇和支出的增长速度有关。通常,待遇给付和收入挂

钩的社会保障计划要求基金具有较高的回报率,而待遇给付和通货膨胀挂钩的社会保障计划则只要实现基金保值目标即可。

3. 流动性原则

社会保障基金具有流动性,一方面接受缴费形成基金收入,另一方面向受益人给付待遇。为了保障给付的及时性,社会保障基金必须有一定比例的高流动性资产。不同社会保障项目对基金流动性的要求也不相同。养老保险基金支出短期内相对稳定,而且可预测,对流动性的要求较低。医疗保险基金、工伤保险基金等支出波动性较大,难以预测,因而对流动性要求较高。在各类资产中,货币市场类产品,如短期银行存款、中央银行票据、短期政府债券等流动性较好。为了符合流动性原则,社会保障基金应当持有部分此类资产。

4. 长期性原则

社会保障项目通常运作期限长。以养老保险为例,一个养老保险计划从缴费到领取跨期通常有 30 年左右,这意味着计划的负债久期很长,因而为了实现期限结构匹配需要,社会保障基金主要投资期限较长的金融产品,尤以长期债券为主要投资对象。在投资股票时,也应遵循长期价值投资,不应追求短期收益而频繁调整投资组合。

5. 分散性原则

相对于一般的私营基金,通常社会保障基金规模巨大。例如,截至 2009 年,日本政府养老金投资基金(Government Pension Investment Fund, GPIF)规模已达到 1.3 万亿美元。挪威政府养老基金[①](Government Pension Fund-Global, GPFG)目前是世界上最大的主权财富基金,规模约 6 000 亿美元。澳大利亚未来基金(Future Fund)以及我国的全国社会保障基金(National Social Security Fund, NSSF)也存在巨额的积累。庞大的社会保障基金无法被单一或少量的投资产品和渠道吸收,因而必须采用分散化甚至全球组合投资来降低风险,提高投资回报率。

(二)社会保障基金投资渠道

1. 银行储蓄

对于金融体系欠发达的国家来说,间接融资是资金融通的主要渠道。

---

① 前身为挪威石油基金(The Petroleum Fund of Norway),是挪威政府利用石油收入建立的主权财富基金,于 2006 年 1 月更名为"政府养老基金——全球"。

社会保障基金投资银行存款风险低,收益稳定,可以满足社会中广大的资金需求者的融资需求。由于社会保障基金投资期限较长,也可以改善银行普遍面临的资产久期长、负债久期短导致的期限结构不匹配问题。但是,银行储蓄收益率低,不利于实现基金的保值增值。

2. 政府债券

按照发行主体划分,政府债券包括中央政府债券和地方政府债券。由于政府债券有政府信用担保,投资风险最低,成为社会保障基金普遍采用的投资渠道。例如,自《社会保障法案》诞生,美国联邦社会保障信托基金(Social Security Trust Fund, SSTF)一直采用完全定向投资国债的方式。通过购买政府债券,特别是长期政府债券,一方面可以为国家经济建设提供必要的资金支持,另一方面也满足了社会保障基金投资的需要,分享经济发展带来的成果。但是,社会保障基金投资政府债券同样面临收益率较低的问题。而且,建立社会保障基金的主要目标是应对人口老龄化等因素导致政府财政状况恶化的风险,政府债券投资可能导致风险重新向政府财政聚集,使社会保障基金失去本来的避险功能。

3. 非政府债券

非政府债券包括金融债券和企业债券,通常收益率稳定。由于债券可能违约,随着利率等因素变化,债券价格存在波动,因而非政府债券投资有一定的投资风险,但风险小于股票投资。非政府债券投资风险和债券评级有关。各国通常对社会保障基金可投资债券有评级要求,一般仅可投资于投资级以上级别债券。社会保障基金投资非政府债券要求该国或地区具备比较发达而完善的资本市场。

4. 股票

股票价格波动性大,是高收益、高风险的投资品。历史上,政府对社会保障基金股票投资限制严格。近年来,为了提高社会保障基金收益率,部分国家放松了这种限制,开始允许社会保障基金更多的投资到股票市场上。但是,股票投资的高风险属性使其不可能成为社会保障基金投资组合的主要构成。

5. 衍生品

股票、利率和汇率衍生金融产品投资具有较高的风险,但社会保障基金在股票投资、债券投资和海外投资时面临着股票价格、利率、汇率变动带来的风险,因此有必要通过衍生品投资来实现套期保值。

6. 直接投资

通常直接投资也是高风险、高收益的投资方式。社会保障基金直接投资有两种方式：第一，直接创办经济实体，通过经济实体商业运作获取投资收益；第二，投资于长期基础设施建设，这种方式投资周期长，收益较为稳定。社会保障基金直接投资应当坚持以既定的投资目标为导向，避免受到不恰当的干扰而影响投资绩效。

二、社会保障基金投资决策

社会保障基金投资是否恰当关系着社会保障制度的稳健运行，也关系着每一个参保人的利益。与一般基金的金融投资决策类似，社会保障基金的投资决策也包括确定投资目标、明确投资约束等内容。

（一）投资目标

1. 收益目标

社保基金的收益目标取决于未来社会保障支出的需要，如果未来社会保障开支较大，需要有足够的社保基金作为资产储备，则收益目标较高。如果社会保障待遇和通货膨胀挂钩，则通常社保基金只需实现保值增值即可。如果社会保障待遇和工资增长挂钩，则需要社保基金有更高投资基准。通常，除养老保险、医疗保险以外的其他社会保障基金对基金投资收益的要求较低，而养老保险基金和医疗保险基金会受到人口老龄化的影响，未来支出增长较快，需要有更高的投资收益。具体的社保基金收益目标依赖于长期精算。以日本为例，日本政府每隔五年根据长期精算结果对政府养老金投资基金的投资提出了明确的绩效要求。1999年提出的目标收益率为4.5%，风险控制目标为标准差5.43%。2004年，经过重新精算，绩效目标改为未来养老基金投资回报率必须超过同期工资增长率1.1%。

2. 风险目标

社保基金的风险目标取决于基金客观的风险承受能力和受托管理人的主观风险态度。影响社保基金风险承受能力的因素包括社保基金的支付需要、参保人的年龄结构以及资金来源的稳定性等。如果社保基金面临较大的支付需要，则风险承受能力弱；如果参保人年龄结构较轻，社保基金风险承受能力较强；如果社保基金资金来源稳定，特别是政府可以追加拨款，则社保基金风险承受能力强。受托管理人的主观风险态度和基金类型有关，基本社会保险基金投资损失会给管理者带来较大的政治压力,一般投资更为稳健,而企业年金基金投资则较为积极。

(二) 限制性因素

金融投资决策中所面临的限制性因素包括流动性要求、投资期限、税收、政府监管和特殊要求等。与一般基金不同,包括我国政府在内的各国政府对社保基金投资一般均免征资本利得税或利息税,因此社保基金投资无须考虑税收这一限制性因素,但是仍需要考虑流动性、投资期限、政府监管和其他特殊要求等。

1. 流动性要求

流动性(Liquidity)是指资产能够以一个合理的价格顺利变现的能力。社保基金需要足够的流动性资产来满足待遇发放。如果社保基金投资于流动性较差的市场,将导致无法及时变现或变现时需要付出较高的折价。因此,社保基金制定投资组合时必须考虑流动性因素。现金、活期存款、短期国债、央行票据、货币市场基金等为流动性较高的资产,定期存款、长期债券、私募股权、不动产等为流动性较差的资产。

2. 投资期限

社保基金处于连续不断的滚动运营中,从参保人缴费到领取跨期很长,因而投资期限也较长。因此,长期债券投资在社保基金投资组合中占据较大的比重。例如,在 2009 年我国发行了 50 年期的超长期国债,主要的购买方即为各类社会保障基金。

3. 政府监管

通常,政府对社保基金投资有各种限量监管要求,例如限制社保基金投资股票等高风险资产的最高比例,限制社保基金对单个证券的投资最高比例,或者限制国债等安全性较高的资产的比例等。社保基金在投资决策中应当遵循政府的监管规定。

4. 特殊要求

社保基金在投资决策中通常还须考虑社会责任投资(Socially Responsible Investing,SRI)。所谓社会责任投资是指在选择投资对象时不仅关注其财务、业绩方面的表现,同时关注投资对象社会责任的履行,在传统的投资对象选择上增加了环境保护、社会道德以及公共利益等方面的考量。例如,通常社保基金不投资于有害健康的烟草、酒类企业,高污染企业以及在劳动者权益保障方面表现不佳的企业。在我国全国社保基金的投资中也渗透了社会责任投资理念,将促进经济发展和资本市场完善作为了投资决策的考量因素之一。

三、社会保障基金投资的国际趋势

在第二次世界大战结束后,西方各国的社会保障制度曾长期处于扩张的状态,社会保障项目逐渐增加,待遇逐渐提高,多数国家社会保障制度都以现收现付为主,社会保障基金规模较小,对投资绩效要求较低。但从20世纪70年代开始,随着人口老龄化和经济增长变缓,社会保障体系的可持续性开始面临巨大挑战,各国先后开始预先积累社会保障资金,社会保障基金规模不断增长。在部分国家,如荷兰、澳大利亚、挪威等国[①],社会保障基金的规模已经超过了GDP的规模。为了适应社会保障改革的需要和社会保障基金规模的增长,社会保障基金投资管理呈现出分散化、专业化和私营化的趋势。

(一) 分散化

所谓分散化(Diversification)是指社会保障基金投资不再局限于单一领域和单一资产的现象,主要表现是社会保障基金不再单一投资于安全性较高的政府债券或银行存款,开始部分投资于股票、非政府债券、不动产、海外债券、衍生品等领域,而且即便在同一投资领域中也越来越强调资产的分散化。

分散化最直接的优势在于股票、非政府债券等金融产品长期收益率高于政府债券和银行存款,有利于社会保障基金获取足够收益率以维持基金的可持续运行。随着人口老龄化,强调安全性的传统投资模式虽然降低了社会保障基金的投资风险,却加大了基金的待遇支付缺口风险。越来越多的国家意识到缺口风险管理的重要性,因而提高了对社会保障基金收益率的要求,为了获取较高的收益率,社会保障基金必须进入到更多的投资领域中。其次,现代资产组合理论(Morden Portfolio Theory,MPT)产生以来,社会保障基金投资管理者越来越意识到基金投资组合分散化的重要性。历

---

① 荷兰的养老基金积累约为GDP的130%(Pelsser and Vlaar, 2008);挪威"政府养老基金-全球"资产规模约7 127亿美元,而同期GDP为4 858亿美元;根据《Annual Superannuation Bulletin (2013)》,2012年澳大利亚超级年金总资产约1.4万亿澳元,未来基金资产为851.7亿澳元,而同期GDP规模为1.47万亿澳元。

次金融危机证明,单纯通过投资于所谓的安全性资产并不能真正地规避风险,特别是社会保障制度所面临的人口老龄化和经济增速减缓风险无法在一国范围内实现风险的分散,唯有全球组合投资才能更好地分散风险,提高投资绩效。因此,包括我国在内的许多国家纷纷建立了主权养老基金。各国也逐渐放宽了对社会保障基金投资的范围和限量监管强度,鼓励社会保障基金进行分散化、多元化投资。

(二)专业化

所谓专业化(Professionalization)是指社会保障基金投资越来越依赖于专业投资管理人和专业的金融投资技术的现象。在20世纪90年代以前,各国社会保障基金多由政府财政或社会保障部门管理,随着社会保障基金规模增长和投资的分散化,基金投资面临越来越复杂的外部环境,愈加依赖于专业金融投资技术和专业金融机构,由财政或社会保障部门管理社会保障基金的方式已经难以适应和满足基金投资管理的需要。鉴于此,越来越多的国家将社会保障基金交给专门的政府或私营基金管理部门进行投资运作。

专业化的优势在于支持社会保障基金分散化投资。政府债券和银行存款以外的金融产品投资,如非政府债、股票、海外证券、衍生品等,通常更为复杂,无论是为了取得更高的投资绩效,还是为了有效地管理风险,都更需要专业金融投资知识和技术。以日本为例[1],日本公共养老储备基金起初由日本大藏省管理,基金进行了大量的社会投资,经营效率较低,导致大量呆坏账,基金资产亏损严重。随后,基金转由厚生省监管下的养老金福利服务公共公司(Nenpuku)管理,但收益率仍然较低,最后日本通过了《年金资金运用基金法》,设立了"政府养老金投资基金",在基金内部建立了投资专家委员会,审查和参与基金投资和管理相关的专业性决策,逐渐走向了专业化运作。在2000年以前,我国社会保障基金均由各级社会保障部门管理。在全国社会保障基金成立后,我国社会保障基金管理专业化的趋势也逐渐明显。

(三)私营化

所谓私营化(Privatization)是指社会保障基金投资管理的全部或部分

---

[1] 项怀诚主编《养老储备基金管理——国际经验与中国实践》,中国财政经济出版社2005年版。

权限交给个人或私营公司的现象。私营化有两种可能性：一是将管理权限交给个人，个人在专业金融机构或人员的协助下管理社会保障基金，澳大利亚超级年金计划和美国401(k)计划即采用这种方式；二是通过委托投资将部分社会保障基金交给私营公司代为管理，我国全国社会保障基金即采用这种方式。

私营化管理充分利用了私营基金管理公司的专业经验，有利于社会保障基金保持独立性，避免投资决策受到政府其他政策目标的不当干扰。而且，研究表明，私营管理的基金通常可以取得更高的投资绩效，在各国越来越重视社会保障基金收益性的背景下，私营化管理成为社会保障基金管理改革的一个重要选项。

四、我国社会保障基金的投资

（一）全国社会保障基金投资

根据2001年颁布的《全国社会保障基金投资管理暂行办法》，全国社保基金投资范围限于银行存款、国债和其他具有良好流动性的金融工具，包括上市流通的证券投资基金、股票、信用等级在投资级以上的企业债、金融债等有价证券。在最初两年中，社保基金投资主要为银行存款和债券，并于2002年成为国债承销团特别成员。自2003年起，全国社保基金开始投资股票市场。2006年，《全国社会保障基金境外投资管理暂行规定》颁布，全国社保基金开始海外投资。基金境外投资范围包括：银行存款、银行票据、大额可转让存单等货币市场产品，债券，股票，证券投资基金，以及用于风险管理的掉期、远期等衍生金融工具。

表5-3 2001年以来全国社保基金投资收益率状况①

年 份	投资收益率	同期银行存款利率	同期股票回报率	通货膨胀率
2001	1.73	2.25	-20.62	0.70
2002	2.59	1.98	-17.52	-0.80
2003	3.56	1.98	10.27	1.20

① 数据来源：历年《全国社会保障基金年报》《中国统计年鉴》、国泰安数据库。银行存款利率按每年末一年整存整取利率计算，股票回报率按上证指数计算。

(续 表)

年 份	投资收益率	同期银行存款利率	同期股票回报率	通货膨胀率
2004	2.61	2.25	−15.40	3.90
2005	4.16	2.25	−8.33	1.80
2006	29.01	2.52	130.43	1.50
2007	43.19	3.06	96.66	4.80
2008	−6.79	3.87	−65.39	5.90
2009	16.12	2.25	79.98	−0.70
2010	4.23	2.75	−14.31	3.30
2011	0.84	3.50	−21.68	5.40
年均收益率	8.40	2.60	0.54	2.43
标准差	14.65	0.63	60.57	2.35

从表5-3来看,在多数年份,全国社保基金投资收益率为正,远远超过了同期的银行存款利率和通货膨胀率,实现了保值增值的目标。但从收益率标准差来看,各年全国社保基金收益率仍存在较大的波动。

全国社保基金投资采用直接投资和委托投资相结合的方式。直接投资是指社保基金理事会直接运作的资产。委托投资是社保基金理事会委托社保基金投资管理人管理和运作的社会保障基金。全国社保基金将投资理念设定为长期投资、价值投资和责任投资,基金投资方针为审慎投资,安全至上,控制风险,提高收益。

(二)地方性社会保障基金投资

目前,我国地方性社会保障基金仅允许投资于银行存款和国债,实际上以银行存款为主,面临的最突出的问题是基金投资收益率低,难以实现保值增值的目标。近年来,在是否允许地方社保基金多元化投资的问题上争论激烈。

支持地方性社保基金多元化投资的观点认为:(1)由于股票和非政府债等收益率更高,社保基金多元化投资可以获得更高的投资绩效;(2)仅投资于银行存款和国债不利长期风险的分散,而且国债投资本质上与现收现付制并没有太大区别;(3)社保基金进入资本市场有助于资本市场的发展和完善。

反对地方性社保基金多元化投资的观点认为：(1)当前我国资本市场发展不成熟，证券产品价格波动大，社保基金投资面临很大的风险；(2)地方社保基金不同于补充保障基金，即便是在金融市场非常发达国家，如美国、加拿大等，社保基金也完全投资于国债。

从长远来看，随着我国资本市场的完善和多元化投资的外部环境的优化，地方社保基金多元化投资应是一种趋势。

第四节 社会保障基金的监督管理

社会保障基金监管是国家授权专门机构依法对社会保障基金筹资、运营和待遇支付等过程进行监督管理，以确保社会保障基金安全、稳定、高效运行的制度和规则体系的总称。首要任务在于确保基金安全运行，保证社会保障政策最终目标的实现。社会保障基金监管的目标包括维护参保人员的合法权益，确保社会保障基金资产的安全保管，保证社会保障基金投资目标的实现以及控制社会保障基金的运行风险。

一、社会保障基金监督管理模式

(一) 社会保障基金监管模式

1. 审慎监管

审慎监管模式(Prudential Regulation)为英国、美国、澳大利亚等普通法系国家广泛采用。审慎监管模式要求基金资产管理者履行"审慎人原则"(Prudent Person Rules)。所谓审慎人原则，起源于1830年哈佛学院诉亚莫瑞判例(Harvard College v. Amory)，是指基金资产管理者"应像一个审慎、细心而富有智慧的人在同样情况下管理他们自己的基金时一样采取应有的判断，考虑资本可能的收益和存在的风险"。审慎监管模式强调资产管理者的受托责任，要求其行为必须以收益人的利益为投资行为准则，以为计划受益人提供收益并据此收取合理的管理费为唯一目的。资产管理者需要履行的义务主要包括：细心、审慎而又富有智慧的管理受托资产；对资产做分散化投资；保证资产管理过程合规等。在审慎监管模式下，没有具体的投资组合比例和数量的限制，但是对投资管理人的行为给予了严格的监督。

审慎监管模式比较适合于满足以下条件的国家：(1) 经济发展水平较高；(2) 与受托责任、诚信相关的金融法律比较完善；(3) 资本市场成熟，存在大量审计、会计、精算等中介机构；(4) 金融市场中有大量专业的、治理结构良好的投资管理人；(5) 监管机构监管水平较高。审慎监管模式的优势在于：(1) 适用性较强，能够很好地与时俱进，适应金融市场和金融投资理念的发展和变化；(2) 灵活性好，赋予了投资管理人以较大的自由选择权，可以根据自身的需要灵活的调整战略资产组合以及投资策略。

2. 限量监管

限量监管(Quantitative Restriction)的特点是监管部门对社会保障基金的投资组合作出了比例或数量上的限制，比较常见的有：(1) 规定银行存款或政府债券等低风险产品投资的下限，或股票等高风险投资的上限，来控制投资组合的风险；(2) 规定货币市场类产品投资的下限，或房地产等流动性较差的投资产品的投资比例上限，来控制社会保障基金的流动性风险；(3) 规定债券类投资的评级，来控制债券投资的信用风险；(4) 规定单一产品或对象投资比例的上限，促使社会保障基金投资组合的分散化；(5) 规定海外资产投资比例上限，来控制社会保障基金的汇率风险；(6) 对衍生品投资的限制，以确保社会保障基金投资衍生品的目的仅在于实现套期保值，而不是通过杠杆谋取高回报；(7) 在补充保障基金如企业年金基金中，各国往往还限定了自我投资比例，防止关联方交易。

限量监管比较适合于以下类型的国家和地区：(1) 缺乏专业的、富有经验的基金投资管理人，基金内部治理和风险控制体系薄弱；(2) 金融市场欠发达或不完善，金融资产波动性大，缺乏合适的避险工具；(3) 社会诚信体系较差，缺乏信托责任相关的金融法律环境；(4) 监管部门监管能力较弱。限量监管模式的优势在于：(1) 监管简便、易行，成本较低；(2) 对监管部门监管能力、基金管理者的治理结构和内控机制完善性要求较低。

在现实中，很少有国家单纯地采用某种监管模式，而多以一种监管模式为主，辅以另一种监管模式，既监管社会保障基金的投资组合，也监管基金投资管理者的行为。而且，通常各国对政府集中管理的社会保障基金采用严格限量监管，而对分散私营管理的社会保障基金采用审慎监管模式。例如，美国对联邦信托基金采用严格限量监管，要求完全投资国债，而对其他私营养老基金采用审慎监管。即便在采用审慎监管的加拿大、澳大利亚等国，也会有一些针对单一企业股票投资比例的限制。

(二) 社会保障基金管理模式

社会保障基金管理存在两种主要的模式,即政府集中管理和私营分散管理。在现收现付制下,社会保障基金通常是由政府统一管理的,但在积累制下,既有采用政府集中管理的,也有采用私营分散管理的。

1. 政府集中管理

政府集中管理是指社会保障基金由政府部门统一筹资,集中起来进行投资,并按统一方法和标准支付待遇的管理方式。典型的采用这种管理方式的国家是新加坡、马来西亚等。以新加坡为例,新加坡中央公积金(Central Provident Fund, CPF)为新加坡社会保障体系中最重要的组成部门,资金来自雇主和雇员的共同缴费,缴费所形成的基金由政府中央公积金局集中进行管理。

政府集中管理的优势在于:(1)集中管理容易产生规模效应。通常,一单位社会保障基金管理所需成本随基金规模的增加而递减,也就是说基金规模越大,单位社会保障基金管理成本越低。此外,社会保障基金管理需要先进的投资手段和强大的研发支持,当基金规模较大时,可以将更多的资源用于这些方面,提高基金投资效率。(2)集中投资和统一发放保证了受益人待遇水平差异较小,体现了社会保障制度的公平性。(3)政府管理部门是非营利性的,较好地体现了社会保障制度的公益性。(4)政府的参与为基金安全性提供了公开或隐含的承诺,提高了受益人对社会保障制度的信心。

政府集中管理存在的问题包括:(1)基金投资较为保守。社会保障基金关系到为数众多的受益者的利益,一旦投资损失,政府将面临很大的政治压力,因此政府集中管理的社会保障基金通常投资较为保守,回报率明显低于私人管理的各类基金[1]。(2)容易受到其他政治目标干扰。政府集中管理的社会保障基金通常独立性差,容易受到其他政治目标的干扰。譬如,政府可能要求社会保障基金过度投资政府债券或公共建设项目,实际上为政府财政支出提供了一种内部融资,不仅导致了基金投资回报率低,而且加大了基金运行风险。2001年,在阿根廷金融危机中,阿根廷政府养老保险基金大量投资国债,随后的政府债券违约导致养老保险基金出现了巨额亏损。

2. 私营分散管理

私营分散管理是指由竞争性、营利性的私营基金管理机构管理社会保

---

[1] 参见 World Bank, "Averting Old Age Crisis", Oxford Press, 1994.

障基金的模式。典型的采用这种管理方式的国家是智利、澳大利亚等。其中,智利养老保险基金由竞争性的私营养老基金管理公司(简称 AFP)分散运作、管理。

这种方式的优势在于:(1)投资组合分散化,回报率较高。在私营分散管理中,社会保障基金可投资产品较广,投资组合更加分散化,因而可以在可承受风险范围内获取更高的投资回报率。例如,从 1981 年至 2001 年,智利 AFP 管理下的养老基金年投资回报率超过了 10%[1],远远高于同期其他国家政府集中管理的养老基金。(2)不同参保人具有不同需求和投资偏好,分散私营管理赋予了参保人以更多选择权,参保人可在不同管理公司、不同投资组合以及不同投资策略风格中进行灵活选择。(3)独立性强。私营分散管理模式下,虽然社会保障基金仍然受到政府的监管,但由于不直接由政府管理,不容易受到其他政治目标干扰。

私人分散管理存在的问题包括:(1)基金管理成本高。智利 AFP 在 1982 年的管理成本为公款总额的 19%,到 1990 年下降到 14%[2],但仍远高于同期政府集中管理的社会保障基金。(2)无法发挥规模效应。由于在私人分散管理模式下各管理机构管理的资产规模较小,因此难以发挥规模效应,并出现了集中化趋势。智利在 1994 年有 22 家 AFP,而到 2007 年时仅余 6 家。(3)难以应对系统性风险。虽然私营分散管理可以有效地降低可分散风险,但是却无法应对系统性风险。例如,在 1995 年,受墨西哥金融危机影响,智利 AFP 普遍出现了投资亏损。

政府集中管理和私营分散管理各有优势,也各有不足。各国较普遍的做法是政府社会保障基金采用政府集中管理方式,而补充保障则采用私营分散管理。例如澳大利亚未来基金采用政府集中管理,而超级年金则采用私营分散管理。美国联邦社会保障基金采用政府集中管理,而 401(k)等企业养老金计划采用私营分散管理。

二、我国社会保障基金的监督与管理

除补充保障基金采用分散私营管理方式外,我国全国社会保障基金和

---

[1] 参见智利私营养老基金监管局网站 http://www.safp.cl
[2] 郑功成《智利模式——养老保险私有化改革述评》,《经济学动态》,2001 年第 2 期。

地方管理的社会保险基金均采用政府集中管理方式。

(一) 对全国社保基金的监督与管理

我国对全国社保基金的监督和管理包括财务信息管理、投资监管等方面,主要监管制度体现在2001年颁布的《全国社会保障基金投资管理暂行办法》、2006年颁布的《全国社会保障基金境外投资管理暂行规定》以及2011年颁布的《社会保险法》等法律法规中。

1. 社保基金理事会的组织架构

目前,全国社会保障基金理事会的基本组织架构如图5-1:

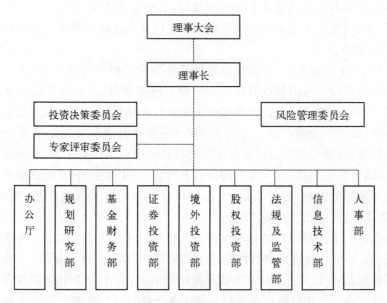

图5-1 全国社会保障基金理事会的组织框架

理事大会由理事长、副理事长、理事组成,是社保基金会的最高权力机构,主要负责全国社保基金的重大战略决策和社保基金会的重大事宜决策。理事长、副理事长由国务院任命,理事由国务院聘任。理事长是社保基金会的法定代表人和最高负责人。投资决策委员会、风险管理委员会和专家评审委员会为非常设机构,为社保基金提供顾问服务和履行基金投资管理部分审议责任。理事会下设行政、投资、研究、监管等组织机构。

2. 财务信息监管

我国《社会保险法》第七十一条规定:"全国社会保障基金应当定期向社

会公布收支、管理和投资运营的情况。国务院财政部门、社会保险行政部门、审计机关对全国社会保障基金的收支、管理和投资运营情况实施监督。"在《全国社会保障基金投资管理暂行办法》规定的社保基金理事会应当履行的职责中包含对社保基金的投资运作和托管情况进行检查，负责社保基金的财务管理与会计核算，编制定期财务会计报表，起草财务会计报告，以及定期向社会公布社保基金资产、收益、现金流量等财务状况。

自成立以来，社保基金理事会每年发布定期经会计师事务所审计的《全国社会保障基金年度报告》，内容涵盖了社保基金理事会的概况、治理结构、基金运作基本情况以及基金的财务数据，其中财务数据又包含了资产负债表、收益表、现金流量表和权益增减变动表以及上述财务报表的附注解释。

3. 投资监管

在2001年颁布的《全国社会保障基金投资管理暂行办法》明确了对全国社保基金投资范围和投资比例的限制。根据该办法，全国社保基金可以投资于银行存款、国债、投资级以上企业债和金融债以及上市流通的证券投资基金、股票等金融产品。2006年颁布的《全国社会保障基金境外投资管理暂行规定》中明确全国社保基金境外投资范围包括银行存款、外国政府债券、国际金融组织债券、外国机构债券和外国公司债券、中国政府或者企业在境外发行的债券、银行票据、大额可转让存单等货币市场产品、股票、基金、掉期、远期等衍生金融工具。

上述两个法规规定的各项投资限制包括：（1）直接运作资产的投资范围限制：理事会直接运作的社保基金的投资范围限于银行存款、一级市场购买的国债；（2）银行存款、国债投资比例限制：银行存款和国债投资的比例不低于50%，其中银行存款的比例不低于10%，单家银行存款不高于所有银行存款总额的50%；（3）企业债、金融债投资比例限制：企业债、金融债投资比例不高于10%；（4）权益类投资比例限制：证券投资基金、股票投资比例不得高于40%；（5）单只证券投资限制：单个投资管理人管理的社保基金资产投资于1家企业所发行的债券或单只证券投资基金，不得超过该企业所发行证券或该基金份额的5%，按成本计算不得超过其管理的社保基金资产总值的10%；（6）境外投资总比例限制：按成本计算境外投资比例不超过社保基金资产总值的20%；（7）境外投资信用等级要求，银行存款投资对象为中资银行或最近三年信用评级在A级或者相当于A级以上的外国银行，债券投资对象为国际公认评级机构评级在BBB级或者相当于 BBB 级以上的债券,货币市场投资为国际公认评级机构评级在 AAA 级或者相当于 AAA 级的货币市场产品,股票和基金为公开上市和公开发行的股票和基金;(8) 对衍生品投资限制:投资衍生金融工具仅限于风险管理需要,严禁用于投机或放大交易;(9) 对全国社保基金的委托投资行为限制:要求单个社保基金投资管理人进行管理的资产,不得超过年度社保基金委托资产总值的 20%。

根据一般国际经验,随着社保基金管理者投资管理能力的提高,各国限量监管程度逐渐降低。自全国社保基金成立以来,我国政府也逐渐放宽了投资限量监管力度,全国社保基金逐步开始投资非政府债、股票和海外资本市场,为我国社保基金多元化投资提供了参考模板。

(二) 对地方性社会保障基金的监督与管理

由于我国地方管理的社会保障基金目前仅能投资于国债和银行存款,因此对地方性社保基金的监管主要发生在预算管理、决算管理、行政监督管理和财务会计管理等方面,体现在《社会保险基金会计制度》(财会[1999]20 号)、《社会保险基金财务制度》(财社字[1999]60 号)、《社会保险基金行政监督办法》(劳动和社会保障部令 2001 年第 12 号令)等法规文件中。

1. 基金预算管理

社会保障基金预算管理是指在一定时期内社会保障基金管理机构为实施社会保障计划和任务,制定社会保障基金收入和支出等财务活动需要实现的预期目标的一系列管理活动,是保障社会保障基金各项活动有计划、有步骤地顺利进行的基础。社会保障基金的预算管理包括:

第一,社会保障基金预算的编制,涵盖了基金收入预算和支出预算。收入预算是社会保障基金各项收入的计划,包括单位和个人缴纳的社会保障费、利息收入、投资收益、政府财政补贴、调剂金收入以及上年的累积余额等。支出预算包括社会保障待遇支付、调剂金支出、转移支付等。

第二,社会保障基金预算的审批。社会保障基金预算草案编制完成后,要经人力资源和社会保障部门审核,在审核无误后进行汇总,并将汇总预算报同级财政部门审核,财政部门审核后再报请同级人民政府批准,同级人民政府批准后报上级财政部门以及人力资源和社会保障部门备案,财政部门以正式文件形式将预算批复下达给社会保障基金管理机构,遵照预算执行。

第三,社会保障基金预算执行。社会保障基金管理机构要定期对预算的执行情况进行分析、检查,定期向监管部门汇报基金预算执行情况。在

2006年，我国劳动和社会保障部制定了《社会保险基金要情报告制度》，要求及时报告社会保险基金的重要情况；人力资源和社会保障部门和财政部门需要对社会保障基金预算执行情况进行监督，对预算执行情况进行评价与反馈以及提出改正建议或要求。当遇到需要及时调整预算的情况时，逐级上报批复后执行。

2. 基金决算管理

社会保障基金决算管理是社会保障基金管理机构对全年社会保障基金各项财务活动进行总结、清理、核算等一系列管理活动，也是下年度社会保障基金预算管理的基础。社会保障基金决算的目的在于确认基金管理是否实现了预算中制定的目标，因此一定要保证决算能够反映基金真实的运行状况，并和年初预算进行对比，揭示基金管理中存在的问题和可改进的地方。社会保障决算管理的主要内容包括：

第一，编制财务报告。财务报告是社保基金财务和预算执行情况的集中反映，由一系列反映社保基金财务状况和运行结果的文件资料组成，通常包括基金收支结余表、资产负债表、现金流量表和有关附注。

第二，分析财务报告。分析财务报告的目的是通过对各项财务指标的分析掌握社保基金管理活动和财务运行状况，对社保基金管理提供改进的参考。财务报告分析主要包括对预算执行情况的分析、对基金收入支出状况以及对基金运行情况的分析。

3. 财务会计管理

我国社会保障基金会计科目设置、账户设置、收支管理中均采用了分类管理的方式。由于各项社会保障项目具有各自的目标受益群体，分类管理方式杜绝了不同目标受益群体间收入转移可能造成的不公平现象，也有利于基金财务会计管理的透明化。

在《社会保险基金会计制度》中规定应当分别为基本养老保险基金、失业保险基金和基本医疗保险基金设置会计科目，编制会计报表，包括资产负债表和基金收支表。在《社会保险基金财务制度》中规定，社保基金根据国家要求实行统一管理，按险种分别建账，分账核算，专款专用，自求平衡，不得相互挤占和调剂。

政府对社会保障基金收支管理的一种主要方式是采用"收支两条线"，即社会保障管理部门在取得收入后与社会保障支出脱钩，收入进入财政专户，支出由财政根据社会保障管理部门履行职能的需要按标准核定的资金管理模式。所谓财政专户,是指财政部门在银行设立的社会保障资金专门账户,用于对社会保障资金的管理。"收支两条线"的管理模式,控制了社保基金管理部门的道德风险,有利于实现社会保障缴费专款专用,保障社会保障基金的安全。

4. 行政监督管理

为了保障社会保险基金的安全,规范和加强社会保险基金监督,各级人力资源与社会保障行政部门须对社会保险基金收入户、社会保险基金支出户、社会保障基金财政专户以及其他与社会保险基金有关的账户收支和结余情况进行监督。监督工作主要内容包括:贯彻执行社会保险基金管理法律、法规和国家政策的情况;社会保险基金预算执行情况及决算;社会保险基金征收、支出及结余情况。

社会保险基金监督方式包括现场监督和非现场监督:现场监督是指监督机构对被监督单位社会保险基金管理情况实施的实地检查,可分为定期监督、不定期监督和受理的举报案件查处;非现场监督是指监督机构对被监督单位报送的社会保险基金管理有关数据资料进行的检查、分析,可分为常规监督和专项监督。常规监督通过被监督单位按监督机构的要求定期报送有关数据进行。专项监督通过被监督单位按监督机构的要求报送专项数据进行。我国《社会保险基金行政监督办法》规定,在非现场监督过程中发现被监督单位存在严重违法违纪问题的,应实施现场监督。

本章小结

社会保障基金功能主要是保证社会保障制度的稳健、可持续运行。社会保障基金包含社会保险基金、社会福利基金、社会优抚基金、社会救助基金以及补充保障基金等,其中社会保险基金所占比重最大。

根据不同的财务运行方式,社会保障基金的财务方式可分为现收现付制、完全积累制和部分积累制。在我国,既有中央政府管理的全国社会保障基金、地方政府管理的社会保障基金,也有商业保险机构和企业年金受托人管理的补充性保障基金。

社会保障基金筹资方式可分为税收和缴费两种方式,资金筹集有全部个人缴纳、全部雇主缴纳、全部财政负担、单位和个人共同缴纳、三方共担等模式。我国全国社保基金主要来自国有股转持、财政拨款、投资收益等,地方社保基金主要来自单位和个人缴费以及部分财政补贴。

社会保障基金投资应当秉承安全性、收益性、流动性、长期性、分散性等原则,可投资渠道包括银行存款、政府债券、非政府债券、股票、衍生品、直接投资等,在投资决策中须考虑投资目标和各项投资限制性因素。近年来,各国社保基金投资呈现出分散化、专业化和私营化的趋势。在我国,全国社保基金投资范围较广,回报率较高,地方性社保基金则面临较大的保值增值压力。

社会保障监管模式主要有审慎监管和限量监管两种,管理上又可分为政府集中管理和私营分散管理两种模式。在我国,对全国社保基金的限量监管较为宽松,而对地方性社保基金投资较为严格,仅可投资于政府债券和银行存款。除投资限制外,我国政府对社保基金的监管还包括预决算管理、财务会计管理和行政监督管理等。

复习思考题

1. 社会保障基金财务运行方式有哪些?各有哪些优缺点?
2. 简述我国社会保障基金的构成。
3. 社会保障基金投资决策中应考虑哪些因素?
4. 政府集中管理和私营分散管理各有哪些优缺点?
5. 社会保障基金监管包括哪些内容?

阅读书目

1. 林义《社会保险基金管理》,中国劳动保障出版社,2007年。
2. 项怀诚《养老储备基金管理——国际经验与中国实践》,中国财政经济出版社,2005年。
3. 胡晓义《社会保障基金监管》,中国劳动保障出版社,2012年。

第六章 社会保障经办管理

社会保障经办管理是社会保障制度建设的重要一环,也是社会保障学的重点研究对象之一。随着我国社会保障制度体系建设的深入,公共服务需求不断增加,社会保障经办管理的任务也日趋加大,为此了解社会保障经办管理的基本理论知识与实践状况非常必要。本章重点介绍社会保障行政管理体制、社会保障业务管理和社会保障信息化建设等方面的基本知识、理论与实务。

第一节 社会保障管理概述

一、社会保障管理概念

社会保障管理(Social Security Administration)是指为了实现社会保障目标,由国家和政府成立专门的社会保障机构或基金会,组织专业人员,对各项社会保障事务进行计划、组织、协调、控制和监督的过程,最终满足居民对各项社会保障服务的需求。社会保障管理作为政府的一项基本社会管理职能,是政府提供公共服务和公共产品的社会事务和社会政策管理。

社会保障管理涉及三类主体:第一类主体是政府的相关职能部门和管理机构,履行社会保障的行政管理职责;第二类是社会保障的经办机构,履行社会保障的业务管理和经办事务;第三类是居民、企业、工会组织等,属于社会保障待遇的直接受益者,他们之间以居民社会保障服务的供给与需求为核心,有着密切的关系,如图6-1所示。

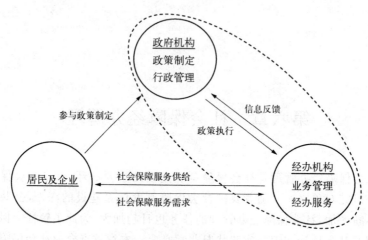

图 6-1　社会保障管理三主体

二、社会保障管理原则

《贝弗里奇报告》指出,社会保障应该遵循"统一原则"(Unification),这就意味着社会保障行政管理必须统一[①]。统一的社会保障管理可以避免相关部门之间权职交叉和居民重复参保等问题,有助于提高服务效率,更好地满足居民的需求,同时也会降低社会保障管理成本。除此之外,社会保障管理还包括依法管理和公正公开原则。依法管理原则就是要强化社会保障制度本身和社会保障管理的法制化特征,主要是依法设置管理机构、管理岗位,以及聘用管理人员。公正公开原则就是因为社会保障的公共事务属性关系到全体社会成员的切身利益,比如社会保障基金,特别是由财政形成的资金,具有一定的公共基金属性,所以管理过程一定要遵循公正公开原则。

三、社会保障管理内容

社会保障管理的内容,按照管理流程,包括行政管理、业务管理、财务管理及其他管理等四类(见图6-2);如果按照管理的性质,财务管理和信息化管理在一定程度上也属于业务管理。

---

① Unification of social insurance and assistance in respect of administration in a Ministry of Social Security with local Security Office within reach of all insured persons.

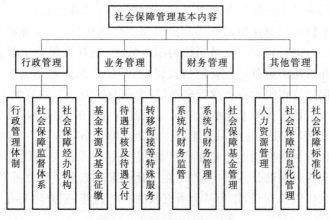

图 6-2　社会保障管理内容

（一）社会保障行政管理

社会保障行政管理是指政府部门依法行使对社会保障事务的管理与监督权力，它是社会保障制度良性运行的保证。狭义概念上为社会保障机构的设置及其职能权限的划分。

与政府行政层级划分基本一致，各级政府建立管理监督社会保障实务的社会保障管理部门，负责不同功能的管理职责。社会保障行政管理的内容包括依法制定具体的社会保障政策及运行规范，对社会保障制度的运行进行监督。

（二）社会保障业务管理

社会保障的业务管理是由政府及各方代表建立起的具有非营利单位性质的社会保障经办机构依法管理社会保障具体业务的过程，确保社会保障服务工作的顺利进行。社会保障业务管理主要包括：一是对社会保障对象的管理服务，如参保单位和个人的信息登记、档案管理、转移接续关系和企业社会保险申报等；二是对各项具体社会保障项目的基金筹集、待遇核算和待遇支付等管理。由于社会保障项目在管理对象、基金模式等方面千差万别，所以在业务管理方面也各自形成一整套体系。社会保障业务管理通常要经过六个环节，即：缴费（税）核定、费（税）征集、缴费（税）记录处理、待遇审核、待遇支付、基金会计核算与财务管理等。

（三）社会保障财务管理

社会保障财务管理包括三个层次：一是系统外财务管理，指政府财政、审计等部门对社会保障财务收支及运行状况进行管理和监督。一般而言，财政部门不仅为社会保障财务活动提供规范性的依据，而且对重要的社会保障财务运行进行监督。二是系统内财务管理，指社会保障主管部门对社会保障经办机构的财务进行管理与监督，控制社会保障经办成本。三是专门的社会保障管理机构在行政管理部门、企业及雇员三方的监督下，管理社会保障基金。社会保障基金的投资运营由具有资质的金融、保险、信托机构等受委托管理，实现基金的保值增值。社会保障基金管理组织，区别于政府行政机构和营利性质的企业和商业组织，应该是一个由三方代表共同组成的事业性非营利性的公共机构，理由在于社会保障基金一般由国家、企业单位和雇员承担供款责任，作为基金所有权的自然延伸，三方均拥有当然的管理和监督权。

（四）其他社会保障管理

除上述三项社会保障管理内容外，社会保障管理还包括社会保障信息系统、人力资源管理和社会保障服务及经办机构标准化等。

第二节　社会保障经办管理体制

一、社会保障经办管理体制的含义和内容

社会保障经办管理体制（Social Security Administrative Organization）是社会保障管理工作的一个重要组成部分，通过明确不同社会保障机构的职责和权限，实行对社会保障事务的管理。

广义的社会保障经办管理体制是指各类社会保障管理机构、管理内容和管理方法的总称，具体包括社会保障立法、社会保障规章制度、社会保障机构的设置及其职能权限的划分、社会保障基金的管理监督和社会保障业务经办等。狭义的社会保障经办管理体制一般是指社会保障事务的管理方法、管理制度及其管理机构设置，具体包括上级社会保障管理机构与下级社会保障管理机构之间、社会保障管理机构与其相关部门之间、投保单位与受保人之间、基层社会保障管理机构与受保人之间等在职责和权限、权利和义务等方面的有关规章制度及其执行与实施关系。按照狭义概念，社会保障经办管理体制主要包括以下几个方面的内容：

第一，统一决策管理与分工实施管理。由于社会保障不仅关系到全体

社会成员的切身利益,而且涉及到多方面的利益,因此,需要有一个专门的管理机构进行统一决策、统一协调。但同时,又要求各有关部门分工实施管理,以便建立一个既统一协调、又分工合理的社会保障管理体制。

第二,中央集中管理与地方分级管理。社会保障的基本法律、法规和制度应该由中央管理机构负责制定,以便做到全国统一决策,避免管理混乱;但又要给予地方管理机构一定的自主权,以便各地可以根据实际情况,具体落实中央的方针政策,做到灵活多样。

第三,社会化管理与专业化管理。社会保障的基本特性决定了社会保障需要社会化管理,以便使社会保障基金发挥互助互济功能。同时,社会保障管理涉及到有关的政策、法规、资金运行等专业化问题,这些问题必须由具备专业知识和技术的人才和机构来解决。

二、社会保障经办管理机构类型

社会保障经办管理机构是实施、执行和具体操作社会保障事务的部门,社会保障经办管理机构的设置是否适当,会对整个社会保障管理体制目标的实现产生重大影响。一般来说,社会保障经办管理体制应该设置以下四个层次的管理机构:

第一是决策机构(行政管理机构)。这一层次的社会保障管理机构往往由政府有关行政主管部门担任,与相关部门一起制定社会保障的有关法律、法规、政策,编制社会保障的发展规划、预算和决算计划,并对重大社会保障问题进行决策。同时,对其他社会保障管理机构进行指导和监督。

第二是具体业务实施机构(经办机构)。这一层次的社会保障管理机构通常根据不同的社会保障管理模式,可以由政府主管部门下属的事业部门或者独立的法人单位来担任。该机构执行政府主管部门制定的社会保障方针、政策,落实各项实施方案,具体负责社会保障基金的征收、核算和支付等工作。另外,该机构除了对社会保障决策机构负责以外,还要对社会保障基金运行机构的工作进行监督和指导。

第三是基金运行机构。这一层次的社会保障管理机构既可以由社会保障基金理事会担任,也可以由私营基金管理公司担任。它的主要职能是对社会保障基金中的积累资金进行统一运行,以便达到保值、增值,从而使得社会保障制度更好地发挥作用。基金运行机构在决策机构和具体业务实施机构的指导下开展工作,并接受它们的监督和检查。

第四是监督机构。这一层次的社会保障管理机构通常由政府领导下的社会保障监督委员会（监事会）或者由具有独立法人资格的监督机构来担任。它的主要职责是对上述三个机构的工作情况进行监督，重点是监督具体业务实施机构和基金运行机构对各项社会保障方针、政策、法律的执行情况，以及社会保障基金的征收、运行、支出和管理状况。监督机构的组成成员应该包括政府主管部门的负责人、各方面的专家和公众代表，并且监督机构具有一定的相对独立性，从而能够真正发挥其作用。

三、社会保障经办管理机构的职能

社会保障经办管理机构的职能是指在社会保障管理事务中所承担的职责，这种职责随着社会、经济等因素的发展而不断发生变化。实施社会保障的最终目标是为广大公民提供社会保障服务，因此，社会保障经办管理机构的最基本职能就是如何更好地实现这种服务职能。而社会保障管理的信息化，使社会保障经办管理机构充分发挥这种服务职能成为可能。

社会保障经办管理机构的服务职能主要体现在社会保障经办管理机构之间的互动、与参保单位之间的互动以及与广大受保人之间的互动这三个方面。

第一，社会保障经办管理机构之间的互动，是指上、下级管理机构，不同地方管理机构以及与行政部门之间的事务活动关系。其主要内容包括社会保障法律、法规、政策系统，社会保障公文系统，社会保障行政管理系统，社会保障管理机构办公系统，社会保障工作人员培训和就业培训系统，以及社会保障业绩评价系统等事务的上传下行和下行上管等关系。

第二，社会保障经办管理机构与参保单位之间的互动，包括参保单位对社会保障经办管理机构的活动和社会保障经办管理机构对参保单位的活动这两个方面。参保单位对社会保障经办管理机构的活动主要是指参保单位根据规定向社会保障经办管理机构缴纳各种社会保障费（税）。社会保障经办管理机构对参保单位的活动主要是指社会保障经办管理机构向参保单位发布各种社会保障方针、政策、法规，以及向参保单位提供各种相关的咨询服务。

第三，社会保障经办管理机构与广大受保人之间的互动，包括社会保障经办管理机构对受保人的活动和受保人对社会保障经办管理机构的活动这两个方面。前者实际上是社会保障经办管理机构向广大受保人提供各种社会保障服务,其中为受保人提供各种信息服务是其主要内容。应该让广大受保人了解社会保障政策、规定,了解缴纳社会保障费(税)、领取社会保障待遇的具体手续和条件,以及社会保障主管部门的基本信息等。后者是指受保人个人向社会保障经办管理机构缴纳各种社会保障费(税),咨询和了解各种社会保障信息,具体包括就业信息、介绍及其培训服务,以及医疗服务和养老保险服务等。

四、社会保障经办管理模式

由于政治、经济、文化、历史背景和民族传统等的不同,各国社会保障经办管理体制和社会保障经办机构的设置,存在很大差异。按照政府介入及其集权程度分类,社会保障经办管理模式大体有以下四种。

(一)政府集中管理模式

政府集中管理模式是把社会保险项目、社会救助项目、社会福利和其他社会保障项目全部统一在一个管理体系内,建立统一的社会保障管理机构,集中对社会保障各项目基金筹集、基金营运、待遇给付及监督等实施集中管理的方式。在实行统一管理模式的国家里,一般从中央到地方都设立专门的社会保障行政管理机构和业务机构,配置专职的工作人员。

政府集中管理模式具有以下几个特征:(1)社会保障决策权统一集中在中央;(2)社会保障预算权统一;(3)政府间的社会保障联系是一种直接的双重联系,即地方各级政府不仅要在横向上对同级政府负责,还要在纵向上服从中央政府的指令,同时地方社会保障收支规模与基本结构要由中央政府决定。

政府集中管理模式有明显的优点,主要体现在:(1)有利于社会保障的统一规划,统一实施,统一监督,避免政出多门和多头管理所产生的诸多利益冲突,使社会保障功能更有效地发挥;(2)有利于社会保障各项目之间、社会保障运行机制各环节之间的协调和社会保障基金的集中管理,并在一定范围内调剂使用,形成规模效益,真正发挥社会保障的互济功能;(3)有利于社会保障管理和企业机构精兵简政,降低管理成本,控制管理费用;(4)对社会保障业务和基金的集中管理,有利于增强透明度,便于加强社会监督。

政府集中管理模式也有其局限性,主要体现在:(1)在某些情况下,社会保障项目的专业化管理要求与政府业务主管部门往往难以协调,进而影响实施效果;(2)以国家行政管理为主,受行政干预较多。

日本、俄罗斯、意大利、希腊、捷克、泰国、印度等单部门管理的国家均实行政府集中管理模式。

(二)政府分散管理模式

分散管理模式是不同的社会保障项目由不同的政府部门管理,各自建立一套社会保障执行机构、资金营运机构及监督机构,各社会保障项目之间相互独立,资金不能相互融通使用。

政府分散管理模式具有以下特征:(1)各级政府及社会保障部门事权独立;(2)各级政府社会保障部门社会保障预算独立;(3)政府间的社会保障联系是间接的,政府将社会保障事务委托给社会保障经办机构管理,只对社会保障进行监督,并根据各类保险项目的财务状况进行必要的平衡。

政府分散管理模式具有明显的优点,主要体现在:(1)各管理机构具有较大的自主性,能根据自己所管理社会保障项目特点制定详细、周全的管理法规,较灵活地适应社会保障发展的需要;(2)管理的独立性强,能根据客观实际,及时调整保障项目和内容,较灵活地适应社会生活的需要。

政府分散管理模式的局限性在于:(1)管理机构多,管理成本高;(2)因机构庞杂和相互独立导致工作的反复,给被保险人和保险机构管理增添许多难题。

德国社会保障制度实行以政府直接管理为主,以自治性的协会管理为补充的管理体制,是一种典型的政府分散管理模式。

(三)自治性分散管理模式

自治性分散管理模式是指由政府指定若干中央政府部门负责监督,由自治性的各种全国性协会在法律规定范围内管理各项保险业务。在这种模式下,中央政府虽然制定有关社会保障事业的政策和方针,但都仅仅是指导性的,各地可以根据本地的实际情况制定具体的政策、法规等,地方享有较多的自治权,并在社会保障事务方面具有决策和决定的权力。

这种模式的优点在于可以照顾到各地的具体实际情况,采取的措施比较有针对性和可行性,往往也比较有效。

这种模式的缺点在于全国没有统一的社会保障制度,在各地公民之间会产生社会保障待遇支付等方面的不公平,而且也容易阻碍劳动力在全国范围内的正常流动。

一定意义上来说自治性分散管理模式是政府管理模式的一种,因为各国均存在一定程度上的政府管理,单纯意义上的社会保障自治管理的国家是不存在的。以法国为例,法国现代社会保障制度是以行业为单位,以保险为原则,实行各行业保险计划相对独立的分散管理模式。法国的社会保障制度分为普遍制度、农业保险制度、特殊保险制度和非工资收入者保险制度四大类。其管理模式,除了普遍制度实行的是合伙制以外,其余三种均实行的是互助制,法国的这四种保险制度由上千个具有私人性质的基金会支撑着,它们按各自的性质,分别隶属于几十个全国性的基金会,这些基金会按其业务性质分别隶属于2—3个政府部门的领导。

(四) 集散结合管理模式

集散结合管理模式是指将社会保障共性较强的项目集中起来,实行统一管理,而将特殊性较强的项目单列,由统一的社会部门分散管理。根据社会保障项目的不同,把集中统一管理和分散自主管理有机地结合起来。其优势是既能体现社会保障社会化、一体化的要求,又能兼顾个别项目的特殊要求,有利于调动各方面的积极性,提高工作效率,降低管理成本,更好地促进社会经济发展。

可以认为,集散结合管理模式兼具政府集中管理模式和政府分散管理模式的优点。当然,这种模式的顺利实施需要较为有利的内部条件和外部环境。目前,美国和日本等国采用这种管理模式。

第三节 中国社会保障经办管理体制

一、我国社会保障经办管理体制现状

我国社会保障经办机构的设置,是在国务院的统一领导下,采取条块结合、以块为主的分级管理体制。其基本结构见表6-1。

在纵向上,行政管理机构分为三个层次:高层行政机构是国务院下设的人力资源和社会保障部、民政部和国家卫生和计划生育委员会(简称卫计委),属于领导和决策层次。中层行政机构,是在各省、自治区、直辖市人民政府内设立的人力资源和社会保障厅(局)、卫计委和民政厅(局),属于辅助决策、实施领导和传递层次。基层行政机构,是指省辖市、区和县人民政府设立的人保局、卫计委和民政局。属于业务执行层次。一般

情况下,上一层次对下一层次主要是政策法规的领导和业务指导,不存在直接的行政隶属管理。

表6-1 我国社会保障经办管理机构体系

层级	行政管理机构	事务性经办机构	监督机构	基金管理
中央	人保部 民政部 国家卫生和计划生育委员会	社会保险事业管理中心	行政主管部门内部监督 外部监督	全国社会保障基金委员会
省	人保厅(局) 民政厅(局) 卫计委	省级社会保险事业管理中心		委托取得资格的金融保险机构等
市	人保局/卫计委/民政局	市养老保险/城镇医疗保险管理中心	行政主管部门内部监督	无
区县	人保局/卫计委/民政局	区社会劳动保险事业管理所		
街道/乡镇	无	街道社会保障与救助服务站		
社区/村	无	区镇村政务室		

注:事务性经办机构仅考虑社会保险经办机构,主要包括养老保险经办机构和医疗保险经办机构。本表以浙江省宁波市经办机构设置作为参考。

二、我国社会保障行政管理机构

1978年改革开放以来,我国先后进行了七次国务院政府机构改革①,国务院组成部门已由1982年的100个削减为2013年的25个。1998年的机构改革,在劳动部基础上组建了劳动和社会保障部,把当时由劳动部管理的城镇职工社会保险、人事部管理的机关事业单位社会保险、民政部管理的农村社会养老保险、各行业部门统筹的养老保险以及卫生部门管理的公费

---

① 七次改革的年份依次为:1982年、1988年、1993年、1998年、2003年、2008年和2013年。

医疗,统一由劳动和社会保障部管理,建立统一的社会保险行政机构。2008年3月15日,十一届全国人大一次会议第四次全体会议通过关于国务院机构改革方案的决定,在原人事部与劳动和社会保障部的基础上组建新的人力资源和社会保障部。2013年3月14日,十二届全国人大一次会议表决通过了关于国务院机构改革和职能转变方案的决定,在卫生部、国家人口和计划生育委员会的基础上设立国家卫生和计划生育委员会。自此,我国社会保障行政管理部门有人力资源和社会保障部、民政部、国家卫生和计划生育委员会等,见表6-2和图6-3。

表6-2 三次机构改革后我国社会保障行政主管部门

改革年份	社会保障行政管理部门
1998	劳动和社会保障部、民政部、人事部、卫生部
2008	人力资源和社会保障部、民政部、卫生部
2013	人力资源和社会保障部、民政部、国家卫生和计划生育委员会

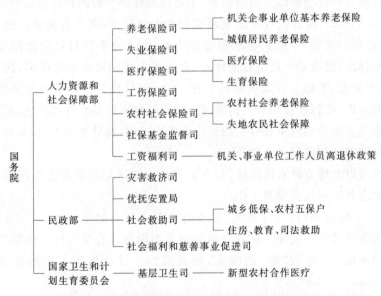

图6-3 我国社会保障行政主管部门(2013年改革后)

(一)人力资源和社会保障部门的主要职责

我国《社会保险法》第七条规定:"国务院社会保险行政部门负责全国的

社会保险管理工作,国务院其他有关部门在各自的职责范围内负责有关的社会保险工作。县级以上地方人民政府社会保险行政部门负责本行政区域的社会保险管理工作,县级以上地方人民政府其他有关部门在各自的职责范围内负责有关的社会保险工作。"财政部门、审计机关、卫生行政部门等分别承担相关责任。

人力资源社会保障部在社会保险方面的主要职责是：(1)统筹建立覆盖城乡的社会保障体系；(2)统筹拟定城乡社会保险及其补充保险政策和标准,组织拟定全国统一的社会保险关系转移接续办法和基础养老金全国统筹办法,统筹拟定机关企事业单位基本养老保险政策并逐步提高基金统筹层次；(3)会同有关部门拟定社会保险及其补充保险基金管理和监督制度,编制全国社会保险基金预决算草案,参与制定全国社会保障基金投资政策。

县级以上地方政府设立了社会保险行政部门,主要是人力资源和社会保障厅(局),负责本行政区域的社会保险管理工作。

(二)民政部门的主要职责

民政部在社会保障方面的职责,主要体现在社会救助和社会福利方面,具体如下:(1)拟订民政事业发展规划和方针政策,起草有关法律法规草案,制定部门规章,并组织实施和监督检查；(2)牵头拟订社会救助规划、政策和标准,健全城乡社会救助体系,负责城乡居民最低生活保障、医疗救助、临时救助、生活无着人员救助工作；(3)拟订社会福利事业发展规划、政策和标准,拟订社会福利机构管理办法和福利彩票发行管理办法,组织拟订促进慈善事业的政策,组织、指导社会捐助工作,指导老年人、孤儿和残疾人等特殊群体权益保障工作。

县级以上地方政府民政部门,在各自的行政区划和职责范围内负责有关的社会救助和社会福利工作。

(三)财政部门、审计机关、卫生行政等部门的职责

国务院其他有关部门在各自的职责范围内负责有关的社会保险工作。按照国务院"三定"方案[①]的规定,财政部门在社会保险方面的职责是：

---

① "三定"方案规定是对国务院部门主要职责、内设机构和人员编制规定的简称,是指国务院的一系列规范性文件。"三定"通俗来说是：定机构(单位的性质,如行政、事业等)、定职能(单位有些什么权力和职责)、定编制(单位各种编制的人数,内设机构数,领导职数等)。

(1) 负责各项社会保险基金不足时给予补贴;(2) 负责核定和拨付各类社会保险经办机构的经费;(3) 负责社会保险基金存入财政专户的管理;(4) 负责审核全国社会保险基金预决算草案;(5) 负责对社会保险基金的收支、管理和投资运营情况实施财政监督。审计机关的职责是对社会保险基金的收支、管理和投资运营情况实施审计监督。卫生行政部门在社会保险方面的职责是负责新型农村合作医疗的综合管理。

县级以上地方政府其他有关部门,如财政、审计、卫生部门,在各自的职责范围内负责有关的社会保险工作。县级以上地方各级政府所属部门的具体职责由本级政府在"三定"方案中划定。

此外,发展改革部门、监察部门等综合部门,也在社会保险工作中承担一定职责。

三、我国社会保险事务经办机构

社会保险事务经办,亦称社会保险经办,是指由法定主体依照法律授权,筹集管理社会保险基金,办理社会保险事务,支付社会保险待遇,提供社会保险服务的所有公共管理和服务活动的总称。

(一)社会保险经办机构的职责

社会保险经办机构(Social Insurance Administration Agencies)是为满足社会成员的社会保险管理服务需求而设立的机构,具体指具有法定授权、实施社会保险服务管理的职能机构,是社会保险经办的主体。《社会保险法》中明确其地位和职责,有利于发挥服务功能,建立和完善社会保险执行体系,并保障参保人社会保险合法权益的顺利实现。社会保险经办机构的具体职责如下:

1. 社会保险登记。社会保险登记是确保参保人员参加社会保险的重要措施。用人单位应当自成立之日起 30 日内向当地社会保险经办机构申请办理社会保险登记。社会保险经办机构应当自收到申请之日起 15 日内予以审核,发给社会保险登记证件。用人单位应当自用工之日起 30 日内为其职工向社会保险经办机构申请办理社会保险登记。未办理社会保险登记的,由社会保险经办机构核定其应当缴纳的社会保险费。

2. 建档。社会保险经办机构应当及时为用人单位建立档案,完整、准确地记录参加社会保险的人员、缴费等社会保险数据,妥善保管登记、申报的原始凭证和支付结算的会计凭证。

3. 个人权益记录。社会保险经办机构应当及时、完整、准确地记录参加社会保险的个人缴费和用人单位为其缴费,以及享受社会保险待遇等个人权益记录,定期将个人权益记录单免费寄送本人。

4. 咨询服务。社会保险经办机构应当免费为用人单位和个人提供社会保险咨询等相关服务。

5. 社会保险待遇支付。社会保险经办机构应当按时足额支付参保人按规定享受的社会保险待遇,向社会保险服务机构拨付规定的费用。

6. 公布和汇报社会保险基金情况。社会保险经办机构应当定期向社会公布参加社会保险情况以及社会保险基金的收入、支出、结余和收益情况。社会保险经办机构应当定期向社会保险监督委员会汇报社会保险基金的收支、管理和投资运营情况。

7. 社会保险稽核(Social Insurance Audit)。原劳动和社会保障部颁布的《社会保险稽核办法》规定,稽核是指社会保险经办机构依法对社会保险费缴纳情况和社会保险待遇领取情况进行的核查。

(二)社会保险经办机构设置

《社会保险法》第七十二条规定:"统筹地区设立社会保险经办机构。社会保险经办机构根据工作需要,经所在地的社会保险行政部门和机构编制管理机关批准,可以在本统筹地区设立分支机构和服务网点。"

目前,我国社会保险经办机构基本上是按行政区划设立的。在中央一级,人力资源和社会保障部下设社会保险事业管理中心,依据法律、法规授权和受部委委托,组织拟定全国社会保险管理服务工作总体规划和实施方案,综合管理、指导地方社会保险管理服务工作。在地方,各省、自治区、直辖市以及地市、区县三级地方政府分别设立社会保险经办机构,负责具体执行社会保险政策,经办社会保险事务,管理社会保险基金,为参保人员提供政策咨询、权益记录查询和其他社会保险公共服务。而按照统筹层次设立经办机构,在本统筹地区设立分支机构,可以减少管理环节和管理层次,实现集中管理,有利于降低基金分散管理的风险,提高管理水平。从社会保险经办业务需要看,社会保险经办机构应尽量向基层延伸,在社区、街道、乡镇设立服务网点,可以方便广大参保者个人和参保单位享受到优质高效的服务。

2002年,鉴于我国企业退休人员的规模日益增大,其管理服务工作社会化是必然趋势,《中共中央国务院关于进一步做好下岗失业人员再就业工作的通知》(中发[2002]12号)要求,在街道和工作任务重的乡镇建立劳动保障工作机构,在社区聘用专门的服务人员,并提供工作经费,使城乡基层组织承担起做好下岗失业人员再就业和企事业单位退休人员管理、服务工作的责任。同年,劳动和社会保障部发出《关于贯彻落实中共中央国务院关于进一步做好下岗失业人员再就业工作的通知若干问题的意见》(劳社部发[2002]20号)要求,统一街道劳动保障工作机构的名称。街道建立的机构统一称为"街道劳动保障事务所",在社区建立的工作平台统一称为"社区劳动保障工作站"。街道和社区是实现退休人员社会化管理的载体、是发展初级卫生保健和基本医疗保险的依托,也是为灵活就业人员提供社会保障服务的窗口。我国《社会保障"十二五"规划纲要》(国发[2012]17号)的发展目标之一就是,在全国所有城市街道(社区)和乡镇(行政村)建立劳动就业和社会保障基层服务平台,在行政村普遍实施劳动就业和社会保障协管员制度。为此,加强基层社会保险经办机构建设已经成为我国社会保障工作的重要内容之一。

图6-4给出了以浙江省宁波市为例的社会保险经办机构和基层服务平台,宁波市在三级社会保险经办机构的基础上,扩展了街道(乡镇)级的服务网点。

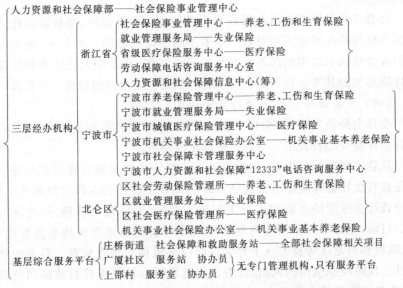

图6-4 社会保险经办机构和基层服务平台(以宁波市为例)

(三) 社会保险经办机构的经费保障

《社会保险法》第七十二条规定:"社会保险经办机构的人员经费和经办社会保险发生的基本运行费用、管理费用,由同级财政按照国家规定予以保障。"

社会保险经办的费用主要有工作人员经费、经办社会保险发生的基本运行费用和管理费用。其中,工作人员经费是指社会保险经办机构用于人员方面的经费开支,包括工资、补助、职工福利费、离退休人员经费等。工作人员经费应根据社会保险经办机构的编制人数,参照本地行政事业单位经费开支标准核定;职工的各种奖金、津贴、补助,以及其他福利待遇,应按国家有关规定执行,不得自行制定或擅自提高标准。经办社会保险发生的基本运行费用和管理费用包括社会保险经办机构用于经办业务活动所需的公务费、设备购置费、修缮费、业务费等。其中,公务费是指社会保险经办机构的办公费、会议费、水电费、邮电费、差旅费、公用取暖费等费用;设备购置费是指社会保险经办机构用于购置不够基本建设投资额度,按固定资产管理的办公用一般公用设备、车辆等的购置费;修缮费是指社会保险经办机构用于租赁办公用房、维修公用房屋、建筑物及附属设备所需的费用;业务费是指社会保险经办机构为完成业务工作所需的消耗性费用开支和购置的低值易耗品。

社会保险经办费用由同级财政予以保障。同级财政,是指设立社会保险经办机构的统筹地区的财政。本着事权与财权相统一的原则,地方社会保险经办机构承担本地区的社会保险经办工作,其工作人员经费和经办社会保险发生的基本运行费用、管理费用,原则上应由同级财政予以保障。

(四) 社会保险经办管理的主要模式

受社会经济发展、社会保障制度设计、统筹层次等多方面因素影响,我国社会保险经办管理模式呈现出多样化的特点。

从管理权限划分来看,主要有垂直管理模式和属地管理模式两种。前者是指省级社会保险经办机构负责统一领导全省社会保险管理服务工作,对全省社会保险经办机构实行工作统一调度、人员统一管理、经费统一拨付。目前,上海和天津两个直辖市实现了社会保险经办机构垂直管理,吉林、陕西和黑龙江等省实现了养老保险经办机构的垂直管理。后者的特点是社会保险经办机构的人员、经费由当地政府和社会保障行政部门负责管理,业务工作接受上级社会保险经办机构的指导。目前,我国大部分地区实行的是后者。

从机构设置和职责分工来看,可分为集中统一经办管理模式、分类单一经办管理模式和统分结合的经办管理模式。第一种模式的特点是,各项社会保险业务全部集中在一个管理体系中,省、市、县(区)三级分别设立一个社会保险经办机构,五项社会保险实行统一参保登记、统一核定缴费基数、统一征收各项费用、统一检查稽核、统一实行待遇的社会化发放等;第二种模式的特点是,按照险种或者按照业务管理环节设立多个社会保险经办机构;第三种模式是上述两种模式的综合,把特征相近或者联系比较紧密的险种合并,实行相对集中的管理。我国一般为养老保险、医疗保险,失业保险、工伤和生育保险分别设立单独的经办机构。

（五）我国社会保险经办机构发展现状

党的十六大以来,我国覆盖城乡居民的社会保障制度体系已初步形成,社会保障管理服务体系也基本建立,公共服务网络基本建成。目前已基本形成了以各级社会保险经办机构为主干、以银行及各类定点服务机构为依托、以社区劳动保障工作平台为基础的社会保障管理服务组织体系和服务网络,并逐步向乡镇、行政村延伸。全国县及县以上经办机构达 8 000 多个,工作人员达 16 万人;全国街道、社区、乡镇、行政村建立的基层服务站所超过 19 万个,专兼职工作人员达 37 万人。建立了中央、省、市三级网络,并全部实现了省、部联网,实现了数亿名参保人员的监测数据上传。到 2012 年 8 月底,全面实现了企业离退休人员基本养老金的社会化发放,企业退休人员社会化管理率达到 77.8%。[1]

第四节 社会保障业务管理

社会保障业务管理是对社会保障管理的具体执行,即在全社会范围内统筹、调剂社会保障基金,对社会保障对象给予一定的物质帮助,提供一系列必要服务的过程。社会保障业务管理是一个大的概念,如果按照社会保障项目划分,具体可分为社会保险业务管理、社会福利业务管理、社会救助

---

[1] "十六大以来我国社会保障工作取得突破性进展",《中国劳动保障报》2012 年 10 月 23 日；http://www.mohrss.gov.cn/201303/20130309

业务管理等。由于各项社会保障项目在管理对象、基金模式等方面千差万别,所以在业务管理方面也各自形成一整套体系。如果按照社会保障基金流程划分,具体可分为社会保障缴费管理、社会保障给付管理、社会保障财务管理等。以下重点介绍社会保险业务管理的基本内容。

一、社会保险业务管理环节

《社会保险法》第七十三条规定:"社会保险经办机构应当建立健全业务、财务、安全和风险管理制度。

社会保险经办机构应当按时足额支付社会保险待遇。"

社会保险经办业务管理制度是从事经办业务管理工作应遵循的基本规则。建立健全社会保险业务规程,是社会保险管理服务重要的基础性工作,对规范社会保险管理服务的行为,提高工作效率和服务质量,加快推进社会保险管理服务规范化、信息化、专业化建设具有重要意义。

依据社会保险基金的来源与流向,社会保险业务管理分为缴费核定、费用征集、费用记录处理、待遇核定、待遇支付、基金会计核算与财务管理六个基本环节。各环节的主要职责如下:

(一)缴费核定

1. 建立参加社会保险的单位和职工个人(以下简称单位和职工)的基本资料档案,作为缴费核定的依据;

2. 核定单位和职工的缴费工资与缴费金额;

3. 负责单位与职工变更后相关业务的处理及未参加社会保险的单位和职工的催办工作;

4. 对单位和职工各类报表项目进行复核;

5. 制订年度社会保险费征集计划。

(二)费用征集

1. 依据缴费核定环节提供的单位开户银行、账号、账户名称及应征集数额,办理社会保险费托收业务,同时定期向机构内有关部门反馈征集信息;

2. 接待来访社会保险经办机构缴费的单位,办理收款手续并登记;

3. 办理单位缓缴手续及向缓缴期满和未按时足额缴纳社会保险费的单位催收社会保险费业务;

4. 负责向本机构领导及有关部门提供单位缴费情况,提出加强社会保险费征集工作的建议。

(三) 费用记录处理

1. 根据有关基础资料,建立健全各项基金管理台账和职工养老保险(包括基本养老保险、企业补充养老保险、个人储蓄养老保险,下同)及其医疗保险个人账户;

2. 根据社会保险费征集与分配到账情况,登记职工个人账户,按规定的记账利率计算和登记职工个人账户利息,并负责个人账户变更处理;

3. 对单位各类社会保险报表进行统计汇总、分析;

4. 定期公布单位缴费情况和职工个人账户情况。

(四) 待遇审核

1. 建立离退休(职)人员、企业工伤职工、育龄女职工生育等情况档案;建立死亡离退休(职)人员、企业工伤职工、育龄女职工生育等情况档案;建立死亡离退休(职)人员和工伤与非工伤职工遗属档案;

2. 审核职工养老保险、医疗保险、工伤保险和生育保险待遇;对离退休(职)人员、工伤职工及其遗属津贴、一次性待遇予以认定并按规定进行调整;

3. 对上述各项待遇进行复核。

(五) 待遇支付

1. 填制社会保险待遇支付花名册并确定各项待遇的支付方式;

2. 填制社会保险待遇拨付通知单,办理社会保险待遇支付手续并登记;

3. 协调待遇支付单位间的业务关系;

4. 对各项社会保险待遇落实情况进行跟踪调查与监督。

(六) 基金会计核算与财务管理

1. 负责对各项社会保险费的收支进行审核及其会计核算;

2. 定期与银行对账并对实际到账金额予以认定,将对账信息及时通知有关部门;

3. 对各环节社会保险费收支记录予以核对和检查,汇总登记基金账簿;

4. 审核、登记、管理各种结算凭证;

5. 办理基金的存储及有价证券认购等事宜;

6. 编制各项基金的年度预决算草案及报告期会计报表。

二、社会保险登记和申报缴费制度

(一) 社会保险登记制度

《社会保险法》第五十八条规定:"用人单位应当自用工之日起三十日内为其职工向社会保险经办机构申请办理社会保险登记。未办理社会保险登记的,由社会保险经办机构核定其应当缴纳的社会保险费。

自愿参加社会保险的无雇工的个体工商户、未在用人单位参加社会保险的非全日制从业人员以及其他灵活就业人员,应当向社会保险经办机构申请办理社会保险登记。"

社会保险登记(Register for Social Insurance)实行属地管理。应当参加社会保险的用人单位,应当在注册地社会保险经办机构办理社会保险登记;具有异地分支机构的,分支机构一般应当作为独立的参加社会保险单位,向其所在地的社会保险经办机构单独申请办理社会保险登记。跨地区的用人单位,其社会保险登记地由相关地区协商确定。相关地区的意见不一致时,由上一级社会保险经办机构确定社会保险登记地。

(二) 社会保险费征收制度

《社会保险法》第五十九条规定:"社会保险费实行统一征收,实施步骤和具体办法由国务院规定。"

受制度类型、管理方式、历史传统等的影响,世界各国社会保险基金的征缴方式有所不同。一种是由税务部门征收,国际上大约有25个国家和地区,如美国、英国、加拿大、瑞典等国属于此类;另一种是由专门的征收机构征收,国际上大约有126个国家和地区这样执行。由专门征收机构征收社会保险费的,又可进一步细分为两种情况:一是由行政机关下属的事业部门征收,如日本由厚生省下属的社会保险局征收。二是由非政府的法人自治机构征收。如德国和奥地利由医疗保险经办机构统一征收养老、医疗、失业、工伤等社会保险缴费,然后,再将缴费总额按照法律规定划分到各个社会保险基金机构。法国通过"社会保险和家庭津贴征收联盟"机构统一征收社会保险费,在全法国共有105个分支机构。意大利的征收机构也是社会保险机构,该机构的具体工作由劳、资、政府三方代表组成的理事会负责。我国不同省、自治区、直辖市由不同的机构征收社会保险费,一般是社会保险经办机构征收或者税务机关征收社会保险费。

此外,各项社会保险费应当统一征收,而不是分险种单独征收。1999年颁布的《社会保险费征缴暂行条例》中已有相应的规定,但是只明确了养老、医疗和失业三项社会保险费集中、统一征收,对于工伤和生育保险的统一征收问题授权省级人民政府规定。《社会保险法》明确的统一征收是指5项社会保险费均应当进行统一征收。

(三)社会保险费缴纳申报制度

《社会保险法》第六十条规定:"用人单位应当自行申报、按时足额缴纳社会保险费,非因不可抗力等法定事由不得缓缴、减免。职工应当缴纳的社会保险费由用人单位代扣代缴,用人单位应当按月将缴纳社会保险费的明细情况告知本人。

无雇工的个体工商户、未在用人单位参加社会保险的非全日制从业人员以及其他灵活就业人员,可以直接向社会保险费征收机构缴纳社会保险费。"

现阶段,用人单位自行申报有派员、邮寄和网络申报三种方式。申报的主要内容是用人单位的工资总额、职工人数以及每位职工的缴费基数、应缴纳社会保险费数额等。社会保险经办机构据此核定用人单位的缴费基数、应当缴纳的社会保险费数额等。用人单位应当在被核定缴纳社会保险费数额后3日内缴纳社会保险费。职工应当缴纳的社会保险费由用人单位代扣代缴,职工本人无须亲自到社会保险费征收机构缴纳社会保险费。用人单位缴纳社会保险费的具体方式有:一是用人单位通知其开户银行划款缴纳;二是用人单位到社会保险费征收机构以支票或者现金方式缴纳;三是社会保险费征收机构到用人单位收取社会保险费。

三、我国社会保险业务管理标准化建设

社会保险规范化、信息化的核心是社会保险标准化。在手工操作的情况下,有些不符合标准的做法,或许还可以通过人为调整来解决,而对于高度自动化的信息系统来说,一切都要按既定程序运行,任何不符合标准的做法,都难以操作,或带来后患。如在"金保工程"建设中遇到的最大难题就是由于社会保险标准化水平太低,核心平台不通过本地化就不能投入使用,而反过来又导致各地层层搞标准化,重复投资,造成人员浪费。标准化建设将极大地促进社会保险实现信息化管理,为参保群众提供更加周到、便捷的服务。2009年7月,全国社会保险标准化技术委员会的成立,主要负责养老保险、失业保险、医疗保险、工伤保险、生育保险等社会保险服务、评价、管理等领域的标准化工作。2011年底,国家标准化委员会发布了《社会保险服务总则》(GB/T 27768—2011)和《社会保障服务中心设施设备要求》(GB/T 27769—2011)两项国家标准。

《社会保险服务总则》首先定义了5条最基本的术语：社会保险、社会保险经办机构、社会保险服务相关机构、社会保险服务和社会保险服务对象。定义社会保险服务为："社会保险经办机构及社会保险服务相关机构（统称为社会保险服务机构）向服务对象提供的参保登记、保费征缴、待遇给付等服务活动，包括窗口服务、电话服务、网上服务以及其他渠道的服务。"其中社会保险服务相关机构是"社会保险经办机构以外，由政府部门设立、指定、授权、委托或社会保险经办机构委托提供社会保险服务的其他机构"。其次给出了社会保险服务基本原则，服务组织、服务保障、服务提供和服务评价与改进的总体原则和要求等内容。《社会保险服务总则》是社会保险标准体系的总纲，是社会保险服务的总体要求，也是社会保险标准化建设顶层设计的重要内容，将对推动社会保险服务的人性化、规范化、精细化，提高社会保险服务品质产生积极影响和持久效应。

《社会保障服务中心设施设备要求》标准规定了社会保障服务中心的术语和定义、选址、建设规模、功能区设置、装修、服务与办公设施、设备配置和标志要求。适用于全国各省(直辖市)、地(市)、县(区)社会保险经办机构。其他社会保险经办机构亦可参照。标准首先列出了社会保障服务中心设施设备要求中最为基础的7条术语，社会保障服务中心、建设规模、功能区、标志、标志牌、导向性标志、功能性标志等。定义社会保障服务中心(Social Security Service Centre)为："社会保险经办机构集中办理社会保险业务的经办管理服务场所。"标准对社会保险经办服务场所的标志、设施、设备等做出了明确规定，有利于引导各地建设统一规范的社会保障服务中心，打造社会保险服务品牌。

2012年8月，《社会保险术语：公共基础》《社会保险术语：医疗保险部分》《社会保险核心业务数据质量规范》三项国家标准在开始征求意见。[①] 此外，《医疗保险药品编码》《社会保险业务档案管理规范》《社会保险术语：养老保险部分》《社会保险术语：工伤保险部分》《新型农村社会养老保险业务流程规范》等国家标准的研究制定工作也已经展开。截至"十一五"末，人

---

① 关于对《社会保险核心业务数据质量规范》等三个国家标准征求意见稿征求意见的函(社标委函〔2012〕7号)。

力资源和社会保障领域已颁布国家标准15项,行业标准231项,标准制(修)订成效显著。但是,从整体上看,社会保障标准化工作仍处于起步阶段,存在标准数量较少、标龄较长、标准结构不合理等问题,还不能适应人力资源和社会保障事业发展的新形势和新要求。

第五节 社会保障信息化管理

社会保障信息化管理是指以计算机、通信网络为主体的信息技术在社会保障管理领域中的应用。其目的是为了更好地提高社会保障管理机构的工作效率。社会保障信息化为整个社会保障体系提供技术支撑。它涉及社会保障体系的各个层面,贯穿于社会保障工作的各个环节。

一、社会保障信息化管理的作用

1. 有利于提升社会保障管理工作运行机制

从世界各国的经验来看,社会保障管理的信息化始终与转变社会保障管理机构运行机制密切相关,实现信息化的过程也就是社会保障管理机构运行机制转变的过程。传统社会保障管理机构的运行机制是自上而下地统一划分管理层次和管理幅度,形成一个金字塔型管理结构,高层管理机构掌握着大量的信息,而下层管理机构仅仅知道有限的信息。现代社会保障管理,通过现代计算机技术可以将大量的信息进行纵横集成和立体组装,打破传统社会保障管理机构的信息运行模式,建立起一种新型的信息传送模式,更加快捷的全方位、多层次、多种形式的向外传送,能够使得社会保障各级管理层、具体业务操作层、参保单位甚至普通民众都能在最短的时间内获知相关的法规、政策、实施办法以及相关业务信息,进而可以改进和提升现代社会保障管理手段和管理机构的运行机制,提高社会保障管理水平。

2. 有利于提高社会保障管理工作效率和质量

社会保障管理的信息化可以在一定程度上打破地区之间、上下级之间、部门之间的限制,促使社会保障管理机构及其职能重新整合,从而使社会保障管理机构的运作程序和办事流程更趋于简单明了和畅通。这些都可以提高社会保障管理机构的工作效率。同时,社会保障管理机构的重要职能之一是为广大居民服务。社会保障管理的信息化通过网上服务手段,使社会保障服务从面向窗口、办公室改为计算机屏幕,不仅减少了参保单位和参保人员的交通时间和费用成本,也避免了许多纠纷和矛盾,提高了服务质量和效率。

3. 有利于降低社会保障管理成本

社会保障体系是一个庞大的系统工程,其管理的信息包括就业、参保、社会保险项目基础数据及待遇支付情况等。如果将这些信息分开管理,势必加大管理成本,给各种保障待遇的享受和保障基金的管理带来不利影响。而社会保障管理的信息化可以使社会保障管理机构的设置由繁到简,使机构的工作人员数量由多到少,使管理运作的中间环节大大压缩。这些可以促使人力、物力、财力的合理使用和配置,从而节约社会保障管理的人力、物力和财力。

4. 有利于增强社会保障信息透明度

实现信息化管理之后,对于需要公开的信息,工作人员可以随时调阅查询,这样避免了少数人掌握政策、解释政策和仅少数人知道情况的弊端,促进相互的监督。另外,参加社会保险的人员也可以通过计算机网络进行查询,方便了解各项社会保障政策信息及个人账户管理情况,使得社会保障经办机构能够随时接受社会公众的监督。

二、社会保障信息化管理的发展过程

社会保障信息化管理的内涵和外延,随着社会保障的不断发展和信息技术的广泛应用,也在逐步扩充。社会保障信息化管理的发展经历了以下几个阶段:

第一阶段(20世纪70年代中期至80年代中期)是办公自动化。其主要特征是利用计算机手段,使社会保障管理机构的工作方式由过去的人工作业转变为计算机作业,建立社会保障方面的各种数据库,作为领导决策的基础。在这个阶段,比较偏重于各种社会保障文件的制作、转送和保存。

第二阶段(20世纪80年代中期至90年代中期)是公共管理信息化。其主要特征是利用计算机手段,对领导所需要的各种社会保障信息进行选择、保存、处理和查询,更好地为社会保障管理人员的决策,提供各种有效信息。在这个阶段,更加偏重于社会保障管理机构的数据处理能力和进行决策的能力。

第三阶段(20世纪90年代中期至今)是电子政务化。其主要特征是利用互联网,处理各种关于社会保障方面的公共事务。其服务对象不仅是社会保障管理人员,而且还包括其他行政部门、企业、事业部门的管理人员以及一般的公民。电子政务化的主要功能包括社会保障管理机构通过自己的网站公布社会保障法规等各种信息,向社会保障的有关部门及其人员提供各种形式的服务,并征求他们的各种意见。在这个阶段,社会保障管理机构已经完全利用电子方式处理社会保障事务。

三、社会保障管理信息系统的功能和基本条件

（一）社会保障管理信息系统的功能

随着社会保障事业的发展和计算机技术应用范围的扩大,社会保障管理信息系统的基本功能也在不断地发生变化,目前主要包括以下几个方面：

第一,数据处理功能。利用计算机对大量的社会保障管理数据进行加工处理,具体包括对社会保障管理数据进行收集、输入、保存、分类、输出、检索、更新等。

第二,管理分析功能。运用计算机对社会保障管理信息进行统计处理,并对有关信息进行必要的分析,发现问题并找出原因,从而保证社会保障管理的顺利进行和社会保障政策的实现。

第三,决策优化功能。社会保障决策优化的基础是建立各种数学模型和预测方案,通过计算机,对这些数学模型和预测方案进行处理和分析,获得最佳决策方案。

（二）建设社会保障管理信息系统的基本条件

社会保障管理信息系统的使用会取得巨大的社会经济效益,但要建设该系统,必须具备以下基本条件：

1. 社会保障的科学管理。要让计算机在社会保障管理中发挥作用,必须要有合理的管理体制、完善的规章制度、科学的管理方法以及准确的信息,具体包括管理工作的程序化、管理业务的标准化、报表文件的统一化和数据资料的科学化。

2. 领导和普通工作人员的重视。社会保障管理信息系统是一个涉及人力、物力和财力的复杂工程,只有得到领导的重视和支持,才能让计算机在社会保障管理中发挥作用。并且,社会保障管理机构的工作人员是否积极使用社会保障管理信息系统,也会直接影响这个信息系统的使用效果。

3. 拥有专业化的开发、维护和操作队伍。社会保障管理是一项复杂的

系统工程,并且是不断变化的。这就需要有一支专业化的信息系统开发、维护和操作队伍,只有这样,才能让计算机在社会保障管理中发挥积极作用。这支队伍具体包括操作人员、软件设计人员、硬件维护人员、信息分析人员和数据统计人员等。

四、我国社会保障信息系统——"金保工程"

我国的社会保障信息系统,简称为"金保工程(Golden Social Security Project)",是指利用先进的信息技术,以集中管理的数据中心为基础,以覆盖全国、连通城乡的信息网络为依托,支持人力资源和社会保障业务经办、公共服务、基金监管和宏观决策等核心应用,安全、高效全国统一的人力资源和社会保障电子政务工程。简单地讲,"金保工程"是政府电子政务工程建设的重要组成部分,是全国人力资源和社会保障信息化工作的总称。

(一)"金保工程"的由来及建设目标

2002年8月,《中共中央国务院办公厅关于转发〈国家信息化领导小组关于我国电子政务建设指导意见〉的通知》(中办发[2002]17号)将社会保障信息系统列为电子政务建设的12项重点工程之一。2002年10月,原劳动和社会保障部在辽宁省召开了全国劳动保障信息化工作会议,明确提出将"金保工程"作为"一号工程",标志着"金保工程"全面启动。"金保工程"所支持的业务范围,也由社会保险、劳动就业扩展为就业服务、社会保险、人才队伍建设、人事管理、工资收入分配、劳动关系、统计规划、宏观决策等人力资源和社会保障各业务领域。

"金保工程"的建设目标,是以全面提高人力资源和社会保障行政能力及服务社会的水平为目标,紧密围绕人力资源和社会保障事业的重点工作和发展方向,构建统一、高效、安全的信息系统应用支撑平台,实现各项业务领域之间、各地区之间的信息共享、业务协同和有效衔接,形成统一规范的信息化公共服务体系和科学有效的决策支持体系,实现社会保障一卡通。

(二)"金保工程"的主要内容

"金保工程"总体建设内容非常丰富,它的全部建设工作可以概括为"一二三四"4个字:一是一个工程,即在全国范围建设一个统一规划、统筹建设、网络共用、信息共享、覆盖各项劳动和社会保障业务的电子政务工程,统一建设一个主干网络;二是两大子系统,即社会保险信息子系统和劳动力市场信息子系统;三是三级结构,即由中央、省、市三层数据分布和管理结构组成;四是四项功能,即指具备业务经办、公共服务、基金监管和宏观决策四项功能。

"金保工程"建设,包括三个重点工程建设,即社会保险管理信息系统(Social Insurance Management Information System)、劳动力市场信息系统、社会保障卡。

"金保工程"系统建设的内容,具体包括六个方面:

1. 网络系统。主要包括:(1)建设局域网络系统;(2)依托国家电子政务网络统一平台/公共通信网络平台,建立连接各地市人力资源社会保障部门的省级广域网络系统,并上连至人力资源和社会保障部;(3)与相关部门建立网络连接实现信息交换和共享;(4)与互联网实现连接。

2. 数据系统。在省、市两级数据中心设立生产区、交换区和决策区几个不同的逻辑工作区,分别建设不同功能的数据库,包括支持本地业务经办的生产区数据库、支持各类信息交换与共享的交换区数据库、支持本地宏观决策的决策数据库等。在部级数据中心设立交换区和决策区两个不同的逻辑工作区,分别建设支持各类信息交换与共享的交换区数据库、支持部级宏观决策的决策数据库。

3. 应用系统。建设业务管理系统、公共服务系统、基金监管系统、宏观决策系统,建立规范的业务管理体系、严密的基金监督体系、完善的社会化服务体系和科学的宏观管理体系,实现与横向部门的信息交换。

4. 安全系统。按照全国统一建设要求,建立完整的安全防护体系,全方位、多层次地实现社会保险管理信息系统的安全保障。

5. 设备与软件配置。包括部、省、市级数据中心机房,网络安全设备和软件,计算机相关设备和系统软件,视频会议系统,容灾备份系统设备等建设内容。

6. 土建及配套工程。建设省市级数据中心机房,包括放置计算机设备、网络设备的主机房和各种辅助用房。

(三)社会保障卡

社会保障卡(Social Security Card)是人力资源和社会保障部《社会保障卡建设总体规划》(劳社部函〔1999〕213号)统一规划,由各地人力资源和社会保障部门面向社会发行,应用于人力资源和社会保障各业务领域的集成电路(IC)卡,其全称是"中华人民共和国社会保障卡"。它既是参保人员享有社会保障权益的重要标志,也是人力资源和社会保障部门保障和改善民生的重要手段。

社会保障卡的应用范围主要有：就业服务、职业技能培训和鉴定、劳动合同管理、工资收入管理、养老保险、医疗保险、失业保险、工伤保险、生育保险及劳动与社会保险争议等方面。社会保障卡的主要功能有：(1) 识别持卡者在劳动保障各项业务中的合法身份，并作为办理劳动保障业务的电子凭证；(2) 替代手工完成信息录入，增强数据真实性和准确性，提高工作效率；在信息网络建设初期不完善的情况下，辅助网络实现劳动保障业务有关信息的收集和交换，完成信息识别；(3) 在网络完善后，完成必要的信息交换，减少网络传输量，并充分利用IC卡的信息识别和安全认证功能提高系统安全性；(4) 实现劳动保障业务的电子化办公和社会化运行，增强劳动保障部门的管理力度，增强劳动保障业务的透明度；(5) 实现劳动保障系统各项业务的信息共享和交换，并与其他政府部门间的相关信息进行交换。

社会保障(个人)卡卡内信息内容，主要包括：(1) 全国统一规定的基本指标(A类)，为发卡地区的必选指标，可实现全国通用；(2) 全国统一规定的劳动保障业务领域指标(B类)，发卡地区可按统一规则选择一项或几项业务进卡，在选择同样业务的地区，该卡可实现通用(初期阶段实现通读)；(3) 全国统一规定的非劳动保障业务的相关领域指标(C类)，发卡地区可选择业务或指标进卡；(4) 地方自行扩充的业务指标(D类)，发卡地区可按统一规则扩充本地区应用的指标。目前，社会保障卡最普遍的应用领域是医疗保险(包括城镇居民医保)费用支付，也有一些地区在工伤保险、生育保险等业务中应用了社会保障卡，还有一些地区将社会保障卡应用到劳动就业领域，如持卡办理求职登记、就业登记和失业登记手续、持卡申领失业保险金等。有些地区通过附带磁条或与银行账户绑定等方式，搭载了银行卡功能，可以支持养老金以及工资的发放。此外，部分地区在当地政府的推动下，将社会保障卡应用扩展到民政、卫生、公积金等其他公共服务领域，扩大了社会保障卡的影响力，为广大群众提供了方便。

目前，我国的社会保障卡有加载金融功能，主要通过在社会保障卡上加载银行业务应用实现。加载金融功能后的社会保障卡，作为持卡人享有社会保障和公共就业服务权益的电子凭证，具有信息记录、信息查询、业务办理等社会保障卡基本功能的同时，可作为银行卡使用，具有现金存取、转账、消费等金融功能。具有金融功能的社会保障卡的金融应用为人民币借记应用，暂不支持贷记功能，其使用范围限定在中华人民共和国境内。

截止到 2012 年底,全国已通过社会保障卡发行审批注册程序的地级以上城市达到 324 个,实际发卡地区已达 293 个,实际持卡人数达到 3.41 亿。根据《社会保障"十二五"规划纲要》,国家统一标准社会保障卡持卡人数在 2015 年要达到 8 亿人。发卡地区普遍实现了持卡就医即时结算,23 个省份实现了省内跨统筹地区持卡结算,有效解决了参保人员跑腿和垫支问题。与人民银行共同推动社会保障卡加载金融功能,使社会保障卡具备了对持卡缴费、持卡领取社保待遇的支持能力。① 截止 2012 年底,养老保险待遇状态比对查询服务系统已有 24 个省份入网;基本养老保险关系转移系统已有 27 个省 226 个地市 1 772 个经办机构入网;基本医疗保险关系转移系统已有 15 个省份接入部级平台。23 个省份还建立了省内异地就医结算系统,或利用省级大集中系统形成对省内异地就医结算的支持能力。

本章小结

　　社会保障经办管理是社会保障领域中非常重要的一项内容,也是关系到社会保障制度能否持续运转的关键。社会保障经办管理的好坏会直接影响到社会保障功能的发挥。

　　社会保障经办管理体制有大、小概念之分。大概念的社会保障经办管理体制包括社会保障立法、社会保障规章制度、社会保障机构的设置及其职能权限的划分、社会保障基金的管理监督和社会保障业务经办等。小概念的社会保障经办管理体制是指社会保障事务的管理方法、管理制度及其管理机构设置等。

　　国际社会保障经办管理大体有四种模式,包括政府集中管理模式、政府分散管理模式、自治性分散管理模式、集散结合管理模式。各种模式均有优缺点。

　　经过多次改革,以人力资源和社会保障部、民政部、国家卫生和计划生育委员会三大行政管理职能部门为核心的我国社会保障经办机构组织体系已经形成。近年来,以"金保工程"为契机,我国社会保障经办管理信息化建设得到了长足的发展。

---

① 张加会《中国劳动保障报》,2009 年 9 月 26 日 http://www.mohrss.gov.cn/20100315

复习思考题

1. 什么叫社会保障管理？包括哪些具体内容？
2. 简述社会保障经办管理体制的含义和内容。
3. 社会保障经办管理体制有哪几种模式？
4. 社会保障经办管理机构的分类和相互关系？
5. 我国社会保险经办机构的层级设置有哪些？
6. 我国社会保险业务管理有哪六个基本环节？
7. 什么是"金保工程"？
8. 什么是"社会保障卡"？简述其主要功能。
9. 简述我国社会保障信息化建设现状。

阅读书目

1. 邓大松，刘昌平《社会保障管理》，中国人民大学出版社，2011年。
2. 胡晓义《社会保险经办管理》，中国劳动社会保障出版社，2011年。
3. 孟昭喜《社会保险经办管理内部控制》，中国劳动社会保障出版社，2011年。

第七章 社会保障法制建设

社会保障制度是国家通过立法强制建立和实施的,社会保障法制建设,直接关系着社会保障事业的发展,直接关系着公民社会保障权益的实现。通过本章的学习,掌握社会保障法的概念和内容,明晰社会保障法的价值取向和基本原则,了解我国社会保障法制建设的进程和发展路径。

第一节 社会保障立法基础理论

立法先行是社会保障制度的显著特点,社会保障立法的成熟与完善,对社会保障制度的进步与发展意义十分重大。任何一个国家在其社会保障法制建设的过程中,都必须重视对立法理论的研究和探讨,因为立法理念是法的精髓和灵魂,立法理论对社会保障法的立法目的、立法任务、立法宗旨等根本问题起着决定性的指导作用。

一、社会保障法的价值取向

法的价值是一个古老而又新颖的法学命题,"价值问题虽然是一个困难的问题,但它是法律科学所不能回避的。"[1]因为法的价值体现着立法者对法的目的追求,能够反映法的本质、立法宗旨和基本功能。人们通常从法与人的关系来理解法的价值所在,即法的价值是指法满足人的需要的积极意义或者法对人的有用性、有益性。因而公平、正义、秩序、自由、平等、效率、安全等内容,经常被认为是法的价值体现。不同的部门法由于在调整对象、

---

[1] [美]R·庞德(著),沈宗林、董世忠(译)《通过法律的社会控制——法律的任务》,商务印书馆1984年版,第55页。

调整方法和自身功能方面存在差异,所以在体现法律价值时各有不同侧重。社会保障法的价值是指社会保障法对人的积极意义,是社会保障法在发挥其社会作用的过程中满足社会成员生存需要的功能和属性。社会保障法以保障社会成员的基本生活需求为己任,其价值取向可以归纳为保障人权、追求正义和社会安全,这些价值并不相互割裂,而是相互联系、相互渗透,甚至相互包容的,它们共同构成社会保障法的价值体系。

(一)保障人权

人权,是指在一定的社会历史条件下每个人按其本质和尊严享有的或应该享有的基本权利。人权的特点是人皆有之,与生俱来,终身专属,不可放弃,也不能转让。人权的内容是多方面的和多层次的,大致包括生存权利、政治权利、经济权利、文化和社会权利等。在人权体系中,"生存权和发展权是首要的人权,也是享受其他人权的基础,没有生存权和发展权,其他一切人权均无从谈起。"[①]而所谓生存权,是基于人类生存本能而产生的人的自然权利,是指社会中的任何个人都有生存下去的权利,都应该享有包括生命权、健康权、物质享受权等在内的诸多权利。生存权意味着人的生命不可以被非法剥夺,而且当一个人遭遇生存危机时,有向国家和社会要求物质帮助以维持生存的权利。

社会保障制度所追求的正是对人的生命的尊重,所保障的正是人的生命延续权利。在现代社会,社会保障的内容无不浸透着生存权保障的理念,无论是对公民生老病死的社会保险,还是对生活困难者的社会救济,无论是普惠全体公民的社会福利,还是针对特殊群体的社会抚恤,都以满足社会成员的基本生存需要为基本目的。当社会成员在遭遇社会风险陷入生活困境时,社会保障是公民实现生存权的有效途径和必要手段。

以立法形式把社会保障确认为公民的基本权利,由国家采取合理的社会保障政策与强制性措施有效地帮助公民实现生存权,已经成为一种世界性的共识。世界各国的宪法和一些著名的国际公约,都已把社会保障权作为一项重要人权来明确规定。在国家立法方面,自1918年苏俄宪法、1919年德国《魏玛宪法》以来,几乎所有国家的宪法都把社会保障权明确规定为公民的一项宪法权利。我国也不例外,《中华人民共和国宪法》第四十五条

---

① 中国人权研究会"生存权和发展权是首要的基本人权",《人民日报》,2005年6月27日第九版。

规定:"中华人民共和国公民在年老、疾病或者丧失劳动能力的情况下,有从国家和社会获得物质帮助的权利。国家发展为公民享有这些权利所需要的社会保险、社会救济和医疗卫生事业。国家和社会保障残疾军人的生活、抚恤烈士家属,优待军人家属。国家和社会帮助安排盲、聋、哑和其他有残疾的公民的劳动、生活和教育。"2004年3月第十届全国人民代表大会第二次会议通过的《中华人民共和国宪法修正案》又明确要求"国家建立健全同经济发展水平相适应的社会保障制度"。在国际立法方面,1948年联合国大会通过的《世界人权宣言》第二十二条宣布:"每个人作为社会的一员,有权享受社会保障,并有权享受他的个人尊严和人格的自由发展所必需的经济、社会和文化方面各种权利的实现,这种实现是通过国家努力和通过国际合作并依照各国的组织和资源情况。"第二十五条规定:"人人有权享受为维持他本人和家属的健康和福利所需的生活水准,包括食物、衣着、住房、医疗和必要的社会服务;在遭到失业、患病、残废、守寡、衰老或在其他不能控制的情况下丧失谋生能力时,有权享受保障。"1966年的《联合国人权公约》第九条规定:"本盟约缔约国确认人人有权享有社会保障,包括社会保险";第十一条规定:"本盟约缔约国确认人人有权享受其本人及家属所需之适当生活程度,包括适当的衣食住及不断改善之生活环境。"

宪法对社会保障权的规定是社会保障法的立法依据。社会保障法从诞生起就以实现公民的社会保障权作为基本任务,它通过一系列的法律规范建立社会保障的制度体系,不仅进一步明确和细化社会保障权的内容,而且以法律强制的手段,把最初政府对公民救济的"恩惠"、"善举",发展成为政府的一种责任和义务,要求政府给社会成员提供维持基本生存需要的物质保障,让社会成员在生活陷于困境的时候能及时得到帮助和支持,所有这些都体现了社会保障法保障人权、实现公民生存权的价值目标和立法理念。如果说"早期的社会保障法被作为解决社会问题的手段,时至今日,社会保障法的价值追求已被大大地拓展,它不仅是解决社会问题的手段,更是人权实现的极其重要的保障"。[①]

(二) 追求正义

正义通常与公平、公正、平等、合理等理念密切联系,是代表了人类本性

---

① 郑尚元、李海明、扈春海《劳动和社会保障法学》,中国政法大学出版社2008年版,第404页。

的美德,是人类社会追求的崇高理想,也是一切社会制度的价值基础。正像美国著名学者、"正义理论集大成者"罗尔斯(John Rawls)所说:"正义是社会制度的首要价值,正像真理是思想体系的首要价值一样。一种理论无论多么精致和简洁,只要它不真实,就必须加以拒绝和修正;同样,法律和制度,不管它们如何有效和有条理,只要它们不正义,就必须加以改造和废除,……作为人类活动的首要价值,真理和正义是决不妥协的。"①正义是法律大力弘扬与着力实现的价值取向,也是衡量法律善恶的评价标准。"正义只有通过良好的法律才能实现""法是善良公正之术"。②

按照罗尔斯的正义理论,正义可以分为实质正义、形式正义和程序正义三大类。实质正义是关于社会的实体目标和个人的实体性权利义务的正义。形式正义又称"作为规则的正义"或法治,是指法律适用方面的正义,其基本含义是严格地一视同仁地依法办事。程序正义则介于实质正义与形式正义之间,它要求规则在制定和适用过程中具有正当性。

按照罗尔斯的观点,在法的各个部门中民法是体现形式正义的典型代表。传统民法以个人为本位,以平等自愿、等价有偿为基本原则,对所有"平等"的民事主体提供"平等"的法律保护。但是,传统民法的这种"平等"保护只是保障了形式上的平等,因为它保护的对象——民事主体,相互间的个体差异客观地真实地存在着,社会成员的自身素质有强有弱、劳动技能有高有低、家庭负担有轻有重、拥有的资源和信息有多有少,这些先天或后天因素造成的差别都制约着他们竞争能力的差异,会导致分配的不均,出现贫富的分化。而传统民法却无视这种差异和不平等,以抽象的人格平等掩盖实际的主体差别,以形式上的平等方式保护实质不平等,结果是"压倒性地有利于有产者而不利于无产者,使两者的不平等和差别极大地扩大了。只有能使有产者获得实际利益,但对于无产者却形同充饥之画饼,因而形式上的平等越受保障,矛盾就越为深刻"。③

要实现真正的正义,传统民法仅仅"同样情况同样对待"是远远不够的,需要补上"不同情况不同对待"。社会保障法正是为了修补和矫正传统民法

---

① [美]约翰·罗尔斯(著),何怀宏等(译)《正义论》,中国社会科学出版社1988年版,第3—4页。
② [美]E·博登海默(著)《法理学——法哲学及其方法》华夏出版社1987年版,第253—260页。
③ [日]大须贺敏(著),林浩(译)《生存权论》,法律出版社2001年版,第34页。

所追求的形式正义的缺陷而产生的。它规定全体社会成员都有平等获得社会保障的权利,不论地位、职业、性别、贫富等各种因素存在多大差别,都同样会被纳入社会保障体系中,都有平等参与和享受社会保障的机会,共同分享社会发展的成果。进而社会保障法又强调国民收入再分配的相关规则,使资源与财富进行一种转移,即从高收入者转移到低收入者,从健康者转移到疾病者和残疾者,从就业者转移到失业者,从家庭负担轻者转移到家庭负担重者等。社会保障法还按照社会公平的理念,对社会弱势群体、对生活陷入困境或遭遇社会风险的群体提供更多的帮助,从而缩小贫富差距,减少社会分配不公造成的不利影响,促进结果平等的实现。所以社会保障法是最直接体现正义价值的法律规范,追求社会公平、实现实质正义是社会保障法的立法初衷和根本归宿,是社会保障法基本的价值取向。

(三)社会安全

对个人而言,安全是其生存的基础,对社会而言,安全是其进步和发展的前提。按照美国心理学家马斯洛提出的著名的需要层次理论,安全需求是人们仅次于衣食住行等生理需求的第二层次的基本需求。安全是全社会的共同需要,是全人类的不懈追求,也是法律追求的目标和价值,正如英国著名法学家霍布斯不朽的法律格言"人的安全乃是至高无上的法律"。但不同的部门法会追求不同意义的安全,如公法着眼于国家安全和领土完整,私法着眼于个人的人身安全和财产安全,社会法则着眼于社会的安全和稳定。

社会安全意味着社会进程的连续性、社会秩序的稳定性以及人身财产的安全性,它包含个人生活安全、政治统治安全、经济发展安全多个方面。其中社会成员的个人生活安全是最基本的,生存秩序是一切社会秩序的基础,要确保一个国家的政治稳定、经济发展和社会进步,必须首先解决全体社会成员的基本生存问题。

社会保障法正是抵御社会风险、保障公民生活安全的法律规范。给全体社会成员提供基本的生活帮助并不断提高其生活水准、改善其生活质量,是社会保障法的立法初衷;创造一个相对公平合理的社会生存环境,使全体社会成员学有所教、劳有所得、病有所医、老有所养、住有所居是社会保障法的理想目标。应该说社会保障制度本身就是一种社会安全体系,它以保障个人生活安全为起点,对社会上的生活贫困者、身体残疾者、遭遇不幸者和失业者给予经济帮助和服务支持,以满足他们的基本生存需要。正是有了这种由社会提供的制度性的保障,社会成员才能维系生活的稳定,才能免除对生活贫困的忧患,才会有稳定的安全预期,也才能在安居乐业的环境中树立生活信心,谋求自身的全面发展。

中国古代智者管仲云:"仓廪实而知礼节,衣食足而知荣耻";以"三部大法安天下"的德国宰相俾斯麦,曾对他创建社会保险制度的意图直言不讳:"一个期待领取养老金的人,是最守本分的,也是容易驯服的。"1998年诺贝尔经济学奖获得者、印度著名经济学家阿巴蒂亚·森曾这样评价社会保障作用:"如果没有社会保障体系,今天美国或英国的失业状况会使很多人挨饿,甚至有可能发展成饥荒。因此,成功地避免了饥荒的发生,靠的不是英国人的平均高收入,也不是美国人的普遍富裕,而是由其社会保障系统所提供保障的最低限度的交换权利。"[1]大量事实证明,当人们的衣食住行等基本需求有了合理的保障,当个人的人格尊严受到足够的尊重,大多数人都会安居乐业、遵守秩序、企盼安定。相反,生活贫困、民不聊生,是导致社会动荡、反政府行为的一个重要因素。社会保障法正是通过对个人生活安全的保障,逐步实现其维护整个社会正常的生活秩序、经济秩序、统治秩序乃至社会整体安全的目标。所以许多人称社会保障法律制度是"社会安全网"和"社会减震器",是"抵御市场经济风险的最后一道防线"。毫无疑问,维护社会稳定,促进社会安全也是社会保障法的价值取向。

二、社会保障法的基本原则

从法律意义上理解的基本原则,是指"可以作为规则的基础或本源的综合性、稳定性的原理和准则"[2]。社会保障法的基本原则,是指集中体现社会保障法的立法理念、基本价值和本质属性,指导社会保障法的立法活动,并贯穿于社会保障实践全过程的基本准则,可以说它是社会保障法的核心和灵魂。社会保障法的基本原则应当包括:社会保障水平与经济发展水平相结合的原则、公平与效率相结合的原则、权利与义务相结合的原则。

(一)社会保障水平与经济发展水平相结合的原则

社会保障制度对社会成员的保障,首先是为他们提供生存所需的物质生活资料。社会生产力创造的物质财富,是社会保障所依赖的物质基础,没有这个基础,社会保障就会成为无源之水、无本之木。而且一定时期的生产

---

[1] [印度]阿巴蒂亚·森《贫困与饥荒》,商务印书馆2001年版,第31页。
[2] 张文显《法理学》,法律出版社1997年版,第71页。

力水平不仅决定了国家可提供的社会保障资源数量,还直接制约着人们基本生活需求的层次,社会生产力水平提高了,人们的生活需求层次也会随之提高。所以经济发展的水平和社会财富的积累,决定着一个国家社会保障的总体水平。

社会保障法应明确规定社会保障的项目设置、覆盖范围、待遇标准等内容,必然要以经济为基础,要与国家的经济发展水平相适应。如果社会保障水平过高、支出过大,超越生产力的发展水平和经济的承受能力,那么国家、社会和个人的财政负担就会过于沉重,社会保障就无法切实落实,甚至会成为影响经济发展的阻力。反过来,如果社会保障水平严重滞后于经济的发展,那么社会保障具有的保障民生、调节贫富、稳定社会的功能就得不到充分发挥,同样会导致社会矛盾的发生,从而影响经济发展。所以,超前或滞后于生产力发展水平的社会保障,都不利于社会经济的健康发展,社会保障法应该在社会保障水平与社会经济发展水平之间,寻求一种相互平衡、协调、促进的关系,使社会保障既能满足社会成员的基本生活需求,又能适应社会的经济承受能力。并且随着经济发展水平的不断提高逐步提高社会保障的水平。

(二) 公平与效率相结合的原则

公平与效率是社会发展中相依相伴的一对矛盾。在市场经济条件下,公平与效率之间难以避免地会发生冲突,因为一方面市场经济追求高效率的发展,必然会带来社会收入分配的不公平,另一方面政府干预经济追求社会公平,又容易导致经济发展缺乏效率、社会进步缺乏活力。然而,公平与效率之间存在的对立并非不能统一,存在的冲突也并非不能妥协,而是可以相互协调、相互补充、相互促进的。正如德国经济学家维利·克劳斯在谈到德国的"社会市场经济"时所说:"社会市场经济包含着两个密不可分的领域:一个是带来经济效率的市场,另一个是提供'社会保障'、'社会公正'和'社会进步'的社会福利政策领域。两者互为条件,缺一不可。""社会市场经济是市场效率和高水平的'社会保障'之间的结合"。[1]

对公平与效率关系的妥善处理,体现着一个国家立法者的智慧,因为一个经过精心设计的制度,可以在公平与效率之间找到最佳的结合点,使公平和效率同时得到适度的发挥。依据社会保障法建立起来的社会保障制度,

---

[1] 维利·克劳斯《社会市场经济》,艾哈德基金会1993年版。

应该而且能够实现公平与效率之间的最佳结合。一方面,社会保障制度以社会公平正义作为基本价值取向,它一视同仁地面向全体社会成员,让每一个社会成员都拥有获得保障的公平机会和平等权利;它依靠法律的强制手段对社会资源进行管理和再分配,为发生生活困难的社会成员提供帮助和服务;它通过国民收入再分配功能的发挥,调节收入差距,使社会成员能在一定程度上共享社会发展的成果。另一方面,社会保障制度并不排斥效率,相反它鼓励公民对国家和社会多作贡献,激励公民发挥工作积极性和创造性,以避免绝对平均主义和懒惰情绪的产生。在一些保障项目的设计上,它把被保障者的享受待遇与其社会贡献、收入状况、缴费义务等因素联系起来,这样既完善了社会保障制度自身的效率机制,也有助于促进经济发展。实践证明,只有在追求公平理念的前提下,兼顾公平和效率,在两者之间形成协调和动态平衡,社会保障法才能充分发挥其应有的社会作用。

(三) 权利与义务相结合原则

权利和义务是两个重要的法律概念,它们相互对应、相互依存、相互转化、密不可分。马克思曾说"没有无义务的权利,也没有无权利的义务"[①]。在通常情况下,法律关系的主体既是权利主体同时又是义务主体,在享有权利的同时也应承担义务,权利义务相互一致,具有对等性。

社会保障关系其实就是一种权利义务关系。对社会成员而言,社会保障是一种法定权利,社会成员是权利主体,有权利从国家和社会获取经济上的帮助和支持,以维持其基本的生存需要。对国家和社会而言,社会保障是一种法定义务,国家和社会是义务主体,有责任给社会成员特别是生活陷入困境的社会成员提供基本的、必要的生活帮助。

社会保障关系中的权利和义务,具有比较明显的非对等性。这种非对等性主要表现在,首先社会成员的权利主体地位是依据法律的规定直接取得的,而不是以是否履行相应的法律义务为必要前提。其次社会成员实际获得的社会保障待遇与其对国家对社会的实际贡献之间不是等价交换关系,作出较大贡献的社会成员,并非因此就能获取更多更高的社会保障待遇。全体社会成员都有平等的机会获得公平的社会保障,尤其是在社会救济、社会福利法律关系中,每个公民都是天然的权利主体,只要符合一定的条件或者具有相应的身份,就可以享受法律规定的社会保障权利,接受经济

---

① 《马克思恩格斯全集》(第 16 卷),人民出版社 1963 年版,第 16 页。

帮助。此时作为义务主体的国家和社会，为公民提供经济帮助责无旁贷，不能以公民未履行义务或者没有社会贡献为理由拒绝或躲避责任的承担。

当然，社会保障关系中权利义务的非对等性也并非绝对，这种不对等并非指权利与义务的完全割裂，权利与义务之间并不丧失相互联系、紧密结合的基本特征。例如在强制性的基本社会保险中，保险基金的来源通常包括雇主的缴费、雇员的缴费以及国家的财政资助，社会成员被要求履行缴费义务。一个公民能否享受以及按照怎样的标准享受社会保险待遇，与该公民实际履行缴费义务的状况直接挂钩，通常公民的缴费年限越长、缴费额度越大，那么能够享受的社会保险待遇也就越高。需要注意的是，在这里缴费的额度与享受的待遇标准之间仍然不是等价交换关系，而是一种不对等的挂钩，这种挂钩说明，在基本社会保险领域权利和义务以一定的方式紧密联系着。即便像社会救助这样由国家单向履行救助义务的保障项目，受救助的社会成员也被要求接受相关的资产调查，符合相关条件的才能获得社会救助，这其中的权利与义务仍然不能完全割裂、不能截然分离。中外社会保障的实践证明，割裂权利与义务的社会保障，会导致公民懒惰情绪的滋生，会造成社会资源的极大浪费，从而会影响社会保障制度效率作用的发挥。所以权利与义务相结合应当是贯穿于社会保障法立法和实践的又一重要原则。

第二节 社会保障立法内容

一、社会保障法的概念和基本特征

社会保障法(Social Security Act)是调整社会保障关系的法律规范的总称，具体而言，社会保障法是调整国家、社会机构和社会成员在参与保障活动过程中形成的社会关系的法律规范的总称。社会保障法是国家社会保障政策规范化、制度化的法律形式，是各国法律体系中不可缺少的重要组成部分。社会保障法具有以下基本特征：

（一）以社会利益为本位，是典型的社会法

自罗马法以后，人们习惯于把法分为公法和私法两大类，通常私法被认为是市民社会的法，公法则是政治国家的法。而随着市民社会与政治国家的相互渗透，在公法和私法之外又出现了融合私法和公法特点的社会法。

尽管在法学理论上对如何界定这些法的类别一直存在分歧,但也已达成了一个基本共识,那就是"私法以个人利益为本位,通过市场调节机制追求个人利益最大化以及交易安全;公法以国家利益为本位,通过政府调节机制追求国家利益最大化以及国家安全;社会法以社会利益为本位,通过社会调节机制追求社会公共利益最大化以及社会安全。"①

社会法一般是指国家为解决社会问题而制定的、具有普遍社会意义的、以社会利益为本位的法律规范的总称。社会法的核心价值在于保护社会弱势群体的生存权利和人格尊严,充分考虑社会成员的个体差异,通过政府干预,保障全体社会成员特别是其中弱势群体的生存权和发展权的实现,继而维护社会秩序的稳定,实现社会公共利益的增进。

社会保障法正是以社会利益为本位的典型的社会法,其立法初衷就在于通过保障社会成员的个人生活安全,达到维护社会稳定、实现社会安全的目的;提供保障的主体是国家和社会,受保护的对象是社会全体成员,任何一个社会成员当生存权受到威胁时,都有获得社会物质帮助的权利;社会保障法以社会公平为基本价值取向,以国家和社会的名义进行社会资源的再分配,为陷入生活困境的弱势群体提供基本的物质生活需要并不断改善其生活质量,并逐步扩大保障范围,让社会的每个成员都能共享社会进步的成果,最终实现高度社会化的安全保障。所以社会保障法是以社会法的姿态出现的,是社会法领域占核心地位的部门法。

(二)以强行性规范为主,具有显著的强制性

法是调整人们行为的社会规范,为人的行为提供准则和模式。法律规范可以分为任意性规范和强行性规范。任意性规范是权利性规范,给人的行为提供"可为"的行为模式,赋予了人们自主选择的权利;强行性规范是义务性规范,以命令方式提供"应为"的行为模式,确定积极的作为义务,以禁止方式提供"禁为"的行为模式,确定消极的不作为义务。

社会保障法担负着确立和推行社会保障制度的使命,直接体现国家干预的特征,其法律规范主要采用强行性的规范模式。从社会保障活动的参与主体,到保障项目的设置,从保障待遇的标准和给付条件,到保障资金的筹集渠道以及基金管理等,社会保障法几乎所有的立法内容都以强行性规范加以明确规定,都以义务的形式要求相关当事人依法履行。对这些强行

---

① 董保华《社会法原论》,中国政法大学出版社2001年版,第54页。

性规范,任何组织任何个人都无权根据个人意愿自由选择,也不能凭借相互协商随意更改,违反规定的当事人都应承担相应的法律责任。

(三)强调社会效用,是实体法与程序法的统一

根据法律功能的不同,法有实体法和程序法之分。实体法的主要功能在于规定权利和义务或者确认职权和责任。程序法是实体法的对称,其主要功能在于为实现权利和行使职权提供必要的条件、规则和秩序。一般而言,实体法和程序法是一种互为依存、相辅相成的关系,为了保障实体法的实施,一般要求有与之对应的配套的程序法。程序性规则对于实现实体性权利是至关重要的。

社会保障法并非是单纯的实体法或程序法,而是两者的统一。因为社会保障法的任务不仅仅是把国家的各项社会保障政策制度化、法律化,更重要的是保证各项制度的正常运行,以强制性手段保证社会保障实践活动有序进行,强调社会实践效应是社会保障法的一个特征。所以社会保障法在明确社会保障活动中各类主体的实体性权利义务的同时,对各类主体参与社会保障活动的条件、方式、规则、步骤等程序性内容,也进行全面规范,例如社会保险法对资金筹集、费用征缴、基金管理、待遇支付等内容规定,都体现了实体法和程序法的统一,这些程序性规则对于保障对象实体权利的实现发挥了重要作用。

(四)具有立法技术上的特殊性

社会保障立法,一方面受到社会经济发展水平、人们生活需求、社会政治文化等各种因素的制约,另一方面又反过来服务于社会,满足社会的客观需要。为追求社会保障立法内容的更加科学合理,其立法技术的要求较高。社会保障的运营往往以数理计算为基础,例如一些保障项目在费率计算、范围确定,需要运用诸如"大数法则"、"平均数法则"等统计学、经济学、保险精算学中的一些专门知识和理论;工伤保险中劳动能力的鉴定标准,渗透了医学的专门知识,属于技术性规范等,这都体现了社会保障立法技术的特殊性。

二、社会保障法的内容

一个国家社会保障法的内容决定着该国社会保障制度的全貌。尽管各国社会保障的立法内容不尽相同,但是一些制度性内容和程序性规则,是任何一个国家的社会保障法都不可缺少的内在构成要素。

（一）保障项目

社会保障的事项庞杂、内容繁多，需要按照不同项目，通过多种方式来实现对社会成员生活的全面保障。社会保障项目大致包括社会保险、社会救济、社会福利、社会优抚、劳动保障、住房保障等大类，每一类项目又可作进一步的分类。每一类社会保障项目都承担着某一方面的社会保障任务，内容不同，方式有别，需要有专门的法律制度来规范，因而通常应分别制定社会保险法、社会救济法、社会福利法、社会优抚法、住房保障法等法律法规，对各种保障项目的名称、性质、任务、基本原则、适用范围、保障方法等予以逐一规定，从而形成项目齐全、完整、多法并存的社会保障法律体系。

（二）适用对象

社会保障是保障全体社会成员的生存权利、为每一个遭遇生存危机的公民提供基本生活帮助的社会公共事业，所以从整体上讲，社会保障法的适用对象应该覆盖全体社会成员。但是由于不同的社会保障项目承担的保障使命不同，其保障对象、覆盖范围也因此存在区别，有的普惠全体公民如社会福利，有的则只惠及特定群体如社会优抚。立法时应当根据不同的社会保障项目，分别规定保障对象和覆盖范围，把对全体社会成员的普遍性保障与对弱势群体的特殊性保障有机地结合，全方位体现社会保障的社会作用。

（三）资金筹集

社会保障要为社会成员提供维持基本生活所需的物质帮助和社会服务，资金是不可缺少的物质基础。社会保障法的一项十分重要内容，就是要根据国家的经济发展水平确定社会保障水平，并在此基础上平衡政府、社会与个人间的利益，有效解决资金的筹集问题，对所需资金的筹集渠道、筹集方式、筹资比例等要有明确具体的规定。同时还应该明确各类主体在资金筹集过程中的权利和义务，规定消除资金筹集障碍的具体方法等，为社会保障的资金筹集提供强有力的法律保障。

（四）基金管理

社会保障基金是国家依法筹集并用于保障公民基本生活和增进国民福利的专项资金，是社会保障制度的物质基础。基金的安全性、运作的规范性，对于各项社会保障措施的落实意义重大。社会保障法应明确规定基金管理机构的组织形式、法律地位及其职权职责，对基金管理模式、基金收支和运营、基金保值投资、基金审计、基金监督等内容都应有具体规定。从最初的制度设计开始，就要建立防控机制和监督机制，防范诸如截留、挤占、挪用、贪污社会保障基金等各种违法犯罪行为的发生,克服资金流失风险,确保基金安全。

(五)给付程序

符合法定条件的公民依法接受和领取行政给付的权利被称为给付受领权,这是一种法定权利。为了保证公民给付受领权的实现,快捷、足额、顺利地发放社会保障金,社会保障法应该明确规定各类社会保障金的给付要求、受领条件、项目待遇、给付标准、计算方法、申领和发放程序等相关内容,防止和减少例如多发、少发、漏发等工作偏差的发生,切实保障公民的社会保障权利。

(六)行政监管

监督管理是指由国家行政管理部门、专职监督部门、利害关系者以及有关方面对社会保障尤其是社会保障基金的有关管理机构和管理者的管理行为过程及结果实行监察和督守,使其遵守国家有关法规和政策的要求。监督管理是保证社会保障制度健康运行的重要机制,在社会保障体系建设中不可或缺。社会保障法应对监督管理组织的主体资格、主体地位、职权职责范围、监督管理的程序和方法等进行明确规定,建立有权威的健全的社会保障监督系统,使行政监管工作有据可依,有章可循,实现行政监管的制度化、常态化。

(七)争议处理

社会保障制度的运行过程中,社会保障关系主体间不可避免地会发生一些争议、纠纷,如果纷争得不到及时妥善的解决,那么公民的社会保障权利会受到侵害,社会保障制度的运行就会存在障碍。社会保障法应对社会保障争议的处理机关、处理程序、处理方法、处理结果及其法律效力等作出明确规定,为解决争议、清除障碍、创造和谐的社会保障环境提供法律依据。

(八)法律责任

法律责任是法律规范的基本构成要素,是指行为主体因行为违反法律规定所要承担的不利的法律后果。为保障社会保障事业的顺利进行,依法惩治社会保障领域的违法犯罪行为,社会保障法应对保障领域违法行为的主体、类型以及承担法律责任的方式加以明确规定,维护法律的严肃性和权威性。

三、社会保障法的形式

法的形式是法的内容的表现形式,社会保障法的立法形式是社会保障法的内容要素的外在结构和表现形式。作为法律体系中地位独立的部门法，社会保障法由一系列规范性法律文件共同构成，这些规范性文件并非杂乱堆砌，而是被要求内容协调，功能互补，外在形式层阶有序，效力层次分明，继而共同构成结构合理、制度配套的社会保障法律体系。

以我国的立法体例为例，社会保障法由五个效力层次的法律规范共同构成，依次是宪法的规定、狭义的法律、行政法规、地方性法规、部门行政规章和地方政府规章。此外，我国加入和政府批准的国际立法，也是我国社会保障法的组成部分。

（一）宪法对社会保障的规定

宪法是国家的根本大法，由国家最高权力机关即全国人民代表大会制定、修改并实施监督，在法律体系中具有最高的法律地位和法律效力，是其他一切法律规范的立法依据。宪法对社会保障的相关规定，是我国社会保障法律法规的立法基础，也是社会保障法的最高层次的立法形式。

（二）法律

这是指由全国人民代表大会及其常委会制定的社会保障基本法和社会保障单项法，效力仅次于宪法。社会保障基本法是统领社会保障全局的综合性法典，它确立社会保障制度的总体框架，对社会保障的基本原则、保障项目、运行规则、筹资模式、管理体制等基本内容进行全面系统的规定，因而成为社会保障单项法以及其他较低层次法律规范的立法基础和立法依据。社会保障单项法是指调整某一方面社会保障关系的基础性立法，例如社会保险法、社会救助法、社会保障基金管理法、社会保障争议处理法等。另外，例如劳动法、就业促进法、残疾人保障法等法律中包含的有关社会保障内容的规定，也属于这一层次的社会保障立法。

（三）行政法规和行政规章

社会保障行政法规是由我国最高行政机关即国务院，根据执行宪法和社会保障法律的需要而制定的具有普遍效力的法律规范，通常以条例、规定、决定等形式出现。例如已经颁布的《失业保险条例》《工伤保险条例》《关于建立城镇职工基本医疗保险制度的决定》《城市居民最低生活保障条例》《军人抚恤优待条例》等。目前，社会保障行政法规是我国社会保障法体系中主要的立法形式，数量多，涉及内容广。社会保障行政规章则由国务院所属职能部门制定，其立法层次、法律效力都低于社会保障行政法规，通常以办法、规定等形式出现。例如《社会保险稽核办法》《社会保险行政争议处理办法》等,也是规范具体社会保障行为的法律形式。

(四)地方性法规和地方政府规章

社会保障地方性法规由省、自治区、直辖市和较大的市的人民代表大会及其常务委员会,根据本行政区域的具体情况和实际需要制定颁布。地方性法规效力层次较低,其内容不得与宪法法律相抵触,也不得与行政法规相抵触,但是地方性法规立法灵活,能够适应各地区经济发展不平衡的具体情况,解决实际问题,目前仍然是我国社会保障法的重要形式。社会保障地方政府规章由省、自治区、直辖市和较大的市的人民政府制定,是社会保障法的体系中效力地位最低的立法形式。

(五)国际立法

除国内立法外,联合国、国际劳工组织等国际组织的关于社会保障的国际立法,例如联合国的《联合国人权公约》《世界人权宣言》和国际劳工组织的《社会保障最低标准公约》《最低就业年龄公约》等国际立法,由我国加入或经政府批准后,也属于我国社会保障法的组成部分,具有与国内法律相同的法律效力。

第三节 国外社会保障立法实践与经验

在世界范围内,最早的社会保障立法实践活动可以追溯到17世纪初的英国,而现代意义上的社会保障法则诞生于19世纪末的德国。一百多年来,社会保障法律制度在世界各国普遍建立起来,并得以逐步发展和不断完善,成为各国解决民生问题不可或缺的重要法律制度。

一、国外社会保障法的立法实践

(一)英国的社会救济立法——社会保障法的萌芽

社会保障起源于对贫民、灾民的救济,最初的社会保障立法出现在社会救济领域。

世界上最早把政府救济贫民的行为制度化、社会化的立法,当属英国1601年颁布的《伊丽莎白济贫法》,即旧《济贫法》。这部法案规定了救济贫民的一些社会保障措施,例如设立济贫区救助无力谋生的人,对财产占有人征收济贫税等,把传统的由私人、教会和社会团体兴办的慈善行为,转变成了由政府主持社会救济事业。尽管在内容上只涉及社会救助,存在政府对贫民"恩惠"与"矫正"并重的局限性,但旧《济贫法》仍然被认为是社会保障法在萌芽阶段的标志性立法。

1834年英国制定了新的《济贫法》(即《济贫法修正案》),开创性地把救济贫民灾民、为公民提供基本生存保障确认为政府的职责和义务,明确这是政府应该实施的积极的福利措施。这个法案被认为是以法律形式确立政府救济责任的立法开端,它标志着英国现代社会救济制度的诞生。

(二)德国的社会保险立法——社会保障法的诞生

现代意义上的社会保障法诞生于19世纪80年代的欧洲工业国家,其标志是德国社会保险法的制定。

从1883年到1889年,俾斯麦执政的德国政府颁布了人类历史上最早的三部社会保险专项法律,即《疾病社会保险法》、《工伤事故保险法》和《老年与残疾社会保险法》,开始在德国建立具有普遍强制性的社会保险制度,使德国成为现代社会保障制度的诞生地。在此之后,德国又进行了一系列的国家立法活动,主要包括:1911年的《孤儿寡妇保险法》、1923年的《帝国矿工保险法》、1927年的《职业介绍和失业保险法》、1938年的《手工艺者养老金法》。这些法律的颁布,逐步确立了德国的社会保险法律体系,但从其保障的对象上看尚未实现普遍性,从保障项目看也不具有全面性,全国性的整体制度尚未形成。不过这些法律为德国逐步建立起一个以社会保险为核心的社会保障制度奠定了基础。

在建立社会保险制度的过程中,德国于1919年颁布了著名的《魏玛宪法》,第一次把公民享受社会保障、获得物质帮助的权利提高到了宪法权利的高度,把它确立为公民的一项不可或缺的生存权利,揭开了由宪法规定公民社会保障权的序幕,这对于社会保障法律制度的发展具有划时代的意义。

(三)美国的社会保障综合性立法——社会保障法的成熟

1929—1933年的经济危机席卷了整个资本主义世界,为摆脱经济危机、重新恢复经济、稳定社会秩序,许多资本主义国家采取了一系列的国家干预经济措施,这给社会保障法的发展创造了良好机会。罗斯福总统在美国实行"新政",于1935年由国会通过了美国历史上第一部,也是世界历史上第一部《社会保障法案》(Social Security Act)。

《社会保障法案》的颁布在世界社会保障立法史上具有重要意义,首先,在立法概念上,它第一次在法律文献中提出了"社会保障"的概念,正式赋予

"社会保障"完整的法律含义;其次,在立法形式上,它改变了过去的单项立法模式,开创了综合性社会保障立法的先河;再者,在立法内容上,它涵盖了社会保障诸多项目,把社会保险、公共援助、社会服务、老年伤残保险、医疗补助和孕残儿童补助等作为立法的主要内容,并且确立了社会保障的普遍性原则和社会性原则。为此,《社会保障法案》被公认为是世界上第一部对社会保障进行综合性立法的杰出的法律文献。其实,《社会保障法案》并非完美无缺,其当时确定的保障标准不高,项目也不尽完善,但这些都丝毫不影响它在社会保障立法史上的里程碑作用,它不仅标志着美国的社会保障立法进入到一个新的蓬勃发展时期,更重要的是它标志着现代意义上的社会保障法律制度已经逐步走向成熟。

(四)欧美国家的社会福利立法——社会保障法的发展

第二次世界大战以后,各资本主义国家进入了经济飞速发展的"黄金时期",并相继进入社会保障制度迅猛发展的"福利国家"时期。社会福利立法由英国率先开始,从1944年至1948年,英国出台了一系列以实现充分就业和扩大社会福利为目标的法律法规,主要有《国民保险法》《家庭津贴法》《工伤保险法》《国民健康服务法》《国民救济法》和《儿童法》,成为当时西方国家拥有社会保障立法数量最多、保障制度最为完备的国家。1948年夏天,英国向世界宣布已经建成"福利国家",开始实行惠及全体社会成员的"从摇篮到坟墓"的高福利的社会保障制度。

英国的"福利国家"立法深刻影响了西方国家社会保障法的发展进程,众多经济发达国家也加快立法,实施全面保障的"普遍福利"政策,建立"福利国家"。20世纪50年代和60年代是"福利国家"发展的鼎盛时期,这一时期各国的社会保障立法不仅数量大大增加,而且内容更加全面,体系更加庞大,开始成为独立的法律部门。社会成员享受社会保障不仅是基本的法定权益,而且扩大到享受现代文明进步的成果,社会保障事业得到了极大发展。

(五)"福利国家"的社会保障立法——社会保障法的调整与改革

在进入20世纪70年代后,西方各国出现了经济发展滞涨、通货膨胀较高、失业率上升和财政赤字大幅度增加、人口老龄化加速等问题,各国的社会保障也随之陷入了资金空乏、运转不畅的困境。人们开始理性地反思和审视福利型社会保障制度给社会带来的弊端,逐渐认识到政府包揽过多、保障范围过宽、支付水平过高的"过度保障",在给社会成员带来实惠的同时,也会给经济的正常增长造成阻碍,因为巨额的社会保障开支使国家财政部不堪重负,税收的增加影响了人们对投资和储蓄积极性,人们对政府的过分依赖容易使一些人滋长懒惰情绪,淡化工作意愿。

由此,各国的社会保障立法进入了调整和改革时期,在保持社会保障法律制度的基本框架、基本体系不变的基础上,对具体内容进行改革和调整,包括:增加社会保障基金收入、削减社会保障项目、严格给付条件、降低福利标准、减少社会保障的费用开支、调动民间力量筹集资金、软化政府干预等。直到现在,改革的过程尚未结束,西方各国仍然在对社会保障制度进行着各种新的尝试和探索。

(六)苏联社会主义性质的社会保障立法

在资本主义国家纷纷确立并逐步发展社会保障法律制度的同时,1917年十月革命胜利以后,俄国苏维埃政府颁布了人类历史上第一部社会主义性质的社会保障法令《劳动者社会保障条例》,开始在资本主义阵营之外建立社会主义性质的社会保障制度。俄国对劳动和社会保障立法予以高度重视,制定颁布了一系列社会保障法规法令,1918年制定了苏俄宪法,规定劳动者的生存条件应获得国家保障,同年颁布了苏俄《劳动法典》、《劳动者社会保障条例》,对社会保障、劳动者福利作了规定。须特别指出的是,当时的俄罗斯和随后成立的苏联,虽然由于经济落后、帝国主义入侵以及长期实行计划经济体制等原因,劳动者的工资福利水平普遍不高,社会保障程度也相当有限,但是它对公有制条件下建立和实行社会保障进行了可贵的探索,它带领其他社会主义国家建立了具有"国家保障"特色的社会保障制度。

二、国外社会保障的立法模式

纵观各国社会保障法产生发展的历史,可以发现各国在创建社会保障制度过程中采用了不同的立法模式,社会保障法的制度构架和形式结构都呈现出多样性的特点。选择什么样的立法模式,不仅仅是立法技术的问题,更是关系到社会保障法的总体框架、基本制度和发展方向的重要问题,而问题的解决取决于各国特定的立法规划、立法条件和立法传统。

各国社会保障的立法模式大致可以归纳为三种:

一是分散立法模式,也称多法并列平行模式,以英国、法国、日本等国最为典型。采取这种立法模式的国家,根据社会保障子系统及其项目划分,分别制定若干单项法,例如社会保险法、社会救助法、社会福利法、社会优抚法等。这些单项法由国家根据社会需要和立法条件逐一制定,各自规范和调整某一方面的社会保障关系,彼此之间地位并列,互不隶属,共同成为社会保障法律体系的组成部分。分散立法模式的最大特点是灵活性大,有利于国家根据社会实际需要及时制定法律和及时修改法律,但由于没有制定或者没有首先制定一部统领全局的综合性法典,缺乏总揽全局的基本法,往往容易出现立法过于分散、内容难以协调的问题。

二是综合立法模式,也称一法统驭多法模式,以美国、智利为代表。采用这种立法模式的国家,通常首先制定综合性的社会保障法典,对社会保障的基本构架、基本原则、基本制度等进行全面的系统的规定,确定社会保障制度的总体框架和发展前景。社会保障法典在社会保障法的体系中居于基本法地位,在其基础上国家再就各类社会保障项目分别制定单行法、专项法,所以社会保障法典是其他单项法的立法基础和依据。美国首先颁布《社会保障法》而后再制定单项法,逐步充实和健全社会保障法的体系,是综合立法模式的典型。综合立法模式的特点是法律规范的统筹性和协调性较强,有利于社会保障法律体系的一体化,既能体现社会保障法独立的部门法地位,又有比较丰富的法律子体系承上启下,充分地调整不同层次、不同方面的社会保障关系。同时这种规范体系又是一个发展和开放的体系,当产生新的社会保障项目需求时,仍然可以以基本法为依据进行立法。[1] 然而由于法典立法难度较大、单项法立法限制较多的特点,综合立法模式在应对社会关系的复杂性和多变性方面,存在立法灵活性不足的缺陷。

三是混合立法模式。采用这种立法模式的国家,既对社会保障进行专门立法,又同时将某些社会保障事务纳入其他部门法体系中进行规范,从而形成混合性的社会保障立法。依此种模式制定的社会保障法律规范,由于依附于其他部门法,内容上难免会有冲突和紊乱,不利于社会保障立法的整体性、系统性和协调发展,甚至会影响社会保障法作为独立部门法的发展格局。[2]

三、国外社会保障立法的经验和启示

任何一个国家社会保障制度的建立,都有其特定的历史背景和社会环

---

[1][2] 王全兴、樊启荣"社会保障法的若干基本问题探讨",中国民商法律网,2003年5月28日。

境,立法模式、制度内容都要受到本国政治、经济、文化、历史传统等多种因素的制约或影响,其他国家是无法机械地模仿或简单地抄袭。但是先进文明的成果是人类的共同财富,值得相互借鉴。我国在建立健全社会保障法律制度的过程中,一方面应立足于本国具体国情,走本土化道路,另一方面也应该学习和借鉴其他国家的成功经验。

第一,社会保障制度的建立和完善必须以强制性立法为基础,社会保障制度的运行和实施,需要健全的立法体系来保障。德国首创社会保险制度、美国推行综合性社会保障制度、英国创立福利型社会保障制度,无一例外地都以立法为起点,都以制定和完善相应的社会保障法为标志。我国在改革和完善社会保障制度过程中,一定要借鉴各国"立法先行"的成功经验,加强立法工作,克服立法滞后的缺陷,把社会保障的各项政策和措施纳入法制轨道,实现社会保障的规范化、制度化、法律化。社会保障制度只有被全面纳入国家的法制体系才会有坚强的生命力。

第二,社会保障制度从建立到完善,是一个循序渐进的过程。任何国家的社会保障制度都不是一蹴而就的,在创建初期都不可能尽善尽美,必然地要根据社会的发展需要进行不断的修正和调整,才能逐步走向成熟、趋于完善。形成于19世纪末的德国社会保险制度,直到19世纪中叶才得以基本健全。美国著名的《社会保障法》已被无数次修改,在经过了70多年的发展和四次立法高潮以后,美国才形成具有多样化特点的比较完整的社会保障法律体系。目前,我国正处在社会保障制度全面改革的重要时期,一定要处理好废旧与立新的关系、继承与创新的关系、雪中送炭与锦上添花的关系,以现有社会保障制度的基本框架和基本制度为基础,根据社会主义市场经济体制的特点和要求,兼顾社会的实际需要和客观限制,逐步完善社会保障的各项制度。

第三,社会保障水平要与经济发展水平相适应。国家的经济实力、社会的物质积累,是社会保障制度得以实现的物质基础。经济发展水平决定着社会保障的规模、结构和总体水平,超越经济承受能力而追求过高水平的社会保障,结果只能是阻碍经济的发展,助长国民的惰性,削弱社会保障的功能。以英国为代表的"福利国家"的实践结果为我国的社会保障立法提供了前车之鉴。我国在社会保障制度的建设中,既要追求制度的完备,又要结合我国经济发展的实际水平,充分认识我国人口多、底子薄、各地发展不平衡等具体国情,量力而行,确定切合实际、适应经济发展水平的保障范围、保障项目、保障标准。应坚持低起点、可持续的原则,随着经济发展水平的提高,由小到大地扩大覆盖范围,由少到多地增加保障项目,由低到高地提高保障水平,逐步发展我国的社会保障事业。

第四,社会保障应强调政府责任,发挥政府的主导作用。市场经济中的社会保障基于政府职责而启动,政府是社会保障关系中无可争议的责任主体,承担着不可推卸的对公民提供经济帮助和生活保障的义务,它不仅是社会保障制度的设计者、立法者,还是社会保障制度运行过程的组织者、管理者与监督者,承担完善立法、财政支持、组织实施、监管管理的责任,以及及时处理争议责任。在社会保障中强调国家干预、政府主导,可以有效地防止和解决市场经济带来的分配不公、生存风险等社会问题,实现社会公平,保障公民的生存权利。在我国建立和实施社会保障制度的过程中,发挥政府的主导作用同样十分重要,必不可少。

第四节 中国社会保障立法实践与发展

一、我国社会保障的立法历程与立法成就

(一)建国以前的社会保障立法概况

远在两千多年以前,中国就出现了零星的社会保障思想。① 历代封建王朝也曾采取过一些保障黎民百姓生存的措施。但是中国的社会保障立法基本处于空白状态,直到20世纪以后,在西方工业化进程的影响下,社会保障立法才开始在中国萌芽。我国最早的社会保障立法文件主要有:北洋军阀政府的《矿山条例》(1914年)、《劳动保险草案》(1929年);国民党政府的《工厂法》(1931年)、《最低工资法》(1936年)以及有关职工福利的四项立法(1943年)②等,其中《矿山条例》是我国最早的社会保障法律规范。

从土地革命、抗日战争到解放战争时期,中国共产党领导的革命根据地和解放区政府,曾制定过一系列涉及社会保障内容的法规和文件,如《中华

---

① 罗耀培"《生存权论》简评",《外国法译评》,1997年第4期。
② 抗日战争时期制定的有关职工福利方面的四项规定包括:《职工福利金条例》(1943年1月26日)、《职工福利金条例施行细则》(1943年5月30日)、《职工福利委员会组织规程》(1943年10月23日)和《职工福利社设立法》(1943年10月23日)。

苏维埃共和国劳动法》(1931年)、《关于改善工作人员生活办法草案》(1940年)、《东北公管企业战时暂行劳动保险条例》(1948年)等。这些立法实践为新中国成立后的社会保障法制建设积累了宝贵经验。

(二)建国以后的社会保障立法历程

1. 前30年的社会保障立法

我国现代意义上的社会保障法律制度是在新中国成立以后形成的。从新中国成立伊始,党和政府就高度重视社会保障的法制建设。1949年起临时宪法作用的《中国人民政治协商会议共同纲领》曾有"逐步实行社会保障制度"的规定;1954年新中国第一部《宪法》规定:"中华人民共和国劳动者在年老、疾病或者丧失劳动能力的时候,有获得物质帮助的权利。国家举办社会保险、社会救济和群众卫生事业,并且逐步扩大这些设施,以保证劳动者享受这种权利。"《共同纲领》和《宪法》为新中国创建社会保障法律制度提供了最根本的宪法依据。

(1)建国初期,是我国社会保障法律制度的创立阶段。我国的社会保障法制建设是从建立社会保险制度开始的。1951年,政务院颁布实施了《中华人民共和国劳动保险条例》,并经1953年、1956年两次修订,规定了企业职工的生育、疾病、工伤、老年、遗属补助等生活待遇、医疗保健和社会福利等社会保障内容。《劳动保险条例》是新中国成立后的第一部社会保险法规,也是我国建国初期最重要的一个综合性社会保障立法,它初步构筑了我国企业职工劳动保险制度的基本框架,确立了"国家保障"与"企业保障"相结合的基本格局,奠定了我国与计划经济体制相适应的社会保险制度的基础。

与此同时,我国还逐步建立起国家机关和事业单位工作人员的社会保险制度。主要的立法包括1952年的《各级人民政府工作人员在患病期间待遇暂行办法》、1954年的《关于女工作人员生于假期的规定》、1950年的《国家机关工作人员退休处理暂行规定》和《国家机关工作人员退职暂行规定》等,内容涉及国家机关和事业单位工作人员的公费医疗、女工保护、退休退职、伤亡抚恤等许多方面。

这一时期,国家有关社会救济、社会福利和社会优抚等保障项目的法规、规章也陆续颁布出台,主要有1950年的《救济失业工人暂行办法》、1953年的《农村灾荒救济粮款发放办法》、1956年的《职工生活困难补助方法》,以及1950年的《革命残废军人优待抚恤暂行条例》等五个关于军人优抚的条例,等等。

(2) 1957年以后的十年,我国社会保障法制建设的主要任务是对社会保障制度进行适当调整,以适应全面展开社会主义经济建设的需要。1957年和1958年国务院颁布了《关于工人、职员退休处理的暂行规定》和《关于工人、职员退职处理的暂行规定》,这是我国第一次对养老保险进行统一立法,开始对企业职工和国家机关工作人员实行统一的退休、退职制度。1965年卫生部和财政部联合发出了《关于改进公费医疗管理问题的通知》,1966年劳动部和全国总工会发布了《关于改进企业职工医疗制度几个问题的通知》,对公费医疗和劳保医疗制度进行了改革,解决医疗支出过大、浪费严重的问题。此外,国家颁布了《关于精简职工安置办法的若干规定》(1962年)、《关于精简退职的老职工生活困难救济问题的通知》(1965年)等法律文件,妥善安置城镇精简职工的生活,并逐步创建农村合作医疗制度。这一时期农村五保户保障制度、军烈属优待制度也都有相应的调整。

(3) 文化大革命时期,是我国的社会保障法制建设受到巨大挫折、社会保障制度遭到严重破坏的时期。主管救灾救济、社会福利等事务的内务部被撤销,负责劳动保险事务的工会陷入瘫痪,劳动部门的管理职能被削弱,社会保障工作处于无人管理的状态。1969年财政部发出《关于国营企业财务工作中几项制度的改革意见(草案)》,已经初见成效的劳动保险基金筹集、管理和使用制度被迫停止,劳动保险演变成了"企业保险"或"单位保险"。社会救济、职工福利、军人优抚工作同样受到严重干扰甚至出现倒退。

2. 改革开放后的社会保障立法

(1) 1978年以后,我国迈入了改革开放、以经济建设为中心的历史时期,社会保障的法制建设也进入一个恢复和探索的新阶段。这一阶段社会保障法制建设的工作重点,在于配合经济体制改革的进程和适应劳动用工制度改革的需要,一方面恢复和重建被"十年动乱"中断了的社会保障制度,另一方面根据新形势的需要,为改革和发展社会保障法律体系进行探索性的尝试。

1985年9月通过了《中共中央关于制定国民经济和社会发展第七个五年计划的建议》,第一次明确提出了"社会保障"概念,提出要建立包括社会保险、社会福利、社会救助、社会优抚等制度在内的"社会保障制度",社会保障立法的步伐不断加快。这一阶段颁布实施了一系列法规、规章:1978年《国务院关于安置老弱病残干部的暂行办法》、1980年《国务院关于老干部离职休养的暂行规定》、1983年《中国人民解放军志愿兵退出现役安置暂行办法》、1986年《国营企业职工待业保险暂行规定》、1989年《关于公费医疗管理办法的通知》、1988年《女职工劳动保护条例》、1991年《国务院关于企业职工养老保险制度改革的决定》、1992年《人事部关于机关、事业单位养老保险制度改革的有关问题的通知》等,目的在于改革企业职工养老保险制度、改革公费医疗制度、建立失业保险制度。

(2) 1993年中共中央发布了《关于建立社会主义市场经济体制若干问题的决定》,对我国社会保障制度的进一步改革提出了原则性的要求:要"建立社会保障体系,实行社会统筹和个人账户相结合的养老、医疗保险制度,完善失业保障体系和社会救济制度,提供最基本的社会保障"。随着经济体制由计划经济向市场经济转型,建立和健全与社会主义市场经济体制相适应的社会保障法律体系势在必行,中国的社会保障法律制度又进入了一个全面改革和完善的阶段。

1993年,我国进一步深化了养老保险制度的改革,把"社会统筹和个人账户相结合"的制度模式确定为我国城镇企业职工基本养老保险制度的基本模式。1999年《失业保险条例》、1998年《关于建立城镇职工基本医疗保险制度的决定》和2003年《工伤保险条例》的颁布,标志着我国已初步建立了与市场经济相适应的失业保险制度、城镇职工医疗保险制度和工伤保险制度。1999年制定了《城市居民最低生活保障条例》,在社会救济法律制度中建立起城镇居民最低生活保障制度。2004年《军人抚恤优待条例》的修改、2006年《农村五保供养工作条例》的修订,推动社会优抚、农村扶贫制度的发展。

时至今日,我国的社会保障立法工作取得了令人瞩目的成就。全国人大及其常委会制定了一系列涉及社会保障内容的法律,如《未成年人保护法》《妇女权益保障法》《老年人权益保障法》《残疾人保障法》《母婴保健法》《职业病防治法》《劳动法》《劳动合同法》《就业促进法》和《社会保险法》等等。众多的社会保障行政法规、部门规章、地方性法规、地方政府规章也相继出台,其立法数量之多、涉及面之广,是我国社会保障立法史上从未有过的。

3.《社会保险法》的颁布

我国从20世纪末开始着手国家级的社会保障专项立法。1993年由原劳动部牵头组织起草《中华人民共和国社会保险法》(以下称《社会保险法》),从调查研究、酝酿起草、征求意见、审议修改,到全国人大常委会四次审议并最终高票通过,十六年磨一剑,《社会保险法》于 2010 年 10 月 28 日由十一届全国人大常委会第十七次会议审议通过,自 2011 年 7 月 1 日起施行。

《社会保险法》是我国社会保障法律体系中起支架作用的重要法律。它的诞生弥补了我国社会保障立法中法律缺位的缺憾,是我国社会保障领域第一部基础性法律,也是建国以来第一部社会保险制度的综合性法律。它的颁布实施,是我国社会保险制度建设从长期改革试验走向成熟、定型的客观标志,使我国社会保险制度进入可持续稳定发展的法制化轨道。

《社会保险法》共 12 章 98 条,在全面总结我国社会保险制度改革发展实践经验的基础上,广泛借鉴世界各国有益做法,确立了我国社会保险制度的总体框架、基本方针、基本原则和基本制度,涵盖面广,内容丰富,充分体现了公平优先、覆盖全民、统筹城乡、突出维权、明确责任、规范管理的立法理念。其主要内容包括:

(1) 确立了我国社会保险体系的基本框架。规定国家建立基本养老保险、基本医疗保险、工伤保险、失业保险、生育保险等社会保险制度,保障公民在年老、疾病、工伤、失业、生育等情况下,依法从国家和社会获得物质帮助的权利。

(2) 确定了社会保险制度的基本方针。坚持"广覆盖、保基本、多层次、可持续"方针,坚持社会保险水平与经济社会发展水平相适应。

(3) 规定了社会保险制度的筹资渠道。明确了用人单位、个人和政府在社会保险筹资中的责任。

(4) 规定了各项社会保险的待遇项目和享受条件。以保障参加社会保险的个人及时足额领取社会保险待遇,并扩大了参保人员的各项社会保险权益。

(5) 完善了社会保险费征缴制度。在总结《社会保险费征缴暂行条例》实施经验的基础上,增强了征缴的强制性,为加强征缴工作提供了更有力的法律保障。

(6) 强化了社会保险基金管理和监督制度。规定了由人大监督、行政监督、社会监督共同构成的比较完善的社会保险监督体系,以维护社会保险基金安全和社保信息安全。

(7) 完善了社会保险经办服务的内容。对社保经办机构的职责作出了比较全面的规定。

(8) 规定了违反《社会保险法》应当承担的法律责任。

二、我国社会保障立法的存在问题

经过半个多世纪的立法历程,特别是经过改革开放三十多年来的立法实践,我国的社会保障法制建设取得了令人瞩目的巨大成就,与市场经济体制基本适应的社会保障制度框架已经形成,这对保障公民权利、维护社会的和谐稳定具有十分重要的意义。但是从总体看,我国社会保障的法制化进程缓慢,法制化程度较低,法制建设还存在体系结构残缺、制度内容不完整、国家立法滞后、地方立法分散、实施机制薄弱等问题,还不能满足社会主义市场经济体制下经济发展的需要和民生保障的要求。

(一) 体系结构残缺

我国社会保障法律体系应该由五个效力层次的法律规范共同构成,居于第二层次的法律(也称国家立法),由国家最高权力机关制定颁布。其中的社会保障基本法和社会保障单项法,是国家为规范社会保障事业而制定的专门的基础性法律,其效力仅次于宪法,在整个体系中的地位非常重要。社会保障基本法起着统领全局、承上启下的作用,既是对宪法精神的贯彻执行,又是社会保障单项立法以及行政立法、地方性立法的立法依据。社会保障单项法则是规范和调整某一方面社会保障关系的基础性立法,例如《社会保险法》就是确立社会保险制度的基本立法,它全面规定社会保险制度中的基本问题:保险项目、覆盖范围、保险水平、资金筹集、基金管理、经办机构等内容。社会保障的国家立法,不仅立法地位高,效力层次高,而且立法形式规范、结构严谨,内容重要,理应是支撑社会保障法律体系的核心,是社会保障法的主要表现形式。

法律缺位,欠缺第二层次的国家立法,一直是我国社会保障法制建设中的缺憾和硬伤。《社会保险法》的颁布实施,在一定程度上弥补了这种缺憾,但是仅有《社会保险法》这一部法律是远远不够的,社会保障立法结构残缺、体系断层的状态并没有完全改变。从我国已制定颁布的法律法规来看,数量已经很多,但基本上属于行政法规、地方性法规、部门行政规章和地方政府规章。业已颁布的涉及社会保障内容的法律如《劳动法》《就业促进法》和《残疾人保障法》等,又不是针对社会保障的专门立法,而是渗入其他部门法的与其他部门法内容混合在一起的"混合立法"。这些都严重影响了社会保障法在体系结构上的完整性和层阶有序性,与社会保障法的重要地位极不相称。

(二)立法体制不规范

依据我国《立法法》对国家机关立法权限的规定,全国人民代表大会及其常委会行使国家立法权,除此之外,国务院、国务院所属职能部门、地方(省、自治区、直辖市和较大的市)人民代表大会及其常务委员会、地方人民政府都具有一定的立法权,有权根据执法需要,或者根据各行政区域的具体情况和实际需要,制定社会保障的法规或规章。与国家立法相比,行政立法和地方性立法具有灵活、快捷、具体的特点,能够及时弥补"人大立法"、"中央立法"的不足,能够把制度内容具体化使其更具操作性和实践性。不容否认,行政立法和地方性立法是我国法律规范体系中不可缺少的组成部分,在社会保障事业的发展进程中发挥着重要作用。

但是,我国一直存在行政立法质量不高、地方性立法过于分散的问题。在行政立法层面,一些部门在社会保障立法权限上存在冲突,立法名称繁多混乱,立法内容简单粗糙,出自不同部门的法律规范相互之间缺乏必要的衔接和协调,一些"暂行"、"试行"的行政立法具有明显的应急特征,头痛医头,脚痛医脚,缺乏应有的前瞻性、连续性和稳定性。在地方性立法层面,由于缺乏国家立法的整体部署和统一要求,由于对地方利益的不适当考虑,地方立法往往"各自为政",立法主体混乱,立法技术滞后,立法进程快慢不一,法律规范的形式不规范,内部逻辑结构不严密,法律语言不准确,针对同一保障事项的规定各地不同,有的相互间存在矛盾,有的甚至与上位法冲突。种种弊端的存在,会破坏社会保障法在形式上的规范性、内容上的协调性和体系上的统一性,大大削弱社会保障法应有的权威和约束力,把实践中的社会保障管理工作置于被割裂的混乱状态,成为阻碍从我国社会保障事业稳健发展的因素。

(三)制度内容不完备

社会保障制度的内容极为丰富,从横向看,社会保障制度包括社会保险、社会救济、社会福利、军人保障、住房保障等诸多保障项目。从纵向看,社会保障制度涵盖每一个保障项目从保障基金的筹集、征缴,到管理、运作、使用、支付各个环节的各项制度。与此相对应,社会保障法也应该囊括规范各类保障项目的单项法和规范各个保障环节的实体法、程序法。从这个角度看,我国的社会保障法制度还存在制度不完备、内容欠合理、立法不平衡等问题。

1. 重社会保险制度而轻其他项目,是我国社会保障立法工作存在的一个问题。不容置疑,社会保险是社会保障制度的核心,也一直是我国社会保障立法的重点。从现有的社会保障法制建设总体情况看,我国社会保障法律规范的制定、制度改革的推进,大多体现在社会保险领域。在法律法规的制定方面,《社会保险法》《失业保险条例》和《工伤保险条例》已经颁布实施;在制度建设方面,包括养老、医疗、失业、工伤和生育五项内容的多支柱、多层次的社会保险制度框架已经形成,可以说与我国经济发展水平相适应的基本社会保险制度已经建立。但是我国关于社会救济、社会福利、医疗保障、补充保障等项目的立法还相当滞后,有的甚至存在空白,以至于这些方面的许多社会保障工作无法可依,无章可循,而只能依靠政策规定或行政手段加以推行。这一立法不足影响了社会保障事业的总体发展水平和整体发展进程,不利于公民社会保障权的全面实现。

2. 重城镇保障而轻农村保障,是我国社会保障立法工作存在的一个缺陷。一直以来,我国社会保障立法的一个工作重心在于建立城镇居民、企业职工的保障制度,而对人口众多、经济落后的农村社会保障则明显关注不够。我国农村社会保障制度的发展相当缓慢,首先,农村社会保障的专门立法不仅数量少而且层次低,除农村"五保"制度、农村最低生活保障制度、新型农村合作医疗制度以外,许多领域的立法仍是空白,以至于至今尚未形成一个较为成型的农村社会保障制度体系;其次,农村社会保障的覆盖面窄、项目少、保障程度低、地区差别大,以至于有相当比例的农民至今仍徘徊在社会保障制度惠及的范围以外,许多的农民仍然只能依靠传统的家庭保障,来维持基本生活和抵御生老病死的风险。再者,尽管农村最低生活保障制度已经建立,但是在保障方式、保障水平等方面还有很多问题没有解决。必须承认:现有的农村社会保障法律制度远远满足不了农村社会保障的迫切需要,与我国基本建立覆盖城乡居民的社会保障体系的目标差距甚远。

3. 重实体法而轻程序法,是我国社会保障立法工作存在的又一不足。在目前的社会保障法律体系中,目前仅有《社会保险费征缴暂行条例》《全国社会保障基金投资管理暂行办法》和《社会保险稽核办法》等极少几个行政法规和规章,承担规范社会保险费的征收、缴纳、管理、运作、支付和监督等程序的重任。另一方面,我国至今尚未建立独立的社会保障争议处理制度,除2001年颁布的《社会保险行政争议处理办法》这一部门行政规章外,没有其他的规定社会保障争议处理程序的法律规范。社会保障争议发生之后,通常只能根据争议类型采用不同的方法处理,有的按照行政争议的处理方法解决,有的按照劳动争议的处理程序解决,有的甚至难觅解决途径,以至于容易出现争议得不到及时处理或者处理不公、被侵害的权利得不到有效救济的情况。

(四) 实施机制薄弱

社会保障制度的实施机制包括政府社会保障职能部门的行政执法机制、对社会保障制度运行过程的管理监督机制、对社会保障争议处理的仲裁机制和司法处理机制等。目前我国的社会保障法律体系中,执法机制薄弱、监督管理机制不健全和争议处理机制缺失,已成为影响社会保障制度顺畅运行的比较突出的问题。具体表现在:某些规范只规定了制度内容,而对制度运行中的组织管理体制缺乏明确规定,因而难以对制度运作过程进行系统的动态管理和有效监督,呈现出制度空架、落实困难的尴尬局面。某些制度存在着责任主体不明、义务内容不清、法律责任空洞、制裁方法模糊的弊端,法律的约束力和制裁力明显不足。立法的缺陷,致使拒缴、欠缴社会保障费用行为和截留、挪用、侵占社会保障基金的行为得不到及时的惩治,保险基金的运营存在严重的不安全因素,安全状态令人担忧。

三、我国社会保障立法的未来发展

民生保障的迫切要求,经济体制的转型,经济全球化的历史背景,都对我国社会保障法制建设提出了更高的要求,建立健全社会保障制度势在必行、刻不容缓。面对社会保障立法的不足和问题,我们应该客观分析原因,积极寻找行之有效的解决方法和改革途径,加大法制建设力度,加快推进我国的社会保障法律制度走向成熟和完善。

(一) 明晰立法规划,强调社会保障立法体系的完整性

我国社会保障立法中的国家立法缺位,直接导致了行政立法和地方性立法的畸形繁荣,由于缺乏国家立法提供立法依据和基本框架,行政立法和地方性立法往往出现各自为政、割裂分散的局面,这些都严重影响了社会保障制度的建立与完善。

所以我国在改革和完善社会保障制度过程中,应对立法规划进行科学设计和统筹规划,从宏观上把握社会保障法制建设的发展方向和发展规模。应当重视和加强最高立法机关对社会保障的专门立法工作,尽快制定社会

保障基本法和单项法,健全社会保障法的体系结构。至于采用综合立法模式还是选择分散立法模式、是先制定基本法还是先制定单项法的问题,一方面可以借鉴外国的成功经验,另一方面更应立足于我国的具体国情和立法环境。从目前我国的实际情况看,在短时期内制定综合性的社会保障基本法客观上还存在较大困难,也就是说目前采用综合立法模式的立法条件还不成熟,而采用多部单相法并立的分散立法模式比较切实可行。所以国家在已有《社会保险法》的基础上,还需有计划地逐个制定其他保障项目的单项法律,在条件成熟的时候再出台综合性的《社会保障法典》,最终构建"一法统驭,多法并存"的社会保障法律体系。

(二)规范立法体制,追求社会保障立法形式的科学性

如果说以前行政立法政出多门、地方性立法过于分散,是由于社会保障制度在改革过程中"尝试"的某种需要,那么现在随着改革目标的明确、随着我国社会保障制度进入总体设计和整体推进的阶段,应该高度重视社会保障立法在体系上的统一性、内容上的协调性、适用上的权威性。在加强国家立法的同时,严格规范社会保障的行政立法和地方性立法,要明确立法权限、规范立法形式、讲求立法技术,提高立法质量。对质量差、内容乱、形式又不规范的行政立法和地方性立法,该清理的清理,该修改的修改,该统一的统一,保证社会保障法律规范自身的统一、协调和稳定。

(三)完善立法内容,注重社会保障立法内容的全面性

一个完善的社会保障法律体系,其立法的内容应该全面涵盖所有社会保障项目和社会保障的全过程,并且使各个项目、各个环节能够相互协调和彼此衔接,只有这样才能为社会保障事业的全面展开和整体发展提供法律依据,为全体社会成员提供全方位、多角度的社会保障。

在完善我国社会保障体系的过程中,一定要处理好局部与整体、城市与农村、实体法与程序法的相互关系,立法工作既要强调重点,又要统筹兼顾,既要区分轻重缓急,又要注意协调统一。在优先确立和完善社会保险制度的同时,兼顾社会救助、社会福利和社会优抚等其他保障制度的协调发展。在优先对城市居民、企业职工落实和实现社会保障的同时,也要有计划地有步骤地把广大农民纳入社会保障的范畴,应当根据农村实际情况重视农村社会保障的制度建设,积极探索建立农村社会保障体系的具体途径与方式,逐步缩小城乡保障差距,最终实现覆盖全体国民、城乡统筹的一体化的社会保障体系。

（四）强化实施机制，彰显社会保障法的强制性和权威性

我国社会保障法实施机制薄弱的原因，主要是社会保障法中缺乏法律责任和制裁措施的规定。其实，一个具体的法律规范应当由假定、处理和制裁三部分内容构成，制裁部分最直接体现法律规范的强制力和约束力，是法律规范能够得以实施的保障。缺少法律责任和制裁措施的规定，是法律规范本身的硬伤和缺陷，它直接影响法律规范的威慑作用，从而导致规范效果难以奏效。对资金的征缴办法、缴费主体的义务、基金的管理运作、支付标准的计算等内容要么仅仅规定了义务却没有规定不履行义务的法律责任、要么即便规定了相应的，但是制裁力度明显不够导致立法的缺陷，社会保障制度运行的过程中，国家强制是社会保障制度的特点之一，凭借国家强制手段建立起来的社会保障制度，需要强有力的实施机制来保障其贯彻实施。所以要强化社会保障法的执法刚性和强制力度，建立健全科学、高效、安全的社会保障管理机制、监督机制，社会保障争议处理机制，防止和减少违法犯罪行为的发生；同时完善相应得法律责任制度，及时惩处和制裁违法行为，追究违法者的法律责任。只有这样才能保障社会保障制度健康、有序、良性地运行。

本章小结

社会保障与法制建设有着不可分割的密切联系，社会保障法正是两者结合的产物。对社会保障而言，社会保障法是其构建、确立并不断完善的必要基础，也是其有效、有序、良性运行的根本保证。社会保障法调整社会保障关系，规范社会保障活动，已成为世界各国法律体系的重要组成部分，是社会法的核心。完善的社会保障法律体系是一个国家社会保障制度趋于成熟的基本标志，也是体现一个国家社会文明程度的标志之一。我国的社会保障法律建设尚处于探索、发展、不断完善之中，应该立足于现在、展望未来，尽快建立健全与我国具体国情和经济发展需要相适应的社会保障法律体系。

复习思考题

1. 什么是社会保障法？它有哪些法律特征？
2. 如何理解社会保障法的价值取向？

3. 社会保障法有哪些基本原则？

4. 我国《社会保险法》的基本方针是什么？有哪些主要内容？

5. 社会保障法有哪几种立法模式？

6. 如何完善我国社会保障法制建设？

阅读书目

1. 董保华《社会保障的法学观》，北京大学出版社，2005年。

2. 林嘉《社会保障法的理念、实践和创新》，中国人民大学出版社，2002年。

3. 刘诚《社会保障法比较研究》，中国劳动社会保障出版社，2006年。

第二部分 社会保障分论

第八章 养老保障

在人口老龄化背景下,养老问题成为全球性问题。有越来越多的人需要社会养老;有越来越多的人不仅需要养老金,还需要必要的生活照料、护理及适当的精神文化等服务保障。资金、服务、居住成为养老保障需要解决的三大核心问题,而这三大核心问题可以归结为经济保障与服务保障两大问题。本章着重以经济保障与服务保障两大功能为主线来介绍养老保障的基本概念、基本原理及国内外相关实践与政策问题。

第一节 养老保障概述

一、养老保障概念及内涵

养老保障(Old-age Security),全称为"社会养老保障"(Social Security for the Aged),又称"老年保障"。是指国家、社会或者个人通过一系列经济帮助和社会服务等方面的措施,对退出劳动领域或者无劳动能力的老年人开展的各种社会保障项目的总称。有广义和狭义概念之分。广义的养老保障是指国家、社会和个人为老年人提供的一切有助于老年人生活、保健和精神慰藉的物质和精神帮助措施的总称。在福利国家,广义的养老保障就是老年福利,通常包括生活保障、社会服务、文化娱乐、老年教育等。其基本内涵是:第一,保障的对象是全体老人。所有老年人都有分享社会发展成果的权利,政府和社会应为所有的老人提供满足其个人需要的多形式、多层次的养老保障。第二,全社会应对养老负责。养老不仅仅是个人和政府的责任,也是社会的责任,因此广义概念的养老保障主张举全社会力量发展养老事业。第三,养老保障的内容丰富全面。养老事业是关于老年人事业的总称。养老保障的内容应是涉及老年人生存与发展的全面保障,其是社会福利事业的重要组成部分。第四,养老保障内容是不断丰富和变化的。随着社会的不断发展,人类物质和精神生活水平不断在提高,养老保障的内容也会随之发生变化。

狭义的养老保障是指为老年人提供基本的经济生活和必要服务帮助的措施的总称。其基本内涵是:第一,保障全体老人,但是向低收入老人和特殊老人倾斜。通常享受老年保障的对象包括参加基本养老保险的退休老人、失能老人、独居老人、空巢老人或者高龄老人等。第二,政府承担组织和资金支持责任。对于经济困难老人政府有责无旁贷的责任,而对于像老年军人或者对社会发展具有突出贡献的老人,政府有褒扬的责任。对于其他普通老人政府有提供基本养老保障的责任。第三,依法实施,以确保所有的老年人能够享受基本的养老保障。第四,保障内容有限,保障水平适度。考虑到养老保障制度的公平与效率目标的兼顾,由政府主导提供的养老保障是有条件的保障,是基于有限财政责任的社会保障。通常情况下,老人要享受这些保障,必须满足缴费或者资格审查条件。

二、养老保障的分类

(一) 按照风险类型的划分

按照风险类型分,养老保障可以分为老年生活保障、老年医疗健康保障、老年康复护理保障、老年教育保障、老年权益保障、老年就业保障等。老年基本生活保障(也称生活费用保障),是指为老年人日常生活开支费用提供基本保障的项目或者措施,如老年生活津贴、养老保险金、最低生活保障金等;老年医疗健康保障,是指为老年人必要的医疗、卫生和保健开支费用以及相关服务提供支持的保障项目及相关措施,如医疗保险、健康检查、卫生防疫等;老年康复护理保障,是指为行动不便、丧失部分或者全部活动能力的老年人维持日常生活、恢复体力、恢复体能和技能所需的基本费用开支和相关服务提供支持的保障项目或者措施,如护理保险、老年照护、康复服务等;老年教育保障,是指为老年人适应退休生活、参与社会、提高精神素养及生活质量等所参加的必要教育活动提供环境和条件的项目和措施,如老年大学、老年活动中心等;老年权益保障,是指维护老年人各种正当利益的项目和措施,如老年人权益保障法、五保供养制度等;老年就业保障,是指对老年人力资源再利用提供各种保护措施的总称,如老年职业培训、老年就业指导等。

（二）按照保障功能的划分

按照保障功能分，可以分为经济保障、服务保障及精神保障三种。经济保障，是指为老年人提供物质生活保障的各种措施的总称，如养老保险、老年津贴、基本生活用品的供给等；服务保障，是指为老年人提供必要的照料、帮扶以及相关服务，以确保老年人日常生活、疾病治疗或者康复过程中的行动和活动需要；精神保障，是指老年人退出工作岗位，或者在晚年生活中所必要的文化、娱乐，或者参与社会的行为和思想的需要。

（三）按照供款或者资金来源的划分

按照供款或者资金来源主体分，可以分为国家养老保障、集体养老保障、单位养老保障、社区养老保障、个人养老保障以及社会互助养老保障等。国家养老保障，是指由国家财政承担保障资金的养老保障项目或者措施，如老年津贴、高龄补助金、公共养老金计划等；集体养老保障，是指保障资金由老年人所在的集体组织承担或者主要承担的保障项目或者措施，如由集体提供的老年补助金等；单位养老保障，是指企事业单位及社会团体为职工在员工薪酬计划之内所建立的老年保障制度，如企业年金、职业年金、商业养老保险、合作医疗保险等；社区养老保障，是指社区为辖区内老年居民提供的各种养老保障项目、条件及设施等；个人养老保障，是指由老年人自己或者家庭成员为其进行的以预防老年生活为目的的个人储蓄、老年护理保险和护理服务、商业养老保险等；社会互助养老保障，是指由社会成员基于悲悯、慈善之心自愿为因各种原因陷入生活困境中的人提供的帮助措施的总称，如慈善事业。

（四）按照保障水平层次的划分

按照保障水平层次来看，分基本养老保障和补充养老保障两个层次。基本养老保障，属于国家或者政府组织或者强制实施的面向所有社会成员提供的普适性养老保障制度，如西方国家的公共养老金计划、我国的基本养老保险制度等；补充养老保障，属于集体、单位、社区、个人或者家庭等提供的，旨在提高老年人生活水平和晚年生活质量的多种形式、保障水平不一的养老保障措施，在整个养老保障制度体系中处于补充地位。

三、养老保障的内容框架

根据广义养老保障的概念内涵及功能，养老保障的基本内容应由经济保障系统和服务保障系统组成,其中经济保障系统由老年津补贴、公共养老保险、补充养老保险以及个人自愿保障等内容构成;服务保障系统由机构养老服务、社区养老服务、居家养老服务、家庭养老服务及个人养老服务等内容构成(见图8-1)。

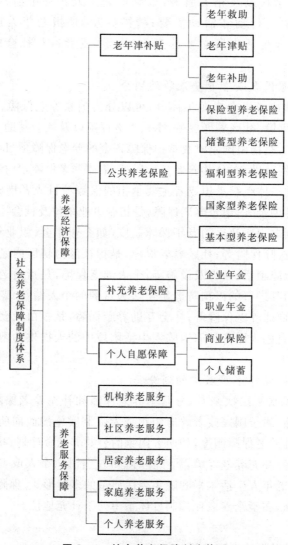

图8-1 社会养老保障制度体系

就经济保障系统而言,世界银行于1994年提出了三支柱养老金体系理念①,目前该体系已被世界各国广泛接受。其基本内涵是,第一支柱为公共养老金计划,或者称国民年金,指由政府出资、组织或者强制实施为老年人建立的公共养老保险制度,也称基本养老金制度。多数国家采取待遇确定制,并通过现收现付形式实现,其养老金水平一般按照社会平均工资水平所确定。第一支柱养老金计划覆盖全体成员。按照世界社会保障制度类型看,公共养老金计划主要包括保险型养老保险、储蓄型养老保险、福利型养老保险、国家型养老保险及基本型养老保险。第二支柱为职业年金,或者企业年金,由雇主和雇员共同供款,或者单纯的由雇主供款,为企业员工提供必要的养老金保障。该层次的养老金计划通常建立在第一支柱养老金计划的基础上实施,也就是说,没有第一支柱,就没有第二支柱。在养老金保障水平中,其处于第二位,或者补充地位,故学界通常称之为"补充养老金计划"。第二支柱养老金计划通常采取自愿性质实施。目前世界上少数国家对之实行强制措施,如澳大利亚的超级年金制度属于强制制度。第三支柱为个人自愿保障,即为了达到个人所希望的消费水平,由个人自我或者家庭成员进行自愿性的个人储蓄或者购买商业养老金计划,以实现个人对提高养老金水平的需要。

按照世界银行的三支柱理念,我国养老金体系三支柱的组成:第一支柱为基本养老保险体系,由城镇职工基本养老保险、事业单位养老保险、城镇居民社会养老保险、新型农村社会养老保险组成;第二支柱为补充养老保险,由企业年金和职业年金构成;第三支柱为个人储蓄和商业养老保险等。

2005年世界银行又提出五支柱理念,根据该理念,并结合中国实际,我国养老金体系又可划分为五支柱体系②:零支柱为非缴费型最低水平保障,如我国各地实行的老年补贴项目;第一支柱为与个人收入关联的缴费型计划,如统账结合的养老金制度;第二支柱为不同形式的强制性储蓄计划,如企业年金;第三支柱为灵活多样的由雇主发起的自愿性计划,如商业性养老保险;第四支柱为家庭成员或者代际之间的非正规计划,如个人储蓄或者子女支持计划。

---

① [美] Estelle James"防止老龄危机",《金融与发展》,1995年第6期,第2—5页。
② 郑秉文、张峰《中国基本养老保险个人账户基金研究报告》,中国劳动社会保障出版社2012年版。

第二节 养老保险基本理论

一、养老保险的概念与特点

（一）养老保险的概念

养老保险（Endowment Insurance），也叫社会养老保险（Social Endowment Insurance），或者养老社会保险，是指由国家、政府组织实施的对广大劳动者提供的旨在保障其老年退休后经济生活的一种社会保险措施。其基本内涵是：（1）是为广大劳动者，包括企事业单位职工、灵活就业人员、自雇者及其他形式的有酬就业者提供的一种保障；（2）是一种专门用于因年老退休、因病残提前退出劳动力市场者等的生活费用开支提供的一种保障；（3）是一种由政府组织、立法推动的针对全体居民具有普适性的一种保障；（4）是一种由国家政府负责筹资、国家财政承担兜底责任的一种公共养老金；（5）是一种与商业养老保险有所不同的保障方式。

（二）养老保险的本质

1. 养老保险属于长期风险保障

养老风险不同于医疗、工伤、生育及失业风险，其具有长期性，而这种长期性是源于人类生命规律所决定的。在养老保险制度中，一般由最低缴费年限和最低养老金领取年龄参数来反映其长期风险的特点。几乎所有的养老金制度都会规定，参保人在参加工作时参保缴费，而在其达到规定年龄如退休时才能享受养老金待遇，这期间往往具有几十年的时间等待和积累。目前，世界各国的养老金制度都规定了最低的缴费年限，而且即使是最低的缴费年限，也大多在 10 年以上。我国基本养老保险制度规定的最低缴费年限为 15 年。除了最低缴费年限外，世界各国的养老金制度也都规定了最低领取养老金的年龄，只有参保者的年龄到达最低领取养老金的年龄才能享受养老金待遇。这种长期风险特点，不仅仅体现在待遇享受的时间起始条件上，而且也体现在待遇领取的长期性。养老保险金，尤其是公共养老金，基本都是为老年人提供到寿命终止时，而不论领取养老金者的寿命长短。这充分说明了养老保险的长期性特点。

2. 养老保险是一种生存保险保障

在其他四个社会保险中，医疗保险提供疾病风险保障，工伤保险提供工作期间的意外风险保障,失业保险提供就业中断引致的收入损失风险,生育保险提供生育期间的费用及相关服务风险。以上这四种社会保险,均为参保人提供意外事件的发生所导致的费用或者收入损失风险的保障。比较而言,养老保险是为参保者提供的在约定的年龄到期后参保者生存的风险保障。也就是说,当参保者到达约定的年龄如退休年龄,只要参保者生存,就给其领取养老金,直到其生命终止时为止;如果参保者去世,则除了退还其个人账户的现金价值外,不再支付养老金权益。因此,养老保险是一种典型的生存者保险。

3. 养老保险具有投资和储蓄性

养老保险有两种基本的财务运作模式,一个是现收现付制,一个是长期积累制。目前世界各国的养老保险实践中,有相当数量的国家采取积累制或者混合制。积累制和混合制因为其资金经历了积累和投资环节,确保了基金具有增值收益。同时,这种积累制和混合制均是通过个人账户或者公积金的形式运作,对于参保者个人来讲,自己供款、自己使用,而自己所使用的资金规模已经远远不是当年自己供款的资金规模,因为增加了资金在积累和闲置时期被投资运营所产生的收益部分。因而对参保者个人来讲,积累制的养老保险完全具有投资和储蓄性特点。

(三) 养老保险的特点

1. 社会化筹资

纵观国内外的养老保险,其养老保险资金通常由个人、雇主(单位)、国家三方面承担,即使部分实行储蓄型养老保险的国家,其养老资金也通常至少由两个主体来承担,如新加坡的中央公积金制养老保险,保险费由个人和雇主来缴费。更何况,不少储蓄型养老保险国家也承担了最低养老金保证。与传统的退休金制度相比较,养老保险具有鲜明的社会化筹资特点。

2. 养老风险共担

在养老保险制度实施中,由于养老风险的分布、老年风险的发生率等均有个体差异,为此具有同质风险特点的养老保险,其风险不仅会被不同的缴费主体分担,而且会在所有的受益群体中进行分担。因此,其具有共担风险的特点。

3. 体现个人责任

从世界各国的养老保险制度来看,除了国家型养老保险制度没有明确的个人缴费规定外,保险型、储蓄型乃至福利型的养老保险制度中,均有参保者个人缴纳税收或者缴费的义务规定。个人缴费,就意味着个人要对自己的老年负责,进而也说明了养老不仅是政府和社会的责任,个人也有责任。所以与基于国家保障型社会保障思想下的传统退休金制度相比较,养老保险体现了个人责任。

4. 养老金水平适度

养老保险需要个人缴费,其养老金水平的高低取决于个人缴费贡献及制度内筹资能力。而养老保险是针对有劳动收入的人群,而且为了确保这类人群退出劳动力市场后能有一个基本的生活水平,所以在养老保险中,就个人的缴费贡献自由度往往有限制区间,个人在该区间内缴费,就基本保证了基本养老金水平会在一个适度的范围内。因此养老保险具有适度水平的特点。

二、养老保险的制度设计及结构

(一) 养老保险制度设计理念及目标

所谓理念是指做某件事情的指导思想,或者基本的价值判断和取向。主要解决做一件事情的目的和要达到的目标。以此推理,养老保险制度设计的理念,就是指所设计的养老保险政策和制度方案最终要实现的目标,具体包括两大基本理念,即公平理念和效率理念。所谓公平理念,就是指养老保险制度设计要重视社会群体收入分配的公平性,所设计的制度运行后要能实现老年群体收入的横向和纵向公平分配目标,公平理念也属于政治目标范畴。所谓效率理念,就是指养老保险制度设计更加注重群体间收入分配的合理性,即养老金的分配要结合参保者在职时的劳动贡献和缴费贡献,遵循多劳动、多缴费、多积累、多享受待遇的原则,促进积极就业,促进社会经济发展,实现经济效率上的公平分配目标。在实际中,一项养老保险制度设计通常会兼顾公平和效率理念,进行公平与效率权衡,实现多重目标。养老保险制度设计理念和目标会决定养老保险制度参数及政策实施效果。

(二) 养老保险制度设计的影响因素

1. 经济因素。在制度设计时,需要考虑多方面的经济因素,比如所设计的缴费水平和养老金水平,从宏观方面是否会对整个社会的消费、储蓄、投资等造成影响;从微观方面是否会加重企业负担、增加个人的缴费负担等。在许多公共养老金计划或者基本养老保险制度中都有政府补贴责任,那么所设计的政府补贴责任大小是否会对整个社会经济包括政府经济造成压力和负面影响,等等。养老保险缴费和养老金水平的高低应与经济发展水平相适应。

2. 社会因素。养老保险制度的设计通常是以解决社会问题为导向,那么就需要考虑解决哪些社会问题,是应对人口老龄化问题、老年贫困问题还是老年就业问题等。

3. 人文因素。养老保险是现代社会管理的重要手段,在制度设计时,还得考虑当代人们的生活习惯、民俗与习俗、种族特点等文化因素,这些因素对养老保险的模式和水平都有影响。

4. 区位因素,也叫区域差别原则。地理上的差别往往会引致经济、文化、社会等多方面的问题,这是养老保险制度设计必须考虑的因素之一。

5. 政治因素。所谓政治原则就是在养老保险制度设计中需要重视个人选择、项目透明化和国家的政治动态,以促进养老保险制度的可持续发展。

(三) 养老保险制度设计要素及参数

1. 覆盖对象。是指养老保险制度保障的对象,也叫参保对象。一般的养老保险制度中都需要明确制度的覆盖对象及范围。

2. 年龄。包括参保缴费年龄和养老金领取年龄,这是养老保险重要的参数之一。参保缴费年龄,就是养老保险制度中符合覆盖对象条件且具有履行缴费义务的人口年龄。一般的制度都会规定起始年龄,处在该年龄之间的人口参保均必须缴纳保险费或者保险税。养老金领取年龄,就是符合养老金待遇享受条件的首次领取养老金的年龄。通常情况下,养老保险制度中都必须明确养老保险的缴费年龄和领取年龄。

3. 责任主体。指在养老保险中具有分担养老风险和承担养老资金供款的责任人,包括劳动者个人、劳动者所在的企事业单位及社会团体,作为公民权管辖权的国家。目前世界上大多数国家的养老保险采取个人、雇主及国家等三方供款的社会化筹资原则。

4. 收缴方式。养老保险基金的集中有"税"和"费"两种形式。有些国家采取收取社会保障税的形式集中养老基金,有些国家采取费的形式集中养老基金。

5. 筹资标准。无论是实行待遇确定型(DB)模式,还是实行缴费确定型(DC)模式,养老保险制度中均会涉及到筹资标准的问题。在待遇确定型财务运作模式中,筹资标准往往是根据养老金待遇水平的高低,结合个人与企业的当期缴费能力确定筹资标准。而在缴费确定型财务运作模式中,筹资标准会主要考虑个人和企业的缴费能力、未来的基金保值增值能力以及未来可能的老年消费水平等因素。通常由缴费基数和缴费比例两个参数来反映。

6. 缴费基数(Contribution Bases),也称缴费工资、缴费收入,是指用人单位和参保者缴纳社会养老保险费的应缴费收入。用人单位缴费基数是其当期职工工资总额,应等于本单位全部职工的缴费工资之和。参保者缴费基数一般根据职工上年度月平均工资收入确定,或者根据当地上一年度参保者群体的平均纯收入确定。缴费基数经社会保险部门核定后全年不变。

7. 缴费比例(Ratio of Contribution),也称缴费率。参保者在规定的缴费工资或者缴费收入中用于缴纳社会养老保险费的份额,或者用人单位在规定的工资总额中用于缴纳社会养老保险费的份额。缴费比例大小受参保者收入水平、待遇水平、保障范围等多种因素的影响。我国城镇职工基本养老保险规定的个人缴费,为当地上一年度社会平均工资总额的8%;用人单位缴费,为不低于上一年度职工工资总额的20%。同一社会保险项目,不同的地方,缴费比例也不同。

8. 缴费年限(Contribution Period)。参保人缴纳养老保险费的时间长度。通常按年或者月计算。在社会养老保险制度中还有最低缴费年限与累计缴费年限的规定。最低缴费年限,是指参保人享有社会保险利益的缴费时间门槛条件,也就是说,如果参保人缴费达不到最低缴费年限,则不能享受养老保险待遇。累计缴费年限,是参保人在整个参保缴费期间缴费时间的累计,通常按月累计,满12个月为1年,不满整年的就按月计。我国城镇职工基本养老保险规定,参保人享受全额基本养老保险金的最低缴费年限为15年,缴费期间累计缴费年限不低于15年。我国新型农村社会养老保险规定的最低缴费年限是累计缴费不低于15年。

9. 财务运行方式。养老保险基金有两大基本的财务运行方式,一是现收现付制,其与待遇确定制相联系;二是积累制,也叫基金制,其与缴费确定制相联系。这两种运作模式均有优缺点。在现实中,往往为了发挥这两种方式的综合优势,又产生了一种两者的混合模式,即现收现付与积累制的组合形式。

10. 基金账户。养老保险账户有两种模式,即统筹账户(Social Pooling

Account)和个人账户(Iindividual Account)。统筹账户是社会养老保险基金财务管理的一种方式,即在某一社会养老保险制度下设立的公共账户,把参保者个人的缴费、企业的缴费、政府补贴的缴费以及其他来源的缴费的全部或者部分资金放入该账户,归所有参保人员共享。该账户基金称作统筹账户基金,实行现收现付的财务运作方式。由于公共账户的性质,也决定了统筹账户基金具有互济性特点。从其资金来源看,大多数统筹账户的基金来源于企业缴费和政府补贴,如我国城镇职工基本养老保险的统筹账户基金主要由企业缴费形成,我国新型农村社会养老保险的社会统筹资金主要由政府财政资金形成。也有个人与政府补贴合作的筹资模式,如我国不少地方试点的新型农村社会养老保险制度建立的统筹账户等。

个人账户,其与统筹账户相对应,也是社会养老保险基金财务管理的一种方式。即在某一社会养老保险制度下为参保者个人设立的私人账户,把参保者个人的缴费、企业的缴费、政府补贴的缴费以及其他来源的缴费的全部或者部分资金放入该账户,归参保人独享。进入该账户的资金称作个人账户基金,具有私人性、资产性和继承性。如我国城乡社会养老保险均设立有个人账户,其中城镇职工基本养老保险的个人账户基金来自职工个人的缴费;新型农村社会养老保险个人账户基金主要来自个人缴费和政府的缴费补贴。由于养老保险个人账户资金具有长期使用的特点,故可以进行中长期的资金投资。

11. 预期利息率。养老风险是一项长期风险。其缴费年龄与待遇享受的年龄之间有较长的时间差,在这个过程中,投保人所缴纳的保险费存在时间价值,而该时间价值的形成主要来自养老保险中所设计的预期利率。同时,如果养老保险待遇是按照年金的形式领取,则在整个领取期,还存在一个相应的利息。因此,养老保险中通常存在两个时段的利息率,缴费阶段的利息率和领取待遇阶段的利息率。有些制度中两者按照统一利息率处理,有些制度中二者设计为不同的利息率。

12. 领取年限。也称支付年限,指养老金待遇的领取时间长度。

(四)养老保险制度基本结构

1. 制度目标。任何一项具体的养老保险制度,均首先要明确建立该制度的目标,主要体现国家、政府或者社会举办该项制度的价值理念、价值取向以及责任问题。通常会在公平与效率、政府与市场、权利与义务之间做出选择、取舍或者偏好,以达到其政策目标。

2. 制度原则。养老保险制度中通常都会规定制度实施的原则,而这些原则主要是限定制度操作和实施的限度,常常受经济因素、社会因素及政治因素等多方面的影响。

3. 基本要素及其确定依据。如前所述的养老保险制度中的诸多参数如缴费年龄、缴费基数、缴费比例、领取年龄等,均会在制度中有所规定,有时候制度设计中也会对相应参数的取值给予交代。

4. 账户模式。通常,对于采取缴费方式形成养老保险基金的制度,均会涉及资金的账户管理模式,包括统筹账户、个人账户或者统账结合三种形式。

5. 资金筹集和使用方式。养老保险资金的筹集主体、来源及财务方式,以及资金的使用条件、使用办法和计发方式等,通常都要在养老保险制度条款中加以说明。

6. 其他规定。对基金的管理机构等的规定。

三、养老保险制度模式

以上模式要素的不同组合就形成了不同的社会保障制度模式。不同的制度组合,可以产生不同的制度模式。如按照提供养老金的层次性来看,可分为基本养老金制度和补充养老金制度模式;按照制度覆盖的人群与年龄看,有普遍制与选择制模式;按照资金的来源主体看,有政府资助型、保险型、个人储蓄型及国家保险型等模式;按照资金的管理方式看,有政府管理、市场化管理、政府与市场的混合管理模式等。但是最常见的分类是以筹资与财务运行方式来划分的模式,主要包括现收现付制养老保险制度、完全积累制养老保险制度、现收现付与完全积累相结合的混合养老保险制度。

(一)现收现付与待遇确定制模式

现收现付制是养老保险基金集中和使用的一种财务运作模式,是指在养老保险制度中,会计年度内需要向退休参保者支付的养老金资金额,通过事先预算,按照一定的收取标准向所有在职参保者收取,即采取收支平衡略有结余的原则当年收当年支,资金不做积累,也就是说通过向当期在职的参保人员收取保险费,或者保险税,或者专项税收,所集中的资金用于支付当期已界年老的退休人员的养老金的财务方式,是一种典型的代际养老方式。

在该种模式下,养老金待遇标准往往是事先根据当期的社会平均消费水平及职工的平均工资收入水平来确定,故现收现付财务运作模式从养老金的发放方式来看,也叫待遇确定制模式(Defined Benefit,DB),学术界也称受益确定制或者受益基准制模式。

从资金的管理角度看,现收现付与待遇确定制养老保险模式常常与社会统筹和统筹账户相关联。社会统筹体现了资金的来源形式,统筹账户体现了资金的管理形式。现收现付与待遇确定制养老保险的资金通常采取统筹账户的形式管理资金,但是如果养老保险资金是来自一般税收通过财政预算的形式发放,则不需要设立统筹账户。

现收现付与待遇确定制模式的优点是:(1)能够确保养老金待遇满足老年生活需要。因为养老金标准是根据当期的经济和消费水平确定的,不会出现养老金待遇水平与物价过于脱离的情况。(2)养老资金不会贬值。现收现付,资金没有积累,不存在基金投资和贬值问题。(3)养老金管理成本较低。养老金待遇计发不需要复杂的精算技术,减少了人力成本,同时基金没有积累,减少了基金的投资与运营环节。故与积累制相比较,此种养老保险模式的整个管理成本相对较低。

现收现付与待遇确定制模式的缺点是:(1)难以应对人口老龄化。在人口深度老龄化状态下,参保缴费人口逐年减少,而领取养老金人口逐年增加,出现制度内赡养率不断攀升,而缴费率或者税率缺乏上升空间,从而会导致该种模式的不可持续。(2)会增加财政负担。由于制度内参保人口结构失衡,导致养老金基金难以平衡,为了确保养老金持续支付,政府不得已加大财政补贴,如果财政收入的增长程度不能抵消老年人口增长的速度,继而会增加政府的财政负担。(3)产生代际收入分配的不公。当代在职人口承担了当代老年人口的养老金,在未来劳动人口不断减少的状况下,为当代在职人口的未来养老承担责任的人口在减少,继而出现两种情况:一是有可能会降低当代在职人口未来的养老金水平,因为承担缴费的人口在减少;二是有可能会降低未来在职人口的收入水平,因为为了确保当代在职人口未来的养老金水平,未来在职的人口就要付出更多的缴费,从而出现不同时间退休、不同时期在职人员之间的收入分配不公情况。

(二)完全积累与缴费确定制模式

完全积累制是养老保险基金集中和使用的一种财务运作模式,是指在养老保险制度中,对参保退休人员发放的养老金金额是按照一定的标准向参保者所收取的保险费及其利息的积累额给予支付,采取权利与义务对等、多缴多得的原则进行缴费积累,供个人养老之用。通俗地讲,就是参加养老保险的人员,在劳动期间按照个人收入的一定比例向个人账户供款,并逐期积累,等到参保人员到达退休年龄时,再根据个人账户储存额的多少计算个人所享受的养老金额的方式,是一种典型的储蓄性养老方式。

在这种模式下,养老金待遇标准往往是根据个人的缴费积累额来确定,不受当期的经济发展水平、工资收入水平以及社会消费水平所影响,故完全积累制财务运作模式从养老金的发放方式来看,也叫缴费确定制模式(Defined Contribution,DC)。

从资金的管理角度看,完全积累与缴费确定制养老保险模式常常与个人账户相关联。个人账户是一种资金的管理形式,体现了个人的责任及其资金的私有属性。完全积累与缴费确定制养老保险的资金通常采取个人账户的形式管理。如果养老保险缴费中,有来自政府补贴和社会捐助的资金,一旦进入了个人账户,则同样具有私有财产性。

完全积累与缴费确定制模式的优点:(1)有聚集资金的作用。完全积累制的本质就是缴费积累,而且所积累的资金只有在领取年龄条件达到时才启用,从而会在缴费与基金使用之间产生较长的闲置期,而这个闲置期会为所积累的资金提供再利用的机会。大量的个人账户闲置期资金会形成一个庞大的储蓄资金,进而通过各种形式用于生产建设。(2)体现个人养老责任。个人缴费积累为个人养老所用,完全体现了个人的养老责任。(3)减轻财政负担。由于养老金待遇水平取决于个人缴费积累额,多缴多得,不存在财务运作上的资金缺口,故不会加重政府负担。(4)不受人口结构影响。由于个人缴费个人享受,不存在互济性,故这种模式不受制度内参保人口结构变化的影响,因而具有应对人口老龄化的优势。

完全积累与缴费确定制模式的缺点:(1)养老资金有贬值风险。由于个人账户资金长期积累,会受利息、通货膨胀、投资收益等因素的综合影响而贬值。(2)养老金水平不确定。由于养老金待遇的高低仅仅取决于个人账户的资金积累量,与经济发展、消费水平等无关,因此会出现养老金待遇水平与当期的物价脱离的情况,进而增加了养老金水平的不确定性。(3)养老金管理成本高。养老金待遇计发需要复杂的精算技术,管理部门需要维持精算人员的工资福利费,同时,个人账户积累基金,在暂时闲置期内需要投资与运营,故与现收现付制相比较,此种养老保险模式的整个管理成本相对较高。

(三) 现收现付与完全积累制相结合的混合制模式

现收现付制与完全积累制养老保险模式各有优缺点。在人口老龄化和金融市场不稳定的情况下,现收现付与完全积累制都难以实现较好的养老效果。现收现付最大的缺点是不能应对人口老龄化,而基金积累制最大的缺点是难以抵御养老资金的贬值风险。为此,现收现付制与完全积累制相结合的半积累制模式不失为一种应对人口老龄化与资金贬值风险的良策。

统筹账户与个人账户相结合(简称统账结合)的模式,是现收现付制与完全积累制相结合的混合制模式的一种体现。统账结合模式也是养老保险基金财务管理的一种方式。即在某一养老保险制度中同时设立统筹账户和个人账户,并根据养老保险费的性质及养老保险目标,将养老保险费按照比例或者按照来源不同归入不同的账户,实现为参保人提供最大程度保障的目标。其中,统筹账户实行现收现付财务方式,为当期的养老保险金领取者提供保障;个人账户实行完全积累制方式,为参保者个人未来到期的养老保险利益提供支付。在养老保险制度中,统账结合模式集中了统筹账户和个人账户孤立模式的优点,是一种优化的混合模式。既能体现社会养老保险制度的互济性特点和避免资金贬值的风险,又能与个人利益挂钩,激励个人参保的积极性,并且可以适当地抵御人口老龄化带来的养老金支付压力。我国20世纪90年代中期对企业养老保险制度的改革,便采取由过去单纯的现收现付模式为现收现付与积累制相结合的统账模式,目前的做法是企业缴费全部进入统筹账户,职工个人缴费全部进入个人账户。不过,我国的养老保险制度变革不仅仅是因为人口老龄化和资金风险的因素,更多的有由计划经济体制向市场经济体制变革需要稳妥推进的改革因素。

总之,对于一个国家或者地区,养老保险制度模式会随着社会经济条件的变化而发生变化。社会养老保险制度模式具有阶段性特点,不同社会发展阶段,会表现出不同的制度模式。

四、养老保险制度体系

就养老保险体系的建设来看,世界各国均有所差异。通常按照养老金的水平层次看,社会养老保险制度体系由基本养老保险制度(Basic Old-age Insurance System)和补充性养老保险制度(Supplementary Old-age

Insurance System)组成。

（一）基本养老保险制度

基本养老保险制度，也叫公共养老保险制度，是社会养老保险的一种，指由政府主办并通过立法强制居民参保，资金来源于国家税收或者雇主与参保者缴纳的保险费，为参保者提供基本水平的养老金待遇。其与补充养老保险制度、私人养老保险制度相对应，主要特点是强制性、普遍性及适度性。例如：英国公共养老金，包括对每个人提供的基本养老金和对雇员提供的与收入相关联的国家养老金，两者都实行现收现付制；加拿大公共养老金，包括基于联邦政府预算的老年保障金和雇主和雇员的缴费所建立的强制性缴费确定制养老金计划。从全国范围看，我国基本养老保险制度，包括城镇职工基本养老保险、城镇居民社会养老保险、新型农村社会养老保险、试点中的事业单位养老保险、地方性农民工养老保险、地方性被征地人员养老保险等。按照我国《社会保险法》的规定，国家层面的基本养老保险制度，主要包括城镇职工基本养老保险（Basic Old-age Insurance System for Urban Employees，BOISUE）、新型农村社会养老保险（New Rural Basic Old-age Insurance System，NRBOIS）和城镇居民社会养老保险（Basic Old-age Insurance System for Urban Residents，BOISUR）三大类型。

1. 城镇职工基本养老保险

该保险主要覆盖企事业单位及其在职人员、退休人员，还包括个体工商户及其帮工、自由职业人员、非正规劳动组织从业人员、非全日制劳动者、失业人员以及社会团体和民办非企业单位专职人员等，实行统筹账户与个人账户相结合的模式。各类企业均按职工工资总额的20%左右缴费，个人缴纳本人工资的8%，企业缴费进入统筹账户，个人全部缴费计入职工个人账户。职工到达法定退休年龄后，其养老金由基础养老金和个人账户养老金构成，基础养老金月发放标准是按当地上年度在岗职工月平均工资和本人指数化月平均缴费工资的平均值为基数，缴费每满1年发给1%。个人账户养老金月发放标准是按照个人账户储存额除以计发月数（计发月数详见表8-1）。计发月数是根据职工退休时城镇人口平均预期寿命、本人退休年龄、利息等因素确定。

基本养老金，是我国城镇职工基本养老保险的待遇之一。除此之外还有退休职工死亡后一次性支付的丧葬费、抚恤费等。

表8-1 我国城镇职工养老保险个人账户养老金计发月数表

退休年龄	计发月数	退休年龄	计发月数
40	233	56	164
41	230	57	158
42	226	58	152
43	223	59	145
44	220	60	139
45	216	61	132
46	212	62	125
47	208	63	117
48	204	64	109
49	199	65	101
50	195	66	93
51	190	67	84
52	185	68	75
53	180	69	65
54	175	70	56
55	170	—	—

注：本表为《国务院关于完善企业职工基本养老保险制度的决定》(国发[2005]38号)所发布的计发月数。

2. 新型农村社会养老保险

该保险主要覆盖农村年满16周岁(不含在校学生)且没有参加城镇职工基本养老保险的居民,实行社会统筹(Social Pooling)和个人账户相结合的模式。养老保险资金由个人缴费、集体补助、政府补贴构成,其中,个人缴费分为每年100、200、300、400、500元五个档次,各地根据实际情况可调高档次水平,参保人可自主选择,个人缴费全部计入个人账户,多缴多得。政策规定有条件的村集体对参保人缴费给予补助,补助标准由村民委员会民主确定,政府也鼓励其他经济组织、社会公益组织、个人为参保人缴费提供资助。参保农民领取的养老金由基础养老金和个人账户养老金组成。其中基础养老金由中央财政拨款,地方有能力的可以资助,资金由当期财政支付,现收现付,资金不做积累。个人账户资金由个人缴费、地方资助、有能力的集体补助三方组成,基金完全积累。其中,中央对基础养老金的发放根据区域不同,发放金额也不同。基础养老金为每月55元。中央对于中西部地区给予100%的全额补贴,对东部地区给予50%的补贴。地方可以根据自身财政水平和当地经济水平,适当增加基础养老金的额度,对于个人账户的补贴每月不得低于30元,可以自行调整,并根据缴费年限不同,可以采取不同的补贴金额,以鼓励农民参保。基金投资运营获得的利息也计入个人账户。中央根据农村居民人均纯收入增长等情况调整缴费标准。个人账户养老金的计发办法与城镇职工基本养老保险个人账户养老金计发办法相同。

3. 城镇居民社会养老保险

该保险主要覆盖城镇中年满16周岁(不含在校学生)且不符合职工基本养老保险参保条件的非从业居民,制度模式与新型农村社会养老保险一致,实行社会统筹与个人账户结合模式。不同的是城镇居民的社会养老保险缴费由个人缴费和政府补贴组成,且个人缴费水平和待遇水平要高一些。个人缴费分为100、200、300、400、500、600、700、800、900、1 000元10个档次,地方根据实际情况调整。地方政府对参保居民缴费给予补贴,补贴标准不低于每人每年30元。养老金由基础养老金和个人账户养老金组成,其中基础养老金为55元,由政府全额支付,中西部全部由中央承担,东部地区中央承担一半。个人账户养老金的计发办法与城镇职工基本养老保险及新型农村社会养老保险一样。

(二)补充性养老保险制度

补充性养老保险制度,是指为参保者的基本养老金水平提供补充保障作用的各种形式的养老保险制度。通常,参保者是在参加了基本养老保险制度之外,为了提高养老金水平,另外再参加的一个或者多个养老保险制度。补充养老保险的特点是:自愿性、补充性、储蓄性。例如,世界上许多国家在公共养老金计划之外,提倡职员所在单位为其举办职业年金、企业年金,鼓励个人自愿参加商业养老保险等。在我国,补充养老保险主要有企业年金、商业养老保险等。

第三节 养老服务基本理论

一、养老服务概念及特点

养老服务(Service for the Aged),也叫社会养老服务(Social Service for the Aged),或者养老社会服务,是指国家、社会或者个人为满足城乡居民在老年时对物质和精神生活的基本需要而提供的各种服务的总称。养老服务有狭义和广义概念之分,狭义养老服务特指由政府组织和实施的为弱势或者特殊老人提供的以生活照料服务为主要内容的基本养老服务,在我国,也称为民政养老服务。其主要特点是:(1)服务的对象为弱势和特殊老人,主要包括城市中的"三无"老人、"五保"老人、低保老人、独居老人等;(2)服务水平是以提供生存和生活中所必需的服务为标准;(3)服务方式是以无偿、低偿为主;(4)服务形式以机构集中提供、社区照护、居家养老服务补贴等为主要形式。

广义的养老服务是指国家、社会或者个人为改善和提高城乡居民老年生活质量,为其提供的日常生活、医疗、卫生保健、文化娱乐以及老年教育等各种服务的总称。其主要特点是:(1)保障对象为全体老人。人人都享有老年服务保障。(2)服务方式灵活多样。有集中院舍式服务,有公寓式服务,也有社区日托式的服务,更有分散居家养老服务等。(3)服务方式的多层次性。不仅有为困难和特殊老人提供的无偿和低偿服务,还有为高收入老人提供的有偿的个性化的高端服务。(4)服务水平的高福利性。为老年人提供的服务不仅在于满足其基本的生存和生活的必要服务,还包括提升和改善其精神生活所需要的老年教育、文化娱乐及社会参与等层面的服务。在未来社会,广义概念的社会养老服务发展将成为现代社会所追求的目标。

二、养老服务类型

(一)按照服务场所分类

按照服务提供的场所划分,养老服务可以分为机构养老、社区养老、居家养老。机构养老(Institution-based Aged Care)是指通过专业机构为老年人提供生活、医疗、起居和娱乐等全方位服务的养老服务方式。机构养老服务提供者可以为法人机构,也可以是附属于医疗机构、企事业单位、社会团体或组织、综合性社会福利机构的一个部门或者分支机构，具有公益性质，多不以营利为主要目的。从机构建设性质看，有政府举办、公建民营、国办民营、民办民营等多种形式；从机构是否营利看，有福利型、非营利型和营利型三种类型；从机构的功能看，可分为供养型机构、养护型机构、医护型机构等；从市场和政府角度划分，有私人养老机构和公共养老机构两类。私人养老机构是指营利性的老年公寓等。公共养老机构是指不以盈利为目的的养老院、敬老院等。

所谓社区是指一定地域为基础的社会生活共同体，它包括一定的地理区域，该地域内的各种物质文化资源，以及通过血缘、地缘等关系联系起来的具有共同利益的人群及组织。社区养老（Community-based Aged Care）是指以社区为载体，以社区基层组织为主导，发挥政府、社区、家庭和个人多方面的力量，充分动员社区中财力、物力和人力资源，为老年人的安老、养老提供全方位服务的一种养老形式。又可分为设施服务、定点服务和上门服务三种主要服务形式。设施服务如设立日间照料中心、托老所等；定点服务如提供配送餐服务、提供专人专职护理服务等；上门服务即提供居家养老服务等。社区养老具有居家养老性、经济性、社区服务性、便捷性等特点。

居家养老（Home-based Aged Care），即在自己家里或者居民家里养老，包括传统的家庭养老和社会提供服务的家庭养老即居家社会养老两种。传统的家庭养老是一种依赖家庭成员进行养老的方式，一般情况以晚辈对长辈的服侍、照料为主，也有同辈之间的互相照料和扶养。传统家庭养老的实质就是养老资源的提供者和养老资源的享受者均是家庭成员，实质上是一种以亲情、血缘关系为纽带的代际交换和亲人互助。居家社会养老是在传统家庭养老模式的基础上发展起来的，是以家庭为核心、社区为依托、养老服务组织（中心）等专业机构为服务实体，以老年人生活护理、家政服务和精神慰藉为主要内容，通过社会各界的广泛参与，对居住在家的老年人提供相应的社会化服务，简称居家养老。居家社会养老，可以划分为政府购买型、自购型、政府购买和自购结合型三种形式。政府购买型居家养老是指政府出资购买服务以满足老年人的基本生活需要的服务，服务对象主要是生活不能自理、收入比较低的老人、"三无"老人等。自购型居家养老是指自己或者家庭出资购买所需要的基本生活照料服务。政府购买和自购结合型居家养老是指政府提供部分服务，维持基本养老的服务主要依靠自己或者家庭购买的形式。

(二) 按照服务形式分类

按照服务提供的形式划分,分为集中服务、分散服务等。集中服务是指在专门的养老场所为老年人提供服务的方式,特指在养老机构或者养老设施养老的情形。专门的养老场所包括养老院、敬老院、老年公寓、托老所、日间照料中心等。分散服务与集中服务相对,是指为分散在私人住所的老年人提供养老服务的形式,包括部分居家养老、政府安排的散养和寄养等。

(三) 按照服务方式分类

按照服务提供方式划分,分为无偿服务、低偿服务和有偿服务三种。无偿服务指为老年人免费提供的养老服务方式,通常指"五保"老人、"三无"老人等。低偿服务是指为低收入老年人提供的带有救助型的养老服务方式,通常指"低保"老人、高龄独居、空巢老人等。有偿服务是指老人所需要的养老服务必须按照市场价格购买来获得的养老服务方式,通常指有收入的老人。

(四) 按照服务性质分类

按照服务提供的性质划分,分为政府提供、社会提供、个人提供等。政府提供是指由政府直接或者间接提供资金和服务的养老形式,包括政府直接举办养老机构、政府资助民间养老机构、政府购买养老服务和补贴养老服务等。社会提供是指由企业、社会团体、民间组织或者其他社会人士等提供的养老服务。个人提供是指老年人及其家庭成员为老年人提供的养老服务形式,包括家庭养老、配偶养老、子女养老及个人养老等。

(五) 按照服务水平层次分类

按照服务层次性划分,分为基本养老服务、补充养老服务及市场化养老服务等。基本养老服务是指政府和社会为广大老年人提供的满足基本的生存和生活需要的养老照护服务,也叫福利性养老服务,在我国也称民政福利性养老服务。补充养老服务是指为了提高享受基本养老服务的老年人的生活质量,由社会各方面的力量,包括政府、社会组织、企业及自愿者等在基本照护服务之外再为老年人提供的养老服务。市场化养老服务是指不具备享受基本养老服务的老人通过个人或者家庭成员购买等形式获得的市场提供的养老服务,包括家政服务、老年教育、文化娱乐和卫生保健等照护和精神慰藉服务。

(六) 按照服务内容分类

按照服务内容划分,分为生活照料服务、卫生保健服务、医疗照护服务、康复护理服务、精神慰藉服务、临终关怀服务等。生活照料服务，主要包括为老年人提供日托、购物、配餐、送餐、家政服务等一般照料和陪护等特殊照料的服务；卫生保健服务，主要指为老年人的日常卫生和健康提供必要的服务，如卫生防疫、健康检查、卫生健康知识宣传等；医疗照护服务，主要指为生病不能自理老人提供的必要的医疗照护服务，主要包括老人看病期间的生活护理、医疗陪护、卫生清理等服务；康复护理服务，主要指为老年人提供疾病后的身体康复训练、康复护理和保健等服务；精神慰藉服务，主要指为老年人提供必要的教育、文化、娱乐和旅游等精神层面的服务；临终关怀服务，主要指为在老年人生命的最后阶段为老年人提供精神抚慰，以减轻病痛、减少死亡恐惧等的综合服务。

三、养老服务的制度设计及结构

与传统的家庭养老服务相比较，社会养老服务不仅是一项社会制度，也是一项复杂的系统工程，其内容丰富，由一系列制度要素构成，这些制度要素之间有着内在的关系，进而形成基本的制度结构。

1. 服务需求对象

一般来讲，养老服务需求对象为全体老年人。社会养老服务制度是针对不同服务需求的老年人提供不同的养老服务。通常，老年人根据服务需求不同，可以分为生活照料服务需求老人、医疗康复护理需求老人、精神慰藉需求老人等。也可以根据老年人的健康状况，将老年人分为健康老人、基本健康老人、不健康能自理老人、不健康不能自理老人等。

2. 服务供给主体

服务供给主体，除家庭之外，包括政府、社会组织、企业、个人等为老年人提供各种各样的服务。比如政府是基本养老服务和部分补充养老服务的提供者，社会组织是补充养老服务的提供者，企业和个人大多数情况下是市场化养老服务的提供者。

3. 服务提供场所

为老年人提供养老服务，必须具备必要的服务机构、场所和设施，如养老院、敬老院、老年公寓、老年康复中心、托老所（日间照料中心）、老年权益维护中心、老年学校、老年活动中心等。这些服务机构、场所和设施是老年服务实现的载体和平台。

4. 服务提供的内容

社会养老服务的内容多种多样,其中基本的内容有生活照料、文化教育、优待维权、家政服务、老年就业、医疗照护、康复护理、临终关怀等。

5. 服务标准和规范

社会养老服务质量的好坏直接影响老年人的生活质量,因此,必须具有科学规范的服务标准,对服务人员所提供的服务进行专业规范。

6. 管理与监督

在社会养老服务中,对于养老服务进行跟踪管理和质量监督是确保老年人享受养老服务的保障,也是促进社会养老服务水平提高的必要措施。因此,社会养老服务制度中,服务的管理和质量监督是其重要的组成内容。

四、养老服务制度体系

按照广义概念的养老服务来看,养老服务体系主要由居家养老、社区养老、机构养老、家庭养老、自我养老等内容组成。按照我国《社会养老服务体系建设规划(2011—2015)》(国办发[2011]60号),我国的社会养老服务体系由居家养老、社区养老及机构养老组成。

(一) 居家养老

指居家社会养老。主要为居住在家中的老年人开展社会化服务。其服务涵盖生活照料、家政服务、康复护理、医疗保健、精神慰藉等,以上门服务为主要形式。对身体状况较好、生活基本能自理的老年人,提供家庭服务、老年食堂、法律服务等服务;对生活不能自理的高龄、独居、失能等老年人提供家务劳动、家庭保健、辅具配置、送饭上门、无障碍改造、紧急呼叫和安全援助等服务。我国政府规定,有条件的地方可以探索对居家养老的失能老年人给予专项补贴,鼓励为这些老人配置必要的康复辅具,提高生活自理能力和生活质量。

(二) 社区养老

主要为社区所辖范围内的老人(含居家老人)提供各种必要的老年服务。社区养老具有社区日间照料和居家养老支持两类功能,主要面向家庭日间暂时无人或者无力照护的社区老年人提供服务。在城市,结合社区服务设施建设,增加养老设施网点,增强社区养老服务能力,打造居家养老服务平台,倡议、引导多种形式的志愿活动及老年人互助服务,动员各类人群参与社区养老服务;在农村,结合城镇化发展和新农村建设,以乡镇敬老院为基础,建设日间照料和短期托养的养老床位,逐步向区域性养老服务中心转变,向留守老年人及其他有需要的老年人提供日间照料、短期托养、配餐等服务。以建制村和较大自然村为基点,依托村民自治和集体经济,积极探索农村互助养老新模式。

(三) 机构养老

主要为在家庭之外的专门在养老场所进行养老的老人提供服务。其以设施建设为重点,并通过设施建设实现基本养老服务功能。养老服务设施建设包括老年养护机构和其他类型的养老机构。老年养护机构主要为失能、半失能的老年人提供专门服务,重点实现以下功能:(1)生活照料。设施应符合无障碍建设要求,配置必要的附属功能用房,满足老年人的穿衣、吃饭、如厕、洗澡、室内外活动等日常生活需求。(2)康复护理。具备开展康复、护理和应急处置工作的设施条件,并配备相应的康复器材,帮助老年人在一定程度上恢复生理功能或减缓部分生理功能的衰退。(3)紧急救援。具备为老年人提供突发性疾病和其他紧急情况的应急处置救援服务能力,使老年人能够得到及时有效的救援。老年养护机构中一般内设医疗机构。有些老年养护机构还利用自身的资源优势,培训和指导社区养老服务组织和人员,提供居家养老服务,发挥示范、辐射、带动作用。其他类型的养老机构根据自身特点,为不同类型的老年人提供集中照料等服务。

第四节 国外养老保障制度实践及经验

一、国外养老保障制度概述

1889年德国颁布了《老年和残疾社会保险法》,标志着现代意义的养老保险制度的确立。随后,各国纷纷效仿德国建立了养老保险制度,如丹麦于1891年、瑞典于1903年、澳大利亚于1908年、英国于1909年、美国于1935年相继建立了社会养老保险制度。新加坡、印度、墨西哥、马来西亚、中国等发展中国家在第二次世界大战后分别建立了自己的养老保障制度。截止到20世纪末,世界上已有166个国家建立了社会养老保障制度。社会养老保障制度在这100多年的发展过程中,逐步走向完善。然而,由于社会制度、经济发展水平、文化传统等的差异,各国所建立的养老保障制度也各不相同，按照政府、企业和个人在养老保障中的权利和义务，可以将世界各国的养老保障制度粗略概括为四种模式：保险保障型、福利国家型、完全积累型和国家保险型。

二、国外养老保障制度的主要模式

（一）保险保障型

保险保障型养老保险制度诞生于德国，是世界上大多数国家实行的养老保险方式。它是通过立法来规定养老保险相关人的权利和义务，受保人在职期间必须按规定缴纳一定的养老保险费，受保人达到规定的退休年龄后，可以按规定享受养老保险金的权利，强调权利和义务对等的原则。当养老保险金入不敷出时，国家通过财政拨款方式给予补贴。保险保障型模式的主要特点：一是享受养老保险的前提条件是必须缴纳养老保险费，没有交纳养老保险费的人无权享受养老保险；二是养老保险的资金主要来源于雇主和雇员的缴费，政府只提供部分的财政补贴，养老保险的管理和运营经费由政府承担；三是养老保险的给付水平与受保人缴纳的养老保险费直接相关，受保人缴纳的养老保险费越高，退休时享受到的养老保险待遇越高；四是保险保障型养老保险模式一般采取现收现付的财务模式。

德国是最早实行保险保障型养老保险模式的国家。德国的养老保险覆盖范围较广，德国规定劳动者必须强制参加养老保险。德国养老保险制度主要由法定养老保险、企业补充养老保险和私人养老保险三部分组成。目前，德国法定养老保险、企业养老保险和私人养老保险所支付养老金的比例大约分别为70％、20％、10％。法定养老保险是德国养老保险制度的主体，有超过80％的从业人员是法定养老保险的成员。德国法定养老保险的资金来源于雇主、雇员的缴费和政府补贴，其主要来源于雇主和雇员的缴费。缴费的额度为工资收入的一定比率，政府根据养老保险的需要实时调整缴费率。近年来，德国养老保险缴费率总体呈现上升态势，1993年为17.5％，1994年为19.2％，1997年为20.3％。2008年，一般法定养老保险的费率为19.9％，矿工联合会养老保险的费率为26.4％，雇主和雇员各缴纳一半。当雇员的收入低于收入下线，保险费由雇主单独支付。当雇员的收入超出收入上线，则超出部分不用缴纳保险。德国养老金采取的是现收现付制，近年来，随着人口结构的变化，德国的财政负担不断加重，于是，德国政府计划，到2030年法定养老保险的缴费比例将由目前的19.9％提高至22％，到

2020年退休人员领取养老金占工资的比例由现在的平均53%降为46%,到2030年进一步降至43%。

美国是保险保障型国家的代表,强调个人在养老保险中的作用,弱化政府在养老保险中的功能。美国1935年建立社会保障体系主要是为了解决大萧条带来的失业问题,所以美国社会保障从建立之时起,就带着深厚的公共经济政策的色彩。在美国公共养老社会保障供给制下,建立最早的社会保障制度是老年、遗属和残障保险计划(OASDD),它是由美国社会保障管理局管理与运作的公共养老社会保险计划。美国养老保险的资金主要来源于企业和个人的供款。美国规定的社会保障工薪税率为12.4%,雇主和雇员各负担50%,即6.2%,按工资收入的6.2%交纳社会保障工薪税。自由职业者按12.4%交纳社会保障工薪税。月收入低于某一额度的,免交社会保障税,月收入高于某一额度的,高出的部分也不用交社会保障税。美国是联邦共和制的国家,由于各种因素的影响,美国各个地区、不同雇主的老年人、社会保障福利水平差别较大。在美国公共养老体制下,老年社会保障福利计算主要有两个标准,即基本福利和家庭最多福利,而且,职工的资格积分、申领养老金的年龄等都会影响退休职工的退休福利保障水平。美国老年社会保障福利即退休收入的计算公式是累进的,以月为计算基础,利用拐点设计,使得以指数计算的、职工工资收入较低的职工,退休后能够返还更高的百分比。从美国老年社会保障金的设计来看,美国老年社会保障金的规则设计向低收入人群倾斜,因为超过90%的金额是基于低收入部分计算的,以体现收入的再分配功能。表面上看虽然收入高的人所领取的金额数比低收入者要高,但实际上低收入者所获得的替代率比高收入者的替代率要高,可高达其退休前收入的40%,甚至更高,而高收入者的替代率相对较低,可低至其退休前收入的25%。

(二)福利国家型

福利国家型养老保障模式是福利国家广泛采用的一种养老保障制度类型,其思想来源于英国《贝弗里奇报告》提出的全民保障方案。在福利型社会保障国家,政府为每一个老年人提供养老金,以保障其最低生活水平的需要。福利国家型养老保障最早出现在英国,后来以瑞典为代表的北欧国家纷纷效仿。养老制度作为福利政策的一项主要内容,强调普遍性和人道主义,把所有老年人作为普遍养老金的发放对象,退休者还享受与收入关联的年金。普遍养老金的基金来源于税收,由国家和企业承担,个人不缴纳或只缴纳很少一部分保险费。以瑞典为代表的北欧国家是世界上福利最好的国家，其社会保障原则是"社会保险,人人受益"。北欧国家把为每个社会成员谋福利看作是社会集体的责任。所以社会福利分配中强调公平性,国家在其中发挥着重要作用,通过把各种社会福利和社会义务普遍化、法律化,国家事实上包揽了全体公民"从摇篮到坟墓"的全部福利。福利国家型养老保障模式的特点：一是养老保障坚持普遍适用原则,即只要达到规定的年龄,不论其工作期间是否缴费,也不论其经济地位和职业状况如何,都可以享受到一定额度的基本养老金；二是福利国家型养老保障的资金主要来源于国家财政,个人不缴纳或只缴纳一部养老保险费。20世纪70年代以来,福利国家模式逐渐暴露出一些问题,政府为了保持高水平的福利待遇,不得不实行高税收。高税收导致企业负担过重,从而导致企业的竞争力下降,最终导致社会福利的危机。近年来,福利国家也在进行改革,以提高企业的竞争力和降低政府的财政负担。

瑞典作为福利国家模式的典型代表,以贝弗里奇的福利普遍性理论为基础,强调"收入均等化,就业充分化,福利普遍化,福利设施体系化",被人们誉为"老年人的天堂"。2003年,瑞典对养老保险制度进行了改革,新体制完全取代了原来的国家基本养老金和收入相关联的补充养老金制度,为所有瑞典人提供一份最低保障养老金,同时,也为所有有收入来源的人提供一份与收入相关的养老金。瑞典现行的养老金缴费费率是其工资和津贴收入的17.21%,其中个人缴纳工资和津贴收入的7%,雇主缴纳雇员工资的10.21%。新的国家养老金体系由三种养老金构成：即收入型养老金、累积型养老金和保证型养老金。收入型养老金是一种收入关联养老金,实行的是缴费确定型的现收现付制模式,也称为名义缴费确定型个人账户,雇主和雇员17.21%的缴费中,14.88%进入该账户,将当前在职劳动者的缴费用于支付当前退休者。累积型养老金也是收入关联养老金,实行的是基金积累制个人账户,按基金积累制运行,个人工资收入的2.33%进入这个账户,该笔资金将直接投资于资本市场,产生收益。保证型养老金是为那些低收入者,或者没有收入的人提供养老金,瑞典政府为他们提供最低养老保障金,保证其得到最低生活保障,通过财政预算拨款来向这些老人提供保证型养老金。

(三) 完全积累型

完全积累型养老保险模式由企业和个人或任一方缴纳保险费,国家不进行直接投入,只给予一定的政策优惠。完全积累型的养老保险基金筹资模式是以远期纵向平衡为原则,为每一个人设立个人账户,投保人在职期间,所有的保险缴费都存入个人账户,当投保人年老、伤残或死亡时,账户上的资金可一次或按月支付。完全积累型养老保险模式把社会保障的储蓄功能发挥到最大限度,且政府对社会保障的财政负担几乎为零,政府愿意实行此种模式。由于完全积累的资金都存入自己的个人账户,有利于激励人们积极参保。但是这一制度也存在自身的缺陷,即无法充分发挥社会保障的互济互助功能,同时普遍面临着如何使基金保值增值的压力,在出现持续通货膨胀和金融危机时将面临困难。

新加坡和智利实行的都是完全积累型养老保险模式。新加坡实行的是中央公积金制度,基本做法是中央政府制定、颁布《中央公积金法》,强制所有雇主、雇员依法按照收入的一定比例向中央公积金局缴纳公积金;政府成立权威机构——中央公积金局,负责养老保险的政策制定和实施。作为社会保险机构的中央公积金局,负责制定总投保费率、投保比例,规定雇员投保年限和退休年龄等。中央公积金面向所有公共部门和私人部门的雇员,雇主本人或者自雇者可以自行决定是否参加。目前,新加坡的中央公积金制度覆盖面很大,已经实现了真正的社会化养老保险。新加坡养老保险的资金来源于雇主和雇员缴费,雇主和雇员各缴纳工资收入的 20%,月收入低于 500 新元不用缴费(相当于 2 400 元人民币),月收入高于 1 200 新元以上的部分不缴费;到达退休年龄后,投保人可以一次性领取保险费加上至少每年 2.5% 的复利。新加坡政府直接管理、合理运用所积累的资金,中央公积金计划成员缴费形成的基金主要投资于购买政府债券,结果大大增加了国家经济建设所需的资金,促进了经济增长。

相比较而言,智利推出的也是一种纯个人养老账户制,由投保者个人投保,并逐渐积累,以供自己晚年的养老,雇主不作投入,国家也不直接资助。它与新加坡中央公积金制度的最大不同之处在于,它是以若干个私人养老金管理公司管理的养老基金为主而构成的,不是由政府直接进行管理。这些机构是股份公司,其唯一的目的是管理养老保险基金,这些基金管理机构的业务主要包括征收养老保险费、管理个人账户、投资养老保险基金、进行残疾和遗属保险,以及经办养老保险制度范围内的各项业务。在智利,每个参保人拥有一个个人账户,存放其养老保险缴费。一个参保者可以从政府指定的数个养老基金管理公司中任选一个,托管自己的养老基金个人账户,也可以在不同的养老基金管理公司之间转移账户。这样的制度安排造就了一个竞争性的养老基金管理和经营市场。养老金缴费全部由雇员承担,缴费率为工资的10%,雇主每月将雇员的缴费从工资中扣除,并存到AFP管理的雇员养老金个人账户中去。参保成员可以在10%的基础上自愿附加缴费,并享受一定的税收优惠。智利养老金制度获得的成功引起了各国的广泛关注。与其他国家集中管理养老基金相比,智利养老保险制度的私人管理模式具备了竞争的性质,是按照市场机制进行有关配置的,它提供了一个很高的收益率。但是,也有一些对智利模式的批评意见。有人认为,智利模式在再分配问题上是不公平的,它导致了收入问题可能向着背离那些最贫困阶层的方向转移。另外,认为各个养老基金管理公司之间的竞争能够降低管理费用也没有根据,因为通过竞争等手段并没有减少管理费用。智利模式在今后还将遇到严峻的考验。

（四）国家保险型

国家保险型养老模式由国家承担劳动者的所有养老保险责任,个人不缴纳任何费用,保障对象为全体公民。劳动者在年老后,均可享受国家法定的社会保险待遇,但国家不向劳动者本人征收任何养老保险费,养老保险所需的全部资金,都来自国家的财政拨款,并由国家计划统一发放。这种模式主要在社会主义国家实行,前苏联是这一模式的开创者,我国在改革开放前也实行这种模式。该制度是计划经济的产物,国家把养老作为一项生活内容进行制度安排。国家保险型养老模式有以下几个特点：一是国家充当养老保险的主要角色,受保人不用缴纳任何费用,养老保险金全部由企业和财政负担；二是一般情况下养老保险待遇与劳动贡献挂钩,与缴费的多少无关。随着苏联的解体和我国市场经济的推进,国家保险型养老模式正在逐渐消退。但国家保险型养老模式在一定的历史时期对于稳定社会、保障劳动者的晚年生活,起到了积极的作用。

三、国外养老保障制度实践经验

（一）养老保障制度立法先行

国外发达国家养老保险制度普遍以立法来保障制度的运行。如果养老保险制度需要改革的话,一般都需要对养老保险法进行修改,在修改养老保险法的过程中,各方都要对新的方案进行充分的讨论,以保证新出台政策的有效性。各国都通过法律的形式来规定政府、企业和个人在养老保险中的权利和义务,并通过一系列的细则保证养老保险的可行性。

（二）养老保障制度覆盖范围广

在国外保险保障型养老模式中,养老保险一般都是强制的社会保险,有的国家通过养老保险税的形式统一征收,而有的国家通过养老保险费的形式缴纳,但不管以何种方式,其基本养老保险都覆盖了几乎所有的劳动者。福利国家型和国家保险型更是将全民作为其保障的对象。

（三）建立了多层次的养老保障制度

从发达国家现有的养老保障制度来看,各国为了解决人口老龄化、财政资金紧张、待遇分配不公平以及养老保险缺乏效率等问题,许多国家都建立了多层次的养老保障制度。无论是以德国为代表的保险型保障模式,还是以瑞典为代表的福利国家型保障模式,无不以建立多层次的养老保障制度为目标。这些国家政府通过立法来规范基本养老金的资金筹集、给付范围和给付标准,以保证全体劳动者在年老时可以享受到基本的养老金,从而保证所有老年人的基本生活需求；同时,政府通过税收等优惠措施,引导企业为员工提供企业年金,退休的员工可以通过获得企业年金来提升年老时的生活品质。同时,政府也鼓励个人通过在市场上购买个人养老保险来满足个性的需求,从而实现养老保险多元化健康发展。在建立多层次的养老保障制度过程中,对于基本养老保险,国家一般给予一定的财政补贴,同时在分配时更加强调公平性。对于企业年金,一般更加强调激励和效率。

四、国外养老保障制度对我国的启示

（一）制定养老保障法律,明确我国养老保障制度的目标

各国构建养老保障体系的目标是不同的,导致了各国养老保障制度的多元化。如美国建立养老保险制度更加注重效率,而瑞典的养老保障制度更加强调公平,日本则强调受益人对社会贡献的大小。我国首先必须明确建立养老保障制度的目标,并通过目标来确定适合我国养老保障制度的模式,并通过立法来保证养老保障制度目标的实现。通过立法,来明确规范基本养老保险中的企业、个人和政府的相应权利和义务,并对基本养老保险的覆盖范围、资金来源、养老金的发放标准做出统一的规定,使基本养老保险有法可依,对违反基本养老保险制度的相关行为,应给予相应的处罚,从而保证基本养老保险制度的持续健康运行。在我国的其他养老保障制度中也应有明确的法律规定,以规范其发展。如企业年金、机关事业单位的养老金

制度以及其他的补充性养老保险等。

(二) 降低养老保险缴费比例,扩大养老保险覆盖范围

我国基本养老保险的缴费比例各省不完全相同,但一般企业缴纳职工工资总额的 20%,个人缴纳缴费工资的 8%,合计为 28%。其中,个人缴纳的部分计入个人账户,企业缴纳的部分计入统筹账户。从世界各国的养老保险缴费比例来看,我国排在第十五位,且我国养老保险的替代率较低,2011 年养老金实际替代率仅为 42.9%。所以,我国养老保险缴费较高,而养老保险金水平又较低,导致部分职工不愿参加养老保险。因此,从长远来看,我国应降低养老保险的缴费比例,提高职工参与养老保险的积极性,逐步扩大养老保险的覆盖范围。

(三) 分清养老责任,转制成本应由社会承担

目前,几乎所有的养老金支出都消耗在养老金转制成本的消化上。转制成本属于向市场经济转型所需付出代价的一部分,因为这种转型的好处将会被今后许多代人共享,所以,让所有分享到改革好处的人来共同承担他们的养老金费用是合适的。因此,中国应将养老金转制成本从现有社会养老保险中分离出来,转化为一种长期国债,让全社会来共同承担,而不应让一代人来全部负担。目前所采用的在职职工承担所有转制成本的做法,不但给在职职工带来经济压力,而且让他们感到自己的社会保障权益受损,故而引起部分职工不愿参加基本养老保险。把转制成本当成一种长期国债,通过每一年偿还利息的方式,逐步降低债务水平,可以减轻养老保险基金支付压力,也可以通过出卖一部分国有资产等方式,逐渐缓解转制成本,或者通过经济增长的长效机制来逐步抵减转制养老金。这样即能保证转制养老金的有效支付,也能确保在职员工的养老保险权益不致受损。

(四) 逐步做实个人账户,拓展个人账户功能

在供款基准制下,养老保险基金可以通过个人账户实账管理,也可以采用名义账户的形式管理。名义账户管理方式是将资金集中起来进行统一的管理,个人账户上只是记录了养老金的名义积累额,居民无法对名义账户里的资金进行投资,因此,名义账户的回报率一般为给定的国债利率。而个人账户实账管理,可以使养老保险的产权更加清晰,而且居民可以用账户里的钱进行选择性投资,从而有利于提高账户中资本的回报率,同时对居民积极参与养老保险有很大的激励作用。我国目前的基本养老保险实行的是个人账户实账管理的方式,但由于养老保险基金承担了支付转制成本的作用,因

而使得个人账户成为空账。近年来,虽在政府的多方努力下,各地都在积极做实个人账户,但是个人账户空账依然很严重,做实个人账户任重道远。当个人账户做实以后,其养老金管理方式可以是多元化的,除了用来支付个人的养老金外,建议增加个人账户的其他金融功能,以发挥个人账户资金的最大效益。

(五)继续发展多层次的养老保障制度

养老保障制度应根据居民的不同需求,提供多样化的养老金服务。基本养老保险应由政府强制实施,覆盖范围应包括全体劳动者,资金筹集可以由企业、个人和政府共同承担,其中企业和个人负担不宜过重,且资金实行高度的统一管理,待遇标准基本上为保障退休者的基本生活。企业年金,可以由企业自愿建立,政府给予一定的税收优惠,一般根据职工的贡献大小提供不同水平的养老金。企业年金不但可以提高退休职工的生活水平,而且可以激励员工积极工作,多为企业作贡献,从而促进企业效率的提高。引导个人进行养老储蓄和促进商业养老保险发展,由国家统一筹划并制定出一定的鼓励政策,如通过提高储蓄利率来激励个人为防止老年风险而进行储蓄,并通过发展商业保险来为多样的居民需求提供多层次的商业养老保险服务,从而构建起保障居民养老无虞的有机无缝的完整养老保障网络体系。

第五节　中国养老保障制度实践与改革

一、我国社会养老保险制度实践

(一)我国养老保险制度改革的历史沿革

我国传统的社会养老保险制度起源于20世纪50年代。自1951年政务院颁布的《中华人民共和国劳动保险条例》开始,城乡养老制度沿着两条不同的路径发展,城镇实行养老社会保险制度,农村实行传统的家庭养老模式。

城镇社会养老保险制度起源于20世纪50年代初期,为国营企业建立的劳动保险制度。经过50多年的分化和演变,形成现行的城镇职工基本养老保险制度、机关公务员和部分事业单位的退休养老制度及事业单位社会养老保险制度三大板块。1951年政务院颁布了《中华人民共和国劳动保险条例》,规定企业劳动者享有年老退职的权利,退出劳动后可以领取退职金。

1958年国务院制定了《关于工人、职员退休处理的暂行规定》,首次针对机关、事业单位和国营企业职工发布养老保险单项法规,首次对养老保险制度建设作了较全面的政策规定,但是中国十年的文化大革命,使这一制度演变为企业各自负担退休人员的"单位责任制"。

我国农村,解放初期至农业合作社成立之前,农村土地实行农民所有制,广大农村居民的养老完全依赖家庭提供保障。1956年我国农业合作社改造后至改革开放前的一段时期,我国农村居民的养老由家庭和集体承担,尤其是失去或者部分丧失劳动能力的孤残老人有"五保"供养制度,虽然水平不高,但是农民却有了最基本的老年保障。

改革开放初期,我国的经济体制改革走的是一条先农村后城市的路径,1984年全国农村实行了家庭联产承包责任制,使长达近30年的集体经济瓦解,建立在集体经济基础上的农村养老保障制度失去了依赖的经济基础,使农民的养老风险又完全回到了家庭保障的模式。但是在农村经济体制转轨之际,人口计划生育政策效果初显,人口逐渐老龄化,家庭结构严重小型化,8亿农民的养老成为政府的心头病。为此,在国家八五计划中,将解决农村人口的养老问题纳入了议事日程,民政部在1986年开始着手准备农村社会养老保险制度的试点工作,1991年底出台了《县级农村社会养老保险(试行)方案》,1992年开始在全国范围开展,1995年到1997年之间试点工作达到了高峰。但是后来由于农村社会养老保险在管理体制改革中逐渐暴露出诸多弊端,国务院1999年下文要求暂停该项业务,并对之进行治理整顿。2002年党的十六大提出,有条件的地方探索建立农村养老保险制度,使农村社会养老保险制度又新一轮地开始了试点与探索。

我国城市,20世纪80年代中期随着企业经济体制的深入改革,传统的"单位责任制"养老保险制度逐渐成为企业负担,成为妨碍企业进行平等市场竞争的制约因素。因此,伴随着企业经营制度和体制的改革,我国开始了对传统养老保险制度的改革。这项改革始于广东省,1984年11月《广东省全民所有制单位退休基金统筹试行办法》正式颁布。之后,江苏省泰州市、四川省自贡市、广东江门市、辽宁省黑山县也先后实行了养老费用统筹制度试点。1986年后,全国普遍开展了县级养老保险费用统筹制度,实现县(市)级统筹后,有关部门便着手提高统筹层次。1990年6月先后有北京、上海、天津、福建、江西5个省(直辖市)实行了省级统筹。在总结全国各地养老保险制度改革经验的基础上,1991年国务院发布了《关于企业职工养老保险制度改革的决定》(国发[1991]33号),规定"随着经济的发展,逐步建立起基本养老保险与企业补充养老保险和职工个人储蓄性养老保险相结合的制度。改变养老保险完全由国家、企业包下来的办法,实行国家、企业、个人三方共同负担,职工个人也要缴纳一定的费用"。但是对于"尚未实行基本养老保险基金省级统筹的地区,要积极创造条件,由目前的市、县统筹逐步过渡到省级统筹"。而这一时期,对于机关事业单位职工仍旧实行改革开放前的退休养老制度。

(二)现代社会养老保险制度体系的构建

经过30多年的改革,我国社会养老保险制度体系框架初步形成。

1. 建立并逐渐完善城镇职工基本养老保险制度

1993年,党的十四届三中全会做出关于建立社会主义市场经济体制的决定,明确了企业职工基本养老保险制度的改革方向。1995年国务院发布《关于企业职工养老保险制度改革的决定》,提出要逐步"基本建立起适应社会主义市场经济体制要求,适用城镇各类企业职工和个体劳动者,资金来源多渠道、保障方式多层次、社会统筹与个人账户相结合、权利与义务相对应、管理服务社会化的养老保险体系"。1997年国务院颁布的《关于建立统一的企业职工基本养老制度的决定》(国发[1997]26号),确立了我国现行的企业职工基本养老保险制度的政策框架,提出要将参保范围逐步扩大到城镇所有企业及其职工,向建立统一的企业职工基本养老保险制度迈出了重要的一步。1998年国务院下发《关于企业职工养老保险省级统筹移交地方管理有关问题的通知》(国发[1998]28号),规定"1998年8月31日前,实行基本养老保险行业统筹企业的基本养老保险工作,按照先移交后调整的原则,全部移交省、区、市管理",这些行业的职工也都纳入企业职工基本养老保险范畴。但是随着我国人口老龄化、就业方式多样化和城市化的发展,现行企业职工基本养老保险制度存在着个人账户没有做实、计发办法不尽合理、覆盖范围不够广泛等不适应的问题,需要加以改革和完善。因此,2005年国务院出台《关于完善企业职工基本养老保险制度的决定》(国发[2005]38号),对企业职工基本养老保险制度进行了完善。

2. 逐渐开启事业单位养老保险改革试点

从1991年起,我国传统的机关事业单位养老保障制度开始面向养老社会保险方向改革。国务院在1991年6月发布《关于企业职工养老保险制度改革的决定》(国发[1991]33号)中明确规定:机关、事业单位的养老保险制度改革,由人事部、民政部负责。1992年人事部出台《关于机关、事业单位养老保险制度改革有关问题的通知》,指出逐步改变机关事业单位实行现收现付、全部由国家包揽的做法。在该精神的指导下,各地纷纷出台了有关机关事业单位的养老保险政策,这样我国机关事业单位的养老保障制度开始出现分化:一是机关公务员和大部分事业单位工作人员基本还实行国家财政或本单位"包下来"的养老制度,即工作时期不缴费,不建立基金,按规定离退休后,由财政预算或本单位按国家规定标准支付离退休费;二是部分自收自支事业单位已经实行了统账结合的养老社会保险制度,这就是所谓的在机关事业单位系统形成的养老"双轨制"。2008年国务院通过《事业单位工作人员养老保险制度改革方案》,确定山西、上海、浙江、广东、重庆五省(市)试点。2009年1月国家人社部正式公布《事业单位养老保险制度改革方案》。自此,我国的事业单位养老保险进入正式的试点阶段。

3. 建立机关公务员养老保险制度

我国城镇职工的养老保险制度改革未包括国家机关单位的职工。我国现行国家机关公务员的养老保险制度是根据1993年国务院发布的《国家公务员暂行条例》的有关规定执行,实行的是退休金制度,其退休金主要包括三部分:一是全额计发本人退休当月的基础工资和工龄工资。二是按本人原标准的一定比例计发职务工资和级别工资,其中工作满35年的,该两项工资之和按88%计发;工作满30年不满35年的,该两项工资之和按82%计发;工作满20年不满30年的,该两项工资之和按75%计发。三是按本人原标准的一定比例计发地方职务(岗位)津贴。其计发比例与职务工资和级别工资之和的比例相同。在20世纪90年代中后期,我国个别地区对公务员养老保险制度进行尝试性改革,将国家公务员纳入城镇企业职工基本养老保险制度框架,实行国家机关公务员与企业职工按同样比例缴费,退休后按同样比例和原则调整基本养老金,基本养老金都从当地城镇职工基本养老保险基金中支付,但是养老金的计发办法与企业退休人员有所不同。

4. 建立新型农村社会养老保险制度

2009年,国务院在全国各地农村社会养老保险探索经验的基础上出台了《关于开展新型农村社会养老保险试点的指导意见》(国发[2009]32号),并于当年年底开始启动了新型农村社会养老保险的试点工作。2012年9月,国务院对外宣称我国新型农村社会养老保险在全国层面实现了全覆盖。

5. 建立被征地农民养老保障制度

20世纪90年代末和21世纪初,全国各地开始了被征地农民养老保障制度的探索与实践。尽管缺乏全国层面的统一指导意见或者政策方案,但是各地基本上都建立了被征地农民养老保险制度。尤其是在城镇化相对发达的地区,该项制度基本上已获得成功。如浙江省从1998年嘉兴市出台的有关政策开始,直到2003年5月全省以劳动和社会保障部门牵头、由国土资源、财政、民政及农业等部门联合,在全国率先颁发了《关于建立被征地农民基本生活保障制度的指导意见》,由此开始不仅在浙江全省推进了被征地农民养老保障制度的建立与发展,更为重要的是作为带头典范促进了全国其他地方被征地农民养老保障制度的开展。目前我国新生的被征地农民基本做到了应保尽保。

6. 探索农民工社会养老保险制度

从20世纪80年代末至今,农民工社会养老保险制度一直是讨论的热点。目前全国层面专门针对农民工养老保险的政策文件或者制度方案尚未出台,但是在多次国家和政府重要的会议和报告中,农民工养老保险问题一直是被政府关注的问题。在实践中,我国一些农民工相对密集的城市都在积极探索农民工养老保险制度,如1987年深圳、1998年广东、1999年北京、2001年浙江、2002年上海等都相继出台了相关政策和文件。2009年12月我国出台了《城镇企业职工基本养老保险关系转移接续暂行办法》(国办发[2009]66号),其中对包括农民工在内的所有城镇企业职工基本养老保险的参加人员适用。近年来,随着新型农村社会养老保险和城镇居民社会养老保险的开展,农民工参加基本养老保险的政策基本明朗,即农民工可以在原户籍地参加新型农村社会养老保险,符合条件的也可以在就业地参加城镇职工基本养老保险。

7. 开展城镇居民社会养老保险制度

自从十六届六中全会提出2020年实现社会保障的全覆盖目标以后,我国不少地方开始对城镇居民养老保险进行试点。2011年6月国务院出台了《关于开展城镇居民社会养老保险试点的指导意见》(国发[2011]18号),启动了我国最后一个基本养老保险制度的建设工作。2012年9月人力资源和社会保障部公布城乡居民养老保险制度已经在我国2 853个县级行政区域全面推开,这标志着世界上最大的养老保险体系在我国已经提前8年建成。截至2012年9月底,全国共有4.49亿人参加了城乡居民养老保险,其中有 1.24 亿年满 60 岁的城乡居民已经开始按月领取养老金,达到了应领人数的 95%。居民养老保险与城镇职工养老保险加起来,我国养老保险的参保人数已经超过了 7 亿。

(三)我国社会养老保险制度及体系存在的问题

我国社会养老保险事业取得了巨大进步,对保障城乡居民的养老问题发挥了极大的作用。然而我国当前的社会养老制度建设及体系还存在一定的问题。

1. 财政责任不平衡,制度性质存在差异

城镇职工基本养老保险是由早期的劳动保险演变而形成的,其社会保险的性质已在《劳动保险条例》、国务院国发[1991]33 号、国发[1995]6 号、国发[1997]26 号、国发[2000]42 号等国家政策法规中得到明确定性,同时也体现了政府对职工基本养老保险的重视,反映了职工基本养老保险在社会保障中的主导地位。

机关事业单位养老保险,由于财政承担的责任相对要多一些,而且相当一部分机关事业单位仍实行传统的养老退休制度,难免有福利保障之嫌。

现行农村社会养老保险和城镇居民社会养老保险,可以说是在中央财政和地方财政助推下开展起来的,相比较新政策之前,政府财政责任显性化,而且财政责任比例较大,两种保险具有较强的福利性特点。

总体上看,政府在机关事业单位人员退休养老政策中承担了主要甚至是全部责任,在城镇职工基本养老保险中仅仅承担了财政兜底责任,在农村社会养老保险和城镇居民养老保险中起着主导作用。由此使得我国的养老保障制度存在"双轨制"或"三轨制"问题。

2. 制度设计差异大,影响社会保险关系的转接

从现代社会养老制度设计来看,存在账户模式、筹资方式、缴费标准、待遇享受条件等种种差异,这些差异给参保对象的流动所引发的社会养老保险关系转移和接续造成极大的影响。如从账户模式看,我国城镇职工基本养老保险实行统筹账户与个人账户相结合的模式;我国农村社会养老保险和城镇居民社会养老保险实行社会统筹与个人账户相结合的模式,即由国家财政承担统筹账户对应的基础养老金的发放,该部分资金实行财政预算和划拨制度,不同于城镇职工基本养老保险中的社会统筹资金是来自企业的缴费,同时,个人账户资金也是由个人缴费和地方政府以及社区集体缴费形成的,也不同于城镇基本养老保险中的个人账户资金仅仅来自参保者个

人缴费；而事业单位有的实行退休制，有的实行统账结合制。这种账户模式的差异，尤其是城镇职工基本养老保险和城乡居民社会养老保险设计上的差异不利于养老保险关系直接迁转。从筹资方式看，现代社会养老保险的筹资一般是由国家、企业（集体）、个人三方共同承担。我国城镇职工基本养老保险基本上是采取这种筹资模式，即企业按照月工资总额的20%缴费，职工个人按照本人上一年度月平均工资的8%缴费；政府承担养老金兜底责任。而我国现行城乡居民养老保险制度基本上是政府和个人双方承担费用，而且在城乡居民养老保险中，从养老金支出结构看，个人缴费仅仅是一种象征，养老金的大部分资金来自政府财政补贴。此外，缴费标准和待遇享受水平的差异更大。

3. 参保面存在漏洞，尚未达到人口全覆盖

从制度设计覆盖的人群看，我国基本实现了社会养老保险的全覆盖。但是从制度实施和制度覆盖的实际效果看，我国社会养老保险制度参保率尚未达到应保尽保，相当一部分人口没有享受养老保险。城镇职工基本养老保险单位参保基本上做到了应保尽保，但是参保人数占应参保人数的比重还较低，同时相当一部分个体从业者、服务行业的受雇者等尚未参保，参保面还存在死角。而城乡居民社会养老保险虽然已经全面铺开，但是也有相当一部分人员尚未参保。此外，流动性的待业、就业人员、农民工等群体的参保率也十分低下。根据2012年度人力资源和社会保障事业发展统计公报显示，截至2012年末全国就业人员76 704万人，其中城镇就业人员37 102万人，外出农民工16 336万人，而年末全国参加城镇基本养老保险人数为30 427万人（含参保退休人员7 446万人），占城镇就业人数的82%。如果单纯按照在职参保人数计算，则仅占城镇就业人数的62%。2012年末参加基本养老保险的农民工人数为4 543万人，占外出农民工人数的27.8%。由此可见，虽然目前我国社会养老保险已实现了制度全覆盖，但尚未实现人口全覆盖。

4. 待遇差距较大

由于体制模式的不同，企业基本养老保险制度与机关事业单位职工的社会养老保障待遇水平差距很大。自2005年以来，国家对企业职工养老金水平进行了连续10年的调整，但是与目前的机关事业单位养老金水平比较还是偏低，大体上是机关事业单位退休金的1/3—1/2。有地方数据显示，2007年底北京市企业退休人员的养老金平均1 380元，而机关干部养老金

平均则在 4 000 元以上,前者约是后者的 1/3。2012 年上海市企业职工基本养老保险金平均为 2 600 多元,事业单位养老金平均为 4 800 多元,前者是后者的 1/2 多。这种差别是社会福利待遇的极大不公,因而现行基本养老保险制度改革十分迫切,如何实现机关事业单位职工养老保险和企业职工养老保险的协调发展,也是一项亟待研究的课题。

二、我国社会养老服务体系建设

(一) 我国社会养老服务体系建设历程

我国 1999 年进入老龄化社会,之后政府非常重视养老服务体系建设工作,不过真正的社会养老服务体系建设是从"九五"之后开始的,大体包括以下几个阶段:

1. 社会养老服务体系的探索与试点

我国第五次人口普查数据显示,65 岁及以上老年人口规模为 8 811 万人,占总人口比重 6.96%,60 岁及以上人口规模为 1.3 亿人,占总人口比重 10.2%。老龄化社会的国际衡量标准是,一个国家或者地区 60 岁及以上人口占到总人口的 10%,或者 65 岁及以上人口占到总人口的 7%,就是"老龄化社会",按照该标准,我国已进入了老年型社会。面对人口老龄化的压力,国务院于 2000 年出台了《关于加强老龄工作的决定》,首次提出"坚持家庭养老与社会养老相结合,充分发挥家庭养老的积极作用,建立和完善老年社会服务体系","建立家庭养老为基础、社区服务为依托、社会养老为补充的养老机制",并将其作为"十五"期间老龄工作的基本发展思路。随后,我国各地陆续开展不同形式的养老服务体系试点探索。其中,全国人口老龄化最为严峻的上海早在 1979 年就进入老龄化社会,曾试图借鉴欧美国家模式推行机构养老,从 2000 年开始探索居家养老服务模式,2004 年上海市政府将居家养老补贴纳入财政预算,使居家养老服务取得重大突破。

2. 社会养老服务体系的推广与定位

经历"十五"时期的试点探索后,2006 年国务院[2006]6 号转发了全国老龄委办公室、发展改革委、教育部、民政部、劳动保障部、财政部、建设部、卫生部、人口计生委、税务总局《关于加快发展养老服务业的意见》,提出"发展养老服务业要按照政策引导、政府扶持、社会兴办、市场推动的原则,逐步建立和完善以居家养老为基础、社区服务为依托、机构养老为补充的服务体系",强调居家养老是基础,明确机构养老为补充的定位。同时,针对养老服务需求,首次提出"发展老年护理、临终关怀服务业务"。而这一时期的上海,率先提出在"十一五"期间要逐步形成"9073"的养老服务格局目标,即实现90%的老年人由家庭自我照顾,7%的老年人享受社区居家养老服务,3%的老年人享受机构养老服务。此后,居家养老在社会养老服务体系建设中的地位日显重要。2008年我国相关部委联合发布《关于全面推进居家养老服务工作的意见》,对居家养老服务进行了界定,指出居家养老"是指政府和社会力量依托社区,为居家的老年人提供生活照料、家政服务、康复护理和精神慰藉等方面服务的一种服务形式"。这一时期,各地的居家养老服务得到了较快的发展。

3. 社会养老服务体系的形成与发展

为了实现党的十七大确立的"老有所养"的战略目标和十七届五中全会提出的"优先发展社会养老服务"的要求,积极应对人口老龄化,建立与人口老龄化进程相适应、与经济社会发展水平相协调的社会养老服务体系,我国颁布了《社会养老服务体系建设规划(2011—2015年)》,使得我国的社会养老服务体系建设进入新的发展阶段。该规划要求"社会养老服务体系建设应以居家为基础、社区为依托、机构为支撑,着眼于老年人的实际需求,优先保障孤老优抚对象及低收入的高龄、独居、失能等困难老年人的服务需求,兼顾全体老年人改善和提高养老服务条件的要求";明确"我国的社会养老服务体系主要由居家养老、社区养老和机构养老三个有机部分组成"。规划提出,到2015年,要基本形成制度完善、组织健全、规模适度、运营良好、服务优良、监管到位、可持续发展的社会养老服务体系,从而为我国的社会养老服务体系建设指明了方向。

(二)我国社会养老服务体系实施现状与存在的问题

多年来,在党和政府的高度重视下,各地出台政策措施,加大资金支持力度,使我国的社会养老服务体系建设取得了长足发展。养老机构数量不断增加,服务规模不断扩大,老年人的精神文化生活日益丰富。截至2010年底,全国各类收养性养老机构已达4万个,养老床位达314.9万张。社区养老服务设施进一步改善,社区日间照料服务逐步拓展,已建成含日间照料功能的综合性社区服务中心1.2万个,留宿照料床位1.2万张,日间照料床位4.7万张。初步形成以保障三无、五保、高龄、独居、空巢、失能和低收入老人为重点,借助专业化养老服务组织,提供生活照料、家政服务、康复护理、医疗保健等服务的居家养老服务网络。

但是，我国社会养老服务体系建设仍然处于起步阶段，还存在着与新形势、新任务、新需求不相适应的问题，主要表现在：缺乏统筹规划，体系建设缺乏整体性和连续性；社区养老服务和养老机构床位严重不足，供需矛盾突出；设施简陋、功能单一，难以提供照料护理、医疗康复、精神慰藉等多方面服务；布局不合理，区域之间、城乡之间发展不平衡；政府投入不足，民间投资规模有限；服务队伍专业化程度不高，行业发展缺乏后劲；国家出台的优惠政策落实不到位；服务规范、行业自律和市场监管有待加强等。根据各地的实践与探索，目前最为突出的问题在于：

1. 居家养老资金不足，享受社会养老服务的人数少。主要体现在：第一，政府资金投入仍显不足。尽管目前我国居家养老服务资金的主要来源是政府的财政投入，但是相比较居家养老需求来看，政府资金投入还十分有限。以上海市为例，截至2012年底，共有12.7万名老人享受服务补贴，只占本市户籍老年人口的3.46%。第二，筹资渠道单一。居家养老的经费来源渠道比较单一，主要来自社会福利彩票的福利金，而社会福利彩票的收入存在着不确定性，加之基层政府资金配套不到位，使得居家养老服务难有大的发展。第三，社会投入不足。居家养老服务作为一项社会福利事业，应该发挥全社会的力量，目前我国居家养老的社会筹资能力还很弱，市场的作用还没有显现。第四，子女的作用尚未发挥起来。由于已有的少子化、高龄化家庭结构趋势，使得人们有了可以不养老人的理由和借口，从而使得大量的空巢老人、独居老人无人照料。在人口流动的背景下，由于地理上的隔离客观上给成年子女照顾老人带来了许多困难，但子女可以为老人享受各种居家养老服务提供资金支持。在这一方面，我们做的还很不够，货币化子女对老人的照护责任具有现实意义。

2. 居家照护服务供给不足，许多居家老人无法获得满意的服务。目前我国的居家照顾服务大多通过社区、社会的家政服务中心或者个人途径提供。其中，社区提供的居家养老服务多数是基于解决社区内的"4050"人员就业问题的双重目标，对之进行简单培训甚至多数尚未有任何培训就为居家老人提供服务。社会上的家政服务中心提供的服务多数来自劳务市场上的外来人员，缺乏专业培训，加上很多由于来源地与居家老人的生活方式差异，多数家政人员难以得到居家老人的满意。而个人途径主要是亲戚朋友介绍等，虽然服务人员没有经过专业培训，但是由于介绍人的信誉，大多对服务人员比较知底，所有相对来说服务质量要高于前两种。但是个人途径能够解决的问题毕竟有限。为此,加强居家养老服务的供给是推动居家养老服务发展的重要方面。

3. 机构养老资源不足与浪费现象并存。从目前我国老年人口的数量看,我国社会养老服务的需求量是相当大的,而从当前全社会提供的床位数看,我国养老服务资源十分有限,甚至严重不足。但是从基层养老机构资源的利用来看,却存在严重的浪费和分配不公的现象。主要表现在:第一,国有养老资源的分配发生严重的配置错位,造成公共资源分配不公。不少地方政府花费巨额资金投资举办高标准、高档次的养老机构,收住对象大多数是有经济能力的、条件较好的老人,而那些真正需要政府帮助的低收入人群却被拒之门外,政府的公共资源在再分配中没有体现公平性。第二,政府举办高标准大规模的养老机构本身是一种资源浪费。政府的公共养老资源应主要用于解决"三无"、困难和特殊老人的养老问题,而这些特殊群体在老年人群中的比重往往是很小的,所以政府没有必要花费巨资建立大规模高档次的养老机构。第三,多数养老机构床位闲置率高,大量设施和设备浪费严重。国办机构床位闲置的主要原因有两点:一是高档次的养老机构入住价格相对较高,入住条件严格,一般老人很难进入;二是部分低档次的养老机构又因为条件不好,除了入住一些困难群体老人外,一般老人又不愿入住。而民办机构入住率低的主要原因是受价格的影响较大。

4. 机构养老与居家养老管理难度大。近几年,地方性机构养老和居家养老发展速度较快,规模逐年加大,但是由于各种管理制度不健全,其管理难度也相对较大,尤其是机构养老管理问题较多。第一,部分民办养老机构的性质和权属不清。目前相当数量的民办养老机构,说它是民办的,但它没有土地所有权;说它是公办的,但它是个人投资。结果就存在投资者与政府之间,在是否能盈利、是否能够享受优惠政策等方面存在争议。第二,养老机构入住条件缺乏标准。公办机构与民办机构的入住对象条件应该有所差异,事实上,许多公办机构收住了应该是民办机构收住的对象,而真正属于公办机构收住的低保户、困难户等特殊人群却难以进入,造成公办养老资源分配再次不公,同时也阻碍了民办机构的发展。第三,入住价格定位缺乏科学依据。公办养老机构利用国家资源举办养老事业,其中土地、投入、管理等都是政府财政负担,其主要的功能是集中供养政府托底保障的老年人,而在床位充裕的情况下,通常低价向社会老人开放,这就造成了养老床位价格的不公平性。而民办养老机构由于要承担土地、投资及管理等多方面的费用,这些将构成民办机构的收住成本,因此民办机构的价格要相对高很多。但在实际中,有些民办机构属于政府公助或者政府优惠土地(土地采取划拨的方式)所建,这些机构的入住价格应该怎样确定,目前政府方面缺乏统一指导、监督和管理。第四,管理归属不明。在我国,民办养老机构因为性质复杂,存在交叉管理问题,作为社会福利事业它应该归民政部门管理,而作为企业它应该归工商部门管理。在实际中,由于民办机构管理归属不明确,对民办机构的发展也造成了一定的影响。

同机构养老一样,居家养老管理工作也面临诸多问题:一是服务人员缺乏职业训练,素质难保证。二是管理水平低。目前居家养老基本是依托社区相关人员进行管理,受社区管理水平和管理者本身的素质限制,居家养老管理的整体水平较低。三是配套项目和设施不全。居家养老对社区服务和配套设施如食堂、医护、配送餐服务等有着较高的要求,而目前各地社区在居家养老服务中,项目不全或者水平较低,不能满足居家养老的需要。四是服务水平低。目前多数社区居家养老服务仅限于生活照料的层面,难以满足老年人的精神文化需要。

三、我国养老保障制度改革与展望

(一)城乡居民养老保险制度整合

制度整合是我国治理"碎片化"养老保险制度的必然趋势。在我国基本养老保险体系建设中,新型农村社会养老保险与城镇居家社会养老保险制度模式一致,将二者优先进行整合具有技术上的可行性。现实中我国不少地方在发展城镇居民社会养老保险制度建设时,直接将其与新型农村社会养老保险整合在一起,开展城乡居民社会养老保险制度,为在全国层面上的养老保险制度整合奠定了基础。

(二)机关事业单位养老保险改革

我国事业单位养老保险改革试点从 2008 年启动至今,已经 5 年过去了,然而由于种种原因,试点进展非常缓慢。但是从长远来看,机关事业单位养老保险改革是必然趋势,"双轨制"的养老制度终将会朝着社会化养老保险方向发展。

(三)基本养老保险全国统筹

我国覆盖全体城乡居民的基本养老保险体系已基本建成,但是目前还存在制度设计差异,不利于劳动力自由流动时养老保险关系的转移和接续。

为此,制度整合与统一成为我国基本养老保险制度体系改革的首要目标。制度整合除了城乡居民养老保险的整合与统一外,面向劳动者的基本养老保险的整合与统一才是重中之重。而这一切要做到实质上的统一,就必须从制度模式上寻求突破口。为此,基本养老保险制度全国统筹的思路成为当下我国基本养老保险制度突破的根本。国务院批转发展改革委《关于2013年深化经济体制改革重点工作意见》,特别将"研究制定基础养老金全国统筹方案"列入我国2013年的经济体制改革重点任务之中。基本养老保险全国统筹,已经成为我国"十二五"乃至"十三五"时期社会保障改革的重要内容之一。

（四）构筑多层次的社会养老服务体系

老年人口规模大,老龄化、高龄化速度快,不仅对基本养老金制度体系的完善提出了挑战,更对建立健全社会化养老服务体系提出了挑战。自"十五"以来,全国各地探索适合本地情况的社会养老服务体系格局,如上海的"9073"(90％家庭养老、7％社区居家养老、3％机构养老)、北京的"9064"(90％家庭养老、6％社区居家养老、4％机构养老)、武汉的"9055"(90％家庭养老、5％社区居家养老、5％机构养老)等,都将90％的老年人口定位为家庭养老,所不同的只是在社区居家养老和机构养老份额上的差距。事实上,随着我国人口生育率的下降、核心家庭结构的形成,加之人口流动率的提高,进而导致空巢家庭规模加大。在此背景下,家庭养老多数情况下是配偶养老或者自我养老。试想,如果夫妻双方均到了需要他人照护的阶段,他们的养老能否得到保障? 换句话说,现代社会家庭养老难以支持90％的养老重任。为此,有必要打破现有的社会养老服务格局,开拓新的养老服务渠道,构筑多层次、有保障的养老服务体系,以适应老龄社会下人们对养老服务的规模化需求。

（五）推动养老产业的发展

老龄社会,除了给老年人提供必要的物质生活保障和必要的服务照料保障外,还应为老年人提供多元化、多层次的老年产品,以满足老年人的物质和精神需求。为此,在以政府为主体提供的基本养老保障之外,应该发动和激励市场和社会来提供更多的老年产品,以适应不断增加的养老需求。自2006年国家十部委联合发布《关于加快发展养老服务业的意见》,对我国养老服务产业的发展奠定了基础之后,我国的养老产业进入了快速发展轨道。但是从目前市场的供给情况看,养老产业发展还很不够,依然难以满足不断增加的养老服务需要。2013年9月国务院出台《关于加快发展养老服务业的若干意见》(国发[2013]35号),提出加快发展养老服务业的总体要求,主要任务和政策措施,对未来开拓和推动养老产业的发展,具有极大的促进作用。

本章小结

  本章在对养老保障的概念、内涵、类型及制度体系进行系统概述的基础上,依据养老保障功能的不同,重点对承担经济保障功能的养老保险和承担服务保障功能的养老服务的概念、特点、类型、制度设计及结构、模式、制度体系等进行原理性的分析与描述。同时,对国外养老保障制度实践及其模式进行了简要介绍,并通过对其实践经验的总结,提出对我国的启示。最后,从养老保险和养老服务两个层面对我国养老保障制度的实践历程、实施现状与存在的问题进行了客观描述,对我国养老保障制度的改革趋势进行了宏观分析。

复习思考题

1. 如何理解养老保障、养老保险及养老服务三个概念?
2. 简述养老保障制度体系的一般内容框架。
3. 我国第一支柱的养老保险制度有哪些?
4. 简述我国社会养老服务体系的组成内容。
5. 家庭养老、居家养老和社区养老的区别是什么?
6. 我国养老保障制度存在哪些问题?其改革方向是什么?
7. 当前我国社会养老保障制度建设的重点是什么?

阅读书目

1. 郑功成《中国社会保障改革与发展战略》(养老保险卷),人民出版社,2011年。
2. 杨燕绥《中国老龄社会与养老保障发展报告(2013)》,清华大学出版社,2014年。
3. 米红、杨翠迎《农村社会养老保障制度基础理论框架研究》,光明日报出版社,2008年。

第九章 健 康 保 障

健康保障是社会保障制度的重要组成部分,随着社会经济的发展和进步,健康的重要性逐步得到认识。本章以健康保障为题,在界定健康保障内涵与外延、健康保障内部结构等基本理论的基础上,剖析健康保障制度体系内的各个组成部分,最后总结国外医疗保险模式的国际经验,阐明中国健康保障制度及其改革与发展。其中,医疗保障尤其社会医疗保险是健康保障体系的核心。

第一节 健康保障概述

一、健康保障与医疗保障的基本内涵

(一)健康、疾病与疾病风险的概念

1. 关于健康定义

关于健康(Health),还没有统一的定义,研究者都从各个角度提出了不同的概念,归结起来有以下三种观点:[①]

(1)医学角度。以贝克尔的观点为代表,他认为健康是"一个有机体或有机体的部分处于安宁状态(他的特征是有机体有正常的功能),以及没有疾病"。即健康就是没有疾病,生理机能失调就是疾病。

(2)社会文化角度。帕森斯的意见可为代表,他认为"健康即履行社会职责的能力""健康可以解释为已社会化的个人完成角色和任务的能力处于最适当的状态"。

---

① 许正中《社会医疗保险:制度选择与管理模式》,社会科学文献出版社 2002 年版,第 1—2 页。

(3) 从生理、心理和社会多角度观察。以世界卫生组织的定义为代表，其定义是"一种完整的肉体、心理和社会良好状态，而不仅仅是没有疾病或伤残"。

可见，健康涉及生物、生理、精神、社会以及环境等各个方面。从医疗保障的角度研究健康，更贴近医学或生理学角度的健康定义。因此，我们认为，健康就是人体器官发育良好和各项机能正常，简单讲就是没有疾病。

2. 疾病与疾病风险

疾病(Disease)是与健康相对应的一个概念。人们在生产生活中由于受到自然环境、社会环境、生态和生物等各种因素的影响和威胁，产生肌体、生理、心理上的伤害，不能正常发挥能动作用即是疾病。疾病风险是指人们因患病而遭受痛苦、不幸和损失的一种不确定性状态，是人类面临的诸多风险中危害严重、涉及面广、纷繁复杂、直接关系到人类生存权利的一种特殊风险。

疾病风险有广义和狭义之分。广义疾病风险是指由于患病、生育、工伤和意外伤害等引起的风险；狭义则是指患病引起的风险。

疾病风险有别于其他风险，具有以下特点：[1]

(1) 疾病风险危害的对象是人，而不是财产等。

(2) 疾病风险具有较大的随机性、不可预知性和不可避免性。

(3) 疾病风险产生具有复杂性，不仅会因自然灾害、意外事故发生产生疾病，而且往往因为生理、心理、社会、环境、生活等因素产生疾病。

(4) 疾病风险与其他风险具有紧密关联性，疾病风险不仅影响到患者个人，而且有可能影响到患者家庭、地区和社会。

(5) 疾病风险不具有完全的经济补偿性。其他风险可以通过一定的经济补偿来减轻和消除损失，但疾病风险则因人而异，因病而异，难以实行定额经济补偿，因其损失是多方面的，是难以衡量和测算的。

(二) 医疗保障与健康保障的概念

1. 医疗保障

医疗保障(Medical Security)，也称社会医疗保障(Social Medical Security)，是以国家或政府为主体，依据有关法律规定，通过国民收入再分配，对公民因患病、年老体弱丧失劳动能力或意外事故造成身体疾病时，提供基本医疗服务并给予经济补偿与帮助，保障国民得到医疗服务的经济制

---

[1] 王保真主编《医疗保障》，人民卫生出版社2005年版，第9页。

度。医疗保障制度属于社会保障政策的有机组成部分,是国家和政府的一种公共职责,其核心是社会医疗保险制度。

医疗保障作为国家的一种福利性制度,与其他医疗卫生政策相比,既有交叉又有不同。

(1) 医疗保障与医疗卫生福利关系

医疗卫生福利有广义和狭义之分。广义的医疗卫生福利包括内容较多,凡是可以增进国民健康和提高生活质量的卫生服务、卫生医疗设施,以及具有物质帮助与照顾的卫生计划、措施和方案等,都可称之为医疗卫生福利。医疗保障只是广义的医疗卫生福利的一部分。

(2) 医疗保障与医疗服务关系

医疗服务涉及的范围更为广泛,不仅包括社会医疗保险规定的保险或保障范围,还包括其规定的保险和保障以外的内容。医疗保障所涵盖的仅仅是医疗服务的一部分内容,能够支付的医疗费用仅仅是医疗保险对象所应享受的费用和服务内容。

(3) 医疗保障与工伤保险的关系

工伤保险与医疗保险同属于社会保障的重要内容,其中工伤保险者参加医疗保险的可以享受医疗保险待遇。医疗保险是对公民因患病、年老体弱丧失劳动能力或意外事故造成身体疾病时,提供基本医疗服务并给予经济补偿与帮助的制度。

2. 健康保障

从狭义讲,健康保障主要是保障人类的生命活动和人体机能的正常运转,疾病预防以及生理和心理医疗服务基本上居次要地位。

从广义上讲,随着经济社会的发展,人们对健康的认识也在不断进步和深化,日趋多层次、全方位。人们对健康的要求已经不仅仅局限于不生病、身体好,还要求合理的营养、良好的生活方式、良好的劳动条件、健康的心态、平衡的心理等等。在这个层面上的健康保障就是广义的概念,它由生物自然人上升到社会经济人,医疗模式从生物医学模式逐步转变为生物-社会-心理医学模式。其保障范围已远远超出狭义的健康保障范畴:一是从治疗服务扩大到预防服务。预防保健思想贯穿人类生命的全过程,预防包括采取有效措施避免疾病发生,疾病的早期发现和及早治疗,疾病的治疗、康复和防止造成残疾。二是技术服务扩大到社会服务。医生不仅应具备医学知识,还应具备人文、社会等方面的知识,除诊治疾病外,还要进行健康指导和健康促进,督促居民形成良好的社会习惯和生活方式,以及如何保持健康的心理状态等。三是从生理服务扩大到心理服务。现代健康保障要求医生不仅要进行卫生医疗服务,而且要对患者和人群进行心理治疗和服务,了解影响病人的心理因素,加强心理护理和心理康复。可见,广义的健康保障将实现从以疾病为主导转变为以健康为主导,从以单个患者为中心转变为以人群或者以社会为中心,医疗服务内容从诊断治疗转变为诊断、预防、保健并重,医学任务从以防病治病为主转变为防病治病、维护和增强人类健康、提高人们生命质量并重的目标。①

综上,健康保障则是指政府或社会依法为公民提供的,旨在保障其身体健康的一系列制度体系。广义上包括社会医疗救助、医疗保险和医疗卫生服务(见图9-1)。本书则主要包括社会医疗救助、基本医疗保险制度和基本卫生服务制度及其相互之间有机制约和协调的关系,侧重于狭义健康保障体系。

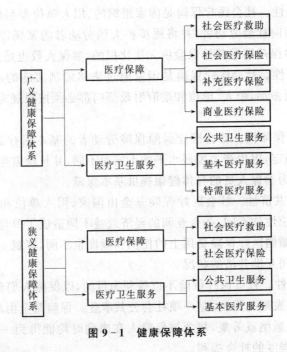

图9-1 健康保障体系

---

① 乌日图《医疗保障制度国际比较》,化学工业出版社2003年版,第212—217页。

（三）社会医疗保险的概念

1. 医疗保险的涵义

医疗保险（Medical Insurance）是为防范和抵御疾病风险而建立的，用以补偿因疾病造成经济损失的一种保险形式。就一般的定义而言，医疗保险是指由特定的组织或机构经办，通过带强制性或自愿缔结的契约，在一定区域的一定参保人群中筹集医疗保险基金，在参保人（被保险人）因疾病而招致健康和经济损失时实施经济补偿的一系列政策、制度与办法。

2. 社会医疗保险的定义及特点

社会医疗保险（Social Medical Insurance）是指劳动者乃至全体公民因疾病需要治疗时，根据有关法律的规定从国家或社会获得应有的医疗服务，对因疾病造成的经济损失及医疗费用给予可能的补偿，以恢复和保障劳动者或公民身体健康的一种社会保险制度。

社会医疗保险的特点：

（1）普遍性。社会医疗保险是国家组织的、用人单位参与的保险行为，实施范围是面向社会劳动者，并将逐步扩大到劳动者的家属以至全体社会成员。它的参保范围是其他保险所无法比拟的，参保人数也是最多的。

（2）强制性。社会医疗保险是国家通过法律强制实施的，任何单位及其员工都必须参加，个人、单位和政府财政部门都必须按照规定的比例缴纳医疗保险费。

（3）基本保障性。社会医疗保险保障劳动者的基本医疗需求，从根本上维护社会稳定，因生产力发展水平的不同而不同，并且随着生产力水平的提高而提高，为参保人员的身体健康提供基本保障。

（4）互助共济性。社会医疗保险基金由国家、用人单位和个人共同分担，但各个单位性质不同、各企业间的经济效益不同造成了单位交纳费用有差异，个人在缴纳医疗保险费用上的比例和额度也不同，客观上造成了单位之间、个人之间互助共济的状况。

（5）福利性。社会医疗保险不以盈利为目的，以保障人们健康、维护社会稳定和经济发展为目的，是一项社会公共事业。保险基金由政府、用人单位和个人共同缴纳或筹集，每个被保险人在患病时均能得到一定的经济补偿，享受一定程度的社会福利。

3. 社会医疗保险与商业医疗保险的区别

（1）基本属性不同。社会医疗保险是公益性福利事业，带有强制性；商业医疗保险属于商业性质,以营利为目的,不带有强制性,主要靠保险公司的信誉和销售手段去争取客户。

(2) 保险费筹集办法不同。社会医疗保险费由国家、单位和个人三方负责,采用按工资的一定比例或以保险税的形式缴纳;商业医疗保险费国家不予分担。

(3) 管理体制不同。社会医疗保险由中央政府和地方政府集中领导,由医疗保险机构具体管理。医疗保险机构一般属于财政预算管理单位;商业医疗保险由金融机构领导,由保险公司具体承办,保险公司作为相对独立的经济实体,实行自主经营、自负盈亏。

(4) 保险范围不同。社会医疗保险的保险范围较广,不仅保"大病",而且保"小病",不仅对参保人员的住院费给予一定补偿,而且对门诊费也给予一定补偿。商业医疗保险一般只是对指定范围的几种疾病或某一种疾病的住院费用给予一定金额的补偿。

(5) 参保条件不同。属于社会医疗保险的对象都可以参加保险;商业医疗保险一般要求参保人必须未患有指定范围内的疾病,否则保险机构是不会接受参保人参保。

(6) 享受待遇的时间间隔不同。参加社会医疗保险者一般从参保之日起就能享受医疗保险待遇,没有时间间隔;商业保险一般规定,自参保之日起若干天以后患有指定范围内的疾病才能享受医疗保险待遇,时间间隔较长。

(7) 保险待遇不同。社会医疗保险一般按医疗费用的一定比例给予补偿,保障基本医疗,一般有最高补偿限额,商业保险一般按一定金额或比例补偿,缴纳的保险费越高,补偿金额越高。①

二、健康保障制度体系

(一) 社会医疗保险

在医疗保障体系中,社会医疗保险具有社会保险性质,它是由国家或社会强制推行的,由国家、单位和个人共同筹集资金。我国社会医疗保险包括职工基本医疗保险、居民基本医疗保险和新型农村合作医疗制度。职工基本医疗保险基金由用人单位和职工分别按照职工工资总

---

① 程晓明主编《医疗保险学》,复旦大学出版社2003年版,第11—12页。

额和个人工资的一定比例,共同缴纳组成,实行个人账户与社会统筹相结合的筹资模式。居民基本医疗保险基金则由政府投入和参保者定额缴纳保费形成,以保障居民基本医疗消费需求。新型农村合作医疗制度是针对农村居民开展的基本医疗保险制度,由卫生部门组织管理,以县为统筹单位。农民自愿参加,互助共济,解决农民"因病致贫、因病返贫"现象。

(二) 社会医疗救助

社会医疗救助是国家和社会向低收入的贫困人群或因患重病而无力支付昂贵的医疗费用而陷入困境的居民提供费用资助的经济行为。这是一种低层次的以减免医疗费用为主要形式的医疗保障手段。医疗救助的资金来源于两个渠道,一是政府通过民政部门主办的救助体系,对城市的"三无"人员和农村的"五保户"患病时给予资助。二是通过民间机构和慈善机构进行募捐得到。

(三) 基本医疗卫生服务

世界银行首先提出基本公共卫生服务及临床服务概念,是指一揽子的基本预防和医疗服务。在我国,基本医疗卫生服务制度指由政府建立并组织,向全体居民直接提供安全、有效、方便、价廉的公共卫生服务和基本医疗服务。内容如下:第一,服务主体是城乡卫生监督、妇幼保健机构及基层医疗机构(即城市社区、乡镇卫生院、村级卫生组织)。第二,服务对象与享用者是城乡居民。第三,服务范围是纳入公共卫生机构和基层医疗机构提供的、疾病早期预防与诊断的、常见病的基本诊疗服务和诊治其常见病、多发病及某些慢性病的基本药品目录。第四,保证制度得以实施的相关卫生政策包括:公共卫生服务与基本医疗服务的收费、药品供应、资金补助、基本设施购置、税收、卫生管理等。[①]

三、医疗保障概述

(一) 医疗保障的特征

医疗保障是国家通过国民收入的分配和再分配,对劳动者或对无收入、低收入人群在患病时提供医疗服务帮助与照顾,它既是国家对公民的职责,

---

[①] 王保真"'病有所医'与基本医疗卫生制度的构建",《中国卫生资源》,2008年第1期,第1页。

又是公民依法享受的健康权利。医疗保障具有以下特征：①

1. 社会性特征

第一，保障对象的社会性。从理论上讲，包括医疗保障在内的社会保障制度的覆盖面是全体社会成员。第二，医疗保障管理机构的社会性。从国家到地方，各级政府都设立了专门的机构，管理范围包括社会的各个阶层和人群。第三，医疗保障基金来源的社会性。每个社会成员既有享受医疗保障的权利，也有支持发展和遵守医疗保障制度的义务。医疗保障基金的建立既依靠政府，也依赖单位以及各个社会成员。

2. 公平性特征

医疗保障作为国民收入的分配和再分配手段，具有着明显的公平性。第一，社会成员获得医疗保障的机会和利益是公平的。医疗保障待遇的分配虽然不能做到绝对的公平，但是在医疗保障待遇享用的机会和权利上是均等的。被保险人在患病时，就医和用药都是依据病情而定的，不受被保险人的收入、经济状况、职业和社会地位所限制和影响。第二，医疗保障促进了整个社会分配逐步趋于公平。医疗保障向有困难的社会成员提供所需的医疗需求，相应地提高了低收入者的收入水平，从经济补偿上逐步实现了社会公平。

3. 共济性特征

医疗保险是医疗保障的核心内容，通过在较大甚至在全社会范围内集中、广泛筹集医疗保险基金，由医疗保险管理机构统一管理，相互调剂使用，在筹资数量和使用金额上起到了互济作用。

（二）医疗保障的作用

医疗保障具有社会保障的一般功能，即具有保障、稳定、恢复、风险分担、收入再分配以及调节经济等作用，此外，还有一些特殊功能和作用。②

1. 有利于保证居民公平地获得医疗服务

无论是发达国家还是发展中国家，其居民的收入水平都会有很大差距，如果只采取自己付费医疗方式，则高收入人群将获得数量多、质量高的医疗服务，低收入人群只能获得较少数量且价值较低的医疗服务，而贫困人群则连最起码的医疗服务都难以获得。一般来讲，低收入人群或贫困人

①② 王保真主编《医疗保障》，人民卫生出版社2005年版，第12—13页、第13—14页。

群因为收入低或无收入,健康情况较差,如果不能获得相应的医疗服务则导致健康情况更差,从而导致收入更低,贫困程度更加严重。而医疗保障制度则可以保障所有公民具有同等的机会获得基本的医疗服务,而不论他们的社会地位的高低或收入的多少,这就消除了医疗服务分配中存在的不公平现象。

2. 有利于促进社会生产和再生产的顺利进行

医疗保障制度的建立与实施,可以使劳动者减少因病缺勤现象,劳动者在患病后能够及时得到治疗,有效地提高劳动者的身体素质,保障劳动者的健康,较快地恢复劳动力,及时投入生产,从而促进社会生产力的发展。因此可以说,医疗保障是劳动力再生产的必要条件之一,是社会生产和再生产得以顺利进行的重要保证。

3. 有利于推动我国卫生事业的改革与发展

多年来,我国医疗卫生事业随着经济体制改革的推进,有了长足的发展和进步,但要看到我国医疗卫生事业还存在着许多问题和矛盾,医疗保障制度的建立和实施,将有力地推动医疗卫生领域的改革和发展。

四、社会医疗保险的基本理论

(一)社会医疗保险系统

1. 社会医疗保险系统的含义

系统是指相互作用、相互依存的若干要素所组成的具有特定功能的并处于一定环境之中的有机整体。医疗保险系统是指在医疗需求和供给以及医疗费用的筹集管理和支付过程中,各种要素相互作用、相互依存而形成的一个有机整体,它维系着医疗保险活动的进行和开展。影响这一过程的各个方面构成了这一系统的要素,包括医疗服务提供者、被保险人、保险人、管理者和组织者等。

2. 社会医疗保险系统的构成[①]

(1)参保单位和参保人员

参保单位亦称投保人,是医疗保险系统中的当事人之一,是医疗保险系统中的需求方,它是与社会医疗保险经办机构签订医疗保险合同,并缴纳医疗保险费的单位或个人。参保人即被保险人,是指医疗保险合同中所要保

---

① 卢祖询主编《社会医疗保险学》,人民卫生出版社2007年版,第26—27页。

障的人。参保人按照合同规定,当保险责任发生时有权向医疗保险机构索取医疗费用偿付的人。社会医疗保险系统实行全员参保的原则。参保人有权选择定点医疗机构和零售药店,并应在选定的定点医疗机构就医和购药,或凭处方到定点零售药店购药。无论是参保单位还是参保人,都必须定期按时缴纳社会医疗保险费。

(2) 医疗机构和药店

医疗机构和药店是医疗保险系统中医疗服务的提供者。社会医疗保险系统中的医疗机构包括定点医疗机构和定点零售药店。

a. 定点医疗机构是指经统筹地区劳动保障行政管理部门审核,并经社会保险经办机构确认,为参保人提供基本医疗服务的医疗机构。定点医疗机构的设置应符合标准,符合医疗机构总体规划。定点医疗机构要与社会保险经办机构签订协议,明确双方的责任、权利和义务。任何一方违反规定,对方均有权解除协议。定点医疗机构对参保人员的医疗费用要单独建账,并按照要求及时准确地向经办机构提供参保人员医疗费用的发生情况等有关信息,提供审核医疗费用所需要的全部诊治资料和账目清单。

b. 定点零售药店是指经统筹地区劳动保障行政管理部门审核,并经社会保险经办机构确认,为医疗参保人提供处方外配服务的零散药店。参保人员持定点医疗机构处方可以在零售药店购药。

(3) 社会医疗保险管理机构

社会医疗保险管理机构是在社会医疗保险活动中具体负责承办医疗保险费用的筹集、管理和支付等医疗保险业务的机构和组织,亦称为保险人。它是收取医疗保险费用并按照合同的约定,当保险费用发生时,负责偿还参保人医疗费用支出的法人,一般由政府部门下设的社会医疗保险中心或社会医疗保险局负责。

(4) 政府

政府在医疗保险系统中负责政策的制定和监督执行。政府需要规范医疗保险市场环境和秩序,监督医疗保险的正常运行,维护和协调医疗保险当事人的合法权益,保证社会医疗保险系统正常有序地运转。

(二) 政府在医疗保险领域的职能和作用

1. 制定医疗保险法律和政策

医疗保险相关的法律法规是实施医疗保险制度的必要条件和有效保证,政府应高度重视医疗保险立法工作,及时完善医疗保险法律法规。

医疗保险制度是关系到国计民生的重大制度,医疗保险涉及各单位、各部门,关系到每一位参保公民的切身利益。政府要兼顾各方利益对医疗保险相关政策作出科学决策。

2. 负责医疗保险基金的收支与管理

在我国,政府在筹集医疗保险费用上起到不可替代的作用,机关公务员和事业单位职工的医疗保险经费以政府财政拨款为主,政府通过对税收的二次分配,由财政部门将医疗经费随工资基金拨款到单位,再由单位缴费投保,个人支付少量保险费。对于企业职工的医疗保险费,政府通过税收减免进行补贴,医疗保险经费记入企业成本而不需要纳税。对于个人,政府通过建立个人账户进行明补。

政府应采取倾斜政策,在确保医疗保险基金给付的前提下,补偿基金的损失。发挥医疗保险基金的融资功能,适当安排安全可靠的投资项目,保证医疗保险基金的保值和增值。

3. 组织医疗保险规划和规范医疗保险市场

社会医疗保险制度是关系到全社会的公益性事业,开展广泛的医疗保险工作,涉及到各方面的利益,任何个人、团体和组织都难以承担这项重大工作,只有政府才能有条件采取强制性手段推进医疗保险制度。

医疗保险政策涉及方方面面利益,医疗保险政策的实行,既有受益的利益团体,也有受损的利益团体,政府应根据政治经济文化医疗卫生状况等因素,科学合理地设计和规划医疗保险制度,通过法律、政策、行政、经济手段等形式对医疗保险三方的地位、权力、责任、义务和相互关系作出总体规定,规范医疗保险各方的行为。

4. 协调、监督和调控医疗保险市场的发展

在医疗保险制度建立和运行过程中,医疗保险各方往往只从自身的利益出发,如果任凭各方根据自己的利益博弈,必然造成医疗保险制度失败。政府必须起到调节员和裁判员的作用,采取有力措施保证医疗保险制度健康发展。

尽管医疗保险三方之间有相互监督、制约的作用。特别是医疗机构可以在很大程度上代表政府监管供方和被保险方,但保险机构本身也需要监控。同时政府部门要重点监督医疗保险基金的使用,保证医疗保险基金专款专用,不能擅自挪用。

社会医疗保险市场是一个特殊的市场,存在着一些不规则的市场因素,

含有政治、经济等因素,具有明显的公益色彩,实践证明,不能完全由市场自身调节,必须避免市场失灵现象。①

第二节 健康保障制度

一、社会医疗保险制度

(一)社会医疗保险基金的筹集

1. 社会医疗保险基金筹集渠道

社会医疗保险基金的筹集渠道是指医疗保险资金的筹集来源。从世界范围看,大部分国家医疗保险基金的筹集是多元化的,主要由国家补贴、单位(雇主)资助、个人出资三方共同承担。但是由于各国的社会经济制度不同,经济发展水平不同,国家、单位和个人承担的比例不同。另外,医疗保险基金还有基金的利息增值、投资收益以及接受捐赠等渠道。②

(1)国家资助补贴。国家作为医疗保障制度中最重要的责任主体,必须对医疗保险基金给予适当的资助和补贴。国家补贴的数额和比例取决于该国的医疗保障制度、福利政策、社会制度和经济发展水平等因素。英国、加拿大以及北欧等国家通过财政征税的方式征缴医疗保险基金,为国民提供免费或低收费的医疗服务,国家补贴占保险基金的绝大部分。德国、日本等国家则是给予国民一定比例的补贴。而美国则以私立医疗保险为主,仅对65岁以上的老人、穷人、退伍军人等特殊人群进行补助。我国的党政机关、人民团体等国家工作人员的基本医疗保险基金大部分由国家财政负责。

(2)用人单位投保。职工所在的单位(雇主)按照职工工资的一定比例为职工缴纳一定数量的保险费。一般是国家制定法律法规,规定单位、个人缴纳的比例,强制性执行。缴纳的比例由国家根据具体情况而定,一般是单位和个人各缴纳一半。

(3)个人缴纳保费。个人缴纳保费可以视作是个人或家庭的健康投资。缴纳保险费可以通过自愿缴纳的形式,也可以按照工资额的比例缴纳,或采用纳税的形式。出资的比例在不同国家因政策补贴而各不相同。

---

① 卢祖洵主编《社会医疗保险学》,人民卫生出版社2007年版,第41—43页。
② 王保真主编《医疗保障》,人民卫生出版社2005年版,第60—62页。

(4) 基金运营增值。按照规定使用基金投资收入及利息所得。

(5) 慈善机构及社会、企业、个人等各方捐助等。

2. 社会医疗保险基金筹集的原则

(1) 以支定收、以收定付、收支平衡、略有结余的原则。筹集一定量的保险金是维持医疗保险制度正常运行的前提和基础。这样才能保证在医疗风险发生时，能够及时足额地向受保人给付保险费，从而发挥医疗保险的社会功能。为保证足额给付，筹集保险基金必须以同时期可能支付的保险费用为依据，所以，在医疗保险费用筹集上要以支定收，收支平衡。

(2) 社会共同分担原则。医疗保险基金是由政府、雇主和雇员共同承担的，基金具有互济性，参加保险的社会成员共同承担责任和义务。[1]

(3) 政府起主体作用原则。医疗保险是社会性事业，只有政府承担起投入主体的责任，并加强组织管理和协调，才能保证医疗保险制度顺利运行。

(4) 特殊照顾原则。对于特殊群体如残疾人、儿童、老人以及其他特殊人群，政府给予保险费用减免、资助等照顾原则。

(二) 社会医疗保险费用支付

1. 社会医疗保险费用供方支付方式[2]

社会医疗保险供方的支付方式是指社会医疗保险机构作为第三方代替被保险者向医疗服务供方支付医疗服务费用的方法。主要有：

(1) 按服务项目支付方式

按服务项目付费是所有付费方式中最传统、运用最广泛的一种。它是指在社会医疗保险的实施中，对医疗服务过程的每一个服务项目制定价格，被保险人在接受医疗服务时按服务项目的价格计算医疗费用，然后由社会医疗保险机构向医疗服务机构支付医疗费用。所支付的医疗费用额取决于各服务项目的价格和实际的服务量。

(2) 按人头支付方式

按人头付费是指社会医疗保险机构按合同规定的时间(一个月、一个季度或一年)，根据医疗服务的医疗保险对象的人数和每个人的支付定额标

---

[1] 张晓、刘蓉主编《社会医疗保险概论》，中国劳动社会保障出版社2004年版，第72页。

[2] 卢祖询主编《社会医疗保险学》，人民卫生出版社2007年版，第130—135页。

准,预先支付一笔固定的费用,在此期间医疗服务机构提供合同规定的服务均不再另行收费。其特点是医院的收入与服务人数成正比,服务人数越多,医院的收入越高。

(3) 按服务人次支付方式

按服务人次支付方式又称平均定额付费法,即制定每一门诊人次或者每一住院人次的费用支付标准,社会医疗保险机构根据医疗服务供方实际提供的服务人次,按照每一人次的费用支付标准向医疗服务供方支付医疗费用。

(4) 按住院床日支付方式

按住院床日支付方式又称为按床日标准支付,是指社会医疗保险机构根据测算首先确定每一住院床日的支付标准,在被保险人接受医疗服务供方的服务后,由社会医疗保险机构根据被保险人实际住院的总床日数支付医疗费用。按住院床日数支付方式主要适用于床日费用比较稳定的病种。

(5) 按病种支付方式

按病种支付又称按疾病诊断分类定额预付制,是根据疾病的分类,将住院病人疾病按诊断分为若干组,每组又根据疾病的轻重程度及有无合并症、并发症分为若干级,对每一组不同级别的病情分别制定不同的价格,并按该价格向医院一次性支付。按病种付费办法最早于1983年在美国老年人医疗保险制度中实施,由480多个疾病诊断组构成。

(6) 总额预付制

总额预付制又称为总额预算,是由医院单方面或由医疗保险机构与医院协商确定每个医院由医疗保险机构支付医疗费用的年度总预算额。医院的预算额度一旦确定,医院的收入就不能随着服务量的增加而增加,医疗服务供方必须为参加医疗保险的患者提供规定的医疗服务。而年度总预算的确定,往往考虑医院规模、医院服务质量、服务地区人口密度以及人群死亡率和医院具体情况等因素。医疗费用预算一般一年协商调整一次。

2. 医疗保险费用需方支付方式[1]

医疗保险费用需方支付方式主要是指需方在社会医疗保险过程中分担

---

[1] 卢祖询主编《社会医疗保险学》,人民卫生出版社2007年版,第127—128页。

一部分医疗费用的方法。世界各国实施不同的社会医疗保险制度，支付方式也不尽相同，但实践证明，由国家全部承担和支付被保险人的所有医疗保险费用，尽管体现了公平性原则，但却造成了卫生资源的过度利用和一定程度的浪费。因此，世界各国已经逐步采用各种费用分担的办法来取代全额支付，以有效地控制医疗费用。社会医疗保险需方常见的费用支付方式主要包括以下几种：

(1) 起付线方式

起付线方式又称为扣除保险。它是由社会医疗保险机构规定医疗费用支付的最低标准，即起付线，低于起付线以下的医疗费用全部由被保险人个人负担或由被保险人与其企业共同分担，超过起付线以上的医疗费用由社会医疗保险机构支付。

该方式的特点：一是起付线以下的医疗费用由被保险人或被保险人与其单位分担，增强了被保险人的费用意识，有利于减少浪费；二是将大量的小额医疗费用剔除在社会医疗保险支付范围之外，减少了保险结算工作量，有利于降低管理成本。三是小额费用由被保险人个人负担，有利于保障高额费用的疾病风险，即保大病。

起付线方式的难点在于起付线的合理确定、起付线的高低直接影响医疗服务的利用效率和被保险人的就医行为。起付线过低可能导致被保险人过度利用卫生资源，不利于有效控制医疗费用；起付线过高，有可能超过部分参保者的承受能力，抑制其正常的医疗需求，可能导致少数被保险人小病不能及时救治而变成大病，反而增加医疗费用。另外，过高的起付线可能影响参保者参加社会医疗保险的积极性，造成医疗保险覆盖面和受益面下降。

可采用灵活具体方式确定起付线。在社会医疗保险的操作过程中，为了使起付线方式更加科学、合理、完善，可采用灵活具体方式确定起付线，如以服务次数为单位计算起付线、以一段时期内累计数额计算起付线、或以个人或家庭的社会医疗保险储蓄为起付线等。同时，为了避免高额医疗费用加重低收入家庭的经济负担，也可考虑规定医疗费用占家庭总收入的一定比例和人均医疗费用不超过一定比例等办法。

(2) 共同付费方式

共同付费方式又称按比例分担。是指社会医疗保险机构和被保险人按一定比例共同支付医疗费用，这一比例又称共同负担率或共同付费率。共同付费可以是固定比例,也可以是变动比例。

该方式的特点:一是简单直观,易于操作,被保险人可根据自己的支付能力适当选择医疗服务,有利于调节医疗服务消费,控制医疗费用;二是由于价格需求弹性的作用,被保险人往往选择价格相对较低的服务,有利于降低卫生服务的价格。

共同付费方式的难点在于自付比例的合理确定,自付比例的高低直接影响被保险人的就医行为,自付比例过低,对被保险人制约作用小,达不到控制卫生费用不合理增长的目的;自付比例过高,可能超越被保险人的承受能力,抑制正常的医疗需求,造成小病不治变成大病,加重被保险人的经济负担,失去了医疗保险的目的。另外,不同人群收入状况不同,如果实行同一自付比例,可能出现卫生服务的不公平现象。

为了使共同付费方式更加完善,在社会医疗保险的操作过程中,可采取变动比例自付或相应辅助方法。如采用分级共同付费方法,即随着医疗费用的增加,逐级减少被保险人的自付比例,以达到少数患大病的被保险人能够承担得起医疗费用。也可采用不同年龄段采取不同自付比例的办法,中青年自付比例可以高些,老年人自付比例低些。

(3) 最高限额保险方式

最高限额保险方式也叫封顶线。是与起付线付费方式相反的费用分担方法。该方法先规定一个医疗费用封顶线,社会保险机构只负责低于封顶线以内的医疗费用,超出封顶线部分医疗费用又被保险人或由被保险人与其单位共同分担。

最高限额保险方式的特点:一是在社会经济发展水平和各方承受能力比较低的情况下,社会医疗保险只能优先保障享受人群广、费用比较低、各方都可以承受的一般医疗服务;二是有利于限制被保险人对高额医疗服务的过度需求,以及医疗服务提供者对高额医疗服务的过度提供;三是有利于鼓励被保险人重视自身的身心健康,提高身体素质,防止小病不治酿成大病。

从保险本质来看,大病、重病的发生概率小,但经济风险高,是所有医疗服务中最符合保险原则、最需要保险的部分,特别是在保险方式单一的情况下,难以对重病、大病医疗提供有效保障。因此,封顶线的确定需要综合考虑被保险人的收入水平、社会医疗保险基金的风险分担能力、医疗救助情况等因素,需要通过建立各种形式的补充医疗保险对超出封顶线以上的疾病进行必要的保障。

(4) 混合支付方式

起付线方式、共同付费方式和最高限额保险方式各有其优缺点。因此,在社会医疗保险费用支付方式的实际操作中,往往将两种以上的支付方式结合起来应用,形成优势互补,更有效地促进医疗保险需方合理的医疗服务需求,控制医疗费用的过度增长。例如,对低额医疗费用实行起付线方式,对高额医疗费用实行最高限额保险方式,并对中间段的医疗费用实行共同付费方式。

3. 医疗保险费用支付方式的发展趋势

近年来,由于医疗保险费用迅猛增长,医疗保险费用支付方式也在不断发展变化。其中,供方支付方式变化已成为医疗费用控制的主要手段,成为世界范围医疗保险制度和卫生改革的核心。伴随着医疗保险筹资渠道的多元化,医疗保险费用支付方式也呈现出多元化的趋势。①

(1) 由单一支付模式发展为混合支付模式

既然任何医疗费用的支付模式都存在着局限性和难以克服的弊端,那么,采取混合支付方式自然成为许多国家的必然选择。混合支付方式可以减少单一模式的不利影响,又可综合发挥其积极作用。目前,世界各国包括我国在内,对医疗服务供方的支付基本上都趋向于采取混合支付体系。美国在老年医疗保险中对医院采取按病种费用支付方式,对初级保健服务则采取按人头预付方式。加拿大对医院按总额预算进行补偿,对初级保健医生则是根据服务项目支付其费用。在德国,医院虽然有总额预算,但实际支付方式是以服务项目来支付的,通过总量控制可使总费用不超过预算目标,但德国门诊医疗服务的支付则采取了总额预算和按项目付费相结合的方式。

(2) 由分散式支付发展为集中统一支付

从目前一些国家的支付模式对医疗费用的控制效果看,以美国为代表的分散式支付被认为是最不成功的,其卫生总费用占 GDP 的 15%,而以英国、加拿大为代表的集中统一支付的模式被认为是控制医疗费用效果最成功的。介于这两种模式之间的是比较集中的统一支付模式,代表国家有日

---

① 王保真主编《医疗保障》,人民卫生出版社 2005 年版,第 87—88 页。

本、德国和法国。建立一种集中支付的全民医疗保险制度已越来越成为世界各国的共识,包括是否推行这种支付制度,近年来也已成为美国国会和政府所讨论和关注的议题之一。

(3) 由后付制发展为预付制

世界各国的医疗保险实践证明,以按服务项目付费为代表的后付制是促进供方诱导需求,导致医疗费用迅猛增长的重要源头之一。例如,采取按人头预付的方式,与按项目支付相比,将使人均医疗费用下降 10%—40%。为此,一些国际组织(世界银行、世界卫生组织)积极倡导各国摒弃传统的后付制,实行预付制。如总额预算制、按人头支出等。目前,除了按人头支付方式已广泛采用外,已经实行总额预算制的国家有英国、德国、加拿大、瑞典和法国等。

(4) 由全额支付发展为共付制

根据医疗保险基本理论,被保险人的医疗费用支出获得全额补偿的方式,虽然可以促进贫困人口的医疗服务的可及性与公平性,但这种实行免费的医疗方式,易于产生需方的道德损害,而导致医疗服务的过度利用和医疗费用的过快增长。因此,国际上越来越多的国家积极探讨实行医疗费用共同支付的方法,即保险机构只补偿医疗费用的一部分,被保险人也要支付一定比例的医疗费用。

(5) 按病种付费将成为未来支付方式改革的重点领域

自美国在世界上率先推行按病种付费支付制度以来,按病种付费的支付方式日益得到各国青睐,不仅成为支付方式改革的重点,也是各国在医疗保险制度改革和医疗费用控制中的一个突破口。据统计目前已有至少 10 多个国家采取了按病种付费的支付方式。我国目前也有一些地区开始进行此方法的研究和尝试,未来将会有更多的国家推行按病种付费的方式。

(三) 社会医疗保险费用控制

医疗保险费用的筹集与控制是世界各国医疗保险制度面临的两大难题。也是医疗保险制度成败与否的关键。纵观世界各国的医疗保险改革,这一变革的出发点和落脚点均是如何采取有效措施控制医疗费用的过快上涨。医疗保险制度能否健康发展既取决于医疗保险费用的筹集,也取决于医疗保险费用的控制,如果缺乏有效的控制手段,对于过高医疗消费水平缺乏约束力,必将导致医疗保险基金使用的失控,最

终影响医疗保险制度的健康开展。医疗保险费用控制有以下几方面措施：①

1. 从服务提供方控制医疗保险费用

对医疗服务提供方的控制主要体现在医疗服务提供量的限制、卫生人力数量与结构的限制、鼓励提供社区和家庭卫生保健服务等。对医疗服务提供量的限制有三种方式：

（1）医疗经费预算包干

指对医院年度内的医疗经费实行预算包干制，超支不补或按比例补偿，结余归医院。目前，在我国城镇职工基本医疗保险制度中，许多地区采取了这种方法，与定点医院进行医疗保险费用的预算包干，如果到年终医院实际发生的医疗费用支出超出社会保障部门核定的限额，社会保障部门可能不予补偿，有些情况下采取按一定比例补偿的方式，如对超出包干费用限额以上部分按照实际费用的30%—50%补偿。这种方式对于控制医疗服务提供方的医疗保险费用支出比较有效。

（2）资金预算限制

是指采取资金总预算限制的方法来控制医疗保险费用的增长幅度的一种措施。在国际上，许多国家制定了相应政策以实施这种方式控制医疗费用的上涨，如意大利、丹麦、英国等国家。丹麦规定，各个郡的医疗费用如果超出预算范围15%时，将在下一年度的经费预算中扣除。我国上海市在1984年率先在国内采取了对医疗费用的"总体控制、结构调整"政策，是采用资金预算限制医疗服务提供方的成功例子。

（3）限制医院医疗服务成本

通过限制对医院的投入，包括限制医院规模和数量，限制医院大型设备购置及其使用，而达到限制医疗服务机构服务成本上涨的目的。医院规模包括人力规模、床位规模、设备及固定资产规模等，对医疗保险影响比较大的主要有人力规模和床位规模。人力规模的限制主要包括对医生数量和结构的限制，通常，医务人员数量与医疗服务提供量和卫生费用成正相关关系。美国研究结果表明，医生数量每增加10%将导致卫生费用增加4%。因此，在一些国家，限制医生的数量已成为控制医疗成本的重要手段之一。此外，限制昂贵的大型医疗设备的配置和使用也是从服务提供方角度来控

---

① 王保真主编《医疗保障》，人民卫生出版社2005年版，第88—94页。

制医疗保险费用的一条重要措施。

2. 从服务需求方控制医疗保险费用

(1) 建立费用分担机制

费用分担机制的建立主要是通过确立起付线、共付线、限额法等方式，使被保险人在利用医疗服务过程中，通过自己分担一定比例的医疗费用的方式，增强其费用意识，减少因需方道德损害所导致的过度利用，抑制不合理的医疗消费。例如，建立共付机制之后，当被保险人患病时，医疗费用由个人与保险机构分别承担一定的比例，由于被保险人需要自己支付一定比例的费用，与全部报销方式相比，显然能够增强费用节省意识，降低道德风险。同时，对医疗保险费用的补偿设置封顶线，超出封顶线的部分由被保险人自付，也是控制医疗费用总额比较好的办法。

(2) 确定医疗保险项目范围和自付比例

主要是个人负担某些医疗项目和自付一定比例的医疗费用，以此来控制需方过度的医疗消费，在我国城镇职工基本医疗保险制度中，采取了通过确定诊疗项目范围和目录，以达到限制被保险人医疗保险费用的目的。我国在城镇职工基本医疗保险诊疗项目范围中，分别规定基本医疗保险不予支付费用的诊疗项目范围和基本医疗保险支付部分费用的诊疗项目范围。当被保险人发生诊疗项目费用时，属于基本医疗保险不予支付费用的诊疗项目目录内的，基本医疗保险基金不予支付；属于支付部分费用是诊疗项目目录范围内的，仍要个人自付一定比例。

3. 合理运用支付方式对医疗保险费用进行控制

选择适宜的支付方式，被认为是最为有效的控制费用的策略之一。由于支付方式能够实现经济风险和费用分担责任的转移，既可有效地控制服务提供方可能的诱导需求行为，又可抑制需求方的过度利用。国际研究显示，如果将医疗费用按预算支付改变为按项目支付，将增加服务的数量和服务成本。比较按项目支付和按人头支付两种支付方法，按人头支付的成本明显低于按项目支付。

(四) 社会医疗保险基金的管理

所谓社会医疗保险基金管理，就是根据国家关于社会保险的方针政策、法律法规以及有关规章制度，按照医疗保险基金运行的客观规律，对基金筹集、支付、使用、运营进行计划、组织、协调、控制、监督，确保医疗保险制度稳步运行和可持续发展。①

1. 社会医疗保险基金管理的原则

(1) 集中管理原则

社会医疗保险基金实行集中管理原则,由专门的医疗保险经办机构统一征缴、分别列账、统一运营,这样可以避免多头管理造成的混乱,集中管理增强基金的抗风险能力。目前,我国的医疗保险基金主要有劳动保障部门下属的医疗保险经办机构进行管理。

(2) 政事分开原则

医疗保险行政管理主要是制定政策法规,对医疗保险事业进行规划、调控、监督等,不涉及具体的医疗保险业务。医疗保险基金的运作由医疗保险经办机构来做。因此,医疗保险经办机构依法独立行使职能。

(3) 专款专用原则

社会医疗保险基金实行专款专用,任何地区、部门、单位和个人均不得挤占挪用。医疗保险经办机构必须按照医疗保险有关规定管理运作。

(4) 收支两条线原则

如果社会医疗保险基金进行收支一条线管理,就会缺乏内部制约机制,容易发生挤占、挪用、转移等违法行为,给国家和人民造成经济损失。因此,在管理上,将社会医疗保险基金收支分开,实行两条线管理。为了保证收支两条线得到落实,医疗保险经办机构内部设立基金征缴部门,负责基金的征收,设立支出部门,负责医疗费用审核支付。基金的银行账户设立收入账和支出账,分开管理。

(5) 收支平衡原则

无论是以支定收、量入为出,还是以收定支、量出为入,社会医疗保险基金都必须保证收支平衡,做到不发生赤字,略有结余。收支平衡是医疗保险基金管理的首要原则,只有收支平衡才能健康运行。

(6) 效率性原则

亦称效益性原则,就是要使有限的医疗保险基金发挥最大的效益,和其他社会保险相比,社会医疗保险基金的效率原则更加重要。在确保基本医疗保险基金安全的前提下,为了实现基金的保值和增值,并且为了充分发挥基金在经济建设中的作用,要进行投资运营,以实现基金的最大效益。

---

① 卢祖询主编《社会医疗保险学》,人民卫生出版社 2007 年版,第 144—165 页。

2. 社会医疗保险基金管理的内容

社会医疗保险基金管理主要包括医疗保险基金征缴管理、医疗保险基金支付管理、医疗保险基金财务管理、医疗保险基金投资管理、医疗保险基金监督管理等内容(详见本书第五章"社会保障基金管理")。

二、社会医疗救助制度

(一) 社会医疗救助概念

医疗救助(Medical Assistance)是指政府通过提供财务、政策和技术上的支持以及社会通过各种慈善行为,对贫困人群中因患病而无经济能力治疗的人群,或者因支付庞大数额的医疗费用而陷入困境的人群,实施救助或经济援助,使他们获得必要的援助,得到必要的医疗服务,以改善健康状况,维持基本生存能力的一种社会医疗保障制度。[1]

医疗救助是医疗保障体系的有机组成部分,是以低收入群体为对象,以减免医疗费用为主要形式的医疗保障制度。

(二) 社会医疗救助的主要方式

社会医疗救助(Social Medical Assistance)有不同方式,各种方式之间具有替代性、互补性,可以共同或混合使用。

1. 专项补助

是医疗救助的主要方式和重要的资金来源。主要以政府财政拨款为主,作为社会医疗保险统筹基金的一部分,由中央和地方财政根据救助对象的医疗需求,定期拨付经费,构成专项基金,专款专用,包干使用。

2. 医疗费用减免

是实施医疗救助制度的基本形式。通过定点医疗机构向持有医疗救助卡或低保卡的救助对象,按照有关政策提供减免性的医疗服务或报销部分费用。由于减免的范围和项目比较窄,救助对象只限于少数群体。

3. 临时性医疗救济

是针对因病或因灾造成的暂时性和突发性贫困,而且没有医疗保障的人群的一种救助手段。主要救助因为水灾、火灾、地震灾害等突发性灾害造成的身体伤害,以达到恢复健康、恢复生活、恢复生产之目的。

---

[1] 王保真主编《医疗保障》,人民卫生出版社 2005 年版,第 238 页。

4. 慈善救助

是政府、慈善机构或其他团体组织开展的义捐、义演、义诊以及义务医疗活动。也有慈善医疗机构和福利医院对贫困人口提供的免费或低收费医疗服务。

5. 代为缴纳基本医疗保险费

民政部门利用社会医疗救助基金为救助对象缴纳医疗保险费,帮助其参加基本医疗保险。这样做有一个优点是将一部分医疗救助业务委托给社会医疗保险部门可以减轻民政部门在医疗救助方面的重复工作,缓解财政压力。

6. 自付医疗费用补助

就是对城镇医疗救助对象实行补助优惠政策,将救助对象中患大病的救助对象自付医疗费用部分按一定比例给予补助。实质是以救助大病为主。

(三) 社会医疗救助的地位和作用

医疗救助是保障公民健康权和生存权的最后一道防线,处于医疗保障体系中的最低层次,是帮助贫困人群解决贫困的重要手段,是社会医疗保险的有效补充。

医疗救助与其他医疗保险形式相比,还有其特殊的作用。医疗救助是专门保障低收入、无收入人群、老年人群、失去劳动能力人群和因病无力治疗人群,是不需要什么义务的。而医疗保险是权利和义务相对应的,在享受权利的同时必须履行缴费等义务。

三、基本医疗卫生服务制度

(一) 初级卫生保健制度

1. 初级卫生保健的提出

1977年5月,第三十届世界卫生大会通过了 WHO 第 3043 号决议,确定了各国政府和世界卫生组织在未来几十年的主要社会目标:到 2000 年世界全体人民都应达到能使他们的社会经济生活富有成效的那种健康水平,即通常所说的"2000 年人人享有卫生保健"。

1978 年 9 月世界卫生组织和联合国儿童基金会联合在前苏联的阿拉木图主持召开国际初级卫生保健大会,通过了著名的《阿拉木图宣言》,明确了初级卫生保健是实现"2000 年人人享有卫生保健"全球战略目标的基本途径和根本策略。

在第 51 届世界级卫生大会上，WHO 发表了《21 世纪人人享有卫生保健》文件。认为人人享有卫生保健是一个导致人民健康逐步改善的过程，而不是一个单一有限的目标。21 世纪人人享有卫生保健是 2000 年人人享有卫生保健目标的继续和发展，它将为全世界人民在其整个一生实现并保持能获得的最高健康水平创造条件。

2. 初级卫生保健的含义

初级卫生保健是一种基本的卫生保健。其含义包括：

(1) 是由社区通过个人和家庭的积极参与，依靠科学的、又受社会欢迎的方法和技术，费用也是社区或国家在各个发展时期依靠自力更生和自觉精神能够负担得起的，普遍能够享受的卫生保健。

(2) 是国家卫生系统的中心职能和主要要素。

(3) 是国家卫生系统和社区经济发展的组成部分。

(4) 是个人、家庭和社区同国家系统保持接触，使卫生保健深入居民生活与劳动的第一环节。

3. 初级卫生保健的内容

根据《阿拉木图宣言》，初级卫生保健可分为四个方面的工作目标和八个继续开展的工作内容。

(1) 工作目标

① 促进健康：包括健康教育、保护环境、合理营养、饮用卫生安全水，改善卫生设施。开展体育锻炼，促进心理卫生、养成良好生活方式等。

② 预防保健：在研究社会人群健康和疾病的客观规律及他们和人群所处的内外环境、人类社会活动的相互关系的基础上，采取积极有效的措施，预防各种疾病的发生、发展和流行。

③ 合理治疗：及时发现疾病，及时提供医疗服务和有效药品，以避免疾病的发展与恶化，促使早日好转痊愈，防止带菌(虫)和向慢性发展。

④ 社区康复：对丧失了正常功能或功能上有缺陷的残疾者，通过医学的、教育的、职业的和社会的措施，尽量恢复其功能，使他们重新获得生活、学习和参加社会活动的能力。

(2) 工作内容

① 对当前主要卫生问题及其预防和控制方法的健康教育；

② 改善食品供应和合理营养；

③ 供应足够的安全卫生水和基本环境卫生室设施；

④ 妇幼保健和计划生育；
⑤ 主要传染病的预防接种；
⑥ 预防和控制地方病；
⑦ 常见病和外伤的合理治疗；
⑧ 提供基本药物。

(二) 基本公共卫生服务和基本临床服务

1. 基本公共卫生服务和基本临床服务的提出

世界银行在《1993年世界发展报告——投资于健康》中提出概念，将获得基本医疗保健服务看作是一项基本的人权。最初包括六项基本公共卫生和医疗服务，公共卫生包括：扩大计划免疫、学校公共卫生服务、计划生育和营养信息服务、吸烟饮酒控制、性病及艾滋病防治、改善居民环境。医疗服务则包括：儿童疾病综合管理、围产期及分娩保健、计划生育服务、肺结核控制、性病治疗和有限的临床服务。

2. 确定基本公共卫生服务和基本临床服务的原则

(1) 根据国家或地区经济发展和人民收入水平，政府能够承担、个人支付得起的医疗卫生服务。

(2) 应该选择成本低、效果好的服务作为基本公共卫生服务和基本临床服务。

(3) 根据各国的实际情况(对健康造成的危害和疾病经济负担)，确定各自重点和优先项目。

(4) 要能达到广泛的覆盖，使穷人同样能充分得到服务。

3. 基本卫生服务的概念分类

国内还没有形成明确统一的概念，出发点和落脚点不同，含义各不相同。

从基本卫生服务的供方出发，基本卫生服务是指卫生服务提供者根据接受服务的居民的健康状况，遵循医学与公共卫生学原理、原则，按照常规要求，必须提供的卫生服务。①

从经济学的角度出发，基本卫生服务是指针对人群中的首要的急性传染性疾病和慢性非传染性疾病，卫生干预的效果和效益证据充分、成本效果良好的公共卫生和基本临床服务，服务的提供充分体现政府的"公共职能"，

---

① 杜乐勋"基本卫生服务项目及其需求"，《中国卫生经济》，1997年第11期，第13页。

并本着适度投入、公平优先、讲求效率的原则。

从政府责任的角度出发,基本卫生服务应该是免费的,由政府提供。国家通过举办公立医疗卫生机构或购买非功利医疗卫生机构的服务,向每个公民提供免费基本卫生服务。①

4. 基本医疗卫生服务的主要内容

(1) 公共卫生服务

公共卫生服务(Public Health Service)是指那些为了改善、保护和促进全体人民健康,由政府出资、各级卫生部门和医疗卫生服务机构提供的卫生产品和维护服务,是为全体人民提供基本卫生保健的重要手段。公共卫生服务项目主要有:预防服务、慢性病管理、计划生育和生殖健康保健服务、家庭保健、精神卫生服务。

(2) 基本医疗服务

基本医疗服务(Basic Medical Service)是指一定社会经济发展、医学科技水平进步、文化和人口特征的条件下,由政府根据国家财力、个人的承受能力,通过医疗保障制度为全体居民提供的,并在疾病诊治过程中必需的医疗服务②。

基本医疗包括一般常见病、多发病和诊断明确的慢性病的诊治,大病恢复期的治疗和不治之症的保守治疗,以及急诊、急救等应急处理。基本医疗服务不包括门诊大病治疗和住院服务。

第三节 国外医疗保险制度实践及经验

一、国外医疗保险的主要模式

(一) 国家医疗保险模式

1. 国家医疗保险模式的特点

国家医疗保险模式也称为国家卫生服务制度,是指政府以税收或缴税

---

① 饶克勤"用科学发展观指导我国卫生改革与发展",《中国卫生经济》,2006 年第 10 期,第 10—13 页。

② 梁鸿等"公共财政政策框架下基本医疗服务体系的构建",《中国卫生经济》,2005 年第 10 期,第 8—10 页。

的方式筹集资金,通过国家财政预算拨款和建立专项基金的形式,向医疗机构提供资金,由医疗机构向国民提供免费或低收费的医疗服务。英国和澳大利亚都是实行国家医疗保险模式的国家。

国家医疗保险模式的主要特点:

(1)属于福利性的医疗保险制度。一般在高福利国家实行,向全体国民免费提供医疗服务。

(2)医疗保险基金的来源是国家税收。筹集资金渠道依赖国家财政拨款,个人不承担或少量承担医疗费用。

(3)医疗服务具有国家垄断性。由政府举办医疗服务机构,或政府通过购买民办或私人医疗服务。

(4)管理体制上实行计划配置,政府卫生部门直接调配和配置医疗卫生资源,直接参与医疗机构的建设和管理。市场机制对其不产生影响和调节。

(5)保障项目水平比较高,保障的范围比较广。

2. 国家医疗保险模式的主要内容

(1)保障范围。涵盖所有公民。

(2)资金来源。来自国家税收,资金预算由政府或卫生、财政部门制定。

(3)待遇标准。包括门诊服务、诊疗费、住院费、药品及保健费等非常广泛,但各个国家和地区是有区别的。

(4)管理体制。由政府的各级卫生部门或专门的医疗保险管理部门进行管理,既包括政策、制度,也包括资金管理,还涉及医疗机构的管理。

(5)医院服务。实行国家医疗保险模式的国家,医疗保险的重点在医院服务上。医院服务免收一切费用。因此医院病床普遍紧张,政府既要建立大批公立医院以供医疗服务用,又要加强医院的管理。

(6)全科医生的特殊地位。在国家医疗保险制度中,全科医生具有重要作用,他是病人就医的第一关,按照规定,参加保险的每个公民都须选择一个全科医生,全科医生负责疾病诊断处置、健康咨询、体格检查、开处方、转诊等医疗服务项目。所以全科医生的地位和作用显得非常重要。

(7)社区保健服务。社区保健服务是成功实施国家医疗保险的重要环节,实行国家医疗保险模式的国家,都建立了不同类型的社区卫生中心,如:全科医生诊所、老年公寓、儿童保健中心等,确保了医疗保险服务功能全面,就医方便。

(二) 社会医疗保险模式

1. 社会医疗保险模式的特点

社会医疗保险是国家通过立法形式强制实施,由国家建立医疗保险基金,单位(雇主)和个人,按一定比例缴纳医疗保险费,建立社会医疗保险基金,支付雇员医疗费用的一种医疗保险制度。德国、日本、法国、韩国等国均实行社会医疗保险制度。

社会医疗保险制度的主要特点:

(1) 社会医疗保险具有强制性特点。它是由国家立法,强制公民必须参加的一种医疗保险种类。

(2) 保险基金由国家社会医疗保险管理机构统一筹集、管理、核算和支付,不以营利为目的。雇主和雇员按单位工资总额和个人收入的一定比例,定期缴纳医疗保险费。社会医疗保险管理机构向合同医院支付医疗费用,合同医院按照规定为参加医疗保险的人群提供医疗服务。

(3) 权利与义务相统一。要求雇主为雇员缴纳医疗保险费,雇员自己也要按比例缴纳,国家一般不承担费用。医疗服务机构提供的医疗服务内容不尽相同,提供服务范围内的免费或收费服务。

(4) 资金管理以"以支定收、以收定付",现收现付,力求当年收支平衡。

(5) 第三方支付。社会医疗保险机构代替参保人统一支付医疗保险费。

2. 社会医疗保险模式的主要内容

(1) 参保范围。通过法律强制要求全体公民必须参加,针对特殊情况作出特殊规定。

(2) 资金来源。社会医疗保险制度通过对雇主和有收入的人群征收医疗费的形式来筹集资金。按个人的收入比例征收,收入越多缴纳得越多,体现了高收入人群与低收入人群的互济性,但一般都有缴纳上限。具体征收方式和征收比例有所不同。

(3) 待遇标准。社会医疗保险都统一规定医疗服务范围和支付标准。但不同国家、不同地区因收入不同、缴纳费用不同,待遇水平也不同。表现为个人支付比例差异较大。

(4) 医疗费用的支付方式。最大特点是"第三方支付"。具体分为两种:一是在定点医疗机构免费就医,同时支付自费部分,二是先垫付资金,应由医疗保险基金支付的部分到医疗保险机构报销。

(5) 管理机构。由国家专门设立的医疗保险专门机构管理,也有民办法定社团机构和大型企业、行业举办的社团或行会。

(三) 商业医疗保险模式

1. 商业医疗保险模的特点[1]

商业医疗保险是指商业保险组织根据医疗保险合同约定,向投保人收取保险费,建立保险基金,对于合同约定的医疗事故因其发生所造成的损失,按照合同给予投保者保险给付的一种合同行为。商业医疗保险是以营利为目的的险种,把医疗保险作为一种特殊的商品,通过市场机制来筹集保险费和提供服务,政府基本不予干预。是对社会医疗保险的有益补充和完善,是医疗保障体系中的重要组成部分。商业医疗保险的主要特点:

(1) 筹资方式主要依靠社会人群自愿投保交纳保费,共同分担因患病而造成的经济损失。

(2) 办医模式以私立医疗机构为主。私营性医疗保险机构都是以营利为目的,只有少数机构不以营利为目的,如美国的蓝盾和蓝十字组织。

(3) 运营机制是现收现付。由保险人和被保险人缔结医疗保险契约关系。双方履行权利与义务。

(4) 医疗保险作为一种特殊商品,根据社会不同需求,设计不同的医疗保健和疾病险种,供求关系由医疗保险市场调节。

(5) 服务费用主要依赖参保人付费。

2. 商业医疗保险模式的主要内容[2]

(1) 参保范围。社会人群自愿选择是否进入商业医疗保险市场,自主选择具体的保险产品,不是政府或其他组织要求强制性参加的。完全开放性的,同时因为具体的保险品种繁多,而每一个险种又对参保对象有不同的限制和要求,因此,又有局限性。

(2) 保险费的筹集。缴费主体是雇员,也包括雇主。商业医疗保险费大部分是私人出资。

(3) 待遇标准。商业医疗保险是由多种不同的医疗保险产品组成的,它不同于国家医疗保险或社会医疗保险那种"一揽子"保障形式,而是因不

---

[1] 王保真主编《医疗保障》,人民卫生出版社 2005 年版,第 302 页。
[2] 乌日图《医疗保障制度国际比较》,化学工业出版社 2003 年版,第 148 页。

同险种享受不同的待遇。

(4) 赔付方式。主要有三种方式,一是费用补偿法,对投保者的损失进行一定赔偿;二是服务津贴法,对定点的医疗服务的提供者如医院或医生所提供的服务进行补偿;三是固定给付法,即按照定值保单约定的固定赔付标准进行赔付。

(5) 医疗保险组织机构。主要是营利性保险公司,也有部分非营利性的组织。

(6) 医疗保险的运作方式。医疗保险机构与投保人、医院、医生因契约规定不同、险种不同,在保费缴纳、补偿、支付等方面有很多的运作方式。

(7) 管理和监督。商业医疗保险尽管由市场来主导,但在管理上是个非常严格的行业。财务、资金等都有严格的规定。在有些国家还建立自律性的行业机构监督管理。

(四) 储蓄医疗保险模式

1. 储蓄医疗保险模式的特点[1]

储蓄医疗保险也称为个人积累制医疗保险,是指依据法律法规,强制性地要求雇员和雇主以个人或家庭为单位建立医疗储蓄基金,通过纵向不断逐步积累,用以支付家庭成员因患病可能需要的医疗费用支出的医疗保障制度。新加坡是典型的储蓄医疗保险制度。储蓄医疗保险具有以下特点:

(1) 依据法律法规强制性要求个人或家庭建立储蓄医疗保险基金,筹资方式是储蓄。

(2) 强调以个人责任为主,树立自我保障意识和责任。个人储蓄医疗保险基金只用于个人和家庭成员的医疗消费,患者可以根据自己的收入和支付能力选择储蓄医疗项目,享受的医疗服务越高,个人支付的费用就越多。

(3) 国家主要负责组织储蓄医疗保险制度的建立和完善,保证个人储蓄医疗保险基金的保值和增值,不负担或只负担少部分费用,对医疗机构给予适当的补贴。

(4) 具有个人和家庭纵向积累的功能。储蓄保险基金作为个人和家庭成员终生医疗费用保障,实行积累制,家庭成员之间可以共享,解决了年轻人与老年人之间医疗保险费用负担上的代际转移问题。

---

[1] 乌日图《医疗保障制度国际比较》,化学工业出版社 2003 年版,第 164 页。

2. 储蓄医疗保险模式的主要内容

(1) 覆盖对象。全体公民和永久性居民,所有雇员和自雇人员。

(2) 资金来源。雇员的储蓄保健基金由雇主和雇员共同缴纳,自雇人员的保费完全由自己缴纳。

(3) 保障范围及水平。参加储蓄医疗保险的会员支付在急诊医院、康复医院、疗养院的住院费用以及一些医疗费用,储蓄医疗保险人员可以动用自己的储蓄存款为自己的配偶、子女、父母和祖父母支付住院费用。

(4) 就医及费用支付。住院前,患者应向医生或医院咨询有关费用,查看自己储蓄医疗存款及需要支付现金的数额,以便选择有能力支付的医院。如果打算动用储蓄保险基金支付住院费用,必须在住院前通知医院方,并提供相应证件。病人出院后,医院将列出一份结账单给中央公积金局和患者本人,标明扣除的款项以及余款或欠款等内容。如果用个人储蓄给家庭成员支付医疗费用,则需要办理授权等相关手续。

(5) 医疗服务体系。无论是公立或者是私立医院,都可以为储蓄医疗保险者提供医疗服务,参加储蓄医疗保险者可以自由选择医院就医。

二、国外医疗保险模式的启示

国外医疗保险模式的发展对我国有如下的启示:[①]

(一) 要保持合理的医疗保障水平

首先,要坚持"低水平"稳步发展的原则,这是我国基本国情所决定的。西方国家实行"从摇篮到坟墓"的福利带来的教训一定要吸取。要从我国实际出发,充分考虑我国生产力发展水平,考虑各方面的实际承受能力,避免拔苗助长,确保我国医疗保障制度稳步前进。

其次,要坚持"广覆盖"原则,这是市场经济国家的通行做法,尽量实现社会公平,把职工居民都纳入到医疗保险制度中。

(二) 要建立科学的医疗费用控制机制

一要建立合理的医疗保险基金筹集机制。目前许多国家都存在着医疗费用增长过快问题,我们要吸取这些国家的教训,必须采取措施,改变过去由财政和企业包揽的办法,实行单位和职工双方负担的体制,拓宽医疗保

---

① 穆怀中主编《社会保障国际比较》,中国劳动社会保障出版社 2002 年版,第 223 页。

基金筹集渠道。二是建立医疗费用支出制约机制。要学习国际上成功的经验,制定科学办法,采取有效措施,抑制医疗费用的过度利用和医疗资源的浪费。三是建立完善的医疗保险基金监管机制,确保医疗保险基金专款专用。

(三)加强医疗体制规划

要深化医疗卫生体制改革,加强医疗卫生事业发展规划,优化卫生资源配置。加强对医疗服务机构的区域规划,调整对医疗服务机构的资源配置,综合科学安排医疗资源在各个层次和各个功能上的投入比例。既要考虑医疗,又要兼顾预防、保健、康复等各方面的需要。要深化医药体制改革,制定合理的医疗服务价格。

(四)强化基层卫生机构的服务功能

要强化社区卫生服务中心的服务功能,改变卫生资源高度集中于大城市、过度发展大医院和高层次医疗服务的状况,积极发展农村医疗卫生事业,发展中低层次的医疗卫生服务,促进病人的合理分流,节省医疗费用,缩短就医时间,采取优惠措施鼓励和引导参保人就地就近看病。

(五)强化政府职能

积极发挥政府的组织协调和管理职能,规范医疗保险的制度化和法制化建设,适当加大政府投入的力度。

第四节 中国健康保障制度实践与改革

一、中国社会医疗保险制度

(一)中国传统医疗保障制度

建国初,我国实行计划经济体制,与此相适应,在城市建立起了以公费医疗和劳保医疗为主的医疗保障制度,在广大农村地区普遍建立了农村合作医疗制度。

1. 公费医疗制度

1952年6月,政务院发布了《关于全国各级人民政府、党派、团体及所属事业单位的国家工作人员实行公费医疗预防的指示》,从1952年7月份起实施。公费医疗的实施范围是各级人民政府、党派、工青妇等团体、各种工作队以及文化、教育、卫生、经济建设等事业单位的国家工作人员和革命残废军人。

1964年5月,国务院批准卫生部、财政部文件,明确了享受公费医疗的国家工作人员经批准到外地就医,路费可参照差旅费的规定报销。1979年6月和1979年11月,卫生部和财政部先后发了《关于公费医疗两个问题的复函》和《关于公费医疗几个问题的答复》,对公费医疗的享受对象、费用支出以及免除责任等做出了具体的规定。

公费医疗经费由国家和各级政府财政预算拨款,从各单位的"公费医疗经费"项目中列支,由各级卫生或财政部门统一管理使用。

2. 劳保医疗制度

1951年2月26日政务院发布了《中华人民共和国劳动保险条例》,1953年1月2日发布了修正草案。根据该条例的规定,原劳动部、全国总工会对劳保医疗制定了实施细则和具体办法。享受劳保医疗的对象主要是全民所有制工厂、矿场、铁路、航运、邮电、交通、基建、地质、商业、外贸、粮食、供销合作、金融、民航、石油、水产、国营农牧场、森林等产业和部门的职工及其供养直系亲属,县以上城镇集体所有制企业职工可参照执行。

20世纪50年代和60年代初,对企业职工患一般疾病和非因工负伤、残废的享受范围进行了规定。1966年4月,原劳动部和全国总工会颁发了《关于改进企业职工劳保医疗制度几个问题的通知》,对劳保医疗做出了一些新的规定,适当加大了职工个人负担医疗费用的比例。

3. 农村合作医疗

我国农村合作医疗制度建立于20世纪50年代。1965年毛泽东同志发出了"把医疗卫生工作的重点放到农村去"的重要指示,推动了农村合作医疗的快速发展。合作医疗体系的资金来源主要有三个渠道:(1)农户缴费。根据受益方式和村的经济状况,农户按照年收入的0.5%—2%缴费,大约4—8元每人。(2)集体缴费。村集体从农业收入或乡镇企业收入中拿出一定比例的金额缴入合作医疗基金,集体缴费占到所有融资的30%—90%,平均为50%。(3)上级政府的补贴。大多数情况下农村合作医疗都有政府补贴,主要用于发放医务人员的工资和购买设备。所以合作医疗可以定义为"在各级政府支持下,按照参加者互助共济的原则组织起来的,为农村社区人群提供基本医疗卫生保健服务的医疗保健制度"。[1] 此后,在20

---

[1] 朱玲"政府与农村基本医疗保险保障制度选择",《中国社会科学》,2000年第4期,第88—99页。

世纪 60 年代和 70 年代发展迅速,1958 年大约有 10％的村庄被合作医疗覆盖,1968 年这一数字达到 80％,在其发展的顶峰时期,90％以上的村都有合作医疗制度

(二) 中国医疗保险制度改革

1. 传统医疗保障制度存在的主要问题

我国的劳保医疗和公费医疗制度是计划经济的产物,它的运行机制应有计划经济的特征。随着我国进入市场经济时代,传统的劳保医疗和公费医疗制度的弊端日益暴露出来。

(1) 医疗资源浪费严重

由于城镇职工医疗费用由"第三方"即政府和企业负担,医疗机构在服务上又实行按项目收费,所以对医疗机构的提供者和消费者缺乏制约机制,需方往往过度利用医疗资源,而服务提供方因为多提供服务能增加收入的原因,必然诱导医疗消费,造成医疗资源浪费严重,消费过快。

(2) 劳保医疗筹资困难

劳保医疗制度实际上是企业为职工提供保险。由于国有企业自身原因,企业人员多、效率低、效益差的问题日益突出,特别是一些老企业亏损问题日益严重,医疗费用负担加重,给企业筹集保险资金带来困难。

(3) 公费医疗缺乏稳定的资金来源

公费医疗经费由各地财政部门自定,并且随着财政收入的变化而变化,而公费医疗费用占财政预算的份额持续下降,致使企事业单位和职工个人分担的费用比例逐年上升。

(4) 覆盖面过窄

社会主义市场经济促进各种所有制经济迅速发展,个体经济、私营经济和三资经济的份额逐步扩大,而原有的公费医疗和劳保医疗只覆盖国家工作人员和国有经济组织,相比覆盖面太窄,从全国角度看有失社会性和公平性。

(5) 待遇差别比较大

国家工作人员与企业职工的医疗待遇有差别,企业医疗水平的高低与企业收入多少有关,变化较大;另外,企业与企业之间收入也有较大差别,甚至有的企业因亏损连工资都发不出来。造成医疗经费的差别较大,职工医疗待遇差别较大。城市与农村在医疗保障的差异更大,由于原有农村合作医疗制度的解体,广大农村在改革开放初期实际上处于空白状态。

2. 医疗保障制度改革

20世纪80年代以后,国家和地方对公费医疗制度和职工劳保医疗进行了局部改革,主要有:

(1) 实行医疗费用与个人挂钩,个人分担部分医疗费用,职工个人的费用意识增强,但如果不控制医院的服务费用,还是不能解决根本问题。

(2) 实行大病统筹。由企业主管部门在一定范围内筹措大病统筹基金,对患大病职工给予补偿。使企业保险向社会保险前进了一步。

(3) 医院直接管理医疗经费。有的地区按人员定额医疗费用标准,总额预付给医院,由医院直接管理医疗经费,结余部分按比例留用,超出部分医院承担一定比例,增强医院的费用意识。

(4) 公费医疗经费按指标由单位包干。

(5) 劳保医疗经费平均分给职工。超支部分由个人分担,这种办法虽然节省了资金,但不利于体弱多病的患者,也失去了医疗保险制度的互助共济的功能。

(三) 中国基本医疗保险制度建立与发展

1. 城镇职工基本医疗保险制度的建立与发展

早在20世纪80年代初,卫生经济专家就提出了改革劳保医疗和公费医疗,建立"具有中国特色的社会主义医疗保险制度"。1992年国务院成立职工医疗制度改革领导小组,1993年11月,党的十四届三中全会通过了《关于建立社会主义市场经济体制若干问题的决定》,明确了医疗保险改革的原则,决定城镇职工医疗保险要实行社会统筹医疗基金与个人医疗账户相结合的新制度,明确了职工医疗制度改革的目标模式和基本指导思想。医疗保险和养老保险一样,筹资上有完全积累模式和现收现付制两种模式,而这两种模式都具有不能克服的缺陷,中国则结合国情,探讨建立社会统筹和个人账户相结合的医疗保险模式。

1994年《关于职工医疗制度改革的试点意见》,率先在江苏省的镇江市、江西省九江市进行试点,被称为"两江模式"。1996年,国务院办公厅转发了国家体改委等四部委《关于职工医疗保障制度改革扩大试点的意见》,在全国57个城市进行扩大试点。1998年12月,《国务院关于建立城镇职工基本医疗保险制度的决定》颁布,要求在全国范围内建立覆盖全体城镇职工的基本医疗保险制度,至此,中国实行近半个世纪的公费、劳保医疗制度逐步被全新的城镇职工医疗保险制度所替代。

2. 城镇居民基本医疗保险制度的试点

2007年7月,国务院下发《关于开展城镇居民基本医疗保险试点的指导意见》(国发[2007]20号),确立了在全国开展以非从业居民为对象的城镇居民基本医疗保险的试点工作。随后,由劳动和社会保障部下发的《关于认定2007年城镇居民基本医疗保险试点城市名单的批复》(劳社部函[2007]174号)确定河北省唐山市等79个城市为2007年城镇居民基本医疗保险试点城市。2007年10月,劳动和社会保障部下发《关于城镇居民基本医疗保险医疗服务管理的意见》(劳社部发[2007]40号),进一步明确了城镇居民基本医疗保险医疗服务管理的基本要求、医疗服务范围、定点管理费用结算管理的具体要求。

2008年2月,劳动和社会保障部《关于认定2008年城镇居民基本医疗保险扩大试点城市名单的批复》(劳社部函[2008]24号),将河北省保定市等229个城市和地区列入2008年城镇居民基本医疗保险扩大试点范围。2009年在全国全面推开城镇居民医疗保险。

3. 新型农村合作医疗制度试行与推广

20世纪90年代初期,政府在推进城镇医疗保障制度改革的同时,出台了一系列的政策措施,试图恢复20世纪70年代农村合作医疗的繁荣局面。1994年卫生部提出重建合作医疗计划,并由世界卫生组织提供技术支持,这项计划在7个省14个县试点。[①] 1997年是全国农村合作医疗恢复重建的高峰,合作医疗的覆盖率占全国行政村的17%,农村居民中参加合作医疗的人数为9.6%,此后开始逐年下降。此时全国范围内所存在的合作医疗大都分布在上海和苏南地区,原因在于这些地方的乡镇企业和小城镇建设十分繁荣,乡镇企业经济支撑了合作医疗并使其达到了鼎盛时期。

2003年1月,国务院转发卫生部等部门《关于建立新型农村合作医疗制度的意见》,开始在全国范围内逐步推行新型农村合作医疗制度。新型农村合作医疗制度是由政府组织、引导和支持,农民自愿参加,个人、集体和政府多方筹资,以大病统筹为主的农民医疗互助共济制度(以下简称"新农合"),其目标有四个方面:一是帮助农民抵御大病风险;二是提高农村居民

---

① Carrin G, Ron A, Yang H et al. (1999) The reform of the rural cooperative medical system in the People's Republic of China: Interim experience in 14 pilot countries. Social Science and Medicine 48, 961-972.

的健康水平;三是减少由于疾病导致的贫困;四是提高农民对医疗服务的满意程度。随着新农合的有序实施,覆盖面逐步扩大,筹资水平逐步提高,对农村居民的健康保障越来越显示出其重要性。

(四) 城镇职工基本医疗保险制度的主要内容和特点

1998年12月14日,国务院发布了《关于建立城镇职工基本医疗保险制度的决定》,标志着城镇职工基本医疗保险制度开始全面建立。[1]

1. 城镇职工基本医疗保险制度的基本原则

基本医疗保险的水平要与社会主义初级阶段生产力发展水平相适应;城镇所有用人单位及其职工都要参加基本医疗保险,实行属地管理;基本医疗保险费由用人单位和职工双方共同负担;基本医疗保险基金实行社会统筹和个人账户相结合。

综上原则被概括为"基本保障,广泛覆盖,双方负责,统账结合"。"基本保障"是指职工基本医疗保险的水平要与我国现阶段的生产力发展水平相适应,相应的筹资水平要根据我国财政和企业的实际承受能力来确定,保障的是职工的基本医疗。"广泛覆盖"是指基本医疗保险制度要覆盖城镇所有用人单位和职工不分国有和私营、民营,不分效益好坏。"双方负担"是指改变过去职工医疗费用全部由国家和企业包揽、个人不承担医疗保险责任的状况,实行基本医疗保险费用由单位和个人共同承担。"统筹结合"是指基本医疗保险实行社会统筹和个人账户相结合,建立医疗保险统筹基金和个人账户,并明确各自的支付范围。

2. 城镇职工基本医疗保险制度的主要内容

(1) 基本医疗保险费由单位和个人共同缴纳,用人单位缴费率控制在工资总额的6%左右,职工缴费率控制在本人工资收入的2%。

(2) 单位和个人缴纳的基本医疗保险费分别建立统筹基金和个人账户。

(3) 统筹基金和个人账户分开管理、分账运行。统筹基金主要用于支付大额或住院医疗费用,个人账户主要用于支付小额或门诊医疗费用。统筹基金支付设起付标准和最高支付限额,起付标准为当地职工年平均工资的10%左右,最高支付限额为当地职工年平均工资的4倍左右。2009年3月发布的新医改方案中,明确到2010年达到6倍的目标。

---

[1] 程晓明主编《医疗保险学》,复旦大学出版社2003年版,第238页。

(4) 健全基本医疗保险基金的管理和监督机制。

(5) 加强医疗服务管理,积极推进医疗卫生服务体系结构调整,加快医疗机构改革。

(6) 妥善解决离休人员、老红军、二等乙级以上革命伤残军人、国家公务员、国有企业下岗职工以及退休人员等有关人员的医疗待遇。

(五) 城镇居民基本医疗保险制度的主要内容

2009年《关于全面开展城镇居民基本医疗保险工作的通知》(人社部发[2009]35号),要求全国所有城市都要开展城镇居民基本医疗保险工作。

1. 基本原则

各地区要坚持低水平、广覆盖、保基本、可持续的原则,科学设计和调整实施方案;要坚持公开、公正、公平,规范操作,加强监管;要坚持便民利民,真正方便居民、服务居民、让居民受益。

2. 主要内容

(1) 参保范围。不属于城镇职工基本医疗保险制度覆盖范围的中小学阶段的学生(包括职业高中、中专、技校学生)、少年儿童和其他非从业城镇居民都可自愿参加城镇居民基本医疗保险。

(2) 筹资水平。试点城市应根据当地的经济发展水平以及成年人和未成年人等不同人群的基本医疗消费需求,并考虑当地居民家庭和财政的负担能力,恰当确定筹资水平;探索建立筹资水平、缴费年限和待遇水平相挂钩的机制。

(3) 缴费和补助。城镇居民基本医疗保险以家庭缴费为主,政府给予适当补助。

(4) 费用支付。城镇居民基本医疗保险基金重点用于参保居民的住院和门诊大病医疗支出,有条件的地区可以逐步试行门诊医疗费用统筹。

(5) 基金管理。城镇居民基本医疗保险基金的使用要坚持以收定支、收支平衡、略有结余的原则。

二、中国社会医疗救助制度

(一) 我国城乡医疗救助制度发展状况

1. 城乡医疗救助制度基本建立。2006年,农村医疗救助制度在全国所有涉农的县(市、区)实现全部建制;2008年,全国所有县(市、区)基本都建立了城市医疗救助制度。在建立城乡医疗救助制度过程中,各地普遍建立了"政府领导、民政牵头、部门协作、社会参与"的管理体制和医疗救助基金管理制度,确保了资金专款专用。

2. 多种方式帮助解决贫困群众的医疗负担。一是资助城乡低保家庭成员、五保户参加城镇居民基本医疗保险或新农合;二是通过医疗救助制度,对救助对象难以自负的基本医疗费用按规定给予补助;三是通过临时救助,对医疗救助制度后获救助范围之外因患有大病仍难以自负基本医疗费用的给予临时性帮助;四是广泛动员社会力量,通过社会捐助、帮扶和医疗机构适当减免费用等多种渠道,帮助困难群众缓解医疗难问题。

3. 医疗救助制度不断发展完善。在救助范围上,逐步由低保对象、五保户扩大到其他符合条件的经济困难群体。在救助内容上,在坚持住院救助的同时,普遍开展了常见病的救助。在资金结算方面,积极探索,采取了"医前救助"、"医中救助"等方法,进一步缩短了办理时间,方便了困难群众。在救助标准方面,进一步降低救助"门槛",提高救助比例,并对农村五保对象等特殊困难群众给予倾斜照顾。在资金结算方面,通过建立医疗救助与新农合或城镇居民基本医疗保险衔接的信息管理系统,实现了医疗救助的信息化即时结算。

(二) 中国现行社会医疗救助制度存在的问题

1. 建立时间晚

与世界上医疗救助制度比较先进的国家相比,我国的医疗救助制度建立的比较晚,英国早在1601年就颁布了济贫法,并不断修订完善,美国于20世纪30年代颁布了《社会保障法》,包括对特定人群实行社会医疗救助。并于20世纪60年代颁布专门的医疗救助法案。在这个时期,许多国家都实行了对老人和穷人的社会医疗救助制度,资金绝大部分来自政府拨款。

2. 救济水平低

我国实行医疗保障制度的一个原则就是量力而行,由于我国生产力发展水平比较低,所以在资金投入上就比较低。另外,我国实行多层次的医疗保障制度,而医疗救助作为医疗保障体制的组成部分之一,是属于最低层次的和补助性的,救济资金相对较少。

3. 医疗救助差异大

我国医疗救助主要以地方政府资金投入为主。由于各地区的经济实力不同,地方财政投入不同,贫困线和基本医疗救助的标准不同,造成医疗救助的水平差异较大。

4. 缺乏规范性

目前医疗救助工作基本上是临时性的,救助资金是可变性的,缺乏客观标准,执行医疗救助制度还缺乏规范性。

5. 缺乏统一的制度

从全国的角度来讲,没有统一的法律法规,没有形成具体的标准,也没有规范的工作程序,各地都在各自为政,医疗救助制度还处于不统一、不稳定状态。

(三)中国社会医疗救助制度的完善和发展

完善社会医疗救助制度是我国医疗保障制度的重要内容之一。①

1. 进一步完善医疗救助制度设计

一是开展多形式、多层次的救助。通过资助困难群众参保参合、帮助解决救助对象部分医疗费用、临时救助、慈善援助等多种方式切实缓解困难群众医疗负担。二是坚持以住院救助为主,同时兼顾门诊救助。住院救助主要用于帮助解决因病住院对象的医疗费用;门诊救助主要帮助解决常见或慢性病以及患有重病需要长期维持药物治疗的人员的医疗负担。三是根据医疗救助的补助资金总量,科学制定医疗救助补助方案,逐步降低或取消起付线,提高救助比例。四是坚持便捷、利民的原则,进一步简化申请审批程序,使救助对象能够及时享受到医疗服务。

2. 提高医疗救助工作法制化水平

把医疗救助工作纳入正在起草的《中华人民共和国社会救助法》,并及时开展先期调研工作,力争早日制定出台《医疗救助条例》,推进城乡医疗救助工作法制化、规范化。

3. 增加投入,加强监督

根据我国经济社会发展和财力状况,逐步增加政府投入,并切实加强资金管理。有效使用救助资金,简化救助资金审批发放程序。做好与其他医疗保障制度之间的衔接。

4. 推进信息化管理

借鉴部分地方信息化管理经验,实现医疗救助与新型农村合作医疗、城镇居民基本医疗保险的信息共享,积极推行救助对象就医费用实时结算;探索城镇居民基本医疗保险或新型农村合作医疗以及医疗救助的补偿补助资

---

① 王保真主编《医疗保障》,人民卫生出版社 2005 年版,第 253—254 页。

金的"一站式"服务,方便困难群众费用结算。

5. 树立典型,引导各地开展工作

抓好全国城市医疗救助工作示范点的培育工作,并通过示范引导各地工作的开展。大力推广重庆渝北农村医疗救助工作经验,指导各地继续完善农村医疗救助制度。

三、中国基本医疗卫生制度改革

从广义讲,中国基本医疗卫生制度由公共卫生服务、基本医疗服务、医疗保障、基本药物制度构成,其中,公共卫生服务和基本医疗服务往往无法严格区分,并称为基本医疗卫生服务。[①]

(一)中国医疗卫生服务体制改革进程

在计划经济时期,政府坚持预防为主、以农村为重点、中西医结合等一系列正确方针路线,建立了完善的农村和城市医疗卫生服务网络,取得了显著成就。

改革开放后,配合社会主义市场经济体制的建立,国家启动对医疗卫生系统的改革。1981年3月,卫生部下发了《医院经济管理暂行办法》和《关于加强卫生机构经济管理的意见》,开始扭转卫生机构不善于经营核算的局面。1982年卫生部颁布《全国医院工作条例》,开辟了医疗主体多元化的先河。但是真正的改革是从1985年开始的。1985年4月,国务院批转卫生部《关于卫生工作改革若干政策问题的报告》(国发[1985]62号),提出:"必须进行改革,放宽政策,简政放权,多方集资,开阔发展卫生事业的路子,把卫生工作搞好",拉开了医疗机构转型的序幕。1991年,全国人大第七次会议提出了新时期卫生工作的方针"预防为主,依靠科技进步,动员全社会参与,中西医并重,为人民健康服务,同时把医疗卫生工作重点放到农村"。这一时期的改革主要关注管理体制、运行机制方面的问题,政府的主导思想在于"给政策不给钱"。

1993年《中共中央关于建立社会主义市场经济体制若干问题的决定》出台后,我国加快了医疗卫生体制改革步伐。同年9月卫生部发出了《关于加强医疗质量管理的通知》要求医务人员提高医疗质量意识。1994年2月

---

① 王虎峰"发展与改革蓝皮书",《中国经济发展和体制改革报告——中国改革开放30年》,社会科学文献出版社2009年版。

国务院发布《医疗机构管理条例》,对医疗机构的规划布局和设置审批、登记、执业、监督管理以及相关法律责任进行了规定。1996年12月9日,中共中央、国务院召开了新中国成立以来第一次全国卫生工作会议。1997年1月,中共中央、国务院出台《关于卫生改革与发展的决定》,明确提出了卫生工作的奋斗目标和指导思想。2003年SARS事件直接暴露出了公共卫生领域的问题,推动了卫生体制的进一步改革。

随着"看病难,看病贵"问题越来越突出,国家开始重视医院的改革与管理问题。2005年11月卫生部发布《医院管理评价指南》,细化了医院的评价指标。2006年卫生部和国家中医药管理局决定要在全国继续深入开展"以病人为中心,以提高医疗服务质量为主题"的医院管理年活动。2006年9月,成立了由11个有关部委组成的医改协调小组,新一轮医改正式启动。2009年1月国务院常务会议通过《关于深化医药卫生体制改革的意见》和《2009—2011年深化医药卫生体制改革实施方案》(简称"新医改方案"),是新中国成立以来影响较大的一次医疗卫生体制改革,也成为建立中国特色的医药卫生体制,逐步实现人人享有基本医疗卫生服务目标的纲领性文件。

(二)中国基本医疗卫生制度建设的目标

1. 我国基本医疗卫生服务制度的总体目标

"新医改方案"明确了医药卫生体制改革的总体目标,就是要建立健全覆盖城乡居民的基本医疗卫生制度,为群众提供安全、有效、方便、价廉的医疗卫生服务。到2020年,覆盖城乡居民的基本医疗卫生制度基本建立。具体包括:普遍建立比较完善的公共卫生服务体系和医疗服务体系,比较健全的医疗保障体系,比较规范的药品供应保障体系,比较科学的医疗卫生机构管理体制和运行机制,形成多元办医格局,人人享有基本医疗卫生服务,基本适应人民群众多层次的医疗卫生需求,人民群众健康水平进一步提高。

2. 我国基本医疗卫生制度的基本框架

基本医疗卫生制度主要由覆盖城乡居民的公共卫生服务体系、医疗服务体系、医疗保障体系和药品供应保障体系共同构成,四大体系四位一体,相辅相成,配套建设,协调发展。同时,建立和完善医药卫生的管理、运行、投入、价格、监管、科技与人才、信息、法制等八项体制机制及条件,八个方面的体制机制和条件保障四大体系有效规范运转,实现为群众提供安全、有效、方便、价廉的医疗卫生服务的目标。因此,基本医疗卫生制度的基本框架也可形象地概括为"四梁八柱"。

3. 基本公共卫生服务均等化的目标

基本公共卫生服务均等化是指全体城乡居民，无论其性别、年龄、种族、居住地、职业、收入，都能平等的获得基本公共卫生服务。可从两个角度理解：从保障公民健康权益的角度看，意味着人人享有服务的权利是相同的；从服务的内容看，是根据居民的健康需要和政府的财政承受能力确定的，既有面向人群的公共卫生服务，如统一建立居民健康档案，进行健康教育等；也有面向个体的公共卫生服务，比如，疫苗接种、妇幼保健、老年保健等是针对特定年龄和性别的人群，艾滋病的"四免一关怀"、结核病、血吸虫病的防治等是针对患该种疾病的患者群，预防氟中毒等地方病的项目则是针对疾病流行地区的人群。均等化并不意味着每个人都必须得到完全相同、没有任何差异的基本公共卫生服务。

4. 公立医院改革目标

公立医院是我国医疗卫生服务的主要供给主体，也是医药卫生体制改革的核心内容。"新医改方案"指出我国公立医院改革的目标是：探索建立比较规范的公立医院管理体制和运行机制，采取有效方式改革以药补医机制，加大政府投入，规范收支管理，使药品、检查收入比重明显下降。改进内部管理，优化服务流程，规范诊疗行为，明显缩短病人等候时间，实现检查结果互认。

本章小结

本章需要重点掌握健康保障的相关概念和原理；了解国外医疗保险模式的特点、内容和对我国的启示；学习和研究中国健康保障制度的变迁过程、原则、主要内容和发展趋势。

健康保障已成为世界性难题，如今，没有一个国家的健康保障制度是尽善尽美的。中国人口众多，医疗保障制度及其与相关制度之间的关系更加复杂，解决好全体居民医疗保障问题，使"人人享有卫生保健"也更加困难。可喜的是，中国政府已经认识到健康的重要性，正在着手解决事关居民基本人权——健康权的问题。国家关于医药卫生体制改革意见和近期重点实施方案的颁布，确立了健康保障的目标，有利于提高国民福祉和促进社会和谐。

复习思考题

1. 社会医疗保险具有哪些特点？它与商业医疗保险有哪些主要区别？
2. 影响医疗保险供给和需求的因素各有哪些？
3. 分别阐述社会医疗保险系统和健康保障体系的构成。
4. 试述社会医疗保险筹资的渠道和方式。
5. 试述社会医疗保险供需双方费用支付方式及其利弊，医疗费用支付方式的发展趋势。
6. 如何确定基本医疗服务的范围？如何理解建立覆盖城乡基本医疗卫生制度的目标？
7. 社会医疗保险有哪些模式？阐述其特点和主要内容。
8. 国外基本医疗保险制度实践对我国有哪些启示？
9. 试述中国社会医疗保险制度的改革与发展过程，以及未来的发展趋势。

阅读书目

1. 杜乐勋《中国医疗卫生发展报告》，社会科学文献出版社，2006年。
2. 乌日图《医疗保障制度的国际比较》，化学工业出版社，2004年。
3. 郑功成《中国社会保障改革与发展战略》（医疗保障卷），人民出版社，2011年。

第十章 劳动保障

与其他人口相比较,劳动者具有特殊的风险,主要表现为工伤、生育和失业风险。劳动保障是指为分散劳动者的特殊风险而建立的社会保障制度,主要包括工伤保险、生育保险、失业保险。劳动保障是社会保障体系中不可缺少的组成部分。通过本章的学习,深入了解劳动保障的基本理论和各项制度的内容,在了解国外劳动保障实践与发展经验的基础上,了解和掌握我国当前的相关制度政策,把握我国劳动保障存在的问题及改革方向。

第一节 工伤保险理论与实践

一、工伤保险的基本概念

(一)工伤的含义

工伤(Work-related Injury),又称工作伤害或者职业伤害(Occupational Injury)。1921年《国际劳工公约》将其定义为"由于工作直接或间接引发的事故"。1964年第48届国际劳工大会通过的《工伤补偿公约》进一步将职业病和上下班交通事故也包括在工伤范围之内。之后,在实践中,各国逐渐把职业病纳入工伤范畴。

一般来讲,职业病是指劳动者在生产过程及从事其他职业性活动中,因接触职业性有毒、有害环境而引起的所有疾病。但在各国立法中,对职业病有一定的界限,一般属于工伤保险范畴的职业病特指法定职业病,包括两种类型,一是因突发事故而导致的伤残和职业病;二是因工作本身的性质而导致的职业病。

从上述概念的界定可知,工伤是指职工在生产岗位上,从事与生产劳动有关,或由于劳动条件、作业环境所引起的人身伤害事故和职业病。其具备的条件是劳动者因工作原因而发生的伤害,包括生理伤害和身体伤害。

(二) 工伤保险的含义

工伤保险(Work-related Injury Insurance),又称职业伤害保险,是指劳动者在生产经营活动中,或者在法定的情况下,因遭受意外伤害或者职业病而暂时或永久丧失劳动能力,甚至死亡时,劳动者或其遗属有从国家和社会得到必要的物质补偿的一种社会保险制度。其有如下的基本内涵:一是工伤保险的对象是劳动者,包括与用人单位存在法定的、约定的,或者事实上的劳动关系的各种用工形式和用工期限的职工;二是工伤保险所保障的是劳动者的工伤风险,即为劳动者因工作原因而遭受意外伤害或患职业病的风险;三是工伤保险仅仅为劳动者因工伤原因所致的经济损失提供保障;四是工伤保险待遇为一种经济补偿性待遇,待遇水平依据劳动者所受工伤损失的大小而确定;五是工伤待遇形式根据工伤的具体情况而定,既有直接的资金补偿,也有服务补偿。

(三) 工伤保险的特点

工伤保险属于社会保险的一种,但是与其他社会保险又有所不同,主要表现在以下几个方面。

第一,具有绝对的强制性。劳动者在工作期间或者因为工作原因导致伤害,由雇主承担风险责任理所当然。在工伤保险出现以前的工业化社会,劳动者的工伤风险基本都由雇主承担,自从有了工伤保险制度后,很多国家将雇主责任转嫁给专门的风险机构来承担,雇主只需要缴纳相应的风险保费即可。到目前为止,世界各国建立工伤保险制度,无一例外都进行强制性实施。强制性实施,其最大的好处是能使所有的劳动者获得工伤风险保障,而且能够最大程度的获得专业性保障。

第二,具有较强的保障性。工伤保险承担的风险种类最多、最全面,几乎涵盖了劳动者所面临的所有工伤风险。它不仅承担一次性经济补偿,更多的是对劳动者经受伤残、死亡等全过程的保障。它不仅要解决劳动者在工伤治疗期间的工资、医疗和康复费用,而且还要解决劳动者的伤残待遇、死亡职工的丧葬、抚恤及供养直系亲属的生活待遇等。在医疗期,除免费医疗外,还有护理津贴、职业康复、伤残重建、生活辅助器具、伤残人员的转业培训与就业,以及工伤预防等。

第三,待遇较优厚。工伤保险个人不缴纳保险费,工伤保险待遇比疾病、失业和养老保险的待遇都要高。养老保险是保障基本生活,失业保险也是保障失业者的基本生活,且带有救助性质,而工伤保险除了保障伤残人员的生活外,还要根据其伤残情况补偿因工受伤的经济损失。

第四,给付条件较宽泛。享受工伤待遇不受年龄、工种、性别等身份条件的限制,只要具有所认定的劳动关系,且因工受损,均可以享受相应的工伤待遇。

二、工伤保险制度的形成与发展

(一)早期的工伤保障

早在18世纪资本主义经济上升时期,英国经济学家亚当·斯密就认为,给工人支付的工资中包含了对工作岗位危险性的补偿,工人既然自愿与雇主签订了合同,那么,就意味着他们不是被迫接受危险工作。依照该逻辑,工人自己应当负担他们在工作过程中因发生工伤事故而蒙受的损失。该理论盛行于资本主义的自由竞争时代,成为雇主推卸责任的理论依据。也基于此,这个时期的工伤风险大多由劳动者自己负担。

随着大工业时代的发展,工伤事故发生的次数越来越多,所造成的危害越来越严重,而且,由于雇主不必承担工伤的责任,他们往往不会主动改善工人的工作环境和条件,工人的工作环境差,一旦发生事故,受害者要承受失去健康、失去收入的双重痛苦。因此,工人们不断加以反抗,雇主迫于压力,开始实行有过失赔偿的措施,雇主按照过失责任比重给予相应的赔偿。也基于此,雇主责任制保障应运而生。

(二)雇主责任制保障

19世纪末,西欧各国出现了雇主责任制保障立法,法律规定受伤害工人或遗属可以直接向雇主索赔,雇主向他们直接支付伤亡待遇。如1884年,英国颁布了《雇主责任法》,形成工伤赔偿的专门法律。雇主责任制存在三种形式,它反映了工伤保险改进和提高的过程,一是政府立法规定雇主赔偿责任,对赔偿办法只作简单原则规定,对具体赔偿标准不作规定。发生工伤事故后,生产单位按规定根据本身经济能力自行支付工伤待遇,劳动部门监督实施,或者由法院裁决;二是政府立法明确雇主具体责任,规定赔偿最低标准,并规定某些危险性大的行业必须向商业保险公司投保。这种做法是把雇主对雇员的工伤风险转嫁给商业保险公司承担,但是雇主必须缴纳相应的风险保费。在这种情况下,商业人身意外伤害险就承担了部分工伤保险的功能;三是政府立法规定雇主和承担工伤保险的商业保险公司向政府主管部门缴纳保险金,以便在生产单位或保险公司破产时保证向工人支付工伤保险待遇。这种做法几乎成为现代工伤保险的雏形。在政府介入的情况下,不仅使得雇主工伤赔偿责任得到进一步保证,而且使得工伤保障具有了社会性。目前实行雇主责任制的美国仍采取这种办法。

(三) 工伤保险制度的建立

雇主责任保险存在诸多弊端,如社会成本高、对受害人的赔偿有限、无法提供足额保障等,许多国家开始逐步实行工伤社会保险,为受到职业伤害的劳动者提供必要的保护。建立工伤保险制度最早的国家是19世纪80年代的德国,之后世界上很多国家纷纷效仿,建立了符合本国国情的工伤保险制度。工伤保险的共同做法是,由国家立法,政府有关部门或监督机构负责工伤保险事务,确立了对所有提出支付待遇要求的审核和评估的程序,统一筹措资金,共担风险。凡是参加工伤社会保险的雇主,都必须向社会保险机构缴纳工伤保险费,在发生职业伤害时,由社会保险机构向受伤害的劳动者支付伤残补助金。这样既可以使受伤害者及其家属得到相应的待遇补偿,又可以避免工伤保险成为一个企业或某个雇主个人承担的保险。实行社会保险制度的国家,工伤保险的受保人原则上不需要缴纳保险费。

(四) 工伤保险的发展趋势

工伤保险是世界上实施范围最广泛的社会保险制度,根据国际社会保障协会的资料显示,在全球近200个国家和地区中,已有164个国家和地区建立了工伤保险制度,其余的30多个国家和地区中也有工伤事故方面的立法[1]。

1. 保障范围不断扩大。工伤保险涵盖的受保对象范围不断扩大,从早期的雇佣劳动者到所有生产经营单位的劳动者,直至今天许多国家甚至将个体经营者、家庭雇工和保姆等也纳入工伤保险范围。与此同时,工伤保险提供的风险保障范围也在不断扩大,如早期的工伤保险只包括意外工伤事故,后来发展到包括疾病和职业病在内。又如上下班交通风险事故,是否作为工伤对待,也经历了一个较长的发展过程。根据国际劳工局调查,1925年只有7个国家将上下班交通风险包含在职业伤害范围内,而到1963年被调查的101个国家中有50个国家把这种事故视为企业事故工伤保险。

2. 保障功能不断加强。早期的工伤保险,主要为劳动者遭遇工伤风险

---

[1] 曾煜《新编工伤保险实用指南》,建材工业出版社,2003年版。

导致的经济损失提供直接的补偿和赔偿,工伤保险承担了保障劳动者工伤风险的基本经济保障功能。在这一保障目标下,许多国家都设立了工伤保险基金,专门用以支付工伤职工及其遗属的待遇,以体现工伤保险的基本职能。而随着社会的发展,人们对劳动者的工作环境、条件以及劳动者自身的发展等方面有了更高的要求,为此,大部分国家都在逐渐突破原有工伤保险的经济补偿和赔偿职能,设立专门的工伤保险机构,不仅为开展工伤保险的基本经济补偿提供方便,更重要的是,增加了对受伤害劳动者的身体和职业康复服务,与此同时,也将工伤保险的功能扩大到对工伤事故的提前预防等方面。工伤事故预防是防患于未然的举措,做好工伤事故的预防能从根本上减少工伤和职业病的发生,但是工伤往往是不可避免的,一旦发生工伤事故,工伤保险将发挥救助补偿的作用,为工伤职工提供基本的医疗和救助。由于部分工伤和职业病会产生永久性损伤工伤职工的职业康复就显得非常必要,适当及时的康复措施能够最大限度地恢复工伤职工的生活和劳动能力。

3. 制度的设计更加完善。结合现代工伤保险的发展性功能,工伤保险制度设计也已经由过去单纯地提供基本的经济补偿和赔偿功能,向提供康复、预防等功能发展。在整个制度设计中不仅突出地体现对劳动者工作环境、条件以及制约事故发生的相关管理和安全制度的要求,也更加注重对工伤职工治疗、康复以及能力恢复的追求,同时,也尽量地减少劳动者、企业或者生产单位以及工伤保险机构等三方主体的工伤保险事务成本。

三、工伤保险的基本原则

(一)无过失补偿原则

所谓无过失补偿,就是无论职业伤害责任在于谁,也许责任主要属于雇主,或者第三者,或者个人,受伤害者都应得到一定的经济补偿,而且这种补偿,雇主不需承担直接责任,主要由工伤社会保险机构统一组织补偿,一般也不需要通过法律程序和法院裁决。这样做既可以及时、公正地保障工伤待遇,又能简化法律程序,提高补偿效率。从另一个角度看,雇主也能因此解脱工伤赔偿事务,集中精力搞经营。可以说,按照这一原则建立工伤保险,基本消除了雇主责任制的弊端。

(二)风险分担原则

这是社会保险制度中的基本原则。首先是通过法律,强制征收保险费,建立工伤保险基金,采取互助共济的办法,分担风险;其次是在待遇分配上,国家责成社会保险机构对费用实行再分配,这种基金的分配使用,包括人员之间、地区之间、行业之间的调剂,可以更有效地解决工伤风险问题。

(三)个人不缴费原则

由于工伤风险的特殊性,通常工伤保险遵循个人不缴费原则,即工伤保险费由单位缴纳,这是工伤保险与养老、失业、医疗保险的区别之处。由于职业伤害是工作过程中造成的,劳动力是生产的基本要素,工伤是劳动者为单位创造财富付出的代价,所以雇主理应负担全部保险费。

(四)保障与赔偿相结合的原则

保障原则,是指当劳动者在暂时或永久地丧失劳动能力时,对其给予物质上的充分保证,使他们能够继续拥有基本的生活水平,以保证劳动力扩大再生产的顺利进行和社会的稳定。所谓赔偿原则,是指劳动力是有价值的,在生产劳动过程中,由于受到损害导致原有价值的减少或者丧失,雇主(或企业)和社会保险机构理应给予相应的经济赔偿。通常,当发生工伤伤害时,劳动管理部门会根据工伤伤害程度,按照保障与赔偿相结合的原则为劳动者提供工伤保险待遇。这是工伤保险与其他社会保险的不同之处。

(五)补偿、预防与康复相结合的原则

工伤补偿、工伤预防与工伤康复是现代工伤保险制度的三大功能,三者密切相连。在现代工伤保险中,各国政府都将工伤预防置于重要的地位,普遍致力于采取各项措施,减少或消灭事故,以最大程度地保护劳动者的利益。但是工伤事故是难免的,一旦发生后,应立即对受伤害者予以治疗并给予经济补偿,使受伤害者能够得到及时的救治,同时使其及家庭生活得到一定的保障。此外,还要及时地对受伤害者进行医学康复及职业康复,使其尽可能恢复全部或部分劳动能力,具备从事某种职业的能力,以重新融入社会。

四、工伤保险的基本内容

(一)覆盖范围

在工伤保险制度实施初期通常都是先覆盖正规企业及其雇员,随着经济的发展、劳动者的诉求和相关技术的不断成熟,工伤保险的覆盖范围才不断地扩大。除正式雇员外,很多国家还将自我雇佣者和学徒纳入覆盖范围。

(二)基金筹集

1. 工伤保险基金来源。工伤保险基金通常由用人单位缴纳的工伤保险费、工伤保险基金的利息和依法纳入工伤保险基金的其他资金构成。其中用人单位缴纳的工伤保险费是最主要的资金来源。

2. 工伤保险费率。工伤保险费率是指社会保险经办机构向用人单位征收的工伤保险费与缴费工资总额的一定比率。为了体现不同工伤事故风险行业在工伤保险费负担上的公平性，以及激励企业主动地采取措施加强安全生产、减少工伤事故和职业病的发生，大多数国家工伤保险实行差别费率制和浮动费率制。在实践中，也有部分国家实行统一费率制。

（三）资格条件

劳动者获得工伤保险的条件主要有两个：一是参加工伤保险；二是发生因公伤残、死亡和职业病且得到合法认定。为此，对工伤和职业病的认定非常关键，通常是由权威机构和权威专家来进行。鉴定工伤所致的失能大小，一般考虑三个方面因素，包括人身能力丧失、职业能力丧失和一般工作能力丧失。

所谓人身能力丧失，是指因工伤而使个人人身的适应性受到损害。人身适应性损害，参照同年龄、同性别的正常、健康的人的状况来确定。在人身能力鉴定中只考虑损害程度，不考虑人身能力受到损害后所带来的可能的经济或职业损失。

所谓职业能力丧失，是指因工伤而使得个人从事某种特定职业的活动能力受到损害。职业能力丧失鉴定，通常采取个别工作或集体工作的证明人来评定职业病或意外事故的方式进行，目前，该方法已经很少采用。

所谓一般工作能力丧失，是指因工伤而使得个人从事一般工作的活动能力受到损害。丧失工作能力的鉴定不是以具体的职业为依据衡量，而是以个人取得工作并赚取收入的机会为依据，这种机会通常考虑个人受伤害的严重性、伤害的特征、年龄和受伤前的工作情况以及康复的可能性等因素。

（四）保险待遇

1. 工伤保险待遇构成。工伤保险待遇通常由下列项目组成：（1）治疗工伤的医疗费用和康复费用；（2）住院伙食补助费；（3）就医交通食宿费；（4）伤残辅助器具安装配置费用；（5）不能自理者的生活护理费；（6）一次性伤残补助金和按月领取的伤残津贴；（7）因工死亡者，其遗属领取的丧葬补助金、供养亲属抚恤金和因工死亡补助金；（8）劳动能力鉴定费；（9）治疗工伤期间的工资福利费，等等。

2. 工伤保险待遇水平。工伤保险待遇水平与工资水平和工伤程度相关联。工资包括本人工资和社会平均工资,工资水平越高,待遇水平就越高。工伤程度,由权威机构的鉴定结果为依据,如伤残的,即伤残等级越高,待遇水平就越高。

五、工伤保险的功能和作用

在工业化社会,工伤风险的发生是一种必然现象。不过工伤风险的发生有着错综复杂的原因。除了客观自然原因以外,人为因素也是工伤发生的原因之一,包括职工个人的违章操作,以及用人单位没有严格执行国家的劳动安全和职业卫生法律法规以及相关的标准和规章等。无论是哪一种原因引发工伤事故,只要通过合法认定和鉴定,工伤保险均为其提供必要的保障和补偿。工伤保险具有工伤补偿、工伤预防和工伤康复三大功能,其具体作用如下:

1. 为劳动者提供经济保护。工伤的发生势必会伤害劳动者的人身安全,对劳动者的健康造成暂时或永久的影响,甚至因此失去生命,给个人和家庭带来巨大的精神和经济损失。工伤保险不仅可以对工伤职工进行及时救治,还要对其进行康复治疗和培训,甚至为其家庭提供相应的补偿,在尽可能地降低劳动者的受损程度的同时,也为其家庭提供基本利益的保护。

2. 为企业正常生产活动提供保证。工伤特别是重大事故的发生既使企业的财产遭到直接的破坏,也使企业的正常生产和秩序受到影响,甚至走向倒闭。工伤保险通过在统筹地区分散企业风险,一方面替受损企业为其职工提供经济补偿,减轻企业的压力和负担,另一方面也为企业恢复生产,保证企业正常的生产经营活动。

3. 保障国民经济的正常运行。工伤带来的损失会加大企业的生产成本,从而降低企业在市场上的竞争能力。而一个国家经济的发展在很大程度上取决于企业生产的发展。严重的职业伤害不仅造成人员、财产和资源的巨大损失,同时也污染环境,破坏生态,制约国民经济的可持续发展,削弱国家的实力。工伤保险制度具有损害预防的激励机制,其不仅可以降低事故及损失发生率,也有促进企业正常发展的功能,从而可以确保整体国民经济的可持续发展。

4. 促进社会安定。工伤事故发生后,如果处理不善不仅会引发劳资争议和劳动关系的紧张,而且容易造成职工对企业甚至国家的不满,影响社会安定。工伤保险制度由政府立法强制实施,通过筹集工伤保险基金,为受损劳动者提供经济保护,以减少劳资矛盾,安定社会团结,确保社会和谐发展。

六、国外工伤保险实践

(一)工伤保险制度类型

1. 工伤社会保险制度。由国家立法强制实施,由企业或者雇主缴费,由政府成立专门机构或社会公共机构统一管理,对工伤保险基金实行社会统筹,共同承担工伤风险,为工伤者提供法定的全面的保障。例如,德国、英国和法国等国家实行这种制度。

2. 雇主补偿制度。由国家颁布工人补偿法,强制雇主对工伤者或其遗属直接支付工伤补偿金,全部费用由雇主或企业承担。例如,埃塞俄比亚、冈比亚等20多个国家实行这种制度。

3. 工伤商业保险制度。工伤商业保险制度,是指以雇主为投保人,通过与商业保险公司签订雇主责任保险合同,当劳动者遭受工伤事故或职业病后,由保险公司负责向劳动者或其遗属提供补偿的一种保险。在这种模式下,国家立法对企业或雇主的补偿责任和最低补偿标准做出明确规定,并要求某些工伤风险较大、事故发生频率较高的行业必须向商业保险公司投保。

4. 混合保险型的工伤保险制度。混合保险型工伤保险制度模式,是指实行以上各种模式的混合形式,即同时兼有雇主责任制保险、工伤社会保险、工伤商业保险中的任何两种或者全部的工伤保险模式。目前,只有美国、印度等少数国家实行这种模式。

(二)国外工伤保险制度的实践经验

长期以来,工伤保险一直得到世界各国的高度重视。从世界各国的工伤保险发展历程可以看出,劳动者的健康权、生命权越来越得到重视。当今世界工伤保险的覆盖范围不断扩大,受益人从企业职工逐渐扩展到了工人、农民、自雇者等,有权享受工伤待遇的人不断增加,工伤保险待遇标准普遍得到提高。

从工伤保险的功能来看,工伤保险的立足点由以经济补偿为主转为以预防工作为主,相应地,其保障内容也逐步由注重对因工伤致残者提供康复服务,向尽可能使受伤者重返工作岗位的综合功能发展。工伤保险已成为现代工业社会发展不可缺少的风险保护措施之一。

七、我国工伤保险实践

（一）工伤保险制度的建立

我国工伤保险制度在新中国建立初期就开始设立,以1951年政务院颁布实施的《劳动保险条例》为标志,将工伤、死亡、遗属等社会保险问题进行全国性统一立法实施,其着重对生产过程中发生的伤亡事故和职业性疾病的职工及其供养直系亲属提供医疗、抚恤及生活保障。

自《劳动保险条例》实施以来,对保障职工合法权益,减轻职工的后顾之忧,促进生产发展起到了积极的作用。与此同时,国家机关、事业单位的工伤保险制度也以单项法规的形式逐步建立,如1950年原内务部公布的《革命工作人员伤亡褒恤暂行条例》,规定了伤残待遇标准,此后,1952年、1953年、1955年分别进行了修改,提高了伤残待遇水平。

1957年2月,原卫生部制定和颁布的《职业病范围和职业病患者处理办法的规定》,确定了14种法定职业病,其后多次增添病种。1986年,原卫生部开始对职业病范围进行修订,1987年由原卫生部、劳动人事部、财政部和中华全国总工会联合公布,确定了9类共99种法定职业病。

（二）工伤保险制度的改革

1988年由原劳动部负责研究社会保险改革方案,形成了工伤保险改革框架,具体内容包括：调整工伤保险待遇,建立工伤保险待遇随物价变化相应调整的制度；适当提高丧葬费、抚恤费并建立一次性抚恤制度；建立工伤保险基金,逐步实现基金的社会化管理；工伤保险基金遵循"以支定收、留有储备"的原则；确定费率差别,定期调整等机制。

1990年12月30日党的十三届七中全会通过的《中共中央关于制定国民经济和社会发展十年规划和"八五"计划的建议》中提出要改革医疗保险和工伤保险制度。1991年4月9日七届全国人大四次会议批准的《中华人民共和国国民经济和社会发展十年规划和第八个五年计划纲要》进一步提出要努力改革医疗保险和工伤保险制度,继续推行合作医疗保险,保护残疾人的合法权益。1992年3月9日原劳动部、卫生部、中华全国总工会联合发出《关于颁发职工工伤与职业病致残程度鉴定标准（试行）的通知》,填补了我国工伤保险领域的一项空白,将改革的步子向前迈进了一大步。

2001年10月27日九届全国人大常委会第二十四次会议通过了《职业

病防治法》,规定职业病病人的诊疗、康复费用,伤残以及丧失劳动能力的职业病病人的社会保障,都要按照国家有关工伤社会保险的规定执行;劳动者被诊断患有职业病,但用人单位没有依法参加工伤社会保险的,其医疗和生活保障由用人单位承担。在总结工伤保险改革实践经验的基础上,2003年4月28日国务院颁布了《工伤保险条例》,标志着工伤保险制度改革进入一个崭新的发展阶段。条例明确了我国工伤保险制度的发展目标,即建立统一的、健全的工伤社会保险体系,并确立了我国实行工伤预防、补偿和康复相结合的工伤保险制度,将工伤预防、补偿和康复一并列为我国工伤保险制度的三大职能。同年原劳动和社会保障部又先后颁布了《工伤认定办法》《因工死亡职工供养亲属范围规定》和《非法用工单位伤亡人员一次性赔偿办法》等一系列与《工伤保险条例》相配套的规章以及规范性文件。2004年原劳动和社会保障部发布实施了《关于农民工参加工伤保险有关问题的通知》,将农民工群体也纳入到工伤保险覆盖范围内,工伤保险制度的覆盖范围和保障层次大大提高。

2010年10月28日,全国人大常委会通过了《社会保险法》,第四章对工伤保险制度作出专门规范,并规定对于用人单位不支付职工工伤保险待遇的情形,由工伤保险基金先行支付,在法律的层次上对工伤职业待遇给予了强有力的保障,在我国工伤保险制度发展史上具有划时代的重要意义。

针对我国频发的生产安全伤亡事故,2010年《国务院关于进一步加强企业安全生产工作的通知》将因生产安全事故造成的职工死亡一次性工亡补助金标准,调整为按全国上一年度城镇居民人均可支配收入的20倍计算,发放给死亡职工近亲属。2010年12月8日国务院第136次常务会议通过的《国务院关于修改"工伤保险条例"的决定》在明确这一规定的基础上,将一次性伤残补助金也按照伤残级别增加1至3个月职工本人工资,从而大幅度提高了工伤保险的待遇水平。同时该次修订扩大了工伤保险适用范围和上下班途中的工伤认定范围,简化了工伤认定、鉴定和争议处理程序,并增加了工伤保险基金支出项目,标志着我国工伤保险制度的进一步发展和完善。

(三)工伤保险制度的发展建议

《工伤保险条例》设置了我国工伤保险的最终目标与政策取向,即建立统一、健全的工伤社会保险体系。但是从我国当前工伤保险开展的情况看,还存在诸多问题,如参保率过低、浮动费率机制尚未形成、事故预防不力等,有待于进一步完善。

第一,继续提高认识,扩大工伤保险覆盖面。我国《工伤保险条例》早已颁布实施,但是执行力度不够大,参保率较低。扩大工伤保险的覆盖面,确保所有用人单位和职工享受基本工伤保障,是开展工伤保险制度的根本宗旨。但是当前部分用人单位工伤风险意识不够,参保积极性不高,当前必须加大对工伤保险政策的宣传力度,增强所有用人单位和广大职工对工伤保险制度重要性、必要性的认识。工伤保险制度应逐步覆盖所有用人单位和职工,包括党政机关、社会团体和非企业化管理的事业单位也应列入参保范围。

第二,加大执法力度。要加强《工伤保险条例》的执法力度,严格惩处不愿意参加工伤保险的用人单位,确保工伤保险的"广覆盖",促进劳动力的合理流动,减轻用人单位的负担,保证员工发生工伤时得到公平合理的保险待遇。

第三,完善工伤保险的法规体系。《工伤保险条例》是我国工伤保险制度的核心法规,但仅有《工伤保险条例》还远远不够。由于工伤保险涉及的工伤事故预防、认定等环节还需要一系列相关的规范性文件和实施细则给予规定。因此,当前很有必要在《工伤保险条例》的基础上,制定相关的法律条例。如完善《工伤认定管理办法》和《工伤保险遗属抚恤条件》;制定《劳动能力鉴定管理办法》《工伤保险待遇支付管理办法》《工伤保险医疗服务管理办法》等。

第四,建立科学规范的工伤保险费率机制。应尽快按照行业分类标准,根据近年来工伤事故的发生率、伤亡人数及程度进行测算,制定全国的行业风险费率,并根据各投保单位每年的职业风险变化和保险基金的支付率定期对费率进行调整。

第五,建立工伤保险联动管理机制。目前,我国工伤保险由人力资源和社会保障部门管理,从表面上看,工伤保险具有社会保障的属性,将社会保障多险种放在同一部门管理,似乎理顺了关系,但从实际上看,因工伤保险涉及的保险事件与其他部门如生产管理部门有重要的关联,因此,对于工伤保险的管理应实行多部门的联动管理机制。

第六,增强工伤保险的功能。工伤保险不能只是单纯补偿和赔偿,还要充分发挥工伤预防和工伤康复的功能。近几年我国厂矿企业事故频繁,除安全监察水平、安全生产技术水平等因素外,工伤保险预防工作开展不力也是一个重要因素。因此,要确立预防、康复、补偿相结合的新型观念,在切实做好工伤理赔的基础上,积极开展工伤事故预防,通过各种手段减少和降低事故发生率和职业病发病率,并逐步将受伤职工的康复也纳入保险体系。

第七,建立工伤保险制度的补充机制。在全面推行工伤社会保险制度的同时,建议对于一些规模小、人员流动频繁的私营企业和乡镇企业,强制其向商业保险公司投保团体人身意外伤害保险或雇主责任保险,并对其投保的情况进行监督,将工伤商业保险作为工伤保险的补充机制,以提高全体劳动者的工伤保险保障力度。

第二节 生育保险理论与实践

一、生育保险的基本概念

(一) 生育保险的含义

生育保险(Maternity Insurance)是国家通过立法,对因怀孕、分娩而无法从事正常的生产劳动、中断经济来源的女职工给予医疗保健服务、生活保障和物质帮助的一项社会保障制度,其宗旨在于通过向职业妇女提供生育津贴、医疗服务和产假,帮助她们恢复劳动能力,重返工作岗位。生育保险的功能主要是通过现金补助和实物供给来实现。

就生育保险的具体内容而言,一般包括:(1)生育津贴,即在法定的生育休假期间对生育者的工资收入损失提供经济补偿;(2)医疗护理,即承担与生育有关的医护费用,包括产前检查费;(3)生育补助,即对生育保险对象及其家属(如妻子)的生育费用给予经济补助等;(4)生育休假,包括母育假、父育假和育儿假等。

(二) 生育保险特点

生育保险与其他社会保险项目相比,有其自身的特点,具体如下:

1. 保障对象限于女性。生育保险的保障对象通常包括参加生育保险的女职工和参加生育保险的男职工的妻子。在我国,目前仅对达到法定结婚年龄,正式登记结婚,并符合国家计划生育规定的女职工生育时,或者男职工的无用人单位的妻子生育时,才能享受生育保险待遇,尚未将非婚生子的女职工纳入保障。而在国外,有些国家对非婚女性生育子女也提供保障。

2. 待遇项目较多。生育保险的待遇项目通常包括产假、生育津贴、生育医疗费用等。国内外略有差别,在国外,生育保险的给付项目包括生育假期、生育收入补偿、生育医疗保健和子女补助金等项目。在我国,生育保险除了基本的待遇保障外,还有配合国家的人口控制政策,对实行晚婚、晚育的生育妇女有一些奖励政策。

3. 待遇水平相对较高。与其他社会保险项目相比较,生育保险的待遇水平较高。主要体现在除了产假外,产假期间的工资收入发放较为宽松,基本按照全额工资发放,此外,生育津贴水平也较高。主要原因是妇女生育履行着繁衍人类的重要天职,为了保证新一代劳动力有较高的先天素质,同时又要保护妇女的身体健康,大多数国家都实行了较高的生育保险待遇标准,妇女生育所得补偿一般相当于被保险人生育前基本工资的100%,这不仅弥补了女职工的收入损失,并维持了女职工自身的劳动力再生产,保障了新一代劳动力的健康成长。

4. 生产过程全面保障原则。生育保险为女职工生育全过程提供了保障,包括产前、产中和产后三个环节。第一,怀孕女职工在分娩前后都享有休假时间,以保证其身体健康,在临产分娩前一段时间,女职工已经不能工作或不宜工作;第二,分娩期间,为其提供分娩医药费用和相应的手术费用;第三,分娩以后,需要一段时间休假、恢复健康和照顾婴儿,为其提供相应休假和育儿假。总之,生育保险的保险事故是正常生理活动引发的,所引起的暂时不能参加劳动,一般属于正常的生理改变,与疾病等引起的病理变化不同,与失业、老年等社会风险造成的经济收入中断也不同,因此,生育保险具有其特殊性。

二、生育保险的形成与发展

(一)生育保险的形成

在自给自足的小农经济和手工业时代,妇女在生育期间所面临的风险和各种需求都是由个人和家庭来承担与补偿的,生育风险对社会的影响也微乎其微。而到了工业化时代,女性参与社会化大生产已成为非常普通的社会活动,女性的生育问题也随之受到重视。妇女作为社会成员,既肩负着生儿育女、承传人类的职责,也肩负着参加生产活动,促进经济发展的职责。为此,生育便成为一种社会责任,生育风险也理应由社会来分担。基于此种理念的认识,生育保险应运而生。此外,生育价值观的变化,也催生了早期工会组织对妇女生育问题的重视,工会发起的妇女权益运动及妇女自身权益意识的觉醒,也在一定程度上促进了生育保险的产生和发展。1883年,德国在其颁布的《劳工基本保险法》中针对女性生育问题作了一些制度性的规定,同年,在其颁布的《疾病社会保险法》中,也纳入了生育保险的有关内容,但是当时生育保险只是作为疾病保险的一部分实施,并且,生育保险基金发放也仅限于女性被保险人。

(二) 生育保险制度的建立

继德国将生育保险纳入社会保险法规体系后,女性生育问题进一步引起了世界各国的重视。许多国家陆续制定了对妇女劳动者在生育期间的保障措施。1911年意大利政府把生育保险列入疾病保险范围,并于1912年颁布独立的生育保险法,这也是世界上第一部独立的生育保险法。此后,女性生育问题日益受到国际社会的关注,1919年国际劳工组织于第一届国际劳工大会上讨论通过了《保护生育公约》(第3号公约),这是有关生育保护的第一个国际标准。该公约第一次对生育保险作出了一些通用性的国际规范。1920年,国际劳工组织于第二届大会上又讨论通过了《农业女工劳动者生育前后保护建议书》(第12号建议书),将实施范围扩大至农业领域。此后,生育保护问题受到更多国家的重视。到1935年,全世界有32个国家进行了生育保险立法。有些国家甚至将生育保险置于比疾病保险更重要的地位,在疾病保险立法之前就颁布了生育保险法,如西班牙1929年颁布了生育补助立法,1942年才颁布疾病补助立法;阿根廷、古巴均于1934年颁布了生育保险法,而在40多年之后才先后颁布了疾病保险法。第二次世界大战后,妇女生育保险在西方国家被作为福利政策的重要组成部分加以推行,并随着女性地位和女性工作内容的变化,各国不断地对生育保险内容和相关法律进行调整和完善。20世纪50年代之后,国际劳动组织对生育保险有了新的规定,如1952年通过了《社会保障最低标准公约》《保护生育公约》和《保护生育建议书》等,推动了生育保险的进一步发展。目前,世界上的绝大多数国家都根据本国的具体国情,参照国际标准制定了相应的生育保险。

(三) 生育保险的发展趋势

随着世界经济的发展,生育保险制度作为保障生育妇女权益的主要措施,在生育保险待遇、收入补偿形式及医疗费用的分担方式等方面有了调整和变化,生育保险制度正日臻完善。

1. 产假有延长趋势。随着社会经济的发展、人们日益重视女职工的生育质量,生育保险中产假待遇水平有明显提高的趋势,世界上多数国家都有延长产假的历程。早期产假时间的长短主要基于保护生育妇女的健康和新生儿的安全出生,产假即是生育假。但是随着社会、经济、文化的发展,各国逐步将保障劳动力再生产作为目标,延长产假时间,很多国家在生育假之外又增加了对婴儿的抚育假期,对女职工生育之后的身体恢复和婴儿的照护均有极大的好处。

2. 收入补偿形式多样化。世界上相当多的国家对生育保险的收入补偿水平实行原有工资水平的100%,但是在理论界认为,这样不利于各个社会保险项目之间的待遇平衡。因此,个别国家相应地调低了收入补偿待遇,大约降至原有工资的2/3左右。为了不降低生育职工的福利水平,这些国家便在收入待遇之外,增加了多样化的津贴和补贴,如生育保险津贴、儿童津贴、实物给付等,以弥补收入补偿水平下降所带来的福利减少的情况,进而保护了生育妇女及新生儿的生活质量。

3. 增加了个人对医药费用的分担责任。生育医疗费用支出是生育保险的主要支出项目,生育医疗费用的不断增长给各国生育保险基金带来了相应的压力。因此,个人分担一定比例的生育医疗费用成为一种趋势。例如,法国规定,个人承担生育医疗费用的20%左右,这样有利于保险基金的合理运用,增强受保人的义务和责任感。

三、生育保险的基本内容

(一)覆盖范围和保障对象

1. 按性别分。生育保险覆盖对象按性别可以分为男职工和女职工。传统上都认为,生育保险的对象是女职工,因为女性是生育主体。其实男职工也是生育保险保障的对象,因为在女性生育期间,男职工也要承担相应的生育责任。世界上不少国家都有针对男性生育假的规定,如实施父亲育儿假,简称父育假。我国为了鼓励晚婚晚育,对晚育的"男方"也实行为期7天左右的带薪休假。此外,我国生育保险也为男职工的没有用人单位的妻子生育提供相应待遇,这其实就是为男职工提供生育保障。

2. 按就业性质分。生育保险覆盖对象按就业性质可以分为正规就业者和非正规就业者。在我国,生育保险主要是城镇企业职工参加。在多数情况下,也只是正规企业为职工参加生育保险,还有许多非正规企业尚未纳入或者没有参加生育保险。非正规部门的女职工包括:个体户、家庭保姆、钟点工、临时工、非全日工和自雇者等。从女性就业的特点来看，通常非正规部门就业的女工比例要高于正规部门，因此，加强非正规部门的女职工生育保险尤为重要。

3. 按受益女性身份分。按照受益身份分，生育保险覆盖的对象包括：在业女工、未就业配偶和其他女性等。通常，在业女工是生育保险的主要受益者，其次是未就业配偶，特指男性雇员未就业配偶，我国生育保险覆盖到了男性未就业配偶。此外，少数国家生育保险已经覆盖到全民，自然对在业女性和未就业配偶之外的其他女性均提供保障。让全体生育女性享受生育保险保障是生育保险追求的终极目标。

（二）资金来源

生育保险基金来源主要有如下几种形式：

（1）由受保人、雇主和政府三方共同负担。欧亚大多数国家都采用这种方式，如欧洲的奥地利、比利时、芬兰、法国、德国、希腊、爱尔兰、卢森堡、荷兰和西班牙等国家，亚洲的印度、日本、韩国和泰国等国家。

（2）由受保人和雇主共同负担，如巴基斯坦。

（3）由雇主全部负担，受保人不需要缴费，如瑞典、印度尼西亚和新加坡等国家。

（4）由雇主和政府负担，如丹麦、意大利、英国和菲律宾等国家。

（三）待遇享受条件

生育保险待遇享受的条件一般有参保缴费、缴费时间，或者在业及在业时间、居住年限、是否符合本国的人口出生政策等多种要求。

有的国家要求怀孕和生育事先告知，比如，澳大利亚要求女工至少在产假前10周将自己怀孕的事实告知雇主；奥地利要求女工一旦知道自己怀孕就要及时报告，并在产假前4周再次通知雇主等。

（四）保险待遇

1. 生育保险待遇内容

（1）产假津贴。指在法定的生育休假期间对保险人的工资收入损失给予经济补偿，俗称"产假工资"。

（2）生育津贴。指为生育职工提供的一次性经济补偿，也包括对参保男职工的没有工作的妻子的生育费用的补贴。

（3）医疗护理。指承担与生育有关的医护费用，包括住院费、接生费和产前检查费等。

(4) 生育补助。指参保对象在生育期间照护婴儿所给予的补助,如婴儿补助和护工补助等。

(5) 育儿假。指在特定条件下为参保职工生育或者照护婴儿提供的休假,包括母育假和父育假。领养婴儿在有些国家也享受休假。

除了以上项目外,有些国家也为生育职工提供一些个性化的保障项目,如工作岗位保留待遇,即产后有权重新回到原单位从事工作。

2. 生育保险待遇水平

(1) 产假津贴。按照国际劳工组织第 103 号《保护生育公约》规定的产假津贴最低标准为本人原工资的 67%,即原工资的 2/3。实际中,各国水平有所不同,有的为原工资的 100%,有的低于 100%,有的甚至没有津贴,比如美国。

(2) 幼儿补助。幼儿补助一般根据一个国家的福利水平和是否鼓励生育等政策而定。如芬兰在 20 世纪 90 年代,无论是在业女性还是无业女性,生儿育女都有生育津贴和孩子津贴。

(3) 医疗费用。有关生产、住院、医疗等费用,有的国家规定实报实销,有的规定一个固定金额。

(4) 休假天数。2000 年国际劳工大会第 88 届年会再次修改《保护生育公约》,将最低产假标准从 1952 年的 12 周增加到了 14 周。在实际中,各国的待遇标准有所差别。如丹麦规定女性雇员最多可享受 52 周的产假,同时其丈夫可以有 2 周假期。

(五) 保险管理

生育保险从资金收支上来看是一个相对较小的社会保险险种,在管理上常常与其他险种合并收费。各国管理方式不同,有的国家将生育保险基金与另一险种结合,如与养老、医疗、失业或工伤保险结合;有的国家将所有的保险项目放在一起管理,向雇主、雇员征收单一的保险费等。从国外的生育保险管理方式看,大致有如下几种情况:(1) 将生育保险与养老、医疗、工伤、失业补助基金一起合并管理,如爱尔兰、英国、西班牙、葡萄牙等国家。(2) 将生育保险与医疗保险合并管理,如比利时、意大利、卢森堡、德国、芬兰、丹麦、奥地利、希腊和瑞典等国家。(3) 将生育保险与医疗、工伤保险合并管理,如法国、巴基斯坦、泰国和新加坡等国家。(4) 将生育保险与医疗、失业保险合并管理,如荷兰。(5) 将生育保险与失业保险合一,如加拿大和南非。

四、生育保险的功能和作用

生育保险是为了维护女职工的基本权益,减少和解决女职工在孕产期以及流产期间因特定的生理特点造成的困难,为她们提供必要的经济收入和医疗照顾服务,保障职工及婴儿的正常生活,使职工尽快恢复身体健康和回到工作岗位。因此,生育保险有三大基本功能,包括经济补偿、生育服务和就业保护。其具体的作用体现在以下几个方面:

1. 对女职工及其家庭提供基本经济保障,有利于女职工的身体健康和劳动能力的恢复。女职工在生育期间离开工作岗位,不能正常工作,会影响其家庭收入和生活质量,因此为其提供各种经济补偿,如产假工资、生育津贴、育儿津贴等,有利于生育女职工安心生育和维持家庭基本的生活水平,进而有利于女职工的身体健康恢复和劳动能力的恢复。

2. 对妇女生育价值的认可,有利于维持劳动力的生产与再生产健康发展。妇女生育是社会发展的需要,她们为社会劳动力再生产付出了努力,应当得到社会的补偿。因此,对妇女生育权益进行保护,被大多数国家接受和在政策上给予支持。建立生育保险不仅是为了保证女职工自身的身体健康,而且也是为了保护后代。同时,生育保险为优生优育、保证新生儿能有健康的体魄和正常的智力,以及为社会劳动力素质的提高等提供了物质基础。

3. 有利于提高人口素质,落实国家的人口政策。生育保险不仅为妇女生育提供必要的医疗服务项目和护理项目,而且对婴幼儿也提供了必要的照护服务,使得婴儿能够在良好的照护下健康成长,为此,生育保险所发挥的生育服务功能对于妇女自身及婴幼儿的保护,对提高人口质量和落实国家人口政策均具有积极作用。在我国,人类自身的再生产与物质的再生产、人口的增长与经济发展的矛盾十分突出。而实行生育保险不仅有利于女职工的生育权益得到应有的尊重和保护,而且提高了生育质量,促进计划生育和优生优育。

4. 对女性就业的保护,有助于维护妇女的平等就业权。生育保险有保护女性就业的功能。妇女参与社会化大生产是社会发展的客观要求和必然趋势,但由于传统的角色界定,使妇女在劳动力市场上处于相对弱势的地位,加上生育前后对其本身工作效率的影响,必然对企业造成直接或间接的经济损失,致使劳动力市场上出现歧视女性的现象。而生育保险通过统筹社会基金缓解了女性就业与生育之间的矛盾,为女性创造了公平参与工作的机会,有利于女性劳动力资源的开发和女性在家庭和社会中地位的提高,更重要的是为生育女职工提供了良好的就业保护。

五、国外生育保险的实践

(一)国外生育保险的特点

1. 覆盖范围广。世界上有许多国家将生育保险的范围扩大到一切符合法定条件的妇女,包括非工资劳动妇女在内。少数国家或地区对享受生育保险的资格没有规定限制条件,只要该妇女是该国公民,就有资格享受。

2. 生育保险与医疗保险相结合。生育保险和医疗保险密不可分,两者在性质以及标准上有一定的相似性,为使生育保险基金更具实力,提高抗风险的能力,大多数国家将生育保险和医疗保险合并立法实施。

3. 生育保险待遇水平比较高。国外生育保险的主要待遇包括产假、生育补助金、生育津贴、医疗保健和儿童津贴等内容。在产假方面,不少国家生育假期都较长,多数国家产假为 3 个月以上,例如瑞典和德国的产假长达 1 年半。不少国家还规定了抚育婴儿的假期,有的长达 8 年。很多国家的生育津贴也很高,如奥地利、卢森堡、荷兰和法国等都规定生育补助为收入的 100%。

4. 待遇形式多样化。国外普遍实行资金、实物给付与相关服务相结合的多样化待遇形式。大多数国家,除了现金津贴外,还有丰富的实物给付,如发放免费的奶粉券,供给新生婴儿的全套用具,婴儿院提供免费定期就诊和服务,为生育妇女提供各种咨询和指导等。

(二)国外生育保险制度的实践经验

1. 把生育保险作为保障妇女权益的主要措施。从各国实践来看,目前全世界绝大多数国家都把生育保险作为保护妇女权益的重要措施来看待。尤其是在国际社会组织对生育保护提出了相关公约之后,生育保险更是多数国家的重要政策内容之一。也有些国家将生育保险和人口政策置于同等重要的地位,因为生育保险有利于促进优质人口的生产和发展。

2. 生育保险兼具保险与福利的双重特征。从世界各国生育保险所提供的待遇来看,生育保险已经超越了社会保险保基本的原则,反而更具有社会福利或者公共福利的特征。绝大多数国家的生育保险不仅待遇项目种类多,而且其待遇水平也相对较高。除此以外,各国也提供了多种多样的生育津贴、补助和育婴补贴等,同时也提供相应的生育服务和婴儿照护服务。这种高标准的待遇水平,显然不是社会保险所能承担的,政府财政为之进行了不少的补贴和投入。生育保险待遇水平的这一特点,对完善我国生育保险制度具有重要的启示和借鉴。

3. 生育保险对象有覆盖全民的趋势。世界上多数国家的生育保险覆盖对象有逐渐扩大的趋势,由女职工到非就业男职工家属再到全体生育妇女,这对确保全体国民人口素质和提高生育妇女的健康水平均具有重要意义。为此,生育保险覆盖全体生育妇女将成为一种趋势。

六、我国生育保险的实践

（一）生育保险制度的建立

我国生育保险制度开始于1951年原政务院颁布的《中华人民共和国劳动保险条例》,其中有关于女职工生育问题的规定,明确指出生育保险的保障对象为"女工人与女职员"。1953年1月,原政务院对《劳动保险条例》进行了修订,对女职工生育保险的覆盖范围、基金的征集与管理、产假及生育津贴、生育医疗服务、生育补助等都作了详细明确的规定。1955年4月国务院发布《关于女工作人员生产假期的通知》,对国家机关工作人员生产假期作了统一规定,具体包括:产前产后共给假56天,难产或双生增加假期14天;怀孕不满7个月流产时,得根据医生的意见,给予30日以内的产假;产假期间工资照发等。1969年2月,财政部颁发《关于国营企业财务工作中几项制度的改革意见（草案）》,规定:"国营企业一律停止提取工会经费和劳动保险金,企业的退休职工、长期病号工资和其他劳保开支,改在企业营业外列支。"从此,我国生育保险制度随之发生了变化,生育保险的国家统筹消失,企业生育保险形成,各企业只对本企业的女工负责,生育保险从适合多种用工制度变化成了只适合单一的用工制度。这些变化使生育保险制度从"社会保障"走向"企业保障",继而成为之后经济体制改革中影响女性公平就业的障碍。

（二）生育保险制度改革

生育保险制度中,女职工生育期间的费用由其所在企业负担,缺少社会统筹和调剂,造成企业之间生育费用开支相差悬殊和负担畸轻畸重。列入企业成本的各项生育费用直接成为企业平等参与市场竞争的绊脚石,导致有些企业在市场竞争中失利,濒临破产或倒闭,无力兑现女职工的生育保险待遇。同时一些企业开始出现排斥女职工的行为,甚至恶意逃避生育费用支付,不仅难以保障女职工的平等就业权,而且严重侵害了女职工的社会保险权。对原有的生育保险制度进行深层次的改革,把"企业生育保险"转变为全社会统筹型生育保险势在必行。

从20世纪80年代中后期开始,我国开始了生育保险制度改革的探索。国务院在总结过去30多年经验的基础上,参考其他国家妇幼保健工作的做法,并针对改革开放后经济发展的新情况,对职工生育待遇进行了修改完善,于1988年发布了《女职工劳动保护规定》,并同时废除了1953年政务院修正发布的《中华人民共和国劳动保险条例》中有关女工人、女职员生育待遇的规定和1955年4月《国务院关于女工作人员生产假期的通知》。1988年的规定将女职工产假由原来56天增加至90天(其中产前15天),该规定也被认为是我国建国以来第一部以保护女职工的劳动权益,保护其安全和健康为目的的比较完整的、综合性的女职工劳动保护法规。1994年第八届全国人民代表大会第八次会议通过的《中华人民共和国劳动法》,规定女职工生育享有不少于90天的产假,在生育期间依法享受社会保险待遇。为配合《劳动法》的实施,规范各地生育保险制度改革试点工作,劳动部于1994年12月颁布了《企业职工生育保险试行办法》,全国有了统一的生育保险基金统筹办法。1995年7月27日,国务院发布《中国妇女发展纲要(1995—2000)》,确定了生育保险的目标是到20世纪末在全国城市基本实现女职工生育费用的社会统筹。

2009年7月我国将城镇居民的生育医疗费用纳入城镇居民基本医疗保险中,但要求各地做好城镇居民基本医疗保险和城镇职工生育保险制度的衔接工作。同年9月人力资源和社会保障部确定在吉林长春市和江苏省南通市等7个城市进行城镇居民生育保障试点。自此,扩大了生育保险享受的对象范围。

为了推进我国各项社会保险制度的规范化发展,更为了我国社会保险制度能够更好地为社会建设和发展服务,在总结30多年改革经验的基础上,我国于2010年10月28日颁布了《中华人民共和国社会保险法》,在第6章专门规定了生育保险问题,使我国的生育保险制度迈向新的发展阶段。

2012年4月28日,中华人民共和国国务院令第619号发布并实施《女职工劳动保护特别规定》,并同时废止了1988年6月28日发布的《女职工劳动保护规定》。该特别规定成为我国新时期女职工权益保护和生育保险规定的专门法规。

(三)生育保险制度的基本内容

根据我国现行生育保险政策,生育保险基本内容如下:

1. 覆盖范围。中华人民共和国境内的国家机关、企业、事业单位、社会团体、个体经济组织以及其他社会组织等用人单位及其职工。城乡居民有关生育医疗费用在城镇居民基本医疗保险和新型农村合作医疗中给予保障。

2. 享受对象。参加生育保险的女职工和男职工未就业的配偶。

3. 享受待遇条件。具备下列条件的职工或者居民,可以享受生育保险待遇:

(1) 符合国家计划生育政策生育或者实施计划生育手术。

(2) 所在单位按照规定参加生育保险并为该职工连续足额缴费一年以上。

4. 生育待遇。主要包括生育医疗费、生育津贴及产假。

(1) 生育医疗费。生育医疗费指参加生育保险的职工所发生的与生育紧密相关的医疗费用支出。具体包括:女职工门诊产前检查、分娩、生育并发症、计划生育手术(包括男职工本人)等发生的医疗费用;男职工未就业配偶的门诊产前检查、分娩、流(引)产手术发生的医疗费用;参保女职工失业后,在领取失业救济金期间的门诊产前检查、分娩、计划生育手术医疗费用;参保女职工退休后的取出宫内节育器、流(引)产手术发生的医疗费用等。生育医疗费用,按照生育保险规定的项目和标准,由生育保险基金支付。对未参加生育保险的,由用人单位支付。

(2) 生育津贴。参加生育保险的女职工产假期间的生育津贴,按照用人单位上年度职工月平均工资的标准由生育保险基金支付。对未参加生育保险的,按照女职工产假前工资的标准由用人单位支付。

(3) 产假天数。女职工生育享受 98 天产假,其中产前可以休假 15 天;难产的,应增加产假 15 天;生育多胞胎的,每多生育 1 个婴儿,可增加产假 15 天。女职工怀孕未满 4 个月流产的,享受 15 天产假;怀孕满 4 个月流产的,享受 42 天产假。

(四) 生育保险制度的发展展望

虽然我国生育保险制度改革取得了较大的成就,但在实施过程中依然存在诸多问题,如生育保险覆盖面小,实施范围窄;统筹层次低,基金结余过多;基金支付标准不统一;生育保险与职工医疗保险脱节;待遇水平低等问题。未来我国生育保险有待于在以下方面进一步完善和发展。

1. 生育保险的全民化。随着多次的改革,我国生育保险的覆盖对象在不断地扩大,但是目前仍有一些群体未纳入正式的生育保险范围内,生育保险参保率低,很多妇女的生育未能获得应有的保障。一个成熟和完善的生育保险制度应该覆盖所有合法的生育对象,即不分部门和行业,不论正规就业还是非正规就业,不分农村和城市,只要符合计划生育政策的育龄妇女,都应被纳入生育保险实施范围,得到必要的保障。因此,未来继续扩大覆盖面,提高参保率应是我国生育保险发展的主要目标之一。

2. 提高生育保险基金的统筹层次。和其他社会保险一样,我国生育保险基金的统筹层次依然较低。按照《社会保险法》的规定,我国生育保险的最终目标应实行全国统筹。因此,现阶段,应积极促进我国生育保险基金由现在的县(市)级统筹逐步向省(市)级统筹过渡,并最终实现全国范围内的统筹。统筹层次的提高,能够在最大范围和最大程度上发挥生育保险为生育妇女的经济补偿、生育服务和就业保护的功能。

3. 实现生育保险与基本医疗保险的衔接与统一。对于妇女生育,在产前检查、分娩和产后的许多医疗保健服务和费用的发生上,生育保险和医疗保险具有共同的保障功能,因此,建议生育保险与基本医疗保险实行联动、衔接,甚至统一,这样不仅有利于生育妇女权益的实现,也能有效利用医疗保健费用和提高社会保障的管理效率。为此,建议生育保险和基本医疗保险适时衔接和统一。

第三节 失业保险理论与实践

一、失业保险的基本概念

(一)失业的含义

1. 失业的概念

失业(Unemployment)是相对就业而言的概念。按照国际上通用的概念,失业是指在市场经济条件下,劳动年龄段内有劳动能力并有就业意愿的劳动者,失去工作机会和工作岗位的社会经济现象。2003年,我国原劳动和社会保障部对"就业"与"失业"的概念作了重新界定。就业人员,是指在法定劳动年龄段内(男16—60岁,女16—55岁),从事一定的社会经济活动,并取得合法劳动报酬或经营收入的人员。其中,劳动报酬达到和超过当地最低工资标准的,为充分就业;劳动时间少于法定工作时间,且劳动报酬低于当地最低工资标准、高于城市居民最低生活保障标准,本人愿意从事更多工作的,为不充分就业。失业人员,是指在法定劳动年龄段内,有工作能力、无业且要求就业而未能就业的人员。其中,虽然从事一定的社会劳动,但劳动报酬低于当地城市居民最低生活保障标准的,视同失业。新定义不再强调户籍概念,不再要求必须在当地就业机构进行登记。

2. 失业率

失业率是反映就业状况的重要指标,通常根据失业率判断就业形势。根据我国情况,失业率有三种表现形式:一般失业率、城镇登记失业率和调查失业率。

(1) 一般失业率。指失业人数与就业人数和失业人数之和的百分比,它是衡量一个国家宏观经济中失业状况最基本的指标。计算公式为:

$$失业率=失业人数/(失业人数+就业人数)\times 100\%$$

(2) 城镇登记失业率。指城镇登记失业人数与城镇就业人数和城镇登记失业人数之和的百分比。计算公式为:

$$城镇登记失业率=城镇登记失业人数/(城镇登记失业人数+城镇就业人数)\times 100\%$$

城镇登记失业人员是指有非农业户口,在一定的劳动年龄段内,有劳动能力,无业但有就业意愿,并在当地就业服务机构进行求职登记的人员。

(3) 城镇调查失业率。是指通过城镇劳动力情况抽样调查所取得的城镇就业与失业汇总数据进行计算的失业率,具体是指城镇调查失业人数占城镇调查从业人数与城镇调查失业人数之和的百分比。计算公式为:

$$城镇调查失业率=城镇调查失业人数/(城镇调查从业人数+城镇调查失业人数)\times 100\%$$

我国目前公布的失业率实际上是城镇登记失业率,2010年末城镇登记失业人数为908万人,城镇登记失业率为4.1%。该失业率只包括城镇地区并且登记在册的失业人员。而西方国家公布的失业率是既包括城镇又包括农村的全社会失业率。西方国家公布的失业率是调查失业率,而调查失业率的真实性高于登记失业率,如国际劳工组织的报告显示,2003年全球失业率达6.2%,美国为6%。

3. 失业类型

根据失业的成因和特点,失业一般分为摩擦性失业、周期性失业、技术性失业、季节性失业和结构性失业等。

(1) 摩擦性失业。指在市场经济中,由于劳动力市场运转不完善而出现的失业,主要表现为求职者与提供的就业岗位之间存在着时间的滞差。

(2) 周期性失业。指由于经济的周期性波动而导致的失业,主要表现为当经济运行周期处于收缩、衰退和萧条的阶段时,失业者会明显增加。

(3) 技术性失业。指由于引进了节省劳动力的新设备、新材料、新工艺以及新的生产管理技术导致的失业。主要表现为随着资本有机构成的提高、生产技术的改进,资本对劳动力的需求相对或绝对减少,半熟练或不熟练的工人容易陷于失业的境地。

(4) 季节性失业。指由于某些行业生产条件或产品受气候条件、社会风俗或购买习惯的影响,使生产对劳动力的需求出现季节性变化而导致的失业。

(5) 结构性失业。指由于产业结构的变化以及生产形式和规模的变化,劳动力结构不能与之相适应而导致的失业。主要表现为一些行业的岗位空缺和另一些行业的求职者过剩的现象并存。

(二) 失业保险的含义

失业保险(Unemployment Insurance)是指国家通过立法强制实施的,由社会集中资金建立专门的风险基金,对因失业而暂时中断收入和生活来源的劳动者提供一定时期物质帮助及再就业服务的社会保险制度。它是社会保障体系的重要组成部分。在现代市场经济条件下,失业是不可避免的,失业者离开工作岗位,失去了工作和收入,意味着无法保障基本生活,无法得到社会和家人的认可,长期失业者更会对自己失去信心,甚至走上违法犯罪的道路。现代社会,失业保险成为保护失业者收入和生活水平的重要措施。世界各国普遍重视失业保险制度的建立,失业保险制度也是就业保护的重要内容之一。

失业保险,有强制性失业保险和非强制性失业保险之分。所谓强制性失业保险,是指符合法律规定范围的人员,不管个人是否愿意,都要强制其交纳一定的保险费用,参加失业保险。目前,美国、加拿大、中国都实行强制性失业保险。所谓非强制性失业保险,是指符合法律规定范围的人员,是否参加失业保险,取决于投保人个人的意愿,但是一旦选择参加失业保险,就必须承担相应的缴费义务,才能享有应得的权利。如丹麦、冰岛等国家实行非强制性失业保险。

(三)失业保险的特点

失业保险除了具备社会保险的强制性、互济性、社会性和福利性特征以外,还具有如下特点:

1. 失业保险的对象是有劳动能力的劳动者。只有同时具备没有丧失劳动能力且有就业意愿但没有工作岗位这三个条件的劳动者,才能享受失业保险待遇。

2. 造成失业风险的原因在于社会经济因素。如产业结构的调整、就业政策的变化等都可能造成失业。失业保险通常遵循非自愿失业原则,对于不想就业或者失业后持消极态度的劳动者,一般排除在失业保险之外。

3. 失业保险的待遇领取具有期限规定。一定比例的失业率对市场经济来说,属于正常现象,失业对于具体的劳动者来说也是一种暂时的现象。规定失业者享受失业保险的期限,严格享受失业保险的条件,目的是为了防范"失业陷阱",促进劳动者积极寻求再就业机会。

4. 保险待遇与就业关联。失业保险不仅要保障保险对象的基本生活需求,更重要的是通过职业培训、就业指导、职业介绍等提高失业人员的就业能力,为他们谋求新的职业创造条件,以便使其尽快实现再就业。

二、失业保险的形成与发展

(一)失业保险的形成

在16—17世纪,欧洲在进入工业社会以前,就有少数既没有土地也没有所属领主的流浪汉,工业社会初期开始产生大量失去土地又找不到工作的"平民失业群体",在当时的生产、经济与社会条件下,帮助这些困难群体的最初的办法就是慈善救济。到了19世纪,工业社会得到了一定程度的发展,工人中间已经有了自发的互助组织,比如法国的"互济会",德国的"劳动者福利中心",比利时和英国的工会组织等,这些组织以互助自救的方式来降低劳工们的风险,从而形式了早期的失业风险防范和抵御收入减少的互助合作办法,而这种由会员缴费,互助共济的风险分摊形式构成了早期失业保险制度的雏形。

(二)失业保险制度的建立

由于工业化时代的到来,失业成为不可避免的现象,失业工人的大量存在,对于国家的稳定造成了极大的威胁,而且,如果失业工人的基本生活没有保障,也难以为经济高涨时期提供大量充足的劳动力。而早期的由工人们自发组织、工会或者行业所采取的自保形式,虽然为小范围的失业者提供了风险保障机制,但是难以化解大规模的失业风险问题。因此,各国政府为了缓解矛盾,参照社会疾病保险、工伤残障保险等的做法,陆续建立了社会化的失业保险制度。

1905年法国成为最早建立失业保险制度的国家,其后挪威和瑞典分别在1906年和1907年建立了失业保险制度。这三个国家的失业保险均为非强制性失业保险,即法律确定范围内的人员是否参加失业保险取决于个人意愿,凡是参加保险的,就必须根据失业保险法律规定接受管理,包括承担一定的义务和享受相应的权利。

1911年,英国颁布了《国民保险法》,开创了强制性失业保险制度的先河,其后被一些国家效仿,并成为世界失业保险制度的主流。在20世纪30—60年代,是世界各国失业保险制度建立的旺盛时期。在这一时期,国际劳工组织也制定了有关失业保险的公约和建议书,如1934年的《失业补贴公约》和《建议书》,1952年的《社会保障最低标准公约》对失业保险的规定,1988年的《促进就业和失业保护公约》和《建议书》等。这些对各国失业保险制度的发展和完善起到了极大的促进和引领作用。目前全世界有69个国家建立了失业保险制度,其中大多数国家和地区实行强制性保险。

在基金来源上,与社会保险其他险种相同,失业保险费通常由雇员和雇主共同分担,也有些国家规定全部保险费由雇主缴纳。政府对强制性和自愿性两种保险的补贴数额都很大。在享受待遇条件上,一般都要求具备非自愿性失业、缴纳一定期限的保险费,或在受保职业工作一定年限,申请者具有工作能力并愿意寻找工作等前提条件。另外,对无正当理由而自愿离职的,由于行为不端被解雇的,或参加劳资纠纷导致停产而使自己失业的,一般规定要取消其享受失业保险的资格或降低给付标准,或推迟给付时间。

在失业补助金上,通常以周为单位支付,标准为其最近一段时期平均工资的一定百分比。大多数国家计算失业补助金的替代率为平均收入的40%—75%,有些国家一律支付等额补助金。如果失业人员已成家,除发给基本补助金外,还要对其配偶及子女加发一定的补助金。在支付失业补助金前,通常有几天的等待期。大多数国家对连续领取失业补助金的时间有一定限制,一般情况下为8—36周,在某些情况下可适当延长。

另外，有些国家根据缴费期限或参保时间决定享受期限。有些国家除正规的失业保险外，还提供失业援助或提供以失业人员家庭经济状况为条件的其他待遇作为补充。这样，失业人员领取补助金期满后，如果收入低于一定水平，还可以继续得到一些救助。在管理体制上，多数国家是由政府部门管理，有些是由自治机构管理，这种自治机构一般由受保人、雇主和政府三方代表组成。失业保险与就业服务之间经常保持紧密的行政联系。有些国家已将失业保险和就业服务合并管理，基层的管理工作尤其如此，目的在于促进失业人员尽快实现再就业。

（三）失业保险的发展趋势

失业保险制度的建立，对于保障失业人员的生活，维护社会稳定无疑起到了巨大的作用。建立和完善失业保险制度，是社会发展的需要，也是经济发展中不可缺少的一环。失业保险制度的发展和其他社会保障制度一样，有一个不断完善和内容逐渐丰富的过程。

失业保险制度的产生，最初是为了帮助失业者维持正常生活，给予他们适当的津贴补偿，以暂时代替其收入来源。但是，随着时代的发展，这种经济补偿所起的作用越来越小。因为科学技术的飞速发展带来了日益频繁的改行、换岗现象，有限的补贴对人们的技术培训和技能革新几乎无任何帮助。因此，失业保险制度不仅要帮助失业者度日，更重要的还在于使失业者尽快掌握新技术、新工艺，实现再就业。法国在1967年就提出对失业保护制度进行改革，强调从"适应技术变革的基础结构"方面进行失业补偿。随后，一些发达国家将失业保险改为就业保险，旨在通过政府行为，为失业者提供种种机会，让他们得到政府提供的免费职业培训和技术指导，尽快重新上岗。目前，英国、法国、德国每年用于职业培训的经费分别为30亿英镑、170亿法郎和80亿马克。以美国为例，从20世纪50年代末开始，对劳动就业领域就进行了特别关注，1960年美国在其劳工和公共福利委员会下，成立了就业和人力附属委员会，并先后颁发了三项有关立法，包括《人力发展和训练法案》(1962年)、《经济机会法案》(1964年)和《全面就业法案》(1973年)，由州和地方政府制定落实人力发展和培训计划，提供财力支持，帮助劳动者和就业不足的劳动力提高工作技巧，进入20世纪90年代，美国政府更加重视职业培训，制订了《美国再就业法案》，主旨是"促进被永久性解雇的工人得到他们所需的有效而高质量的培训"。

为了应对失业率不断升高的现象，各国越来越倾向于采用全方位的失业保障制度,即将失业保险与失业预防、就业援助相结合,进一步拓宽失业保险的功能。1980年经济合作与发展组织提出了"福利国家危机"的警告,指出随着失业保险待遇标准的提高,失业保险在保护失业者利益的同时,也在某种程度上创造着失业,即失业保险制度本身含有抑制再就业的负面因素。随后许多国家进行了失业保险改革,工作重点是由过去的失业保险、失业救济转向就业援助和失业预防,全方位思考和解决失业问题,构建一体化的失业保障制度,力促就业。

三、失业保险的基本原则

对于劳动者来说,失业是由于各种原因失去了工作,但并未失去劳动能力。建立失业保险的目的是通过建立社会保险基金的办法,使劳动者在失业期间获得必要的经济帮助,保证其基本生活,并通过专业训练、职业介绍等手段,为他们重新实现就业创造条件。因此,建立和完善失业保险制度,应当遵循以下原则:

(一)保障对象和范围只限于原来已经工作的人员

按照是否参加过工作划分,失业人员由两部分构成,一部分是新成长起来的劳动力,他们还没有参加过工作,属于待业人员,其生活一般由家庭负担;另一部分是失业之前已经工作过一段时间或很长时间,并且依靠就业的工资收入维持本人及其家庭的生活。失业保险的目的在于为因失去工作而致的收入中断人员提供帮助,因此,失业保险的保障对象和范围仅限于原来已经工作的失业人员,不包括新成长起来的劳动力。我国1999年的《失业保险条例》所指失业人员只限定为就业转失业的人员。

(二)严格规定享受失业保险的条件

失业有主观和客观两类原因,规定失业保险条件,应尽量避免因建立失业保险制度产生擅自离职,或故意造成保险事故来获得,失业保险待遇的情形发生。因此,世界各国普遍设立失业保险待遇享受的条件,通常在失业性质、就业意愿、就业培训与指导等方面进行严格规定。对于那些主动失业,不进行就业登记,不接受职业训练及不服从就业安排者,均不能享受或继续享受失业保险待遇。

(三)规定失业保险的标准和期限要适当

确定失业保险待遇标准,要从保证失业人员的基本生活和促进再就业出发,标准不宜规定过高,应适当低于本人失业前的基本工资收入和当地政府依法规定的最低工资保障标准,但要高于当地民政部门规定的社会救济标准。

失业保险的给付应有时间上的适当区别和限制。首先,在失业保险的给付期限上,不同工作时间的劳动者应有所区别。其次,对享受失业保险待遇过期仍不能就业者,应转入社会救助渠道,由民政部门给予帮助。确定这一原则,是从有利于促进失业者积极寻找工作来考虑的。

(四)在较大的范围内实行基金统筹

国家通过立法,规定失业保险基金来源要多渠道,由用人单位、职工个人和国家分担。对于缴纳失业保险费的广大劳动者和诸多企业而言,每次享受失业保险金的只是少数人,体现了劳动者之间的互助互济。失业保险基金的收缴在大范围内进行,遵循"大数法则",能够使社会分布不均的失业风险在一个足够大的范围内进行分散,提高失业保险的保障能力。

四、失业保险的基本内容

(一)覆盖范围

失业保险的覆盖范围主要是劳动年龄段内已经就业且有劳动收入的人群。根据各国的实践,失业保险覆盖范围有一个不断扩大的过程,由最初覆盖最不稳定的季节工和临时工,逐渐扩大到部分行业雇员,再扩大到所有企业雇员,然后再扩大到教师和公务员等。每个国家失业保险的范围有所差异。1988年国际劳工大会通过《促进就业和失业保护公约》要求有条件的国家应使参加失业保险的人数达到工资劳动者的85%,其他国家不应低于50%。

(二)资金筹集

通常情况下,失业保险资金来源于政府、雇主和雇员。具体到一个国家,失业保险资金来源有所不同。有些国家是由政府、雇主和雇员三方共同负担,比如德国、英国和日本等;有些国家由政府和雇主共同负担,个人不缴费,比如意大利;有些国家由雇主和雇员共同负担,比如法国;有些国家是由雇主单独负担的,比如印度尼西亚。只有那些实行失业救助制度的国家,才由政府全部出资,比如澳大利亚、新西兰和匈牙利等。

失业保险费一般按缴费工资的一定比例缴纳,比如我国失业保险的企业缴费率为2%,个人缴费率为1%。

（三）资格条件

失业保险待遇的享受必须满足一定的资格条件,通常必须满足以下基本条件。

1. 非自愿失业。即失业的原因不是个人主观因素所造成,如果失业是基于自己不想工作主动离职的,则不能享受失业保险待遇。

2. 非本人过错被解雇。解雇的发生完全是因为市场或企业的原因,如果因为个人品行不端,或参与非法罢工或反政府游行等被解雇,则不能享受失业保险待遇。

3. 参加保险并满足最低缴费时限。没有参加保险或者参加了保险但还没有交够最低保费,也不能享受失业保险待遇。

4. 及时在规定部门办理失业登记。发生非自愿失业后,失业者必须立即在相关部门办理失业登记,是申领失业保险待遇的最基本要求。有的国家还要求失业者每隔一段时间要重新声明自己仍处于失业状态。

5. 在法定劳动年龄之内且有劳动能力。失业保险着重为有劳动能力且在积极寻求工作的劳动者提供经济和服务帮助。如果劳动者不在劳动年龄段内,则说明其不是法律规定的合法劳动者,即不在失业保险保障范围,同样,即使在法定的劳动年龄段内,但是没有劳动能力,也不是失业保险所能关照的,应该由其他社会保障提供帮助。

6. 有积极就业愿望。失业者失业后,有积极寻找工作的意愿和行动,如愿意参加政府有关部门组织的职业培训,接受劳动就业部门的就业指导或者工作建议,则具有享受失业保险金待遇的条件。

（四）等待期

失业保险等待期是指参保对象失业并履行了失业登记手续后到享受失业保险待遇之前有一段等待的时间。等待期通常为7—10天。不过,在实际中,各国等待期长短不一,如瑞士2天,英国3天,芬兰5天,澳大利亚7天,加拿大14天,加纳30天,等等。失业保险设置等待期,主要基于以下原因,一是核查需要时间;二是有许多失业者可能会马上重新找到工作;三是等待期较短,一般不会影响失业者的基本生活。当然,也有许多国家的失业保险不设等待期,如丹麦、法国和德国等,失业时间及津贴从登记之日开始算起。

（五）支付水平

失业保险的支付水平通常用失业保险金占失业者失业前本人工资的百

分比来表示。为了衡量一个地区或者国家的失业保险金水平,则通常用失业保险金支付标准占社会平均工资的百分比来表示。失业保险金不能太高也不能太低。太高易于造成失业者落入"失业陷阱",太低不利于保护失业者的人力资本投资。目前,世界上许多国家的失业保险金给付标准一般在本人原工资收入的40%—60%。国际劳工组织在1988年召开的第75届劳工大会发布报告,建议失业金数额不低于失业者原工资的50%。有的国家在支付失业保险金时还要考虑失业者家庭生活情况,如果有需要抚养的未成年子女或有需要赡养的老人,失业保险金会酌情增加。

(六) 支付办法

失业保险的具体支付办法,各国差异很大。有的国家按照"本人失业前工资"的一定比例支付;有的按当地"社会平均工资"的一定比例支付;有的按照当地"最低工资"的一定比例支付;有的按照"最低生活保障金"的一定比例支付;有的国家为了突出平等,凡失业者不论其失业前工资水平高低,都支付同样的数额;有的国家为了鼓励雇员及早参加失业保险,将失业保险金的高低与缴费时间长短挂钩,缴费时间越长,保险金占工资基数的比例就越高。

(七) 支付期限

为了避免"失业陷阱",除了失业保险金水平控制外,还有失业保险金支付期限的限制。国际劳工组织1934年通过的《失业补贴公约》(第44号)规定,支付期应为每年至少156个工作日,在任何情况下,也不能少于78个工作日。实际中,失业保险金支付期限各国长短不一,有两个月的,也有两年的。有的国家将失业保险支付期限与个人缴费年限结合起来,缴费年限越长,失业后获得支付的期限就越长;有的国家将支付期限与经济景气度结合起来,景气度高支付期限就短,景气度低支付期限就长。

五、失业保险的功能和作用

失业保险有两大基本功能,一是为失业者提供基本生活保障,即通过现金给付维持失业者的基本生活水平,为其重新寻找工作提供缓冲时间;二是促进失业者再就业,即通过对失业者的就业培训、职业介绍,帮助失业者重新就业。失业保险的派生功能是通过实施失业保险来维护社会稳定,促进经济发展。其具体作用体现在以下几个方面:

1. 保障劳动者在失业期间的基本生活需求,从而维护社会的安定与和谐。失业保险通过保障失业者的基本生活需求，使其免于生存危机，进而缓解阶层矛盾，在一定程度上消除社会不安定因素。失业保险被称为社会发展的"减震器"，尤其在周期性的经济危机时，为维护社会的安定团结发挥着极大的作用。

2. 通过对劳动力的保护和改善，促进社会再生产的顺利进行。失业保险制度的建立可以有效调节劳动力的供给，为经济发展提供合格的劳动力支持。在经济衰退期，失业保险通过给失业者发放救助金，维持他们的购买能力，并通过专业培训、职业介绍提高劳动者的素质，为社会再生产的顺利进行创造了必要条件。

3. 与其他经济社会政策相配套，促进经济体制的改革。失业保险制度的建立，配合了劳动用工制度的改革，有利于劳动力的合理流动和优化配置，减少了职工与企业之间的摩擦，增强了劳动者的风险意识和竞争意识，并通过保险金给付和就业培训、专业训练等提高劳动者的就业能力，为经济体制改革的顺利进行创造了条件。

六、国外失业保险的实践

（一）国外失业保险制度模式

1. 双重保障型模式

这种模式以德国为代表。德国的强制性失业保险几乎涵盖了所有就业人口（公务员和雇主除外），失业者在规定的期限内领取失业保险金。但如果失业者在规定的失业保险给付期后仍然未能找到工作而发生生活困难时，当事人不是被归入社会公共救济系统，而是被归入领取失业救济金之列。失业救济金待遇水平要低于失业保险金给付额水平，领取的最长期限也要短一些，但待遇水平要比社会救助高些。失业保险与失业救济的衔接，为失业人员提供了一个双重保障，避免了部分失业者因未能及时再就业而陷入生活贫困境地。

2. 多层次保障型模式

这种模式以美国为代表。根据美国联邦政府颁布的《社会保险法》，其失业保险的覆盖范围除一般雇员外，公务员和家佣也被包括在内。在法定的失业保险之外，鼓励企业建立"补充失业津贴"。"企业补充失业津贴"减轻了失业风险对失业者及其家庭的冲击，各企业根据自身的实际情况制定补充失业津贴计划，有利于在实现底线公平的同时促进效率。

3. 援助型保障模式

这种模式以加拿大为代表。加拿大在普遍实施法定失业保险的同时，对失业者中有特殊困难的弱者，还给予社会性援助。援助对象既有特殊困难的伤病失业者，亦有老年失业者和女性孕期失业者。援助资金来自国家财政，是专门针对法定失业保险领取者中的特殊困难人员，是国家保护失业弱者的一项政策性措施。

（二）国外失业保险制度的实践经验

20世纪80年代以来，几乎所有的西方国家都在指责并试图改革失业保险制度。在加拿大，政府部门抱怨失业保险已不再是保险制度，而是一项年度收入补助计划。1996—1997年度，加拿大开始以新的就业保险法取代了以前的失业保险法，希望通过名称的改变，把工人的注意力从"怎样才能有资格得到救助"转向"怎样才能获得更多的工作、保持就业并有更光明的前途"。在美国，克林顿在其施政纲领"新誓约"中着力强调，"不能让一个能够工作的人永远依靠福利"，"如果你们能够工作就必须工作"，因为"你们不可能永远依靠救济过日子"。从具体的改革措施看，各国都力图强化失业保险制度促进就业的功能，改革主要从提高失业保险的准入门槛、降低失业保险待遇和促进就业等方面进行。

1. 根据失业期长短确定失业保险金标准

目前各国失业保险金支付期大多数在90天到1年之间，只有少数国家在1年以上。根据失业期长短确定失业保险金给付标准，失业期越短，给付标准就越高。法国规定，最初的失业金待遇为日基准工资的57.4%，其后则每4个月调低一次。比利时规定，对已婚的长期失业者，第一年失业保险金为收入的55%，在其后的7个月内降为35%。调整给付期限，是为了在确保失业人员的基本生活水平的同时，激励他们尽快实现再就业。

2. 增加失业保险金给付的限制性条件

对领取失业保险金的失业者附加一些限制性的条件和义务。失业救济的获得不再被视为无条件的权利，只有当申请者积极寻找工作时才能获得。例如，几乎所有的经合组织国家都明确规定，失业者在领取失业救济之前，必须到职业介绍机构进行登记，表示愿意接受职业介绍机构提供的就业机会；在领取失业救济期间，必须定期报告求职情况，并且要按照当地失业保险机构约定的时间面谈或面试，否则将被取消领取资格。

3. 实施抑制雇主对雇员的解雇政策

美国实施的"经验税率"制度和德国的"社会福利计划"是典型的抑制解雇政策。美国的"经验税率"制度是指按照雇主解雇雇员的情况来确定企业缴纳失业保险税税率的制度。联邦政府规定,失业保险税率为应税工资总额的5.4%,但为鼓励企业尽量保留雇员和限制企业的解雇行为,美国的大多数州都实行了按企业员工就业稳定的记录情况确定缴纳失业保险税率的办法;另有少数州则直接根据企业解雇人数来确定企业缴纳失业保险的税率。也就是说,企业解雇的人越多,企业缴纳的保险税率越高,最高可达职工工资总额的10.5%。德国实行的社会福利计划是指雇主在企业不景气时若要大批解雇雇员,须向劳动局申报,同时须向被解雇人员提供补偿费的制度。如果雇主不采取大批解雇雇员的行动,劳动局将为这些即将面临失业的员工提供转岗培训经费。

4. 调整失业保险基金使用范围

许多国家纷纷调整失业保险基金支出结构,加大用于促进就业的比例。主要采取的措施包括:将失业保险基金用于职业介绍、就业培训;鼓励企业招聘失业人员;将失业保险基金用于购买公益性岗位;将失业保险基金用于资助创办小企业;补助失业人员提前就业或从事临时性的非技能职业等。通过改革,变消极的生活保障为积极的就业保障,对于调动劳动者的积极性,促进经济发展具有重要的意义。

七、我国失业保险的实践

(一)我国失业保险制度的建立

我国失业保险制度的历史最早可追溯到建国初期。当时为了解决旧中国遗留下来的失业问题,保障失业人员的基本生活,政府开始实施失业救济制度。1950年6月,原政务院发布了《关于救济失业工人的暂行办法》,这可以视为新中国成立以来失业保险的雏形,但这种办法只是为了解决旧社会遗留下来的失业问题而采取的临时性措施。随着我国经济的发展,就业机会逐步增加,失业率逐步降低,到1957年我国宣布消灭了失业,并采取了"统包统配"的劳动用工制度,因此使其后20多年的时间里在我国失去了建立失业保险制度的基础和要求。

我国现代失业保险制度的历史很短,至今只有20多年的时间。在这些年的发展中,其大体可划分为以下三个阶段:

1. 1986年7月—1993年3月,确立失业保险制度基本框架的阶段。这一阶段也是失业保险初步发挥作用的时期,其标志是1986年7月12日国务院颁布的《国营企业职工待业保险暂行规定》(1986年10月1日实行)。

《国营企业职工待业保险暂行规定》确立了失业保险制度的基本框架,明确了这项制度的主要内容。一是强调了保障失业人员基本生活和促进再就业的双重功能,使失业保险在深化经济体制改革和保持社会稳定中发挥不可替代的作用。二是突出了国家和社会在失业保险中的地位和作用,国家通过立法和制定政策,组织开展失业保险工作,并在必要时提供财政补贴;基金主要由企业承担,社会筹集,统筹使用。三是明确了管理和经办失业保险业务的工作体系,为失业保险的运作提供了组织保证。这一时期,由于种种原因,职工失业现象不突出,享受失业保险待遇的人数有限,失业保险的作用发挥得不够充分。尽管初建的制度在覆盖范围、缴费方式等方面还不尽完善,但毕竟迈出了重要的一步,其深远影响是不可低估的,它为以后失业保险制度的发展与完善打下了基础。

2. 1993年4月—1998年12月,失业保险制度进一步调整的阶段。这一阶段也是失业保险制度开始发挥作用的时期,其标志是1993年4月国务院颁布的《国有企业职工待业保险规定》。

《国有企业职工待业保险规定》对国有企业的失业保险制度作了部分调整。一是扩大了失业保险覆盖范围,将保障对象从原来的4类人员扩大到国有企业的7类9种人员,并规定企业化管理的事业单位也应依照执行。新制度实施后,享受失业保险待遇的人数明显增加,仅1994年就有194万人,超过了前7年的总和,失业保险的作用逐渐明显。二是针对原有制度中统筹层次过高、不符合实际情况的问题,将基金由省级统筹调整为市、县统筹,并规定在省和自治区建立调剂金。三是明确了失业保险应当与就业服务工作紧密结合,同时授权省级人民政府可以从失业保险基金中支付为解决失业人员生活困难和促进再就业确需支付的其他费用。四是将缴费基数由企业标准工资总额改为工资总额,并对费率规定了一个幅度,还相应改变了失业保险待遇的计发办法。五是制定了罚则,使这项制度更加完整。根据规定的要求,各地先后出台了地方性法规或规章,加强了失业保险的制度化建设。实践证明,这次调整是失业保险制度发展的重要举措。

3. 1999年1月—2010年10月,为失业保险制度走向完善的阶段。这一阶段也是失业保险逐步成为基本生活保障主要形式的时期,其标志是1999年1月22日国务院颁布的《失业保险条例》。《失业保险条例》是我国失业保险制度由不规范走向比较规范,从计划走向市场的重要标志,是适应我国社会主义市场经济体制建立的社会保障体系的组成部分。

(二)失业保险制度的改革

1993年以来,国有企业改革步伐加快,为提高生产效率,解决企业富余人员过多的问题,过去一直处于隐性失业状态的大量冗员被释放出来,下岗职工数量大规模增加。尤其是进入1998年,国有企业改革确定了三年脱困的目标,更多的职工被迫下岗。我国的失业保险制度处于起步阶段,尚不足以承担大量下岗职工的保障责任。此时,国家为了保障下岗职工的基本生活,并帮助他们再就业,提出了"三条基本保障线"的建设目标。第一条基本保障线是下岗职工基本生活保障制度,针对国有企业下岗职工,建立再就业服务中心,在特定的时期内向他们提供基本的生活保障和再就业服务。第二条基本保障线是失业人员基本生活保障制度,针对城镇失业人员,以失业保险制度为保障,在法定期间内向他们提供基本生活保障和再就业服务。第三条基本保障线是城镇居民最低生活保障线,针对以上两条保障线之外的城镇贫困人群以及不再享受以上两条保障线的城镇失业人员,以社会救助的方式为他们提供基本的生活保障。三条基本保障线相互衔接,待遇水平由下岗职工基本生活保障到失业人员基本生活保障再到城镇居民最低生活保障依次递减,构成了中国社会转型、经济体制转轨时期特殊的"福利+保险+救助"型混合体制。再就业服务中心是一种过渡性质的体制福利,失业保险和失业救助才是市场经济下的制度性安排。随着失业保险制度的不断完善,下岗职工向失业人员并轨,这种下岗职工基本生活保障和失业保险制度双轨制最终转化为失业保险制度单轨制,三条基本保障线也变为了两条基本保障线。

(三)我国失业保险制度的未来展望

未来我国失业保险制度发展的总体目标是要在保障失业人员基本生活,强化其收入维持功能的同时,增强其促进再就业的功能,使其成为充分就业的促进机制。为此,未来发展的总体思路应当是:根据扩大就业和调控失业的总体要求,按照健全社会保障体系的总体部署,从解除劳动者后顾之忧出发,扩大保障范围;从增强保障能力入手,规范基金征缴和使用管理;立足于帮助失业人员再就业,完善管理服务;在做好基本生活保障工作的同时，探索失业保险促进就业的有效办法。总之，我国失业保险制度未来发展的重点任务包括以下方面：

1. 扩大失业保险的覆盖范围。尽管我国《失业保险条例》和《社会保险法》对参加失业保险具有明确的规定，但是目前的参保率还很低，有待于通过加大执法力度，提高参保率。与此同时，目前我国还有大量集体企业、私营企业、个体企业、乡镇企业及广大农村人口等未被纳入或者未参加失业保险。不同类型企业之间、城乡之间差异大，且大量灵活就业者和自由职业者没有被覆盖在内，失业保险的覆盖面非常有限。因此，应尽快将所有城镇从业人员纳入失业保险网，突破行业、所有制的限制，提高失业保险抵御失业风险的能力，让更多的劳动者享有失业保障。

2. 提高失业保险基金的使用效率。目前我国失业保险金主要用于补偿失业人员的基本生活费用，难以从根本上解决失业问题。治理失业必须从创造就业机会出发，调整产业结构，改善就业环境，推动职业开发和就业培训，提高劳动者的就业能力。目前，我国已开始扩大失业保险基金支出范围的试点。今后扩大促进再就业的基金投入比例是发展趋势，失业保险将进一步发挥其促进再就业的功能。

3. 发挥失业保险降低失业率的功能。通过将失业保险费率与企业裁员人数相挂钩的做法，可以在一定程度上抑制解雇行为，降低失业率。失业保险在费率确定上可以考虑弹性的浮动费率，首先依据行业就业特点确定合理的费率区间，再根据行业内各企业每年的解雇人数调整具体缴费费率。这样，一方面可以抑制企业的任意解雇行为；另一方面可促使企业更审慎地招人、用人，还可以改善就业环境，稳定劳动力市场。

4. 突出失业保险激励再就业的功能。将失业保险待遇与再就业挂钩，可以避免失业陷阱，从而有效地促进失业者积极寻找工作。失业保险待遇的确定应遵循一定的原则：一是能够保障失业者在失业期间的基本生活需要；二是能有效激励失业者在较短的时间内实现再就业。这就要求失业保险金水平要适度，领取期限不能太长。我国在完善失业保险制度中，应当进一步推动失业保障和就业促进的结合，加强失业保险扩面征缴工作，优化失业保险业务流程，推进扩大失业保险基金支出范围，建立与促进就业联动的机制，提高失业调控能力，使失业保险制度真正发挥社会稳定器的作用，促进劳动力再生产和经济的健康发展。

本章小结

　　本章重点介绍了三大劳动保障制度,包括工伤保险、生育保险和失业保险。

　　工伤保险,也叫职业伤害保险,其产生已有 100 多年历史。本章系统介绍了工伤保险的概念、工伤保险原则、工伤保险的内容和功能,也介绍了国外工伤保险的实践及经验,我国工伤保险的发展演变及其改革状况。

　　生育保险已逐渐被世界各国所认同,其在保护女性劳动者权益和促进人口素质方面发挥着重要作用。本章系统介绍了生育保险的概念、特点、内容、功能和作用、国外生育保险的实践与经验、我国生育保险的发展演变及其改革状况。

　　失业是市场经济的必然产物,失业保险是具有中国特色的社会保障制度体系的组成内容之一。本章系统介绍了失业保险的概念、特点、原则、内容、功能与作用、国外失业保险实践及经验,我国失业保险制度的发展演变及其改革状况。

复习思考题

1. 什么是工伤保险?它有何特点?
2. 工伤保险有哪些原则?如何理解补偿、预防和康复相结合的原则?
3. 什么是生育保险,它有哪些功能?
4. 什么是失业保险,它有哪些基本原则?
5. 工伤保险、生育保险及失业保险有何区别与联系?
6. 谈谈你对我国工伤保险制度改革的看法与建议。
7. 谈谈你对我国生育保险制度改革的看法与建议。
8. 谈谈你对我国失业保险制度改革的看法与建议。
9. 谈谈我国劳动保障在促进就业方面的效果如何。

阅读书目

1. 栾居沪《最新工伤保险理论与案例评析》,山东大学出版社,2011 年。
2. 张伯生、叶欣梁、周晋《工伤与失业保险:政策与实务》,北京大学出版社,2008 年。
3. 胡晓义《医疗保险和生育保险》,中国劳动社会保障出版社,2012 年。

第十一章 社会救助

通过本章的学习,掌握社会救助的概念、类型、组成体系和基本特征,了解发达国家社会救助的实践及经验,了解我国社会救助制度变迁的过程和现状,掌握我国社会救助制度中最低生活保障制度的内容、成效和发展方向,了解医疗救助制度、农村五保制度、廉租房制度等救助制度的主要内容。

第一节 贫困与社会救助概述

一、贫困的概念

贫困(Poverty),也称"贫穷",是一种客观的物质生活状态。在微观视角下是指家庭或者个人因收入水准达不到一种社会可以接受的最低标准,即"贫困线"标准的物质状态。贫困不仅只是经济概念,更关乎公民基本的权利、能力,其实质是一种权利和能力的贫困。在宏观层面,贫困是一种社会问题,一般认为贫困是一种由社会环境造成的社会后果。世界银行将贫困定义为多方面福祉缺失,包括较低收入、无法获得基本商品和服务、较低的健康和教育水平等,并且没有足够的能力和机会改变现状。

根据贫困标准的不同,贫困可以划分为绝对贫困和相对贫困。相对贫困是指个人或家庭的收入水平虽能维持其食物保障,但是无法满足最基本的其他生活需求的状态。是社会不平等的衡量标准之一。一般来说,相对贫困的衡量标准是家庭或者个人收入水平少于社会平均水平的一定比例人口占总人口的比值,如以平均收入40%或者1/3来确认。绝对贫困是指在特定的社会生产方式和生活条件下,个人和家庭的收入达不到维持其最基本的生存需要的状态,从而陷入生存困境,绝对贫困是以维持人的生理机能的最低需要为标准来加以确定的。

其中,贫困线(Poverty Line)亦称"低收入水平(Low-income Level)"或"贫困标准(Poverty Standard)",是在一定的时间、空间和社会阶段条件下,维持人们的基本生存所必需消费的物品和服务的最低费用标准。一般由政府给出当地贫困线标准,并用消费物价指数调整。

在社会救助中,常常使用救助线概念。救助线(Social Assistance Line)与贫困线不同,救助线也称"社会救助标准",是政府以贫困线为基准,综合考虑其和失业保险金、最低工资等社会保障之间关系,结合政府财力状况,给出的收入标准。这个标准是用来作为是否提供救助的依据。与理论层面的贫困线不同,是政府综合考量决策的结果。救助线通常会低于贫困线。

此外,根据贫困发生的原因不同,也可以把贫困分为区域性贫困和阶层性贫困。区域性贫困是指由于地区发展的不平衡导致的贫困,主要是当地社会成员普遍面临缺乏食物保障的生活危机状态,从而需要普遍救助。阶层性贫困也称结构性贫困,是指由于各种原因造成部分社会成员收入过低或无收入而难以维持自身及其家庭成员的基本生活的贫困现象。

二、贫困的测量

无论是相对贫困还是绝对贫困,贫困都是可以测量的。通常测量贫困的方法有四种,包括市场菜篮法、恩格尔系数法、生活形态法和国际贫困标准法。

(一)市场菜篮法

市场菜篮法,也称标准预算法,是由英国学者西伯姆·朗特里(Benjamin Seebohm Rowntree,1871—1954)建立的。市场菜篮法首先要确定一张生活必需品的清单,在这个清单中包括社会公认的最起码的生活必需品的种类和数量,然后根据市场价格来计算获得这些必需品所需的现金额,即为贫困线。由于生活必需品的清单通常是由专家来确定,而他们本身很可能缺乏下层社会生活的体验,因此学者们质疑这种标准是否符合人们的实际消费模式,并进而提出标准制订过程要民主化,即要通过公众讨论来共同确定清单。但事实上,不管何时何地,采取何种方式,人们对菜篮清单项目一直有较大的争议,这种争议不仅存在于非生活必需品上,也存在生活必需品上。因此,在市场菜篮法中,清单究竟由谁来决定,如何决定哪些是和哪些不是生活必需品,成为该种方法争议的焦点。

(二) 恩格尔系数法

恩格尔系数法,也称"食费对比法",用开支中必需品比例来测量贫困水平的方法。是"收入替代法"中的一种。恩格尔系数法的理论基础是恩格尔定律(Engle's Law),即生活必需品支出与收入的增长成反比。因此,在很大程度上,生活必需品支出状况可以作为衡量收入水平的替代指标(Income Proxy Measure),而既然贫困线代表某一种收入水平,那么我们就可以利用该替代指标来确定贫困线。基于这种逻辑推理,1969年,美国学者奥珊斯基(Mollie Orshansky,1915—2006)通过对1960年代美国家庭消费恩格尔曲线的研究发现,30%是一个转折点,即恩格尔系数低于30%之后,下降速度变缓。所以她提出,如果一个家庭的食品支出占总消费的比例超过30%,那么这个家庭就是贫困的。从本质上看,恩格尔系数法仍属于绝对主义范畴。需指出的是,这里的转折点会随家庭规模和构成的变化而变化,也会因时、因地而变化;生活必需品的定义也不只限于食品,还可能包括住房和衣着。通常国内学者把恩格尔系数60%作为贫困线(更准确地说,绝对贫困线)的标准。

(三) 生活形态法

生活形态法,是由英国学者彼特·汤森(Peter Brereton Townsend,1928—2009)提出。这种方法的核心基础是汤森提出的相对遗缺(Deprivation)概念,即如果人们因没有获得社会或风俗认为应该享有的食物、基本设施与服务,而无法参与正常的社会活动,即被认定为处于贫困状态。汤森根据被调查者对有关生活形态方面的问题的回答,遴选出若干遗缺指标,并用以判定贫困人口。和恩格尔系数曲线一样,汤森发现遗缺指数和收入曲线也存在明显的转折点,即遗缺门槛,于是他就认为和转折点相对应的收入即为贫困线。生活形态法的最大贡献是以客观、定量的指标来度量看似主观的相对贫困,从而使得相对贫困实现可操作化。但一些学者表示,对生活方式与收入之间是否存在直接的关系持怀疑态度。

(四) 国际贫困线法

国际贫困线法,其实质是收入比例法。1976年,经济合作与发展组织以一个国家或地区社会的中位收入或平均收入的50%作为这个国家或地区的贫困线。这种方法简单明了,非常容易操作。但是因为该方法源自西方发达国家,故而学者们对它是否适用于全世界特别是发展中国家尚存在许多争论。此外,世界银行也设定了国际(绝对)贫困线,按照1985年购买力标准(PPP),日均生活费不足 1 美元(或 2 美元)的人口即为贫困人口。2008 年 8 月 29 日,世界银行将国际贫困线由每天生活费 1 美元提高到每天生活费 1.25 美元(PPP)。该方法被普遍应用于发展中国家以及这些国家之间的比较。

三、社会救助的概念

社会救助(Social Assistance)①分为广义和狭义概念。所谓广义的社会救助是指国家和社会对需要帮助的人所提供必要帮助的总称,包括物质上的帮助和精神上的帮助,如生活救助、医疗救助、生产救助、灾害救助、教育救助、住房救助、法律救助、心理援助等。狭义社会救助是指国家和社会对难以维持基本生存和生活需要的人所给予的物质帮助的总称,主要包括生活救助、医疗救助、灾害救助等。

社会救助对于优化资源配置、实现社会公平、维护社会稳定有非常重要的作用。社会救助一词,早期称为社会救济。通常来说,救济是一种消极的救贫济穷措施,基于一种同情和慈善的心理,对贫困者行善施舍,多表现为暂时性的救济措施;而救助则更多反映一种积极的救困助贫措施,是基于政府的责任而采取的长期性的救助,即指国家对于遭受灾害、失去劳动能力的公民以及低收入的公民给予特殊救助,以维持其最低生活水平的一项社会保障制度。社会救助主要是对社会成员提供最低生活保障,其目标是扶危济贫,救助社会脆弱群体,对象是社会的低收入人群和困难人群。社会救助体现了浓厚的人道主义思想,是社会保障的最后一道防护线和安全网。

四、社会救助的发展趋势

(一)救助权益呈现出"强制—恩惠—权利"的变迁

社会救助在原始阶段是民众个体行为,主要以社会互助、宗教慈善行为等形式出现。最早出现的英国《伊丽莎白济贫法》宣布建立"贫民习艺所",

---

① 关于社会救助的概念,常常有学者或者实际部门的工作者称其为社会救济。学者洪大用(2004)对二者进行了区别,认为社会救助源自传统的社会救济,但是已与社会救济有了很多方面的区别,如救济是消极性的济贫措施,带有个人的、慈善的、施舍的、随意的、临时的色彩;而救助则是更为积极性的、以受助者为本并努力尊重受助者的制度安排。本书采用社会救助概念。

强迫贫民劳动以杜绝流浪现象,过于强调对不劳动者的惩罚而比较忽略对需求者的帮助,其动机是统治者意识到贫困和失业对其统治的威胁,必须由政府采取某种措施来缓和这些社会矛盾。这是"那个时代占主导地位思潮的产物。当时英国社会上层存在一种强烈的愿望,一种采取某种户外救济措施和惩治懒惰相混合着的愿望"。① 大部分17世纪的思想家认为,政府应该使用自己的权力来迫使每个有工作能力的人做点工作。这就是所谓的社会救助呈现出的强制性特征,统治者仅把它作为一种权宜之计,目的是要避免各种不满力量的汇集而形成大的爆发,用济贫法来设置一道阻止人们铤而走险的屏障。同时,当时的普通民众对此根本没有发言权,既无组织,又无统一的思想意识,不能形成一股对统治阶级施加压力的政治力量。然而在社会生产力迅速发展、社会财富急剧增加、有产者惊人的富裕与穷人的贫困形成尖锐对比,社会矛盾和冲突不可避免的形势下,统治者意识到要避免革命,必须缓和社会矛盾,将各种冲突控制在一定的范围之内,政府必须将穷人的数量和贫穷的程度控制在一个不至于引起动乱的"度"上,必须采取缓和社会矛盾的政策和制度。这时社会救助方式的选择表现为一种恩惠思想。统治者以同情和怜悯的姿态给予贫民适当的救济,以劳动者能勉强生存而不致威胁其统治为限。资产阶级革命的爆发创造了一种民有、民治、民享的政体模式,"天赋人权"、"私权神圣"等理念深入人心,政府成为民选的政府,国家成为人民的国家,人民的各项权利得到空前的张扬和维护,其社会救助利益的享有成为一种权利,国家有义务和责任为民众提供社会救助。当代"各国多认为社会救济乃政府对于人民的一种重要责任,在人民方面则为一种应享之权利"。②这种权利不仅包括了生存权的需求,当经济发展到一定程度之后,适当的发展权也被纳入。当代各国正是普遍秉承了这种理念来设计其社会救助法律制度,加大国家对这种经济再分配关系干预的力度,以更为充分地保障人们社会救助权的实现。

(二)救助方式由消极被动到积极主动模式选择的变迁

社会救助指导思想的演变,直接影响和决定了社会救助方式的变迁。在强制性社会救助思想指导下,视贫穷为个人的罪恶,仅仅在其影响到统治者的地位时,才被动地、消极地予以应付,并没有想从根本上遏制贫穷,也并

---

① 和春雷主编《社会保障制度的国际比较》,法律出版社2001年版,第4页。
② 陈凌云《现代各国社会救济》,商务印书馆1937年版,序第1页。

不会意识到贫民怎么还会有获得救助的权利,至多也是以同情和怜悯的姿态给予一些恩惠性的救济,就认为已经是对贫民的最大照顾了。民众权利时代的到来,才有了自己的代表,才能反映出自己的声音,自己的社会救助权利才得到了重视和维护。这时的政府才会进行制度化和系统化的安排和设计,主动积极地维护和保障民众的社会救助权利。其救助方式的选择和采纳还照顾到接受人的心理和进一步发展等多方面的考虑,如提供就业指导、职业训练、小额贷款、以工代赈、发展生产等,帮助受救助人自立,维护他们的尊严,提供他们独立生活的能力。尤其是发展中国家更为重视扶持有劳动能力的贫困对象发展生产,通过给贫困对象贷款、借给生产工具等方式,帮助贫困对象就业和进行生产经营,努力发展经济才能从根本上解决贫困问题。

(三)救助由完全无偿向履行适当义务转变

由于经济人的本性,接受社会救助的权利也不能是没有任何限制的。虽然有家计调查制度的过滤,但受救助人仍然有可能滥用其接受社会救助的权利。因此,各国逐渐变革完全无偿提供救助的模式,使有一定能力的接受救助的人也要负担一定的义务,如参加社区劳动、参与一些公益事业、小额贷款的偿还、以工代赈中劳务的付出、进行就业培训辅导、积极寻找就业机会等。这种制度安排可以有效地监督受救助人的行为,督促其自立,并保证社会救助金的有效使用,降低其"漏出率"。

(四)民间力量在社会救助中的作用日益凸显

社会救助在没有被政府重视和有效安排的相应制度加以系统解决之前,民间力量如教会、慈善组织等是进行社会救助的主体。政府运用国家正式制度安排开始解决贫困问题之后,民间力量的作用一度式微。但事实证明仅仅依靠国家单独解决贫困问题是不够的,必须把民间力量的作用有效地规范和整合起来,才能更好地发挥社会救助制度的作用。于是当代各国政府积极鼓励民间组织作用的挖掘和发挥,与政府进行分工,通力协作。德国就通过立法规定,社会救助要坚持政府与民间合作的原则,联邦救济法不得侵犯教会、宗教团体、民间组织的地位和活动,社会救助实施机构在与各团体机构合作时,应考虑到其独立性,相互取长补短,并支援民间团体。除了现金的发放以外,民间救助活动应优先进行。智利、台湾地区等都对民间力量进行社会救助十分重视,立法上都相应予以规范。

第二节 社会救助基本理论

一、社会救助分类

（一）按照待遇享受的条件分类

经济状况调查(Means-test)通常是社会救助待遇享受的必要条件。按照救助待遇的享受是否需要经过经济状况调查，将其分为经济调查型社会救助和非经济调查型社会救助。经济状况调查型救助，即社会救助金和服务的享受，必须经过其申请，而且要对申请者的个人及其家庭进行收入和资产的审查，通过者才能享受。世界上多数国家的生活救助项目都需要经过经济状况调查。非经济调查型救助，指不需要任何收入及资产的审查，就可以享受社会救助待遇的社会救助项目。一般包括灾害救助和社会慈善事业救助等。

（二）按照救助对象分类

按照社会救助的对象可分为老年人救助、残疾人救助、儿童救助、青少年救助及妇女救助等。老年人救助主要是针对低收入老人的生活帮助。残疾人救助主要是针对因各种原因全部或者部分失去生活能力的人群提供的生活、就业等的帮助。儿童救助主要是针对孤儿、残疾儿童，以及生活极度困难家庭的儿童等给予衣食住行、教育、医疗等方面提供的帮助。青少年救助主要是针对流浪青少年、生活困难家庭的青少年等给予提供衣食住行及教育等方面的帮助。妇女救助主要是针对身处困境中的妇女所提供的避难、生活及法律等救助。

（三）按照救助资金和服务供给主体分类

按照社会救助资金和服务提供的主体可分为政府社会救助和慈善社会救助。政府社会救助是指由政府部门组织并出资的社会救助项目。如我国的最低生活保障制度。慈善社会救助，也称民间社会救助，其救助资金和服务均由社会团体、宗教组织以及个人自发自愿的提供。该种救助，多数情况下属于临时性救助。

（四）按照救助内容分类

按照社会救助内容分类，包括实物救助和服务救助等。实物救助是指为需要帮助的人提供资金、衣物、食品等生活必需品，以满足其维持生存和生活的需要。实物救助又包括生活救助、灾害救助、失业救助、住房救助、医疗救助等。服务救助又包括法律救助、扶贫中的技术救助等。

（五）按照救助形式分类

按照社会救助形式分类，包括现金救助、实物救助、服务救助、以工代赈等。现金救助是指以发放现金的形式为救助对象提供帮助，如发放生活补助金、发放租金补贴等。实物救助是指以发放物资的形式为救助对象提供帮助，如对困难群体发放的衣物、食品等。服务救助是指以提供服务的形式为救助对象提供帮助，如照料孤寡老人和孤儿、为扶贫对象提供技术指导、为残疾人群体提供的就业指导等。以工代赈是指通过提供就业岗位并发放劳动报酬的形式为救助对象提供帮助，如在经济危机时期政府通过开发公共工程项目提供就业岗位以吸纳失业和困难人员等。

（六）按照救助功能分类

按照救助功能分为物质救助和精神救助两类。物质救助是指针对处于困境中的人们提供物质帮助措施的总称，其是社会救助的主体和本能，包括了资金救助和实物救助。精神救助是指为处于困境中的人们提供心灵和精神的抚慰，以疏导和缓解人们的痛苦和压力，属于服务救助范畴，其核心是一种心理救助。

二、社会救助特征

（一）全民性

社会救助强调公平，它面向的是全体社会成员，不像社会保险和军人保障，它没有特定的年龄、性别、职业等身份的限制，也不存在事先参加的问题，只有客观的救助条件与标准，任何人只要符合申请社会救助的条件，就可以通过正常的途径获得国家和社会的援助。事实上，多数社会成员自己能够保证正常的生活而不需要他人救助，也就是说社会救助也并非全体社会成员都能享受，但就其本质而言，它是面向全体社会成员的，从而具有全民性特征。

（二）权利性

享受社会救助，是现代社会赋予公民的一项权利。任何公民，不论身份、职业、性别、年龄、收入，只要符合社会救助的条件和状态，均有权获得社会救助，尤其是政府提供的救助。如果当公民符合社会救助条件和处于社会救助的状态，而政府和社会没有为其提供必要的，或者适当的救助，则公民有诉求的权利。因此,现代社会救助具有权利性特点。

(三) 非缴费性

受救助群体往往因为各种原因会处于无经济能力,或者无劳动能力,或者无行为能力,或者处于危险境况,没有他人相助,则无法生存、生活,或者恢复正常生活状况,为此,为他们提供帮助是政府责无旁贷的责任,无须要求他们履行缴费义务。非缴费性是社会救助最典型的特征。

(四) 低保障性

在现代社会保障体系中,社会保险、社会福利、军人保障这三大系统都比社会救助水平要高,它们解决的不仅是社会成员的生存问题,而且也包括了提高社会成员的生活质量问题。只有社会救助子系统面对的是陷入生存困境并且迫切需要国家和社会援助的社会成员。社会救助的待遇水平通常是整个社会保障体系中最低的,以维持社会成员的最低生活需要为标准。这一特征也使社会救助成为整个社会保障制度的最后一道防线。

三、社会救助的原则

(一) 底线公平原则

在市场经济条件下,价值规律发挥着重要的作用,并引导着整个社会及家庭、个人的行为都服从效率优先原则。然而,社会成员的先天条件有差异、劳动技能有高低、天灾人祸难以预料、参与竞争有成败等,必然使得社会成员的发展结果出现差异,部分社会成员的生活条件恶化,甚至陷入生存危机。对此需要建立完善、公平的社会救助制度,通过对国民收入的再分配使社会成员在社会发展中的劣势得到缓解。

社会救助必须充分体现公平的原则,坚持面向全体社会成员,公平地救助一切符合救助条件的社会成员,实现底线公平,解决社会脆弱群体的生存危机,以弥补市场经济缺陷,保障经济社会协调有序的发展。

(二) 无偿救助原则

社会救助面向全体社会成员,但真正符合社会救助法定条件的对象只能是那些生活陷入困境的社会成员,如鳏寡孤独、贫困人口、天灾人祸中的不幸者、失业的劳动者及其家庭成员等,这些社会成员成为社会救助的对象。社会救助在实施过程中,遵循无偿救助的原则,以国家财政拨款或社会捐赠为救助资金的来源,依照法律法规及政策规定的条件,无偿地将款物发放给符合条件的社会成员。社会救助的无偿性,是它作为整个社会保障制度的基础系统区别于其他子系统的重要标志。

（三）与社会经济发展相协调原则

与社会经济协调发展相适应原则,具体体现在两方面:一方面,社会经济的不断发展,必然使社会救助的对象发生变化,如绝对贫困人口会日益减少,而相对贫困人口可能会不断增加,一些特殊救助对象可能随着时间的推移而逐渐消失,新的社会救助对象可能会不断地产生（如艾滋病患者等）,这些表明了社会救助对象应当随着社会经济发展而不断调整。另一方面,社会经济的不断发展,又必然使社会成员生活水平普遍得到提高,相对贫困会逐步取代绝对贫困,必然要求社会救助待遇随着社会经济水平的提高而不断提高,否则,就无法达到社会救助的目的。只有保持社会救助与社会经济的协调发展,才能保证社会救助适应新的形势,满足新的要求。

四、社会救助内容组成体系

根据世界各国通常的做法,社会救助包括常规性救助、专项救助、特殊救助和其他救助等四类。

常规性救助,是指针对老人、儿童、残疾人及失业者等的日常生活贫困所提供的经济救助,如最低生活保障金、老年补助金、残疾人抚恤金、照顾者津贴等。常规性救助以生活救助为主。专项救助是针对公共事业领域内的专门问题进行重点救助的活动和措施,如针对贫困地区的教育救助、住房救助及法律救助等。特殊救助是针对各种群体在遇到非常规风险或者危险时提供的应对危机的物质援助及服务,也属于临时救助,如特殊福利金、危机补助金、特殊经济援助服务、新到居民援助等。其他救助主要是指救助对象不确定,或者对确定的人群提供的不确定性的帮助等救助活动。

我国的社会救助体系按照不同的划分标准,有不同的组成。如按照城乡划分,则城市社会救助体系主要包括城市最低生活保障制度及相关专项救助制度（如医疗救助、住房救助、教育救助、司法援助等）和流浪乞讨人员救助。农村社会救助主要包括农村最低生活保障、农村医疗救助、农村灾害救助、农村五保供养制度和农村扶贫开发等。根据我国正在广泛征求意见的《社会救助法》所确立的我国城乡社会救助体系的总体框架看,我国的社会救助以居民最低生活保障为基本内容,并根据实际情况实施专项救助、自然灾害救助、临时救助以及国家确定的其他救助（见图11-1）。在该划分体系中,城乡最低生活保障属于为我国居民提供的常规性救助。我国的专项救助主要包括教育救助、医疗救助、住房救助、法律援助等。临时救助主要包括临时困难补助、流浪乞讨人员救助等。灾害救助、农村五保老人救助以及其他扶贫救助等均归为其他救助类型。

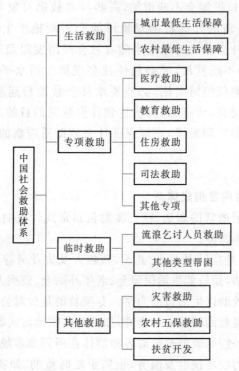

图11-1　我国的社会救助体系

第三节　国外社会救助实践及经验

一、发达国家的社会救助

发达国家的贫困救助,其核心是福利主义,总的表现特征是高负担高福利。但是由于各国社会经济状况、政治制度及治国理念的不同,发达国家之间的社会救助制度也存在差别。以美国、英国和瑞典为代表,体现着三种不同的社会救助模式。

(一) 英国

英国的救助立法时间悠久,英国社会救助的项目很多,甚至有些是福利式的救助,主要包括低收入家庭救助、老龄救助、儿童救助、残疾救助、失业救助及疾病救助等内容。英国的社会救助政策主要通过相应的社会救助法律来体现。

1.《伊丽莎白济贫法》

英国是世界上最早通过立法建立社会救助制度的国家,早在1601年,英国女王伊丽莎白一世就颁布了世界上第一部《济贫法》,史称旧《济贫法》。该法案不仅因为内容完备驰名世界,而且有若干原则仍为当今所用。但是旧《济贫法》是以传统的慈善救济为主要特征,没有把社会救济视为国家必须实施的制度。该法律对穷人有不少歧视政策,比如该法规定凡接受济贫法救济的穷人,则同时也失去了公民权利,名为济贫,实际上则带有惩罚贫困的性质。旧《济贫法》最富代表性的措施是建立"贫民习艺所",强迫贫民劳动,以杜绝当时十分严重的流浪现象。该法律兼有强迫劳动和社会救济的两重性质,但以前者为主,过于强调对不劳动者的惩罚,对有需求者的帮助则重视不足。这个法案从劳动者的角度看虽然并不理想,但它是政府通过立法对每一个人强制征收济贫税来救济贫民的第一次行动,反映出国家干预再分配经济关系以对贫民进行救助的意图,意味着处于绝境的贫民有机会向国家请求帮助。该法初步体现了这种由国家适度干预的再分配经济关系,给予贫民以有限的获取救助机会。

2. 斯宾汉姆莱法

1688年光荣革命之后,大量乡绅进入议会,这批自认为靠自己能力发家的人对贫困的态度淡漠,认为处境不好是懒惰和不负责任造成的,因此要求对济贫做严格的限制。议会1723年通过立法,批准两个或两个以上的教区联合起来建立济贫院,其目的已经不是为了救济,而是强调使穷人"懂得"劳动。1782年,议会又通过了格伯特法,缓和了济贫法造成的某些紧张局面,济贫的范围也放宽了。1789年,议会认可了著名的斯宾汉姆莱法,该法令承认,"在目前的状态下,穷人的确需要得到比过去更进一步的补助",如果劳动者及其家庭成员的所有收入达不到某一特定标准的时候,则应当从济贫税中予以补足,并宣布此类补贴随着食品的价格浮动而浮动。[①] 该法

---

① 春雷主编《社会保障制度的国际比较》,法律出版社2001年版,第5页。

律的意义在于把济贫的范围扩大到有就业者的贫穷家庭,建立了一种广泛的户外救济制度,使低工资收入者得到了某种最低限度的生活保障。该法令的施行导致济贫税的大幅度增加。这种状况一直持续到 1834 年新的《济贫法》通过。斯宾汉姆莱法的目的和旧《济贫法》一样,旨在维持旧的社会秩序,阻止劳动力流动,遏制自由经济。但在手法上采取的不是强制,而是恩惠。

3. 新《济贫法》

旧《济贫法》对穷人实行救济,不但不能改变穷人的生活境遇,反而捆住了贫穷劳动者的手脚,滋长了依靠救济的思想,使劳动力市场缺乏更多的廉价竞争者,不利于资本家压低劳动者工资,限制了劳动力自由竞争,限制了资本主义经济更自由的发展。因此 1834 年皇家委员会公布了关于修改济贫法的报告,确立了"劣等处置"和"济贫院检验"两条原则[1](前者是指游手好闲者的整个状况不应好于独立劳动者收入最底层的状况;后者是指济贫必须有政府统一管理,停止一切户外救济,将一切救济活动集中于济贫院进行,只有这样才能保证济贫院内受救济者的生活状况确实低于院外的独立劳动者),并要求建立一个中心委员会来管理济贫工作。该报告公布以后,议会很快通过了著名的 1834 年《济贫法修正案》,即新《济贫法》。新《济贫法》正式否定了斯宾汉姆莱法的户外救济方法,强迫那些需要救济的人重新回到习艺所去。该法宣布停止向济贫院以外的穷人发放救济金,只把来自富有者的救济金用于院内的穷人,以便为市场提供大量可供选择的一无所有的劳动力,为自由竞争开辟道路,适应资本主义经济进一步成长。该法实现了减少济贫税的目标,自 1834 年之后的 30 多年时间里,济贫税一直保持在 450 万英镑左右。新《济贫法》创立了第一个全国性的行政机构"济贫委员会",并由常任官员负责,这套行政机构的建立,为以后能在全国按照统一标准实施福利政策奠定了一个必要的基础。

4.《国民救助法》

1948 年英国通过《国民救助法》,建立起单一的救助制度,规定凡没有收入或收入太低而又没有交纳国民保险金者,可以领取国民救助金。在患病、伤残和住房等方面还可以申请救助,但金额少于参加保险的人。它不是建立一套新的制度,而是把过去的各种救助纳入一个统一的制度。之前的 1935 年,由于出现大量的失业,政府更多地考虑对失业者的帮助,专门设立

---

[1] 春雷主编《社会保障制度的国际比较》,法律出版社 2001 年版,第 8—9 页。

了失业救助委员会,对失业者家庭进行经济状况调查,及时提供援助。这对于长期以来实行的贫困救助是一个发展,把失业群体作为一个特殊的贫困群体给予特别的关注,将其独立了出来。1940年失业者人数减少了的同时,通货膨胀使老年人实际生活水平受到很大影响,导致关注的重点从失业群体转向老年人,失业救助委员会改名为救助委员会,其职责增加了为老年人提供补助的内容。到1943年,该委员会的责任进一步扩大为包括单身妇女。《国民救助法》规定设立国民救助委员会作为新的管理机构,隶属于当时的年金和国民保险部。1966年该部改为社会保障部,由该部监管国民救助,在全国分12个区,设立区级国民救助委员会,其下设若干地方办事处。1966年将国民救助改为补助待遇,成立补助待遇委员会负责管理,其主要特点是弱化原来的短期待遇,强化长期待遇,从而有利于老人。1976年该法经过修订,称为《补助救助法》,在社会救助的对象、内容等方面作了更为明确的规定,指出凡是16岁以上的英国居民,其收入来源不能满足最低生活需求者,都可以申请社会救助。1986年的社会保障法对贫困救助做了较大改革,将原来的贫困补助待遇改成贫困收入支持。

(二)美国

社会救助在美国被称作公共救助或福利补贴,是其社会保障体系的重要组成部分。美国的社会救助是由联邦政府、州政府和地方政府向那些无资格获得社会保险的人们提供的最低补助,其项目很多,如低收入家庭能源补助、强制性儿童补助、抚养子女家庭补助、食品券补助、医疗补助、住房补助、额外津贴等。此外还有失业救济,但其主要经费来源于失业保险。[①] 具体如下:

1. 低收入家庭能源补助

这是美国政府为了应付能源价格上涨而采取的临时应急措施。首次立法于1979年,由各州负责能源补助方案的实施与管理。根据规定,所有收入在贫困线1.5倍以下,或在州中值收入的60%以下的家庭,都有资格领取能源补助金。

2. 强制性儿童补助

这项补助于1957年立法,其目的是为了提高儿童补助待遇,鼓励建立

[①] 威廉姆·H·怀特科、罗纳德·C·费德里科(著),解俊杰(译)《当今世界的社会福利》,法律出版社2003年版,第34页。

父子关系。强制性儿童补助计划负责全国大约 50% 的儿童补助,其余部分由私人机构、捐款单位和父母共同协议负责。联邦政府负责承担各州强制性儿童补助方案 66% 的管理费用、各州为建立父子关系支出的费用,以及开发全国范围内的综合性自动化系统所耗成本的 90% 的费用。

3. 特困人员收入补助

这类补助对象是老年人、残疾人、收入和资产有限的盲人、残疾儿童以及从来就没有工作的成年人。所需要的费用由联邦政府和州政府承担。其中联邦政府支付的补助金由国家一般税收支出,州政府支付的补助金由各州承担。补助的标准每年随着工资增长和物价波动而变化。凡领取补助的人事先均需接受家计调查,调查后确认其家庭经济条件在规定的标准以下,才有资格获得补助。家计调查分为资产调查和劳动收入调查。申请者被调查的收入包括现金、支票、社会保障给付金、年金和一些非现金收入,如食品和住所等。

4. 抚养子女补助

抚养子女补助是争议最多的一个公共援助方案,于 1935 年立法,由各州利用联邦政府拨款向多子女家庭、父母无工作能力家庭及单亲家庭提供帮助。现如今此项救助已经扩大到所有需要抚养子女的贫困家庭和失业家庭。对于受供养的子女,通常给付到 18 岁,18 岁或 18 岁以上的子女不能享受该项救助。对抚养子女的家庭补助包括支付食品、衣着、住所、设备和其他必需品津贴。给付标准由各州根据受益人的家庭收入和事先规定的补助限额决定,即家庭生活所必需的费用与各州规定的补助金之间的差额。申请补助者必须接受对其资产、劳动收入和其他收入来源的调查。

5. 就业与劳动技能援助

这是为帮助贫困家庭获得教育、培训和就业的机会与条件,以避免长期依靠政府的救助。其费用由联邦政府和州政府共同负担,以州政府为主,联邦政府提供一定的补贴。

6. 食品券补助

这是一种具有部分货币职能的赠券。食品券持有人如同持有现金一样,可以在市场上或指定的商店购买食品。食品券计划是美国政府为保证收入在贫困线以下的家庭能够正常生活、健康发展而制定的家庭援助计划,是美国典型的社会救助计划。该计划由卫生与公共服务部和农业部共同管理,地方所属机构和社会保障局负责食品券发放的具体业务。根据法律规定,凡收入低于贫困线和财产少于2万美元,并且没有接受补充保障收入的家庭,都有资格领取相应价值的食品券。实际发放的标准决定于受益人家庭的成员数量。所需费用(包括食品券金额和管理费)完全由州政府承担。

7. 医疗补助

可接受医疗补助的对象分为三类:第一类是符合法律规定的贫困者,包括所有领取子女抚养救助费的家庭成员,主要劳动者失业的家庭成员,大多数"收入补充保障"受益人,符合州规定的贫困条件但未领取补助的遗孀,符合收入和资产标准的7岁以下的儿童,收入低于贫困线的人员,以及符合救助条件的老年人和残疾人等。第二类是临时性穷人。根据各州情况,医疗救助可以扩大到没有领取现金补助的21岁以下的受抚养子女、与双亲共同生活的子女、个人收养的子女、在贫困服务机构生活的儿童以及抚养1岁婴儿的孀妇。第三类是缺医少药者。这是指那些没有接受任何救济性现金、生活虽然有保障但是无力支付医疗费用的人们。

(三) 瑞典

瑞典的社会保护制度被认为是"斯堪的纳维亚"社会福利制度模式中最完善的代表。[1] 瑞典在建设自己的"社会国家"的过程中一直遵循着两个基本原则,即普遍原则和平等原则。因此,瑞典的社会保障制度就不仅是为处于困境中的人们提供保障,而是为国家每一位公民提供普遍的和平等的保障,无论他们的收入、职业,也不管他们在社会上处于什么阶层。瑞典以家庭实际收入低于平均收入的一半为贫民标准,其贫民人口仅占全国人口的5%,最高收入与最低收入之比只有4∶1,是西方国家中收入差距最小的国家。[2] 自20世纪30年代社会民主党首相佩尔·汉松执政起,社民党政府就打出了"人民的国家"这一旗号,强调公正与平等,由社会向人民提供各种福利。在其执政的40多年里,社民党政府通过高税收的方式在瑞典建立起一整套的社会福利制度。养老金、医疗保险、儿童福利、失业救济等各项保障制度都通过立法确立。1967年瑞典记者斯文德贝格以《从摇篮到坟墓的福利》为题著文,全面介绍了瑞典的社会福利制度发展状况,从而引起世界瞩目,瑞典"福利国家"的称号从此传开。"福利国家广泛的社会保障制度,

---

[1] OECD, *The Battle against Exclusion: Social Assistance in Australia, Finland, Sweden, and the United Kingdom*, Paris: OECD, 1998, p.168.

[2] 史探径主编《社会保障法研究》,法律出版社2000年版,第438页。

是公民的一种社会权利,是全社会普遍享受的社会保障,不是少数社会组织或慈善机构的行为,而是国家出面主持的政府行为,是一种高度社会化的分配制度。"①人们惊叹北欧之灯为什么这样明亮,津津乐道这种既不同于资本主义也不同于社会主义的"第三条道路"引导下的福利国家典型和样板,称其为"瑞典模式"。瑞典的福利制度有其优越的地方,但是从根本上来说,"这种福利之舟被设计成漂浮在静水之上,稍有风浪便摇摆不定。于是反对者和支持者都甚众,这也使人们更加关注这一特殊的制度。"②

　　瑞典社会救助的现行法律是 1982 年颁布的社会救助法。其社会救助的目的是使得那些不能自救而且也不能通过医疗保险、失业保险等正常途径来保障其基本生活需求的人们获得社会帮助。不管这些人贫困的原因是什么,他们均有权依据法律领取社会救济金。根据 1996 年 7 月 1 日的情况,作为单身的申请人,可以每月从国家的健康和福利机构领取 3 451 瑞典克朗,夫妇双方领取 5 712 瑞典克朗,3 岁以下的子女领取 1 666 瑞典克朗,4—10 岁孩童可领取 1 964 瑞典克朗,11—20 岁领取 2 261 瑞典克朗。这里的救济金并不包括房租补贴。根据 1994 年瑞典的统计数字,瑞典全国境内共有 71.5 万人领取了社会救济金,占到全国总人口的 8%,救济金额共计 105 亿瑞典克朗。这些救济金全部由地方财政支出。此外,瑞典还有一系列社会补贴制度,它们都由地方保险机构管理,比如对孩子年龄不足 16 周岁的家庭补贴费,1995 年一个孩子可得 750 瑞典克朗的补贴,三个及其以上孩子的家庭还可以得到额外的补贴,其中三个孩子的补贴为 2 625 瑞典克朗,四个孩子的补贴额为 3 750 瑞典克朗;还有对单亲家庭子女抚养费的规定:根据法律,未与子女一起居住或者没有监护权的父母一方应该向子女提供部分抚养费,在这方父母未提供或者未能提供抚养费的情况下,保险公司应该像抚养子女的一方提供补贴;还有对残疾人的交通补贴,即在他们不宜乘坐公共交通工具的情况下给予小汽车补贴并提供与此相应的特殊贷款;还有对参加职业培训和利用假期参加成人高等教育者的补贴,对前者的补贴与失业保险金相等,对后者保险公司给予假期工资补偿;此外还有其他形式的家庭补贴、住房补贴、职业津贴、丧葬费等。这些社会补贴带有社会

---

　　① 顾俊礼主编《福利国家论析:以欧洲为背景的比较研究》,经济管理出版社 2002 年版,前言第 1 页。
　　② 孙炳耀主编《当代英国瑞典社会保障制度》,法律出版社 2000 年版,第 165 页。

福利性质,也有社会救助性质。

二、三种主要发达国家贫困救助的比较

(一)运营机制的比较

1. 英国型的"社会保障国家"

英国型社会保障,主要是通过与民间的合作,推进经济的成长,谋求完全雇佣,并在国民因个人财产发生变化而陷入贫困时,国家将给予平等的保障,但不是保障一切平等,而主要是保障经济性平等,即保障平等的最低生活,同时又保留个人及其家庭的自助活动余地,其行为受到国家鼓励。

英国的贫困救助具有较悠久的历史,它的体系虽一直是以国家的扶助为基点,但经过近代的发展,其中心制度也变为社会保险。英国的社会保险是一种改进型的社会保险,由于最初采用的"定额方式",不仅使低所得者负担相对较高,而且又不能满足日益增长的给付要求,所以在1960年代被迫改变传统做法,在"定额"之上又加上"所得比例",从而较好的解决了因"定额方式"造成的国库负担日增,以及给付水准无法提高的难题。

此外,在英国社会救助中与社会保险并列的另一支柱是家庭津贴制度。由于贫困的原因中以失业和多子女居多,因此家庭津贴也就成了英国社会救助中对付贫困尤其是预防贫困的重要手段。如果再做了多种预防努力之后,最后还是陷入贫困时,在英国是动用被称为"国民扶助"的一般通用系统来应付,也就是说英国社会救助制度的支柱虽然是社会保险和家庭津贴制度,但"安全网"的底线却是作为补充的"国民扶助"通用系统,在英国接受这种"国民扶助"的人数众多,因此其"国民扶助"率曾在发达国家中具有很高的水准。

但必须指出,1970年代以来英国社会保障体系也是问题成堆,特别是出现对福利国家理论的信任危机,以及社会保障财政的危机,整个社会保障体系都受到了很大的冲击,因此不论是整体保障程度还是给付水准都大打折扣。其中有两点影响最大:一是把社会救助支柱之一的家庭津贴列入削减范围,即把第一子女从家庭津贴中排除出去,同时还把家庭津贴作为课税对象;二是原先作为"安全网"底线的"国民扶助"被改为"补充给付",即"家庭所得补充制度"(FIS),这是使原先的"国民扶助"脱离一般通用制度的举措。因为它把扶助对象限定在周劳动时间30小时以上的劳动者范围内,从而使得受助人数大幅下降,但此措施无疑是对社会保障安全网的一种威胁,也是相当程度的后退。

2. 美国型的"积极的自由国家"

美国整个社会保障体系的特点是通过自由竞争和经济增长,扩大第一次所得分配,以此来确保国民生活的安定和社会保障。它的主要价值观念是所谓的"自由",且社会政策也同样具有确保竞争和机会平等的性质,因此被广泛地称为"积极的自由国家"。从其实施的社会救助政策目标来看,主要是要在市场经济中,保护财产持有者以及潜在的再分配要求,并且根据自由竞争的原则,在保证经济增长的范围内尽力实现完全雇佣。

美国型社会救助的核心制度是社会保险,它的展开曾经历了两个阶段:第一阶段是国家整体社会保障制度的建立过程(1935—1939年),包括了世界上最早的社会救助法的制定,以及"保险原理"被普遍强调(相对比过去英国的"抚养原理"),因此社会保险开始获得广泛运用,比如失业保险、养老保险、工伤补偿保险纷纷出台并逐步被制度化。这一阶段的社会保险都实行"筹资对应主义",即给付与筹资对应;第二阶段是美国社会救助的发展过程阶段(1939年至今),它的标志是1939年社会保障法被修正,从而使社会保障的给付部门扩大,遗属年金保险、残疾保险、老人健康保险等都在扩大之列。此外,相对于第一阶段的"筹资对应主义",这个阶段更强调"需求对应主义",即给付与需求对应,从而使给付水准有了逐年提高,其实这正是凯恩斯主义在社会救助领域的表现。

综观美国型社会救助体系,具备以下特点:(1)联邦政府对社会保险基本不提供财政援助,它的意图显然是强调水平性或者是时间性的再分配;(2)社会救助的种种规定都带有强烈的"劳动主义"印记,例如社会保险的受给资格是和劳动市场挂钩的,给付额的裁定也是采用劳动所得比例方式等,都非常明显的具有促进劳动者参加劳动市场的特点,换言之,社会保险的实行不能影响劳动欲望;(3)在社会福利上具有强烈的统治色彩,也就是整体性的所得再分配系统要相当程度的受到政府的干预。

如果就以上三点分析,在美国型社会救助中,看不到通常福利国家的影子,所以这也是发达国家少有的一种典型,有别于大多数欧洲发达国家的做法。此外,美国至今仍未建立起一般通用的社会救助体系,包括以全体儿童为对象的家庭津贴,以及以全体老龄者为对象的老龄年金制度等。究其原因,主要是与历史行动的挫折有关。在大危机时期,美国曾掀起"向市民递送年金运动",即向每一位60岁以上的老人递送每月额度为200美元的年金,该运动纲领实际是旨在美国建立以60岁以上老人为对象的一般通用制度,在当时曾引起世界性轰动效应,但因所用的预算过于庞大,遭到政府和议会的反对,被认为是一种非现实的不负责任的主张,更是对抗联邦政府的过激之举。其结果是从此之后在美国形成了一种无视通用体系的倾向,社会保障给付也仅限于满足某些有特定需求的人们,并一直占据主流,成为发达国家中少有的一种特殊现象。

同时,美国虽然把社会保险作为社会救助的核心制度,但需要资产调查的国家扶助却在整个社会救助体系中占有不小的比重,并有逐年增加的趋势。目前这方面的开支几乎占整个社会保障预算的40%,所谓"食品券补贴制度"、"住房和食物供给制度"、"低所得者医疗给付制度"等扶助性给付,有着举足轻重的地位。特别是实物给付有增无减,已经占到扶助总额的80%左右。由于美国既无统一的全国通用制度,联邦政府对社会保险几乎不承担财政责任,而需要资产调查的国家的扶助比重又如此之高,因此难怪人们经常揶揄美国是一个"资产调查的福利国家"。

3. 瑞典型的"社会福利国家"

因为没有极端贫困人口,在瑞典,社会救助与社会保障整体完全无法分割。瑞典型社会救助是在社会民主主义思想指导下,通过与工会合作以实现整体生活的平等。因此瑞典型社会救助虽然把促进平等和共同责任作为目的,但并不限于平等的保障国民的最低生活水准,而是有志于实现整体生活的平等。其支柱是公共服务和国家的扶助,特别是公共服务方面,无须筹资即可一律平等给付。

综观瑞典型社会救助的探索和实践,其成功因素应该大致有以下三点:(1)利用集体智慧,创造出独特的模式,并获得国民的一致赞同。瑞典创造出的模式是很有特色的,它一方面对土地和骨干产业实行社会主义式的公益限制,一方面又与工会合作,防止在基本市场活动中的垄断化,以谋求更加活跃的竞争。(2)根据宏观政策,努力实现完全雇佣。瑞典早在大危机期间就成功地利用了凯恩斯主义原理,即在双重预算制度下,推行具有伸缩性的财政政策,同时又以公共事业为轴心,展开大规模的建设,从而成功地克服了大危机。在展开凯恩斯主义政策过程中,因为失业和通货膨胀问题频出,又及时推出了"积极的劳动市场政策",也就是把对市场景气与否较为敏感的失业者群体作为焦点,再根据需求制定出许多具体的政策,这些政策既没有招致经济过热,又一度实现了完全雇佣。可以说这样可操作化的完全雇佣是瑞典型社会救助的基础。(3)工会的支持和政策的一贯性。瑞典社会民主党持续执政达半个世纪,其背景是有工会支持,因此稳健而又强有力,这为政局稳定和政策的一贯性作出了贡献。瑞典工会联盟会员多达160万人,约占瑞典总人口的20%左右,据称工会组织率达到90%以上,工会联盟通过对工资环节的共同负责,尽力提高低工资劳动者的地位,其中瑞典"所得维持制度",便是该组织与政府通力合作与努力的结果。

　　瑞典的社会保障体系深受欧洲各国的影响,特别是德国和英国的经验颇被重视,但是在实行中瑞典更强调具有平等主义色彩的一般通用制度。例如,在养老保障制度方面,虽然最初也采用英国的贝弗里奇原则,即定额方式,但如今早已改为定额+所得比例的混合方式。其中定额的无差别部分,虽主要是为低所得者,即保障国民的最低生活水平,但也有增强养老金通用性的动机。此外,瑞典虽然在谋求所得比例养老金,但从未放弃"通用体系"。1974年,在养老金体系中废除劳动者的筹资条件,后来疾病保险筹资也被废除,这使瑞典的社会保险制度几乎成了无筹资制度。这就是瑞典式平等主义的体现。其实,在失业津贴领域和国家扶助方面,这种突出通用性的做法也表现得淋漓尽致。在失业津贴领域,为了实现"通用"的目的,除政府掌管的无筹资制度之外,又由工会推出失业津贴制度。前者是针对一般劳动者所建立的失业保险,而后者的对象则是初次进入劳动市场的学生,以及工作长期中断后重新求职的主妇。这样瑞典失业津贴就有了双重系统,不仅更具有通用性,而且成为积极劳动市场政策的支柱。另外国家扶助方面不仅被制度化,也被社会化,因此亦被称为"社会扶助"。它虽然也需要资产调查,但不像英美等国采取选择主义,即对象仅仅是一部分特定的人群,瑞典是把人口中大部分作为对象。例如在瑞典普遍推行的住宅津贴,就是在资产调查的前提下,针对一种较高的全国基准,由地方政府承担管理责任,使全国大多数家庭都获得了这种社会性扶助,从而有别于把对象仅限于养老金和儿童津贴受给者的英美式选择机制。

　　总而言之,瑞典型社会福利国家,一贯追求的是全面性的社会保障,"通用"体系是其运营的主轴,因此它无疑加强了瑞典国民的经济安全,提高了他们可获得社会服务的质量和数量。但是,过分强调福利又往往成为抑制工作、储蓄和创业精神的因素,从而割断了努力和报酬之间的联系。由于瑞典经济20年来增长缓慢和最近严重的经济衰退,特别是巨额的国债和创纪录的失业率(2010年数据近10%),致使其整个社会保障体系正经历一场灾难。

（二）价值观念的比较

英国型的主要价值观念是所谓的"经济性平等"，其鲜明特征是把保障社会全体成员（不管其有无所得）的最低国民生活水准，作为国家的义务，因此长期以来曾经维持一种无差别的定额给付，后为提高水准才逐步转换为二阶层式的结构，但维持所谓平等的市民社会，仍是其追求的目标。因此，在这种高度强调"经济性平等"的价值观下，一般通用制度理所当然被作为社会救助体系的中心，然后由于英国所得阶层的差别很大，导致其重心向众多的依靠社会扶助的人们倾斜，从而出现了理论与实践之间的矛盾。

美国型社会救助的主要价值观念就是"自由"，强调劳动主义，社会救助受助者被强烈的带上"劳动"的色彩，即基本上是根据其本人对产业社会的贡献程度，来考虑其生活保障，所以家庭主妇仅被置于配偶的地位，没有成为社会救助的直接对象。同时公共年金虽不发达，企业年金却异常的普及，这也是劳动至上的表现。对于没有或不能参加劳动市场活动的个人，首先是创造条件力促其复归劳动市场，其次才是提供需要资产调查的救济。美国的这种自由主义和强调劳动主义的价值观，影响到美国至今仍没有建立起全国性的一般通用社会保障体系，并且在相当长时期内还将继续下去。

瑞典型社会救助的主要价值观念是所谓的"社会性平等"，也就是把平等的价值观渗透到整个社会之中，不仅仅限于机会的平等，而且十分强调结果的平等，因此是一种特别重视消除社会差别的"社会性平等"，它完全不同于英国仅保障最低生活水准线的平等，而是在所得分配领域内实行全面的平等化。

（三）分配政策的比较

从政策上归类，社会救助政策应当属于所得分配政策的一部分，英、美、瑞典三种类型所表现出如下的政策特征。

英国型的政策特征是，尊重第一次所得分配的结果，但重视第二次所得分配中的最低生活标准的平等，这是由于英国的第一次所得分配一般不充分，因此有必要保障最低生活水准。但实施这种政策的前提是要有良好的雇佣状况，英国由于长期经济不振和生产率的普遍下降，因此不能充分提供再分配资源，从而使上述政策的实施遇到极大困难。

美国型在政策上表现出特别重视第一次分配，通过鼓励自由竞争和经济增长，扩大第一次所得分配，但因此所得的等级差距也较大。因此，在第一次所得分配后,也适当注意在二次分配中对低所得者的支持,例如在公共年金中使用不同的替代率,使低所得者的替代率达到或者接近60%的水准(高所得者仅为30%左右),但总体结构并没有大的改变。

瑞典型政策特征是,不论是第一次还是第二次所得分配中,都强调平等化,即不像英、美等国主要是重视二次所得分配中的再分配效果,而是在第一次所得分配中就实施了许多平等化措施,从而使所得分配达到比较均衡的状态。瑞典在实施上述政策时,十分注意消除市场监控制度与工会之间的对抗,努力寻求市场的更大活力,因此它的政策与英美不同,劳资协同的气氛很浓。

鉴于上述政策特征,使得这三种社会救助类型国家在所得分配上有如下状况。英国型:虽有第一次分配形成的类"金字塔形"格局,但更有着与市场没有关系的第二次分配,目的在于保障国民生活的最低水准。对于国民生活最低水准以上的部分是托付市场,即适用于市场原理。因此,英国再分配模式是国民生活最低水准的"箱形"上面,再添加了一个小"金字塔形",最终形成了"房屋形"。美国型:因为是在第一次分配留下的"金字塔形"工资基础上进行再分配,所以即使若干高度上有所变化,但基本结构不变,所得比例型的再分配是基本的,从功能上看,它属于水平性或时间性再分配。瑞典型福利国家最关心缩小工资差别本身,因此在第一次分配时,根据公共服务和有关工资政策,努力把"金字塔形"工资均衡的压缩其高度,使其改变原本形状变成较为均质化的"台形",然后在这基础上通过二次分配的过滤,以最终达成平等。

三、国外社会救助的基本特征

(一)社会救助是社会经济再分配的重要手段

各国都是在国家适度干预下,对贫困居民进行物质再分配的经济关系才得以形成,并逐渐通过稳定的法律制度来规范国家干预的经济再分配关系。当今世界,社会救助制度通常被视为纯粹的政府行为,是一种完全由政府运作的最基本的再分配或者转移支付制度。当然,各国也都有民间机构参与社会救助事务,并得到了政府的承认、支持、鼓励和奖励,也都被纳入相关社会救助法的调整范围,继而成为受国家干预的一种再分配经济关系。社会救助法律安排了社会救助经费的筹集、使用及其监督。各国的社会救助经费主要来源于国家各级政府的财政预算,另有少量的劝募基金、私人捐赠等款项,这些基金筹集到以后,通过相应的机构分发到符合条件的贫困居民手中,从而实现经济再分配目的,有效缓解社会贫困。

(二) 社会救助法律制度普遍受到重视

在市场经济发展相对落后的国家,社会保险制度还不完善,福利津贴更少,社会救助在社会保障方面负有特殊的使命,对保障居民的生存权利具有尤为重要的作用。发达国家社会保障制度发展历程,一般也是先有社会救助,然后是社会保险、社会福利,最后形成较为完整的体系。越是发达国家,社会救助法律制度越健全、越完善,有关规定也会越具体。当然,社会救助法律制度在各国社会保障体系中的重要性并不完全一样,在发展中国家其地位就相对十分重要,而在发达国家由于其社会救助制度发展程度不同其法律地位也有所不同。

(三) 社会救助对象范围比较宽泛

对家庭人均收入水平低于贫困线标准的贫困人口予以救助,是社会救助的常规形态。这些人有的处于长期贫困,有的则是临时贫困。在社会救助发展到一定阶段之后,许多国家对弱势群体予以特殊救助,如老年人、未成年人、病患者、残疾人、灾民、失业者、失学者、难民等,这些人都是社会的不幸者、弱者,对象众多,范围广泛,且其享受救助权利无须尽相应的义务。在社会救助方式上,以现金给付为主,实物给付和提供服务为辅;有分散救助,也有集中供养救助;开始一般是生活救助,然后逐步开展医疗、住房、教育、残疾等各项救助。

(四) 生活救助是社会救助的核心内容

社会救助首先是为了保证被救助人的基本生存,因此生活救助成为各国社会救助内容中最重要的部分。在各种家庭补助项目中,有的救助特征很突出,有的则更大程度上是一种福利性补贴。发达国家与发展中国家的表现就有所不同。这也是与一国的经济实力直接联系的。对受救助者救助的内容多、水平高,社会救助法律制度的再分配功能就发挥的大;内容少、水平较低,社会救助法律制度的再分配功能就发挥的小。社会救助法律制度再分配功能发挥的大小,直接反映出国家干预这种经济再分配关系力度的强弱。

(五) 普遍以最低生活保障标准或者贫困线作为救助的依据

当然,这主要是针对生活救助而言。急难救助、灾害救助等并不需要贫困线标准,因为这种状况表现出来的需要救助状态是显而易见的。贫困线的具体数额是动态的,根据经济发展水平确定。例如美国的贫困线由各州确立,各州根据本州的经济发展水平确立和调整贫困线的具体标准,联邦政府在社会救助和社会福利支出方面对人均收入相对低的州给予倾斜。美国的贫困线标准很高,相当于发展中国家的小康生活线(资料显示美国非农业人口中四口之家贫困线收入标准,1959 年为 2 973 美元,1969 年为 3 743 美元,1979 年为 7 412 美元,1994 年为 15 141 美元)。① 发展中国家的贫困线一般更能真实反映贫困程度。这与一国整体的经济发展水平有直接联系,同时也与该国政治统治的价值取向密切相关。

(六) 家计调查是社会救助法律制度的基本特征

当然,这主要体现在生活救助方面,也体现出明显的国家干预特点。作为一种过滤性的制度安排,它能够使相对总是有限的救助资源被分配到确实需要的人手中。因为这样一种经济再分配关系的生成和维持,本身并不直接创造社会财富,它更大程度上是实现和维持一种社会相对稳定与和谐的状态,主要是一种社会价值层面上的考虑。因此,从经济增长的角度出发来考量,供给这种再分配的物质财富就只能是相对有限的。为了发挥其尽可能大的效用,家计调查制度就被设计出来了。从另外一个方面也说明,民众的社会救助权利需要被赋予和尊重,但由于经济人属性的制约(每个人都趋于使自己得到的利益最大化),其权利的行使也必须受到相应的审查。

第四节 中国社会救助制度实践与改革

一、建国初期到社会主义改造时期的社会救济(1949—1955 年)

由于连年战乱,民生凋敝,建国初期的社会经济面临崩溃。新生的人民政权在积极发展生产、强化社会调控能力的同时,迫切需要安抚贫民,解决他们最为紧迫的生存问题,维护基层社会稳定。解决这部分群众的生活困难,保障他们的基本生活,对解放战争的彻底胜利和新生人民政权的巩固具有重要意义。1950 年 4 月,中央人民政府组织召开中国人民救济代表会议,会议确定了"在政府领导下,以人民自救自助为基础开展人民大众的救

---

① 陈恕祥主编《美国贫困问题研究》,武汉大学出版社 2000 年版,第 104—105 页。

济福利事业"的基本救济原则。会后成立中国人民救济总会,并确立救灾救济的工作方针是"在自力更生原则下,动员与组织人民实行劳动互助,实行自救、自助、助人"。1950年7月,第一次全国民政会议将救灾救济确定为内务部的重点工作之一,并设立社会司主管全国社会救济工作。1953年7月,内务部增设救济司,主管农村救灾和社会救济事务。各级政府也相应设立了专门的职能机构,社会救济工作随之在全国范围内广泛展开。这一时期的社会救济具有明显的突击性紧急救助特征,针对不同人群采取不同救助政策,主要救济形式:一是为困难群众发放救济款物。针对城市无依无靠的孤老病残人员以及其他生活困难人员,主要通过经常性救济或临时性救济方式保障其基本生活。二是发动慈善募捐,组织群众互助互济。通过开展捐赠"一把米"、"一件衣"、"一元钱"等群众互助活动,维持困难群众基本生活。三是通过遣散、教育、改造等方式,解决游民、娼妓等问题。对于流散在大小城市的国民党军队散兵,除一小部分经短期集训教育后安置到厂矿就业外,大部分发给路费钱粮资遣回乡。对一般流氓分子和娼妓则采取教育和救济相结合的方式,成立专门的生产教养院、妇女教养院和新人习艺所等机构进行教育改造。四是妥善安置农村流入城市的难民、灾民和贫民。采取的安置措施主要是疏散、收容、遣送等。五是解决失业人员基本生活问题。一方面,积极发展生产,吸引就业;另一方面,"以以工代赈为主,以生产自救、转业训练、还乡生产、发给救济金等为补助办法",进行救济和安置。

建国初期大规模的紧急救济,不仅使数千万挨冻受饿、挣扎在死亡线上的人员有吃有住有衣穿,摆脱了死亡威胁,而且对于妥善解决旧社会的遗留问题,恢复发展国民经济,巩固新建立的人民政权起到了至关重要的作用。这一时期确立的社会救济方针、原则和方式,成为我国社会救助制度的雏形,同时也为今后我国社会救助事业的发展奠定了基础。

二、全面建设社会主义时期的社会救济(1957—1977年)

1957年,随着"三大"改造任务的基本完成,我国进入全面建设社会主义时期。此时,战争创伤已经医治,国民经济全面恢复,公有制主导地位确立,人民的物质生活有了明显改善,城乡困难人员大量减少,社会救济的对象、内容和方式都发生了新的变化,救助模式由紧急性救济转向经常性救济,城乡救济也开始呈现二元经济结构特征。

在农村,五保供养制度初步建立,集体经济组织开始承担社会救济责任。1956年,一届全国人大三次会议通过的《高级农业生产合作社示范章程》中首次指出:"农业生产合作社对于缺乏劳动力或者完全丧失劳动力、生活没有依靠的老、弱、孤、寡、残疾的社员,在生产上和生活上给以适当的安排和照顾,保证他们的吃、穿和柴火的供应,保证年幼的受到教育和年老的死后安葬,使他们生养死葬都有依靠";1958年12月,中共八届中央委员会六次会议通过的《关于人民公社若干问题的决议》中提出,"要办好敬老院,为那些无子女依靠的老年人(五保户)提供一个较好的生活场所"。农村人民公社体制建立后,贫困以及丧失劳动能力的农户,其生老病死都由生产队负责。1960年4月,二届全国人大二次会议通过的《1956年到1967年全国农业发展纲要》,明确要求农村集体经济组织要对缺乏劳动力、生活没有依靠的鳏寡孤独社员在生活上给以适当的照顾,使他们的生养死葬都有依靠。农村五保供养制度的建立和发展是这一时期最突出的制度创新。对其他农村困难户的救济,则主要采取农村集体经济组织为主、国家保障为辅的救济方式。60年代初期,受自然灾害影响农村贫困户大增。国家一方面组织农民生产自救,另一方面加大了农村救济力度。

在城市,伴随着计划经济体制的实施,我国建立了一整套就业与社会保障一体化的单位保障制度。社会救助在整个国家社会保障体系中的作用大大削弱,主要发挥"拾遗补缺"的作用。从救助对象上看,主要可分为孤老病残人员救济和特殊人员救济两类;从救助形式上看,可分为定期定量救济和临时救济两种。孤老病残人员是指无固定收入、无生活来源、无劳动能力,基本生活发生困难,需要依靠国家和集体给予救济的居民家庭,对他们的救助主要采取定期定量的经常性救济。此外,国家还对一些特殊救济对象采取按规定标准进行定期定量救助的政策。享受定期定量救济的特殊救济对象主要包括原国民党起义投诚人员、错判当事人家属、归侨侨眷侨生、工商业者遗属、特赦释放战犯、外逃回归人员、摘帽右派人员、下乡返城知青、麻风病人、外国侨民、企业职工遗属、因计划生育手术事故造成死亡和丧失劳动能力人员等。临时救济主要针对遭遇临时性、突发性变故致使生活出现暂时困难的居民家庭,是一种非定期、非定量的生活救济。60年代初期,国民经济再次出现严重困难,城市中生活困难需要救助的人数显著增加。为应对这一局面,政府通过生产自救、收容遣送、安置闲散劳动力、增加财政投入等方法不断加大社会救济力度。

"文化大革命"期间,党和国家的各项工作受到严重冲击。1969年内务部撤销,各地民政部门也被冲垮,社会救济一度处于混乱停滞状态,各项救济政策无法全面落实,很多按规定应该享受救济的人员得不到救济。此时的农村社会救济主要依托农村人民公社开展,城市社会救济主要依靠企事业单位组织实施。

三、改革开放初期的社会救济制度(1978—1994年)

党的十一届三中全会以后,我国社会主义现代化建设事业进入新的历史时期,同其他民政工作一样,对困难群众的社会救济得到党和政府的高度重视。1978年5月民政部正式恢复成立,在设置的7个司局级单位中,农村社会救济司主管农村社会救济工作,城市社会福利司主管城市社会救济工作。各级民政部门也迅速建立了社会救济专门工作机构,这为社会救济各项政策的制定和实施提供了组织保障。1983年4月召开的第八次全国民政会议明确新时期我国社会救济工作的基本方针是"依靠群众,依靠集体,生产自救,互助互济,辅之以国家必要的救济和扶持"。

农村贫困救济是这一时期社会救济工作的重点。随着家庭联产承包责任制的推行,集体经济组织的统筹保障功能日益弱化,迫切需要政府改革救济方式。针对改革开放初期农村贫困面较大的情况,农村救济采取的主要措施有:一是探索定期定量救济。救济对象主要是农村常年生活困难的特困户、孤老病残人员和精减退职老职工,一般按照一定周期(按季节或按月)给予固定数额的救济金或救济粮等实物,以保障其基本生活;对其他贫困人口,则根据灾民荒情状况给予临时救济。二是继续完善农村五保供养救助。中央明确从村提留和乡统筹经费中列支资金用于农村五保供养。1985年起,全国逐步推行乡镇统筹解决五保供养经费的办法,以保证五保对象的基本生活来源。1994年国务院颁布的《农村五保供养工作条例》,再次明确五保供养经费由村提留或乡统筹中列支。三是通过开发式扶贫改善农村贫困状况。针对农村绝对贫困人口主要集中在"老、少、边、穷"地区的现状,国家开展了有计划、有组织、大规模的农村扶贫开发。扶贫工作的深入开展使农村绝对贫困人口逐年减少,到1994年,我国农村没有解决温饱的贫困人口由1978年的2.5亿人减少到7 000万人,贫困人口占农业总人口的比例下降到7.6%左右。

城市社会救助工作也得到快速恢复和发展。1979年11月,民政部召开全国城市社会救济福利工作会议,明确城镇救济对象主要是"无依无靠、无生活来源的孤老残幼和无固定职业、无固定收入、生活有困难的居民。对中央明文规定给予救济的人员，按规定办理"。从救济对象看，享受社会救济的特殊人员范围扩大到"文革"受迫害人员、平反释放人员、返城知青、台胞台属以及宽大释放的原国民党县团级以下人员等。到20世纪80年代中期，全国特殊救济对象大约有20多种。从救济标准看，从80年代初开始，各地民政部门在深入调查的基础上，根据当地经济发展和物价上涨情况分别调整了定期救济标准。从资金投入看，国家不断增加城市社会救济费的支出额度。

这一时期的社会救济工作虽然得到比较快的恢复和发展，但并未突破原有体制和框架，城乡社会救济分别按各自路径发展。救助经费的投入缺乏必要的保障机制；救助工作的随意性较大，救助对象认定、救助标准和救助程序有待进一步完善等。从总体上看，这一时期的社会救济制度具有过渡性特征，无论是制度设计、具体操作，还是资金投入等都与困难群众的救助需求存在较大差距，城乡贫困问题依然十分突出。

四、最低生活保障制度的确立与发展

居民最低生活保障是改革开放以来我国政府在社会救助事业上最重大的制度创新，它突破了传统社会救济资源分散、效率不高、缺乏公平、水平较低等弱点。基于家庭收入调查的现金转移支付救助模式不仅符合国际通行的社会救助理念，而且体现了政府在保障困难群众基本生活问题上所承担的责任，适应了我国建立健全社会主义市场经济体制的现实需要，为我国新型社会救助体系建设奠定了基础。

（一）最低生活保障制度建立的经济社会背景

改革传统的社会救济政策，建立居民最低生活保障制度有着深刻的经济社会背景。一是市场经济体制的确立，导致大量失业下岗人员生活无着落，城市贫困人口迅速增加。1986年我国登记失业人数264万人，1990年达到383万人，1996年上升到553万人，2001年剧升到680万人。下岗失业人员剧增，从根本上改变了城市贫困群体的构成。二是收入差距拉大，相对贫困问题日益突出。据《1996年社会蓝皮书》提供的数据，东部地区城镇居民收入比中、西部地区高40%以上；非国有制企业职工收入比国有制企业高1/3。1997年中国城镇10%最高收入户与5%最低收入户家庭平均人均收入之比为4.71:1。基尼系数也由1978年的0.180上升到2000年的

0.467。相对贫困问题因收入差距的拉大日益突出,严重影响低收入家庭的生活质量。三是传统社会救济方式不能满足困难群众日益增长的救助需求。1992年,全国城镇社会救济费用(包括临时救济)总共1.2亿元,占当年国内生产总值的0.05%,不到国家财政收入的0.03%;得到国家定期定量救济的城镇困难户人数19万人,占城镇人口的0.06%;救济对象人均月救济金额为38元,为当年城市居民人均生活费收入的25%。由此可以看出,传统社会救济制度已不能适应经济体制改革和社会发展的需要,也无法维持困难居民最起码的生活权益,居民低保制度正是在这样的社会背景下,首先在城市产生,而后扩大到农村地区。

(二) 最低生活保障制度的建立过程

居民最低生活保障制度最先在上海启动。1993年上海市民政局、财政局等部门联合下发《关于本市城镇居民最低生活保障线的通知》,并于当年6月1日开始实行。这个通知的下发标志着我国社会救济制度改革拉开了序幕。当时,上海市的低保标准为月人均120元,保障人口数为7 680人。对于家庭收入调查、资格认定、标准测算、资金发放等程序都还处于摸索中。民政部高度肯定上海市改革社会救助制度的经验,并积极推广。1994年5月,第十次全国民政工作会议明确把"对城市社会救济对象逐步实行按当地最低生活保障线标准进行救济"列入"民政工作今后五年乃至本世纪末的发展目标",并部署在东南沿海地区进行试点。随后几年,在民政部的努力推动下,建立城市低保制度的地区越来越多。到1997年8月底,全国建立城市低保制度的城市总数已达206个,占全国建制市的1/3。

1997年9月2日,《国务院关于在全国建立城市居民最低生活保障制度的通知》(国发[1997]29号)下发,不仅规定了城市低保制度的救助范围、救助标准、救助资金来源等政策界限,而且明确提出在全国建立这一制度的时限要求,即在1999年底之前,全国所有城市和县政府所在地的城镇,都要建立这一制度。同时,建立城市低保制度也写进了《中华人民共和国国民经济和社会发展"九五"计划和2010年远景目标纲要》,成为"九五"期间国家重点推进的一项工作。1999年9月28日,国务院正式颁布《城市居民最低生活保障条例》。条例的颁布和实施,标志着我国城市低保制度正式走上法制化轨道,也标志着这项工作取得突破性重大进展。

在启动城市低保的同时,农村低保制度也开始在一些地区探索建立。1996年12月,民政部办公厅印发《关于加快农村社会保障体系建设的意见》(民办发[1996]28号),明确提出"凡开展农村社会保障体系建设的地方,都应该把建立最低生活保障制度作为重点,即使标准低一点,也要把这项制度建立起来。"到2002年,全国绝大多数省份都不同程度地实施了农村低保,全国救助对象达到404万人,年支出资金13.6亿元,其中地方政府投入9.53亿元,农村集体投入4.07亿元。2006年10月,中共中央十六届六中全会第一次提出在全国"逐步建立农村最低生活保障制度"的要求。到2007年9月底,全国31个省(自治区、直辖市),2 777个涉农县(市、区)已全部建立农村低保制度。

(三)最低生活保障制度的主要内容及实施情况

最低生活保障是一种直接的现金救助制度。凡共同生活的家庭成员人均收入低于当地低保标准的,均有从当地人民政府获得现金救助及其他物质帮助的权利。

从救助对象看,城市低保主要针对持有非农业户口的城市居民,农村低保对象主要是因病残、年老体弱、丧失劳动能力以及生存条件恶劣等原因造成生活常年困难的农村居民。从救助标准看,城市低保标准主要"按照当地维持城市居民基本生活所必需的衣、食、住费用,并适当考虑水电燃煤(燃气)费用以及未成年人的义务教育费用确定"。农村低保标准主要"按照能够维持当地农村居民全年基本生活所必需的吃饭、穿衣、用水、用电等费用确定"。

从救助程序看,城乡低保大体一致,主要包括困难居民提出申请、社区居委会(村委会)初审、乡镇(街道办事处)复核、县级民政部门审批等程序。从救助金发放看,城市低保一般由县级民政部门委托银行、信用社或邮政储蓄按月发放,农村低保一般按季或半年由金融机构或民政部门直接发放。在具体实施中,各地还建立了社区评议、三榜公示、动态管理、分类施保、就业联动等制度,进一步强化低保救助的制度绩效。

城乡居民最低生活保障制度的建立,从根本上修正了传统社会救济制度的缺陷,为城乡社会救助的统一奠定了基础。同时,随着救助人数不断扩大,救助标准逐步提高,救助资金逐年增加,救助程序日益规范,困难群众的基本生活得到了保障。

截至2011年底,我国城市居民最低生活保障对象2 256.27万人,农村最低生活保障对象5 298.28万人,农村五保供养对象578.62万人。2011年城市和农村医疗救助资金共资助6 649.35万人参加医疗保险,直接医后救助 2 367.27 万人次。①

但是,目前城乡低保工作还存在一些问题,主要有:第一,家庭收入难以核实,一定程度上影响了低保救助对象的准确界定;第二,低保标准普遍偏低,无法满足低保家庭成员的发展需求,迫切需要制定操作性较强的测算办法;第三,特殊困难低保对象享受到的差异化救助不足,其基本生活难以维持;第四,基层政府没有合理安排低保行政成本包括工作经费,这为基层低保的规范化管理形成障碍。

五、以专项救助制度为核心的新型社会救助体系建设及完善

城乡低保制度的实施初步解决了困难家庭吃饭、穿衣等日常生活问题,但仍无法满足他们在就医、就学以及住房方面的专门需求。为此,我国民政部门适时提出以低保为核心建设新型社会救助体系,在城乡低保之外,努力推动五保供养、医疗救助、住房救助、教育救助、临时救助等救助制度的发展,着力为困难群众打造一张能够保障其基本生活的社会安全网。

(一) 新型农村五保供养制度

为适应农村税费改革形势,切实保障五保对象的合法权益,新修订的《农村五保供养工作条例》于 2006 年 3 月实施。新条例把农村五保供养资金纳入财政预算,规定五保供养标准不得低于当地村民平均生活水平,并将五保供养服务机构建设纳入当地经济社会发展规划,从而建立起以财政供养为基础的新型农村五保供养制度,实现了农村五保人员由农村集体供养向国家财政供养的根本性转型。到 2009 年底,全国农村五保供养 554 万人,集中供养标准人均年 2 587 元,分散供养标准人均年 1 843 元,全年共支出资金 91 亿元。

(二) 城乡医疗救助制度

2003 年 11 月,民政部、卫生部、财政部联合下发《关于实施农村医疗救助的意见》(民发[2003]158 号),揭开了医疗救助制度建设的序幕。2005 年 3 月,国务院办公厅转发民政部、财政部等《关于建立城市医疗救助制度试点工作的意见》(国办发[2005]10 号),加强了城市医疗救助制度的规范化运作。目前我国城乡医疗救助主要采取两种方法:一是资助城乡低保对象

---

① 中华人民共和国审计署办公厅《2012 年第 34 号公告:全国社会保障资金审计结果》,2012 年 8 月。

及其他特殊困难群众参加新型农村合作医疗或城镇居民医疗保险;二是对新农合或城镇医保报销后,自付医疗费仍然困难的家庭,民政部门给予报销部分费用的二次救助。截至 2009 年底,全国城乡医疗救助 7 253 万人次,人次均门诊救助 161 元,人次均住院救助 1 564 元,支出资金 80.5 亿元。

(三) 廉租住房救助制度

廉租住房是一种低租金或免租金的保障性住房,是住房救助的主要形式。1999 年 4 月,建设部发布《城镇廉租住房管理办法》,初步规范、明确了城镇廉租住房的来源、供给、管理、审批和监督等有关问题。2003 年 12 月,建设部、财政部、民政部等联合发布《城镇最低收入家庭廉租住房管理办法》,进一步明确和细化了城镇廉租住房制度的操作程序。这一时期的廉租住房主要提供给城镇低保家庭。为彻底解决城市低收入家庭住房困难,国务院于 2007 年 8 月发布《关于解决城市低收入家庭住房困难的若干意见》,将住房救助的范围扩大到城市低收入家庭,将住房救助的形式由单纯的实物配租扩大到发放租赁补贴和实物配租相结合。2008 年 10 月,民政部等部委又联合发布《城市低收入家庭认定办法》(民发[2008]156 号),从而为住房救助的实施奠定了基础。2009 年,全国新开工和改建廉租住房 206 万套,建成 65 万套,发放租赁补贴 337 万元。目前,我国已在推行廉租房与公租房的并轨工作,这对我国廉租房制度的发展注入了新的活力与方向。

(四) 教育救助制度

教育救助主要是指国家对义务教育阶段的家庭经济困难学生提供必要的学习、生活帮助;对家庭经济困难的寄宿生补助生活费。同时,地方政府还按照有关规定,对接受普通高中教育、普通高等教育和职业教育的家庭经济困难学生,通过减免学费、发放助学金、提供助学贷款、发放特殊困难补助、组织勤工助学等形式给予救助。2008 年,全国义务教育阶段有近 1.78 亿城乡学生享受免学杂费政策,近 1.5 亿农村学生享受国家免费教科书,1 100 万家庭经济困难寄宿生享受生活补助。

此外,为了解决低收入家庭遇到的临时性、突发性困难我国还专门设立了临时救助制度。2007 年 6 月,民政部下发《关于进一步建立健全临时救助制度的通知》(民发[2007]92 号),对临时救助的对象、标准、程序等进行了规范。目前,北京、天津、内蒙古、黑龙江、浙江、江苏、江西、湖南、湖北、重庆、陕西等省(区、市)已建立这项制度,临时救助正发展为新型社会救助体系的重要内容。

本章小结

  贫困是任何一个社会形态和社会制度都面临的问题。贫困主要有四种度量方法，包括市场菜篮法、恩格尔系数法、生活形态法和国际贫困标准法。社会救助是应对贫困问题的重要措施之一。社会救助按照不同的分类标准，有多种分类。通常，社会救助具有全民性、权利性、非缴费性和低保障性特点。社会救助制度有其基本的原则，主要包括把握公平底线原则、无偿救助原则、与社会经济发展相协调的原则。根据世界各国通常的做法，社会救助包括常规性救助、专项救助、特殊救助和其他救助等四类。国外社会救助发展较早，如英国、美国、瑞典等国家救助很有特色。我国经过60多年的发展，社会救助已进入一个新的发展阶段，目前覆盖城乡居民的新型社会救助体系已基本建立，包括最低生活保障制度、医疗救助制度、住房救助制度、教育救助制度、法律援助制度等。

复习思考题

1. 何谓贫困？贫困有哪些类型？
2. 贫困如何测量？
3. 如何理解社会救助的概念？
4. 社会救助有哪些类型？
5. 简述社会救助的特征和原则。
6. 简述社会救助内容组成体系。
7. 我国最低生活保障制度的主要内容和面临的主要问题是什么？
8. 我们能从发达国家社会救助实践中学到什么？

阅读书目

  1. 钟仁耀《社会救助与社会福利》（第三版），上海财经大学出版社，2013年。
  2. 洪大用《转型时期中国社会救助》，辽宁教育出版社，2000年。
  3. 郑功成《中国社会保障改革与发展战略》（救助与福利卷），人民出版社，2011年。

第十二章 社会福利

通常情况下,社会成员除了获得社会保险、社会救助等基本经济保障外,还需要国家和社会为其提供设施、服务和补贴等社会福利服务保障,以改善其物质文化生活的质量,因此,社会福利是社会保障体系中不可或缺的组成部分。通过本章的学习,可以系统地掌握和了解社会福利的概念、含义、特点、基本内容等基本理论知识体系;了解国外社会福利制度实践与改革经验;深入学习我国社会福利制度演进及其发展状况,从而有助于把握我国社会福利制度发展的方向。

第一节 社会福利概述

一、社会福利的概念

社会福利(Social Welfare)有广义和狭义概念之分。广义的社会福利是指国家和社会在相应的福利思想指导下,为实现社会福利状态所作的各种政策和制度安排的总称。具体而言,广义的社会福利是指国家和社会为改善国民的物质文化生活条件,提高生活质量,依法向国民提供的各种津贴补助、公共设施和社会服务。广义的社会福利覆盖的对象是全体国民,提供的福利既包括物质生活方面,也包括精神生活方面。狭义的社会福利是指为帮助特殊的社会群体,医治社会病态而提供具体的社会服务与措施。具体而言,狭义的社会福利是社会保障体系中的一个组成部分,它往往是针对某些特定的社会群体而设立的福利性收入与服务保障,是指对生活能力较弱的儿童、老年人、单亲家庭、残疾人、慢性精神病人等的社会照顾和社会服务。[1]

---

[1] 郭士征《社会保障学》,上海财经大学出版社2009年版,第311页。

在学术界,关于社会福利大小概念的问题,常有讨论。广义概念的社会福利几乎包容了所有社会保障问题,社会保障仅仅是社会福利体系的一部分,除此之外,还涉及众多的与民生相关的议题,如公共福利、公共服务、社会工作等。而狭义概念的社会福利仅仅是针对特殊群体的社会福利津贴及相应的服务,是社会保障的一部分。在世界许多国家,特别是西方发达国家,大多使用广义概念的社会福利,即把"社会福利"当作"社会保障"的同义词。如《简明不列颠百科全书》将社会保障解释为"一种公共福利计划",属于对"社会福利"一词的广义解释。在另一些国家里,如美国、日本等国,社会福利仅指社会保障制度中的一个特定的范围和领域,通常是指专为弱者所提供的带有福利性的社会服务与保障,如儿童福利、老人福利、残疾人福利,等等。从这个意义上讲,"社会福利"一词便具体化为"社会福利服务"或"社会福利事业",属于对社会福利的狭义理解。[1]

本教材所指社会福利,更多地为社会保障体系的一个组成部分,即属于狭义社会福利范畴。就此而言,社会福利是指国家、社区组织和企事业单位为保障其社会成员(包括一般的社会成员和有特殊需要的老人、儿童和残疾人等群体)提供和组织实施的具有福利性质的收入保障和服务保障,其既要保障人们的基本生活,又要不断满足人们日益增长的物质文化生活的需要,以提高人们的生活质量。

二、社会福利的特征

(一)实施对象的双重性

社会福利服务的目的一方面是满足特殊群体的特殊需要,帮助他们解决生活中的实际困难;另一方面是满足广大国民的广泛生活需求,提高国民的生活质量。特殊群体包括老人、儿童、妇女、残疾人、精神病人等;广大国民是指一般的社会成员。因此,社会福利实施对象具有双重性,这是与其他社会保障制度有区别的地方。比如,社会保险的实施范围主要是面向全社会劳动者群体,社会救助制度的对象仅限于困难群体。

(二)实施主体的社会化

社会福利虽然是由政府或者社会举办和实施,但具体的服务是通过政府举办的福利机构或非政府的社会福利团体来提供。这意味着提供和实施

---

[1] 郑功成《社会保障》,高等教育出版社 2007 年版。

社会福利服务的主体是社会化的,这也是与其他社会保障制度不同的地方。无论是社会保险还是社会救助,它们的实施主体基本上都是政府的行政管理部门,是非社会化机构。

社会福利实施主体的社会化是由社会福利的性质所决定。由于人们对社会福利服务需求的多样性,也决定了社会福利管理的复杂性和多样性,为此社会福利服务的提供不可能全部由政府来承担。而社会保险和社会救助所提供的待遇相对来说比较固定和单一,由政府承担相对较为容易。

(三) 保障方式的多重性

社会福利是以提高社会成员生活质量为目标的、高层次的社会保障项目,只有通过多种保障方式才能实现该目标。人们的生活需求是多方面的,不仅需要经济收入保障,而且需要各种社会服务,特别是老弱病残等社会弱势群体。因此社会福利不仅要注重资金保障,还要特别注重发展各种形式的服务保障,并通过动员社会成员的广泛参与,使自助与互助相结合模式的社会福利服务成为提高社会生活质量的有效手段。

(四) 管理的专业化

社会福利管理的专业化体现在以下四个方面:第一,有专门的社会工作团体或专门从事社会福利服务的机构,这些机构必须通过政府的认证,符合一定条件的机构才可以从事社会福利服务的管理和提供;第二,有法定的职业准则和保障准则,有执行的审核和证照制度。因为无论对从事这项工作的机构本身还是具体的工作人员,都要求专业化,这就需要由政府制定一整套的职业准则和保障准则;第三,有专门从事社会福利工作教育的大学和系列训练课程,这是保证社会福利工作人员专业化的必备条件;第四,规范的工作程序和必要的职业权利保障,这是保证社会福利事业公平和效率的基本前提。

(五) 运作的非营利性

非营利性并不等同于无偿服务或非经营性。在许多国家,政府举办社会福利时常引入市场机制,即作为一种经营性活动开展社会福利事业。社会福利的资金来源中,财政资金占重要的地位,财政投入不在于盈利,而在于通过无偿、低偿等方式,提供福利设施和服务等,达到改善和提高社会成员生活质量的目的。① 正因为社会福利服务具有较大的外部性及无收费或

---

① 吕学静《现代社会保障概论》,首都经济贸易大学出版社2012年版。

者低廉收费的特点,政府通常为举办社会福利事业的组织和机构提供一定的优惠政策,以促进社会福利事业的正常发展。

三、社会福利的功能和作用

社会福利制度,一方面是社会经济发展的产物,另一方面对社会经济具有促进作用。具体表现在以下几个方面:①

（一）提高国民生活质量

社会福利面向全体社会成员,其在社会保险等其他具有特定保障对象和条件的社会保障制度之外,为广大社会成员提供基本的公共服务和津贴,可以进一步改善和提高社会成员的生活质量和水平,进而具有提高整体国民生活质量的作用。

（二）促进社会稳定

社会福利具有稳定社会的作用,这是通过保障和提高广大国民的生活质量来实现的。随着社会经济的发展,人们对生活质量的条件不断提高,只有基本上满足了他们的多种需求,才能使他们对社会和国家产生一种满意感,进而有助于促进社会稳定。

（三）调节经济发展

社会福利制度不仅可以促进社会稳定,而且能够调控经济发展。社会福利基金来源主要有国家财政拨款和享受者个人所缴的费用,扩大和发展社会福利事业,有利于增加市场上的货币供应量,可以促进消费,进而提高投资；反之,可以降低消费水平,抑制经济过热发展。也就是说,当经济萧条时,国家可以通过大力举办社会福利事业,增加财政转移,扩大整个社会需求,保证国民经济平稳发展；而当经济过热时,可以减少社会福利事业,缩小财政规模,从而抑制过旺的消费和投资。

四、社会福利的分类

由于社会福利的广泛性,故其内容也较为庞杂,但总体上可以通过以下几种方式进行分类:②

1. 按照福利享受对象进行分类,社会福利可以分为儿童福利、青少年福利、老年人福利、残疾人福利、妇女福利等。

---

①② 郭士征《社会保障学》,上海财经大学出版社2009年版。

2. 按照福利内容进行分类,社会福利可以分为生活福利、教育福利、医疗卫生福利、住房福利等。

3. 按照给付形式不同,社会福利可以分为货币福利、实物福利、劳务福利等。

4. 按照福利提供的主体不同,社会福利可分为国家福利、单位福利、社区福利、家庭福利、个人福利等。

5. 按照举办主体的性质不同,社会福利可以分为国家财政福利、社会公益性福利和市场化福利等。

6. 按照福利待遇的享受是否需要资格审查,社会福利可分为普享性福利和选择性福利。

7. 按照举办社会福利的理念来划分,社会福利可以分为补缺型社会福利和机制型社会福利。

第二节 社会福利的内容

社会福利的分类具有多样性,就福利享受的对象来看,一个完整的社会福利体系通常包括老年人福利、妇女儿童福利、残疾人福利、青少年福利、教育福利、住房福利等内容。社会福利制度体系框架,可以用图12-1来展示[①]。以下重点介绍老年人福利、儿童福利、妇女福利和残疾人福利的主要内容。

一、老年人社会福利制度

(一)老年人社会福利的内涵

老年人社会福利,是指国家和社会为了安定老年人生活、维护老年人健康、充实老年人精神文化生活而采取的各种经济与服务措施的总称。按照广义概念理解,老年人社会福利应包括老年社会保险(如养老保险、医疗保险等)、老年社会救助、老年社会福利服务等内容。而在现实中,我们常说的老年人社会福利是指老年社会福利津贴及相关服务。老年人社会福利的实施主体是国家(通过政府有关职能部门)和社会(通过社会福利事业相关团

---

① 郑功成《社会保障概论》,复旦大学出版社2005年版。

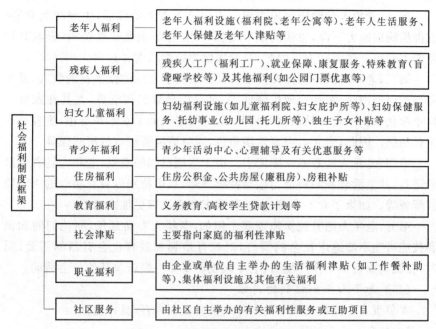

图 12-1 社会福利制度基本框架图

体),享受对象通常是达到一定年龄以上的老年人。其主要目的是满足老年人口特殊的生活需求,帮助老年人提高和改善生活水平,[1]努力实现"老有所养、老有所医、老有所为、老有所乐"的社会目标。

老年人社会福利的产生缘于现代社会中老年人在日常生活中遇到一些特殊问题,当这些问题的解决超出了传统家庭养老能力时,就需要社会中更强大的组织和机构来完成这一任务。从老年人的生活出发,老年人的福利需求可以归纳为以下几个方面:[2]

第一,老年人的经济保障需求。人进入老年后,必然退出劳动领域,其收入由此中断,而生活仍需要继续,因此,老年人面临的最突出的问题还是收入中断或减少所带来的经济问题,从而使经济保障成为老年人安度晚年的必要保障。在各国,老年人的经济保障除来源于家庭或自己的积蓄外,社会化的保障主要来源于养老保险、老年救济及老年津贴等。

---

[1] 钟仁耀《社会救助与社会福利》,上海财经大学出版社 2005 年版。
[2] 郑功成《社会保障》,高等教育出版社 2007 年版。

第二，老年人的健康保障需求。人生进入老年阶段后，生理功能衰退，抗御疾病的能力下降，患病的概率增加，并且容易患老年性疾病，影响其行动能力和独立生活能力。因此，对健康保障的需求尤显迫切。

第三，老年人的情感保障需求。减少或失去实际的或潜在的收入、减少参与社会经济活动、社会地位降低等，都可能导致感情空虚，尤其在家庭结构小型化和少子化日趋加剧的情况下，许多老人的子女不在身边，更容易产生孤独感。因此，老年人需要转换角色，同时更需要相应的情感保障。

第四，老年人的服务保障需求。由于生理机能的衰退，老年人随着年龄的增高，其生活自我照料能力也会持续下降，从而特别需要有相应的生活照料服务等。如果子女不在身边，这种需求会表现得更加突出。

第五，老年人的其他保障需要。例如，老年人寿命延长，而他们的知识和技能可能不能适应社会的需要，对教育培训和教育也会有新的需要；同时，在脱离原有的工作环境后，老年人也需要参与娱乐及其他社会活动。

（二）老年人社会福利的内容

本节重点介绍狭义概念的老年人社会福利内容，具体包括：

1. 老年人经济福利

理想的情况下，老年人晚年生活收入的来源主要包括：有酬工作收入、养老金、与退休前工资有关的津贴以及老年人财产性收入等。然而，现实的情况是这些渠道并不总是畅通。收入来源的局限使得相当一部分老年人没有购买所需物品和服务的经济能力，特别是随着年龄的增长和身体功能的下降，以及对医疗保健的特殊需求而导致开支的增加，使得老年人的生活质量不断下降。因此，如何避免这个问题是老年人福利的一个重要目标。

在这方面政府承担的主要责任就是向老年人提供必要的、以现金形式支付的、用于保障老年人基本生活支出的福利供给，这种福利通常被称为"老年人津贴"或"补充保障收入"。老年津贴是老年社会福利体系的重要组成部分，它是由政府提供给老年人的一种定期给付，是政府的一种转移支付。老年津贴制度不受收入、财产和就业等条件限制，具有很强的社会公平效应。虽然在保障水平和覆盖范围两个方面无法与养老金相提并论，但是它对于低收入群体和无养老保障群体的作用是非常巨大的，因而成为养老保障体系的重要组成部分。建立老年津贴制度不但有利于完善现有的养老保障体系，还有利于缓解老年贫困，促进经济发展。

2. 老年社会福利服务

老年人除了收入保障方面的需求外,还有许多其他需求。其中包括老年人的生活照顾、医疗护理及社会交往的需求,社会福利服务主要满足老年人这方面需求。社会福利服务可以分为两种类型,包括机构养老服务和社区居家养老服务。

机构养老服务是以老人入住为条件,集中为老年人提供专业的综合性养老服务,通常分为三个层次:一是老年公寓,主要面对生活能自理的老年人,公寓主要提供一些辅助性服务,日常生活由老年人自行料理;二是社会福利院,主要面对能够自理或半自理的老年人,福利院提供完整的照顾服务;三是老年护理院,主要面对生活不能自理或半自理的老年人,护理院提供完全的生活照顾和医疗护理。在工作中,这三个层次并不十分清晰,大多数福利院都是综合性的。

社区居家养老服务主要是以家庭为核心,老年人不离开家庭、不离开社区,所需要的养老服务通过社区或社会组织机构给予提供的一种服务方式。社区居家养老是一种发展趋势,其最大的作用在于,它可以弥补现代社会主干家庭、核心家庭、空巢、独居老人家庭养老功能的不足,缓解子女照料老人的压力,从而对传统家庭养老模式起到继承和发扬作用,同时,与入住养老机构相比较,它具有投资少、成本低、服务广、收益大、收费低、见效快等特点,并可减轻养老机构的压力。

3. 老年人教育福利

根据老年人的精神文化需求,国家与社会可以通过多种途径为老年人提供教育服务,并通过适当的老年教育服务来提升老年人的精神文化生活质量。例如,通过兴办老年大学,为老年人传授知识和进行技术培训,使老年人与时俱进地了解社会发展的新情况,获取新知识、新技术。通过老年大学的教学活动,不但为老年人的晚年生活增加丰富的活动内容和生活情趣,也能使老年人获得许多保健知识;此外,还可以通过举办老年人职业学校、老年人讲座或补习教育、老年人学习性俱乐部等方式,为老年人提供退休前的教育等方面的服务,使老年人快速适应退休生活并提早融入社会。

(三)老年人社会福利的主要作用

1. 促进了现代福利项目的多样化

老年人既是整个社会人口的一部分,又是一个有别于其他年龄群体的人口,他们既有和年轻人类似的福利需求,又有老年人的特殊需求。老年人社会福利与一般社会福利的不同之处在于，老年人福利项目考虑到老年人需求的特点，具有极强的针对性。

以老年保健为例，老年人社会福利中的健康计划最初的目标是"老有所医"，即在收入有限的情况下，老年人仍能获得必要的医疗保健服务，但是随着老年人口寿命的延长和日益增多的高龄老人的出现，老年健康保健计划的内容也从获得必要的医疗保健服务，扩大到维持日常身体功能的长期照护服务和心理保健服务等，在形式和内容方面更加丰富。

2. 扩大了社会福利组织管理和资金筹集的范畴

老年人社会福利不但在内容和形式上推动了社会福利的多样化，而且，在组织管理和资金筹集方面扩大了社会福利的范畴。

老年人口迅速增长和社会福利需求的不断增加，使得单靠政府支持的社会福利供给越来越难以满足老年人的福利需求。在政府无法满足新增老年福利项目的情况下，对各种非政府组织、非营利组织、慈善机构、志愿者组织、宗教团体、商业机构、公司或企业以及市场资源的开发和利用就成为必然趋势。世界各国普遍存在非政府组织和机构提供福利服务来补充政府社会福利不足的现象，这样，非政府组织在社会福利方面就有了很大的发挥空间。如在一些发展中国家，由于政府对老年人社会福利投入的严重不足，老年人得到的帮助就有很多来自慈善机构、志愿者组织或宗教组织，尽管这些组织提供的帮助并不充分，但仍然是当地老年人社会福利的一个有益补充，有时甚至是当地所存在的主要社会福利。由非政府组织和机构提供的老年社会援助往往推动了这些地区社会福利的整体发展。

3. 推动了社会福利服务的专业化

当今，医学、生物学、经济学、心理学、社会学等学科领域对老年问题的研究取得了许多显著的成果，使人们对老龄问题有了更加科学的认识，社会福利因此开始在科学研究的基础上更加合理地计划和提供给老年人，从而使得越来越多的福利项目走向专业服务的轨道。例如，老年人需要建筑师和设计师设计适合各类老年人生活的住房；老年人退休住所、老年人活动中心、老年人日间托管中心、家庭保健照顾和临时性照顾等诸多领域需要策划者、发展商和管理者发挥作用；老年人也需要各种设计人员以及专家制造出尽可能长久地帮助他们维持独立生活的产品等。

4. 推动了社区福利的发展

在很长一段时期内，政府福利资金主要使用在对机构福利设施和服务的支持上,特别是为老年人提供的服务多以养老院或护理院等机构组织的形式实现。随着老年人口持续增加,老年福利设施养老模式难以满足养老需求,同时,设施福利也是一种比较消耗资金的养老模式。相对于设施福利和养老模式,社区照顾养老服务模式被认为既能满足老年人特殊需求,同时又可以降低服务成本。在公共福利资金和老年福利需求之间差距日渐扩大的情况下,鼓励社区发展老年人家庭社会援助项目不失为一个明智之举。现在,越来越多的老年社会福利项目以社区为中心逐渐建立起来,形成了以社区为基地的社会福利发展新趋势。可以说,如果没有老年福利项目的发展,很难出现这种发展趋势。

二、儿童社会福利制度

(一)儿童社会福利的内涵

关于儿童年龄的界定,目前全世界还没有一个统一的解释概念。联合国的《儿童权利公约》和中国的《未成年人保护法》等法律均规定0—18岁为儿童期,而医学界则是以0—14岁的儿童为儿科的研究对象,中国儿童组织少先队的队员年龄也规定为14岁以下。因此,儿童的年龄界定为14岁以下比较合理。

儿童福利有广义和狭义之分。狭义的儿童福利是指有特定形态的机构向特殊的儿童群体提供的一种特定的服务。服务对象主要指处于不幸境地的儿童,而服务功能则相应地倾向于救助、矫治、扶助等恢复性功能。可见,此类福利并不包括在家庭中已获得充分满足的儿童,其本身具有补缺性取向,属于消极性儿童福利。广义的儿童福利对象是所有的家庭和儿童,这种观念实质上是基于这样一种假设,即认为在瞬息万变的现代社会生活中,单凭一个家庭无法面对所有的问题,根本不会存在各种功能完全健全的自然型家庭,每一个家庭都需要外力的帮助,社会对每一个儿童都负有责任。显然,这一类型的儿童福利具有发展取向,属于积极性儿童福利。①

(二)儿童社会福利的功能与作用

儿童社会福利具有一般社会福利的共同特点和功能,除此之外,它还有一些个性化的功能,如恢复性功能、预防性功能和发展性功能。②

---

① 郭士征《社会保障学》,上海财经大学出版社2009年版。
② 钟仁耀《社会救助与社会福利》,上海财经大学出版社2005年版。

恢复性功能是指对处于困难境地的儿童进行解困和救难,也称治疗性功能,如对处于贫困、战乱、家庭残缺不全、疾病等状态下的儿童,儿童社会福利制度的建立,能够帮助他们脱离危险和困难境地,融入社会主流,顺利成长。

预防性功能是针对所有适龄儿童。儿童作为人类未来社会的生产主力军、社会建设者和主宰者,他们的成长和发展要从幼年得到关注和给予正规的培养和呵护。由于儿童稚嫩、缺乏自主能力、没有社会经验、价值观未形成,易于受到不良思想和行为的侵蚀,加强预防、维护儿童成长具有重要的意义。儿童社会福利赋予了儿童生命权、娱乐权、教育权、发展权等诸多有权利的保障,从而增强了儿童适应社会的能力,为儿童的健康成长铺平了道路。

发展性功能是儿童社会福利的重要特征。儿童社会福利持发展的理念,能够调动、启发儿童发展的潜能,帮助儿童消除发展的障碍,矫治儿童在发展过程中可能出现的偏差,从而促进儿童的全面健康发展。

基于以上功能,儿童福利具有如下的作用:

1. 维护家庭稳定和和谐发展

在中国传统的家庭文化中,儿童是维护家庭婚姻关系和谐稳定的关键。不论儿童身体健康与否,大家庭基本都能基于传统的伦理道德思想约束,给予包括疾病患儿在内的所有儿童以最大的安抚和照护。而在现代社会,人们的家庭观念发生了极大的变化,伦理道德观念下滑,儿童不再是维系家庭婚姻关系的关键因素,但是健康儿童绝对是维系家庭婚姻关系的重要砝码之一。为此,儿童社会福利有利于促进儿童的健康成长,也有助于促进家庭关系的稳定和和谐发展。

2. 促进社会安全和稳定

社会稳定是社会结构各组成部分之间关系的相对平衡状态。社会混乱和动荡的出现,是与社会上相当数量的社会成员的正当需求得不到满足相联系的。儿童不仅是家庭的重要成员,也是社会的一分子,在他们身上也存在各种各样的需求,而这些需求一旦被成人社会置之不顾,就容易促成社会不安定因素的形成。由于儿童群体的特殊性,他们无力运用剧烈的暴动或类似的形式进行主动反击,但会通过各种层面对社会安全产生消极的影响。儿童虽是发展的个体,但他们终归会成为社会的主体力量。儿童出现问题,不仅会造成整个家庭的危机,也会成为整个社会的潜在危机。为此,儿童福利可以抵御儿童群体的消极影响,促进社会安全和稳定。

3. 提高人口素质和促进社会发展

随着社会的发展,越来越多的国家政府认识到了人力资源在国家发展中的决定性作用。儿童社会福利为儿童的发展、成才提供了福利保障及精神支持,使儿童能在制度化的前提下,获得应有的社会福利和辅导帮助。这不仅可以提高人口素质,而且为未来社会的发展储备精良人才,进而有助于社会的进步和发展。

(三) 儿童社会福利的内容

儿童社会福利的内容非常丰富,按照保障范围大小来分,包括普遍儿童社会福利和特殊儿童社会福利两类。①

1. 普遍儿童社会福利

(1) 家庭保护

国家通过一系列的立法,对儿童所应受到的家庭保护作了规定。主要包括:a. 保护儿童的生命健康权。父母或者其他监护人应当依法履行对未成年人的监护职责和抚养义务,不得虐待、遗弃未成年人;不得歧视女性未成年人或者有残疾的未成年人;禁止溺婴、弃婴。b. 父母或者其他监护人应当以健康的思想、品行和适当的方法教育未成年人,引导未成年人进行有益身心健康的活动,预防和制止未成年人吸烟、酗酒、流浪以及聚赌、吸毒、卖淫。c. 父母或者其他监护人应当尊重未成年人接受教育的权利,必须使适龄未成年人按照规定接受义务教育,不得使在校接受义务教育的未成年人辍学。d. 父母或者其他监护人不得允许或者迫使未成年人结婚,不得为未成年人订立婚约。e. 父母或者其他监护人不履行监护职责或者侵害被监护的未成年人的合法权益的,应当依法承担责任。f. 父母或者其他监护人有前述违法行为经教育不改的,法院可以根据有关人员或者有关单位的申请,撤销其监护的资格,另行确定监护人。

(2) 医疗卫生与保健福利

卫生部门对儿童实行预防接种制度,积极防治儿童常见病、多发病,加强对传染病防治工作的监督管理和对托儿所、幼儿园卫生保健的业务指导。学生在校学习期间,卫生部门和学校应当为儿童提供必要的卫生保健条件,做好预防疾病工作。

---

① 钟仁耀《社会救助与社会福利》,上海财经大学出版社,2005年版。

国家还兴办专为儿童医疗保健服务的儿童医院,或者在全科医院中设立儿科;开展儿童保健工作,定期进行儿童健康检查、预防接种、防治常见病、多发病,使儿童健康成长。

(3) 教育福利

儿童的受教育权和发展权是儿童权利的重要组成部分。20世纪中叶以来,随着儿童权利意识的不断提高,"教育机会均等"、"保证每个孩子都能享受到有效地促进其身心和谐发展的良好教育"成为一种社会需求。

在学前教育方面,许多国家根据《儿童权利公约》的基本精神和本国的实际情况,纷纷采用立法的形式确立学前教育的地位。在一些发达国家,甚至出现了把学前教育纳入义务教育体系的倾向。各国还纷纷通过多种途径发展多样化的幼教机构,特别是适应各种文化背景、单亲家庭和各种社会处境不利于补偿这些儿童因家庭照顾和教育不足而带来的发展缺失。在义务教育方面,许多国家实行九年义务教育制度,有些国家的儿童还免费接受中、小学教育,免费享有课本、文具和在校午餐等。

(4) 文化福利

努力创造条件,建立和完善适合儿童文化生活需要的场所和设施。鼓励社会团体、企事业单位和其他社会组织、公民个人,开展多种形式有利于儿童健康成长的社会活动。博物馆、纪念馆、科技馆、文化馆、影剧院、体育场(所)、动物园等场所,都对中小学生有适当的优惠。鼓励新闻、出版、广播电视、文艺等单位和作家、科学家、艺术家等,创作或者提供有益于儿童健康成长的作品。出版专门以儿童为对象的图书、报刊音像制品等出版物,国家给予扶持等。

2. 特殊儿童社会福利

特殊儿童是指残疾儿童、孤儿、弃婴和流浪儿童,他们除与普通儿童享受同等待遇外,还应该受到特殊的保护。特殊儿童社会福利是儿童社会福利工作的重要组成部分。但是由于残疾儿童的身体残疾与普通残疾人具有类同性,故通常将残疾儿童福利归之残疾人福利范畴。此处所介绍的特殊儿童社会福利不包括残疾儿童社会福利。

关于特殊儿童社会福利,各个国家都会由具体的部门负责特殊儿童如孤儿和被遗弃的病残儿童等的监护养育和安置工作。收养这些特殊儿童的社会福利设施有儿童福利院、康复中心、孤儿学校、儿童村等。此外,城市的社会福利院、农村敬老院以及优抚社会福利设施,也会收养部分孤儿和病残儿童。特殊儿童社会福利资金主要来自国家财政拨款,其次是社会募捐资金(包括福利彩票公益金和社会团体及个人捐赠)。

三、妇女社会福利制度

(一)妇女社会福利的内涵

妇女在政治、经济、文化、社会和家庭生活等各方面享有与男子平等的权利,这是男女平等所追求的目标。但是,由于妇女在生理、心理上有与男子相区别的特点,使得她们面临着许多特殊的困难。正是由于自身特殊的情况,妇女应该享受特殊的利益,社会应给予特殊的照顾和服务,由此产生了妇女社会福利。妇女社会福利是指国家和社会为保障妇女生理和职业的特殊需要、特殊利益而制定的各项福利政策和开展的社会福利服务事业的总称。

按照广义概念理解,生育保险也属于妇女社会福利范畴。但是在实际中,我们常常使用狭义妇女社会福利概念,即特指为妇女提供的除生育保险之外的有关津贴、补助、就业培训与指导以及劳动保护等内容。

(二)妇女社会福利的内容

妇女社会福利的内容非常丰富,大体可以概括为以下三方面:[1]

1. 妇女生育津贴

妇女生育津贴是针对妇女最主要的特殊津贴,是指职业妇女因生育或流产而离开工作岗位中断收入时,按照生育的法律、法规给予定期支付现金的一项生育待遇,又称现金津贴,在某些国家又被称为生育现金补助。许多国家把生育津贴纳入社会福利的范畴,当然也有不少国家通过建立专门的生育保险制度,向工薪劳动者中的妇女提供生育津贴。当今社会,生育津贴已成为一种对职业妇女表示关注的重要国际性措施,其宗旨在于向生育女职工提供基本经济保障,使她和她所生产的婴儿能够在产假期间按照适当的生活标准维持基本的健康生活。享有生育津贴是生育妇女的一项基本权利。

2. 妇女就业福利

妇女就业福利是保障妇女合法权益,照顾妇女身心特殊需要的重要方面,也是为了保护社会生产力、保护妇女及下一代身体健康所采取的必要措

---

[1] 钟仁耀《社会救助与社会福利》,上海财经大学出版社2005年版。

施。因此,各国的劳动法及相关法律,均有对妇女在就业及劳动过程中保护措施的相应规定,并要求用人单位严格执行。按照我国《劳动合同法》的规定和相关女职工保护精神,妇女就业福利具体包括:

(1) 对妇女就业权益的保护

对妇女就业权益保护主要体现在以下方面:第一,保障妇女享有同男子平等的就业权利。单位在录用职工时,除不适合妇女的工种或者岗位外,不得以性别为由拒绝录用妇女或者提高对妇女的录用标准。第二,保障妇女同男子享有平等的就业服务权利。政府的劳动主管部门及各类职业介绍机构在提供就业服务时,不得歧视妇女。第三,为了保障妇女的就业权益不因生育和抚养子女受到歧视或者侵害,任何单位不得以结婚、怀孕、产假、哺乳等为由辞退女职工或者单方面解除劳动合同。

(2) 对妇女职业权益的保护

对妇女职业权益的保护主要体现在以下方面:第一,实行男女同工同酬。任何工作岗位的男女职工,只要付出同等的劳动,就应当获取同等的报酬。不得因女职工怀孕、生育、哺乳而降低其基本工资。第二,在晋职、晋级、评定专业技术职务及职业培训等方面坚持男女平等的原则,根据工作业绩给予男职工平等的机会和待遇。不得歧视妇女,实行差别对待。第三,合理安排女职工的工种和工作。为了保护妇女的身体健康,根据妇女的身体和生理特点,女职工禁忌从事有毒、有害、危险和强体力劳动。

(3) 对妇女特殊劳动权益的保护

对妇女特殊劳动权益的保护,是指在妇女经期、孕期、产期和哺乳期等特殊生理期,不得安排其从事高空、低温、冷水、有毒有害等劳动;在孕期、哺乳期不得延长女职工的工作时间和安排其夜班劳动,并为其提供特殊保护设施;生育时享受一定天数的产假等。

3. 福利设施和福利服务

生育津贴与劳动保护,均是针对劳动妇女甚至是受雇劳动妇女设置的,并且只适用于特定的阶段,如生育津贴保障的是育龄妇女,劳动保护保障的是就业期间的妇女。不仅未参与社会劳动或未受雇的妇女无法享受到这种福利,而且妇女超过生育期间亦不能再享受这种保护。因此,真正具有普遍意义的妇女福利是国家和社会为全体女性提供的福利设施和服务。

提供良好的卫生保健服务,尤其是在生产的关键时刻,有助于确保生产过程的安全。孕产妇死亡率的降低,不仅关系到卫生服务的效应,而且关系到社会的公正。社会有责任通过政治、卫生和法律体制为生育妇女提供相关服务。我国《母婴保健法》正是基于此而制定的。而妇幼保健机构是实施《母婴保健法》、依法提供妇女保健服务和保证母亲健康的主渠道,如设立妇幼保健医院、妇产医院等。

女职工较多的单位还通过建设女职工卫生室、孕妇休息室、哺乳室、托儿所、幼儿园等设施来妥善解决女职工在生理卫生、哺乳、照料婴儿方面的困难。

另外,妇女活动中心、咨询服务中心、健美中心、妇女用品专门店等都是为女性提供福利服务的场所。在许多国家和地区,还设有专门的妇女庇护所,为受虐妇女或遭遇特殊困难的妇女提供特殊救助。

四、残疾人社会福利制度

(一)残疾人社会福利的概念

残疾人是指在情理、生理、人体结构方面,某种组织、功能丧失或者不正常,全部或部分地丧失以正常方式从事某种活动的自然人,包括视力残疾、听力残疾、言语残疾、肢体残疾、智力残疾、精神残疾、多重残疾和其他残疾人等多种类型。[1]

残疾人社会福利是指国家为确保有残疾的公民在年老、疾病、缺乏劳动能力及退休、失业、失学等情况下能够获得基本的物质帮助,而根据社会、经济、文化发展水平,给予残疾人提供相应的康复、医疗、教育、劳动就业、文化生活、社会环境等方面的保护措施的总称。通常包括为保障残疾人在衰老、疾病、缺乏劳动能力及退休、待业、失学等情况下,从国家和社会获得足够的物质帮助而建立起来的特定保护和援助制度,如残疾人社会救助、残疾人养老保险、失业保险和医疗保险等;同时也包括国家和社会团体等兴办的各种社会福利事业、福利设施和福利服务,如残疾预防、残疾人康复、残疾人教育、残疾人就业以及残疾人文化娱乐等。

根据以上概念,残疾人社会福利也有广义与狭义概念之分。残疾人社会救助和残疾人社会保险(如残疾人养老保险、残疾人医疗保险等)属于广义残疾人社会福利概念范畴。在我国,没有开设专门的残疾人社会保险项目,而是将残疾人纳入普通社会保险框架内,仅在缴费和补贴方面给予残疾

---

[1] 郑功成《社会保障》,高等教育出版社2007年版。

人以适当的政策照顾。残疾人社会救助政策的做法也类似。为此,我国的残疾人社会福利特指狭义范畴的概念,即指残疾人社会福利服务。

(二) 残疾人社会福利的内容

根据狭义概念,残疾人社会福利通常包括以下内容:

1. 残疾预防

残疾预防是指采取一些行动来避免出现生理、智力、精神或感官上的缺陷(也称初级预防)或防止缺陷出现后造成永久性功能限制或残疾(也称二级预防)。残疾预防包括许多类别的行动,如产前产后的幼儿保健及营养学教育,传染病免疫行动,防治地方病的措施、安全条例,在不同环境中防止发生事故的方案等,以预防由于各种原因而造成残疾现象。简单地说,残疾预防是指在了解致残原因的基础上,利用现有的卫生医疗技术,积极采取各种有效措施和途径,防止、控制或延迟残疾的发生。

2. 残疾康复

残疾康复是指借助于某种手段如设施、训练、教育、指导等,旨在使残疾人达到、保持或者恢复正常的生理、感官、智力、精神和社交功能的水平状态。具体包括医疗康复、心理康复、教育康复、职业康复、社区康复、社会康复等,其目的在于通过各种康复手段,使残疾人回归社会。

3. 残疾人教育

残疾人教育是国家提供给患有残疾的儿童、青年和成年人享有平等教育机会的一种制度安排,由政府财政扶持,是现代国民教育系统的一个有机组成部分。具体包括学前教育、基础教育、高等教育、职业技术教育和成人教育等。特殊教育是对有特殊需求的人实施的教育,在教育过程中,需要有特殊的教具、学具和特殊的教学方式。

4. 残疾人就业

现代残疾人社会福利重视残疾人自身的发展,倡导残疾人自立,其中一个重要表现就是采取各种措施保障残疾人就业。保障残疾人就业的福利措施一般包括两个方面:第一,利用法律或政策手段保护残疾人的就业机会。世界各国都有相应的法律明确规定企业有义务雇用一定比例的残疾人。第二,开展残疾人职业康复,提供残疾人职业咨询、职业评估、职业治疗、职业培训等福利服务。

5. 残疾人文化体育

早期的残疾人社会福利一般比较注重残疾人物质生活方面需要的满

足,随着残疾人社会福利的不断发展,残疾人文化体育活动开始活跃,为丰富残疾人的精神生活提供了基础。作为影响深远的残疾人福利内容之一,许多国家都把残疾人体育的发展视为本国体育事业、经济发展水平与文明程度的标志,并予以高度重视。

6. 无障碍环境

无障碍环境包括物质环境、信息和交流的无障碍。物质环境无障碍要求城市道路、公共建筑物和居住区的规划、设计、建设应方便残疾人通行和使用,如城市道路应满足坐轮椅者、拄拐杖者通行和方便视力残疾者通行;建筑物应考虑在出入口、地面、电梯、扶手、厕所、房间、柜台等处设置残疾人可使用的相应设施和方便残疾人通行等。信息和交流的无障碍要求公共传媒应使听力、言语和视力残疾者能够无障碍地获得信息,进行交流,如影视作品、电视节目可配备字幕和解说,运用电视手语,出版盲人有声读物等。

通常情况下,残疾人社会福利是基于人们身体残疾的特点而设置的,因此无论是老人、儿童还是青壮年,均是在统一的残疾人社会福利框架下享受残疾人社会福利服务。在我国,残疾人社会福利是根据残疾人的家庭特征、就业能力特征等由不同的部门或机构来提供。如孤残老人、孤残儿童等的社会福利由民政系统提供;有家庭、有监护人以及有部分劳动能力的残疾人社会福利由残疾人联合会组织提供。截至2011年底,全国社会福利机构4.25万个,床位321.05万张,收养老年人、残疾人和儿童等237.92万人,社会福利企业吸纳62.80万残疾人员就业。①

第三节 国外社会福利实践及经验

一、国外社会福利的发展和改革

自从20世纪30年代社会福利制度产生和形成以后,国外社会福利大体经历了两个阶段:一是快速发展阶段;二是调整和改革阶段。②

---

① 2012年第34号公告:全国社会保障资金审计结果,中华人民共和国审计署办公厅,2012年8月。

② 钟仁耀《社会救助与社会福利》,上海财经大学出版社2009年版。

(一) 快速发展阶段(1945年—20世纪70年代)

1. 背景

第二次世界大战以后,以福利国家为核心的世界社会福利制度体系得到了迅猛发展,其主要源于以下几个方面的因素所致。

第一,第二次世界大战以后出现了一些新的社会问题,迫切需要发展社会福利。例如,战争造成的寡妇、孤儿、残疾人、日益增多的高龄老人、离婚妇女、私生子女和单亲家庭等。原有的社会福利制度已经无法适应这种形势的变化,有必要重新构建社会福利制度的基本框架。

第二,第二次世界大战以后,各国政府的工作重心从原来的战争向恢复和发展经济转移。国民经济在战争中遭受了很大破坏,国民生活水平亟待提高。由于各国政府大力发展国民经济,在此期间国民经济得到了飞速发展,进入了一个所谓的"黄金时期"。同时,国家财政收支状况得到很大改善,国力大大增强,这为大力发展社会福利制度打下了扎实的物质基础。

第三,《贝弗里奇报告》和凯恩斯主义的影响。英国自由党人贝弗里奇于1942年提出《贝弗里奇报告》,该报告中提出了许多社会福利制度建设的基本思路和具体措施。第二次世界大战以后,凯恩斯主义主张适度赤字财政和干预经济思想继续影响着整个世界。这些思想和政策对整个世界的社会福利制度发展和完善产生了重大影响。

第四,社会主义阵营的形成。第二次世界大战以后,出现了一批社会主义国家,社会主义思想在整个资本主义世界得到了广泛传播,并且社会主义各国都以保障全体国民生活利益作为立国的基本目标。这对资本主义的生存构成了很大威胁,而且在资本主义各国,整个国民经济的危机周期越来越短,资本主义社会内部的矛盾越来越为政府和公众所认识。这些都促使资本主义各国政府重新思考本国的社会福利制度。

2. 主要特征

第一,社会福利制度建设的重心转向多元化。在20世纪30年代产生和形成时,社会福利制度的实施对象主要面向特殊人群,重点加强妇女儿童、老人、残疾人等的社会福利制度的建设。但第二次世界大战以后,社会福利制度实施的重点对象不再仅仅是特殊人群,而是越来越开始重视一般社会成员的公共社会福利制度的建设和完善。也就是说,社会福利制度建设出现多元化趋势。

第二,社会福利项目的全面性。第二次世界大战以后,随着社会福利制度理念的变化和实施对象的普遍化,社会福利制度开始走向全面化和体系化,其内容包括了老年社会福利、妇女儿童社会福利、残疾人社会福利、家属补贴、公共教育福利、公共住房福利、公共娱乐设施福利、公共卫生福利等。这样就使得社会福利制度形成了一个比较完整的体系。

(二)改革阶段(20世纪70年代至今)

1. 背景

从20世纪70年代两次石油危机以后,资本主义各国开始对本国的社会福利制度进行改革或调整,其改革或调整的原因主要有以下几个方面:

第一,经济发展出现萧条。这一时期的经济萧条以经济发展停滞与通货膨胀并存为特征。而慷慨的社会福利制度是造成这种经济萧条的重要原因之一。过高的福利待遇支付以及过于宽泛的社会保障项目,给国家财政、企业以及公众个人都带来了沉重负担。社会福利制度的发展完全超越了经济的承受能力,对国民经济的发展产生了阻力。

第二,社会矛盾尖锐化。过高的社会福利水平和无所不包的社会福利制度,使得相当一部人对社会福利形成依赖,出现了懒惰行为。而在整个社会生产领域的辛勤劳动者,对之不公平的社会状态极其不满,继而导致了社会矛盾日益尖锐化。

第三,社会福利管理成本增加。随着社会福利项目的增加和实施范围的扩大,社会福利管理工作内容不断增加,工作队伍也不断增大,继而造成社会福利管理机构庞大、臃肿,这些不仅造成了社会福利管理费用的迅速增长,也使得社会福利服务效率每况愈下。

2. 主要特征

在这种形势下,改革社会福利制度的呼声在世界各国日趋高涨,这一时期,各国对社会福利制度普遍做了调整与改革,大体具有以下共同特征:

(1)重视社会福利与社会经济发展的协调关系。由于之前社会福利的高速发展,超越了经济发展的水平,使得各国陷入被动局面。因此,在其后的改革中,特别重视社会福利制度与国民经济发展之间的协调关系。把经济发展水平和增长速度作为提高社会福利水平的最重要因素来考虑。

(2)重视个人责任。由于国家承担了大量甚至是全部的社会福利职责,使得国家背上了沉重的财政负担,拖累了社会经济发展的步伐。为此,在之后的改革中,西方国家特别重视社会化福利制度的改革,注入更多的社会元素,其中之一就是增加个人责任份额。很多国家,由过去个人不承担税费,改为有个人纳税或者缴费的限制,同时,在很多社会福利项目中,强调政府承担最基本的责任,而把较高福利水平的提高交给个人通过商业保险或者其他补充保障的形式来提供。总而言之,增加个人在社会福利的提供方面做了很大的改观。

(3) 重视社会福利的市场化。正确处理和对待社会福利的政府与市场的关系,也是 20 世纪 50—60 年代各国社会福利发展的教训与启示。如果国家包揽一切,势必影响整个国家发展的大局,影响一个国家的总体竞争力。为此,在为国家财政负担松绑的过程中,很多福利国家开始瞄准了市场提供社会福利的重要渠道,把过去由国家承担的一部分社会福利项目交给私人去做,实行市场化供给。这样,既达到了为国家减负的目的,又能调动私人积极性促进市场发展的双赢效果。为此,市场参与社会福利的提供成为当代社会福利制度发展的重要取向。

(4) 重视社会福利的多元化与专业化发展。社会福利不仅由国家提供,社会、个人均是社会福利提供的主体。如果社会和个人参与社会福利的提供,势必使得社会福利朝着专业化、职业化、社区化方向发展。所谓专业化的社会福利是指由一些非政府的社会福利团体负责向社会成员提供服务。这些福利团体往往根据自身的专业优势提供专业化的服务。所谓职业化的社会福利通常指与就业关联的福利制度,如雇主为雇员及其家属提供医疗保健服务、家属津贴、一般福利设施及有关服务等。职业福利是企业吸引人才的重要措施,是政府社会福利的补充。所谓社区化的社会福利是指以地缘、族源等为纽带将生活在一定地域范围的社会成员联系在一起,利用社区及其相关的资源为社区成员提供的公共福利设施和服务。社区化的社会福利是社会福利的重要组成部分。

二、国外社会福利改革的做法

(一) 开源节流,普遍福利向选择福利转型

开源节流,是国外社会福利制度改革的首要做法。[1]

所谓开源,就是广开财源,以增加社会福利基金收入,增强支付能力,特指增加福利服务项目收费、提高纳税或者缴费率、增加税基或者缴费基数等。如英国、日本等国家对失业津贴、养老金、残疾津贴等征收所得税,又如

---

[1] 郭士征《社会保障学》,上海财经大学出版社 2009 年版。

英国、德国、日本等对疾病、照顾、护理、医疗等服务费用的提高,等等。

所谓节流,就是消减社会福利支出,特指整合福利津贴项目、降低福利待遇增长率等。如部分国家取消养老金等福利津贴随物价、工资或生活费用上涨的自动调整办法;也有部分国家将对经济困难人群实行的普享性家庭福利政策改革为选择性的家庭收入扶持政策,且增加了家庭收入调查等严格手段,将有限的保障资金用于特困人群及其家庭;又如美国大幅减少直接资助贫困家庭的资金补助比例,将有限的资金用于鼓励和帮助贫民参加工作、自谋生路方面的投入,改输血型福利为造血型福利。

(二)开展多元福利,统一管理向社会化管理转型

社会福利多元化是指社会福利的社会化,主要包括服务对象社会化、福利资源社会化、福利事业管理社会化、服务设施社会化,以及服务队伍社会化等。伴随着社会福利的社会化,许多国家一改过去统一管理运作的方式,将一些社会福利项目交给社会志愿组织团体或其他市场化组织进行运营,允许一些政府运营的服务项目向私人开放,实行社会福利项目的市场化运作。如英国开始发展由政府、社会机构、私营部门共同提供福利服务。美国开始弱化联邦政府在社会福利体系中的主导作用,把社会福利制度的政策责任委托给州和地方政府,并提高社会福利服务的私有化和私营化程度。

(三)精简机构,重视非正规服务的发展与完善

机构改革,是社会福利制度改革的重要内容之一,很多国家开始对臃肿的管理机构进行缩减,降低管理成本。但是为了使整体社会福利水平不降低,很多国家都重视非正规的社会福利服务的发展。建立和完善多元化、多层次社会福利体系是当代西方甚至世界各国的重要目标。鼓励社会组织、社区、个人以及私营单位等提供丰富多样的社会福利服务,也是各国的普遍做法。

三、国外社会福利的经验启示

从世界社会福利制度的改革趋势来看,当代社会福利制度的建设,对我国有如下的经验值得借鉴:[1]

(一)社会福利的推进要和经济社会发展水平相适应

改革开放以来我国经济增长速度虽然较快,但可用于发展社会福利事

---

[1] 张彦《社会保障概论》,南京大学出版社2007年版。

业的资金并不充足。而且由于福利刚性的作用,人们对社会福利的需求总是等于甚至大于经济增长的速度。因此,一旦经济增长速度放缓,在职劳动者收入减少,社会保障事业的税源就会减少,整个国家的福利事业将会面临危机,这就决定了我国不能像欧洲国家那样建立大而全的社会福利制度。此外,我国是一个老龄化形势非常严峻的人口大国,人口老龄化将使劳动人口减少,而劳动人口的减少则会使税基缩小。所以我国在构建社会福利制度时应从国情出发,构建基础性的社会福利制度,切不可像欧洲福利国家那样包办一切。

(二) 加强社会福利服务的多元化渠道供给

长期以来,我国在社会福利的资金保障方面倾注了大量的工作,也基本实现了全覆盖的目标。但是在社会福利服务保障方面,还远远不够,尤其在面对今天的严重人口老龄化势态,社会对社会福利服务保障的需求更大,因此,目前应该重点发展社会福利服务事业,而社会福利服务事业的发展不能全靠政府,要汲取和借鉴欧洲国家的经验,从一开始建设,就应发挥全社会的力量,建立健全多层次、多元化的社会福利体系,鼓励社会组织、社区、个人及私营单位等积极参与社会福利服务的提供,扩充社会福利的供给渠道,为广大社会成员提供方便、快捷及可及的社会福利服务。目前政府在做好基本的社会福利服务制度外,应加强培育和鼓励非政府组织及非营利组织成为社会福利服务提供的主体。

(三) 渐进推进和稳步提高社会福利水平

与发达国家相反,我国社会福利服务水平整体较低。在汲取发达国家教训和经验时,也要结合本国实际,我们不能一味地降低,或者维持现有的较低水平的福利供给现状,而是相反,要通过加强多主体供给、多层次服务提供等形式为广大社会成员提供日益增加的福利需求,要逐渐提高福利水平,让广大社会成员逐渐过上有质量的社会生活。提升整个国家的福利水平和状态,也是构建全面小康社会和建设和谐社会的重要内容之一。

第四节 中国社会福利制度实践与改革

一、我国传统社会福利制度的产生

我国传统的社会福利是在抚平战争留下的创伤、学习前苏联经验、建设社会主义需要以及长期以来受儒家文化的影响等背景下发展起来的。①

解放初期,战争留下了大量的残疾儿童、残疾军人、孤寡老人等特殊和弱势群体,为了确保这些人员的基本生活和得到应有的照顾和护理,政府和社会为其提供供养性社会福利项目。该时期社会福利事业的主要内容是将解放前遗留下来的社会福利设施改造成官办的社会福利设施,在城镇还新设立了儿童福利院、养老院、残疾人疗养院等,这些福利设施和机构由政务院负责管理。与此同时,根据1950年6月颁布的《工会法》的有关精神,1952年开始建立了职工福利补贴制度,如职工探亲、冬季取暖补贴等,由此我国的社会福利制度范围开始扩大。职工福利是由工会负责组织和管理,而此时对国家机关、事业单位人员的福利则由国家通过制定一系列单项政策予以保证。1957年,国务院颁布了《关于职工生活方面若干问题的指示》,明确规定了职工上下班、职工住房等福利问题。与此同时,这一时期我国大力发展民政福利,不断地完善老人社会福利、残疾人社会福利及妇女儿童社会福利制度。可以说,这一阶段我国社会福利事业主要由民政福利和职业福利两部分构成,并且得到了一定的发展。但是"文化大革命"使得已经形成的社会福利体系和制度遭到了重创。内务部撤销,社会福利事业发展受到限制,许多孤、老、残、幼的生活得不到保障,民政福利事业出现倒退现象。与此同时,单位福利的发展也受到影响,许多单位停产,职工社会福利基金缺乏来源,职工的许多福利无法开展。

此外,从20世纪60年代起,我国对部分产品实行价格补贴,1980年实行价格补贴的商品增加到38种,加上地方规定的各种补贴则多达100多种。80年代中期,我国对价格体系进行改革,调整了不合理的比价关系,放开了绝大部分商品的价格,带来了某种程度的价格上涨。为了使人民群众的消费水平不致下降,同时协调好各方面的利益关系,政府选择了财政价格补贴的方式予以协调,而价格补贴在人民群众的生活中发挥一定的作用。因此,财政价格补贴也就构成了我国社会福利的重要内容。

二、传统社会福利制度存在的问题及特征

应该说,我国1984年前的社会福利制度及体系都属于传统的社会福利

---

① 杨翠迎、刘小兵"社会保障体制改革篇",干春晖主编《中国经济体制改革30年》,上海财经大学出版社2008年版。

模式。

中国传统社会福利是由财政价格补贴、民政福利和职业福利三部分构成的,三者之间既缺乏协调性,又缺乏稳定性,企业或单位完全依照政府的意图来开展福利服务。有学者将其概括为"是一种奇特的混合模式"、"典型的城镇福利制度"、"典型的就业关联福利制度","是一种典型的'中国式'福利制度"。其制度缺陷明显,主要表现为以下几个方面:

第一,制度结构的板块状与社会福利社会化的基本原则相背离。所谓制度结构的板块状是指构成传统福利制度的三个部分即价格补贴、民政福利和职业福利,一直处于相互分割、自成体系、封闭运行的格局。这种格局不仅导致了福利经费来源单一、福利设施效率低下,而且养成了城镇居民依靠政府和单位的福利观念,使居民与企业或单位之间形成了不可分割的紧密联系,一旦个人离开单位则会失去包括住房在内的一系列福利。

第二,工资分配与福利分配相混淆,导致政府与企业或用人单位的角色错位。传统社会福利制度是国家通过企业或单位来实施的,是以单位或企业为主体的。企业依据国家政策为本单位职工和家属提供各种福利补贴以及福利设施和服务。在资金有限的条件下,低工资与高福利相互依存,这种福利不仅是工资的补充,也是另一种形式的社会再分配,变成了另一种形式的"工资"。

第三,实施范围的身份限制,表明了制度安排的非公平性。职业福利因有严格的身份限制,在干部与职工之间、国有单位职工与非国有单位职工之间乃至同一所有制类型单位之间,因经济能力的不同而事实上出现福利保障权益及待遇的差异,从而亦存在着非公平现象。不仅如此,传统福利项目更多的是面向城镇居民,农村居民仅有少数无依无靠的"五保"对象被集中供养,农村居民的福利保障显得严重不足。

第四,资金供应缺乏稳定性。社会福利属于长期供给项目,但在传统福利制度下,政府每年用于福利方面的开支极少,企业效益好坏的不确定,又缺乏有效的社会筹资渠道,从而导致了福利资金供应缺乏稳定性。

第五,职业福利严重异化。有学者(郑功成,1996)认为我国职业福利存在异化现象,性质异化、地位错位、功能扭曲,造成了极其不好的影响。

总而言之,传统福利模式存在着严重的制度性缺陷,若不从根本上加以改造,便必然损害经济改革与整个社会的健康发展,同时也必然阻碍着中国的企业走向现代化、市场化。

三、改革开放以来我国社会福利制度的发展

（一）民政社会福利的改革

从1983年开始，我国开始着手对传统的社会福利制度进行改革。改革之初，我国提出了国家力量和社会力量相结合，采用多种形式举办社会福利事业的思路。1984年在漳州的会议上，进一步明确了"社会福利社会办"的指导思想，从而使我国社会福利事业从单一、封闭、由国家包办的体制转变为国家、集体、个人一起举办的体制，面向社会、多渠道、多层次、多种形式举办各种社会福利事业。1994年第十次全国民政会议上，提出了对社会福利机构的改革，会议指出，深化福利事业机构改革，加快社会福利社会化进程，进一步改革国家包办社会福利的局面，在政府的倡导和支持下，广泛动员和依靠社会力量，兴办社会福利事业，吸引外资兴办社会福利设施，探索政府资助、社团经办、企事业单位入股合办、法人承包等发展福利事业的路子，使福利事业单位逐步向民办公助、法人管理的方向发展。1996年，民政部社会福利司在进行充分调查研究的基础上，提出了具体的改革思路。在社会福利制度改革的浪潮下，城乡各种社会福利院开始都向社会开放，并接受自费收养人员，这些自费收养人员大多是退休职工中的孤寡老人或者是空巢老人。民政部门举办的社会福利事业单位还积极为社会提供康复服务和门诊服务。同时，民政部门还号召全社会都来举办社会福利事业，从20世纪80年代后期到90年代初期，我国的社会福利事业进入了一个大发展时期。当前我国民政社会福利的主要实施对象仍然是特殊群体。

（二）社区服务制度的建立与发展

我国的社区服务产生于20世纪80年代初期。1987年，民政部第一次提出"社区服务"的概念。1989年2月全国人大通过了《中华人民共和国城市居民委员会组织法》，明确规定"居民委员会应当开展便民利民的社区服务活动"，进一步推动了社区服务向基层社区延伸。1989年10月，民政部在杭州召开了全国城市社区服务工作经验交流会，明确提出在3—5年内，全国1/3大中城市要开展社区服务，其中50%以上的街道要实现社区服务网络化；并且中小城市和边远城市也要制定社区服务近期发展规划，其中30%以上的街道要实现社区服务网络化。从此，我国的社区服务事业进入了全面发展时期。但是，社区服务在全国起步后，资金紧缺与服务亟待开展之间的矛盾日益突显。在这种情况下，有些城市开始探索以经营性服务与有偿服务的盈余来弥补福利服务经费不足的路子，把"社区服务当作一个行

业来经营"的构想,开始探索并提了出来。于是,社区服务便开始进入了一个依据市场经济要求不断进行调整、适应、全面普及推广的发展新时期。1993年8月27日,民政部等14个部委联合颁布了《关于加快发展社区发展服务业的意见》,对社区服务的性质、内容、目标、任务、管理等作出了更加明确规定,从而把社区服务引向规范化和专业化的发展道路。1995年民政部颁布了《社区服务示范城区标准》,1998年民政部命名了46个全国社区服务示范城区。目前,社区服务包括托老养老服务、残疾人服务、优抚对象服务、居民生活服务、心理健康和疾病康复服务、文化娱乐服务等。

(三)职工福利的社会化

随着整个社会福利社会化方向改革的推进,我国于20世纪90年代开始对职工福利进行改革,改革的主要目标就是把许多原来单位承担的职工福利由社会或者政府来承担,纠正对职工福利定位的异化问题,使得原本不应该由单位承担的职工福利回归到社会和政府。改革初期首先将大部分国有企事业单位的职工福利推向社会,从根本上改变单位办社会的状况。1995年国家经贸委、原国家教委、财政部、卫生部、原劳动部颁布了《关于若干城市分离企业办社会职能分流富余人员的意见》(国经贸企[1995]184号),要求对分离企业办社会职能进行积极探索和实践。1995年以来,部分城市和地区的实践取得了积极成效,但进展很不平衡。2002年4月26日,国务院基于各地的实践经验,颁布了《关于进一步推进国有企业分离办社会职能工作的意见》,进一步加快推进分离企业办社会工作,如分离企业办中小学、医院和后勤服务等。从此,我国职工福利基本走向了社会化的道路。

(四)教育社会福利的改革

改革开放后,随着计划经济时期的教育福利制度弊端的逐渐暴露,我国开始对教育福利制度进行改革。对于中小学,我国强化了九年制义务教育的福利性,全面实行免收学杂费制度,确保我国中小学生,尤其是贫困地区和贫困家庭的孩子的受教育权利。对于高等教育,我国进行了不同于中小学福利教育制度的改革,改变了计划经济体制下的免费教育制度,实行高等教育收费制度。现在我国所有高校都收取学费,私立高校则完全根据市场价来决定学费的多少。总体来说,我国教育社会福利制度改革,在培养学生方面进一步明确了政府、学校和家庭之间的分工,使得这三者之间职责更加明确。首先,在加强九年制义务教育的社会福利性改革中,政府加大财政支出力度,保证所有学生都能够享受义务教育;同时社会福利机构收养的孤儿、弃儿等教育费用由社会福利机构直接向学校支付,实际上政府也承担了一定责任,具有教育的社会福利性。其次,在高中以上的学校教育中,让家庭和学校承担更多的责任,减少教育的社会福利性。但是政府财政仍然为公立高校承担了一定的费用,高校资金并不是完全来自学费收入;研究生教育还实行免收学费制度,从而体现了高等教育的部分社会福利性。

四、对当前社会福利制度改革的建议

（一）整合与完善福利制度,健全社会福利体系

应着重从以下三个方面完善我国的社会福利体系：第一,以民政福利为核心,建立健全基本福利服务制度。通过对政府举办的现有福利项目进行改造,完善民政福利制度,确保对"三无人员"、"五保人员"、失独父母、残疾人尤其是多重和重度残疾人以及孤儿的基本生活保障以及他们生存所必需的基本服务照顾保障。这是我国社会福利体系的基本层面,也是核心制度。该保障权益的获得完全实行无偿供给,政府可以通过直接提供,也可以通过向市场购买提供。第二,建立补充性福利制度。对于低保家庭、单亲家庭、受灾居民、特殊贡献者等人群通过发放社会津贴或者提供部分补贴的形式来增强其社会福利水平。补充性福利制度是一种选择性福利,它是社会福利体系的第二支柱。第三,鼓励和倡导个人提供社会福利。对于经济条件较好的居民或家庭,倡导个人通过市场购买福利服务,提高个人的社会福利保障水平。同时,政府要大力鼓励民间举办社会福利项目,增强社会福利的市场供给量。

（二）重视福利立法,推进社会福利的制度化建设

社会福利走向社会化、制度化,是社会文明发展进步的一个重要标志,而通过相应的法律来规范福利的供给与需求,则是福利事业制度化的基本要求。在法制建设中明确社会成员的福利权益和国家、社会的责任,明确各社会福利项目的管理与监督机制,等等。社会福利法制的系统化、专门化,将是中国社会福利真正走向制度化、社会化并获得健康发展的基本条件。

（三）建立官民结合的新型社会福利事业运行机制

要打破传统社会福利由政府和单位举办的模式,走官民结合的新型社会福利供给机制。建议根据当前社会福利需求情况对市场进行分层,对社会福利供给进行总体规划,明确政府在社会福利中的角色和地位,引入民间

资本,建立政府引导、官民结合的社会福利供给模式。

（四）培植社会公共福利组织,促进社会福利业的发展

社会福利的社会化,首先是通过社会福利组织的社会化和向全体社会成员的开放来实现。因此,新型社会福利制度的建设与发展,必须在培植社会化的公共福利组织方面多下功夫。具体包括：官办福利机构社会化,如民政部门办的福利院就可以成为独立的社会组织,并面向全社会开放;鼓励民间力量举办社会福利事业,简化民办福利机构的申办手续,提供政策性优惠,扶持并促使民办社会福利组织的壮大与持续发展;建议企业或用人单位举办的福利设施通过招标转让等向社会公共福利转化;强化社区福利服务组织,使社区服务网络化、普遍化。通过对传统社会福利服务机构及组织形式的改造和改革,促进社会福利服务组织社会化,社会福利服务业的发展产业化,社会福利服务保障的享受市场化。

本章小结

社会福利有广义和狭义概念之分。广义的社会福利覆盖的对象是全体国民,提供的福利既包括物质生活方面,也包括精神生活方面,是人类追求的共同目标。

社会福利作为社会保障的重要组成部分,有着不同于社会保险、社会救助的特征,主要体现在实施对象的双重性、实施主体的社会化、保障方式的多重性、管理的专业化、运作的非营利性等。

一个完善的社会福利体系应当包括老年人福利、残疾人福利、妇女儿童福利、青少年福利、教育福利、住房福利等多方面内容。本章重点介绍了老年人、儿童、妇女及残疾人的社会福利。

国外社会福利制度发展经历了快速发展与改革两个阶段,其很多做法对我国具有借鉴和启示。

我国社会福利制度的发展经历了由传统社会福利到现代社会福利的转型,本章着重介绍了我国的民政社会福利改革、社区福利的发展、职工福利的社会化、教育福利的改革等问题,提出了对我国当前社会福利制度改革的建议。

复习思考题

1. 如何理解社会福利的内涵？它有哪些特征？

2. 社会福利的功能和作用是什么？
3. 社会福利有哪些类型？
4. 简述社会福利制度的内容体系。
5. 如何理解老年福利、儿童福利、妇女福利及残疾人福利的内涵？
6. 如何理解发达国家的社会福利制度改革？有哪些经验可以借鉴？
7. 我国传统社会福利制度存在哪些主要问题？
8. 试述我国现行社会福利制度的改革与发展目标。

阅读书目

1. 林闽钢《现代西方社会福利思想——流派与名家》，中国劳动社会保障出版社，2012年。
2. 韩克庆《转型期中国社会福利研究》（社会学文库），中国人民大学出版社，2011年。
3. 彭华民《从沉寂到创新：中国社会福利构建》，中国社会科学出版社，2012年。

第十三章 军人保障

军人社会保障是一种特殊的社会保障制度,是社会保障体系的重要组成部分。长期以来,世界各国都很重视军人社会保障制度的建设工作,而且几乎都是政府承担了主要甚至是全部责任。通过本章学习,重点掌握军人社会保障基本知识和理论、了解国外军人社会保障的实践做法和经验、熟悉我国军人社会保障制度体系建设现状与问题,在此基础上,可以了解军人社会保障制度建设的一般规律。

第一节 军人保障概述

一、军人保障的概念

军人保障(Military Security),也称军人社会保障(Military Social Security),是指国家和社会依据一定的法律和规定,通过国民收入再分配,对军人及其家属的基本生活权利和物质利益给予保障的一项社会制度。通常包括军人保险、军人优抚、军人安置、军人社会福利、军人社会救助等内容。由于军人的特殊性,军人的社会保障有其独立的运作系统。其基本内涵是:第一,保障对象是军人及其家庭成员。军人,包括现役军人和退役军人两类人群。军人的家庭成员,包括现役军人家属、牺牲军人遗属、病故军人遗属等。第二,为军人及其家庭成员提供基本生活保障。由于军人职业的特殊性和危险性,国家和社会组织为军人提供的社会保障待遇标准和水平,一般要高于普通社会保障待遇标准和水平,以确保军人及其家庭成员的生活不受威胁且不低于平均生活消费水平的状态。第三,实施主体是国家和社会组织。军队是执行特殊任务的武装集团,军人也时刻面临战争或急难险情。这种职业的特殊性决定着军人社会保障的组织者和实施者必须是政府,全世界绝大多数国家都是由政府为军人提供必要的社会保障。第四,实行以税收为主要筹资方式的再分配机制。军人社会保障资金主要来自税收,也有少量的资金来自军人及其家属的缴费。军人社会保障更多地是一种国民收入的纵向再分配。第五,是一种特殊的制度安排。军人职业具有特殊性,军人社会保障有必要通过特殊制度安排。军人社会保障的对象、项目、水平和管理等都具有一定的特殊性,必须通过专门的军人社会保障立法加以规定,并与普通社会保障相区分。

二、军人保障的特点

军人社会保障与普通社会保障相比,有其自身的特殊性。

(一)责任主体的特定性

军队是执行国家政治任务的特殊武装集团,其劳动产品是国家安全与社会稳定,属于社会公共产品,军队无法、也不应该承担对其成员的社会保障任务。这就需要由国家和社会作为特定责任主体,承担起对军人应尽的社会责任。

(二)保障对象的特殊性

军人既是社会成员的一部分,又是国家安全的捍卫者,承担着比普通社会成员更多的责任和风险,也为社会作出了更多的奉献与牺牲,理应得到社会的尊重和合理的补偿。在军人社会保障制度的制定和实施过程中,不仅要充分保障军人的基本生活待遇,还应体现国家对军人及其家庭的特殊关注和优待,以更好地保障军人的合法权益。

(三)保障待遇的褒扬性

由于军人对国家的特殊贡献,各国政府都给予军人较高的社会地位和优厚的经济待遇,与普通社会保障保基本相比,军人社会保障待遇具有褒扬性特点。军人社会保障的待遇水平与标准要普遍高于一般社会成员的社会保障水平与标准,这是由于被保障对象为国家所付出的牺牲、作出的贡献比一般社会成员大。国家和军队有关部门在安排社会保障支出时,应向军人作适度倾斜,并在国家经济许可的范围内,适当提高军人社会保障各项目的给付标准,为军属提供精神与经济补偿,为军人及其家庭提供较为优厚的生活待遇。这实际上是对军人的一种褒扬,是对军人为社会额外付出的一种补偿。

(四)保障功效的激励性

军人社会保障对提高军队的吸引力、凝聚力、战斗力具有很强的激励作用。解决好军人的社会保障问题,不仅有利于把社会上优秀青年吸引到军队,以适应军队现代化建设的要求;也有利于解决军人的后顾之忧,使广大官兵安心建功立业;还可以减轻军队的非军事工作压力,以便集中精力抓好军队建设和发展。

(五)保障管理的相对独立性

军人社会保障对象和保障内容的特殊性决定了军人社会保障体系与管理的相对独立性。一方面,在体系的设计上,军人社会保障不同于一般国民的社会保障,它涉及军队、地方和国家等方面,需要建立一种上下沟通的行政隶属关系,组织专门的业务部门和常设的机构来统一协调与管理。另一方面,军人社会保障是一项经常性的工作,加上军事职业的特殊性、保密性,更加大了军队社会保障部门的自主性和管理的相对独立性。

三、军人保障的作用

(一)军人社会保障对个人的作用

1. 对军人及其家庭进行经济补偿

军人社会保障制度的建立可以预先筹集一笔数额较大的保障基金,能够预防军人遭遇各种风险时不至于使其及家庭失去生活来源。军人在服役过程中,如果遭遇到意外伤害和疾病,不能再从事军事劳动或暂时失去军事劳动能力,不能通过按劳分配来索取生活资料,那么,有了军人社会保障基金,就可以获得经济上、物质上的帮助和补偿,从而确保其本人及家庭的日常生活能够正常运转。

2. 有助于受伤军人恢复军事劳动能力

军人社会保障制度的建立可以使军人在患病时能够及时得到治疗,恢复劳动能力。军人社会保障在军人暂时或永久丧失劳动能力时,为军人及其家庭成员提供物质帮助,不仅解决了军人及其家庭的生活问题,也为军人恢复军事劳动力创造了条件。因此,军人社会保障对于保护军事劳动者的身心健康,稳定家庭经济生活,维护家庭成员的正常生活秩序,恢复军人的劳动力等,具有重要的作用。

3. 有助于分散军人的个体风险

军人社会保障基金除来源于国家财政拨款外,还通过社会统筹、个人按比例缴纳保险费等渠道筹集,这就决定了军人社会保障的责任主体不仅仅是国家,还包括了社会、个人、家庭等,从而形成了多元的主体结构,他们在一定范围内共同分担了每一个军人可能遭遇的各种风险,从而起到了分散风险的作用。

(二)军人社会保障对军队的作用

1. 有利于凝聚军心,提高军队的战斗力

建立军人社会保障制度,使军人的伤亡、医疗、养老保险有法律保障,现役军人能安心、放心、尽心服役,这样有利于增强军队的凝聚力,激发广大官兵爱军习武、献身国防事业的热情,调动军人的积极性和创造性,从而提高军队的战斗力。

2. 有利于提高军事经济效益

军人社会保障是军事经济活动的重要内容之一。军事经济活动的最终目的是为了提高军队的保障力和战斗力,其投入资源与创造的战斗力之比是衡量军事经济活动有效程度的指标。投入少而创造的战斗力越高,说明军事经济效益越大。军人社会保障就是一种投入少,社会效益高的经济活动。它通过少量的保险费投入,却带来了军心的稳定,激发了军人的斗志,对军队战斗力的提高起到了事半功倍的显著效果。

3. 有利于国防和军队事业的顺利开展

国防事业是国家安全稳定的命脉。军人社会保障因为向军人及其家属提供全方位的生活保障,解除了军人的后顾之忧,能够激励和促进更多的年轻劳动者参加军队,为国家军队的稳定和发展奉献力量,这就为国家的国防事业发展奠定了良好的人才基础。有了稳定的军人队伍,才能确保国家国防事业后继有人,也能促进国防事业稳定发展。

(三)军人社会保障对国家和社会的作用

1. 能够减轻国家的财政负担

传统的军人社会保障都是由国家财政承担所有的资金筹集任务,不仅给国家的财政带来负担和压力,而且也难以适应社会经济的发展。过去,整个国家的社会保障制度体系不健全,国家能够提供的社会保障非常有限,军人如果退役回归社会,继续由国家包揽就业安置和承担养老、医疗保障职责,是可行的。但是随着市场经济的深入发展,就业市场的逐步形成,国家包揽一切的做法已经不现实。为此,退役军人的社会保障必须和普通人的社会保障接轨,那么建立多元化筹资的军人社会保障成为必要。现代军人社会保障,通过多方筹资,包括军人个人适当缴费,这样既有利于减轻国家的财政负担,也有利于军人及其家庭成员回归社会、适应社会。

2. 有利于维持社会稳定

军人社会保障通过对国民收入的再分配，调节军人及其家庭成员与社会成员的收入差距，调节军队内部成员之间的收入差距，从而调节社会利益关系和社会矛盾，实现军队和社会的稳定。军人社会保障制度的顺畅、有效实施，可以使军人在遭受年老、疾病、伤残等风险时，得到一定的物质帮助，可以提高军人的经济地位和社会地位，消除军人的后顾之忧，增强军人对生活的安全感、心理平衡感、社会公平感、人际关系密切感和政治上的向心力，从而维护军队的稳定。军人是国家安全的捍卫者和社会稳定的营造者，军队的稳定关系到国家与社会的稳定和安全。

第二节 军人保险基本理论

一、军人保险的基本概念

军人保险，也叫军人社会保险(Military Social Insurance)，是指国家或军队依法建立专项后备基金，用于对军人遇到职业特殊风险或因年老、伤残、疾病丧失工作能力，按规定给予一定经济补偿或赔偿的一种特殊的社会保险制度。军人社会保险大体上可分为现役军人保险和退役军人保险两类。

现役军人保险是着眼于战争风险设置的军人人身保险，包括军人生存保险、军人死亡保险和军人人身意外伤害保险等。退役军人保险则与现役军人保险有连续性，有些项目的资金筹集在服役期间就开始了，有的则要归并到地方国民社会保险体系中。退役军人保险项目主要有养老保险、医疗保险、伤残保险以及失业保险等。

按照我国 2012 年 4 月出台的《军人保险法》的规定，我国军人保险包括军人伤亡保险、退役养老保险、退役医疗保险和随军未就业的军人配偶保险四种。

二、军人保险的基本内容

(一) 军人伤亡保险

伤亡是军人面临的主要风险之一。军人伤亡保险是通过设立伤亡保险基金，对死亡或者伤残的军人给予一定经济补偿或赔偿的保险制度。国外军人保险普遍设有伤亡保险,只是对这一险种的细目和称谓不同。如美国、日本称之为人寿保险,俄罗斯、加拿大等国家称之为现役军人意外伤害险,泰国则为战争险。外国对此项保险的对象、筹资渠道、给付标准等的具体规定差别很大。例如,对筹资渠道的规定大有不同,有的全部由国家拨付,有的全部由个人缴纳,有的则由国家和个人按比例共同负担。军人伤亡保险是军人保险中最重要的险种,带有强制性,美国、俄罗斯等国家规定现役军人必须参加这项保险。

按照我国《军人保险法》的有关规定,我国军人伤亡保险,所需资金由国家承担,个人不缴纳保险费。根据发生的伤亡原因不同,我国军人伤亡保险分为军人死亡保险金和军人残疾保险金两种待遇。其中对于军人因战、因公死亡的,按照认定的死亡性质和相应的保险金标准,给付军人死亡保险金;军人因战、因公、因病致残的,按照评定的残疾等级和相应的保险金标准,给付军人残疾保险金。而军人死亡和残疾的性质认定、残疾等级评定和相应的保险金标准等,国家和军队有专门的规定。该法律还规定了军人伤亡保险的除外责任,如果军人因下列情形之一致死亡或者致残的,不能享受军人伤亡保险待遇:(1)故意犯罪的;(2)醉酒或者吸毒的;(3)自残或者自杀的;(4)法律、行政法规和军事法规规定的其他情形。

(二)军人退役养老保险

军人退役养老保险是通过建立专项基金,用于保障现役军人按规定退出现役后养老的生活需要而给予经济保障的一种社会保障制度。这项保险在国外军人保险中比较常见。国外军人退役后,通常可按服役年限享受退役金。服役时间长的军人,可以依靠较高的退役金养老;服役时间短的军人,其退役金不足以养老,则需要设立军人退役养老保险。在国外军人社会保障中,不少国家既规定了军人的退役金待遇,又设立了军人养老保险,为军人提供双重保障。德国、日本等国都有这样的制度安排。德国义务兵服役期间的保险费由军队在其退役时向地方保险公司缴纳,转业到地方后,个人按本人工资的一定比例继续缴纳保险费。日本由军人自己在其退休前的若干年内以类似存款的方式定期缴纳一定金额的保险费,退休后可在一定年限内或终身领取高于所缴纳保险费总金额的养老金。

按照我国《军人保险法》的有关规定,军人退出现役参加社会基本养老保险的,国家给予退役养老保险补助。分为以下四种情况:一是军人入伍前已经参加社会基本养老保险的,由地方社会保险经办机构和军队后勤(联勤)机关财务部门办理基本养老保险关系转移接续手续;二是军人退出现役后参加职工基本养老保险的,由军队后勤(联勤)机关财务部门将军人退役养老保险关系和相应资金转入地方社会保险经办机构,地方社会保险经办机构办理相应的转移接续手续,军人服现役年限与入伍前和退出现役后参加职工基本养老保险的缴费年限合并计算;三是军人退出现役后参加新型农村社会养老保险或者城镇居民社会养老保险的,按照国家有关规定办理转移接续手续;四是军人退出现役到公务员岗位或者参照公务员法管理的工作人员岗位的,以及现役军官、文职干部退出现役自主择业的,其养老保险办法按照国家有关规定执行。

我国军人退役养老保险补助标准,由中国人民解放军总后勤部会同国务院有关部门,按照国家规定的基本养老保险缴费标准、军人工资水平等因素综合确定,通常要经国务院、中央军事委员会批准。

(三) 军人退役医疗保险

军人退役医疗保险是通过设立军人退役医疗保险基金,对军人退出现役后的医疗费用给予补助的保险制度。军人退出现役后,没有条件享受免费医疗或不能完全享受免费医疗的国家,需要设立此项保险制度。印度规定,陆军退休后,可以享受免费医疗,但不包括心脏病、癌症等"高费"疾病。因此,印度设有专项保险,退休官兵缴纳一定的保险费,可以获得此类疾病的保险。日本退伍军人有医疗互助保险制度,即将筹集的保险费存入信托银行,用其所获得的收入支付所需要的医疗费。

按照我国《军人保险法》的有关规定,我国军人退役医疗保险有以下三种情况:一是军人入伍前已经参加社会基本医疗保险的,由地方社会保险经办机构和军队后勤(联勤)机关财务部门办理基本医疗保险关系转移接续手续;二是军人退出现役后参加职工基本医疗保险的,由军队后勤(联勤)机关财务部门将军人退役医疗保险关系和相应资金转入地方社会保险经办机构,地方社会保险经办机构办理相应的转移接续手续,军人服现役年限视同职工基本医疗保险缴费年限,与入伍前和退出现役后参加职工基本医疗保险的缴费年限合并计算;三是军人退出现役后参加新型农村合作医疗或者城镇居民基本医疗保险的,按照国家有关规定办理。

我国军人退役医疗保险要求军人缴纳医疗保险费,其中,对于军官、文职干部和士官缴纳军人退役医疗保险费的,国家按照个人缴纳的军人退役医疗保险费的同等数额给予补助。而义务兵和供给制学员不要求缴纳军人退役医疗保险费,其医疗保险基金是由国家按照规定的标准给予军人退役医疗保险进行补助。军人退役医疗保险个人缴费标准和国家补助标准,均由中国人民解放军总后勤部会同国务院有关部门,按照国家规定的缴费比例、军人工资水平等因素综合确定。

(四)未就业军人配偶保险

未就业军人配偶保险是专门为伴随军人到部队系统但是没有工作的配偶建立的一项社会保险制度。该项制度专门解决军人配偶随军未就业期间的基本生活保障和社会保险待遇问题,解除军人后顾之忧,激励军人安心服役,世界上许多国家均设有此项保险制度。

按照我国《军人保险法》的有关规定,我国随军未就业的军人配偶保险主要包括随军未就业军人配偶养老保险和随军未就业军人配偶医疗保险。具体分为以下几种情况:一是随军未就业的军人配偶随军前已经参加社会保险的,由地方社会保险经办机构和军队后勤(联勤)机关财务部门办理保险关系转移接续手续。二是随军未就业的军人配偶实现就业或者军人退出现役时,由军队后勤(联勤)机关财务部门将其养老保险、医疗保险关系和相应资金转入地方社会保险经办机构,地方社会保险经办机构办理相应的转移接续手续。军人配偶在随军未就业期间的养老保险、医疗保险缴费年限与其在地方参加职工基本养老保险、职工基本医疗保险的缴费年限合并计算。三是随军未就业的军人配偶达到国家规定的退休年龄时,按照国家有关规定确定退休地,由军队后勤(联勤)机关财务部门将其养老保险关系和相应资金转入退休地社会保险经办机构,享受相应的基本养老保险待遇。

我国法律规定,国家对随军未就业的军人配偶参加社会保险,应当缴纳养老保险费和医疗保险费的,国家给予相应的补助。随军未就业的军人配偶保险个人缴费标准和国家补助标准,按照国家有关规定执行。国家要求地方人民政府和有关部门应当为随军未就业的军人配偶提供就业指导、培训等方面的服务。如果随军未就业的军人配偶无正当理由拒不接受当地人民政府就业安置,或者无正当理由拒不接受当地人民政府指定部门、机构介绍的适当工作、提供的就业培训的,国家将停止给予保险缴费补助。

三、军人保险制度的意义

(一)有利于保障军人权益

军人保险制度,主要是适应新时期社会经济的发展,提高军人的基本生活待遇,维护军人对养老、医疗保障等权益的要求而建立的社会保障项目。一方面,许多国家建有军人保险制度,以求与一般国民的养老、医疗保险制度保持衔接,并体现出这项保障措施的权利与义务关系;另一方面,除少数职业军人将在军人的岗位上坚持到退休外,多数均将退役并最终融入社会化的劳动力市场。中国的养老保险、医疗保险等社会保险项目的基本模式已经确立为社会统筹与个人账户相结合,而军人若没有相应的积累,其社会保险权益就必然受到损害。所以,为了保证军人在退役进入地方工作时或退休后能够立即享受相应的社会保险权益,设置军人保险项目成为必要,对保障军人权益发挥了重要的作用。

(二) 与地方社会保障体系相衔接

我国建立军人保险制度的目的,主要在于与一般国民相关保障项目改革与发展保持适应性,并在军人退伍后融入地方单位或退休时,能够与地方养老、医疗保险等制度相衔接。因此,军人保险制度的建立能够促进军人保障制度与时俱进,适应社会发展,更好地维护军人的社会保障权益。

(三) 促进军人保障制度规范化发展

我国传统的社会优抚安置制度表现为国家福利与军队的职业福利,没有社会保险性质的制度安排。进入20世纪90年代以后,随着国家经济和社会发展以及人民群众生活水平的普遍提高,原有的社会优抚安置内容,已不能涵盖和解决军人安置工作中遇到的新情况、新问题。为了更好地解除军人的后顾之忧,同时也为保持与面向普通劳动者的社会保险制度的适应性,1995年3月,军队开始研究论证军人保险制度。1997年1月,中央军委决定建立军人保险制度,1998年7月制定了《军人保险制度实施方案》。1998年8月,由国务院、中央军委颁布的《军人伤亡保险暂行规定》在全军开始实行。2000年1月,又建立了军人退役医疗保险制度。2004年军人配偶随军未就业期间的社会保险制度正式实施。2012年《军人保险法》的出台,标志着我国军人保险走向法治化、规范化轨道。

第三节 军人优抚与安置基本理论

一、军人优抚与安置的基本概念

优抚与安置制度是为了保障军人及其家属的基本生活而建立的一种社

会制度,是军人社会保障的主要内容。优抚又包括抚恤和优待。在我国,抚恤、优待与安置工作是我国在长期的革命和建设实践中逐步形成和发展起来的传统保障工作,也是拥军优属、拥政爱民工作的重要组成部分。

(一) 抚恤的内涵

抚恤(Pension)是国家和社会对因公受伤、致残人员或殉职、病故人员的家属给予的精神上的慰藉和经济上的资助。我国对军人遗属有一次性抚恤和定期抚恤的规定。一次性抚恤金的标准以军人身亡时的工资为单位,发放一定月数的工资。根据烈士、因公牺牲、病故的不同情况,发放的月数不同。定期抚恤金的基本标准由民政部和财政部制定,保证享受军人遗属定期抚恤金的人员的生活水平不低于当地人民生活水平。伤残军人按因战致残、因公致残、因病致残的不同情况,享受相应标准的抚恤待遇。

(二) 社会优待的内涵

社会优待(Social Preferential Treatment)是国家和社会按照立法规定和社会风俗对现役军人及家属提供经济和服务的优待性保障制度。社会优待手段既包括资金保障,也包括服务保障。资金保障,通常是向优抚对象提供各种生活津贴;服务保障,主要是由社会各界提供,既有生活服务,又有生产服务,以保证为国家作出贡献的人员及其家属维持一定的生活水平。

(三) 军人安置的内涵

安置(Resettlement)通常是指对复员退伍军人、军队离退休干部及其随军家属、无军籍退休退职职工在从军队回到地方后的生活和就业安排。在美国,政府不负责具体安排退出现役的军官,主要靠自谋出路。他们退役后主要受雇于私人企业和事业单位,也有的在政府机关任职,还有些退役军官会选择自己开办餐馆、商店、医疗所,有的经营企业、公司等。美国60%以上的退役军官一年内都能找到工作,特别是一些高级军官更是许多部门争相引进的对象,所以申请到政府有关部门工作的反而多为下级军官。比较年轻的尉官,退役后一般都重新进入大学攻读学位,毕业后再谋职业。英国和法国的退役军官都可以在国内自由选择安置地点,并且法国对不到退役年龄而选择退役的军官,军队可以帮助他们找工作。俄罗斯法律规定,每年退役军官有权任意选择定居点,若返回入伍前所在地及家属居住地者享受优待,军官退出现役后,由国家统一安排工作。

二、军人优抚与安置的基本内容

(一) 抚恤

国家对因公伤残人员、因公牺牲以及病故人员家属的抚恤待遇分为伤残抚恤和死亡抚恤两个方面。

1. 伤残抚恤。伤残抚恤是现役军人因战、因公或因病致残，根据丧失劳动能力的程度，由国家给予的物质保障。根据现役军人的伤残性质确定为因公致残、因战致残和因病致残三种。待遇补偿分为伤残抚恤金和伤残保健金两种，具体标准由民政部会同财政部制定。

2. 死亡抚恤。死亡抚恤是国家依法对死亡的现役军人的家属，提供保障其一定生活水平的资金的优抚保障项目。根据1988年颁布的《军人抚恤优待条例》规定，死亡抚恤的对象，一是革命烈士家属，二是因公牺牲军人家属，三是病故军人家属。按规定，现役军人死亡，根据死亡性质和本人死亡时的工资收入，由民政部门发给其家属一次性抚恤金。

此外为了更好地解决病弱、老年的退役红军老战士及老复员军人的实际困难，国家对部分在乡退役老红军、失散老红军及在乡复员退役军人，给予定期定量的生活补助及医疗照顾。

(二) 优待

优待是国家和社会按照立法规定和社会习俗，对现役军人及家属提供保证一定生活水平和生活质量的资金和服务的优抚保障项目。除此，军属在我国还享有其他方面的优待，如符合一定条件的军属在医疗、入学、入托、就业、住房、参军以及贷款和救助方面均享有相当的优待。

1. 生活优待。主要对正在服兵役的义务兵及其初级士官家属等发放生活优待金、享受相应的福利待遇、免缴相关税费、享受免费邮寄服务等。其中发给家属的优待金，一般要求不低于当地居民平均生活水平。对于特别困难的服兵役家属，地方政府还会给予定期定量的补助，甚至帮助其家庭改善生活条件。

2. 医疗优待。国家对于残疾人军人、复员军人、带病回乡退伍军人以及烈士遗属、因公牺牲军人遗属、病故军人遗属等均给予相应的医疗费用优待、医疗服务照顾和康复优待。

3. 交通优待。我国规定现役军人和残疾军人凭规定的有效证件，享受优先购票乘坐国内各种交通工具，如火车、汽车、轮船以及民航航班等；残疾人军人除此之外，还享受正常票价的一半价格优惠。

4. 其他优待。除了以上常规的优待内容外,我国现役军人、残疾军人还能凭有效证件免费参观各地公园、博物馆、名胜古迹等;义务兵和初级士官等退役后,报考公务员、高等学校和中等职业学校等具有优先录取的待遇;退伍军人烈士、因公牺牲军人、病故军人等,其子女、兄弟姐妹等在符合征兵条件的情况下享受优先批准待遇;残疾人军人、烈士、因公牺牲军人子女,在入学、入托及报考学校等方面享受优待,等等。总而言之,我国的军人优待内容非常广泛。

(三) 安置

1. 就业安置

根据我国军人相关管理办法,军人就业安置有以下三种方式:第一,农村居民(原农业)户口的退伍义务兵、复员士官和三级以上复员士官,按照从哪里来回哪里去的原则复员回原籍。其中伤、病、残、孤儿和遇有生产、生活等困难的退役军人,在安置上采取国家、集体和个人三结合的方针,由国家重点帮助无房、缺房的退伍军人建房,并发动社会力量,从资金、技术、信息等方面提供帮助。第二,城镇居民(原非农业)户口的退伍义务兵、服现役满一期或者二期规定年限的复员士官,由政府负责安排工作。第三,退伍义务兵、服现役满一期或者二期规定年限的复员士官,在部队获得大军区(含大军区)以上单位授予的荣誉称号及立二等功以上的(含二等功);因战、因公致残的五至八级残疾军人,由政府负责安排工作。具体的安置办法包括:第一,事业单位安置。政府负责安排工作的均可报名参加考试,遵循公开、公正、公平考试原则,按比例择优录取。第二,本人申请自谋职业。对于政府负责安排工作且本人自愿申请自谋职业的,国家发给自谋职业金、待安置期间生活补助费等。第三,企业安置。在等待安置期,国家发给待安置期间的生活补助费。

2. 生活安置

生活安置,特指离退休安置,是指现役军官离退休后,移交地方政府安置,由国家供养。安置工作的具体内容包括:(1)生活待遇保障;(2)规定安置去向;(3)住房保障;(4)子女安排;(5)在民政部设立专门的离退休干部管理、服务机构。

三、军人优抚与安置的功能特征

(一) 优抚安置对象具有特殊性

军人优抚安置对象是指为维护国家和社会安全稳定而做出牺牲和贡献

的特殊社会群体,由国家对他们的牺牲和贡献给予补偿和褒扬。优抚安置对象具体包括:(1)具有特殊贡献的伤残人员,包括伤残军人、伤残民兵、伤残民警;(2)复员退伍军人;(3)国家认定的烈士家属;(4)病故军人家属;(5)现役军人家属,包括现役军人和人民警察(武警、边防、消防民警)的家属;(6)转业军人。其中,家属是指特殊贡献者的父母、配偶、子女、依靠其生活的18岁以下的弟妹和抚养其长大又依靠其生活的其他亲属。

(二)优抚安置目标具有双重性

军人优抚安置的目标是为符合条件的优抚安置对象提供现金补贴、服务优待及就业培训与指导等,保障他们的就业与基本生活,具有经济保障和福利功能。同时,国家和社会还会通过各种优抚活动,向全社会宣传特殊贡献者的事迹和高尚品德,树立全社会的道德榜样和学习楷模。因此,军人优抚安置具有经济和政治双重目标。

(三)优抚安置待遇具有补偿性

优抚安置具有补偿和褒扬性质,因此优抚待遇和相关服务高于一般的社会保障标准,优抚安置对象能够优先优惠地享受国家和社会提供的各种优待、抚恤、服务和政策扶持。而且优抚安置工作是政府的一项重要行为,优抚优待的资金由国家财政投入,还有一部分由社会承担,部分安置对象的就业岗位由政府相应部门安排和提供。

(四)优抚安置内容具有综合性

优抚安置与社会保险、社会救助和社会福利不同,它是特别针对某一特殊身份的人所设立的,但是其内容又涉及社会保险、社会救助和社会福利等,包括抚恤、优待、养老、就业安置等多方面的内容,是一种综合性的项目。军人优抚制度对退伍和转业军人的就业安置、对其家属的抚恤均体现出社会保险的性质;对优抚对象中特别困难人员在就业方面的扶持、帮助等体现出了社会救助的特点;对优抚对象的优待,也体现出社会福利的性质。因此,军人优抚安置不是单一的社会救助、社会保险或社会福利,而是三者的高度融合与共同体现。

第四节 国外军人保障制度实践及经验

由于国情、军情不同,外国的军人社会保障各有差异,但也有一些共同的趋向,如社会化、法制化、货币化等。外国军人社会保障的经验,对建立健全我国军人社会保障制度有启示作用。

一、外国军人保障实践
(一) 外国军人保险制度概况
1. 军人保险的对象
外国法定军人保险的对象总体上包括军人及其配偶和子女,还有直系亲属和姻亲,但各国的具体情况有所差异。美国、德国、泰国、法国的军人保险对象仅限于军人,包括现役军人和退役军人。加拿大的军人保险对象包括现役军人、退役军人、预备役军人及其家属、遗属等。日本的军人保险对象范围更宽,包括现役军人、退役军人、预备役军人及其配偶和子女,以及其父母、兄弟姐妹、岳父母等。新加坡的军人保险对象包括60岁以下的现役、退休正规军人、非制服武装部队人员、战备军人员和国防部平民职员及其家属等。
2. 军人保险的险种
军人保险的险种较多,但以现役军人意外伤害险和退役军人退休金保险为主。在现役军人意外伤害险中,又主要突出作战和因公伤残保险。
3. 军人保险基金的来源
外国军人保险的基金主要来自政府拨款、军队缴纳、社会统筹、个人缴纳等几个部分的保险费。外国军人保险费的缴纳方式因国家和险种而异,主要有以下几种方式:一是全部由政府(或军队)负担。俄罗斯的军人养老保险费全部由政府负担,每年从国防预算中拨出2%作为基金。二是由军队和军人个人共同负担。例如,加拿大军队的现役军人因公伤残保险的保险费率为受保人月工资的4%,其中,政府代交85%,个人缴纳15%,个人缴纳部分从当月工资中自动扣除。三是完全由个人负担。例如,新加坡的军人保险费就是完全由个人承担,其每月数额根据保险金总额确定,投保的最初几个月从工资中统一扣缴,以后则逐月缴纳。
4. 军人保险赔偿金的给付
发达国家的军队为军人保险投保的金额数目都比较高。日本为现役军人设立的生命保险最高金额为1 000万日元,个人缴纳保险费为每月2 000日元。外国对军人保险的投保条件及保险费率等都有特殊的优惠政策。同一个险种,对军人的赔偿金要高于对地方人员的赔偿金,军人的保险费又低于地方,因此,军人的投保收益也高于地方。有的国家除正常保险赔偿外,还针对重大军事行动特设险种,提高偿付标准。美国在海湾战争期间特设的战争险,阵亡赔偿额高达数百万美元。俄罗斯军人牺牲,由政府向死者的每一位家属(父母、配偶、子女)赔偿死者月薪的 25 倍;若是重伤,则赔偿军人本人 50—70 个月的薪金。

5. 军人保险的投保方式

外国军人保险的投保方式主要采用强制投保和自愿投保两种。法国的军人社会保险、俄罗斯军人以及应召接受军训的公民在服役期间对个人生命或伤病、残疾等的投保,都是强制性的。美国则不同,对现役军人的团体人寿保险是强制性的,对退役军人的团体人寿保险可以自愿参加。加拿大的军人遗属抚恤保险、军人殉职保险、军人家属保险、退役军人养老保险等均自愿参加,而现役军人因公伤残保险等则为强制性保险。

6. 军人保险的管理体制

外国的军人保险,从行政上看,政府是宏观的管理机构,主要是制定政策、法规和进行监督。军人保险基金的管理机构,有的由国家社会保险基金会管理,有的由军队自己管理,还有的由保险公司管理。许多国家出于军事保密的需要,在社会保险基金会或保险公司设专门机构,管理军人保险业务。俄罗斯政府设国家强制保险局,负责监督、管理军人保险事务;国防部设军人保障委员会,负责制定军人保险的政策和法规。加拿大在社会保险基金会设公职人员保险机构,专门负责军人保险基金管理;在商业保险公司中,由军队派专职军人管理军人保险业务。

7. 外国军人保险的模式

从运作方式上看,有政府组织的军人保险、军队组织的军人保险、政府和军队共同组织的军人保险和商业保险公司办理的军人保险四种模式。政府组织的军人保险由政府进行管理和实施,由国家社会保险法人机构进行经营。美国、法国的军人保险属于这一组织模式。军队组织的军人保险可以分为两种:一是由军队经办,保险基金由政府负担的福利型,典型的代表国家是德国;二是由军队经办,保险基金的主要来源是军人个人缴纳的自助型,具有代表性的国家是印度,日本也有类似的情况。政府和军队共同组织的军人保险由国家社会保险法人机构和地方商业保险公司具体办理保险业务。这种模式扩大了军人保险的层次性,但它依赖于成熟的国家社会保险和商业保险体系,要具备妥善处理军人社会保险与军人商业保险之间关系的技术保证。加拿大的军人保险属于这一组织模式,商业保险公司办理的军人保险由军队管理和领导,但具体经营完全由商业保险公司负责实施。

(二)外国军人福利制度概况

1. 职业福利

军人的职业福利主要体现为由军队提供的给予现役军人的各种福利待遇,包括多方面的项目:一是职业津贴。如服役津贴、技术骨干入伍奖金、军医津贴等。二是免费医疗。三是住房待遇。如俄罗斯军官的住房由国家提供保障;美军有40多万套住房实行免费使用,军官可自由选择住房地点。四是购物优惠。如美军兴办军队供销商店,商品价格比地方同类商品低廉,现役军人、退役军人和家属均可去采购。五是休假和休假补贴。如俄罗斯军官每年有30—45天的假期;在艰苦地区服役的,可增加15天时间。配偶无工作及子女不满18岁的军官休假时,可得到相当于6个月的薪金补贴;配偶和子女可得到相当于其3个月的薪金补贴。六是军官人身保险免费或部分免费。如瑞士政府每年从税收中拨专款投入军事保险银行,军事保险包括军人的健康、人寿、事故和职业保障等。

2. 社会优待

社会优待是国家和社会为军人提供的待遇,主要包括以下几个方面:一是军官的部分薪金收入减免所得税。如美国、英国等军官基本薪金以外的各种津贴、军人参战期间的薪金收入等,国家在征收所得税时给予一定比例的减免。二是交通费优惠。许多国家对军人乘坐各种交通工具给予优惠待遇。俄罗斯、波兰、瑞士等国的军官在探亲、旅游或其他因私乘坐国内飞机、车船时,均享受半价优待。三是其他补贴。除上述几项外,一些国家的军官还享受婚丧补贴、生育补贴、子女补贴、搬家补贴、邮寄物品优惠、参加文娱活动优惠等诸多福利待遇。

3. 休养康复

休养康复是对重残军人、孤老军人等提供的生活、医疗护理及康复方面的保障。俄罗斯军队对病重、受伤、震伤或因履行职责极端疲劳的军人,可由国防部支付补助金,为其治疗和恢复健康。

4. 抚恤

在美国,凡在现役期间因公身亡军人的遗属,均可终身享受遗属抚恤待遇,每月补助金额依据该军官的原军衔级别而定,遗属子女和父母也享受一定金额的补贴。对因公致伤、致残的军人,从法规方面保障他们的基本生活、医疗保健以及可能的培训与就业。伤残程度达30%以上的,作退休处理;伤残程度在 30% 以下的,作退役处理,并分别享受相应的待遇。

《俄罗斯军人优抚金法》规定,退出现役后,经劳动医务鉴定委员会确认为残废的军官,不受服役年龄的限制,享受按残废等级计算的退休金;军官死亡后,靠其抚养但丧失劳动能力的遗属有权享受抚恤金。

(三) 外国军人安置制度概况

1. 自谋职业

美国的退伍士兵,服役不满 20 年的,军队发给一次性转业费,并协助其再次就业。转业费标准是年基本工资的 10% 乘以军龄。满 20 年的,按最后 3 年平均工资的 40% 领取退休金。超过 20 年的,每超过 1 年,退休金递增 3.5%。军官退伍后,安置地点可以自选,但政府不负责安排具体工作,靠自谋职业。但是,政府以"月薪"或"一次性"的方式发放优厚的退役金,同时还为其自谋职业提供优待。

2. 计划分配

俄罗斯法律规定,军官退出现役后,由国家统一安排工作。自退役军官到达居住地之日起,应不迟于 1 个月为其安排好工作。在退役军官安置过程中,一般会结合军人的专业,重视发挥退役军官的个人特长。退役军官通常被安排在各级行政机关、工厂、农庄、国营农场、地方院校、纪念馆及商业、交通运输、卫生等部门担负行政领导或军事教官。如果选择的工作不能发挥自己的特长,可以提出调整,当局一般均给予解决。俄罗斯容许退役军官任意选择定居点。同时也规定,返回入伍前所在地及亲属居住地者享受优待。但事实上,退役军官一般都选择大城市和几个南方城市。不过,近年来,退役军人进入莫斯科、列宁格勒、基辅三大城市,实际上受到了严格的限制。

印度在安置退役军官的过程中,每年都要为政府各部门规定一些接纳退役军官的指标,保留一些诸如安全官、助理安全官和行政官等职位的空额,以此解决部分退役军官的就业问题。近年来,印度又把这一规定强行扩大到私营部门,使之成为"法定空额"。由于先前的安置部门和各地职业介绍所远远不能解决人数众多的退役军官就业问题,印度政府也鼓励退役军官自谋职业,同时为自谋职业者提供一些政策优惠,如低息贷款、优先提供生产资料、对创办企业提供方便等。

二、外国军人保障的经验

(一)普遍实施高于普通国民的福利待遇

一般来说,各国给军人的福利待遇比普通国民高,尤其在发达国家更是如此。军人的福利待遇除了享受的标准高外,军人的社会福利项目也较多。如军官除基本薪金外,还享有各种名目繁多的补贴。补贴项目含盖军官工作、生活等诸多方面,从而使其总收入相应增加。通常,军队提供的补贴项目有住房、伙食、交通、两地分居等方面的基本补贴,还有专业技术、飞行、航海、艰苦地区等方面的特殊补贴。

(二)国家建立法定的军人保险制度

第二次世界大战后,不少国家采取立法的形式制定了军人保险制度。俄罗斯政府颁发了《军人地位法》,规定军人必须参加国家人身意外保险。俄罗斯政府还规定,从国家预算中拨款,建立保险基金;同时,国防部确定了承办军人保险业务的保险公司。法国将军人保险纳入了国家社会保险计划,由政府统一经办。这些以法律、法规形式建立起来的军人保险制度,一方面,以国家法定的形式规定了军人的权利和义务,使之受法律的保护;另一方面,实施过程中又由政府或国防部统一主管,负责军人保险政策的制定、实施和监督,形成了比较完整的国家强制实行的军人社会保险制度。

(三)社会保险和商业保险相结合

一些发达国家在对全体军人实行强制性保险的同时,采取个人自愿参加原则,把商业保险作为补充保险形式。在俄罗斯除国家出资的强制性人身保险之外的其他保险种类,均由军人自由选择、自由投保,如军人自费投保的人身保险、家庭财产保险、失业保险、子女教育保险等。加拿大以法定的军人社会保险为主,以自愿投保的商业保险作为补充。

(四)建立系统的军人就业培训计划

就业培训是为军人退役后从事地方职业的需要所进行的专业技能和就业指导培训。不少国家把就业培训列入教育训练计划,作为军人训练的组成部分;有的国家十分重视培养军人的综合素质,注重军地相通的培训内容;几乎所有的国家都有一套针对退役军人的就业培训计划。

三、外国军人保障的启示

(一)确立军人社会保障的重要地位

从外国军人社会保障的实施情况看,建立切合实际的军人社会保障制度,是稳定军心、增强军队凝聚力和战斗力、确保国家安全的行之有效的措施。不少国家把军人社会保障直接纳入国家社会保障体系,在国家军事制度中也大多包含有军人福利待遇和退役安置等方面的社会保障内容。外国对军人社会保障的地位十分重视,设置完整的保障项目,确保保障水平不低于国民保障水平,建立保障水平与经济、国民生活水平同步增长的机制,从而保证了军人社会保障在国家社会保障和国民收入分配中的应有地位,有效发挥了军人社会保障的作用。

(二) 建立适应社会发展的军人社会保障制度体系

外国军人社会保障普遍反映了与市场经济相适应和相对接的元素,对建立和完善我国新时期的军人社会保障制度体系具有重要的借鉴意义。一是外国军人社会保障反映了在市场经济条件下对军人实施有效社会保障所需要的基本项目;二是外国军人社会保障的诸种运行模式,为我国军人社会保障制度的改革和完善提供了可供选择的思路;三是外国军人社会保障普遍适应市场经济的运作机制,反映了市场经济条件下军人社会保障发展演变的规律,为我国军人保障制度的改革取向提供了重要参考。目前,外国军人社会保障制度建设具有法治化、社会化、市场化、职业化等趋同,这也是我国新时期军人社会保障制度改革努力的方向,即建立和完善与社会主义市场经济相适应的具有中国特色的新型军人社会保障制度体系。

(三) 适当提高军人社会保障制度待遇水平

虽然各国军人社会保障建立的历史、社会、政治及经济背景不同,但是他们普遍为军人建立了比普通国民较高的社会保障待遇水平,尤其是发达国家的军人社会保障,不仅待遇标准和水平高,而且军人保障的项目丰富全面,这无疑对完善我国军人社会保障制度具有重要的参考意义。建立具有中国特色的军人社会保障制度,必须坚持从我国的国情和军情出发,但是为军人建立比普通国民较高的社会保障待遇水平制度,是世界军人社会保障发展规律的必然要求。

第五节 中国军人保障制度实践与改革

一、我国军人社会保障制度建设历程

我国军人社会保障起源于中国共产党领导下的革命根据地的优抚工

作。1931年,中国共产党在江西瑞金成立了中央政权,建立了民政机构。在同年11月全国苏维埃第一次代表大会上,制定、通过了《中国工农红军优待条令》。此后,还颁布了《红军抚恤条令》《优待红军家属耕田条令》等法规。这批法规的出现,把军人的权益置于法律的保护之下,是具有现代意义的军人社会保障创立的标志。

新中国成立后,军人保障制度建设主要体现在两个方面:一方面完善了优抚工作;另一方面增加和完善了退役军人的安置与退休军官和离休军官的安置、养老等内容。1950年,中央人民革命军事委员会和政务院发布了《关于人民解放军1950年的复员工作决定》。此后,国家和军队先后制定、发布了《复员建设军人安置暂行办法》《国务院关于安置复员建设军人的决议》《关于处理义务兵退役的暂行规定》《关于现役军官退休处理的暂行规定》《总政治部关于高级干部在军队离职休养的待遇和管理问题的规定》等多种政策法规。这些法规的发布,初步形成了我国建国初期的军人安置、保障的体系,也标志着我国军人社会保障进入了新的历史阶段。

从1980年开始,为了适应农村实行家庭联产承包责任制的新形势,在全国范围内实行了农村义务兵家属的普遍优待。1985年,经国务院批准,由中央拨出专款,将烈属、因公牺牲军人家属、病故军人家属的生活困难补助改为由国家实行定期抚恤,并且规定抚恤标准随城乡人民生活水平的提高逐步增长,从此确立了由国家抚恤"三属"的制度。1998年,开始实行军人保险制度,现在的离、退休制度将逐步过渡到军人退役养老保险制度。1999年,制定了士官退役安置办法。2001年,对转业干部安置增设了自主择业的安置方式,这是安置制度的重大突破。2011年对《革命烈士褒扬条例》(1980年)、《军人抚恤优待条例》(1988年)以及《中华人民共和国兵役法》(1984年)三部法规进行了修改。2012年,出台了《军人保险法》,标志着我国军人社会保障制度正式步入社会化、法制化轨道。

二、我国军人社会保障的现状

我国军人社会保障工作经过几十年的努力建设,取得了显著的成绩。初步形成了以军人保险、优待、抚恤、安置等为主体内容的综合保障制度体系,制度内容不断完善、待遇标准不断提高、覆盖面不断扩大,对保障全军系统在役军人、退役军人及其家属的基本生活和就业起到了积极的作用。军人保障工作主要体现了四大成就:

(一) 军人保障的财力保障在逐步增强

国家用于军人保障方面的经费支出不断增大,为军人保障提供了充足的财力保障。以军人优抚安置费用为例,中央财政用于优抚安置的支出,2010年为213.2亿元,2011年为504亿元,到2012年资金规模达到了584.28亿元。《军人保险法》规定了军人保险基金的三个筹资渠道,包括个人缴费、中央财政拨款和利息收入等资金,其中,中央财政拨款是军人保险基金的主渠道。这为军人保障基金的筹集提供了充分的财力保障。

(二) 军人社会保障待遇水平不断提高

近年来,各项军人保障项目的待遇标准不断提高,增强了军人社会保障待遇总体水平。以军人伤亡保险的一次性经济补偿待遇为例,目前军人伤亡保险金标准为:烈士30万元,因公牺牲15万元,1至10级残疾从9.5万元到1.5万元不等。从2010年起,在军人伤亡保险的基础上,军队统一为现役军人购买人身意外伤害保险,两项保险合计,烈士60万元,因公牺牲30万元,1至10级残疾从14.5万元到1.75万元不等。同时,为了使伤残军人退役后能继续得到保障,明确已经评定残疾等级的因战、因公致残的军人退役参加工作旧伤复发的,依法享受相应的工伤待遇。又如国家对军烈属及复员退伍军人根据情况每年有定期的抚恤金和定期定量补助,该标准也逐年在调整(参见表13-1)。总体上看,我国全面提高了军人保障的待遇标准,确保了军人及其家属的基本社会保障待遇水平。

表13-1 2013年中央在乡三属定期抚恤金与复员退伍军人定期定量补助月标准调整表

类 型	城 镇			农 村		
	2013年(元)	2012年(元)	调整幅度(%)	2013年(元)	2012年(元)	调整幅度(%)
在乡烈士遗属	1 155	1 004	15	664	578	15
在乡因公牺牲军人遗属	991	862	15	634	552	15
在乡病故军人遗属	933	811	15	608	528	15
抗日战争时期入伍在乡复员军人	444	394	13	444	394	13
其他时期入伍在乡复员军人	414	364	14	414	364	14
带病回乡退伍军人	320	285	12	320	285	12

注:根据国家相关政策整理而成。

（三）军人保障管理有了明确的原则和思路

我国传统的军人保障是以社会优抚为核心，国家很早就确立了"国家、社会、群众三结合"的优抚原则，并制定了"思想教育，扶持生产，群众优待，国家抚恤"的方针，并在该方针的指导下，把从单纯的生活补助转变为积极扶持生产，由"输血"转为"造血"，取得了明显成效。此外，在军人安置工作方面，确定了"从哪里来，回哪里去"的原则和"妥善安置，各得其所"的方针，确保了军人安置工作的顺利有序开展。

（四）军人保障制度已经走向了法制化轨道

2012年4月27日中华人民共和国第十一届全国人民代表大会常务委员会第二十六次会议通过了《中华人民共和国军人保险法》，并自2012年7月1日起施行。此法是新中国成立以来国家专门就军人生活待遇所立的第一部法律。其标志着我国军人社会保障真正走向了以军人保险为核心的社会化、规范化发展轨道。不过早在中共十一届三中全会以后，国家和军队就先后颁布了一系列有关军人保障方面的规章及相关法律，如《军人抚恤优待条例》《退役义务兵安置条例》《中国人民解放军士官退出现役安置暂行办法》《关于军队干部退休的暂行规定》《关于军队干部离职休养的暂行规定》《中国人民解放军军人退役医疗保险暂行办法》《军队转业干部安置暂行办法》以及《国防法》等，为《军人保险法》的出台、为我国推动法制化、规范化的军人社会保障打下了基础。

三、我国军人社会保障面临的问题

虽然当前我国军人社会保障制度建设取得了显著成就，但是与国家各项社会事业的发展相比较，我国军人社会保障发展还存在许多有待于完善和改进的方面。

（一）保障覆盖面有待于继续扩大

目前我国军人优抚和补助对象依然是以保"重点"优抚对象为主，基本上还是救助型优抚方针。随着社会经济水平的不断提高，国家经济也有了充分的剩余，军人系统也应该同步分享经济发展成果，应该确立对全军系统官兵和士兵及其家属提供全面的优抚和补助，以增强军人的从军作战信心。此外，我国新出台的《军人保险法》明确规定，军人伤亡保险的范围是因战、因公死亡的和因战、因公、因病致残的军人才能享受军人伤亡保险金待遇，而其他情况下的军人致亡或者致残不能获得该项保险金待遇。这对军人本身来讲,只是提供了有限的风险保障。从退役军人的保障面来看,目前的军人保障覆盖对象重点为干部和士官中的转业、退休、离休人员,以及来自城镇的退役义务兵,而来自农村的广大退役义务兵、一、二级士官和复员官兵基本上被排除在退役军人社会保障范围之外。也就是说,在部队提升为干部、转为三级以上士官,或入伍前拥有城镇户口,成为享受退役军人社会保障的先决条件。这部分退役军人可以享受从基本工资、医疗保障到退休养老、住房分配、探亲休假等一系列保障。反之,来自农村的义务兵及一、二级士官退役回乡,能够享受的社会保障非常有限。基于以上考虑,建议我国军人社会保障进一步扩大覆盖面,逐步将所有军人纳入社会保障范畴。

(二)保障水平有待于再提高

现阶段,虽然我国面向军人的各项社会保障待遇标准和水平有较大幅度的提高,但无论是与国外军人保障的待遇相比,还是与我国普通国民的收入与生活水平相比,都显得偏低。以我国军人退役医疗保险制度为例,国家明确参加军人退役医疗保险的干部和士官,每月按规定缴费,军队给予同等数额补助。从缴费比例看,军人个人缴纳工资收入的1%,国家补助相应数额。实际上,军人医疗保险的比例仅占军人工资收入的2%,也就是说,计入个人账户的金额占个人工资收入的2%,但是目前地方实际工资收入高于军队,致使个人账户中军人退役医疗保险金额明显低于地方医疗账户。此外,对于义务兵和供给制学员,军人保险法规定,个人不缴费,全部由军队补助。按照现行的政策,军队补助标准为,排职至师职干部每人每月35元至81元不等,下士至一级军士长20元至62元不等,义务兵每服役一年补助420元。军人退役时,将退役医疗保险资金转移到地方社会保险经办机构,对这些义务兵和供给制学员来讲,转入社会基本医疗保险时,个人账户医疗资金如何体现是一个问题。

(三)财政保障投入有待于再提高

长期以来,我国政府都比较重视军人社会保障事业的发展,对这一事业的投入较之前也有所提高,但是总体上看还略显不足。例如,政府对优抚安置事业的拨款,自1979年以来,绝对数虽有较大增长,但其占国民收入的比重一直停留在0.1%左右。1981年中央财政用于优抚安置经费为7.98亿元,占当年国民收入的比重为0.16%,1995年优抚安置经费规模为51.89亿元,占当年国民收入的比重为0.09%,2010年、2011年和2012年的优抚安置经费规模分别为213.2亿元、504亿元及584.28亿元,占当年国民收入的比重依次为0.05％、0.11％及0.11％。由此可见,中央拨付经费总规模的绝对数额在增加,其在国民经济中的份额却未有同步增加,也就是说财政保障投入并不高。此外,在军人保险方面,虽然有中央财政预算拨款,但是整个保险的待遇水平和普通国民比较起来,仅仅是略高一些,而没有体现军队特殊风险需要有明显的特殊优待的要求,更不能达到对军人的激励作用。因此,建议进一步加强国家财政对军人社会保障的支持力度,以全面体现军人保障的特殊性。

（四）社会化程度有待于再提高

《军人保险法》的出台,虽然在促进军人社会保障的社会化、规范化方面具有极大的作用,但是我国现阶段的军人社会保障的整体社会化水平还有待提高。在军人保障中,除了基本的退役军人养老、医疗和随军未就业军人的配偶保险体现了一定程度的社会化水平外,许多本应依托社会实行的军人保障项目,如军人伤病残保险以及住房、医疗等相当大一部分保障职能,目前都是由军队自己承担。在财政投入有限、军费十分紧张的情况下,军队"办社会"的局面会加重军队的负担,继而严重制约了军队根本职能的发挥。此外,保障基金筹资渠道的社会化程度低下,也影响了保障水平的提高。为此,建议一方面加强军人保险的社会化筹资能力、提高个人的缴费比例,创新军人社会优抚和安置的社会化筹资渠道,增强社会性和市场性,以促进现代军人社会保障体系的建立和发展。

本章小结

军人是一个特殊的群体。军人社会保障是一个既独立又特殊的综合性社会保障,是国家社会保障体系的重要组成部分。

军人社会保障,通常包括军人保险、军人优抚、军人安置、军人社会福利和军人社会救助等内容。

军人社会保障,除了具有普通社会保障的保障性、强制性、互济性等共性特征之外,还具有自身的特殊性,主要体现在责任主体的特定性、保障对象的特殊性、保障待遇的褒扬性、保障功效的激励性、保障管理的相对独立性等特点。

《军人保险法》的出台,标志着我国军人社会保障真正走向了以军人保险为核心的社会化、规范化发展轨道。我国军人保险包括军人伤亡保险、退役养老保险、退役医疗保险和随军未就业的军人配偶保险四种。

外国军人社会保障制度建设具有法治化、社会化、市场化、职业化等趋同。我国新时期军人社会保障制度改革努力的方向是建立和完善与社会主义市场经济相适应的具有中国特色的新型军人社会保障制度体系。

复习思考题

1. 什么是军人社会保障？它有什么特点？
2. 简述军人社会保障体系的构成。
3. 什么是军人保险？军人保险有哪些内容？
4. 外国军人社会保障对我国建立军人社会保障体系有哪些启示？
5. 我国军人社会保障的发展目标是什么？
6. 对如何做好军人社会安置工作，谈谈你的看法。
7. 谈谈你对军人社会保障的认识。

阅读书目

1. 郑功成《中华人民共和国社会保险法释义与适用指引——附军人保险法释义》，中国劳动社会保障出版社，2012年。
2. 郑传锋《军人保险权益维护》，中国劳动社会保障出版社，2006年。
3. 张东江、聂和兴《当代军人社会保障制度》，法律出版社，2001年。

第十四章　补　充　保　障

　　现代意义上的社会保障除了政府主导的基本社会保障制度外,通常还包括多种补充保障形式,如企业年金、商业保险、互助保障与慈善事业等。虽然这些补充保障是基于不同的出发点和目标建立起来的,但它们共同从属于国民生活保障系统,对社会发展和增进国民福利起着不可低估的作用。补充保障是基本保障的补充,与基本保障共同形成了多层次的社会保障体系框架。本章主要阐述补充保障的概念、内涵及其基本理论、介绍补充保障的国际做法、论述我国补充保障的实践与发展。通过本章的学习,可以了解和掌握补充保障的基本内容与相关知识。

第一节　补充保障概述

一、补充保障的内涵

　　补充保障(Supplementary Security)是基本社会保障的对称,指在基本社会保障制度安排之外的,以非政府主导性、非强制性为特征的各种社会化保障机制的总称。具有如下基本含义:①

　　第一,是现代社会保障体系的重要组成部分。按照政府在社会保障中承担的责任大小,可以将社会保障体系划分为基本社会保障和补充社会保障两个层面。基本社会保障是由政府主导、组织、实施,甚至出资而推行的保障项目,通常包括社会保险、社会救助、狭义概念的社会福利等。而补充保障是由社会团体、雇主等举办,个人自愿参加,采取社会化运作和管理的保障项目,如企业年金、补充医疗保险、互助保障等。通常个人自愿参加的

---

① 郑功成《社会保障学》,中国劳动社会保障出版社 2005 年版。

储蓄和商业保险也属于补充保障范畴。虽然补充保障的举办形式多样、水平不等,但是其在社会保障系统中却发挥着重要的作用。如企业年金能够弥补基本养老保险制度的不足,互助保障能够弥补基本社会保障制度的缺漏,慈善事业是社会救助制度的重要补充,它们都是社会化的生活保障机制,因此,补充保障也是社会保障体系的重要组成部分。

第二,具有非强制性和可选择性特征。相对于政府主导的、国家法律规定的基本社会保障制度而言,政府在补充保障中并非当事人和责任主体,对补充保障的具体权利和义务没有直接规定,从而无权强制举办和参加,因而才使得补充保障具有了自愿特征。政府对补充保障没有统一规定和限制,有关单位及社会往往根据人们的需要会开展形式多样的补充保障,从而又使得补充保障具有了自由选择的特征。虽然政府不直接介入补充保障的具体事务,但是政府会对其加以支持和监督。

第三,具有完全的社会化特征。无论是从补充保障的参与主体,还是从补充保障的资金筹集方式看,补充保障都具有完全的社会化特征。补充保障常常在政府的鼓励和支持下,由国家、社会、组织以及职工个人所在的单位等自发的为广大社会成员举办,以提高其基本社会保障水平;在资金筹集方面,常常是以企业、个人或者社会捐助等资金为主,多数情况下属于第三次分配后的资金形式。由于其筹资范围的宽泛性,使得风险能够在更大的范围化解。因此,补充保障属于典型的社会化机制。

二、补充保障的分类

从世界各国的实践经验来看,补充保障是一个非常复杂的系统,其内容也非常丰富。在此,可以根据不同的标准对其进行简单的分类:①

(一)按照补偿方式分类

按照补偿方式划分,补充保障包括经济保障、服务保障与精神保障。经济保障是指主要通过现金给付或实物援助的方式来提供的保障项目;服务保障是指主要以各种生活服务为基本内容的保障项目;精神保障则是指包括文化、伦理、心理慰藉等方面的保障项目。

(二)按照实施主体分类

按照实施主体划分,补充保障包括社会补充保障、企业补充保障和个人

---

① 许琳《社会保障学》,清华大学出版社 2012 年版。

自我保障等。社会补充保障是指由各种社会团体如非政府组织或者非营利组织主导实施的保障项目，如互助保险、慈善事业等；企业补充保障是指由雇主主导实施的保障项目，如企业年金、商业保险等；个人自我保障则是指家庭成员之间的相互保障以及纯粹个人行为的保障，如个人参加的商业保险、个人储蓄等。

（三）按照与基本社会保障的相关程度分类

按照与基本社会保障的相关程度划分，补充保障包括基本保障附加型补充保障和独立补充保障。前者是建立在基本社会保障之上并以其为前提的各种补充保障，后者如互助保障与慈善事业等。

（四）按照保障水平分类

按照保障水平划分，补充保障包括社会救助型补充保障（指为受救助者提供极低水平的补充保障）、查漏补缺型补充保障（主要指未被覆盖人口参加的商业保险、互助保险等）和增进福利型补充保障（指在已有基本社会保障基础上建立的补充保障，如企业年金）。

（五）按照保障内容分类

按照保障内容划分，补充保障包括补充医疗保障、补充养老保障、补充住房保障等。

三、补充保障的条件

参加或实行补充保障必须具备以下三个条件[①]：

第一，作为企业，必须依法优先参加基本社会保险。如果企业要为员工参加企业年金，按照我国现行法律和政策规定，企业必须优先为员工参加基本养老保险、基本医疗保险、工伤保险、失业保险和生育保险等，只有按时足额缴纳了各项社会保险费，为员工参加了基本的社会保险，才能参加补充保障。如果用人单位和个人不参加基本社会保险，不遵守国家法律、法规或地方政府强制规定的按时足额缴纳社会保险费的义务，则就没有资格实行或参加补充保障。因为在多层次的社会保障体系中，基本保障起着主导作用。有了基本保障才能确保劳动者的基本生活。确保基本保险基金的形成，是建立补充保障的先决条件。按时足额缴纳各项基本社会保险费，是满足这一先决条件的具体措施。

---

① 郭士征《社会保障学》，上海财经大学出版社2009年版。

第二,无论是企业,还是个人,都要有较强的经济实力。这是实行或参加补充保障的经济条件。对于企业来说,具有较强的经济实力,能够交得起补充保险费,同时只有生产经营稳定、企业的效益好,才能保证对补充保险的资金给予持续供款,才有可能为员工建立补充性保险制度。如果用人单位经常亏损,连工资都发不出来,根本不可能具备举办补充保险的能力,即使是有微利,扣除生产性投入和事业发展所需经费后所剩无几,也是不能维持补充保险供款的。因此,补充保障的非强制性,就是给予企业有较大的选择余地。只有条件好的企业才可以发展补充保障制度。同样,对于个人而言,也只有经济条件好的,才可以参加或者参与补充保障,如商业保险、个人储蓄、提供慈善救济等。所以说,较好的经济条件是补充保障发展的必要条件之一。

第三,对于企业和社会组织而言,都要有较强的民主管理基础和集体协商能力。这是实行或参加补充保障的组织保证。对于企业而言,因为补充保障不是用人单位对员工单方面的"恩赐",而是用人单位和员工双方的协议行为。这个协议行为应由用人单位内部的职工代表大会制度和健全的工会组织工作制度来完成,而且应当有比较健全的集体谈判制度。补充保障涉及员工的切身利益,其制度的建立又非常复杂,如实施的范围、补充的水平、新老员工之间以及与退休人员之间如何做到有机的衔接等,因此,补充保障的方案框架、供款水平、管理制度、支付方法等都应经职工代表大会通过;一时没有条件建立职工代表大会制度的,起码也应由用人单位的行政部门与工会组织协商一致。有条件的单位还应建立有员工参加的理事会,监督补充保障制度的实施。对于社会组织而言,无论是作为补充保障的提供者还是补充保障的受益者,都需要有较强的民主协商能力,否则作为非强制性的补充保障,很难实行和发展。

四、补充保障的作用

(一)建立多层次社会保障体系的需要

建立多层次的社会保障体系,是我国社会保障制度建设的既定目标。党的十八大明确指出"坚持全覆盖、保基本、多层次、可持续方针,以增强公平性、适应流动性、保证可持续性为重点,全面建成覆盖城乡居民的社会保障体系"。长期以来,在国家和地方各级政府的大力推动下,基本养老和医疗保险改革进程加快,离退休人员晚年的基本生活得到了切实的保障,但基本保障水平依然较低,现有的补充保障发展还十分缓慢,远远跟不上形势发展的需要。十八届三中全会特别指出要"加快发展企业年金、职业年金、商业保险,构建多层次社会保障体系",从而为我国当前及未来社会保障制度发展指明了方向。在构筑多层次社会保障体系,发展补充保障制度体系中,企业年金、职业年金及商业保险将是重中之重。

（二）企业吸引人才提升竞争力的需要

在现代企业制度下,补充保障已经作为一项员工福利制度在发挥着积极的作用。市场经济体制的核心就是竞争机制,而企业的竞争就是人才的竞争。一个单位能否聚集到高素质、高技能的人才,这与一个单位是否有较高的薪酬和优厚的员工福利有极大的关系。一般来说,在国家的政策和法规要求下,企业都能够为员工提供基本的社会保障待遇,如为员工参加养老保险、医疗保险、工伤保险、失业保险和生育保险,但是能否为员工提供企业年金、补充医疗保险、住房公积金等就不是所有的企业都能做得到的。但是,往往大公司、财务制度比较健全的公司、竞争力强的公司基本都能在基本保障制度之外为员工提供补充保障,这些公司常常将补充保障纳入员工福利计划之中,作为吸引和留住优秀人才的主要手段之一。因此,建立丰富的补充保障制度,是提升企业竞争力的重要方面。

（三）满足社会成员提高生活质量和水平的需要

国家建立的基本社会保障,仅仅能够为广大社会成员提供满足日常生活需要的基本经济和服务保障,而广大社会成员如果要获得较高水平的经济和服务保障,则需要更为丰富的补充保障给予提供。补充保障由于其形式多样、水平可高可低、自由选择余地大,广大社会成员完全可以根据自己的经济能力和需要去选择参与。比如商业保险,有经济能力和需要的社会成员可以通过缴纳保险费的形式参加各种各样的商业养老年金保险和商业医疗保险。又如企业,为了提高其雇员的退休待遇水平,也可以在基本养老保险之外为雇员建立企业年金。同样,对于低保户家庭和贫困人员,在国家提供的最低生活保障之外,如果还遇到生活困难的,还有社会公益组织、慈善组织提供补充救助等。总之,补充保障,能够满足广大社会成员更高水平的保障需要。

（四）减轻政府无限责任的需要

在计划经济时代,我国政府对社会保障承担了无限的责任,且主要通过用人单位包揽了劳动者生、老、病、死、伤、残等一切保障。进入社会主义市场经济后,企业逐步成为自负盈亏的经济实体,单位化保障体制逐步解体,加之人口规模不断加大,让国家全部包揽,财政不堪重负。为了使劳动者能得到有效保障,20世纪90年代中下期,国家首先在企业进行了养老、医疗、失业等社会保险改革,推行国家和社会承担基本保险、引导单位举办补充保险、鼓励个人进行储蓄性保险,并发展多层次保险体系,使国家原先承担的无限责任逐步向有限责任转移。目前绝大多数经济条件较好的单位都给员工提供形式多样的补充保障,大大地改善和提高了员工的养老和医疗待遇,也从另一方面减轻了政府的社会保障责任和压力。

第二节 补充保障的内容

一、补充社会保险

补充社会保险,简称补充保险(Supplemental Social Insurance),是指相对于法定基本社会保险之外所建立的各项补充性的保险,包括企业补充养老保险、补充医疗保险和补充失业保险等。

(一)补充养老保险

补充养老保险在国际上统称为年金。[①] 年金,是指在一定期限内定期支付一定款项的经济活动方式,用此种方式实施的补充养老保险也叫养老年金。通常有职业年金、雇主年金、企业年金等多种称谓。其中职业年金(Occupational Pension),广义是指有职业(就业记录)的人获得的年金;狭义是指雇员从行业或企业获得的年金(可以是雇主和雇员双方或雇主单方缴费)。雇主年金,是指雇主单方供款为其雇员支付的年金。我国当前主要发展的是企业年金(Supplementary Pension),其是指在国家政策指导下,由企业依据经济状况,自主建立的一项补充养老保险制度,是基本养老保险的重要补充,也是多层次养老保险体系的一个重要组成部分。以下着重介绍企业年金基本内容。

1. 企业年金的特点

与商业人寿保险相比,两者有明显的不同:

一是两者的目的不同。企业年金属于企业福利,不以盈利为目的。建

---

① 郭士征《社会保障学》,上海财经大学出版社2009年版。

立企业年金与否,是企业劳资双方谈判中的一项重要内容。商业人寿保险产品是商业保险公司以盈利为目的的一种商品。

二是政府政策有差异。为推动企业年金的发展,政府在税收等方面会给予一定的优惠,允许一定比例内的企业缴费在成本中列支,个人缴费部分可免缴个人所得税,以此来鼓励有条件的用人单位建立企业年金制度。在有些国家,经行业协会申请,主管部门可以下令在该行业范围内建立强制性企业年金。商业人寿保险则没有这些政策优惠。

三是核保对象不同。商业人寿保险可以将体检不合格者、特定年龄以上者等排除在保险范围之外,还可以有性别差异。个人因隐瞒身体状况、年龄等情况,造成保险欺诈,要承担相应的法律责任。企业年金必须是集体行为,只要企业有相关意愿,并有支付能力即可建立,它的受保对象限于本企业(行业)员工,但不对受保对象进行体检,没有性别、年龄、身体等状况的歧视。

四是产品规范化程度不同。寿险保单是标准格式化产品,可以向个人按份出售。寿险合同一经生效,一般情况下不得更改,投保人必须按保单约定的金额缴费,保险人必须按保单约定的金额给付保险金。企业年金不是标准化产品,它因企业而异,设计的企业年金方案也是各异,只要劳资双方意愿达成一致,就可以执行。而且,企业年金还可以随时提高、降低或中止,其给付待遇是根据缴费和投资运营回报来确定的。

五是经办机构不同。企业年金的经办机构是多元的,可以是行业或企业、在企业之外单独设立的经办机构,也可以是信托机构或基金管理公司,还可以是商业人寿保险公司等,但这些经办机构要符合相关资格条件,且经过有关部门审核批准。而商业人寿保险产品只能由商业人寿保险公司经办。正是由于上述原因,在法律关系上,企业年金的管理是委托方与受托方建立起来的一种信托关系;而寿险产品是一种按照预定利率(或预期寿命)买卖的商品,以商业保单的契约形式存在。

与基本养老保险相比,二者更有本质的区别:[1]

一是性质不同。在建立基本养老保险制度的国家中,企业年金大多是养老金的第二支柱,作为基本养老保险的补充而存在,并且大多是在政府的鼓励扶持下,由企业自愿建立,属于企业人力资源管理和员工福利计划的重

---

[1] 潘锦棠《社会保障概论》,北京师范大学出版社2012年版。

要组成部分。而基本养老保险制度则是国家通过立法明确规定的、具有强制性的社会保险制度。当劳动者达到法定退休年龄或因其他原因退出工作岗位后,社会保险经办机构依法向其支付养老金等待遇,以保障其基本生活。所以企业年金和基本养老保险存在本质上的区别。

二是涉及主体不同。企业年金涉及的主体较多,各方主体的管理也比较复杂。以企业年金基金管理为例,2011年的《企业年金基金管理办法》第三条规定:"建立企业年金计划的企业及其职工作为委托人,与企业年金理事会或者法人受托机构(受托人)签订受托管理合同。受托人与企业年金基金账户管理机构(账户管理人)、企业个人投资行为,其所需资金一律由职工个人负担,不得由企业报销。"

三是产品规范化程度不同。企业年金计划不是标准化的产品,它往往因企业经营特色和职工结构不同而具有个性化的特点,只要劳资双方达成一致,企业年金计划的供款可以调整或中止;而基本养老保险是标准化产品。虽然我国基本养老保险存在明显的"碎片化"特征,但是在国家层面还是有统一的指导要求的,尤其城镇职工基本养老保险已基本实现了全国统一的模式。国家要求与就业单位有劳动合同关系的,就业单位必须为员工参加养老保险。

四是财务责任承担模式不同。目前各国企业年金计划主要选取缴费确定型年金计划,但也存在少量待遇确定型年金计划;而基本养老保险既有缴费确定型财务模式,也有待遇确定型财务模式,我国目前实行的是二者的混合模式。

2. 企业年金的缴费和给付

企业年金的缴费与待遇给付,按照资金的财务模式可以分为待遇确定型(DB)和缴费确定型(DC)两种形式。[①]

(1) 待遇确定型(DB)企业年金。即员工未来企业年金的待遇水平是事先确定好的,一般与工资水平、职务高低、劳动贡献大小、责任轻重和工龄长短等因素相关,员工一般不缴费或缴费很少。其优点是能为员工提供稳定的补充保障收入,对吸引和凝聚高级人才和优秀员工起到较好的作用。其缺点是单位责任较大,负担较重。

(2) 缴费确定型(DC)企业年金。即以缴费的多少来确定企业年金的

[①] 郭士征《社会保障学》,上海财经大学出版社2009年版。

待遇。通常,缴费有三种情况:一是完全由单位缴费;二是完全由个人缴费;三是单位和个人共同缴费。目前大多数实行的是单位和个人共同缴费。待遇水平与账户积累直接挂钩。其优点是透明度高,单位不必承诺员工退休后待遇水平,因此基金保值增值的压力不大。其缺点是个人账户投资风险转嫁给员工,基金回报率和未来待遇不确定。

3. 企业年金基金投资运营

由企业年金的特点所决定,其更加注重对基金的管理和保值增值。①

(1) 投资原则。在企业年金的投资中,通常要遵循三个基本原则,即安全性原则、流动性原则和收益性原则。

(2) 资产管理。对于企业年金资产的管理,可以分为自我管理和委托外部专业机构管理两种形式。大多数企业年金项目的资产委托银行、保险公司或其他金融机构(如基金公司、信托公司等)进行投资。也有一些大公司自己雇用投资经理进行企业年金计划的自我管理。

(3) 投资工具和资产分布。从世界范围来看,企业年金投资几乎涉及了所有的投资工具。常见的有:银行存款、债券、股票、房地产、风险投资和金融衍生产品等。不同的投资工具所承担的风险和回报差异很大,而且风险的大小和回报率的高低一般呈正相关关系,所以选择投资工具及进行合理的投资组合是企业年金基金投资运营最为重要的方面。

4. 企业年金的监管

企业年金是一项长期计划,从建立到领取要跨越几十年时间,其积累性、长期性和私有性的特征,决定了企业年金计划必须对其基金按照市场化原则进行投资运营,取得较高回报率,由此,也会产生许多风险。②

从参保人角度看,这些风险包括:基金被挤占、挪用;被用人单位或基金管理机构冒险投资;判断失误,与投资或资信水平较低的公司签订委托合同,影响企业年金的投资收益;员工流动或因企业破产、解散、撤销等造成年金待遇损失等。

从制度本身的运行看,尽管相关企业年金法规在制度上对筹资、审慎管理、信息公开化、多方面监督等做出规定,但是企业年金仍有运行失误或破产的风险,这种风险主要来自两方面:首先,企业本身有破产风险,企业破

---

① 郑功成《社会保障概论》,复旦大学出版社2005年版。
② 郭士征《社会保障学》,上海财经大学出版社2009年版。

产必然带来企业年金的连带破产；其次，企业年金按市场化运行，也会存在运行失误或破产的风险。在发生这两种风险时，原企业年金计划允诺给员工的企业年金收益由谁来承担就成为无法回避的风险。因此，对企业年金进行有效的监管，防范企业年金风险是政府监管的重要职责之一。监管的重要目标是规范运行，最大限度地减少运行风险，减少企业年金计划的中途破产，减少社会和政府的最终责任。

从企业年金的运行看，监管的内容包括：对企业年金方案进行审核、认定和备案；对承办企业年金的委托机构进行严格的资格认定和实行严格的准入制以及相应的退出机制，资格认定的条件主要是以资本充足度、资产质量、管理水平、专业队伍、盈利能力、资产流动性等指标体系，考核运营机构的资格；对企业年金基金的运营管理实行监控，主要包括资金投向监控、财务监控、回报率监控、清偿能力监控等；还要接受企业年金方面的投诉，并对有关事件进行调查、核实和必要惩处。

（二）补充医疗保险

补充医疗保险不同于基本医疗保险，其主要职能在于弥补基本医疗保险的不足，以满足人们多元化的医疗需求，同时使有限的医疗资源得到更为合理和有效的利用。因此，补充医疗保险的发展相当灵活，具有下列形式：

1. 企业补充医疗保险。与企业补充养老保险，或者企业年金一样，由企业为员工在基本医疗保险之外，建立的一种重在保障员工个人自负部分医疗费用开支的灵活多样的医疗保障制度。一般大型企业，如财务制度比较健全、员工福利制度比较好的企业，都能为员工提供补充医疗保险。有些企业还为员工建立大病医疗保险。企业建立补充性医疗保障形式多样，常见的有保险制、补贴制、补助制等形式。

2. 单位补充医疗保险。与企业补充医疗保险对称。特指机关事业单位为其公务人员建立的在基本医疗保险之外的补充性保险或者保障制度。往往是通过工会组织来负责管理。其形式多样，有直接参加商业医疗保险的、有直接由内部成员相互合作保险的，也有直接发放医疗补贴或者救助的。

3. 个人商业医疗保险。对于没有稳定工作，或者无就业单位的社会成员，通常在经济能力许可下，可以参加商业医疗保险，为其提供较高需求的医疗保障。

二、商业保险

商业保险(Commercial Insurance)与企业年金、职业年金共同作为基本社会保障的补充,是党的十八届三中全会特别确定的,也是人们提高和改善生活的实际需要。商业保险分为人寿保险和财产保险,养老、医疗、护理、意外等在人寿保险范畴,灾害性的财产损失在财产保险范畴。

(一)商业养老保险

商业养老保险是商业人寿保险的一种,以被保险人生存为保险标的,即当被保险人生存到约定年龄仍健在时开始领养老金,专门为被保险人老年提供基本经济保障的一种保险。有多种表现形式,根据投保人的不同,可以分为团体商业养老保险和个人商业养老保险,团体商业养老保险通常是单位统一为其员工投保,单位为投保人,也就是说投保人为法人,享受养老金待遇的被保险人是每一个员工,即是自然人。个人商业养老保险,是指以单个自然人为投保人的养老保险形式,又分为两种情况,一是投保人为自己本人购买养老保险,一种是投保人为与他有社会关系的其他人如配偶、子女、父母亲等购买养老保险。根据享受养老金时间的长短,商业养老保险又可分为定期养老保险和生存年金保险。定期养老保险属于定期生存保险的一种,是指对被保险人领取养老金有具体的时间要求,如当被保险人生存到某一年龄后,保险公司一次性给予被保险人一笔生存保险金,保险关系终止。生存年金保险是指当被保险人生存到约定年龄后,只要活着,就发放养老年金,直到被保险人死亡为止,因此也称终身养老年金保险。

商业养老保险的保障水平取决于投保缴费,缴费越多,保障水平越高。但是为了防止逆向选择和道德风险,保险公司常常设计有最高限额规定。即通过规定最高购买份数的形式限定最高保险金额。其中,终身养老年金险,具有较强的储蓄性特点,在商业人寿保险中涉及的面最广、保险的品种最多,销售的保费也最大。目前我国公民的保险意识逐年提高,购买商业养老保险的人越来越多,未来将成为我国社会保障体系中一个重要的组成部分。不过,由于商业养老保险发展市场还存在许多问题,产品的种类还不够多、保险费偏高、保险公司的信誉还未完全建立等,会影响商业养老保险市场的快速发展。

(二)商业医疗健康保险

商业医疗健康保险是一种运用大数法则原理进行风险集中与分散的保险品种。由于这个险种的不可预测因数较多,风险较大,因此,目前保险公司推出的品种不多,还需大力开发,并加以必要的引导,以缓解疾病医疗给人们带来的健康风险。

三、互助保障

互助保障(Mutual Security),即利用互助机制达到共同保障的目的。人类社会早期就依赖互助保障实现社会保障的目的。早期的互助保障基本上是由家庭、亲友之间通过"养儿防老、积谷防饥"的方式来实现。当人类社会进入市场经济时代后,生产方式发生了根本性的变革,集中的社会化大生产造就了工人阶级,工友们在生活等方面发生困难时自发地互相帮助、互相资助,当工会产生后,逐步发展为有组织的互助。互助早于救济、保险和保障。在现代社会保障体系中,互助依然是社会保障体系中不可缺少的组成部分。我国的互助保障主要体现为工会举办的职工互助保障、社区举办的互助保障和社会有关方面举办的互助保障等。[1]

(一)职工互助保障

职工互助保障是指由工会举办并组织管理,工会会员自愿参加的互助保障活动,是对基本社会保障的重要补充。最早源于20世纪90年代中后期,在城镇职工养老保险制度改革的同时,全国总工会积极配合建立多层次的养老保险体系,把工会经办的传统职工互助会演变成为职工互助保障会,并引入商业保险的机制,把传统的救急济难的互助活动改革成为带有保险性质的互助保障,最大程度地保护了职工权益。

职工互助保障会是经民政管理部门批准的非营利的公益性群众社团组织。该组织是跨单位、跨系统、跨行业的,在一个地区一般只能批准登记一个,其组织系统基本上是跟工会的组织系统相吻合。其主要经费来源于通过经办互助保障,对互助保障基金进行投资运营的增值保值部分,以一定比例提取管理费作为运作经费。主要作用是在基本保障和单位补充保障的基础上,再对参加工会的员工进一步实施保障。该作用远远大于传统的职工互助会救急济难的作用,已经向改善和提高工会会员保障水平的方向发展。

职工互助保障会面向所有建立工会的单位和工会会员,以工会自愿参加为原则,只要工会组织有意愿,就可以投保;投保的资金来源主要是由工

---

[1] 郭士征《社会保障学》,上海财经大学出版社2009年版。

会筹集和行政支持。职工互助保障会按照各自的投保,实行账户管理和委托投资运营。

目前,职工互助保障会主要推行养老、医疗、农民工意外工伤等险种,在这些险种中又设计出若干个品种。

(二) 社区互助保障

社区互助保障是指在一定行政区域内,由社区的有关组织牵头发起组织,居民自愿参加,以提供服务为主的互助保障活动。

社区互助保障,强调以提供互助服务为主,主要体现在生活照料、医疗护理、为老服务、护理服务等方面。其中,在生活照料互助服务方面,以社区服务社为主体,通过提供上门服务、提供设施服务,以及社区助餐点等送餐服务方式,为需要帮助的人提供无偿、低偿和有偿生活照料服务;在医疗互助服务方面,以社区卫生服务中心为主体,社区辖内的居民为主要对象,在一般的感冒、轻伤、体检、打针服药等小病及诊疗方面提供有偿和无偿的服务;在为老互助服务方面,以社区的退管会为主体,以退休人员为服务对象,在政治学习、文化娱乐、旅游休养,乃至个别生活照料等方面提供有偿和无偿的服务,使其感受像在单位里一样温暖、清凉、有保障;在护理互助服务方面,以劳动保障和民政部门设在社区的社会保障机构或老年机构为主体,对社区内需要护理的人员提供互助护理服务。

(三) 社会互助保障

社会互助保障是指一种跨区域、跨单位,由有关方面或组织自发为其成员建立的一种互助保障。最大优点是覆盖面比较广,加入人数比较多,能够提供的互助互济能力比较强。社会互助保障主要有以下几种形式:

(1) 投保人的急难互助。主要是针对有急病、死亡等的特困投保人或家属,及时给付一次性互济金、抚恤金或慰问金。

(2) 特殊重病友爱互助。主要是针对患有恶性肿瘤、重型肝炎、尿毒症等特殊重病投保人,按照医疗费支出的一定比例给予资助。

(3) 医疗自负费用互助。主要是对投保人个人医疗账户用完后门急诊自负费用、住院的起付费用以及医疗保险基金支付后的个人自负费用给予一定比例的补贴。

(4) 意外伤害互助。主要是针对因自然灾害、交通事故等意外伤害而造成伤残或死亡的投保人,根据其具体情况给予一定的互助金。

四、慈善事业

(一) 慈善事业的内涵

慈善事业(Philanthropy)是指社会成员建立在志愿基础上所从事的一种无偿的、对不幸无助人群的救助行为,是一种社会性、公益性救助事业。它通过合法的社会中介组织,以社会捐助的方式,按特定的需要,聚集物资,再通过合法途径,用于无力自行摆脱危难的受助者。慈善事业以社会成员的慈爱和悲悯之心为道德基础,以人道主义为思想基础,以社会捐助为经济基础,以民间公益团体为组织基础,以社会成员的广泛参与为发展基础,属于社会第三次分配形式,是社会保障的必要补充。

(二) 慈善事业的特征与功能

1. 慈善事业的特征[①]

(1) 具有组织性。现代慈善事业是一种有组织的社会活动,而不是个别人的自发活动。慈善事业由各种慈善组织承担具体的组织实施工作。现代慈善组织的主要形式是基金会,这是慈善事业之所以成为一项有益的公益事业而非单个的施舍行为的组织基础,也是与官办社会救助的重要区别所在。

(2) 具有自愿性。现代慈善事业完全以捐助者的意愿为基础,具有自愿性。第一,慈善事业的经费主要来源于社会成员的自愿捐助。第二,慈善组织在实施慈善项目时,必须以捐助者的意愿为实施基础。只要捐助者的意愿不违背现行的法规及社会公德,捐助者有权指定慈善组织将资金用于其指定的慈善项目甚至具体的救助对象。

(3) 具有民办性。现代慈善事业在本质上属于民间的事业,民办性是其本质属性。虽然社会中存在官办的慈善事业,但是民办性是其本质的要求。如果将其变为官办事业或政府职能部门的附属物,就会损害民间的积极性与主动性,并在无形中加重政府职能部门的工作负担与财政压力。因此,要坚持慈善事业的民办本色,让慈善事业由单纯的富人视野变为全体社会成员的共同事业。

(4) 具有规范性。民办性并不排斥现代慈善事业的规范运作,在慈善组织的基础上,慈善事业虽然在具体运作中排斥政府权力的干预,但可以接受政府的财政帮助并服从其纪律监督,要按照相应的制度规范来运行。

---

① 许琳《社会保障学》,清华大学出版社 2012 年版。

2. 慈善事业的功能

慈善事业的功能是指慈善组织或个人的慈善行为及其产生的影响。慈善事业所具有的功能是慈善事业自身能够存在和运转的根本。具体来说，慈善事业的功能主要体现在以下几个方面：①

(1) 具有再分配功能。当今世界，慈善事业的社会地位不断得到加强，日益成为社会分配和社会资源重组的一种重要途径。在国外，以教会和企业慈善为主体，发挥着重要的再分配和补充保障的作用。在我国，随着社会经济的发展，慈善事业发挥第三次分配功能的作用也日益凸显，在一定程度上弥补了初次分配和再分配过程中的不足，促使财富和资源能够在社会各阶层和群体之间进行流动和重新分配。

(2) 社会整体受益功能。慈善事业通常是通过聚集社会成员的剩余资金而发挥作用的。按照边际效用递减规律，慈善事业是将上层社会和富裕人群中边际效用最小的财富转移到贫困阶层和困难人群中使之发挥最大化的效用，进而使得整个社会财富的边际效用增加，使更多的人群受益。

(3) 社会稳定功能。慈善事业是移富济贫的事业，能够促进社会和谐发展，成为社会稳定器。发展慈善事业是处理阶层关系的重要手段，是社会健康和持续发展的重要基础。慈善事业越是发展，对缩小阶层差距、缓解社会矛盾的作用就越大。

(4) 思想教化功能。慈善组织通过对人的道德教化，从内心深处激发对人、对人类社会的关怀和责任，使社会更加和谐，使人们更加富有爱心，从而有助于提升社会的道德水准。志愿服务是慈善事业的核心价值形式，个人和团体通过发自内心的志愿义务服务，用行动体现内心对人和社会的爱与道德关怀。

(5) 弥补政府失灵和市场失灵功能。市场不仅会失灵，而且市场经济的逻辑本质上是一种优胜劣汰的社会达尔文主义，财富的集中不仅是获取规模效益的需要，也是市场竞争的必然结果。这一机制正是保证经济效率的前提，但同时又容易造成贫富不均和社会分化。特别是在社会转型时期，政府和社会都面临着很多艰难的问题。慈善事业作为不同于国家和市场的第三股力量，能够承担许多国家剥离给社会的职能，有助于解决在某些方面"市场失灵"和"政府失灵"所带来的社会问题。

---

① 郭士征《社会保障学》，上海财经大学出版社 2009 年版。

(三) 慈善组织及其运作

1. 慈善组织的内涵及其分类

慈善组织是指独立于政府组织之外的,向公众提供扶贫济困、救灾助孤、发展教育等慈善活动的非营利性、非政治性的团体和组织。慈善组织从事慈善活动,充当施惠者与受惠者的中介。它具有公益性、自愿性、慈善性等特点。

根据不同的依据或者标准,慈善组织可以划分为不同类型。如从实践环节出发,慈善组织可以分为募捐机构、实施机构与协调机构三种。从性质出发,慈善组织可以分为公募慈善组织与私募慈善组织,前者是通过向公众与社会各界募捐来开展慈善活动,后者则是慈善组织的设立者通过自己的捐助来开展慈善活动。从所承担的任务或职责出发,慈善组织可以分为混合型公益组织、综合型慈善组织、专一型慈善组织、附属型慈善组织等形式。这些团体或组织的根本目标一致,但又肩负着不尽相同的任务。如混合型公益组织,通常在提供有关慈善服务的同时,也从事着其他社会公益事业,或以慈善事业为主,或以其他社会公益事业为主。综合型慈善组织,通常是在一定区域范围内提供多种慈善服务,也许其开展的慈善项目在不同地方、不同时期会有不同的侧重点,并会受到财政实力及捐助者意愿的限制,但其慈善服务项目及内容却可以是多方面的,不会受到组织结构及法定职责的局限。专一型慈善组织,通常是专门为了某一项慈善事业而建立起来的,其特点是肩负的职责和任务较单一、援助对象较具体、目标较明确。附属型慈善组织,通常是由企业自己为了更快捷的发挥慈善职责而设立一些附属型的慈善或公益组织来直接融入慈善事业并发挥作用的。

2. 慈善组织的运作

从现代慈善事业的运作过程来看,它主要包括组织社会捐助、资金管理、实施救助以及接受监督等环节。

第一,组织社会捐助环节,是指慈善组织动员有帮助他人能力的社会成员向慈善组织捐助的过程。包括开展慈善宣传、弘扬慈善美德、组织募捐等。

第二,资金管理环节,是指慈善组织有责任对向社会募捐的资金进行保管使之安全的任务环节。慈善组织对社会成员捐助的资金只有看护权、管理权,而无所有权。因此,慈善资金通常要接受政府有关职能部门及社会各界的监督与检查。

第三,实施救助环节,是指慈善组织将所募捐的资金用到最需要的地方的环节。这就要求慈善组织必须充分尊重捐助者的意愿,做好社会调查工作,对救助对象及所需服务进行摸底,然后做好与有关各方的联系工作,最后实施慈善性救助,保证将救助资金用在最适当的地方。

第四,接受监督管理环节,是指慈善组织所管理的慈善资金受到政府和社会公众监督的环节。包括主动接受政府主管部门的监督管理、慈善事业协调或自律机构的监督管理、社会公众的监督等。

第三节 国外补充保障制度实践及经验

一、国外补充保障制度发展的由来

在现代社会保障制度体系中,作为第二支柱的企业年金制度,被国际社会广泛认为是补充保障范畴。这样一来,我们可以通过考察作为正式补充保障制度的企业年金,或者职业年金的发展历史,来进一步认识国外补充保障制度的发展历史。

世界上早期的企业年金制度是源于大企业的职工养老金、储蓄金计划,实行完全的基金制。在现代社会保险制度产生之后,职工养老金、储蓄金计划将退出主导保障地位,成为企业职工的第二支柱保障。但是也有相反的情况存在,许多福利国家长期以来以政府公共养老金计划为主体,在企业年金制度发展起来后,改变了政府养老金的主导地位。比如在澳大利亚,政府养老金体系产生于20世纪初,在相当长时间中几乎一直是澳大利亚唯一的养老保障方式。但是自从澳大利亚在20世纪80年代中期推出超级职业年金计划之后,澳大利亚政府养老金及其福利金计划在老年人口的经济保障中由过去的主导地位变成了主要地位,企业年金计划已经占到老年人养老保障的11%,成为澳大利亚养老金保障的重要补充。[1]

纵观世界各国的发展历史,企业年金之所以能够在基本社会保险制度产生之后继续存在,主要源于两方面原因:一是政府政策的鼓励。多数国家在推行基本保障制度的实践中感到国家在劳动者的养老、医疗等方面不能承担无限责任,只能承担保障基本生活和基本医疗的有限责任。要提高

---

[1] 杨翠迎、郭光芝《澳大利亚社会保障》,人民出版社2012年版。

劳动者退休后晚年生活质量和其医疗保障水平,只有引导有条件的企业再为自己的职工举办补充保障;二是企业为了稳定员工队伍和激励员工积极劳动,将补充保障作为员工福利政策的组成部分来推行。① 在现实中,以企业年金为代表的补充保障在改善劳资关系方面,作用非常明显,所以,也使得企业年金的地位和发展得到了巩固和加强。由此,企业年金在整个世界社会保障制度体系建设中都扮演者重要的角色。

二、国外补充保障制度发展现状及类型

目前,西方发达国家的补充保障制度已有近100年的发展历史,特别是企业年金制度经历了许多困难和挫折,才发展到现在较为发达和成熟的局面,覆盖面也比较广泛。经合组织国家(OECD)就有1/3的员工被覆盖;美国、英国、德国等国家企业年金的覆盖率已达到50%左右,两德统一前的联邦德国企业年金覆盖率高达70%,两德统一后企业年金覆盖率也达48%,即接近一半的劳动者有补充保障;在日本,1 000人以上的大企业中,实施企业年金计划的约占大企业总数的91%。从实施企业年金计划单位的具体构成来看,大型企业或企业集团较为普遍,一般占到参加企业的70%左右,而小企业较少。据德国的有关资料统计:企业员工在10 000人以上建立企业年金制度的达84%;1 000人至10 000人的达76%;500人至1 000人的达71%;10人至500人的达36%;10人以下的仅12%。从这一组数据也不难看出,在一般情况下,大企业的经济实力比较雄厚,组织管理基础比较扎实,推行起来比较顺当。而小企业的经济实力比较单薄,波动性也较大,自然对实施企业年金的内在动力就比较小。②

从各国企业年金实践来看,大体有以下几种类型:

1. 根据不同的对象,实行分类保障。从企业年金的保障对象来看,有些国家把管理人员和工人分开实行不同的补充保障。如法国于1947年建立了全国性的管理人员补充养老保险制度;1961年12月又针对非管理人员,建立了全国性非管理人员的补充养老保险制度。又如德国的白领职员和蓝领工人的补充保障归属于不同的工会组织来实施。

2. 在财务模式上,多数国家实行缴费确定制年金。在年金资金的财务筹集和待遇确定方面,多数国家实行缴费确定制,也有一部分国家实行待遇

---

①② 郭士征《社会保障学》,上海财经大学出版社2009年版。

确定制。不过,不论是实行缴费确定制还是待遇确定制,均以基金制模式来实施,即雇主和雇员都要按一定比例供款,通过专门的账户来管理基金。美国、日本等多数国家的大部分企业实行缴费确定制模式;德国、法国等国家的一部分企业或部分企业对其管理人员实行待遇确定制模式。

3. 在账户的管理方面,多数国家实行个人账户制。建立个人账户管理资金是基金制补充保障的共同特点,国际上绝大多数国家的补充年金制度实行个人账户模式。但是也有少数国家对企业年金实行公共账户制,如荷兰是实行强制性的、劳工自治的公共账户制补充养老保险。

4. 在基金投资管理方面,多数国家实行企业自主模式。企业年金属于企业行为,绝大多数国家不会干预企业年金的资金运营问题,一般由企业自主选择投资机构和投资工具,但是也有少数国家统一规定企业年金资金必须存入银行和购买国债,以确保年金资金的安全和稳定。如美国通用汽车公司拥有 80 多万雇员,公司内部设有企业年金管理公司,公司和雇员按雇员收入的 4.5% 缴费,养老基金由公司雇佣的投资经理进行经营。澳大利亚职业年金种类很多,雇员可以根据自己的情况选择参加,其中自我管理基金就是一种管理责任完全由参加人自己决定的一种基金,在所有的基金类型中,自我管理基金发展势头非常好。[①]

三、国外补充保障的经验与启示

(一)高度重视补充保障的法制建设

依法推进社会保障制度建设,是许多发达国家的共同特点。补充保障作为社会保障制度体系的重要组成部分,也不例外。早在 1834 年,英国的法律就提出了职业年金的概念,1959 年颁布了《年金法》、1999 年颁布了《福利改革和年金法案》;瑞典 1959 年制定了《补充年金法》;加拿大 1965 年制定了《标准待遇法》;美国国会于 1974 年通过了《雇员退休年金保障法案》;联邦德国 1974 年通过了《企业补充养老金法》等。

(二)普遍对补充保障实行税惠政策

税惠政策是推动补充保障发展的一个动力,是绝大多数国家的通常做法。税惠政策体现在三个阶段:即缴费阶段的企业所得税、个人所得税;积累阶段的增值收益税、利息税和领取阶段的个人所得税、遗产税和赠与税。

---

① 杨翠迎、郭光芝《澳大利亚社会保障》,人民出版社 2012 年版。

目前,国外最流行的是 EET 税制,即在缴费和积累阶段免税,在领取时征少量税。EET 税制的特点是在当期消费和未来消费之间是中立的,同时确保不能重复征税,它反映的是长期养老金储蓄,在生命期间里收入再分配的真实性质。在缴费阶段,多数国家在政府规定的额度内,企业缴纳的企业年金保险费,可以从成本或费用中列支,如美国规定在雇员工资收入的 15%、加拿大规定在雇员工资收入的 18%、德国允许在雇员毛工资的 10%以内可在税前成本中列支;少数国家规定可按低税率纳税,如澳大利亚规定,无论是雇员还是自雇者,所有能够获得税收抵消资格的缴费,在优惠缴费限额内,均可以享受 15%的优惠税率。在积累阶段,补充保障基金在银行的利息和投资收益等增值部分,多数国家规定可以免税,少数国家规定征低税。在领取阶段,一般都按基本养老金收入征低税,少数国家规定免税。如新西兰规定退休人员领取的企业年金可以免税。[1]

(三) 实行较为灵活的组织管理制度

世界上多数国家对补充保障基金和业务管理,实行灵活自主的管理办法。这也是各国补充保障能够快速发展的重要原因之一。在这些实行灵活自主管理办法的国家,政府只是承担经办机构的资质审核和监督。大多数国家是由政府严格审核的民营、私营机构经办补充保障。也有些国家如英国、法国等是由社会保险机构与民营、私营机构同时经办。与基本社会保险管理模式不同,补充保障管理实行自主管理,经办机构的多样化与异质性,使得他们之间常常处于激烈的竞争态势,在竞争中优胜劣汰,而这种竞争的结果,常常使得各类经办机构更加注重质量和信誉,最终受益的人则是补充保障的参保者。

(四) 对补充保障基金运营实行限量监管

虽然多数国家对补充保障实行自主化管理模式,但是为了防止补充保障基金投资运营风险失控,多数国家对补充保障基金的运营制定了风险投资规范和准则。如美国、英国、荷兰等国规定企业年金的自我投资不能超过一定比例(美国为 10%,英国、荷兰为 5%),但对具体的资产结构不作规定。而波兰、日本等国对企业年金的投资结构有严格的限制,如波兰规定购买股票不得超基金总额的 40%,向海外投资不得超过 5%;日本规定购买股票或向海外投资不得超过 30%,对某一家公司投资不能超过 10%,债券投资至少

---

[1] 郭士征《社会保障学》,上海财经大学出版社 2009 年版。

达到50%等。各国对企业年金基金投资的限制主要集中在股票、房地产、外国资产等风险较高的项目上,通过对这些资产的投资比例限制,达到控制企业年金基金投资风险的目的。而发展中国家对这些投资项目采取更为审慎的态度,一般在初期禁止企业年金对这些项目投资,但随着金融市场的逐渐完善,专业投资管理人员的技术成熟,会逐步放宽投资限制,适当增加一些高风险、高收益项目的投资比例,通过投资组合来实现较高的投资回报率。

(五)重视保护补充保障待遇权益

目前世界各国都不但重视补充保障的发展,而且都很重视参保者对补充保障的权益享受问题。如企业年金实行比较早的一些发达国家,无论是采用待遇确定型,还是缴费确定型模式,都有一个职工权益维护的问题。最为突出的就是职工的跨单位流动,其会涉及补充保障关系的转移和待遇的享受问题。通常多数国家主要采取三种办法化解和避免此类问题,一是缩短享受企业年金资格期限;二是允许职员在变换工作单位时将其积累的企业年金账户资金全部转移到新的单位;三是对退休前的工作和工资情况进行记录,并实行分类、分阶段或者工资指数化等办法。上述这些办法,能够较为有效地保护参保职工的补充保障权益。

第四节 中国补充保障制度实践与发展

从补充保障正式进入我国社会保障制度体系范围算起,至今补充保障在我国的发展有20多年的历史。补充保障的作用在我国日益受到重视,其在我国社会保障体系中占有重要的地位。

一、我国补充保障制度的发展历程

(一)补充保障概念的引入

改革开放后,我国开始全面建立社会主义市场经济体制,与之相配套,我国开启了对传统社会保障制度的改革。由于传统社会保障制度是以国家、单位和企业承担社会保障责任主体的福利性制度,该制度的本质是国家保险制度,其是典型的计划经济体制下的产物,与社会主义市场经济体制的要求完全不合拍。为此,对传统社会保障制度进行改革,建立与社会主义市场经济体制相适应的现代社会保险制度,将成为必然趋势。但是现代社会保险制度是一种由企业、个人及国家共同供款,共同分担劳动者风险的一种社会化风险分摊机制,也就是说个人必须承担相应的风险责任。这一要求,在我国长期实行职工不用承担劳动保险费用的背景下,如何落实和开展,成为棘手的问题。尤其是社会保障待遇的刚性特点也决定了改革不能降待遇的原则。为了突破这一矛盾困局,我国提出对原劳动保险制度社会化改革,在建立基本社会保险制度之外,鼓励企业为职工建立补充性保险制度,鼓励个人自我储蓄积累,以确保改革前后职工的社会保障待遇不降低。也就是在这一改革思路中引入了补充保障的概念。

(二) 补充保障制度的初创阶段

从官方文件来看,我国补充保障最早出现在1991年6月26日国务院颁发的《关于企业职工养老保险制度改革的决定》(国发[1991]33号)中。该决定提出:"国家提倡、鼓励企业实行补充养老保险和职工参加个人储蓄性养老保险,并在政策上给予指导。"其中,企业举办的补充养老保险和职工个人参加的储蓄性养老保险均为补充保障范围,这是我国自改革开放以来首次提出的补充保障制度体系。

1994年7月5日我国颁布了《劳动法》。在《劳动法》中进一步明确规定:"国家鼓励用人单位根据本单位实际情况为劳动者建立补充保险。国家提倡劳动者进行储蓄性保险。"从此,补充保障在我国开始依法正式发展,不少地方开启了对企业职工补充养老保险的试点工作。[1]

1995年3月1日国务院颁发了《关于深化企业职工养老保险制度改革的通知》(国发[1995]6号),再次强调:"国家在建立基本养老保险、保障离退休人员基本生活的同时,鼓励建立企业补充养老保险和个人储蓄性养老保险。企业按规定缴纳基本养老保险费后,可以在国家政策指导下,根据本单位经济效益情况,为职工建立补充养老保险。企业补充养老保险和个人储蓄性养老保险,由企业和个人自主选择经办机构。"自此,企业补充养老保险和个人储蓄性养老保险作为基本养老保险的法定补充地位,得到了政策上的明确,同时,企业补充养老保险和个人储蓄性养老保险也作为补充保障的两个重要组成部分,得到了政策上的规范。自该文件发布后,在国务院的统一部署下,全国各省市陆续进行了基本养老保险制度改革,并为企业建立补充养老保险奠定了基础。

---

[1] 郭士征《社会保障学》,上海财经大学出版社2009年版。

1995年12月29日原国家劳动部印发了《关于建立企业补充养老保险制度的意见》(劳部发[1995]464号),在总结各地试点经验和借鉴国外做法的基础上,比较规范地提出了补充养老保险的实施主体和条件、决策程序和管理组织、资金来源、记账方式和计发办法、供款方式和水平、享受条件和待遇给付、经办机构和委托程序、投资运营、基金转移等指导意见,明确提出补充养老保险采取"个人账户"管理,并将我国补充养老保险定位于缴费确定型(DC)模式。这是我国首次专门针对补充保障发布的文件,该文件对企业补充养老保险的制度内容和实施办法给予了详细规定。自此,补充保障在我国社会保障制度体系中的正式地位得到了确立。

(三)补充保障制度的发展

随着我国以社会保险为主体的现代社会保障制度体系建设步伐的加快,我国补充保障制度的发展也出现了新的局面。

1997年7月26日国务院颁发了《关于建立统一的企业职工基本养老保险制度的决定》(国发[1997]26号),提出要在国家政策指导下大力发展企业补充养老保险,同时发挥商业保险的补充作用。由此,补充保障的范围开始扩大,商业保险也成为补充保障的重要内容被提到议事日程。

2000年12月25日国务院颁发了《关于印发完善城镇社会保障体系试点方案的通知》(国发[2000]42号),确定辽宁省为全国完善社会保障体系试点省份。该通知中,将企业补充养老保险更名为企业年金,并确立了企业年金基金实行市场化管理和运营的原则。2001年7月6日国务院给辽宁省发了《关于同意辽宁省完善城镇社会保障体系试点实施方案的批复》(国函[2001]79号),要求有条件的企业可为职工建立企业年金,并实行市场化运营和管理。2001年辽宁省正式实施试点,标志着我国补充保障开始与国际惯例接轨,企业年金取代企业补充养老保险,成为我国养老金体系的第二支柱制度。

2003年12月30日原国家劳动和社会保障部第七次部务会通过了《企业年金试行办法》;2004年2月23日原国家劳动和社会保障部以23号令颁发了《企业年金基金管理试行办法》;同年12月31日原国家劳动和社会保障部再以24号令颁发了《企业年金基金管理机构资格认定暂行办法》,一年中连续颁发了三个部门规章,一方面确立了企业年金的法律地位,另一方面也标志着企业年金制度的建立将是中国补充保障历史上的一个重大突破。2011年我国对《企业年金基金管理试行办法》(2004年)进行了修订,于同年1月11日由人力资源和社会保障第58次部务会审议通过,并经中国银行业监督管理委员会、中国证券监督管理委员会、中国保障监督管理委员会审议通过并联合发令公布,从2011年5月1日起施行。自此,企业年金成为我国正式的补充保障制度。

(四)补充保障制度体系的完善

补充保障作为基本社会保障的重要补充,在提高广大民众的社会保障水平方面发挥着重要的作用。这一作用,日益被社会各界所认识,补充保障的发展也愈益受到重视。2013年11月12日《中共中央关于全面深化改革若干重大问题的决定》明确指出"制定实施免税、延期征税等优惠政策,加快发展企业年金、职业年金、商业保险,构建多层次社会保障体系"。很显然,在未来,企业年金、职业年金和商业保险将成为我国补充保障的重要组成部分。此外,我国长期以来发展的慈善事业、不少地区开展的各类互助保障等都是我国补充保障的重要组成内容。这样一来,我国未来将会形成以企业年金、职业年金、商业保险为主,以个人储蓄保障、社会互助、慈善事业为辅的补充保障制度体系框架,他们共同担当着补充和提高广大居民基本社会保障水平的作用。

二、我国补充保障发展存在的问题

虽然我国补充保障制度建设,取得了显著的成绩,在提高广大劳动者的社会保障水平方面也发挥了积极作用,但是这一制度体系在建设和发展过程中还面临着诸多问题,不容忽视。

(一)发展速度缓慢

从补充保障制度的产生来看,其与基本社会保障制度的改革几乎是同时同步启动的。企业年金是我国补充保障的核心制度,城镇职工基本养老保险是我国基本社会保障制度的核心制度。我们以企业年金和城镇基本养老保险两个具体制度来看,经过20多年的发展,城镇基本养老保险几乎覆盖了所有的企业,人口参保率也达到了80%以上,而企业年金目前只覆盖了大多数大中型企业,许多中小企业尚未举办。同样,商业养老保险,从我国20世纪80年代恢复保险业务以来至今,已有30多年的发展历史,但是个人商业养老保险的参保面非常小,多数人群尚未有参加商业养老保险的意识。职业年金目前仅仅被提出来,尚未进入实质性试点。总的来看,补充保障的发展速度缓慢,补充保障的制度体系尚未完全建立,其远远不能满足劳动者的需要。

(二)保障作用有限

补充保障是基本社会保障的补充,它发挥着对基本社会保障水平的补充提高作用。但是从我国目前补充保障的开展情况来看,无论是制度覆盖面,还是补充保障水平,都非常低,难以起到对基本社会保障水平的弥补和提高作用。补充保障的覆盖面窄众所周知,其保障水平也不高。目前我国企业年金的替代率水平只有20％左右,如果考虑投保人缴费不稳定等因素,该替代率水平会更低。而商业养老保险,由于参保人数少,对大多数人来说,尚未有商业养老保险的补充。职业年金是最近几年作为机关事业单位养老保险的配套改革才被提出来,虽然目前尚未开展,但是从其资金的筹措方面来看,职业年金的保障水平也难以预期。

(三)缺乏基本法律支撑

总体来看,虽然我国补充保障制度体系的雏形已经出现,但是由于缺乏正式的法律规范,整体制度的开展和落实不尽如人意。企业年金虽然有相关的规章制度,但是缺乏有效监督,落实效果不好。从目前来看,职业年金将成为我国机关事业单位养老保险能否顺利改革的关键,但是如果没有相应的法律保障和规范,职业年金自身能否顺利开展也令人担忧。

(四)制度不健全

在我国补充保障制度体系中,企业年金制度相对发展较早,制度较为成熟,但是从这几年的发展情况来看,还是存在不少问题,有制度设计问题,也有制度执行问题。如我国企业年金制度明确资金以个人账户形式管理,但有些地区和行业没建个人账户;有的行业没将企业缴费记入个人账户,人员流动时不转企业缴费部分;有些地区规定只有委托社会保险机构办理才能享受优惠政策,使得企业自主选择的权利名存实亡;有的地区的财政部门硬性要求将企业年金纳入财政专户管理,致使其进一步发展缺少活力;还有的自办企业年金的企业和行业没有把企业年金的资金与企业经营的资金分离,往往作为经营资金去投入;更有的单位对临近退休的领导等人员给予超过社会平均工资几倍乃至十几倍的巨额投保费,在补充保障上造成贫富悬殊。[①] 这些问题的出现,不仅仅反映了企业年金制度本身的问题,也从另一

---

① 郭士征《社会保障学》,上海财经大学出版社2009年版。

方面说明了我国补充保障制度建设还很不完善。

（五）基金收益回报率较低

补充保障的资金管理由企业和单位自主进行，国家仅仅给予监督。和我国基本社会保险基金相比，补充保障的资金投资运营和管理具有更大的自主性和灵活性。然而，由于我国的资本市场尚不健全，市场运行规则不规范，补充保障资金在资本市场的投资运营存在较大风险，进而会影响补充保障资金的投资选择。为了规避风险，我国补充保障的资金大多数还是以存入银行和购买国债为主要投资方式，这样一来，也就基本决定了补充保障资金的投资收益回报率偏低的现实。

三、完善我国补充保障的政策建议

虽然补充保障制度建设存在诸多问题，但是补充保障的作用地位不可动摇，未来加快完善我国补充保障制度体系，必将是我国政府的一项重要任务。

（一）出台税惠政策引导补充保障制度的发展

十八届三中全会特别指出"制定实施免税、延期征税等优惠政策，加快发展企业年金、职业年金、商业保险，构建多层次社会保障体系"，说明我国政府在制定税收优惠政策方面已经开始行动，这对引导补充保障制度的发展会起到极大的推进作用。但是制定补充保障的税惠政策是一项探索性事业，必将受诸多因素的影响，难免会制约政策出台的时间。为此，要以落实十八大精神为契机，克服各种困难，尽快制定相应的税惠政策，以引导补充保障制度体系的快速发展。

（二）以立法推动补充保障的规范化发展

补充保障涉及到广大劳动者的根本利益，在具体操作运行的各个环节，必然会发生各种各样的纠纷和争议，为此，加强补充保障的立法建设，依法推进补充保障制度的发展和政策落实，不仅可以使补充保障规范化发展，减少不必要的纷争，而且对保护补充保障的双方权益均具有重要的意义。补充保障的立法，应明确补充保障的实施原则、适用范围、制度模式、缴费主体、缴费比例、管理方式、投资选择、风险责任、支付条件和待遇标准等方面的内容；明确参加补充保障的劳动者权益，明确个人年金账户资产的所有权、知情权、转移权、请求权和被继承权等；同时，也要明确举办补充保障的组织和单位应有的职责和权益，对补充保障权益双方均加强保护和监管，使补充保障规范化运行。

（三）建立和完善补充保障的监管体系

目前在补充保障制度体系中，除了企业年金外，其他补充保障均有自己独立的运行机制和监督机制。为此，需要尽快建立企业年金的监督机制，加强对企业年金运行的监督管理，以确保企业年金的规范化运行。与此同时，需要完善其他补充保障的监督机制和体系，如商业养老保险的监督机制、慈善事业的监督机制、社会和工会的互助机制等，进而形成补充保障的监督体系，使他们共同发挥对补充保障制度的运行监督作用，实现补充保障的良性运行。

（四）拓宽补充保障的资金运营渠道

在保证补充保障基金安全的前提下，尽可能拓宽投资渠道，提高资金收益回报率。要不失时机地将补充保障基金适量地引入资本市场，从以投资银行存款和国债的保守型投资为主的资金投向向风险组合投资拓展。因为组合投资是金融投资的基本策略，它可以有效地分散投资风险，在一些投资项目收益率降低时，另一些投资项目的收益率就有可能上升。如能实施恰当的投资组合，补充保障基金就可取得一个比较稳定的平均收益回报率，这将有助于提高抵御风险的能力，有助于维护参保单位和个人的合法权益，最终推动补充保障的快速、健康发展，发挥补充保障在社会保障体系中重要的支柱作用。[①]

（五）重视建立多层次的补充保障制度体系

补充保障的形式是多样的，有国家统一号召和组织实施的企业年金、即将建立的职业年金；也有市场自主发展的商业养老保险、个人储蓄养老保险；也有社会自愿发展起来的互助保障、慈善事业等。虽然形式多样，但是如果社会对之没有认识，没有兴趣，则再多的补充保障形式也难以建立起来，难以发挥应有的补充作用。为此，建议通过各种形式和渠道加强宣传，提高全社会举办和参与补充保障的认识和意义，建立健全以企业年金、职业年金为第一层次；以商业养老保险、个人储蓄养老保险为第二层次；以互助保障、慈善事业为第三层次的多层次补充保障制度体系，实现对广大社会成员最大程度的补充保障作用。

---

① 郭士征《社会保障学》，上海财经大学出版社 2009 年版。

本章小结

  补充保障在我国社会保障制度体系建设中具有重要的地位。本章系统介绍补充保障的概念、类型、作用；补充保障的三个必要条件；补充保障的内容；国外补充保障的实践与经验；我国补充保障制度的发展演变与现状。

  十八届三中全会特别强调了企业年金、职业年金和商业保险在我国补充保障体系中的重要性，这将成为我国未来补充保障发展的主要方面。

  在未来，我国补充保障应是以企业年金、职业年金为第一层次；以商业养老保险、个人储蓄养老保险为第二层次；以互助保障、慈善事业为第三层次的多层次补充保障制度体系，将发挥和实现对广大社会成员最大程度的补充保障作用。

复习思考题

1. 补充保障有哪些基本特征和具体功能？
2. 推行补充保障的作用体现在哪些方面？
3. 为什么推行补充保障必须具备三个必要条件？
4. 国外推行补充保障有哪些经验可以借鉴？
5. 结合实际论述我国补充保障制度建设存在的问题与对策。

阅读书目

1. 崔少敏、文武《补充养老保险：原理、运营与管理》，中国劳动社会保障出版社，2003年。
2. 刘新军、刘蓉《补充保险与商业保险》，中国劳动社会保障出版社，2002年。
3. 王刚义、陈树文、徐文新《企业年金与管理》，大连理工大学出版社，2011年。

第十五章 住房保障

经过多年改革,我国基本住房保障体系已经初步形成,但是如何缓解城市化进程中的住房压力、改善中低收入家庭的住房条件、完善我国住房保障体制,仍然是我国政府迫切需要解决的问题。通过本章的学习,可以系统掌握住房保障的基本理论知识,了解住房保障的国际实践及经验,熟悉我国住房保障制度的发展演变及改革状况。

第一节 住房保障概述

一、住房保障的概念

住房保障(Housing Security)是指以政府为核心的公共部门依据法律政策的规定,以公共财政为依托,综合利用国家和社会的力量对公民特别是住房弱势群体进行扶持和救助,保障公民基本居住水平的社会安全制度,是一种在住房领域内实行的社会保障制度。[1]

广义概念的住房保障是指以政府为主体的保障全体居民居住权利的住房分配方式和制度安排。我国计划经济时期的福利分房,以及住房公积金制度可视为广义的住房保障。

狭义概念的住房保障是指政府为通过市场配置方式买房或租房存在困难的居民家庭提供经济、金融、法律等方面的援助或支持,保障一部分有特殊困难或低收入的住房弱势群体应有的居住权利。我国现有的住房保障制度大多属于狭义的住房保障。

---

[1] 郭士征《社会保障学》,上海财经大学出版社 2009 年版,第 376 页。

二、住房保障的基本特征

住房保障和养老保障、医疗保障等都是社会保障体系的组成部分,具有社会保障的共有特征,但是受住房本身特点的影响,其具备一些独有的特征。

(一)保障对象的部分福利性特征

政府通过公共财政或者依赖公共政策提供住房保障,及时有效地向有困难的社会成员提供一定范围内的帮助以保障其基本住房权利,具有部分的保障性和福利性特征,这是住房保障最本质的特性。

(二)保障政策的公平性特征

住房保障政策的公平性主要体现在:(1)保障范围的公平性。住房保障对享受对象有严格的资格条件,只有当社会成员符合一定条件的时候才能享受,因此,社会成员享受基本住房保障的权利和机会均等。(2)保障待遇的公平性。住房保障政策具有法律规定性,每一个需要帮助的对象所获得的住房保障待遇应该执行统一的保障标准。住房保障的公平性,不仅体现在待遇的享受方面,也贯穿于各项住房保障政策的制定过程中。

(三)保障力度的适度性特征

住房保障仅为社会成员提供一定程度上的保障,主要体现在:(1)保障范围的适度性。住房保障并不是面向全体社会成员的普遍福利政策,只有少数群体才能享受到。(2)保障标准的适度性。住房保障遵从低标准的原则,只能满足社会成员基本居住需要,超出基本保障要求之上的需求不能通过社会保障的形式予以解决,只能通过市场得到解决。保障力度的适度性特征体现了"公平优先,兼顾效率"的基本原则。

(四)保障资金的非营利性特征

住房保障的资金和一般社会保障一样,不以盈利为目的,直接由国家或者地方财政开支,保证住房能以低廉的价格提供给被保障对象。财政资金和社会资本的非营利性特征是住房保障的重要基础。

(五)保障体系的层次性特征

由于住房投入大,租售价格高,与其他社会保障相比,需要根据保障对象的经济条件建立与之适应的具有一定层次的保障体系,收入越低的家庭保障力度越大,收入较高的家庭则逐步降低直至完全退出住房保障体系,这样可以避免因一刀切造成的有限公共资源分配不公和运行效率低下的情况。住房保障体系的层次性特征也是公共资源高效利用的必然要求。

（六）保障方式的协调性特征

住房保障方式的协调性主要体现在两个方面：（1）住房保障与房地产市场的外部协调，要根据房地产市场的发展阶段选择合理的保障方式，在市场发展初期供给不足时，宜以新建保障性住房为主，减少保障房需求引起的商品住房价格上涨，到市场发展的中后期，宜逐步转向以市场房源为主，避免因新建保障性住房造成的政府财政支出压力和运行效率低下；（2）各种住房保障方式的内部协调，要根据社会经济发展，统筹安排各项住房保障方式，合理地动态地调整各种保障方式的比例，做到实物供给与现金补贴的有机结合、经济救助与金融支持的有机结合。住房保障方式的协调性特征是不同时期住房需求变化的体现。

三、住房保障的基本内容

住房保障的内容可从不同的角度分析。参照西方国家的做法，住房保障可划分成两个层次：住房保障的法律法规体系和住房保障的实施机构体系。[①] 住房保障的法律体系提供住房保障的制度保障，住房保障的实施机构体系提供住房保障的实施保障。

（一）住房社会保障的法律、法规和规章体系

住房保障通常都由专门的或者综合的法律规定，以确保住房保障提供的公平、公正性。在住房保障制度比较成熟的国家，常常会形成一套完整的住房保障法律和规章体系。这些法律、法规和规章在住房保障制度中发挥着重要的作用：

1. 提供建立住房保障制度的依据。住房保障相关的综合法律和专门法律对社会成员拥有适当住房的权利加以规定和保护，明确规定居住权是公民权利的重要组成部分，保障社会成员的基本居住权利是政府职能的基本体现，从而不仅为建立住房保障体制以及相关政策措施的采用提供了法律依据，而且也对社会成员享受有关住房保障待遇以及由此形成的财产权利给予了法律保障和支持。

2. 明确住房保障制度的目标。依据法律对公民居住权的规定，根据不同时期的国情和不同地区的实际情况，有针对性地通过法律明确住房保障

---

① 王晓瑜、郭松海、张宗坪《住房社会保障理论与实务》，中国经济出版社2006年版。

制度的目标,并随社会经济的发展和宏观政策的变更而适时调整,从而逐步实现全体居民的居住权。

3. 住房保障的实现方式。从世界各国的共同做法看,住房保障通有三种实现方式,即以公共住房形式提供的实物住房保障;以廉租房、公租房形式提供的租金保障;以住房援助政策形式的住房金融保障。目前,我国住房社会保障有如下三种方式:第一是住房公积金制度。1994年国务院在深化房改的43号文件中提出这个制度。这是一种半强制性的个人自我保障制度,类似于新加坡的公积金;第二是面对中低收入家庭的购房扶持政策,如我国的限价房、共有产权房等,一般通过土地出让金和利税的减免等措施,降低房屋的建造成本,限制住房的出售价格;第三是面向低收入家庭的住房租赁政策,如廉租房和公共租赁房等,通过政府的租金补贴或实物配租方式向被保障对象提供低于市场租金的住房。

4. 确定住房保障对象、保障水平以及资金来源。为保证住房保障目标的实现,通过制定相应的政策法规,从微观上详细规定住房保障对象、保障标准、保障水平、保障资金来源以及对骗取保障行为的惩罚等,从而使政策法令更具可操作性。住房保障对象范围和保障水平的确定非常重要。

(二) 住房社会保障实施的机构体系

住房保障的实施机构可以分为决策协调机构、具体执行机构和金融中介机构三个层次。

1. 决策协调机构。住房保障体制的落实是一个极其复杂的系统工程,涉及计划、财政、金融、税务、土地、规划、司法等许多部门。为了能有效地协调各部门的工作,保证有关政策法令的正确执行,首先应设立层次较高的决策协调机构,负责制定解决住房问题的政策和计划,运筹物资、资金、劳动力等资源的分配,协调住房保障体制的运行。

2. 具体执行机构。由于政府决策协调机构负责制定政策和计划、分配资源,若其直接参与执行,容易造成"政企不分",影响市场机制的运作和自身职能的发挥。因此,政府决策协调机构一般不应直接参与具体实施,而是由专门的机构来具体执行有关政策和计划,以解决中低收入阶层的住房问题。具体执行机构以国有房地产公司为主,适当包括有关非营利性组织、中介机构以及私有企业等。

3. 住房金融机构。住房是价格高昂的生活必需品,中低收入阶层很难在短时间内完全用自有资金来购置住房,于是开展住房信贷的金融机构便成为解决居民购置住房资金缺口的重要环节。一方面,多数国家采取税收、利率优惠政策鼓励个人储蓄和利用抵押贷款建、购房,由金融机构将量小分散、期限短暂的资金转化为数量较大、期限较长的资金;另一方面,政府给予中低收入家庭建、购房的预算拨款与经济补助等资助性资金,也需要金融机构参与营运管理。住房金融机构可以分为政策性住房金融机构和商业性住房金融机构,主要住房保障职能是以优惠的条件对中低收入阶层的住房建设给予金融资助,包括为中低收入阶层提供购、建房贷款,对向其出售、出租住房而建房的机构提供建房贷款,以及为贷款提供担保。

第二节 住房保障基本理论

住房保障制度的建立是以实践为基础,世界各国在发展住房保障的过程中逐步总结摸索出一些重要的规律,为推动住房保障的发展提供了必要的理论基础,其中关于住房的福利性理论和对住房发展规律的一些总结,是住房保障政策制定的主要理论依据。

一、关于住房的福利性理论

住房的福利性理论主要包括福利经济学理论、公共产品理论和不完全竞争理论(福利经济学理论在第三章中已经介绍,本节不再赘述)。

(一)公共产品理论

1. 公共产品的概念

公共产品(Public Good)是相对于私人产品而言的,指具有消费或使用上的非竞争性和受益上的非排他性的产品。

2. 纯公共产品与准公共产品

非竞争性和非排他性是公共产品的两大基本特征。完全具备这两大特征的公共产品又称为纯公共物品,如国防、环境保护等。只具备两大特点之一的公共产品又称为准公共产品。

3. 公共住房的特征

公共住房具有一定的非排他性,因此属于准公共产品。公共住房虽然在一定期限内只能给特定对象使用,但由于公共房屋存在一定的流转和进入退出机制,在数量供应充分情况下,任何符合资格的人都可以申请入住,彼此之间互相并不排斥使用,所以具有部分公共产品的特征,可以称之为准公共产品。①

4. 公共住房的配置

由于公共住房具有准公共产品的特征,会出现"搭便车"和市场失灵的现象,所以需要政府的干预,甚至直接参与公共住房的生产和配置。准公共产品一般存在政府提供、私人提供和公私混合提供三种方式。据此,公共住房的提供可采用完全由政府拨款提供的方式,如廉租房;由公私混合提供的方式,如共有产权房。

(二) 住房的不完全竞争理论

1. 不完全竞争理论的概念

不完全竞争市场(Imperfect Competitive Market)指完全竞争不能保持的一些市场,因为至少有一个大到足以影响市场价格的卖者(或买者),并因此面对向下倾斜的需求(或向上倾斜的供给)曲线。包括完全垄断、寡头垄断或垄断竞争等市场形式。

1933 年,美国经济学家张伯伦和英国剑桥大学教授罗宾逊夫人分别以《垄断竞争理论》和《不完全竞争理论》两部经典著作,挑战了亚当·斯密以来古典经济学所主张的自由竞争市场理论,明确提出了不完全竞争市场结构理论。②

2. 住房的不完全竞争特点

土地供应的有限性、住房的不可移动性、房屋空间的既定性和房地产开发规模的要求等,都使得住房市场很容易形成部分的或地域性的垄断,使得住房市场具有不完全竞争性,市场无法自动达到帕累托最优状态。这种市场缺陷所产生的住房市场失灵,导致住房市场价格信号在一定情况下会发生扭曲。

3. 不完全竞争下的对策

住房市场的不完全竞争特点,使得住房产品不能完全依靠市场实现帕累托最优,因此需要政府的干预。即使像美国这样高度市场化的国家,住房仍然存在政府的干预。政府可以直接干预住房的供给和需求,如直接参与住房开发、制定最高限价等,也可通过间接方式调节住房的供给和需求,如

---

① 陈伯庚《城镇住房制度改革的理论与实践》,上海财经大学出版社 2003 年版。
② [美] 保罗·萨缪尔森《经济学》,人民邮电出版社 2005 年版,第 280—305 页。

采取税收和补贴、贷款利率和税收优惠等措施。

二、关于住房发展规律理论

除了受住房福利性理论影响,住房保障还因住房市场本身规律而具有一定特殊性,其中比较有代表性的住房市场发展规律有住房过滤理论和住房梯度消费理论。

（一）住房过滤理论

1. 住房过滤理论的概念

所谓住房过滤,指的是在市场经济条件下首先是为较高收入的阶层建造住房,随着时间推移,住房质量老化,房子价格降低;同时新建的住房供应量增大,于是有较高收入的家庭为了追求更好的居住环境,放弃现有的旧房购买新房,而使较低收入家庭能够继续使用旧房子的过程。由于商品住房具有耐久性和异质性,因而使住房在租售市场中形成动态过滤。在市场经济国家,住房过滤是一种常见的经济活动形式,把描述这种经济活动规律的理论则称为住房过滤理论。

2. 住房过滤理论的发展

20 世纪 20 年代,伯吉斯(E. W. Burgess)观察了美国芝加哥市的城市住宅布局后提出了过滤理论。他提出城市地域是由内向外发展的"同心圆式结构体系",该结构由内而外依次分为中心商务区、过渡带、工人居住区、高级住宅区、通勤居住区。该理论主要从住宅区位经济格局的角度分析住宅空间分布的特点。

霍伊特(Hoyt)提出了著名的扇形模型并使用了过滤(Filter)一词。他认为,高收入者的收入增长与居住偏好促使其迁往位于郊区的更优越的住房;其他收入阶层的追随导致居民住房需求向上过滤,而住房则形成了向下过滤的结果,构成了一个持续动态的过滤过程。因此,霍伊特(Hoyt)也被视为是首个研究过滤的学者。

可以说 20 世纪 60 年代之前,人们对过滤原理的理解还是模糊的,直到 1960 年劳瑞(Lowry)对过滤现象做了更加深入的解释之后,过滤现象才有了更为清晰的表述。他认为过滤的主体是住房而非各收入阶层,过滤产生的原因在于住房生命周期内价值的变化,即随着住房的老化,房屋的价值下降,高收入阶层就会去新建房屋,而旧的房屋就过滤给了低收入家庭。

之后斯文尼(Sweeney,1974)根据前人的研究又首次建立了一个较为成功的住房过滤等级模型,这个经典模型也成为后来研究住房市场过滤机理的一个重要基础。斯文尼通过模型研究表明:(1)如果政府为同时减少低档住房数量并降低中低收入家庭的房价以提高可支付能力,则政府必须对特定家庭进行补贴或依赖居民收入结构发生改变;(2)政府对特定收入家庭补贴会对没有接受补贴的家庭产生不利影响;(3)对开发商的建造补贴并不能降低房租水平,但可以通过其他新建计划在整个住房市场内降低房租。

1975年,奥尔斯(Ohls)对如何制定低收入阶层的住房政策进行了大量研究,在斯文尼模型的基础上建立了一般均衡住房市场的过滤模型。该模型假设住房市场是一个完全竞争市场,指出开发商间达到竞争均衡的必要条件是开发商的利润最大化。研究表明,通过对中低收入家庭提供住房补贴,从政府成本的角度衡量,会比政府直接为低收入者新建住房更有效、更节省。

需要指出的是,住房市场过滤理论有赖于完备的住宅市场,住房的商品化是过滤的基础。住房商品化就要求住房作为商品,按照市场经济规律的要求组织生产,通过市场交易而成为生活消费品。其次,住房市场中住房是非同质的。住房市场的过滤模型是以住房市场中住房的非同质性为前提的。

3. 住房过滤理论对住房保障的影响

住房过滤理论是发达国家在经历几十年甚至上百年住房市场化运作后总结的规律,但同时它也对西方国家的住房保障政策产生了重要的影响。

首先,严谨地论证了政府住房保障政策对低收入群体住房福利的影响。斯文尼(1974)所建立的住房过滤模型,分析了高、中、低三个层次市场的住房过滤现象,并对政府的住房福利政策影响做出了关联分析;Ohls(1975)建立的一般均衡住房市场过滤模型论证了在高度市场化的住房体系中,货币化住房保障比实物住房保障效率更高。这些分析模型为西方政府住房福利政策的制定提供了重要的理论依据。

其次,务实的对策建议易为西方政府所采纳。20世纪70年代,欧美各国政府都在为大规模建设保障性住房所造成的财政压力而苦恼,住房过滤理论通过实证的方式,对政府的住房保障政策提出了很多实际且可操作的对策与建议,为各国政府转变住房保障方式提供了实践路径。

第三,强调住房保障与房地产市场的协调发展。欧美各国也经历过从没有住房保障到过度住房保障的极端发展历程,各国曾一度开展大规模保障住房建设,大量新建的保障性住房对房地产市场也造成了一定的冲击,而住房过滤理论把住房保障纳入了整个住房体系,促使各国政府重新考虑"公平与效率"的协调问题,为住房保障的适度发展提供了重要的依据。

(二)住房梯度消费理论

1. 住房梯度消费理论的概念

住房梯度消费理论是指居民在住房消费上受经济能力的影响呈现出明显的梯度性消费特征,出现住房需求的上升和住房产品的梯度转移现象。

2. 住房梯度消费现象的形成原因

需求上升规律和住房的耐久性是住房梯度消费现象产生的重要原因。需求上升规律起源于马斯洛"需求层次理论",具体是指市场经济条件下,人们的需求随着社会生产的发展、交换范围的扩大和交换关系的加深而不断地得到满足,并产生出更高层次的需求,形成一种逐渐向上的趋势。消费梯度转移现象则源自区域经济中的"工业区位向下层渗透"现象。"工业区位向下层渗透"现象表明每个国家或地区都处在一定的经济发展梯度上,新行业、新产品、新技术,会随着时间的推移,由处在高梯度上的地区向处在低梯度上的地区一级一级地传递下去。商品消费领域也同样存在这种梯度消费的现象,由于消费者的购买能力不同,高收入阶层与中低收入阶层处于不同的消费层次,当高收入阶层受需求上升规律影响产生更高层次需求时,就会把原有消费品让给中低收入阶层,从而形成有梯度的转移,而住房的耐久性使得这样的梯度消费现象更为突出。

3. 住房梯度消费理论对住房保障的影响

住房梯度消费理论是房地产市场的发展规律,但同时对住房保障政策的制定也有一定的影响。

首先,为建立多层次的住房保障体系提供了理论依据。根据住房梯度消费理论,由于住房消费具有非常显著的层次性,即便是面临较紧的收入约束的住房困难群体,这样的需求层次仍然存在,故应针对保障对象对住房的不同需求层次,构建具有梯度的多层次的住房保障体系。因此住房梯度消费理论成为住房保障体系顶层设计的重要理论依据之一。

其次,为保障性住房的房源筹集与利用提供了思路。住房梯度消费理论所提出的住房梯度转移现象揭示了住房在消费者中流转的路径,同时也为保障性住房的房源筹集与利用提供了思路。具体体现在两个方面:一方面,对于政府提供的不同层次的公共住房可以通过梯度流转,提高利用效率;另一方面,拓宽了保障性住房的房源筹集渠道,为通过住房市场解决保障房源提供了依据。

第三,为住房保障政策的动态调整奠定了基础。住房梯度消费理论还分析了住房需求变动的一些内在规律,使得住房保障对象在不同时期的范围、规模及其需求也会发生变动,这就要求住房保障政策和保障方式必须相应地进行调整,否则就会由于住房梯度转移现象产生,造成住房保障资源的闲置和浪费。

第三节 国外住房保障制度实践及经验

从世界范围看,如何解决中低收入家庭的住房问题,是很多国家和地区尤其是发展中国家面临的难题之一。一些发达国家在住房保障制度建设、维护中低收入家庭住房保障权益方面积累了丰富的经验。总结他们的有益做法和经验,将对我国住房保障制度的改革有所借鉴和启示。[1]

一、国外住房保障体系的类型

世界各国的住房保障体系,根据保障重点的不同,大致有以下三种类型。

(一)以廉租为主的类型

实施这种保障类型的国家有德国、荷兰、澳大利亚、韩国和我国香港地区。以廉租为主是这些国家住房保障体系的共同特征。

1. 德国住房保障体系特色

德国形成了以公共福利住房和房租补贴为主的住房保障体系。公共福利住房主要由各级政府住房建设基金建造,但符合条件的房屋投资者也可以获得政府支持建造公共福利房。公共福利房即以低廉租金向低收入家庭,尤其是多子女、残疾、失业以及养老金领取者提供廉租房。除此之外,政府还对非廉租房对象但属于中低收入家庭发放租房补贴。鉴于德国80%

---

[1] 本节资料来源于郭士征主持的国家社会科学基金项目"建立健全面向中低收入家庭的住房保障体系研究"(07BZZ039)课题报告,2012年3月。

以上家庭是租房居住,所以它的普惠度较广,根据家庭和收入及房租支付状况,政府补贴居民实际支付租金占该家庭实际收入25%以上部分,补贴资金由联邦政府和州政府各负担50%。

2. 韩国住房保障体系特色

韩国形成了以廉租房、公租房为主,结合租金补贴、租房低息押金贷款等金融、财税援助的多层次住房保障体系。由政府资金建设的永久性廉租房,只租不售,以低廉租金提供给占人口10%的低收入家庭。另外韩国国民住宅基金提供低息贷款由韩国住房公社建造的公租房,租赁期最低5年,其后可通过强制住房储蓄或政府金融支持购买公租房的产权。近年来,随着社会经济的变化,上述建设廉租房和公租房的数量正在减少,转而更加突出提供租金补贴,对象是家庭收入低于最低生活费标准的家庭。此外,为了解决低收入家庭在租房时遇到需要支付租房押金的困难,政府可提供租房低息押金贷款。

3. 其他以租为主的住房保障体系特色

除上述两国外,这种类型的其他国家在廉价租赁上也都各有特色。如荷兰就以租金补贴为主,低收入家庭房租支出控制在其家庭收入的10%以下,超过部分由政府提供分级补贴,租金越高,补贴越少。又如香港的廉租特点主要以"公屋"形式体现,此外,对符合条件的低收入家庭发放租金补贴,对暂时遇到经济困难的中低收入家庭,通过"租金援助计划"提供帮助。

(二) 租售并举的类型

实施这种保障类型的国家有美国、日本和俄罗斯等。不论是"租售"还是"售租",两者兼顾是这些国家住房保障体系所具有的共同特征。

1. 美国住房保障体系特色

美国形成了廉租房、补贴、减税、住宅金融支援等多层次购房援助并举的住房保障体系。为了解决低收入家庭的住房困难,"廉租房"仍是美国住房保障的主要手段,其既有政府直接建造的廉租房,也有通过鼓励措施吸纳的私宅作为廉租房。廉租房的租金一般不到市场租赁价的一半,要求享受廉租房的对象,其家庭收入占美国平均收入的比重在37%以下。其次,政府还向低收入家庭提供租房补贴,但要求享受对象属于未达到所在地区家庭平均收入80%的群体,对于这类群体,当租金超过家庭收入25%以上的部分还可用"住房券"给予支付。

美国对购买住房的中低收入家庭虽然不直接提供福利住房,但提供了许多住房金融和财税优惠措施。如减免贷款利息税、所得税和财产税等优惠,其住房减免税额可达到住房税费总额的78%左右,从而通过运用税收杠杆,保障了中低收入家庭利益。又如政府对低收入家庭提供住房贷款保险、降低低收入家庭在购房时的首付款,以及在住房抵押贷款市场,为低收入家庭提供信用担保等等。

2. 日本住房保障体系特色

日本采取的是供出租的"公营住宅"、租售并举的"公社住宅"和供出售的"公团住宅"三位一体住房保障模式。"公营住宅"、"公社住宅"和"公团住宅"的对象都是中低收入家庭。"公营住宅"是由日本金融公库承担住宅建设融资,政府提供资助,主要出租给符合条件的低收入家庭,租金一般由建造费用扣减国库补助后确定。"公社住宅"则是租给低收入家庭,卖给中等收入家庭。"公团住宅"是作为公共团体的公团,利用政府资金建造住宅,以国家为主体面向大都市区中低收入家庭出售。

(三) 以出售为主的类型

以出售为主的住房保障国家包括新加坡、英国、西班牙和瑞典等北欧国家。

1. 新加坡住房保障体系特色

新加坡采取的是以出售公共组屋为主并实施中央公积金制度的住房保障体系。在"居者有其屋"的指导思想下,新加坡有96%的居民购房,即使在公共组屋中也只有4%居民租房。政府主导建设的"组屋"是新加坡住房体系中的核心,低收入家庭可以租赁组屋,中等收入家庭可以购买组屋,但只允许一个家庭购买一套住房,而高收入家庭只能在公开市场上购买住宅,不能购买组屋。购买组屋可以得到政府大量补贴,面积越小补贴越多。政府鼓励中低收入家庭以分期付款方式购买政府组屋,住满5年后,可以在市场出售,但也有出租和转售的限制。此外,与组屋相辅相成的是中央公积金制度,不但组屋的建设资金主要来自公积金,且居民购买组屋也主要来自公积金,一般居民会先用普通户头金额支付首付款,不足再申请银行住房贷款,最高可达80%。

2. 英国住房保障体系特色

英国采取的是公房出售为主的住房保障体系。1980年,撒切尔政府实行"社会住房私有化"改革,1988年起,政府将原出租给市民的老公共住房出售给原住户,并鼓励居民自建住房和购买新建公房。但是中低收入家庭没能力有足够的储蓄购房,在这种背景下,英国出现了为中低收入家庭设置的混合产权购房方式,即先买下部分产权,并缴纳剩余房产的房租,直到完全买下房屋产权为止。英国住房保障虽然是以购房为主,但对租房的低收入家庭仍施以租房补贴,原则是租户在支付房租后的收入不能低于当地社会救助的水平。租房补贴完全取决于社会需求,没有设置限额。

二、各国住房保障政策的实践经验

各国住房保障体系的本质特征主要体现在租售关系上,无论是以租为主型还是以售为主型,或者是租售并举型,"先解困,后改善"是典型国家和地区的普遍做法,即使最发达的国家也不例外。各国住房保障政策在实施中有诸多重要的经验,值得我国借鉴。

(一) 重视立法建设

在世界范围内,但凡住房保障政策和制度实行效果较佳的国家基本都是法制建设较为健全的发达国家。这些国家历来对立法问题比较重视,基本形成了一套以"住房基本法"为基准的比较完善的住房保障法律体系,主要呈现以下特点。

一是权威性。例如,西班牙、荷兰、葡萄牙等国从宪法的高度来保障公民的住房权;美国、日本和新加坡等也将住房保障法律视为国家的基本大法之一,通过较高的法律层级树立住房保障的权威性和重要性。

二是全面性。法律法规的数目众多,从公民的居住权、政府职责、住房的进入与退出到建房规划等都有详细的规定。日本有《住宅金融公库》等四十多部律法,涉及引导、规范住宅市场和住宅产业,厘定住宅产业技术、标准,以及指导具体操作三方面,正是由于这一套完善、高效、切实的住房法律体系的支持,日本的公营住宅建设才能迅速地从二战的重创中恢复过来,获取骄人的成绩。

三是主体性。发达国家颁布的无论是专门针对住房保障的特定法律规定,还是散见于一般综合性法律中的住房保障相关条文,都非常突出政府的主体性,目的都旨在明确政府在住房保障中的责任主体地位,维护公民的居住权利,为住房保障体系的建立健全和各项制度措施的运作落实保驾护航。

(二) 政策实施规范

发达国家一般以"政治、安定、公平"作为建立住房保障制度的基本动因,在制定政策时意图非常清晰明确,对政策目标、政策核心及政策应用等都做出了相应的规定。

1. 保障政策对象明确

各国在实施住房保障政策之前,是坚持市场导向还是政府导向,公平优先还是效率优先,抑或是两者兼顾,都有明确的价值导向。在绝大多数奉行市场化的国家中,公共住房政策的保障群体虽然很有限,但基本能够确保中低收入家庭的住房需要,普遍秉承"有限的公共资源应该提供给最需要的人以增进有效利用"原则。英国和新加坡等国家的保障主体范围较美国广泛,历史上曾经实施过面向中产阶级的住房计划,但是没有实施过针对全体居民的保障计划。瑞典的保障对象是全体公民,力求均等化服务于各类阶层,但是"普适"的背后必然引致沉重的财政负担。20世纪九十年代以来,瑞典的保障群体也在缩小,瑞典全民福利型住房保障模式的基本特征正在减弱。

2. 保障政策依据清晰

通常,多数国家和地区都会按照本国国情和实际情况,规定一些衡量居住质量的指标,以指导住房保障政策的实施,衡量居住质量的主要政策指标有人均居住面积、住房自有率,以及房价与收入比等等,一般认为人均居住面积大、住房自有化率高、房价收入比低就意味着居住质量高。

(1) 人均居住面积。发达国家的人均居住面积一般都高于35平方米,远远高于发展中国家的人均居住面积和世界卫生组织(WHO)住房公共健康专家委员会欧洲机构论证的 12 m^2 的最低人均居住面积。关于如何定义最低人均居住面积,目前国际尚无统一的定论。美国公共健康疾病控制中心也曾在20世纪70年代提出过住房维护和使用规范标准,认为第一个使用者的居住面积不少于 14.2 m^2,第二个使用者的人居居住面积不少于 9.4 m^2,允许居住的人数应少于可居住房间数的二倍,多于一人居住的住房卧室面积至少为人均 4.73 m^2,同时还规定了储藏等非睡眠空间的面积。

(2) 住房自有率。国际上通常将其定义为"居住在拥有自己产权住房的家庭户数占整个社会住房家庭户数的比例"。一般地,住房自有率越高,表明居住水准越高,因为拥有住房产权家庭的居住幸福感和安全感都强于租住住房的家庭。据资料显示,美国自有率2008年第一季度为67.9%,英国为70%左右,日本、新加坡为60%左右,高于其他市场国家。

(3) 房价收入比。房价收入比指一国(或城市)的年平均房价与该国(或该市)居民的年平均收入之比。房价收入比越低,说明购房支出占收入的比例越小,民众的购房负担越轻。对于该比例究竟多少才适宜,这个问题的认识一直存在分歧。联合国人居中心认为适宜比例3:1,世界银行上限5:1,实践中,北欧、西欧国家通常为2:1—3:1左右,北美、澳大利亚大约为3:1—5:1之间,而很多转型国家、发展中国家则出现过10:1或15:1或20:1的畸高比例。

3. 保障体系层次丰富

国外在构建住房保障体系时,非常重视体系的层次和阶梯发展,形成有针对性的梯度保障。一般情况下,最低收入贫穷的家庭都会选择廉租公共住宅,稍高收入家庭可选择租房补贴(如德国)。中等偏下收入家庭则会采纳租购并举,对于中低收入家庭购房,政府会提供各种财政和金融支持措施(如美国)。

4. 保障政策应用灵活

在国外,住房保障政策实施弹性较大,一般都会根据供求状况而调整。在住房供应紧缺的情况下,政府会加大干预力度,有时甚至担负起绝大部分住房的建设供应,如二战结束后的西欧各国、东南亚的日本和新加坡等。当住房供求矛盾趋缓时,政府的住房政策就转为着重改善低收入家庭的住房困难,在对低收入困难户提供廉租房的同时,积极鼓励中低收入家庭购买补贴房。各国的实践表明,对于同样的住房,政府以廉租房形式提供所产生的建筑维护成本远高于将其补贴出售所产生的成本。当国家的居住质量大幅提高,住房市场供过于求,住房价格下降时,政府往往会减少住房干预,给予市场更多的调整空间。

(三) 重点援助需方

一般地,根据接收补贴对象的不同,把住房补贴分为面向住房供应方的补贴(俗称"砖块补贴")和面向住房需求方的补贴(俗称"人头补贴")两大类。"砖块补贴"主要作用于住房建设、运行、私有住宅出租环节,目的是降低住房供给方索要的价格和租金水平,优点是能在较短时期内极大地提高住房的生产供应量,适用于解决短期住房供求危机,缺点是政府的供给打破了住房供应链的连续性,住房市场的扭曲效应较强,以及造成管理运作成本高。"人头补贴"则应用于消费环节,提高消费者的支付能力,可以有效地克服砖块补贴的缺点,但是由于消费补贴的可预见性,一定程度上带动房价和租金的上涨,引致通货膨胀。

目前,国外有下述四种针对需求方的补贴方式。

1. 现金补贴

即政府直接向满足条件的低收入家庭提供一定数额的现金。租房补贴额为市价租金与贫困家庭收入一定比例（如 25% 或 30%）之间的差额。美国 1974 年"住房与社区发展法案"第 8 条款规定,政府负责承担家庭住房租金支出超过家庭收入的 25% 的部分,即:

$$租金补贴 = 合理市场租金 - 收入的 25\%$$

购房现金补贴,相对比较严格。如新加坡将补贴与居民购房面积、户型结构相挂钩,实行负补贴制,若家庭购买四室及以上房屋,不仅不能获得补贴,相反还要向政府缴纳最高 15% 的反补贴,体现了公平原则,保证了补贴真正落实于低收入购房者。

2. 住房券补贴

这是政府发给低收入住房困难户用于领取住房补贴的凭证。住房券补贴与现金补贴最大的不同点在于住房券一般是定额补贴,按照"标准租金",而不是租户实际支付的租金补贴,超过住房券数额的部分由承租人自己承担。住房券最早出现于美国 20 世纪 80 年代里根政府时期推出的"住房代金券计划",政府规定凡家庭收入低于当地中位收入 80%,后来进一步降低为 50% 的家庭都能享受该项补贴,住房券补贴数额的计算公式为:

$$住房券面值 = 合理市场租金 - 收入的 30\%$$

住房券的优点是不会阻碍持券人自由选择居住地和住房类型的偏好,有助于防止贫民集中居住。

3. 直接减免租金

无论租户承租的是公共住房还是私有住房,租金的减免部分都是由政府给予补贴。

4. 税收减免

在国外,税收减免一般主要针对无房的夹心阶层和中低收入者。这些家庭因为收入和资产净值超过租住限额而被排除在廉租住房之外,为了体现住房保障针对全体国民的宗旨,对夹心家庭支付的市场租金和自购住房家庭缴纳的所得税、财产税、利息税等准予一定减免优待。

（四）政府严抓管控

无论是高福利的西欧国家,还是崇尚市场运作的美国,政府都无一例外地介入住房市场。如果没有政府的管理调控,公共住房问题是不可能解决的。考察发达国家的实践后,可以发现政府在住房保障政策的实施主导作用十分突出,它们往往通过普遍采用编制住房发展计划、设立专门住房管理机构等对住房进行有效的管理调控。

1. 住房发展计划

住房问题解决得较好的国家如新加坡和日本等普遍具有编制住房发展计划、设立专门管理机构等特征。住房规划是各国根据相关政策法规,结合当时社会住房现状制定出来的未来住房发展总目标或阶段性目标,一般包括计划周期、实现目标、计划特点、实施效果等内容,计划周期多见五年或十年。香港、新加坡、日本等住房问题解决得较好的地方都实行过住房发展计划。

2. 住房管理机构

公共住房保障供应是一个复杂而综合的问题,涉及计划、财政、税收、金融、土地和法律等众多方面,如果采用按工作性质分类管理模式,欲有效协调好各方面工作并非易事。考察国外住房保障制度实施效果较好的国家后,可以发现这些国家毫无例外都设有专门的住房管理机构,这些机构由政府直接领导,专门负责住房政策制定和制度的执行管理。

(五) 分配注重公效

目前,从各国的具体实践来看,许多国家都采取了在住房的分配过程中综合考虑家庭收入、成员结构、现有资产/房产、申请登记时间等多方因素,对不同群体区别对待的分配政策。

1. 公共住房的分配方式

国外在公共住房的分配上,主要采取四种方式:(1) 打分制。事先选取若干因素如年龄、申请时间、残障人员、住房拥挤情况、家庭成员数、年龄结构、退伍军人等,分别规定不同的分数进行打分,最后加总各项分数再按从高到低的顺序排列,分数最高者优先获得配屋机会。这种打分制在20世纪40年代的新加坡组屋分配中被广泛使用。(2) 先申请先服务规则。这是公共住房分配中最早使用的一种分配规则。申请人首先登记排队,最早申请的优先获得配屋,最后申请的最后获得配屋。这种方法操作简单,成本低廉,易于为公众接受。(3) 抽签。根据可分配住房的数量挑选排在申请队列前面一定数目的申请者参加,活动由政府官员主持,官员先从一个抽签箱中抽出一个申请者的登记号,再从另一个抽签箱中抽出其对应的住房单元号。抽签被认为比较公平,因为每个参加者都有相同的机会获得一套住房。新加坡公屋分配主要使用这种方式。(4) 选择方式。选择方式比抽签更为简单和便捷。所有符合分配条件的申请者,按轮候顺序从可分配的公房名录中依次选择其满意的住房。排在轮候名单前面的申请者由于可以优先选房,有较多的选择机会,不像抽签那样靠运气,排在后面的申请者选择机会较少。在香港,公屋分配主要采取这种方式。

现阶段,任何一个国家的公共住房分配中,都不是单一的使用上述某一个规则,而是综合运用多个方式,既体现政府的调节作用,又充分尊重申请人的权益。

2. 公共住房的分配程序

发达国家和地区在分配公共住房时,都遵循一套规范的分配程序。例如香港,房屋署设有公屋轮候册,所有合格的公屋申请都会依据登记的先后次序排列在公屋轮候册内,房屋署严格按照轮候册上的申请书编号及申请人所选择的地区,依次办理审查,采用抽签或选择的方式进行配屋。新加坡组屋的分配在早期采用登记配售的办法,按照"先来后到"原则分配。2006年,建屋局推出新的预购组屋配售方式,采用"先售后造"的方式,实现"按需而造"。

3. 公共住房分配的特殊照顾性规定

很多国家和地区在分配公共住房时,推出了一系列针对老年长者的优待措施,倡导社会重视邻里亲情和社区和谐。香港政府为了鼓励年轻人与老年人共同居住或就近居住,先后推出了"共享颐年优先配屋计划"、"家有长者优先配屋计划"及"新都市乐天伦优先配屋计划"等,对拥有年满60周岁及以上老年人的家庭在申请住房地点、等候配房时间、住房套型、住房贷款等方面提供优待。新加坡政府为了增强家庭凝聚力和责任感,对三代同堂家庭和愿意靠近父母居住的已婚儿女选购组屋给予优先照顾。

(六)进退机制完善

1. 公共住房的进入机制

一般地,国际上通行采用居民身份和收入与资产审查作为住房保障的两大准入门槛,只有符合相应资质的居民才能享受住房保障。

居民身份就是指住房保障的对象必须是保障国居民或有居留权的人士,但是各国对居住年限、其他家庭成员的居民身份、是否核心家庭等的具体规定又不同。除了居民身份认定外,发达国家还对符合对象的家庭总收入和总资产值作了严格规定,并且定期(一般为一年)或根据经济运行周期进行修订,申请者只有通过严格的审查后方可以纳入保障范围。审查的资产包括申请人及其家庭成员所拥有的土地、房产、车辆、可转让的汽车牌照、投资类别的证券资产、业务经营、银行活期、定期存款和可动用现金等。

2. 公共住房的退出机制

公共住房的退出机制是合理有效利用公共资源,确保住房有序流通,保证真正住房困难群体的需求利益所不可缺少的制度安排。退出公共住房的居住一般可以归为两类原因:

一是正常性退出,主要是因为住户的家庭收入、资产净值超过了规定的标准,或者是申请人去世、离婚、居住家庭人口增减、调迁等,不再符合继续在公共住房居住的条件而必须迁出的情况。国外一般通行原则是在申请人获配公共住房起一定时期(五年或十年)后,定期(一年或两年)对住户的家庭收入和资产净值进行审查,通过清退超过最高入住标准的家庭以便腾出房屋。公房调迁是针对公房租户而言的,住户在入住单位一段时间后,因家庭状况、意外变故、房屋维修动迁等原因需要调迁到其他单位居住。香港为促进社会家庭共融和谐,改善居住空间,提高居住质量,总共实行过"公屋住户纾缓挤迫调迁计划"、"改善居住空间调迁计划"、"区域调迁计划"、"天伦乐调迁计划"和"三年内重建公屋的调迁安排"五个计划,体现了住房保障供应中的人本主义原则。

另一类是惩罚性退出,主要指租户伪造资料申请住房、无故拖欠房租、长期空置、违反转让限制规定或违反物业管理等而必须搬离公屋的几种情况。公共住房的退出制度是由法律规定强制执行的。在租约终止后或发出迁出通知书后有效期已过的,如果租户拒不搬出,房管机构有权按照相应的程序强制收回。

三、各国住房保障政策对我国的启示

(一)加强立法,完善体系

从发达国家住房保障的发展历程来看,都离不开法律法规的基础。法律法规的完备性和可操作性直接影响了住房保障制度的实施效果。而我国目前在这方面可以说是严重滞后,缺乏全国人大通过的住房保障法律,主要以政府有关部门的行政性法规为主,即使是政府法规,也是执行不一。因此,健全和完善我国住房保障的法律法规,是推动我国住房保障事业发展的重要基础。

(二)明确目标,分清责任

纵观各国的住房保障制度,都有其比较明确的目标,并根据该目标有着较完善的制度理念,从而保证其住房保障制度有着较好的延续性。相反我

国在近二十年,住房保障体系很快从计划经济下的全面福利模式转变为市场经济体制下的现代住房保障模式,但相应的住房保障制度仍处于探索阶段,缺乏明确的住房保障目标。以政府为主导,确定我国住房保障制度改革目标,坚持把中低收入群体作为住房保障的实施重点,坚持把"基本保障"作为住房保障的立足点,是推动我国住房保障事业发展的重要前提。

(三)人性化操作,分层应对

在国外的住房保障实施过程中,由于人权观念深入人心,因此其住房保障制度的设计非常人性化,尤其在操作层面上体现出以人为本的特点。相比之下,我国的住房保障供给体系还没有很好贴近保障对象的实际需求,实施政策缺乏个性处理余地,操作环节的公平合理性不足,因此,需要进一步加强制度设计,为保障对象提供比较全面的覆盖和有梯度的保障,这是推动我国住房保障事业发展的重要条件。

(四)编好规划,加强综合管控

从社会住房需求、城市发展需要,以及人口规模结构的变化等出发,编制目标明确及操作性强的中长期住房保障发展规划,促进住房保障制度的持续发展,是国外实践的重要经验之一。然而我国目前主要实行年度计划,至多是三年期发展规划,缺少长期总体规划,即便是三至五年的发展规划也非常粗略。因此立足现状,明确近期和中长期住房保障发展目标,制定翔实的实施路径和可行性评估方案,紧抓规划的监管落实和效果评价,通过规划引导住房保障体系的改革与发展,是当前我国住房保障制度的重要内容。同时,也需要加强对住房保障规划实施的机构、制度、违规政策和评价指标等方面进行综合管控,从而为住房保障体系符合国民经济可持续发展的要求提供科学引导。

第四节 中国住房保障制度实践与改革

随着我国计划经济向市场经济体制的过渡与转型,我国住房保障制度也经历了由传统的福利住房政策向现代住房保障制度的演变和转型。

一、我国住房保障制度的发展历程

我国城镇住房保障制度以 1978 年改革作为转折点,可以分为两个阶段：

（一）传统住房保障阶段（1949—1978年）

我国传统的住房制度是建立在我国建国初期对消费资料实行高度计划供给制的基础上，是高度集中的计划经济的产物。我国传统的住房保障制度具有福利性、配给性、非商品性、产权模糊性等特征。

1949—1951年，国家通过对属于地主、官僚资本家、反革命、战犯、汉奸等房产的接管、没收、征收、征用，以及对私有房产的社会主义改造，构成了新中国最初的公有住房。1950—1957年，国家投入较多的资金用于公房的建设，初步建立了我国的公共住房体系。

1959—1961年，受"左倾"思想的影响，片面强调生产，住房投入减少。1962—1963年，随着一系列对私房改造的政策性文件的发布，以及对住房投入的恢复，公房数量略有增加。但是，十年"文革"期间，城市房地产管理处于极度混乱之中，不仅没有建立新的房地产管理制度，原有的管理制度也遭到极大的破坏。至1978年底，全国人均住房面积由建国初的4.5平方米下降到3.6平方米。①

（二）现代住房保障阶段（1978年至今）

我国从20世纪80年代开始对住房制度进行改革，从政策实践来看，经历了住房市场化改革、公积金制度确立与经济适用房、廉租房建设等的演变过程。

1. 住房市场化改革阶段（1978—1991年）

1978年理论界提出了住房商品化、土地产权等观点，我国住房制度改革拉开了序幕。1980—1986年公共住房的出售从试点开始在全国范围内铺开，主要采取的是补贴售房的方式，典型的如"三三制"，即国家、单位和个人各出资三分之一购买住房。1986年原国家城乡建设环境保护部发布了《关于城镇公房补贴出售试点问题的通知》，要求各地对"城市出售公有住宅，原则上按全价出售"。至此，公有住房补贴出售试点工作基本停止。1986年国务院成立了住房制度改革领导小组，领导小组提出把提租补贴作为住房制度改革的基本环节。1988年出台了《关于在全国城镇分期分批推行住房制度改革实施方案》，即"提高公房租金，增加工资，变暗贴为明补，变

---

① 姬升峰"城市低保深层次问题及对策研究"，《当代中国社会救助制度：回顾与展望》（首届中国社会救助研讨会论文集），人民出版社2012年。

住房实物分配为货币分配,通过提高租金促进售房"。然而,在严重的通货膨胀的冲击下,"提租补贴"方案的实施遇到很大困难。1991年6月国务院颁布了《关于继续积极稳妥地进行城镇住房制度改革的通知》,其中涉及部分住房产权理论,对公有住房的租金、租售以及集资建房、合作建房等内容做出了规定,也为住房市场化改革奠定了基础。①

2. 住房保障制度初步形成阶段(1992—2009年)

在全面推进住房制度改革的进程中,政府也在探索建立与市场经济相适应的新的住房保障制度。在这一阶段,作为新住房保障制度的重要内容的经济适用房、廉租房和公积金三大政策陆续出台,并逐步完善,初步形成了我国现代住房保障体系。

(1) 经济适用房制度的建立与完善。1994年7月,国务院发布了《国务院关于深化城镇住房制度改革的决定》,指出要建立与社会主义市场经济体制相适应的新的城镇住房制度,实现住房商品化、社会化;同时,首次提出建立以中低收入家庭为对象的、具有社会保障性质的经济适用住房供应体系,标志着我国住房保障制度改革在政策取向上开始实施市场供应和政府保障双重体系的政策。同年12月,原建设部、国务院住房制度改革领导小组、财政部印发了《城镇经济适用住房建设管理办法》,对经济适用住房作了一个大体定义,"由相关部门向中低收入家庭的住房困难户提供按照国家住房建设标准而建设的价格低于市场价的普通住房"。2004年4月,《经济适用住房管理办法》由原建设部、国家发改委等部门颁布施行,对新形势下经济适用房政策加以规范,指导各地经济适用住房管理。自此,我国经济适用房制度正式形成,成为我国住房社会福利保障的主要内容。然而,在经适房政策的具体实施中,出现了审核不严,房型偏大,欺瞒违规现象屡禁不止等问题。为此,2007年12月,原建设部、发改委、监察部等七部委联合发布了新的《经济适用房管理办法》,行政事业性收费由原来的减半改为免收,售价由基准价格和浮动改为限制开发商利润为3%,从而降低经适房售价,同时限制了经适房单套建筑面积,进一步明确了经适房逐级审核、公示的流程,明确经适房5年内不能上市,并强调了政府回购的要求。通过这次修订,使经适房政策更加完善。

---

① 汪洁《新中国60年城镇住房保障发展的历程及启示》,《理论导刊》,2012年第2期,第29—32页。

(2) 廉租房制度的建立与完善。1998 年 7 月,国务院发布《关于进一步深化城镇住房制度改革加快住房建设的通知》,其中指出,深化城镇住房制度改革工作的目标是停止住房实物分配,逐步实行住房分配货币化以及建立和完善以经济适用住房为主的多层次城镇住房供应体系,即高收入家庭购买市场价商品房,中低收入家庭购买微利价的经济适用房,最低收入家庭租赁政府或单位提供的廉价房。1999 年原建设部颁布《城镇廉租住房管理办法》,对廉租房制度作了具体的规定。此后,我国不断探索实践并建立对最低收入家庭及社会弱势群体提供保障的,以租金补贴为主、实物配租为辅的廉租住房制度。2004 年原建设部、财政部等部门进一步发布《城镇最低收入家庭廉租住房管理办法》,对 1999 年《城镇廉租住房管理办法》进行了修订,进一步明确了各地政府要对建立城镇最低收入家庭廉租住房制度负有重要职责,对廉租住房的组织实施、廉租住房的补贴条件、补贴标准与方式、补贴的资金来源、廉租住房来源等作了规定。为此我国的廉租房制度基本形成。然而,在实际运行中,廉租房政策面临着资金不足,职责不明等问题,落实推进存在阻力。2007 年 11 月,原建设部、发改委、监察部等九部委联合发布了《廉租房保障办法》进一步明确了各地政府的职责,并把廉租房补贴资金纳入地方政府财政预算安排,同时,提出了用土地出让净收益来补贴廉租房的政策,拓宽了廉租房资金来源,保障了廉租房政策的有效落实。

(3) 住房公积金制度的建立。受新加坡住房公积金制度的启发,1991 年 5 月,上海在全国率先建立住房公积金制度,成为我国住房公积金制度的发源地。1994 年,《国务院关于深化城镇住房制度改革的决定》正式提出在我国全面推行住房公积金制度,1999 年国务院发布《住房公积金管理条例》,明确了在全国各地建立住房公积金制度,实行住房公积金的办法。此后,国家陆续颁布了相关政策、规定,为住房公积金制度实施提供了依据。

3. 住房保障制度的改革与完善阶段(2010 年至今)

虽然经适房和廉租房已经构成了我国基本住房保障体系的核心内容,但是由于房源、资金以及政策等方面的限制,覆盖面非常有限。加之城市化的推进,农民工在大城市的居住空间受到挤压,住房"夹心层"问题凸显。为了解决"夹心层"问题,各地试点了多种形式的补充保障住房。2010 年之后,这些补充保障住房开始逐步融入住房保障体系,使得我国住房保障制度在改革过程中得以逐步完善。

(1) 推出公共租赁房,解决"夹心层"困境

为了解决进城农民工以及处于现有住房保障制度的"夹心层"群体的住房难题,各地开始探索一种比"廉租房"覆盖面更广的"公共租赁"住房保障模式。在重庆、厦门等地试点经验的基础上,2010年我国住房城乡建设部(以下简称"住建部")、发改委、财政部等七部委联合发布《关于加快发展公共租赁住房的指导意见》,就各地发展公共租赁房的保障对象、租金、政策支持、房源筹集、监管等方面进行规范。2012年5月,住建部正式出台了《公共租赁住房管理办法》,进一步规范了公共租赁房的管理流程和细则,标志着公共租赁房制度正式成为我国住房保障体系中的重要一环。

(2) 试点"共有产权房",遏制经适房牟利

江苏淮安自2007年开始试点"共有产权房",取得了良好的效果。上海也于2013年开始用"共有产权房"替代"经济适用房"制度。由于共有产权房通过"共有产权"的方式,从制度上遏制了经适房转售获利所引起的"道德问题"。2014年,住建部正式选择北京、上海、深圳、成都、淮安、黄石这6个城市推进共有产权房的试点,并开始考虑在适时拟定"共有产权住房指导意见",以便作为全国推广共有产权住房的规章依据。

(3) 加快推进旧城改造,完善立体式保障措施

2000年以后,我国城市化进程加快,大城市的住房问题日益突出,老旧住房难以满足新增的住房需求,各地开始加速推进旧城改造。为了避免旧城改造给城市低收入者带来的住房困难,各地采取了多层次的住房保障措施。一方面对于市政建设所造成的动迁、拆迁,政府通过开发动迁安置房、限价房或经济租赁房等方式来加强保障;另一方面对于可继续使用的老旧公房,则通过政府投入改造资金,完善使用功能,如上海推进的平改坡、综合改造等工程。2013年,国务院出台了《关于加快棚户区改造工作的意见》,为棚户区改造提供指导性意见。2014年,国务院办公厅下发了《国务院办公厅关于进一步加强棚户区改造工作的通知》,体现了国家对棚户区改造的重视。

(4) 加强顶层设计,加快保障房制度融合

在住房保障政策制定和实践的过程中,各级政府越来越认识到构建系统的住房保障政策体系的重要性,重庆建立了三位一体的"公共租赁房"保障体系,上海等地也在探索"四位一体"的住房保障体系,而全国范围内关于住房保障的顶层设计也在加快进行。2013年住建部、财政部、发改委下发

了《关于公共租赁住房和廉租住房并轨运行的通知》,开启了我国住房保障体系在制度层面的融合。

二、我国现代住房保障体系的构成

经过 20 多年的改革与建设,我国住房保障体系不断发展、完善,目前基本建立了以普惠性的住房公积金为基础、以提供出售型和租赁型保障性住房为主要内容的多层次住房保障体系。

(一)住房公积金制度

住房公积金(Housing accumulation fund)是指在职职工及其单位各自按照规定比例缴存的归职工个人所有的长期住房储金。住房公积金是现行住房保障体系中覆盖面最广、受益面最大的住房保障制度,它具有普遍性、义务性、互助性、保障性、专用性和返还性的特点,是住房分配货币化的重要形式。

1. 住房公积金储蓄的对象和所有权人

住房公积金缴存对象为当地国家机关、国有企业、城镇集体企业、外商投资企业、城镇私营企业及其他城镇企业、事业单位、民办非企业单位、社会团体及其在职职工(含退养或下岗职工、按当地最低工资标准领取工资的职工和非城镇户口的合同工,但不包括离退休职工和外籍职工)。职工个人缴存的住房公积金和职工所在单位为职工缴存的住房公积金,属于职工个人所有。2005 年《关于住房公积金管理若干具体问题的指导意见》指出,有条件的地方,城镇单位聘用进城务工人员,单位和职工可缴存住房公积金;城镇个体工商户、自由职业人员也可申请缴存住房公积金,并按规定在购买自住住房时申请住房公积金贷款。

2. 住房公积金的缴存

目前住房公积金的参加者主要是以在职职工为主,单位和个人都要缴费。个人和单位分别按职工本人上一年度月平均工资的一定比例缴存,存入住房公积金管理部门所设立的个人账户。其中,单位为职工缴存的住房公积金,按照下列规定列支:机关在预算中列支;事业单位由财政部门核定收支后,在预算或者费用中列支;企业在成本中列支。

3. 住房公积金贷款

住房公积金贷款是其主要的功能。缴存住房公积金的职工,在购买、建造、翻建、大修自住住房时,可以向住房公积金管理中心申请住房公积金贷款。申请住房贷款必须符合一定的要求,如具有城镇常住户口、申请前连续缴存住房公积金的时间不少于六个月、购房首期付款的金额不低于规定比例、购买第一套自住住房并有偿还贷款能力的申请人可以获得相应额度的公积金贷款。住房公积金贷款利率一般低于同期商业银行住房贷款。

4. 住房公积金的提取、转移、中断和恢复

职工提取职工住房公积金账户内的存储余额是有条件的,发生下列条件之一,即可提取:(1)购买、建造、翻建、大修自住住房;(2)离休、退休;(3)完全丧失劳动能力,并与单位终止劳动关系;(4)出境定居;(5)偿还购房贷款本息;(6)房租超出家庭工资收入的规定比例。另外职工死亡或者被宣告死亡的,职工的继承人、受遗赠人可以提取职工住房公积金账户内的存储余额。

职工劳动关系发生改变的,其住房公积金可以随着劳动合同关系转移。如果无新单位接收的,职工住房公积金账户暂时封存在原单位。职工恢复工作时,要为该职工办理住房公积金账户启封手续,一定时间内的公积金中断可以补缴。

5. 住房公积金的管理和运作

公积金的管理有四个层次。《住房公积金管理条例》第四条规定住房公积金的管理实行住房委员会决策、住房公积金管理中心运作、银行专户存储、财政监督的原则:第一层,由国务院建设行政主管部门会同国务院财政部门、中国人民银行拟定住房公积金政策,并监督执行;第二层,由直辖市和省、自治区人民政府所在地的市以及其他设区的市,应当设立由人民政府负责人和财政、建设等有关部门的负责人以及工会代表、专家组成的住房委员会,作为住房公积金管理的决策机构;第三层,由直辖市和省、自治区人民政府所在地的市以及其他设区的市应当按照精减、效能的原则,设立住房公积金管理中心,负责住房公积金的管理运作;第四层,住房公积金管理中心应当按照中国人民银行的有关规定,委托住房委员会指定的银行办理住房公积金贷款、结算等金融业务和住房公积金账户的设立、缴存、归还等手续。

6. 增值收益的处分

住房公积金的增值收益一般存入住房公积金管理中心在受委托银行开立的住房公积金增值收益专户,主要用于建立住房公积金贷款风险准备金、住房公积金管理中心的管理费用和建设城市廉租住房的补充资金。2007年底财政部发布的《廉租住房保障资金管理办法》,明确规定住房公积金增

值收益扣除计提贷款风险准备金和管理费用后的全部余额用于廉租房的建设。

(二) 出售型的保障性住房

目前,我国住房保障体系中存在多种以出售为主的保障性住房,其中经济适用房的建设规模最大,实施时间最长。而共有产权房则因产权更明确、制度更严谨,得到了住建部的推广。此外限价商品房也成为保障性住房的有效补充。

1. 经济适用房制度

经济适用房(Economically Affordable Housing),是指政府提供政策优惠,限定套型面积和销售价格,按照合理标准建设,面向城市中低收入住房困难家庭供应,具有保障性质的政策性住房。

(1) 申请条件

基本申请条件包含三个方面:一是申请人具有当地城镇户籍(或满足一定年限的常住人口);二是家庭人均收入符合政府规定的低收入家庭收入标准;三是无房家庭或者现住房面积低于政府规定的住房困难标准。

(2) 申请程序

经济适用住房供应实行申请、审核、公示和轮候制度。经济适用住房资格由各省市组织辖区内各级行政部门进行审核并通过公示的方式认定,一般采取轮候、摇号、选房的方式进行分配。

(3) 经济适用房建设

经济适用住房建设用地通常以划拨方式供应,并要确保优先供应,其建设实行项目法人招标制度,并免收城市基础设施配套费等各种行政事业性收费和政府性基金。经济适用住房的价格主要根据建设成本确定,以微利出售,建设成本包括征地转让费、勘察设计及前期工程费、建安费、小区内基础设施配套建设费、贷款利息、税金、1%—3%的管理费等。在我国《经济适用房住房管理办法》中,还将"单位集资合作建房"、购买和调配其他单位剩余经济适用房、开发商在商品房开发中配建等办法首次纳入经济适用房建设体系内,拓宽了经济适用房的房源筹集渠道。

(4) 经济适用房交易

经济适用房属于"有限产权",并明确提出购买经济适用房不得出租经营,购买经济适用住房不满5年,不得直接上市交易,购房人因特殊原因确需转让经济适用住房的,由政府按照原价格并考虑折旧和物价水平等因素进行回购,购房人也可以按照政府所定的标准向政府交纳土地收益等相关价款后,取得完全产权。上海、淮安等地在经济适用房的基础上进行创新,提出了"共有产权房"概念,主要区别在于政府提供的土地等优惠按比例折算成产权,购房人满5年若选择上市交易,不需要补缴地价,但政府按产权比例获取相应的售出收益。

(5) 单位集资合作建房

距离城区较远的独立工矿企业和住房困难户较多的企业,在符合土地利用总体规划、城市规划、住房建设规划的前提下,经市、县人民政府批准,可以利用单位自用土地进行集资合作建房。集资建房作为经济适用住房的组成部分,是一种定向建设和供应的经济适用住房,它享受的优惠政策和再出售的限制条件与面向社会的经济适用住房是一样的。不同的地方在于:其一,只允许本单位的职工参加集资建房,不能对外销售;其二,参加人员按经济适用住房政策规定的购买资格条件,由本单位打分排队确定,不用参加经济适用住房资格审核,不用获得经济适用住房购买资格证明;其三,参加人员按综合成本出资,不允许有利润,故与面向社会销售的经济适用住房相比,相对更便宜一些。

2. 共有产权房

共有产权房,是指个人与政府按合同约定的出资比例共同拥有房屋产权的一种保障性住房。该类保障房在建设过程中由地方政府让渡部分土地出让收益,然后由开发商低价配售给符合条件的保障对象家庭。"共有产权房"作为经济适用房的变异形式,与普通的经济适用房的显著区别在于:一是价格形成机制不同,"共有产权房"用地性质由划拨改为出让,并完全按照商品房进行开发,且销售价格计算也等同于商品房;二是产权分配方式不同,"共有产权房"根据个人与政府的出资比例,按合同约分享产权,而经济适用房则是个人完全享有受限制的房屋产权。

共有产权房通过明确的产权比例,能够遏制出售型保障性住房的牟利空间,且价格随行就市,不会造成商品房价格的扭曲。但是政府把土地出让金优惠折算成相应的保障房产权份额,也存在如何体现共有产权房优惠性的疑问。

3. 限价商品房

限价商品房,一般又称为双限房,即限房价、限户型的商品房;有些地区"双限"变成了"四限",即限地价、限户型、限房价和限对象的商品房。

限价商品房的保障对象应具备下列条件之一：一是不具备购买经济适用住房的条件，但又确实存在住房困难的特殊群体；二是拆迁安置住房。由于限价商品住房限对象、限房价，也具有住房保障的性质。

（三）租赁型的保障性住房

目前，我国住房保障体系中租赁型保障性住房主要是指廉租房和公共租赁房，而这两种租赁型保障性住房具有房源共享、制度互补的优势，因此，住建部正努力推动两者的并轨。此外，各地也在探索适合农民工的租赁型保障性住房。

1. 廉租房制度

廉租房制度（Low-rent Housing System），是指政府以租金补贴或实物配租的方式，向符合城镇居民最低生活保障标准且住房困难的家庭以相对低廉的租金提供保障性质住房的制度。廉租房政策是根据我国实际国情制定的，属于我国住房保障体系中最低层次。

根据《廉租住房保障办法》及其他相关法规规定，廉租房制度有以下内容。

（1）申请条件

廉租住房保障对象为具有城镇户口的低收入住房困难家庭。基本申请条件包含三个方面：一是申请人具有当地城镇户籍（或满足一定年限的常住人口）；二是家庭人均可支配收入符合公布的廉租住房保障对象收入标准；三是家庭现住房面积符合公布的廉租住房保障对象住房困难标准。

（2）保障方式

城镇最低收入家庭廉租住房保障方式以发放租赁住房补贴为主，实物配租（直接提供住房，并按照廉租住房租金标准收取租金）、租金核减（给予租金减免）为辅。实物配租主要面向孤、老、病、残等特殊困难家庭及其他急需救助的家庭。

（3）资金来源

廉租房资金的来源，根据《廉租住房保障资金管理办法》规定，廉租住房保障资金具体来源于八个方面：一是住房公积金增值收益扣除计提贷款风险准备金和管理费用后的全部余额；二是从土地出让净收益中按照不低于10%的比例安排用于廉租住房保障的资金；三是市县财政预算安排用于廉租住房保障的资金；四是省级财政预算安排的廉租住房保障补助资金；五是中央预算内投资中安排的补助资金；六是中央财政安排的廉租住房保障专项补助资金;七是社会捐赠的廉租住房保障资金;八是其他渠道依法筹集的资金。

(4) 房源筹集

廉租房来源主要有:政府出资收购的住房;社会捐赠的住房;腾空的公有住房;政府出资建设的廉租住房;其他渠道筹集的住房。政府新建的廉租住房建设用地实行行政划拨方式供应,主要采取集中建设和在经济适用住房、普通商品住房、危旧房改造项目中配套建设的方式,各级地方人民政府应当在行政事业性收费等方面给予政策优惠。

(5) 申请程序

按照规定,最低收入家庭可以由户主按照规定程序向当地房地产行政主管部门提出书面申请,必须经过主管部门审核—公示—分配的流程。对于申请租金核减的家庭,由产权单位按照规定予以租金减免;对于申请租赁住房补贴和实物配租的家庭,由市、县人民政府房地产行政主管部门按照规定条件排队轮候,并将发放的租赁住房补贴和配租廉租住房的结果予以公布。

(6) 调整及退出机制

享受廉租房待遇的最低收入家庭需要按年度向房地产行政主管部门或者其委托的机构如实申报家庭收入、家庭人口及住房变动情况,房地产行政主管部门要会同有关部门对其申报情况进行复核,并按照复核结果调整租赁住房补贴或者廉租房。对家庭收入连续一年以上超出规定收入标准的,一般取消其廉租房保障资格,停发租赁住房补贴,或者在合理期限内收回廉租住房,或者停止租金核减。

2. 公共租赁房

公共租赁房(Public Rental Housing),是我国为完善保障性住房体系、解决原有住房保障体系中的"夹心层"难题而设置的以租赁为主要形式、以优惠租金提供给符合条件的中低收入家庭、外来务工人员的一种福利性住房。

根据《关于加快发展公共租赁住房的指导意见》(下文简称《指导意见》)及其他相关法规规定,公共租赁房制度有以下内容。

(1) 保障对象

各地在住建部2010年《指导意见》的基础上制定了各自的公共租赁房政策,但目前对公共租赁房的保障对象还没有统一的标准,主要包括三类人群：其一，由于房价过高暂时无力购房的中低收入工作者；其二，在经济适用房与廉租房保障政策之间的"夹心层"，包括暂时无力购买经济适用房，但又不符合廉租房保障标准的这部分居民；其三，外来务工人员。因此公共租赁房一般对户籍和居住年限的限制较宽松。

（2）保障方式

根据《关于公共租赁住房和廉租住房并轨运行的通知》，公共租赁房将逐步取消独立运行管理的方式，且根据各地的试点，公共租赁房与廉租房并轨存在两种典型的运营方式。一是公共租赁房与廉租房"二位一体"的运营方案。该方案以厦门为典型代表。公共租赁房与廉租房的房源统一筹措、统一管理，但对于符合廉租房标准的申请者在审核、公示后，还可以获得来自民政部门发放的廉租房补贴。二是公共租赁房与廉租房、经济适用房"三位一体"的运营方案。该方案以重庆为典型代表。公共租赁房实施"封闭运转"，限制经济适用住房的上市交易，并在保障制度、管理机构、土地储备、资金筹措和房源管理等各方面都进行了统一规划，形成了"三位一体"的保障方案。

（3）资金来源

公共租赁房的资金主要来自中央财政划拨、地方财政支出、住房公积金、银行支持和社会融资。《指导意见》规定，发展公共租赁住房应坚持政府组织、社会参与的原则，各地区在加大政府对公共租赁住房投入的同时，要切实采取土地、财税、金融等支持政策，充分调动各类企业和其他机构投资和经营公共租赁住房的积极性。其中"政策支持"部分是指：市、县人民政府要通过直接投资、资本金注入、投资补助、贷款贴息等方式，加大对公共租赁住房建设和运营的投入。省、自治区人民政府要给予资金支持。中央以适当方式给予资金补助。同时，鼓励金融机构发放公共租赁住房中长期贷款，支持符合条件的企业通过发行中长期债券等方式筹集资金，专项用于公共租赁住房建设和运营，探索运用保险资金、信托资金和房地产信托投资基金拓展公共租赁住房融资渠道，政府投资建设的公共租赁住房，纳入住房公积金贷款支持保障性住房建设试点范围。

3. 农民工保障性住房

2007年，国务院发布了《国务院关于解决城市低收入家庭困难的若干意见》（国发[2007]24号），原建设部等五部委发布了《关于改善农民工居住条件的指导意见》（建住房[2007]276号），指出要将改善农民工居住条件作为解决城市低收入家庭住房困难工作的一项重要内容,明确各用工单位是改善农民工居住条件的责任主体,必须采取多种渠道为农民工提供居住场所。各地基本上都是要求用人单位提供农民工公寓或者集体宿舍的办法解决农民工住房保障问题。如上海市由区级政府开发"外来人员居住中心",向农民工提供廉价的住房。

三、当前我国住房保障制度存在的问题

我国现行的城市住房保障制度,在解决部分中低收入家庭实际住房困难方面已经发挥了积极的作用,但我国的住房保障制度建设仍处于发展初期,住房保障制度在运行过程中还面临着诸多的问题。

（一）住房保障法律法规建设滞后

立法先行是世界上住房保障工作发展较好的国家和地区最重要的经验。我国现代住房保障制度已历经二十多年,但是直到现在还没有一部关于住房保障的专项法律出台,二十多年来我国的住房保障制度都是以规章、条例、办法、指导意见等形式的政府文件为依据的,缺乏严肃性和权威性,更难保证政策实施的系统性和连续性。

目前构成住房保障主要法律依据的部门规章仍处于是碎片化状态,各地的住房保障制度不完善,各项住房保障政策衔接不紧密,体现在具体实践中经常会出现政策的空白。此外,以行政法规替代法律,还会造成政策执行中对违反规定情况处理的困难,因为仲裁机构和人民法院缺乏仲裁和判决的依据。如廉租房的退出制度,虽然有行政规定,但在执行中却很难实施。

（二）住房保障体系建设尚不完善

我国目前的住房保障体系主要是以问题为导向逐步建立的,整体上还存在着诸多不完善之处,主要表现为缺乏完整性、系统性、公平性和可操作性。

1. 住房保障体系的不完整性,是指目前的体系只包含城镇的住房保障,农村的住房保障尚未提到议事日程。这主要是由于目前城市房价高涨,住房矛盾突出,成为全社会关注的焦点,而农村地广人稀,住房矛盾尚不明显。从全世界各国实践来看,城市的确是住房保障制度的重点,但是我国城乡差距大,在加强城市住房保障制度建设时,也应考虑城乡的协调发展,构建完整的住房保障体系才是社会和谐稳定的前提。

2. 住房保障体系的不系统性,是指对目前的各种保障政策缺少有机的

衔接。廉租房、经济适用房、限价商品房、公共租赁房各自针对不同的人群，审核的标准缺乏有效衔接，遵循的制度和运行机制也相互独立，房源和保障资金难以统筹管理，造成住房保障制度的实施效率难以提高。

3. 住房保障体系的不公平性是指其资源分配难以同时符合社会公平、横向公平和纵向公平的原则。社会公平是指通过社会经济制度的安排，使处于劣势者能获得最大的利益，并且使所有的人能获得平等的机会。[①] 纵向公平(Vertical Equity)是指不同收入水平的家庭从计划中获得的收入分配程度不同，其实质是通过对财富的再分配来实现"社会公平(Social Equity)"。横向公平(Horizontal Equity)是指和同类型的家庭收入分配在计划中受到平等对待。在目前的政策体系中，政策的封闭和割裂难免造成最终资源分配的不公平，如：廉租房制度中不同保障方案的保障力度实质上存在差异，这就造成了纵向不公；同等经济条件的家庭者有的获得了保障，而有的因为政策或个人的原因无法享受住房保障的福利，这就造成了横向不公。

4. 住房保障体系的不可操作性是指政策的制定缺乏相应的配套机制，造成实际操作的困难。虽然目前的住房保障制度已经得到了一定的发展和完善，但在实践过程中仍然面临着操作层面的挑战。如政策一再强调需要多元化筹集房源，但是由于缺乏相应的激励政策，企业、社会团体及个人都缺乏参与的积极性。

（三）市场与政府职责边界不明确

我国虽然已经明确建立以市场为主、政府保障为辅的住房保障体系，但是哪些属于市场配置，哪些属于政府保障职责范围，还不十分明确。这一问题在住房保障制度建设中，主要体现在如何确定政府住房保障的程度。城镇基本住房保障与其他形式的社会保障制度一样，是政府向城镇居民提供的公共产品之一，是通过转移支付实现社会收入再分配，因此政府应当在住房保障建设中承担主导职责。但是，目前政府在住房保障上的投入主要来自财政投入和土地出让金减免，每年在住房保障上的投入随政策而变动，并没有随着社会、经济的发展进行住房保障合理投入的测算，并进行相应的制度规范，也没有把住房保障的投入纳入每年的财政预算安排，有着很强的随意性。

---

① ［美］罗尔斯著，何怀宏、何包钢、廖申白译《正义论》(修订版)，中国社会科学出版社，2009年版。

（四）保障性住房的建设缺乏科学预测与规划

新建保障性住房是我国目前住房保障的主要房源筹集方式，这与我国房地产市场的发展阶段有关，但是保障性住房的建设规模以及开发计划都还缺乏科学的预测。建设保障性住房投入大、周期长，往往很难快速提高住房保障的覆盖面。根据住房过滤理论，当房地产市场达到供需平衡后，实物保障的效率不如货币补贴的效率高。因此，我国保障性住房建设缺乏科学预测与规划，还存在一定的盲目性。

（五）住房保障的资源约束紧张

住房保障制度的建设和实施需要必要的社会资源，主要约束来自资金和房源。在资金方面，虽然我国政策规定住房保障的资金来源主要有财政预算、土地出让净收益、住房公积金增值收益、直管公房出售或出租收入和其他社会资金，但从实践来看，土地出让金净收益、住房公积金增值收益等都存在不稳定性，而社会资金由于住房保障的微利性，缺乏参与热情，因此资金来源过于单一，限制着住房保障制度的发展；在房源方面，受资金来源渠道的影响，政府筹措的房源占主导地位。根据政策，保障性住房可以采用新建、配建、改建、收购等方式，并可通过与企事业单位合作共建等多渠道筹措。但是在实践中，政府主要采取的还是以新建为主，由于新建的资金投入量大、建设周期长，造成短期房源仍然紧张。

（六）住房保障监督机制薄弱

我国住房保障尚未形成有效的监督机制。按照规定，政府应对经济适用房的规划、开发建设、定价、公示、交易和售后管理等各个环节进行监管。但是由于缺乏相应的政策规定和有效的监督方法，现实中利用住房保障制度的监管弱点，进行寻租的行为屡见不鲜，出现了大量分配不公的事件，进而影响了公共住房资源的利用效率。

四、完善我国住房保障制度的对策建议

（一）加强立法建设，完善住房保障法律体系

以行政手段替代法律手段，难以持久、有效地对住房保障的实施进行管理，因此迫切需要梳理并建立住房保障法律体系。十一届全国人大常委会已将《住房保障法》列入立法规划，在总结现有行政政策的基础上，根据我国住房保障发展的现实状况，制定一部具有可操作性的住房保障法规，对推动住房保障的建设具有重大的现实意义。此外，还需要进一步健全专项法律

法规,如公积金法、公租房法等,形成完整的住房保障法律体系,明确各级政府的职责,明确各类住房保障的对象、保障标准、保障水平等关键要素。各地政府也应结合本地实际情况,制定地方性的住房保障法规,进一步明确相应的保障标准、保障资金、保障性住房建设用地等要求,建立相适应的实施与管理机构,从而有序地推进住房保障政策的落实。

(二)加快顶层设计,构建系统的住房保障体系

近年来住房保障制度发展较快,各地出台了多项创新政策,但是缺乏整体的、系统的住房保障体系设计,一直是影响住房保障制度推进的主要因素。通过顶层设计,构建覆盖城乡的住房保障体系,形成各项住房保障政策之间的有机衔接,促进住房保障体系的公平性和可操作性,是进一步推动住房保障制度改革,提升住房保障政策运行效率的重要基础。党的十八大报告特别提出"建立市场配置和政府保障相结合的住房制度,加强保障性住房建设和管理",十八届三中全会又进一步提出"健全符合国情的住房保障和供应体系,建立公开规范的住房公积金制度,改进住房公积金提取、使用、监管机制";国家发改委《关于2013年深化经济体制改革重点工作意见的通知》指出,"健全保障性住房分配制度,有序推进公租房、廉租房并轨",这些纲领性的文件精神,为我国构筑系统的住房保障体系提供了方向性指导。

(三)提高各级政府责任意识,发挥地方政府的主体作用

强化各级政府的主体作用,是完善城镇基本住房保障制度的重要内容。近年来随着商品房价格上涨,土地拍卖价格也随之提高,各级地方政府在发展地方经济和住房保障之间容易向前者产生倾斜,从而影响住房保障政策的实施。地方政府及各级住房保障主管部门应充分意识到住房保障是重要的民生问题,也是实现社会公平的长期性问题,政府在住房保障上有着不可推卸的责任,其实施的好坏也可以反映出一个政府的执政能力。

(四)准确界定保障对象,提高住房保障制度的针对性

根据我国住房体系采用市场与政府双轨制的指导思想,政府主导的住房保障制度将以中低收入者为主要对象,实施定向保障。明确保障对象,科学界定有资格的保障对象,是住房保障制度有效实施的重要一环。在确定保障对象的过程中,既要考虑覆盖范围,也要考虑资源约束;既要避免对中低收入对象的遗漏,也要避免随意加大中低收入对象的保障范围。同时,建立相应的个人收入信用机制,也是界定住房保障对象的重要条件。

(五)建立评估体系,合理规划保障性住房建设规格

住房保障政策作为一项政府的公共政策,要提高其实施效率,必须建立有效的评估机制。就目前而言,通过对各项保障性住房建设和实施的效果进行评估,可以为各地合理规划保障性住房建设规模提供决策依据。根据不同阶段住房供求关系状况、居民收入状况、未来的需求趋势、保障人口数量以及财政支付能力等因素,分析住房保障政策的实施效果,为住房保障政策的优化、住房保障方式的调整提供客观依据。通过对住房保障制度进行定期的回顾、检查和评估,可以及时发现问题,总结经验和教训,为改进未来的制度安排提供建议,也是我国城镇基本住房保障制度有效实施的重要保证。

(六)拓宽住房保障资金筹措渠道,确保住房保障的持续供给

住房保障资金的缺乏,是长期以来制约我国住房保障建设的首要瓶颈。作为准公共物品的住房保障,首先必须得到政府财政的有力支持,因此各地应建立住房保障资金专户,将保障资金纳入年度财政预算安排,确保财政预算的保障房资金用于住房保障;另一方面,住房保障作为一项福利事业也需要全社会的支持,政府也可以利用财政、金融手段,调动社会资金参与住房保障建设,鼓励开发商投资公租房建设,鼓励民间成立住房保障公益性组织,鼓励金融机构为住房保障建设提供适度的金融支持等。

(七)加快公信平台建设,完善住房保障监督机制

健全住房保障的监督机制,住房保障制度透明化、公开化是基础,建立住房保障的公共信息平台,使各项住房保障政策条件、保障房建设标准、开发方式、分配情况等信息及时地进行公布,能够提高住房保障的监督效率。此外,构建跨省市的个人收入、资产联合审查系统,建立多部门协同的审核机制,也是增强住房保障政策执行力的重要条件。最后,加强舆论监督,发挥非政府组织的外部监督作用。

本章小结

本章总结了住房保障的基本概念、特征和内容,阐述了住房保障的基本理论,并通过对美国、新加坡、澳大利亚三个国家住房保障制度的比较,总结了完善我国住房保障制度的经验与启示。

本章最后介绍了我国住房保障制度的发展历程,阐述我国目前住房保

障体系的构成,分析我国当前住房保障制度存在的问题,有针对性地提出完善我国住房保障制度的对策与建设。

复习思考题
1. 简述住房保障的概念及其特征。
2. 建设住房保障制度的理论基础有哪些?
3. 简述我国住房保障制度的发展历程。
4. 简述我国住房保障体系的构成。
5. 简述住房公积金的缴存方式和提取条件。
6. 简述廉租房制度的含义及主要内容。
7. 简述经济适用房制度的含义及主要内容。
8. 简述公共租赁房制度的含义及主要保障方案。
9. 简述我国住房保障制度存在的问题。

阅读书目
1. 高培勇《新型城市化背景下的住房保障》,中国财政经济出版社,2012年。
2. 姚玲珍《中国公共住房模式研究》,上海财经大学出版社,2009年。
3. 江泽林《城镇住房保障理论与实践》,中国建筑工业出版社,2012年。

参 考 文 献

1. [美]保罗·萨缪尔森《经济学》,人民邮电出版社,2005年。
2. [美]罗尔斯著,何怀宏、何包钢、廖申白译《正义论》(修订版),中国社会科学出版社,2009年。
3. Carrin G, Ron A, Yang H et al. *The Reform of the Rural Cooperative Medical System in the People's Republic of China: Interim Experience in 14 Pilot Countries*. Social Science and Medicine, 48: 961 - 972, 1999.
4. *The State of Nation's Housing 2005*. Joint Center for Housing Studies of Harvard University, 2005.
5. 阿列克斯·施瓦兹《美国住房政策》,中信出版社,2008年。
6. 安仲文、高丹《社会保障学》,东北财经大学出版社,2009年。
7. 曹信邦《社会保障学》,科学出版社,2007年。
8. 陈伯庚《城镇住房制度改革的理论与实践》,上海财经大学出版社,2003年。
9. 陈银娥《社会福利》(第二版),中国人民大学出版社,2009年。
10. 成思危《中国城镇住房制度改革——目标模式与实施难点》,民主与建设出版社,1999年。
11. 程晓明《医疗保险学》,复旦大学出版社,2010年。
12. 仇雨临、翟绍果《城乡医疗保障制度统筹发展研究》,中国经济出版社,2012年。
13. 邓大松、刘昌平《社会保障管理》,中国人民大学出版社,2011年。
14. 邓大松、刘昌平《中国企业年金制度研究》,人民出版社,2005年。
15. 丁建定《社会福利思想》,华中科技大学出版社,2005年。
16. 董保华《社会保障的法学观》,北京大学出版社2005年。
17. 杜乐勋"基本卫生服务项目及其需求",《中国卫生经济》,1997年第11期。

18. 杜乐勋《中国医疗卫生发展报告》,社会科学文献出版社,2006年。
19. 关信平"论我国农村社会救助目标、原则及模式选择",《华东师范大学学报》(哲学社会科学版),2006年第6期。
20. 郭士征、钟仁耀《社会保障学》,上海财经大学出版社,2004年。
21. 郭士征《社会保障学》(第二版),上海财经大学出版社,2009年。
22. 和春雷《社会保障制度的国际比较》,法律出版社,2001年。
23. 洪大用《转型时期中国社会救助》,辽宁教育出版社,2000年。
24. 胡晓义《社会保险经办管理》,中国劳动社会保障出版社,2011年。
25. 胡晓义《社会保障基金监管》,中国劳动社会保障出版社,2012年。
26. 姬升峰"城市低保深层次问题及对策研究",《当代中国社会救助制度:回顾与展望》(首届中国社会救助研讨会论文集),人民出版社,2012年。
27. 贾康、刘军民《中国住房制度改革问题研究》,经济科学出版社,2007年。
28. 江治强"我国社会救助建设的经验、议题与展望",《当代中国社会救助制度:回顾与展望》(首届中国社会救助研讨会论文集),人民出版社,2012年。
29. 黎建飞《社会保障法》,中国人民大学出版社,2006年。
30. 李超民《美国社会保障制度》,上海人民出版社,2009年。
31. 李曜、史丹丹《智利社会保障制度》,上海人民出版社,2010年。
32. 李珍《社会保障理论》,中国劳动社会保障出版社,2007年。
33. 梁鸿、王云竹"公共财政政策框架下基本医疗服务体系的构建",《中国卫生经济》,2005年第10期。
34. 林嘉《社会保障法的理念、实践和创新》,中国人民大学出版社,2002年。
35. 林闽钢《现代西方社会福利思想——流派与名家》,中国劳动社会保障出版社,2012年。
36. 林义《社会保险基金管理》,中国劳动社会保障出版社,2007年。
37. 刘波、孟辉《社会保障学》,北京理工大学出版社,2011年。
38. 刘诚《社会保障法比较研究》,中国劳动社会保障出版社,2006年。
39. 卢祖询《社会医疗保险学》,人民卫生出版社2007年。
40. 吕学静《现代各国社会保障制度》,中国劳动社会保障出版社,2006年。

41. 吕学静《现代社会保障概论》,首都经济贸易大学出版社,2012年。
42. 马艳霞、刘家强"西部农村社会救助制度与对策研究",《人口与经济》,2009年第2期。
43. 孟昭喜、唐霁松《社会保险标准化工作指南》,中国劳动社会保障出版社,2012年。
44. 孟昭喜《社会保险经办管理内部控制》,中国劳动社会保障出版社,2011年。
45. 穆怀中《社会保障国际比较》,中国劳动社会保障出版社,2002年。
46. 尼古拉斯·巴尔《福利国家经济学》,中国劳动社会保障出版社,2003年。
47. 潘锦棠《社会保障概论》,北京师范大学出版社,2012年。
48. 乔治·E·雷吉达《社会保险和经济保障》(第六版),经济科学出版社,2005年。
49. 饶克勤"用科学发展观指导我国卫生改革与发展",《中国卫生经济》,2006年第10期。
50. 社会保险研究所译《贝弗里奇报告——社会保险和相关服务》,中国劳动社会保障出版社,2004年。
51. 社会保障研究中心《社会保障知识读本》,中国致公出版社,2008年。
52. 宋博通"美国联邦政府低收入阶层住房政策述论",《中国房地产》,2002年第9期。
53. 宋士云《社会保障学》,对外经济贸易大学出版社,2010年。
54. 粟芳、魏陆《瑞典社会保障制度》,上海人民出版社,2010年。
55. 孙树菡《社会保险学》,中国人民大学出版社,2012年。
56. 童星"从救助入手推进城乡统筹社会保障体系的建设",《当代中国社会救助制度:回顾与展望》(首届中国社会救助研讨会论文集),2012年。
57. 汪洁"新中国60年城镇住房保障发展的历程及启示",《理论导刊》,2012年第2期。
58. 王保真《医疗保障》,人民卫生出版社,2005年。
59. 王虎峰《发展与改革蓝皮书》,《中国经济发展和体制改革报告——中国改革开放30年》,社会科学文献出版社,2009年。
60. 王晓瑜、郭松海、张宗坪《住房社会保障理论与实务》,中国经济出版社,2006 年。

61. 乌日图《医疗保障制度的国际比较》,化学工业出版,2004 年。

62. 吴中宇《社会保障学》,华中科技大学出版社,2004 年。

63. 夏淑梅、罗遐《社会保障概论》,安徽大学出版社,2005 年。

64. 项怀诚《养老储备基金管理——国际经验与中国实践》,中国财政经济出版社,2005 年。

65. 信长星《失业保险》,中国劳动社会保障出版社,2011 年。

66. 许琳《社会保障学》,清华大学出版社,2012 年。

67. 杨翠迎、郭光芝《澳大利亚社会保障》,人民出版社,2012 年。

68. 杨翠迎、刘小兵"社会保障体制改革篇",干春晖主编《中国经济体制改革 30 年》,上海财经大学出版社,2008 年。

69. 杨立雄《老年福利制度研究》,人民出版社,2013 年。

70. 杨燕绥《论社会保障法》,中国劳动社会保障出版社,2003 年。

71. 姚玲珍《德国社会保障制度》,上海人民出版社,2011 年。

72. 姚玲珍《中国公共住房模式研究》,上海财经大学出版社,2009 年。

73. 张开云、陈雷《社会保障学导论》,暨南大学出版社,2012 年。

74. 张士昌、朱皓《社会福利思想》,合肥工业大学出版社,2005 年。

75. 张晓、刘蓉《社会医疗保险概论》,中国劳动社会保障出版社,2004 年。

76. 张彦、吕青《社会保障概论》,南京大学出版社,2007 年。

77. 章晓懿《社会保障学》,上海交通大学出版社,2012 年。

78. 赵曼、吕国营《城乡养老保障模式比较研究》,中国劳动社会保障出版社,2010 年。

79. 赵曼《社会保障》,中国财政经济出版社,2005 年。

80. 郑功成《中国社会保障 30 年》,人民出版社,2008 年。

81. 郑功成《社会保障》,高等教育出版社,2007 年。

82. 郑功成《社会保障学》,中国劳动社会保障出版社,2005 年。

83. 郑功成《中国社会保障改革与发展战略》(1—4 卷),人民出版社,2011 年。

84. 郑尚元、李海明、扈春海《劳动和社会保障法学》,中国政法大学出版社,2005 年。

85. 钟仁耀《社会保障学教程》,北京大学出版社,2011 年。

86. 钟仁耀《社会救助与社会福利》(第二版),上海财经大学出版社,2009年。

87. 朱玲"政府与农村基本医疗保险保障制度选择",《中国社会科学》,2000年第4期。

(注:文献按作者姓名首字母的汉语拼音顺序排列)

图书在版编目(CIP)数据

社会保障学/杨翠迎主编.—上海:复旦大学出版社,2015.1
(复旦博学·经济学系列)
ISBN 978-7-309-10938-2

Ⅰ.社… Ⅱ.杨… Ⅲ.社会保障-高等学校-教材 Ⅳ.C913.7

中国版本图书馆 CIP 数据核字(2014)第 195871 号

社会保障学
杨翠迎　主编
责任编辑/张蕊青

复旦大学出版社有限公司出版发行
上海市国权路 579 号　邮编:200433
网址:fupnet@fudanpress.com　http://www.fudanpress.com
门市零售:86-21-65642857　团体订购:86-21-65118853
外埠邮购:86-21-65109143
常熟市华顺印刷有限公司

开本 787×960　1/16　印张 31.5　字数 490 千
2015 年 1 月第 1 版第 1 次印刷

ISBN 978-7-309-10938-2/C·287
定价:58.00 元

如有印装质量问题,请向复旦大学出版社有限公司发行部调换。
版权所有　侵权必究